曉傳書齋著作在台出版繁體字本序言

拙著已出版者，不啻二十種，國人率以千萬字富翁稱之。台灣、香港出版界聞風相悅，大肆翻印，事前既未徵得同意，乃公然以「版權所有，翻印必究」揭櫫於天下，此誠可為書林清話增添一則新內容矣。今者，貫雅以在台出版拙著繁體字本以滿足讀者需要來告。予思學術為天下公器，夫固不得如大江而限以南北，鴻溝而判以東西也，乃欣然首肯，且加以訂補而付與之。曾子曰：「君子以文會友，以友輔仁。」朱子曰：「講學以會友，則道益明；取善以輔仁，則德日進。」郭璞贈溫嶠之詩曰：「人亦有言：松柏有林。」及爾臭味，異苔同岑。」最錄既已，輒引三家之言，而識其緣起如是。

曉傳書齋主人利器記識于北京

六合配光動兩曜懸不朽
善哉我大師文心羅万有
音聲譜平仄名句精對偶義
学並兩備賴此開户牖多君
致力勤校注良不苟今古文字
緣親情天地久

王利器先生校注弘法大師著文鏡
秘府論將出版喜為此頌
一九七八年三月 趙樸初

趙樸初先生為本書出版所寫頌辭

弘法大師像（日本　教王護國寺藏）

，不啻是大師在西明寺中學習生活的寫照了。宗叡《書寫請來法門等目錄》〈後記〉寫道：「右雜書等，雖非法門，世者所要也。大唐咸通六年，從六月迄於十月，於長安城右街西明寺日本留學生圓載法師院求寫雜法門等目錄具如右也。」則當時日本留學生都配住在西明寺了。

四

大師住入西明寺之後，歷訪諸寺名德，五月下旬，與西明寺僧志明、談勝等五六人往謁惠果阿闍梨於青龍寺東塔院而請傳法。惠果告曰：「吾待子久，來何遲矣。」於是就在六月十二日於東塔院道場，入學法灌頂壇，先臨胎藏曼荼羅，投華著於中台大日如來身上，阿闍梨深爲讚嘆，因受胎藏梵字儀軌，學三部諸經瑜伽。旋於七月上旬，更入金剛界曼荼羅，受五部灌頂，投華復著大日，阿闍梨驚嘆。八月上旬，受傳法阿闍梨位灌頂，得遍照金剛名號。真濟序《性靈集》引《付法》云：「今有日本沙門來求聖教，以兩部秘奧壇儀印契，唐梵無差，悉受於心，猶如瀉瓶吉矣。汝傳燈了，吾願足焉。」高演《弘法大師正傳》一寫道：「大師於是得兩部密教，爲本邦密宗之開祖，所謂秘密真言，此時而立也。」宋景濂有詩詠之曰：「佛隴當時談妙法，一道紅光射海東；至今顯密二宗學，長伴扶桑出日紅。」注云：「天台智者在時，有傳教、弘法二師，來受顯密二教而去，至今國中盛行。㊸」當日我唐詩人如馬總贈詩有云：「增學助玄機，土人如子稀」，朱千乘贈詩有云：「玄關護法崇」，鄭壬贈詩有云：「他年續僧史，更載一賢人」，他們對於大師的評價，如出一口。劉禹錫有《贈日本僧智道》詩寫道：「爲問中華得道者，幾人雄猛得寧馨」。㊹又不啻爲大師詠之矣。

與此同時，大師又從曇貞和尚學梵字。曇貞也是不空弟子，居青龍寺而與惠果爲同僚者也。大師後來撰有《梵字悉曇字並釋文》一書，則梵文之傳入日本，也是和大師分不開的。大師又從韓方明學書法，字體仿顏真卿，極雄偉沉著之致。韓方明有《授筆要說》，見陳思《書苑菁華》卷二十，自述淵源云：「貞元十五年（七九九）授法於東海徐公璹，十七年（八〇一）授法於清河崔公邈。」大師得其傳，且能發揚而光大之。毗陵子胡伯崇贈詩有云：「天假吾師多伎術，就中草聖最狂逸。」嵯峨天皇〈賞綾羅屏風御制詩〉於大師法書有很高的評價，寫道：「深山居住振奇名，冰玉顏容心轉清，世上草書言爲聖，天縱不謝張伯英。暫乘雲嶺一念隙，書得綾羅四帖屏，初見筆精鸞鳳體，請看墨妙虬龍形，高岑墜石未動地，絕澗長松豈揚聲，亂點乍疑舞鶴起，赴湘連似旋雁行，華苑正開春日色，月天遍照秋夜明。對之觀者目眩曜，共賞草書笑丹青，絕妙藝能不可測，二王没後此僧生，既知臣骨無人擬，收置秘府最開情。」大師法書真跡，至今頗有保存於日本的，無不視之爲國寶了。

惠果阿闍梨傳大師法事之後不久，於永貞元年（八〇五）十二月十五日圓寂，享年六十，僧臘四十。元和元年（八〇六）正月十七日，葬於孟村龍泉大師塔側。會葬者弟子道俗千餘人，大師被推爲撰碑之人。當時長安城中，大手筆、攻文僧，不乏其人，而此堂堂一代宗師惠果的碑文，竟由一介海外僧侶、且與惠果僅有半年師徒關係的空海來撰文並書字，於此可見朱千乘贈詩所謂「文學冠儒宗」者，並非過譽之詞，是誠中、日文化交流史中一段佳話了。日本天台沙門安然集《諸阿闍梨真言密教部類總錄》卷下載有〈惠果和尚碑〉一卷，則又此碑流傳之有文獻足徵者，惜在中土已亡之矣。

大師原擬留學二十年，在既受真言密傳之後，遵師命將早日歸國，適遣唐使判官高階遠成等船到，因上書請歸，遂得請。這時，平日交遊的僧俗，贈詩送別的，有朱千乘、朱少端、鄭壬、曇靖、鴻漸等人。大師亦有留別青龍寺義操闍梨詩，義操也是出自惠果門下的。這些詩篇，都以別易會難的筆觸，表達了「喜遇深」的心情，從而譜寫了中、日友好史上新的一頁。

元和元年四月，他們這一行，離開長安，遄返本朝。在歸國途中，大師曾於越州謁見華嚴和尚神秀，於神秀邊得《金師子章》及《緣起六相》一卷㊺。據《宋史》〈日本國傳〉：「次桓武天皇，遣藤元葛野、空海大師及延歷寺僧澄入唐。詣天台山傳智者止觀義，當元和元年也。」則大師實並傳真言、天台二宗。《叡山護國緣起》載空海名刺：「僧空海（第一行）奉上（第二行）大同四年二月三日（第三行）右爲天台傳燈奉問比叡大禪師謹捧名書□□敬白（第四行）」。則大師與天台宗之關係，亦非文獻無徵者，特爲真言開祖之名所掩耳。

在越州時，大師有〈與越州節度使求內外經書啟〉㊻，其括書範圍，「三教之中經律論疏傳記，乃至詩賦碑銘卜醫，五明所攝之教，可以發蒙濟物者」。看來這位節度使是滿足了他的要求的，由後來大師所撰寫的《文鏡秘府論》、《篆隸萬象名義》等書觀之，旁徵博引，書卷紛披，足以證明此事。大師在這道書啟中提到了「今見於長安城中所寫得經論疏等凡三百餘軸，及大悲、胎藏、金剛界大曼荼羅尊容」，據大師《表上請來目錄》，新譯經等百四十二部二百四十七卷，梵字真言贊等四十二部四十四卷，論疏章等三十二部二百七十卷，總二百十六部五百六十一卷，則在越州所括書爲二百五十卷左右，可惜《請來目錄》，僅傳內經，未列外書，不然，則此目錄將與《日本見在書目》後先媲美了。陸龜蒙有〈圓載上人挾儒書歸日本國〉詩寫道：「九流三藏一時傾，萬軸光凌渤澥聲；從此遺編東去後，卻應荒外有諸生。㊼」這首詩拿來詠大師之括書歸國，也是無比吻合的。這兩個目錄，至今成爲唐代中、日兩國文化交流的歷史見證。

大師歸國後，除《表上請來目錄》外，繼續《有敕賜世說屏風書畢獻表》、《書劉希夷集獻納表》（包括王昌齡《詩格》一卷、《貞元英傑言詩》三卷、《飛白書》一卷）、《奉獻雜書跡狀》（包括《德宗皇帝真跡》一卷、《歐陽詢真跡》一卷、《張誼真跡》一卷、《太王諸舍帖》一首、《不空三藏碑》一首、《岸和尚碑》一鋪、徐侍郎《寶林寺詩》一卷、釋令起八分書一帖、《謂之行草》一卷、《鳥獸飛白》一卷）、《奉獻筆表》（有云空海於海西所覽如此）、《獻雜文表》（包括《急就章》一卷、《王昌齡集》一卷、《雜詩集》四卷、《朱書詩》一卷、《朱千乘詩》一卷、《雜文》一卷、《王智章詩》一卷、《贊》一卷、《詔敕》一卷、《譯經圖記》一卷）、《書劉廷芝集奉獻表》、《獻梵字並雜文表》（包括《梵字悉曇字母並釋義》一卷、《古今文字贊》三卷、《古今篆隸文體》一卷、梁武帝《草書評》一卷、王右軍《蘭亭碑》一卷、《曇一律師碑銘》一卷、《大廣智三藏影贊》一卷）、《進李邕真跡屏風表》㊽，此外還寫了《篆隸萬象名義》三十卷，《文鏡秘府論》六卷，又於弘仁十一年（八二〇）根據《文鏡秘府論》「抄其要含口上者」爲《文筆眼心鈔》。又以漢字爲依據，始造平假名。先是元正天皇靈龜二年（七一六），當唐玄宗開元四年，朝臣真備來唐留學，歷十八年，至開元二十一年（七三三）即聖武天皇天平五年才歸國，賜姓吉備，始造假名。假名即假字，取漢字偏旁以假其音，因之又叫作片假名，片者偏也，如伊作イ、呂作ロ、波作ハ之類。至是，大師又造爲平假名，平者全也，其字全假漢字之草書爲之，如伊呂波是也。綜上所述，大師傳播中國文化是如此的廣泛，關係日本文化是這樣的重大，然則大師在中、日文化交流上作出的貢獻，豈僅佛學而已哉。

五

大師在中、日文化交流中作出的貢獻，固已曠絕古今，而其業績當爲中、日兩國人民世世代代銘記不衰的，那就要數《文鏡秘府論》了。《半江暇筆》寫道：「唐人詩論，久無專書，其數見於載籍，亦僅僅如晨星；獨我大同中，釋空海遊學於唐，獲崔融《新唐詩格》、王昌齡《詩格》、元兢《髓腦》、皎然《詩議》等書而歸，後著作《文鏡秘府論》六卷，唐人卮言，盡在其中，但惜不每章題曰誰氏之言，使後世茫乎無由採擇矣。」今案《續高僧傳》卷三〈慧淨傳〉寫道：「有道士於永通頗挾時譽，令懷所重，次立義曰：『有物混成，先天地生，吾不知其名，字之曰道。』令即命言申論，仍曰：『法師必須詞理切對，不得犯平頭上尾』。於時，令冠平帽，淨因戲曰：『貧道既不冠帽，寧犯平頭？』令曰：『若不犯平頭，當犯上尾。』淨曰：『貧道脫屣升床，自可上而無尾；明府解巾冠帽，可謂平而無頭，』令有靦容。」此雖爲機鋒之談，很好地反映聲病說之爲當時緇素所共究心。《文鏡秘府論》闡述這個問題，有脊有倫，出色當行，是研究漢、魏到隋、唐這一歷史斷限中文學作品的修辭指南。《文鏡秘府論序》寫道：「沈侯、劉善之後，王、皎、崔、元之前，盛談四聲，爭吐病犯，黃卷溢篋，緗帙滿車。」又西卷《論病》寫道：「顒、約已降，兢、融以往，聲譜之論郁起，病犯之名爭興，家制格式，人談病累。」他舉出這一時期的代表作家及其論著，上自齊永明之沈約、周顒，下至隋、唐之劉善經、王昌齡、釋皎然、崔融、元兢，原原本本，殫見洽聞，使人讀其書，知其時，如鑄鼎象物，物無遁形，從而對於聲病說之利弊，嘆觀止矣。《南史》〈庾肩吾傳〉寫道：「齊永明中，王融、謝脁、沈約文章，始用四聲，以爲新變，至是轉拘聲韻，彌爲麗靡，復逾往時。」又《陸厥傳》寫道：「時盛爲文章，吳興沈約、陳郡謝朓、琅邪王融，以氣類相推轂。汝南周顒，善識聲韻。約等文皆用宮商，將平上去入四聲，以此制韻，有平頭、上尾、蜂腰、鶴膝。五字之中，音韻悉異，兩句之內，角徵不同，不可增減，世呼爲『永明體』。「又〈周顒傳〉寫道：「始著《四聲切韻》行於時。」又〈沈約傳〉寫道：「又撰《四聲譜》，以爲『在昔詞人，累千載而不悟，而獨得胸衿，窮其妙旨』，自謂入神之作。」沈約在《宋書》〈謝靈運傳論〉闡述了聲韻對於文學的作用，寫道：「夫五色相宣，八音協暢，由乎玄黃律呂，各適物宜。欲使宮羽相變，低昂舛節，若前有浮聲，則後須切響，一簡之內，音韻盡殊，兩句之中，輕重悉異，妙達此旨，始可言文。」認爲「自靈均以來，多歷年代，雖文體稍精，此秘未睹。」鍾嶸《詩品下序》寫道：「齊有王元長（融）者，嘗謂余云：『宮商與二儀俱生，自古詞人不知之；惟顏憲子乃云律呂音調，而其實大謬；惟見范曄、謝莊頗識之耳。嘗欲進《知音論》，未就。』王元長創其首，謝朓、沈約揚其波。」從此聲病之説，風靡一時，衡文量筆，莫不以此爲尺度。《顏氏家訓》〈文章〉篇寫道「詩格既無此例，又乖制作本意。」又寫道：「江南文制，欲人彈射，知有病累，隨即改之。」鍾嶸《詩品下序》寫道：「蜂腰鶴膝，閭里已具。」足見聲病之説，已普遍流行了。〈中説〉〈天地〉篇載：「伯藥見子而論詩，（阮逸注：「論南北朝詩。」）子不答。伯藥退謂薛收曰：『吾上陳應、劉，下述沈、謝，分四聲八病，剛柔清濁，各有端序，音若塤篪，而夫子不應，我其未達歟？』」足見當時對聲病的講求，引起人們的重視了。《新唐書》〈宋之問傳〉寫道：「魏建安[49]後，迄江左，詩律屢變，至沈約、庾信，以音韻相婉附，屬對精密。及之問、沈佺期，又加靡麗，回忌聲病，約句准篇，如錦繡成文，學者宗之，號爲『沈宋』。」又〈杜甫傳贊〉寫道：「唐興，詩人承陳、隋風流，浮靡相矜。至宋之問、沈佺期等，研揣聲音，浮切不差，而號『律詩』，竟相襲沿。」元稹《唐故工部員外郎杜君墓係銘並序》寫道：「沈、宋之流，研練精切，穩順聲勢，謂之爲『律詩』。由是而後，文體之變極焉。然而莫不好古者遺近，務華者去實，效齊、梁則不逮於魏、晉，工樂府則力屈於五言，律切則骨格不存，閑暇則纖穠莫備。㊿」「沈、宋體」之所以稱爲「律詩」，其特徵就在於回忌聲病，浮切不差。以人而論謂之「沈、宋體」，以時而論就謂之「齊、梁體」㊿了。這種律詩，又與唐、宋以後之五言、七言律詩有別，唐、宋律詩限於八句，沈、宋律詩則多寡不拘；然如天卷《調聲》、《齊梁調詩》所引張謂〈題故人別業〉詩及何遜〈傷徐主簿〉詩三首，則頗近唐、宋律詩，然而謂之齊、梁調詩者，則有如《聲調譜》所謂在粘與不粘之間耳。齊、梁調律詩又叫做「格詩」，《白氏長慶集》㊿卷二十一、卷三十有格詩，卷三十六有半格詩。爲啥叫做半格詩？就是一首詩中一半兒用古體，一半兒用齊、梁體之謂也。趙執信《聲調後譜》所載半格詩，舉白居易《小閣閑坐》五言十二句爲例，云：「前六句爲古體，後六句爲齊、梁體。」

唐設進士科，以詩賦取士。《唐會要》卷七十五〈帖經條例〉：「開元二十五年二月敕：『今之明經、進士，則古之孝廉、秀才；近日以來，殊乖本意，進士以聲律爲學，多昧古今，明經以帖誦爲功，罕窮旨趣。』」又卷七十六〈制科舉〉：「天寶十三載十月一日，御勤政樓，試四科舉人，其辭藻宏麗，問策外，更試詩賦各一道（制舉試詩賦從此始）。」其詩就是規定用齊、梁體。范攄《雲溪友議》上〈古制興〉寫道：「文宗元年秋，詔禮部高侍郎鍇復司貢籍，……其所試，賦則准常規，詩則依齊、梁體格。53」其所以採用齊、梁體格者，主要是考驗應試士子對於聲病規律能否掌握。賈至〈議楊綰條奏貢舉疏〉：「今考文者以聲病爲是非，而惟擇浮艷，豈能知移風易俗、化天下之事乎？54」牛希濟《文章論》寫道：「今有司程式之下，詩賦判章而已，唯聲病忌諱爲切，比事之中，過於諧謔，學古者深以爲慚。」55皇甫湜《皇甫持正文集》卷四有〈答李生〉三書，其〈第一書〉云：「來書所謂『浮艷聲病之文恥不爲』者，雖誠可恥，但慮足下方今不爾，且不能自信其言也。何者？足下舉進士——舉進士者，有司高張科格，每歲聚者試之，其所取，乃足下所不爲者也。『工欲善其事，必先利其器。』足下方伐柯而捨其斧斤，可乎哉？恥之，不當求也；求而恥之，惑也。今吾子求之矣，是徒涉而恥濡足也，寧能自信其言哉？」〈第二書〉云：「既爲甲賦矣，不得稱不作聲病文也。」又云：「前者捧卷軸而來，又以浮艷聲病爲說，似商量文詞當與制度之文，異日言也。」甲賦即應試之律賦也，不會掌握的就要落選。沈亞之《與京兆試官書》：「去年始來京師，與群士皆求進，而賦以八詠，雕琢綺言與聲病，亞之習未熟，而又以文不合於禮部，先黜去。56」因此，宦學之徒，對於聲病體格，莫不加以簡練揣摩。如杜甫〈承沈八丈東美除膳部員外阻雨未遂馳賀奉寄此詩〉寫道：「詩律群公問。57」元稹〈敍詩寄樂天書〉寫道：「稹九歲學賦詩，長者往往驚其可教。年十五六，粗識聲病。58」白居易〈寄唐生〉寫道：「非求宮律高，不務文字奇。[59]」李涉《六嘆並序》寫道：「錄之私齋，以示同道，格韻枯缺，多慚見知。[60]」姚合《武功縣中作三十首》其三十寫道：「詩標八病外，心落百憂中。[61]」有的詩作還徑標「齊梁體」之名，如劉禹錫〈和樂天洛城春齊梁體八韻〉[62]、皮日休《寄題天台國清寺齊梁體》[63]。就是大詩人杜甫對此也是「頗學陰何苦用心」[64]，他寫道：「後賢兼舊列，歷代各清規，法自儒家有，心從弱歲疲。[65]」又寫道：「覓句新知律。[66]」「遺辭必中律」。[67]「晚節漸於詩律細。[68]」可見他是畢生致力於此，不敢掉以輕心的。元稹《唐故工部員外郎杜君墓係銘並序》寫道：「鋪陳終始，排比聲韻，大或千言，次猶數百，詞氣豪邁，而風調清深，屬對律切，而脫棄凡近。[69]」白居易《與元九書》寫道：「杜詩最多，可傳者千餘篇，至於貫穿今古，覼縷格律，盡工盡善，又過於李（白）焉。[70]」由於聲病之說，是詩文格律的沉重枷鎖，阻礙了文學形式的自由發展；於是伴隨著聲病說的流行，而出現了反對聲病說的意見。裴度《寄李翺書》寫道：「觀弟近日制作大旨，常以時世之文，多偶作儷句，屬綴風雲，羈束聲韻，爲文之病甚矣。故以雄詞遠志，一以矯之。[71]」元稹〈敘詩寄樂天書〉寫道「又久之，得杜甫詩數百首，愛其浩蕩津涯，處處臻到，始病沈、宋之不存興寄。[72]殷璠《河岳英靈集敘》寫道：「齊、梁、陳、隋，下品實繁，專事拘忌，彌損厥道。夫能文者，匪謂四聲盡要流美，八病咸須避之，縱不拈二，未爲深缺。[73]」皎然《詩式》〈明四聲〉寫道：「樂章有宮商五音之說，不聞四聲。近自周顒、劉繪流出，宮商暢於詩體，輕重低昂之節，韻合情高，此未損文格。沈休文酷裁八病，碎用四聲，故風雅殆近。後之才子，天機不高，爲沈生弊法所媚，懵然隨流，溺而不返。」李德裕《文章論》寫道：「沈休文獨以音韻爲功，重輕爲難，語雖甚工，旨則未遠。夫荊璧不能無瑕，隋珠不能無纇，文旨既妙，豈以音韻爲病哉？此可以言規矩之內，不可以言文章外意也。[74]」李渤《喜弟淑再至爲長歌》寫道：「近來詩思殊無況，苦被時流不相放，雲騰浪走勢未衰，鶴膝蜂腰豈能障。[75]」於是有人對以聲病爲衡文取士標準，要求改革。《資治通鑑》卷二百二十二寫道：「廣德元年（七六三）六月癸酉，左丞賈至議，以爲：『今試學者以帖字爲精通，考文者以聲病爲是非，風流頹敝，誠當釐改。』」胡三省注：「聲病謂以平上去入四聲緝而成文，音從字順謂之聲，反是則謂之病。」權德輿《進士策問五道》第五問寫道：「問：育才造士，爲國之本，修詞待問，賢者能之，豈徒速於儷偶，牽制於聲病之爲邪？但程試司存，則有拘限：音韻頗叶者，或不聞於軼響，珪璋特達者，亦有累於微瑕。欲使楚無獻玉之泣，齊無吹竽之濫，取捨之際，未知其方。[76]」《文獻通考》〈選舉考〉：「蓋自以文藝取之，士之精華果銳者，皆盡瘁於記問詞章聲病帖括之中。」然而，積重難返，唐以後猶循故轍，因而不革，直至清代，猶以試帖詩取士，繆種流傳，成爲文學發展歷史長河中的逆流。《宋史》〈選舉志〉一：「仁宗時范仲淹參知政事，意欲復古勸學，數言興學校，本行實。於是宋祁等奏：『教不本於學校，士不察於鄉里，則不能核名實。有司束以聲病，學者專於記誦，……』是冬，詔罷入學日限。言初令不便者甚眾，以爲『詩賦聲病易考，而策論汗漫難知』[77]……有司請如舊法。」又：「（神宗時）既而中書門下又言：『古之取士，皆本學校，道德一於上，習俗成於下，其人才皆足以有爲於世。今欲追復古制，則患於無漸。宜先去聲病偶對之文，使學者得得專意經術，以俟朝廷興建學校，然後講求三代所以教育選舉之法，施於天下，則庶可以復古矣。』於是改法，罷詩賦。」一如過去一樣，從宋人到清人，對於聲病之說，攻擊不遺餘力，蘇軾《和流杯石上草書小詩》寫道：「蜂腰鶴膝嘲希逸，春蚓秋蛇病子雲，醉裡自書醒自笑，如今二絕更逢君。」陳與義《夏日集葆真池上以綠陰生晝靜賦詩得靜字》寫道：「人生行樂耳，詩律已其剩。[78]」嚴羽《滄浪詩話》〈詩體〉：「有八病，……作詩正不必拘此，弊法不足據也。」王世貞《藝苑卮言》卷三：「沈休文所載八病，如平頭、上尾，蜂腰、鶴膝，大韻、小韻，旁紐、正紐，以上尾、鶴膝爲最忌。休文之拘滯，正與古體相反，唯近律差有關耳，然亦不免商君之酷。……後四病尤無謂，不足道也。[79]」袁中郎《與袁無涯書》：「以格式爲涕唾。[80]」法式善《詩弊詩十六首和汪星石》〈徇聲病〉：「吾謂試體詩，原各有宗派，祥鳳棲高梧，未許伴萑蒯。至於山水音，何妨寫幽怪，雲堂商競病，原不限疆界，陌頭桑婦辭，江上漁父話，譜入風謠中，一一諧鼓鞴。教之以反切，其音或崩壞，鍾嶸、司空圖，神仙施狡獪。」〈奴疊韻〉：「沈約定韻書，其法亦已酷，矧復強我心，使必從人欲。天上好風雲，人間佳草木，年年與日日，不聞有重複。一朝從十禽，御者猶瑟縮，温柔敦厚辭，如何許徇俗。聲四而音八，相生莫相觸，因難謂見巧，詎忘再三瀆。」[81]上來所舉，僅其一隅，他們的努力，雖未能「挽狂瀾於既倒，障百川而東之」，而此被斥爲商君酷法般的聲病之說，終隨時間的流逝，而成爲文學發展史上的陳跡了。

以聲病取士的方式方法，餘波還東漸於日本。日本一條天皇長德三年（九九七），當宋太宗至道三年，發生了大江匡衡、紀齊名討論學生大江時棟省試所獻詩病累瑕瑾，往復論辯，都根據元兢《詩髓腦》、《文章儀式》、《文筆式》、《詩格》立論，並強調「何以本朝隨時之議，背唐家不易之文」㉜。大師亦指出：「或曰筆論筆經，譬如詩家之格律，詩是有調聲避病之制，書亦有除病會理道。詩人不避聲病，誰綸詩什？書者不明病理，何預書評？㉝」由此觀之：日本文化與中國文化相關，其重大和密切有如此者，而大師則在當時文化交流過程中，起了重要的移植和催化作用。今天，當中、日和平友好條約簽定周年之際，我們重溫這段歷史，更覺得中、日兩國的友好往來和文化交流是源遠流長的，這是值得我們十分珍惜的，也是值得我們引爲驕傲的。

六

聲病之說，爲世詬病久矣。今天我們從《文鏡秘府論》中，才得見其全部癥結之所在。其消極因素，已如上文之所論列；但是，平心而論，其中也有積極的因素，這就是它提高和加強了詩的音樂感。詩之所以爲詩，就是它以諧和的音律區別於其它文學作品的。而要做到音律諧和，首先就要銷滅聲病累害，這樣才能使詩篇不僅是通過書面而且也通過口頭而爲廣大讀者之所喜聞樂見。沈約云：「若得其會者，則脣吻流易，失其要者，則喉舌蹇難。(84)」魏徵在《隋書》〈文學傳序〉寫道：「江左宮商發越，貴於清綺，……清綺則文過其意，……文華者宜於詠歌。」鍾嶸《詩品下序》寫道：「諷讀不可蹇礙，但令清濁通流，口吻調利，斯爲足。」他們一致指出詩是必須可以朗誦的。拿杜詩來說吧，詩人自道其寫作經驗，首先指出「老去漸於詩律細」，其次強調「新詩改罷自長吟」(85)，如何理解這兩句話呢？《清波雜志》卷十二寫道：「李公受虛己爲天聖從官，喜爲詩，與同年曾致堯倡酬，曾謂曰：『子之詩雖工，而音韻猶啞爾。』李初未悟，後得沈休文所謂『前有浮聲，後有切響』，遂精於格律。煇在建康，識北客杜師顏，嘗言少陵〈麗人行〉『坐中八姨真貴人』，數目字中，『八』字最響，覓句下字，當以此類求之。杜早從陳子高學，此說蓋得於陳云。」朱彝尊〈寄查德尹編修書〉(86)寫道：「蒙竊聞諸昔者吾友富平李天生之論矣：『少陵自詡「晚節漸於詩律細」，曷言乎細？凡五七言近體，唐賢落韻共一紐者不連用，夫人而然；至於一三五七句用仄字上去入三聲，少陵必隔別用之，莫有疊出者，他人不爾也。』」杜師顏、李天生都就杜甫的用詞造句，指出他的慘淡經營「苦用心」，總之，不離於回忌聲病那一套；如不銷滅聲病累害，則「佶屈聱牙」，那就不便於朗誦，從而也不會爲人所喜聞樂見了。皇甫湜〈答李生第三書〉所謂：「如鳥雀啁啾，聲斷便已，人如不聞，何足貴也。(87)」總之，詩之所以爲詩，就藝術形式來說，就是以其獨特的音律之美和體格之嚴，而卓然自樹於著作之林。中國的舊體詩，六朝以前姑置不論，打從齊、梁調詩，一變而爲沈、宋律詩，由沈、宋律詩，一變而爲唐、宋律詩，從此唐、宋律詩，風靡一時，方興未艾，大有後來居上之勢，而成爲詩歌寶庫中最豐富的遺產之一。其變遷之故，可以從聲病說得到個中消息。我們只要堅持實事求是的態度，去正確對待詩的藝術形式問題，我們就不會完全否定聲病說對詩的影響了。我們必須知道詩的格律，掌握詩的格律，司空圖《詩品》有道：「超以象外，得其環中。⑧⑧」我們要宅心於格律之中，遊神於格律之外，然後才能創作詩，也然後才能欣賞詩。現在引用一段顧憲成的話，來作談聲病說的結束語，他寫道：「凡涉於聲，便有清濁，可以緣清濁而得之，而此非清非濁，即師曠不能聽也；凡涉於色，便有濃淡，可以緣濃淡而得之，而此非濃非淡，即離婁不能矚也；凡涉於味，便有甘苦，可以緣甘苦而得之，而此非甘非苦，即易牙不能嘗也；凡涉於象，便有方圓，可以緣方圓而得之，而此非方非圓，即公輸不能辨也。故曰：『鴛鴦繡出從君看，不把金針度與人。』其旨精矣。畢竟金針猶可度也，當問把金針是誰，庶幾通得一指頭消息耳。⑧⑨」

七

此書今所見傳本，以宮內省圖書寮⑨⓪所藏古鈔本爲較早之本。此本避唐諱，如南卷〈論文意〉「論其代則漸浮侈矣」，《定位》「非代議之所及」，又云「晚代詮文者多矣」，「代」字俱當是避唐太宗李世民諱改；又如《定位》篇引〈詩序〉「亡國之音哀以思，其人困」，「民」作「人」，也是避唐太宗諱改。又引《詩序》「理世之音安以樂，其政和」，又《定位》云「理亂之所由」，「理」字俱當作「治」，則是避唐高宗李治諱改。此卷又用武后造字，如《定位》篇之「畢乎天埊」，「動天埊」，「埊」俱爲武后所造之「地」字；又「冰池共明𠥱」，「每暑𠥱郁陶」，「𠥱」俱爲武后所造之「月」字；又「令𤯔中夜安寢」，「𤯔欲天從」，「結意惟𤯔」，「𤯔」俱爲武后所造之「人」字；又「自當睎𨲢藻於天文」，「𨲢」爲武后所造之「聖」字；又「非文不𡕀」，「𡕀」爲武后所造之「載」字：這些地方，當是大師隨例避唐諱及用武后造字[91]，也是傳鈔者對大師原稿之迻錄是比較忠實的。至西卷《文筆十病得失》引徐陵《定襄侯表》：「麟閣圖形，咸紀誠臣之節。」則並隋諱也避了，這說明大師在編撰本書時，是很忠實於原始材料的。因之，本書所引用資料，足以參證古本之真，糾正傳本之失者，亦復所在多有。北卷《帝德錄》云：「或可引南方越常國，候無別風淮雨。」案《文心雕龍》〈練字〉篇：「《尚書大傳》有『別風淮雨』，《帝王世紀》云：『列風淫雨。』」保存《尚書大傳》之「別風淮雨」，除《文心》而外，惟有《隋書》〈虞綽傳〉所載〈大鳥銘序〉和本書，足以互證，尤爲足珍。又《帝德錄》載黃帝業績，兩言「侚齊」，《說文繫傳》卷十《人部》：「侚，疾也。從人旬聲。臣鍇案《史記》曰：『黃帝幼而侚齊。』猶疾也。蘇侚反。」《群書治要》卷十一引同。今本《史記》〈五帝本紀〉則誤作「徇齊」了。南卷《定位》篇引陸機《文賦》全文，今取以與《文選》相校，則佳字勝義，層出不窮。如「或本隱以末顯」，與李善注引或作合；「或鉏鋙而不安」，與李善注引《楚辭》合；「思按之而愈深」，與李善合，今本則通作「逾」了；「吾亦以濟夫所偉」，今本脱「以」字；「猶弦緩而徽急」，「緩」「急」對言，其義自明，今本則誤作「弦么」了；「是蓋輪扁之所不得言」，今本脱「之」字；「故亦非華說之所能明」，今本「明」誤作「精」，則與上文「後精」韻復緬了；「踸踔於短韻」，今本「韻」誤作「垣」，李注又從而爲之辭，則其誤久矣。又南卷《定位》篇引《詩序》「政得失」，與《釋文》言「本又作」合。這些，猶如吉光片羽，更爲覺得珍貴了。至如天卷《四聲論》言「洛陽王斌撰《五格四聲論》，詳著其里貫，當必有所本，而《南史》《南齊書》〈陸厥傳〉則俱言「王斌不知何許人也」，此更足以補史之缺文了。

先是，天瀑山人據本書及他書纂輯《全唐詩逸》，篳路藍縷，程功已多，但有沉而未鈎者，如天卷《調聲》引張謂《題故人別業》詩：「平子歸田處，園林接汝濆云云。」五言八句一首，爲《全唐詩》三函八册《張謂卷》所無，失之目治。又有鈎而未沉者，如地卷《十七勢》篇所引王昌齡《宴南亭》詩云：「寒江映村林，亭上納高潔。」又引昌齡云：「微雨隨雲收，濛濛傍山去。」見《山行入涇州》；又云：「海鶴時獨飛，永然滄洲意。」見《縗氏尉沈興宗置酒南溪留別》；今檢《全唐詩》二函十册《王昌齡卷》，這三首詩都赫然在目，而遽認爲逸詩，未免魯莽滅裂了。其實利用此書，不僅可以搜輯唐人逸詩，還可以搜輯唐人佚書和先唐的佚詩佚文。如北卷所收之《帝德錄》，當即《日本見在書目》總集家着錄的《帝德錄》二卷，今賴是書得以流傳。至如南卷《定位》篇所稱引的褚亮等撰《古文章巧言語》一卷，則並《日本見在書目》和《兩唐志》都未見著錄了。又西卷《文筆十病得失》引《文筆式》云：「制作之道，唯筆與文。文者，詩、賦、銘、頌、箴、贊、弔、誄等是也；筆者，詔、策、移、檄、章、奏、書、啟等也。即而言之：韻者爲文，非韻者爲筆。」其言明且清，更足以解自清人阮元、阮福父子以來言文筆之分者之惑(92)。

至於先唐佚文佚詩之見於本書者，如西卷《文十八種病》引張然明《芙蓉賦》、蔡伯喈《琴頌》、孔文舉《與族弟書》文等，都不見於嚴可均輯《全後漢文》，又引阮瑀《止欲賦》云：「思在體爲素粉，悲隨衣以消除。」嚴可均輯阮瑀《止欲賦》佚此二句。又引王彪之《登冶城樓詩》三句，丁福保輯王彪之詩佚此詩。又引謝朓《爲鄱陽王讓表》，嚴輯佚此文。又引周彥倫詩：「二畝不足情，三冬俄已畢。」此詩不獨不見於丁福保輯《全齊詩》，並其人也未予著錄。又引任昉《爲范雲讓吏部表》「寒灰可煙」四句，今《文選》僅載《第一表》，嚴輯任昉文佚此首。天卷《調聲》引何遜《傷徐主簿》三首，丁輯佚此詩。又引劉孝綽《謝散騎表》、邢劭《高季式碑》、魏收《文宣謚議》、《赤雀頌序》（兩引）、溫子升《廣陽王碑序》、徐陵《殊物詔》及《定襄侯表》，今俱不見於嚴輯《全文》。又引邢劭《老人星表》「定律令於遊麟」四句，嚴輯本據《藝文類聚》收入，佚此四句。由於大師所採獲諸書，都是六朝、隋、唐舊本，因之，今天據以拾遺補缺，更足以彌縫前修之未逮云。楊守敬《日本訪書志》卷十三《文鏡秘府論》下寫道：「至其所引六朝詩文，如顧長康《山崩》詩、王彪之《登冶城樓》詩、謝朓《爲鄱陽王讓表》、魏定州刺史甄思伯《難沈約四聲論》、沈約《答甄公論》、常景《四聲贊》、温子升《廣陽王碑》、魏收《赤雀頌》、《文宣謚議》、邢子才《高季式碑》、劉孝綽《謝散騎表》、任孝恭書、何遜《傷徐主簿》詩三首、徐陵《横吹曲》、《勸善表》、《定襄侯表》。其所引唐人詩尤多秘篇，不可勝舉。又引齊太子舍人李節《音韻決疑》，亦《隋書經籍志》所不載，尤考古者所樂觀也。」則清人已先我言之矣。

八

本書整理，係以日本京都藤井佐兵衛版行本爲底本，而校以日本東方文化學院影印宮內省圖書寮所藏《古鈔本》（今簡稱《古鈔本》）、日本古典保存會影印觀智院所藏《地卷古鈔本》（今簡稱《觀智院本》），及《弘法大師全集》本《文筆眼心鈔》（今簡稱《眼心鈔》），日本金剛峰寺密禪僧伽維寶編輯《文鏡秘府論箋》十八卷㊈所據以校的六種寫本，除今所見上引之《古鈔本》外，尚有高野山三寶院本（今簡稱《三寶院本》）、京都梅尾高野寺《無點本》（今簡稱《無點本》）、京都梅尾高山寺長寬中寫本（今簡稱《長寬寫本》）、高野山正智院本（今簡稱《正智院本》）、高野山寶龜院本（今簡稱《寶龜院本》），今亦加以轉引，爲了避免行文拖沓起見，不曰《箋本》引某某本，而徑稱爲某某本，非敢掠美也。《箋本》校定者加地哲定又常引《異本箋》，今亦時有引用，亦徑稱爲《異本箋》。至於注文徵引所及的，則有：維寶之《文鏡秘府論箋》、儲皖峰《文二十八病》、羅根澤《魏晉六朝文學批評史》和《隋唐文學批評史》、周維德校點《文鏡秘府論》，左右採獲，助我良多。脱稿後，又蒙山東大學殷孟倫教授通讀一遍，又有所拾遺補缺焉。至於大師此書，東鄰緇素學人，多所致力，研究成果，當必豐富；惜余爲見聞所囿，未得一一徵引，以提高本書質量，深以爲憾。朱晦庵有詩道：「舊學商量加邃密，新知培養轉深沉。㉔」以文會友，以道交流，他山攻錯，實所厚望於日本佛學界、漢學界的朋友們！㉕

江津王利器

一九八〇年十二月於北京北新橋爭朝夕齋

一九九〇年二月二十日二次稿

【註】：

①《左傳》隱公六年：「親仁善鄰，國之寶也。」

②《史記》〈五帝本紀〉：「東長、鳥夷。」《正義》：「案：武后改倭國爲日本國。」

③《王右丞集》卷十二，清趙殿成《箋注》本。

④《全唐詩》三函九册包佶《送日本國聘使東歸》。

⑤《全唐詩》七函十册徐凝《送日本使還》。

⑥同注③。

⑦同注③。

⑧《本朝文粹》卷十三慶保胤《奝然上人入唐時爲母修善願文》，正保二年上村次郎右衛門新刊本。

謹案：自唐以還，旦本習慣稱中國爲唐，即如奝然上人之入唐，實爲入宋，《宋史》四卷百九十一〈日本國傳〉載：「雍熙元年（九八四）日本僧奝然與其徒五六人浮海而至。」是也。此雖以後證前，然時之相去，亦未甚遠，固無害也。

⑨《張説之文集》卷六，仁和朱氏重刻明鈔本。

⑩《元英先生詩集》卷三，乾隆五十二年遂安鄭濂校刊本。

⑪《唐書》《東夷》《日本傳》。

⑫同注③。

⑬《分類補注李太白詩》卷二十五，明嘉靖癸卯寶善堂郭氏刻本。

⑭同注⑧。

⑮日釋運敞撰《三教指歸刪補鈔》第一《造論緣起考文》：「《遊方記》上卷曰：『延歷十一年，割愛出俗，遂受五戒，成近士，法名曰無空。』《行狀》曰：『大師有十號：一真魚，二貴物，三神童，四無空，五教海，六如空，七空海，八五筆和尚，九遍照金剛，十弘法。』」寶永四年刊本。

⑯《遍照發揮性靈集》卷五，西山禪念沙門真濟編集，明治二十六年森江佐七翻刻本。

⑰閻濟美，兩《唐書》有傳，《唐詩紀事》卷三十六：「濟美貞元末歷福建觀察使，爲治簡易，以工部尙書卒。」
⑱同注⑯。
⑲《本朝高僧傳》〈道慈傳〉。
⑳宋敏求《長安志》卷十《唐京城》四：「次南延康坊：西南隅西明寺（顯慶元年，高宗爲孝敬太子病愈所建立，大中六年，改爲福壽寺）。本隋尙書令越國公楊素宅。（大業中，素子元感謀反誅，後沒官，武德中爲萬春宮主宅，貞觀中以賜濮王泰，泰薨後，官市之，立寺。）」
㉑《文苑英華》卷八百五十五、《全唐文》卷二百五十七。
㉒同注㉑。
㉓戴孚《廣異記》卷十四，汪士鍾藏鈔本。
㉔《全唐文》卷九十九李賢《西明寺鐘銘》。
㉕張彥遠《歷代名畫記》卷三。又言：「玄宗朝南薰殿學士劉子皋書額」。
㉖兩《唐書》〈柳公權傳〉俱載此事。
㉗《温飛卿詩集》卷四。
㉘《杜工部集》卷十二，靜思堂刊錢謙益《箋注》本。
㉙《元氏長慶集》卷十六，明刻本。
㉚《白氏長慶集》卷九，文學古籍刊行社影印宋本。

㉛《白氏長慶集》卷十四。
㉜《全唐詩》八函四冊。
㉝《常建詩集》卷上〈破山寺後禪院〉，《天祿琳琅叢書》影印宋臨安本。
㉞《全唐詩》十函十冊，翁承贊《萬壽寺牡丹》
㉟贊寧《高僧傳》卷四。
㊱贊寧《高僧傳》卷五。
㊲贊寧《高僧傳》卷六。
㊳《全唐詩》十函五冊，唐彥謙《西明寺威公盆池新稻》。
㊴《全唐詩》十一函二冊，李洞《題西明寺攻文僧林復上人房》。
㊵《全唐詩》十一函二冊，李洞《題西明自覺上人房》
㊶大中八年陸展書、咸通四年劉鏞書《漳州陀羅尼經幢敍》，俱言西明寺僧順貞譯此經。
㊷《王右丞集》卷十一《青龍寺曇壁上人兄院集詩序》，趙殿成《箋注》本。
㊸《宋學士全集》〈賦日東曲十首〉其七。
㊹《劉賓客文集》卷二十九，吳興徐鴻寶影印宋本。
㊺有「大唐元和元年沙門空海記」題識。
㊻同注⑯。
㊼《唐甫里先生文集》卷十二。

㊽已上俱見《遍照發揮性靈集》卷四。
㊾漢末建安文壇，係曹氏父子主盟，故六朝唐人有「魏建安」之說，庾信《趙國公集序》：「自魏建安之末，晉太康以來，雕蟲篆刻，其體三變。」與此正復一例。
㊿《元氏長慶集》卷五十六，明刻本。
51魏慶之《詩人玉屑》卷二〈詩體〉上。
52文學古籍刊行社影印宋刻本。
53又見《太平廣記》卷一百八十一引。
54《全唐文》卷三百六十八，又見葛洪《涉史隨筆》。
55《文苑英華》卷七百四十二、《全唐文》卷八百四十五。
56《沈下賢文集》卷八，北京圖書館藏徐乃昌舊藏藍格鈔本。
57《杜工部集》卷九，錢謙益《箋注》本。
58《元氏長慶集》卷三十，明刻本。
59《白氏長慶集》卷二，文學古籍刊行社影印宋本。
60《全唐詩》七函十冊。
61《姚少監詩集》卷五，《四部叢刊》影印明鈔本。
62《劉賓客外集》卷四，吳興徐鴻寶影印宋本。
63《全唐詩》第九函第九冊。

64《杜工部集》卷十五，《解悶》十二首，錢謙益《箋注》本。
65《杜工部集》卷十五，《偶題》。
66《杜工部集》卷十六，《又示宗武》。
67《杜工部集》卷一，《橋陵詩三十韻因呈縣內諸官》
68《杜工部集》卷十三，《遣悶戲呈路十九曹長》。
69同注50。
70《白氏長慶集》卷四十五，文學古籍刊行社影印宋本。
71《文苑英華》卷六百八十、《全唐文》卷五百三十八。
72同注58。
73據本書南卷《定位》篇引。
74《李衛公外集》卷三，光緒十六年常慊慊齋刻本。
75《全唐詩》七函十册。
76《權載之文集》卷四十。
77《玉海》卷一百一十六〈選舉〉〈科舉〉三《宋朝禮部程式》引《選舉志》以爲楊察之言。
78《簡齋集》卷三，武英殿聚珍本。
79《弇州山人四部稿》卷一百四十六，明刊本。
80《瀟碧堂集》卷十九，明刊本。

⑧①《存素堂詩二集》卷三，嘉慶壬申湖北德安官署刊本。

⑧②見《附錄》三。

⑧③《遍照發揮性靈集》卷三，〈敕賜屏風書了表並詩〉。

⑧④見本書西卷《二十八種病》第四鶴膝條。

⑧⑤同注⑥④。

⑧⑥《曝書亭集》卷三十三。

⑧⑦《皇甫持正文集》卷四。

⑧⑧《詩品二十四則》〈雄渾〉，汲古閣刊本。

⑧⑨《涇皋藏稿》卷十二，《冰川詩式題辭》，明刊本。

⑨⓪本文在《中華文史論叢》發表後，日本關西大學教授大庭脩氏來函相告：「宮內省圖書寮，已於一九四五年日本戰敗後，改稱爲宮內廳書陵部。」

⑨①《全唐文》卷二百六十八載中宗朝官右補闕之權若訥有《請復天后所造諸字疏》，云：「伏見天地日月君臣國人授載初慶殿等字，皆先朝創制，久已施行云云。」則武后造字之推行頗爲久遠了。

⑨②詳一九四八年十一月開明書店出版《國文月刊》第七十三期拙著《文筆新解》。

⑨③《真言宗全書》本，有元文元年（一七三六）作者自序。

⑨④《朱子可聞詩集》卷三，〈鵝湖寺和陸子壽〉，新安後學洪力行鈔釋，康熙六十一年刻本。

⑨⑤《前言》全文已由日本高野山大學莊司莊一教授譯爲日文，刊載昭和五十九年九月十五日《密教文

化》第一四七期。

【增註】　西明寺，段成式《寂照和上碑》：「大歷十四年西明寺遇方等壇，試得度隸於悲慈寺。」（《全唐文》卷七百八十七、《金石萃編》卷一百八）。又《酉陽雜俎前集》卷十九：「茄子，有新羅種者，色稍白，形如鵝卵，西明寺僧造玄（一曰玄造）院中有其種。」案：此蓋新羅求學僧帶來之種子，亦爾時有關西明寺掌故也。又《日本國見在書目錄》二十一「土地家」：「《西明寺圖讚》四卷。」

文鏡秘府論　天

日本　金剛峰寺禪念沙門　遍照金剛　撰
江津　王利器　校注

序

夫大仙①利物②名教爲基③；君子濟時④，文章是本也。故能空中塵中⑤，開本有之字⑥，龜上龍上⑦，演自然之文⑧。至如觀時變⑨於三曜⑩，察化成於九州⑪，金玉笙簧⑫，爛其文⑬而撫黔首⑭，郁乎⑮焕乎⑯，燦其章以馭蒼生⑰。然則一爲名始，文則教源⑱，以名教⑲爲宗，則文章爲紀綱⑳之要也。世間出世㉑，誰能遺此乎！故經說阿毗跋致菩薩㉒，必須先解文章。孔宣㉓有言：「小子何莫學夫《詩》？《詩》可以興，可以觀。邇之事父，遠之事君。㉔」「人而不爲《周南》、《邵南》㉕，其猶正墻面而立也。㉖」是知文章之義，大哉遠哉！

【註】

①日本金剛峰寺密禪僧伽維寶編輯《文鏡秘府箋》（以下簡稱《箋》或《箋本》）曰：「大仙者，《般若燈論》：『聲聞菩薩等亦名仙，佛於中最尊上，故已有一切波羅蜜多功德，善抵彼岸，故名大仙。』」任學良《文鏡秘府論校注》殘稿曰：「大仙，佛也。唐德宗《題章敬寺》詩：『嘗聞大仙教，清淨宗無生。』」器案：顧況《贈丁行者》詩：「身披六銖衣，億劫爲大仙。」《涅槃

經》二：「大仙入涅槃，佛日墜於地。」《毗婆尸佛經》下：「梵釋一切天，俱聽大仙戒」《探玄記》四：「《涅槃》中名佛爲大仙人也。」《祖庭事苑》二：「大仙，《般若論》云：『聲聞菩薩亦名仙，佛於中最尊上，故已有一切波羅蜜多功德，善抵彼岸，故名大仙。』漢明帝問摩騰法師：『佛道中亦有仙號不？』曰：『仙者，並修梵行，多諸伎術，是以爲世所尚。佛初成道時，坐於菩提樹下，世人未識是佛，光明顯照，咸言摩訶大仙，生未有也。舍利佛、目連等坐卧空中，神化自在，各相謂言，此是大仙弟子也。佛以隨機應顯，仙號生焉。』」

②《周易》〈乾卦〉〈文言〉：「利物足以和義。」《正義》：「言君子利益萬物，使物各得其宜，足以和合於義，法天之利也。」

③器案：《文選四七袁彥伯《三國名臣序贊》：「豈非天懷發中，而名教束物者乎？《晉書》〈樂廣傳〉：「王澄、胡毋輔之等亦皆任放爲達，或至裸體者，廣聞而笑曰：『名教內自有樂地，何必乃爾。』」皎然《奉和顏使君修韻海畢州中重宴得雙字》：「不知名教樂，千載與誰雙。」弘法大師《聲字實相義》：「名教之興，非聲字不成，聲字分明，而實相顯。所謂聲字實相者，即是法佛平等之三密，衆生本有之曼荼也。」

④器案：《後漢書》《崔寔傳》：「且濟時拯世之術，豈必體堯蹈舜，然後乃理哉？」

⑤《箋》云：「《七范理趣經》一曰：『若欲空中現文字見三世事，當書阿字持誦一洛義，即見三世事。』《華嚴經》〈不思議品〉曰：『一一毛端處，說不可說不可說佛刹微塵等法，一一法中，說不可說不可說佛刹微塵等句身味身。』」器案：弘法大師《聲字實相義》：「如來說法，必籍文

字，文字所在，六塵其體。文字之起，本之六塵。謂六塵者：一色塵，二聲塵，三香塵，四味塵，五觸塵，六法塵。此六塵各有文字。」又曰「一切國土所有塵，一一塵中佛皆入。」《悉曇輪略圖抄》一：「抑《聲字實相義》云：『五大皆有響，十界具言語；六塵悉文字，法身是實相。』」杜光庭《道德真經廣聖義》一《敘經大意解疏序引》：「大凡文字之興：雲篆初凝，傳於天上；蒼頡象跡，興於人間。」與釋氏「空中塵中」之説相似，皆造文字之神話也。苑威《酬王維詩》亦云：「蓮花梵字本從天。」見《全唐詩》二函九册。

⑥《箋》曰：「《釋大衍論》曰：『三身本有。』」「弘法大師《梵字悉曇字母並釋義》云：「夫梵字悉曇者，印度之文書也。《西域記》云：『梵天所制。』五天竺國皆用此字；然因地隨人，稍有增減，語其骨體，以此爲本。劫初之時，世無教法，梵王下來，授以此《悉曇章》，根原四十七言，流派餘一萬，世人不解元由，謂梵王所作，若依《大毗盧遮那經》云：「此是文字者，自然道理之所作也，非如來所作，亦非梵王諸天之所作，若雖有作者，如來不隨喜。諸佛如來以佛眼觀察此法自然之文字，即如實而説之，利益眾生，梵王等傳受轉教眾生，世人但知彼字相，雖日用而未曾解其字義，如來説彼實義，若隨字相而用之，則世間之文字也，若解實義，則出世間陀羅尼之文字也。」器案：「僧祐《出三藏記集》卷一《梵漢譯經音義同異記》：「夫神理無聲，因言辭以寫意，言辭無跡，緣文字以圖音。故字爲言蹄，言爲理筌，音義合符，不可偏失。是以文字應用，彌綸宇宙，雖跡係翰墨，而理契乎神。昔造書之主，凡有三人：長名曰梵，其書右行；次曰佉樓，其書左行；少者蒼頡，其書下行。梵及佉樓，居於天竺，黃史蒼頡，在於中夏。梵、佉取法於淨天，

蒼頡因華於鳥跡，文畫誠異，傳理則同矣。仰尋先覺所說，有六十四書，鹿輪轉眼，筆制區分，龍鬼八部，字體殊式，唯梵及佉樓，爲世勝文，故天竺諸國謂之天書。西方寫經，雖同祖梵文，然三十六國，往往有異，譬諸中土，猶篆籀之變體乎。」

⑦《尚書中候》〈握河紀〉云：『昔帝軒提象，配永循機，河龍出圖，洛龜書威，赤文綠字，以授軒轅。』鄭玄注云：『龍銜圖而出也，龜負書而出。威，則也。』

⑧〔箋〕曰：「《天台山賦》（《文選》十一）：『運自然之妙有。』《老子》：『人法地，地法天，天法道，道法自然。』」器案：上句謂梵、佉造衍音之文，出於本有；此句謂倉頡作衍形之字，亦本於自然也。張懷瓘《書斷》、《御覽》七四九引《孝經援神契》：「倉頡文字者，總而爲言，包意以名事也。分而爲意，則文者祖父，字者子孫，得之自然。備其文理，象形之屬，則謂之文；因而滋蔓，母子相生，形聲、會意之屬，則謂之字。字者，言孳乳寖多也。題於竹帛謂之書，書者，如也，舒也，紀也。」空海謂倉頡造字，「演自然之文」，說蓋本此。道家者流，亦謂文字出於自然，玆最錄其言，以備一說。《雲笈七籤》七《說三元八會六書之法》《自然之字》：「《玉帝七聖玄記》云：『爾乃回天九霄，白簡青籙，上聖帝君，受於九空，結飛玄紫氣自然之字，玄記後學得道之名，靈音韻合，玉朗稟真，或以字體，或以隱音，上下四會，皆表玄名，空生刻書。廣靈之堂，舊文十萬玉言，字無正類，韻無正音，自非上聖，莫能意通，積七千年而後崑崙之室，北洞之源，字方一丈，文蔚煥爛，四合垂芒，虛生晻曖，若存若亡，流光紫氣拂其穢，黃金冶煉瑩其文，遂經累劫，字體鮮明，至上皇元年九月十七日，七聖齊靈，清齋長宮，金青盟

天，跪誓告靈，奉受靈文，高上解其曲滯，七聖通其妙音，記爲回天九霄得道之篇，刻以白銀之簡，結以飛青之文，藏於雲錦之囊，封以啟命之章，付於五老仙都左仙公掌錄瓊宮也。」案：此皆左、右、下三行文字創始之神話也。夷考各種文字之發明，皆先民於勞動生活實踐中積累之經驗，蓋將以溝通彼我之意志，故創造此衍音或衍形之符號耳。無分中外，其理玄同。《荀子》〈解蔽〉篇云：「好書者眾矣，而倉頡獨傳者壹也。」與倉頡同爲好書之人，而稱之曰眾，明邃古之初，創造文字之出於群策群力矣。

⑨《易》〈賁卦〉：「觀乎天文以察時變。」

⑩《箋》曰「《廣弘明集》十七王僧孺〈懺悔禮佛文〉：『暗室生明，大啟三曜。』」器案：張協《遊仙》詩：「亭館籠雲構，修梁流三曜。」《性靈集》三《中壽感興》詩：「欲談一心趣，三曜朗天中。」三曜，謂日月星也。

⑪「州」，《古鈔本》作「洲」，不可據。器案：《周易》《離卦》《彖》曰：「重明以麗乎正，乃化成天下。」又《恒卦》《彖》曰：「聖人久於其道而天下化成。」

⑫《箋》曰：「《抱朴子》：『《五典》爲笙簧，《三墳》爲金玉。』」

⑬《箋》曰：「《楚辭》曰：『青黃雜揉文章爛。』」

⑭《史記》〈始皇本紀〉：「二十六年，更名民曰黔首。」考《秦繹山碑》云：「廿有六年，……黔首康定。」史遷之說，蓋本於此。《說文》：「黔，黎也，從黑今聲。秦謂民爲黔首，謂黑色也。」《後漢書》〈光武紀〉上：「秦呼民爲黔首。」《禮記》〈祭義〉：「明命鬼神，以爲黔

首。」鄭注：「黔首，謂民也。」《釋文》：「黔首，其廉反，徐又其嚴反，黑也。黑首，謂民也，秦謂民爲黔首。」《正義》：「云『黔首民也』者，黔謂黑也，凡人以黑巾覆頭，故謂之黔首。案《史記》云：『秦命民曰黔首。』此紀作在周末秦初，故稱黔首，此孔子言，非當秦世以爲黔首，錄記之人在後變之耳。」器案：《正義》以《禮記》「黔首」之文，爲「錄記之人在後變之」，此言失當。黔首之稱，先秦諸子多言之，《墨子》〈貴義〉篇：「黔首，黑也。」《玉燭寶典》一、《御覽》五三〇、《困學紀聞》十引《莊子》：「黔首多疾，黃帝立，巫咸使黔首沐浴齋戒。」又云：「黔首不知，以爲魅祟耳。」《戰國策》〈魏策〉：「扶社稷，安黔首。」《文選》三九李斯〈上書秦始皇〉：「今乃棄黔首以資敵國。」《呂氏春秋》〈大樂篇〉：「說黔首。」又〈振亂篇〉：「黔首無所告愬。」又〈懷寵〉篇：「士民黔首益行義矣。」至始皇二十六年更名以後，遂爲秦民之專稱，猶《獨斷》上所云：「朕，我也，古者尊卑共之，貴賤不嫌，則可同號之義也。堯曰：『朕在位七十載。』皋陶與帝舜言曰：『朕言惠可底行。』屈原曰：『朕皇考。』此其義也。至秦然後天子獨以爲稱。」之比耳。

⑮《論語》〈八佾〉：「周監於二代，郁郁乎文哉。」皇侃疏：「郁郁，文章明著也。」《文選》〈劇秦著新〉：「郁郁乎煥哉。」

⑯《論語》〈泰伯〉：「大哉，堯之爲君也！巍巍乎其有成功也！煥乎其有文章！」何晏《集解》：「煥，明也。」

⑰《尚書》〈益稷〉：「帝光天之下，至於海隅蒼生。」孔氏《傳》：「蒼蒼然生草木。」《文選》

四七史孝山《出師頌》：「蒼生更始。」李善注：「蒼生，猶黔首也。」

⑱《說文》：「惟初太極，道始於一。」南卷王昌齡《詩格》云：「文字起於皇道，古人畫一之後方有也。」

⑲王昌齡《詩格》云：「一生名，名生教，然後名教生焉。以名教爲宗，則文章起於皇道，興乎國風耳。」器案：南卷《論文意》引或曰：「夫文字起於皇道，古人畫一之後方有也。先君傳之，不言而天下自理，不教而天下自然，此謂皇道。道合氣性，性合天理，於是萬物稟焉，蒼生理焉。堯行之，舜則之，淳樸之教，人不知有君也。後人知識漸下，聖人知之，所以畫八卦，垂淺教，令後人依焉。是知一生名，名生教，然後名教生焉。以名教爲宗，則文章起於皇道，興乎國風耳。」《古鈔本》於「或曰：」二字旁注云：「王氏論文云。」蓋即昌齡《詩格》也。《日本見在書目小學家》有《名教》一卷，田游嚴撰，又別集家有《□游嚴集》一卷。案：「嚴」當作「巖」，《唐書》〈隱逸傳〉有〈田游巖傳〉，《唐詩紀事》七有田游巖，云：「游巖，京兆人。」《蜀中廣記》八引趙抃《成都古今集記》：「唐田游巖入蜀，居於銀山，聚弟子歌雅詩以爲樂。今山有雅歌台石刻存。」宋之問有《敬答田徵君游巖詩》，《全唐文》一六〇有蔣儼《責田游巖書》，字俱作「巖」。

⑳《漢書》〈武帝紀〉：「元朔元年冬十一月，詔曰：『二千石官長紀綱人論。』」

㉑「世」字，《古鈔本》誤移植於「誰」下，今所不從。安然《悉曇藏》一《梵文本源》：「《百論》云：『劫初大梵王將七十二字來化於世間，世間皆不信，故吞七十字，惟留於二字著口之左

右，謂「阿」之與「漚」。故外道經初皆安此二字，言阿無漚有，謂一切諸法不出有無義，故安於經初，以表吉相。』……《灌頂涅槃玄說》云：『三種二字：一世間二字，謂阿與漚；二出世二字，謂梵、佉婁；三出世上上二字，謂常住也。』」案：此言「世間出世，誰能遺此」者，蓋謂學佛者之不能離開梵文也。

㉒《箋》：「眾經音義》七曰：『阿鞞跋致，譯言不退住也。諸經有作阿毗跋致，或作阿惟越致（法華湧出），皆梵音轉。』」器按：信瑞《淨土三部經音義集》卷四《阿彌陀經》：「阿鞞跋致、《經音義》云：《法華經》云：『阿鞞跋致，亦名『阿惟越致』，此云不退轉。不退有三義：入空位不退，入假行不退，入中念不退。《妙藥》云：『般若是位離二死故，解脫是行諸行具故，法身是念證實境故。』《知論》云：『無生忍法，即是阿鞞跋致地。』」信瑞《淨土三部經音義集》卷四《阿彌陀經》「阿鞞跋致」：《經音義》：「《法華經》云：阿鞞跋致，亦名阿惟越致，此云不退轉。不退有三義：入空位不退，入假行不退。入中念不退。《妙藥》云：般若是位離二死故，解脫是行諸行具故，法身是念澄實境故。《知論》云：無生忍法，即是阿鞞跋致也。」

㉓蘇拯《頌魯詩序》：「昔謂孔宣父絕糧於陳、蔡，歷國七十二，不遇其一君，咸云命不通也。」《性靈集》二弘法大師《大唐神都青龍寺故三朝國師灌頂阿闍梨慧果和尚之碑》：「孔宣雖泥怪異之說。」又五弘法大師《與越州節度使求內外經書啟》：「孔宣不皇煖席。」《唐書》〈禮樂志〉：「開元二十七年詔：『夫子既稱先聖，可謚爲文宣王。』」

㉔文見《論語》〈陽貨〉篇，《集解》：「包曰：『小子，門人也。』孔曰：『興，引譬連類。』鄭曰：『觀風俗之盛衰。』」

㉕儲皖峰曰：「『邵』《論語》作『召』，峰案：《史記》〈白起傳〉：雖周、邵、呂望之功，不益於此矣。』『邵』與『召』通。」

㉖文見《論語》〈陽貨〉篇，《集解》：「馬曰：『《周南》、《召南》，《國風》之始，樂得淑女，以配君子，三綱之首，王教之端，故人而不爲，如向墻而立。』」邢昺《疏》：「墻面，面向墻也。《周南》、《召南》，《國風》之始，三綱之首，王教之端，故人若學之，則可以觀興，人而不爲，則如面正向墻而立，無所觀見也。」

文以五音不奪、五彩得所①立名，章因事理俱明、文義不昧樹號②。因文詮名，唱名③得義，名義已顯，以覺未悟。三教④於是分鑣⑤，五乘⑥於是並轍。於焉釋經妙而難入，李篇玄而寡和⑦，桑籍⑧近而爭唱。游、夏得聞之日⑨，屈、宋⑩作賦之時，兩漢辭宗⑪，三國文伯⑫，體韻心傳⑬，音律⑭口授。沈侯、劉善之後⑮，王、皎、崔、元之前⑯，盛談四聲⑰，爭吐病犯⑱，黃卷⑲溢篋，緗帙⑳滿車㉑。貧而樂道者㉒，望絕訪寫；童而㉓好學者，取決無由㉔。

【注】

①《周易》〈繫辭〉下：「爻易而退，各得其所。」《文選》一班孟堅《西都賦》：「粲乎隱隱，各得其所。」案《禮記》〈檀弓〉下：「無所不用斯言也。」《正義》：「所謂處所。」

②器案：梁昭明太子《文選序》：「事出於沉思，義歸乎翰藻。」以事義對舉，與此相同。

③《北史》〈文遙傳〉：「密令搜揚貴游子弟，發敕用之，召集神武門，令趙郡王叡宣旨唱名，厚加慰諭，士人爲縣，自此始也。」

④《箋》曰：「三教者，釋、李、孔之教也。《發微錄》曰：『舒三教之淺深。』」

⑤《箋》曰：「《文選序》曰：『分鑣並馳。』向注曰：『亦猶鑣轡。』」器案：梁武帝《答劉之遴詔》：「張蒼之傳《左氏》，賈誼之襲荀卿，源本分鑣，指日殊致。」

⑥《箋》曰：「《盂蘭盆經疏》曰：『五乘者，乘以運載爲名；五謂人、天、聲聞、緣覺、菩薩。』」

⑦李篇，謂《道德經》也。《文選》〈與嵇茂齊書〉：「昔李叟入秦。」呂向注：「李，老子也。」南朝人以《周易》、《老》、《莊》爲《三玄》，《顏氏家訓》〈勉學篇〉：「《莊》、《老》、《周易》，總謂三玄。」

⑧《箋》曰：「桑籍者，孔丘之書。《慈恩因明論疏序》曰：『空桑啟聖，資《六經》以明玄；苦、賴興仙，暢二篇而顯理。』《史記》〈孔子世家〉注《正義》曰：『干寶《三日記》云：「徵在生空桑之地，今名空竇，在魯南山之空竇，中無水，當祭祀時灑掃以告，輒有清泉自石門出，足以周用，祭訖泉枯，今俗名女陵山。」』」器案：《遍照發揮性靈集》卷七《笠大夫奉爲先妣奉造大曼

荼羅願文》有「李、桑言籍」語，用法與此同，亦謂老子、孔子之書也。

⑨《論語》〈先進〉：「文學：子游，子夏。」

⑩屈、宋，謂屈原、宋玉，傳見《史記》〈屈原賈生列傳〉。

⑪《箋》曰：「《漢書》曰：『司馬相如蔚爲辭宗。』」器案：《後漢書》〈列女汝南袁隗妻傳〉：「南郡君學窮道奧，文爲辭宗。」《文心雕龍》〈才略〉篇：「致名辭宗。」

⑫杜甫《戲贈閿鄉秦少公短歌》：「每語見許文章伯。」又《暮雨陪李尚書李中丞遇鄭監湖亭泛舟》：「海內文章伯。」梁肅《常州刺史獨孤及狀》：「建言發辭，若山岳之峻放，江、漢之波瀾，故天下謂之文伯。」

⑬器案：本書地卷有《十體》，南卷有《論體》。

⑭「律」，原作「津」，今據《箋本》校改正。《漢書》《武帝紀贊》：「協音律，作詩樂。」又《食貨志》：「行人振木鐸狥於路以採詩，獻之天子，太師比其音律，以聞於天子。」《後漢書》〈桓譚傳〉：「好音律，善鼓琴。」《顏氏家訓》〈文章〉篇：「近世音律諧靡，章句偶對。」任學良曰：「《西卷序》云：『曹、王入室摛藻之前，游、夏升堂學文之後，四紐未顯，八病莫聞。』」

⑮儲皖峰曰：「劉善即劉善經。」器案：《顏氏家訓》〈文章〉篇：「沈隱侯曰：『文章當從三易：易見事，一也；易識字，二也；容讀誦，三也。』邢子才常曰：『沈侯文章，用事不使人覺，若胸臆語也。』深以此服之。」稱沈約爲沈侯，與此正同。《隋書》〈經籍志〉：「《四聲》一卷，沈

約撰。」紀昀輯沈氏《四聲考》二卷，刻入《畿輔叢書》。

⑯器案：王昌齡，字少伯，太原人。《唐書》列傳百二十八、《唐才子傳》二有傳。本書地卷《十七勢》、《六義》、南卷《論文意》俱引王氏說。《唐書》〈藝文志〉：「王昌齡《詩格》二卷。」《日本見在書目》：「《詩格》三卷。《直齋書錄解題》：「《詩格》一卷，《詩中密旨》一卷，唐王昌齡。」《性靈集》四弘法大師《書劉希夷集獻納表》：「王昌齡《詩格》一卷，此是在唐之日，於作者之邊，偶得此書。古詩格等雖有數家，近代才子，切愛此格。」又《唐書》〈藝文志〉有《王昌齡集》五卷。于頔《釋皎然杼山集序》：「有唐吳興開士釋皎然，字清晝，即康樂之十世孫，得詩人之奧旨，傳乃祖之菁華，江南詞人，莫不楷範，極於緣情綺靡，故辭多芳澤，師古興制，故律尚清壯，其或發明玄理，則深契真如，又不可得而思議也。貞元壬申歲，餘分刺吳興之明年，集賢殿御書院有命徵其文集，余遂採而編之，得詩五百四十六首，分爲十卷，納於延閣書府。上人以余嘗著詩述論前代之詩，遂託余以集序，辭不獲已，略志其變。」《滄浪詩話》〈詩評〉云：「釋皎然之詩，在唐諸僧之上。」本書地卷《十四例》、東卷《二十九種對》、西卷《文二十八種病》俱引皎公之說。《唐書》〈藝文志〉：「《晝公詩式》五卷、《詩評》三卷，僧皎然。」《崇文總目》：「《晝公詩式》五卷。」《秘書續編到四庫缺書目》：「僧皎然《詩評》一卷。」《直齋書錄解題》：「《詩式》五卷，《詩議》一卷，僧皎然撰。」《通志》〈藝文略〉：「《晝公詩式》五卷，僧皎然《詩評》三卷。」《宋史》〈藝文志〉：「僧皎然《詩式》五卷，又《詩評》一卷。」又《唐書》〈藝文志〉有皎然《詩集》十卷。《唐書》〈崔融傳〉：「崔

融字安成，齊州全節人。初應八科舉擢第，累補宮門丞兼直崇文館學士。……融爲文典麗，當時罕有其匹，朝廷所頒《洛出寶圖頌》、《則天哀册文》及諸大手筆，並手敕付融。撰《哀册文》，用志精苦，遂發病卒，時年五十四。以侍讀之恩，追贈衛州刺史，謚曰文。有集六十卷（《藝文志》同）。本書天卷《調四聲譜》、地卷《十體》、東卷《二十九種對》、西卷《文二十八種病》，俱引崔氏說。《二十九種對》云：「二十六曰切側對，二十七曰雙聲側對，二十八曰疊韻側對。右三種，出崔氏《唐朝新定詩格》。」尋《日本見在書目》有《唐朝新定詩體》一卷，不著撰人，當即崔氏之書也。元謂元兢，本書天卷《調聲》〈七言尖頭律〉、南卷《定位》、西卷《文二十八種病》俱引元氏說，東卷《二十九種對》云：「右六種對，出元兢《髓腦》。」尋《日本見在書目》有《詩髓腦》一卷及《注詩髓腦》一卷，均不著撰人，據本書及《本朝文粹》七大江匡衡《申請重辨齊名所難學生同時棟詩狀》引元兢《詩髓腦》，則作者爲元兢也。《兩唐志》俱不載此書。

⑰案：談四聲書之見於著錄者，有：沈約《四聲譜》、甄琛《磔四聲譜》、劉善經《四聲指歸》、張諒《四聲韻林》二十八卷（《隋志》）、王斌《五格四聲論》，《日本見在書目》〈小學家〉有：《文府四聲》五卷、《四聲韻音》一卷、《四聲韻音》四卷、《文章四聲譜》一卷、《四聲八體》一卷，近人劉盼遂輯有《四聲字苑》一卷，《唐書》〈楊綰傳〉云：「一物以四聲呼之。」又〈權德輿傳〉云：「生三歲，知變四聲。」《詩式》〈明四聲〉云：樂章有宮商五音之說，不聞四聲。近自周顒、劉繪流出，宮商暢於詩體，輕重低昂之節，韻合情高，此未損文格。沈休文酷裁八病、碎用四聲，故風雅殆盡。後之才子，天機不高，爲沈生弊法所媚，懵然隨流，溺而不返。」

⑱《性靈集》三《敕賜屏風書了表並詩》：「或曰筆論筆經，譬如詩家之格律，詩是有調聲避病之制，書亦有除病會理道，詩人不解聲病，誰編詩什，書者不明病理，何預書評。」《顏氏家訓》〈文章〉篇：「江南文制，欲人彈射，知有病累，隨即改之。」《通鑑》二二三胡三省注：「聲病，謂以平上去入四聲緝而成文，音從文順謂之聲，反是則謂之病。」

⑲《宋景文公筆記》卷上云：「古人寫書，盡用黃紙，故謂之黃卷。顏之推曰：『讀天下書未遍，不得妄下雌黃。』雌黃與紙色相類，故用之以滅誤。今人用白紙，而好事者多用雌黃滅誤，殊不相類。」

⑳《箋》曰：「《文選序》：『飛文染翰，則卷盈乎緗帙。』向注：『緗，淺黃色也。帙，書衣。』」任學良說同。

㉑《莊子》〈天下〉篇：「惠施多方，其書五車。」

㉒《論語》〈學而〉篇：「未若貧而樂道，富而好禮者也。」

㉓「而」，《古鈔本》作「魯」。

㉔「西卷《論病序》云：「顒、約已降，兢、融以往，聲譜之論郁起，病犯之名爭興，家制格式，人談疾累，八體、十病，六犯、三疾，或文異義同，或名通理隔，卷軸滿機，乍閲難辨，遂使披卷者懷疑，搜寫者多倦。」與此可互參。

貧道①幼就表舅②，頗學藻麗③，長入西秦④，粗聽余論⑤。雖然志篤禪默⑥，不屑此事。爰有一多後生⑦，扣閑寂⑧於文囿⑨，撞詞華⑩乎詩圃⑪；音響難默，披卷⑫函杖⑬，即閱諸家格式等⑭，勘彼同異，卷軸⑮雖多，要樞⑯則少，名異義同，繁穢尤甚。余癖難療⑰，即事刀筆⑱，削其重複，存其單號⑲，總有一十五種類⑳：謂《聲譜》㉑，《調聲》㉒，《八種韻》，《四聲論》㉓，《十七勢》，《十四例》，《六義》㉔，《十體》，《八階》，《六志》㉕，《二十九種對》㉖，《文三十種病累》㉗，《十種疾》㉘，《論文意》㉙，《論對屬》㉚等是也。配卷軸於六合㉛，懸不朽㉜於兩曜㉝，名曰㉞《文鏡秘府論》㉟。庶緇素㊱好事㊲之人，山野㊳文會㊴之士，不尋千里，蛇珠㊵自得；不煩旁搜㊶，雕龍㊷可期。

【註】

①《僧史略》下：「若此方對王者，漢、魏、兩晉，或稱名，或曰我，或曰貧道。故法曠上書於晉簡文稱貧道；支遁上書乞歸剡，亦稱貧道；道安諫苻堅自稱貧道，呼堅爲檀越，於時未爲定戒。」《釋氏要覽》上：《指歸》云：『道則通物之稱也，屬三乘，聖人所證之道也。謂我寡少此道，故曰貧道。』」

②弘法大師《三教指歸序》：「余年志學，就外氏阿二千石文學舅，伏膺鑽仰。」日本真濟記《空海僧都傳》：「和上故大僧都諱空海，灌頂號曰遍照金剛，俗姓佐伯真，讚岐國多度郡人也。……生而聰明，能識人事，五六歲後，鄰里間號爲神童。年始十五，隨外舅二千石阿刀大足受《論語》、

《孝經》及史傳等，兼學文章。入京時，遊大學，就直講味酒淨成讀《毛詩》、《尚書》，問《左氏春秋》於岡田博士，博覽經史，殊好佛經。」

③箋曰：「《文賦》：『嘉藻麗之彬彬。』」

④西秦，兼有中國及長安二義。《漢書》〈西域傳〉下：「馳言：『秦人，我匄若馬。』」師古曰：「謂中國人爲秦人，習故言也。」又〈匈奴傳〉上：「衛律爲單于謀：穿井築城，治樓以藏穀，與秦人守之。」師古曰：「秦時有人亡入匈奴者，今其子孫尚號爲秦人。」則謂中國人爲秦人，其來已久，而中國在日本之西，釋齊己《送僧歸日本》詩：「日東來向日西遊。」故稱中國爲西秦也。謂長安爲西秦者，杜甫《月三首》：「故園當北斗，直指照西秦。」《九家注本》趙次公曰：「一云：長安上直北斗，《廣雅》云：『北斗樞爲雍州。』故公又有詩曰：『北斗故臨秦。』」《性靈集》七〈爲故藤中納言奉造十七尊像願文〉：「延歷末年，奉使入唐，……東洛、西秦，關、輔郵亭。」亦謂長安爲西秦也。

⑤謂入唐後，得與馬總、朱千乘等詩人才子多所接觸。

⑥禪默，猶言禪寂，謂安禪寂默也。盧綸《詠蒲團》詩：「惟當學禪寂，終身與之俱。」杜甫《夜聽許十一誦詩》詩：「余亦師粲可，身猶縛禪寂。」

⑦一多後生，謂持奉一多法界說之後輩也。密教於宇宙之真相，即如來自證境界，有一法界與多法界兩說，所謂「一多相容（《性靈集》七〈爲知識華嚴會願文〉「容」作「融」）不同門」也。一法界者，謂如來自證無相平等之境界，即本體。多法界者，謂差別妙融之境界，即現象。無畏三藏及

一行禪師等主張前說，其根據爲《大日經》。弘法大師主張後說，見於其師所著之《吽字義說》。以此，大師文中，喜用一多，其《三教指歸序》云：「爰有一多親識。」亦其證也。

⑧野岑守《寄空海上人》云：「歸休樂閑寂，在蹉忘囂滓。」

⑨「囿」，《古鈔本》作「園」。箋曰：「《文選序》曰：『歷觀文囿。』向注曰：「偏涉文章之林囿也。」范蔚宗《樂游》（《選》二十日：「文囿降照臨。」濟注曰：「文囿，文學之士。』」

⑩杜甫《贈比部蕭郎中十兄》：「詞華傾後輩。」一作「辭華」，杜甫《贈特進汝陽王二十二韻》：「辭華哲匠能。」「華」，原作「花」，今從《古鈔本》。

⑪「圃」，《古鈔本》、《長寬寫本》作「囿」。《箋》曰：「《甘泉賦》曰：『翱翔乎書圃。』銑注曰：『圃者言多。』」

⑫《顏氏家訓》〈勉學〉篇：「握素披黃。」杜甫《進封西岳賦表》：「春將披圖視典。」韓愈《進學解》：「手不停披於百家之編。」杜光庭《道德真經廣聖義序》：「後學披卷，多曹本源。」披字義俱同。《文選》〈琴賦〉注：「披，開也。」則披卷猶言開卷也。

⑬《箋》曰：「《文選》二十日：『尚席函杖。』翰注曰：『函，容也，席容一丈，分地使得指揮也。』善注曰：『席間函杖。』鄭玄曰：『函，容也。』」按：《釋氏要覽》下：「函丈，《曲禮》云：『非飲食之客，席間函丈。』注：『函』，容也。謂講問相對容丈，足以指劃也。』」

⑭《箋》曰：「諸家者，沈約《四聲譜》（《梁書》十三），劉善經《四聲指歸》一卷（《北史》八十三載），梁湘東王《詩評》，王斌《五格四聲論》，鍾嶸《詩評》三卷，劉勰《文心雕龍》、王

昌齡《詩格》一卷，僧皎然《詩議》（《唐志》曰《詩評》三卷，僧皎然），崔融《唐朝新定詩格》，元兢《詩髓腦》及《筆札》、《文筆式》等也。」器案：本書東卷《論對》：「余覽沈、陸、王、元等《詩格式》等，出没不同。今棄其同者，撰其異者。」弘法大師《性靈集》四《書劉希夷集獻納表》：「此王昌齡《詩格》一卷，此是在唐之日，於作者邊偶得此書。古代《詩格》等，雖有數家，近代才子，切愛此格。」

⑮《南史》〈陸澄傳〉：「王儉自以博聞多識，讀書過澄。澄謂曰：『僕少來無事，唯以讀書爲業，且年位已高；今君少便鞅掌王務，雖復一覽便諳，然見卷軸，未必多僕。』」任昉《蕭公行狀》：「所造篇銘，積成卷軸。」李白《與韓荆州書》：「至於制作，積成卷軸。」

⑯《箋》曰：「《孝經》曰：『撮其要樞。』」按：《文選》三十一袁陽源《效曹子建樂府白馬篇》李善注：「樞，要也。」

⑰弘法大師《秘密漫荼羅十住心論》一：「世醫所療，唯身病也，其方則《大素本草》等文是也；治心病術，大聖能說，其經則五藏之法是也。」

⑱《箋》曰：「《漢書》賈誼策曰：『夫俗吏之所務者，惟在刀筆筐篚。』古無紙，用簡記事，以刀削簡，故曰刀筆。」器案：本書西卷《論病》：「予今載刀之繁，載筆之簡。」《後漢書》〈劉盆子傳〉：「其一人出刀筆，書謁欲賀。」注：「古者記事，書於簡册，謬誤者，以刀削而除之，故曰刀筆。」又〈王充傳〉：「户牖墻壁，各著刀筆，著《論衡》八十五篇，二十餘萬言。陳子昂《上薛令文章啟》：「刀筆小能，不容於先達。」羅隱《董仲舒》詩：「災變儒生不合聞，謾將刀筆

指乾坤；偶然留得陰陽術，閉卻南門又北門。」

⑲本書北卷《論對屬》：「前複後單，若云：『日月揚光，慶雲爛色。』日月兩事是複，慶雲一物是單。」《雲笈七籤》七〈四會成字〉：「或單複相兼。」單號即單名，《儀禮》〈士冠禮疏〉有大號、小號之説，號亦名也。

⑳「十九種類」也。

㉑即《調四聲譜》。

㉒尚有《詩章中用聲法式》。

㉓以上天卷。

㉔當在《十體》下。

㉕尚有《九意》。以上地卷。

㉖尚有《筆札七種言句例》。以上東卷。」

㉗「累」，《古鈔本》誤作「菓」。

㉘即《文筆十病得失》。案此爲西卷，當列在南卷《論文意》之後。

㉙「文」，原作「大」，《箋本》周校本、任校本俱作「文」，今從之。以上南卷。

㉚尚有《帝德錄》。以上北卷。

㉛上下四方爲六合，故以天地東南西北名卷。

㉜《左傳》襄公二十四年：「豹聞之：太上有立德，其次有立功，其次有立言。雖久不廢，此之謂不

朽。」

㉝《箋》曰：「《楊子》曰：『日不南不北，則無冬無夏；月不來不往，則望晦不成；遞相交代，謂之兩曜。』」案梁元帝《纂要》：「日月謂之兩曜。」

㉞杜光庭《道德真經廣聖義》一《敍經大意解疏序引》：「曰者，《字林》云：『曰者，從口出言爲曰，亦云張口吐舌爲曰。』《說文》云：『曰，詞也，從口乙聲，象口出氣有聲而成言詞也，故云曰。』」

㉟弘法大師先成此書，後又要删爲《文筆眼心抄》。楊守敬《日本訪書志》云：「此書蓋爲詩文聲病而作，滙集沈隱侯、劉善經、劉滔、僧皎然、元兢及王氏、崔氏之說。今傳世唯皎然之書，餘皆泯滅。按《宋書》雖有平頭、上尾、蜂腰、鶴膝諸說，近代已不得其詳。此篇中所列二十八種病，皆一一引詩，證佐分明。」

㊱梁元帝《莊嚴寺僧旻法師碑》云：「緇素結轍，華、戎延道。」見《藝文類象》卷七十六引。

㊲《箋》：「應休璉《與侍郎曹長思書》：（《文選》四十二）曰：『無好事之客。』翰注：『揚雄嗜酒，而好事者載酒從之遊學。』」器案：好事，謂好生事。《孟子》〈萬章〉下：「好事者爲之也。」《漢書》《王褒傳》：「使褒作《中和》、《樂職》、《宣布》詩，選好事者令依《鹿鳴》之聲習而和之。」

㊳《三國志》《蜀書》〈杜微傳〉：「微自乞老病歸，亮又與書曰：『……怪君未有相誨，便欲求還於山野。』」《廣韻敍錄》：「屏居山野，交遊阻絕。」

㊴梁昭明太子《正月啟》：「昔時文會，長思風月之交。」《南史》〈徐伯陽傳〉：「伯陽與中記室李爽等爲文會，後有蔡凝、劉助、陳暄、孔範亦預焉，皆一時士也，遊宴賦詩，動成卷軸，伯陽爲其集序，盛傳於世。」又〈儒林傳〉：「顧越無心仕進，隱於武丘山，與吳興沈炯、同郡張種、會稽孔奐等，每爲文會。」

㊵《箋》曰：「曹子建《與楊德祖書》（《選》二十四）曰：『人人自謂握靈蛇之珠。』向注：『言人皆以其才如玉也。《淮南子》曰：「隋侯之玉。」高誘曰：「隋侯見大蛇傷斷，以藥傅而塗之，後蛇於大江中銜玉以報之，因曰隋侯之玉。」』」

㊶《箋》曰：「韓愈《進學解》曰：『旁搜遠究。』」

㊷《箋》曰：「《別賦》（《選》十六）：『辨有雕龍之聲。』向注：『鄒奭子脩鄒衍之術文飾之，共雕龍而成就之。』」器案：《文選》任彥升《宣德皇后令》：「文擅雕龍。」集注：「李善曰：『《七略》曰：「鄒赫子齊人也。齊人爲諺曰：『雕龍赫。』言赫脩鄒衍之術，文飾之若雕鏤龍文。」』劉良曰：『言專擅於文，若雕龍之綵飾成也。』」

調四聲譜⑤

諸家調四聲譜，具例如左⑥：

平上去入配四方⑦。

東方平聲平伻病別⑧　南方上聲常上尚杓⑨

西方去聲祛麮去刻⑩　北方入聲壬衽任入⑪

凡四字一紐⑫。或六字總歸一紐⑬。紐，《玉篇》⑭：「女九切，結也，束也。」

【註】

①「《調聲》」，原作「調聲聲」，今據《古鈔本》、《三寶院本》校删。

②此四字，正文作「《詩章中用聲法式》」。

③「《八種韻》」，文中作「《七種韻》」誤。

④「《四聲論》」，當作「《四聲指歸》」。

⑤案此《四聲譜》，即沈約《四聲譜》也。《大藏》卷八十四引安然《悉曇藏》所引《四聲譜》，與此全同。

⑥案下所引《調四聲譜》，除沈約外，即爲崔融，惟此二家而已。

⑦《悉曇藏》曰：「《四聲譜》云：『四聲昉四方也。』」

⑧「伻」，原作「伊」，箋云：「俱作『伻』，《眼心》亦同。」今據改正。任學良曰：「《全集》、《眼心》作『伻』，《四聲譜》同，《切韻指掌圖》作『平○病愎』。案《廣韻》伻在耕韻平聲，此爲上聲，蓋古今音異也。」

⑨「杓」，原作「杪」。箋云：「俱作『杓』。「任學良曰：《眼心》作『杓』，《四聲譜》作『夕』，《指掌圖》作『妁』，《聲譜》作『夕』，非也，當以《眼心》、《指掌圖》爲是。案：常、上、尚，俱在禪紐，夕在邪紐，故曰非也。又『杪』乃『杓』之訛。

⑩《四聲譜》作『秥䂑去亟』，《切韻指掌圖》作『胠（音區，發也。）去去麮』

⑪《指掌圖》作，任荏任入，《四聲譜》作『任荏衽入』。

⑫《四聲譜》云：『凡四聲字爲紐。』案謂四聲共一紐也。

⑬《四聲譜》云：『或六字總歸一入。』器案：周校本引《考文篇》定作「入」，並云：「安然《悉曇藏》引作『入』，是也。下亦云：『是故名爲總歸一入。』」

⑭《玉篇》兩字原缺，今據《古鈔本》、《三寶院本》、《無點本》校補。

皇晃璜　鑊①　禾禍和②

滂旁傍③　薄④　婆潑紴⑤

光廣珖　郭⑥　戈果過

荒恍一侊　霍⑦　和火貨⑧

上三字，下三字，紐屬中央一字，是故名爲總歸一入⑨。

【註】

①《眼心》「璜」作「潢」，《韻鏡》同，《四聲譜》作「譢」，《指掌圖》作「黃晃攩穫」，《韻鏡》作「黃晃潢檴。」

②「禾禍和」，原與下文「戈果過」倒置，今據《古鈔本》、《無點本》乙正。《指掌圖》、《韻鏡》俱作「和禍和」。

③「滂旁傍」，《古鈔本》、《無點本》作「傍旁傍」。

④《四聲譜》作「傍旁縍薄」，《指掌圖》作「傍〇傍泊」，《韻鏡》並同。

⑤《眼心》、諸本並同，《四聲譜》作「婆菠破」，《指掌圖》作「婆爸（補可切）縛」。

⑥「珖」，《指掌圖》、《韻鏡》並作「桄」，案：《廣韻》有桄無珖，注：「古曠、古黃二切，織機桄也。」

⑦《指掌圖》、《韻鏡》作『荒慌荒霍』，在曉紐。」

⑧「和」，《四聲譜》作「吠」，器案：「吠」即「咊」之誤字。

⑨《四聲譜》同。器案：《新唐書》〈藝文志〉〈小學類〉有武元之《韻詮》十五卷，此所引，見《悉曇藏》卷二。又案：文中之「上」當讀作「左」，「下」當讀作「右」。

四聲紐字，配爲雙聲疊韻如後：

郎朗浪落① 黎禮麗捩②
剛⿰口剛鋼各③ 笄併計結④
羊養恙葯⑤ 夷以異逸⑥
鄉嚮向謔⑦ 奚⿱竹奚咥纈⑧
良兩亮略⑨ 離邐詈栗⑩
張長悵著⑪ 知倁智窒⑫

凡四聲，豎讀爲紐⑬，橫讀爲韻⑭，亦當行下四字配上四字即爲雙聲⑮。若解此法，即解反音法⑯。反音法有二種⑰：一紐聲反音，二雙聲反音⑱。一切反音有此法也⑲。

【註】

①「落」《四聲譜》作「洛」。

②《指掌圖》作『黎邐吏○』，《韻鏡》作『厘里吏○』。

③「『綱』，《指掌圖》作『魧』（各朗切），《韻鏡》同。」

④「《指掌圖》作『鷄几計吉』，《韻鏡》作『鷄○計○』。」

⑤「《指掌圖》、《韻鏡》作『陽養漾藥』，《四聲譜》『恙』作『漾』。」

⑥「《四聲譜》作『頤虵易逸』，《韻鏡》作『飴以異○』。」

⑦「響」，《古鈔本》作「向」。「鄉向」，《指掌圖》作「香饗」，《韻鏡》作「香」，諸本作「響」。

⑧「咥」，原作「唖」，周校據《古鈔本》改，今從之。《指掌圖》作「僖𪖐憙迄」，《韻鏡》作「僖喜憙○」。

⑨「亮」，《指掌圖》作「諒」。

⑩「邐」，原作「麗」，周校據《眼心鈔》改作「邐」，今從之。《指掌圖》作「厘里利栗」，《四聲譜》作「離邐儷栗」。器案：信范《悉曇字記明了房記》：「『知微智陟』，『離邐詈力』，各如次平上去入四聲也。一字假名字，入聲共無故。『知』入聲借『陟』（知直切）字，『離』入聲借『力』（林直切），故云四字也。《指微韻鏡》曰：『韻中或只列三聲者，是元無入聲；如欲呼吸，當借音可也。』」又案：《廣韻》上聲有𪏭（盧啟切，又音離）欐（盧啟切，又力計切），此文原作『麗』，入上聲，誤矣，故從《眼心鈔》改正。又《支韻》有『麗』字，去聲有『麗』（郎計切），是知『麗』有平去而無上入也。

⑪「著」，《指掌圖》作「勺」。

⑫《指掌圖》作「知掇置窒」，《韻鏡》作「知掇智〇」。

⑬凡四聲豎讀爲紐，即雙聲也，如郎朗浪落四字爲平上去入四聲，黎禮麗捩亦爲平上去入四聲。

⑭横讀爲韻，即疊韻也，如郎剛羊鄉良張，並在《唐韻》、《陽韻》，《唐》、《陽》古通用，今並在《陽韻》，是爲疊韻。

⑮謂如郎朗浪落、黎禮麗捩八字共一豎行，上下各四字，下四字中任一字與上四字中任一字，二字相配，即爲雙聲，若黎落、黎郎、麗浪等是，餘類推並同。

⑯《四聲譜》無下「法」字。

⑰《四聲譜》「音」下有「之」字，「法」下出「乃」字。

⑱《四聲譜》無二「音」字。

⑲《四聲譜》「有」上出「唯」字，是也。《悉曇要訣》卷四云：「紐聲反者，上字初音，與下字終音相合呼之，似紐初後相合，故云紐聲歟？即《四聲譜》意云黎朗相合，反之即得朗音，捩洛相合，反之即得洛音，此等云紐聲歟？雙聲反者，案《四聲譜》，郎黎相合，反之得黎音，浪麗相合，反之得麗音，以此云雙聲歟？

綺琴　良首　書林

欽伎　柳觴　深廬

釋曰：豎讀二字互相反也①，傍讀轉氣爲雙聲②，結角讀之爲疊韻③。曰綺琴、云欽伎，互相反也，綺欽、琴伎兩雙聲，欽琴、綺伎二疊韻。上諧則氣類均調，下正則宮商韻切④。持綱舉目，庶類同然⑤。

【註】

①謂堅二字，互爲反切也。「反」，《古鈔本》作「返」，誤。任學良曰：「豎讀二字互相反者，謂若綺琴豎讀反之，則得欽字，欽伎豎讀反之得綺字，良首豎讀得柳字，柳觴豎讀得良字等是也。此等相互反切，則得相關共紐之字者，故曰互相反也。」案：豎讀此本則當橫讀，下同。

②任學良曰：「傍讀轉氣者，謂傍行讀也，以轉其氣。」

③謂若綺伎、欽琴、良觴、首柳等，對角線讀之，即爲疊韻。

④案《韻詮》《反音例》曰：「服虔始作反音，亦不詰定。臣謹以口聲爲證。」安然釋云：「此乃五音變成四聲四音七響八韻者也。今檢反音，皆以口聲爲證定之，言口聲者，即是口處發響之聲，……其反音者，連呼兩字成一音，但低昂依下，輕重依上，上下相和，以發諸響。」

⑤以上皆出《四聲譜》。

崔氏曰①：傍紐者：已上三字無異本②。

風小　月膾　奇今　精酉　表豐　外厥　琴羈　酒盈

【註】

①此即崔融《唐朝新定詩格》之文也。融字安成，齊州全節人《新唐書》卷一百十四有傳。

②案：西卷劉善經論傍紐云：『傍紐者，即雙聲是也，沈氏所謂風表月外、奇琴精酒是也。』則傍紐之名，實始沈約。此崔氏傍紐，即於奇琴精酒之外，別加今羈酉盈等而成者也。又風表爲傍紐，與今音不合，此則古無輕唇音之的證，足補錢大昕之說。

紐聲雙聲者；已上五字無異本①。

土　煙

天　鴝②

右已前③四字，縱讀爲反語④，橫讀是雙聲⑤，錯讀爲疊韻⑥。何者？土煙、天鴝是反語⑦，天土、煙鴝是雙聲，天煙、土鴝是疊韻，乃一天字而得雙聲疊韻。略舉一隅⑧而示，餘皆效⑨此⑩。

【註】

①《古鈔本》、《三寶院本》、《長寬寫本》無此注文。任學良曰：「案：紐聲雙聲，當係反音雙聲之異名，與《四聲譜》綺琴欽伎互相反、傍讀轉氣、結角讀之等無殊，即雙聲反音也。古人名詞，

多不齊一，此則崔氏之反音異名耳，弘法大師所謂『名異義同』者是也。謹案：《四聲譜》稱反音有二法：一紐聲反音，二雙聲反音。然所舉例證，惟有後者，而無前者。崔氏此之所舉，亦係雙聲反音，而非紐聲反音，故其謂『紐聲雙聲』者，殊有未合，不若以反音雙聲稱之爲妥帖也。紐聲反音與雙聲反音，余已辨析於上，厘然不爽，今復陳之焉。紐聲反音者，反切上字與所切成之字，除爲雙聲即共紐外，復具有平上去入之關涉者是也，如郎向反得浪，郎恙反亦得浪，此郎與浪除同在來紐外，浪復爲郎之去聲，故郎浪既是雙聲，又共平上去入四聲也。如此之紐，名曰紐聲反音。」

②周校云：「《眼心》在『土煙天隝』四字上，居中冠一『天』字，與下文『乃一天字而得雙聲疊韻』相應。」

③「已」，《輪略圖抄》作「以」。

④土煙反天也。

⑤土天是也。

⑥天煙是也。

⑦土煙反天，天隝反土，横讀互相反也。案：敦煌寫本「斯」字一三四四（二）號：「又復《悉曇章》……就中惚有四百二十字，豎則雙聲，横則牒韻，雙聲則無一字而不雙，牒韻則無一字而不韻，初則以頭就尾，後則以尾就頭，或時頭尾俱頭，或尾頭俱尾，順羅文從上角落，逆羅文從下末邪，大小更口、皆從外皎，若翻熟地起首中央，胡音漢音，取捨任意，或似擣練，或似喚神，聽從高下，旁紐右紐，往復鏗鏘，横超豎超，或逆或順，或縱或横，半陰半陽，乍合乍離，兼胡兼漢，

咽喉牙齒，舌顎脣端，呼吸半字滿字，乃是如來金口所宜，宮商角徵，並皆羅什八處輪轉，了了分明，古今不失。」所言悉曇音聲之道，足與吾華反切相參。牒韻即疊韻也。

⑧《論語》〈述而〉：「舉一隅，不以三隅反，則不復也。」邢昺《疏》：「凡物有四隅者，舉一則三隅從可知。」

⑨周校云：「全書『效』字，《古鈔本》均作『放』，下文同例，不出校記。」案《三寶院本》、《長寬寫本》與《古鈔本》同。

⑩器案：戴震《書玉篇末論反紐圖後》，詳辨反切之起源，其言明且清，爰最錄於此，以省繙帑。戴氏曰：「宋、元已來，為反切字母之學者，歸之西域，歸之釋神珙，蓋由鄭樵、沈括諸人論古疏漏，惑於釋氏一二剪劣之徒，眠娗誣欺，據其言以為言也。今珙之《反紐圖》具存，其自為《序》曰：『昔梁沈約創立紐字之圖。』然則珙所為圖，遠在休文之後，祖述休文者也。彼夫竟指珙為北魏時人，始傳西域三十六字母於中土，徒因世俗言休文始造韻，而追而上之，以前於休文，為中土之有反切韻學，本乎西域左證耳。釋氏之徒，舉凡書傳所必資，竊取而學之，既得則相欺相誕，以造為西域之說，固不足指數；獨怪信之者之數典，不能遠稽，又筆之書，以惑後人，噫其陋也！況珙《序》內並及《元和韻譜》，自齊永明、梁天監，下迄唐憲宗元和間，三百三二十載，珙後乎元和，而移其人於四三百載之前，而莫之或辨，何哉？珙圖無所謂字母者，惟《五音聲論》列字四十，而不曰字母，與今所傳三十六字，相與齟齬。王伯厚言：『《玉篇》末附以沙門神珙《五音聲論》、《四聲五音九弄反紐圖》。』考珙《自序》，不一語涉及《五音聲論》，殆唐末宋初或雜取

以附《玉篇》末，非珙之爲，故列之珙《反紐圖》前，不題作者姓氏。《玉海》有《三十六字母圖》一卷，僧守温撰。吕介孺曰：『大唐舍利創字母三十，後温首座益以孃床幫滂微奉六母。』然則字母三十六，定於守温，在珙後者也。雖唐、宋之際已有是，而其學不著，故終唐之代以迄宋初，絕不聞字母之稱。今經傳字書所有反切，仍魏、晉、齊、梁、隋、唐相傳之舊；方漢時崇治經藝，鄭康成尤爲世所宗，其後樂安孫炎受學康成之門人，稱東州大儒，顏之推《家訓》、陸德明《經典釋文》、張守節《史記正義》，皆曰孫炎創立反語。《崇文目序》曰：『孫炎始作字音，於是有音韻之學。』王伯厚曰：『世謂倉頡製字，孫炎作音，沈約撰韻，爲椎輪之始也。』此唐、宋人論反切字音，咸溯源叔然也。逮乎末失，則謂出神珙、出梵僧矣。反語之興，不啻七八百載，而後竟傳守温之字母，近儒乃莫有能言叔然者，吾故書於此，以見經史字音，儒生結髮從事，勿迷失其師承也。」（《戴東原集》卷四）

調聲①

或曰②：凡四十字詩③，十字一管④，即生其意⑤。頭邊⑥二十字，一管亦得⑦。六十⑧、七十⑨、百字詩⑩，二十字一管，即生其意⑪。語不用合帖⑫，須直道天真⑬，宛媚爲上⑭。且須識一切題目義最要⑮。立文多用其意，須令左穿右穴，不可拘檢⑯。作語不得辛苦⑰，須整理其道⑱，格⑲格，意也。意高爲之格⑳高，意下爲之下格㉑。律調其言㉒，言無相妨，以字輕重清濁間之須穩㉓。至如有輕重者，有輕中重，重中輕㉔，當韻即見㉕。且莊字全輕㉖，霜字輕中重㉗，瘡字重中輕㉘，床字全重㉙，如清字全輕㉚，青字全濁㉛。詩上句第二字重中輕，不與下句第二字同聲爲一管㉜。上去入聲一聲㉝一管。上句平聲㉞，下句上去入㉟；上句上去入㊱，下句平聲㊲。以次平聲㊳，以次又上去入㊴；以次上去入㊵，以次又平聲㊶。如此輪回用之㊷，直㊸至於尾。兩頭管上去入相近㊹，是詩律也㊺。

【註】

①菅江兩流《作文大體》云：「調聲者，能調平他聲之義也。平聲之外，上去入總謂之他聲。」案：《悉曇藏》始以側聲名他聲。

②此即王昌齡《詩格》語也。《新唐書》：卷二百三〈孟浩然傳〉附傳：「昌齡，字少伯，江寧人。第進士。補秘書郎，又中宏辭，遷汜水尉，不護細行，貶龍標尉，以世亂還鄉里，爲刺史閭丘曉所殺。昌齡工詩，緒密而思清，時謂王江寧云。開元、天寶間，與孟浩然同知名者，王昌齡、崔顥，皆位不顯。」

③謂五言律詩也。

④器案：王昌齡《詩格》：「詩有六式，六曰一管摶意。」本書地卷《十七勢》：「景語勢收之便論理語，無相管攝。」單文曰管，複文曰管攝也。《淮南子》〈人間〉篇：「發一端，散無竟，周八極，總一筦，謂之心。」筦、管同字。《箋》曰：「《禮記〈樂記〉》曰『管人情。』注：『猶包也。』言十字一包而爲其意也，長篇詩或二十字一包而爲其意也。」

⑤一管，猶言一組也。

⑥《箋》曰：「頭邊者，百字等詩初二十字也。」

⑦四句一組，即成一意。

⑧五言十二句。

⑨五言十四句。

⑩五言二十句。

⑪四句一組，以成一意。

⑫「帖」，《古鈔本》作「怗」，未可據。

⑬器案：《琴操》：「伏羲作琴，修身養性，反其天真也。」《三國志》《魏書》〈胡昭傳〉：「天真高潔。」

⑭《文選》二八陸士衡〈日出東南隅行〉：「婉媚巧笑言。」劉良注：「婉媚，美貌。」宛、婉同。南卷《論文意》引《詩格》：「詩有天然物色，以五綵比之而不及。由是言之，假物不如真象，假色不如天然。」

⑮《論文意》：「詩貴銷題目中意盡。」

⑯南卷昌齡《詩格》云：「夫作文章，但多立意，令左穿右穴，苦心竭智，必須忘身，不可拘束。」南卷《論文意》又云：「詩有傑起險作，左穿右穴。」昌齡《詩格》云「詩有六貴例，三曰穿穴。」又云：「夫置意作詩，即須凝心，目擊其物，便以心擊之，深穿其境。」單文曰穿，複文曰穿穴也。《五燈會元》卷十六〈密州嵴山寧禪師〉則、卷十七〈平江府寶華普鑒佛慈禪師〉則、卷十九〈蘄州五祖法演禪師〉則，俱有七穿八穴語，其義大同。《後漢書》〈左雄傳〉：「虛誕者獲譽，拘檢者離毀。」

⑰器案：南卷《論文意》：「凡文章皆不難，又不辛苦。」昌齡《詩格》：「詩有六式：三曰不辛苦。」《續金針詩格》：「有自然句，有神助句，有容易句，有辛苦句。容易句，率意遂成。辛苦句，深思而得。」見《類說》卷五一。《顏氏家訓》〈文章〉篇：「何遜詩……恨其每病苦辛。」《苕溪漁隱叢話》後二引作「辛苦」。貫休有《苦吟》詩。

⑱南卷《論文意》：「凡作詩之體，意是格，聲是律。意高則格高，聲辨則律清。格律全，然後始有

調。」

⑲《詩中密旨》云：「詩有二格：詩意高謂之格高，意下謂之格下。」

⑳「格」，原作「格」，《箋》云：「『格』之訛。」周校本據《眼心》改，今從之。

㉑同上。

㉒南卷《論文意》，王氏曰：「夫置意作詩，即須凝心，目擊其物，便以心擊之，深穿其境；如登高山絕頂，下臨萬象，如在掌中，以此見象，心中了見，當此即用，如有不似，仍以律調之定，然後書之於紙。」

㉓《左傳》昭公二十年，晏子曰：「先王之濟五味，和五聲也，以平其心，成其政也。聲亦如味，一氣，二體，三類，四物，五聲，六律，七音，八風，九歌，以相成也。清濁大小，短長疾徐，哀樂剛柔，遲速高下，出入周疏，以相濟也。君子聽之，以平其心，心平德和。」《漢書》〈律曆志〉：「古者，黃帝合而不死，名察發斂，定清濁。」孟康曰：「清濁，謂聲律之清濁也。」《後漢書》〈律曆志〉：「量有輕重，平以權衡；聲有清濁，協以律呂。」《詩品序》云：「但令清濁通流，口吻調利。」《切韻序》云：「欲廣文路，自可清濁皆通；若賞知音，即須輕重有異。」《悉曇藏》二引沈約《四聲譜》云：「韻有二種：清濁各別爲通韻，清濁相和爲落韻。」又引《韻詮》《商略清濁例》云：「先代作文之士，以清濁之不足，則兼取叶韻以會之，叶韻之不足，則仍取並韻以成之。」釋中算《妙法華經釋文》上云：「今案華字有三音，平聲輕、重與去聲也。平輕則花也；重則榮華，美也；去則華山，西岳也。今爲取花，用平輕也。不空三藏《儀軌》作花字

者，蓋此意焉。」《夢溪筆談》十五：「每聲復有四等，謂清、次清、濁、平也，如顛天田年、邦胮庞厖之類是也。」《日本見在書目》《小學家》有《清濁音》一卷。

㉔南卷昌齡《詩格》云：「用字有數般：有輕，有重，有重中輕，有輕中重，有雖重濁可用者，有清輕不可用者，事須細律之。」又云：「夫文章，第一字與第五字須輕清，聲即穩也；其中三字縱重濁，亦無妨。如『高台多悲風，朝日照北林。』若五字並輕，則脫略無所止泊處；若五字並重，則文章暗濁。事須輕重相間，仍須以聲律之。如『明月照積雪』則『月』『雪』相拔；及『羅衣何飄飄』，則『羅』『何』相拔：亦不可不覺也。」

㉕《古鈔本》、《眼心鈔》「韻」下有「之」字，疑衍。

㉖照紐，陽韻，平聲。

㉗審紐，陽韻，平聲。

㉘穿紐，陽韻，平聲。

㉙床紐，陽韻，平聲。

㉚清紐，清韻，平聲。

㉛清紐，青韻，平聲。「清」「青」二字俱屬「清」紐，「清」屬三等，「青」屬四等。

㉜謂若上句第二字是重中輕，則其下句第二字不可用重中輕者與之同聲，蓋第二字爲律家所重，若同聲即犯平頭也。

㉝「一聲」二字原無，今據《古鈔本》補正。

㉞指第二字而言，下同。

㉟《眼心》『上去入』作一『側』字，下同，謂仄聲字也。

㊱此與上管下句同。

㊲此爲第二管末。

㊳此爲第三管上句。

㊴與上之第二管上句同，與第一管亦異。

㊵此第四管上句，與第三管下句同上去入。

㊶此第四管下句，亦爲詩之末句。

㊷「輪」，《古鈔本》作「輕」，未可據。

㊸「直」，原作「宜」，周校據《眼心鈔》改「直」，今從之。

㊹「頭」，原作「絃」，周校據《眼心鈔》改「頭」，今從之。

㊺案：以上並王昌齡《詩格》，又此下至『元氏曰』亦同。

五言平頭正律勢尖頭①

皇甫冉詩曰：五言②

中司③龍節貴④，上客⑤虎符新⑥。地控⑦吳襟帶⑧，才光⑨漢縉紳⑩。泛舟⑪應度臘⑫，入境⑬便行春⑭。何處⑮歌來暮⑯，長江⑰建鄴⑱人⑲。

【註】

①平頭者，句首第二字爲平聲也。尖頭律者，五七言律詩首句末字，不與本韻相連，而爲上去入聲，且第一管起首二句即爲對偶者也。頭句不用韻，且爲側聲，故曰尖頭律也。

②案：此冉《獨孤中丞筵陪餞韋使君赴昇州》詩也。獨孤及《皇甫冉集序》云：『冉字茂政，十歲能文，十五而老成，右丞相曲江張公深所嘆異。大歷二載，遷左拾遺，轉左補闕，因省家至丹陽，不幸而没，年五十四。其詩大略以古之比興，就今之聲律，涵詠《風》、《騷》，憲章顏、謝，至若麗曲感動，逸思奔發，則天機獨得，非師資所獎。開元、天寶間，與右丞、崔司勛顥並得沈、宋之門而入者也。冉存於遺札者凡三百有五十篇。』《新唐書》卷二百二本傳略同。

③器案：冉又有《送魏中丞還河北》詩：「上國風塵舊，中司印綬榮。」俱謂中丞爲中司也。

④器案：《周禮》〈地官〉〈司節〉：「凡邦國之使節：澤國用龍節。」鄭注：「使節，使卿、大夫聘於天子、諸侯，行道所執之信也。澤多龍，……必自以其國所多者，於以相別爲信明也。」

⑤下句入聲也。

⑥器案：《漢書》〈文帝紀〉：「二年九月，初與郡守爲銅虎符、竹使符。」應劭曰：「銅虎符第一至第五，國家當發兵，遣使者至郡合符，符合乃聽受之。」師古曰：「與郡守爲符者，謂各分其半，右留京師，左以與之。」

⑦上句去聲也。

⑧器案：《文選》六左太沖〈魏都賦〉：「不以邊垂爲襟。」李善注：「李尤《函谷關銘》曰：『衿帶咽喉。』《聲類》曰：『衿，衣交領也。』」王勃〈滕王閣序〉：「襟三江而帶五湖。」

⑨「才」，原作「戈」，今據《古鈔本》校正，《皇甫冉詩集》、《中興間氣集》、《詩人玉屑》三、《全唐詩》同；「光」，《二皇甫集》、《中興間氣集》、《唐詩紀事》、《全唐詩》作「高」。

⑩《晉書》〈輿服志〉：「古者，貴賤皆執笏，其有事則搢之於腰帶，所謂搢紳之士者，搢笏而垂紳帶也。」《史記》〈五帝本紀〉：「薦紳先生難言之。」《集解》：「徐廣曰：『薦紳，即縉紳也，古字假借。』」

⑪以次平聲也。

⑫此第三管上句。

⑬以次又上聲也。

⑭《續漢書》〈百官志〉五：「外十有二州，每州刺史一人，六百石。本注曰：『凡郡國皆掌治民，進賢勸功，決訟檢奸。常以春行所主縣，勸民農桑，振救乏絕。』」

⑮「何處」，《皇甫冉集》、《全唐詩》作「處處」。以次去聲也。

⑯器案：《後漢書》〈廉范傳〉：「遷蜀郡太守，……成都民物豐盛，邑宇逼側。舊制：禁民夜作，以防火災。而更相隱蔽，燒者日屬。范乃毀削先令，但嚴使儲水而已；百姓爲便，乃歌之曰：『廉

叔度，來何暮！不禁火，民安作。平生無襦今五袴。』」

⑰以次又平聲也。

⑱「鄴」，《皇甫冉集》、《中興間氣集》、《唐詩紀事》、《全唐詩》作「業」。「鄴」、「業」古多通用，如「杜鄴」一作「杜業」是也。

⑲日本《群書類叢》菅江兩流《作文大體》引《五言四韻略頌》曰：『起自平聲，他聲可准知之。』其式與此全同，今引於此：

題目　平平平他他　他他他平平　韻已上

發句

破題　他他平平他　平平他他平　韻已上

胸句

比興　平平平他他　他他他平平　韻已上

腰句

述懷　他他平　他　平平他他平　韻已上

落句

又錢起①《獻歲②歸山》詩曰：五言③

欲知④愚谷好⑤，久別⑥與春還⑦。鶯暖⑧初歸樹⑨，雲晴⑩卻戀山。石田⑪耕種少⑫，野客⑬性情閑。求仲⑭時應見⑮，殘陽⑯且掩關。

【註】

①「錢」，原作「餞」，周校依《眼心》改，今從之。錢起，字仲文，吳興人，天寶十載登進士第，官秘書校書郎，終尚書考功郎中。大歷中，與韓翃、李端輩號十才子，詩格新奇，理致清贍，有集十三卷。傳附見《唐書》卷一百六十六〈錢徽傳〉、《新唐書》卷二百三〈盧綸傳〉。

②箋云：「獻歲者，元日也。李華《含元殿賦》曰：『獻歲元辰，東風發春。』」器案：《楚辭》〈招魂〉：「獻歲發春兮，汩吾南征。」王逸注：「獻，進。」謝靈運〈郡東山望溟海〉詩：「開春獻初歲。」《文苑英華》一七二載隋文帝〈獻歲宴宮臣〉詩：「三元建上春，六佾宴吳城。」裴夷直有〈獻歲書情〉詩。

③《全唐詩》題爲〈歲初歸舊山〉，注云：一本題下有「〈酬寄皇甫侍御〉」六字。又作〈獻歲初歸舊居酬皇甫〉。

④上句平聲。

⑤「愚」，原作「禺」，今據《全唐詩》校改。王維〈過崔駙馬山池〉詩：「聞道高陽會，愚公谷正愚。」又〈愚公谷三首青龍寺與黎昕戲題〉：「愚谷與誰去？唯將黎子同。」又云：「吾家愚谷里，此谷本來平。」又云：「借問愚公谷，與君聊一尋。」皆詠愚谷也。《說苑》〈政理〉篇：「齊桓公出獵逐鹿，而走入山谷之中，見一老公而問之曰：『是爲何谷？』對曰：『爲愚公之谷。』桓公曰『何故？』對曰：『以臣名之。』」《水經》〈淄水注〉：「時水北歷愚山東有愚公冢，時水又屈而逕杜山北，有愚公谷。」

⑥下句入聲。

⑦此第一管爲對也。
⑧上句上聲。
⑨此第二管上句也。
⑩下句平聲。
⑪以次平聲。案：《左傳》哀公十一年：「得志於齊，猶獲石田也，無所用之。」杜注：「石田不可耕。」
⑫「少」，原作「小」，今據《眼心鈔》、《全唐詩》校改。此第三管上句也。
⑬以次又入聲也。
⑭以次去聲也。案：《文選》三〇謝靈運〈田南樹園激流植援〉：「唯開蔣生徑，永懷求、羊踪。」注引《三輔決錄》：「蔣詡，字元卿，隱於杜陵，舍中三徑，惟羊仲、求仲從之游。二仲皆挫廉逃名。」江總〈南還尋草市宅〉詩：「徑毀悲求仲，林殘憶巨源。」亦用此事。
⑮「時應見」，《全唐詩》作「應難見」，此第四管上句也。
⑯以次又平聲也。

又五言絕句詩曰①：

胡風迎馬首，漢月送娥眉。久戍人將老，長征馬不肥。②

【註】

①《全唐詩》佚此首。

②郭震《塞上詩》：「塞外虜塵飛，頻年出武威。死生隨玉劍，辛苦向金微。久戍人將老，長征馬不肥。仍聞酒泉郡，已合數重圍。」《新唐書》卷一百二十二〈郭元振傳〉：「郭震，字元振，魏州貴鄉人，以字顯。」《酉陽雜俎》前集卷十四〈諾皐記〉上：「郭代公嘗山居，中夜有人面如盤，瞚目出於燈下。公了無懼色，徐染翰題其頰曰：『久戍人偏老，長征馬不肥。』公之警句也。題畢吟之，其物遂自滅。數日，公隨樵閒步，見巨木上有白耳，大如數斗，所題句在焉。」此明言五言絕句，而震詩爲五言律，蓋錢起截震句而爲之，又改「偏老」爲「將老」耳。

又①崔曙②〈試得明堂火珠③〉詩曰④：

正位⑤開重屋⑥，凌空⑦出火珠，夜來雙月滿⑧，曙後一星孤。天淨光難滅，雲生望欲無。終期聖明代⑨，國寶在名⑩都。

【註】

①《眼心鈔》此行前有「五言側頭正律勢尖頭」九字一行，當補。

②「曙」，原作「暑」，今據《正智院本》、《眼心鈔》校改。崔曙，宋州人。孤貧，不應薦辟，志況疏爽，擇交於方外，苦讀書，高棲少室山中，與薛據友善。工詩，言詞款要，情興悲涼，送別登

樓，俱堪淚下。開元二十六年登進士第，以試《明堂火珠》詩得名。明年卒，《全唐詩》有詩一卷。《唐才子傳》卷二有傳。

③《唐書》〈禮儀志〉：「證聖中，重建明堂，上施寶鳳，俄以火珠代之。」

④《國秀集》作〈奉試明堂火珠詩〉，《唐詩紀事》作〈明堂火珠詩〉，《全唐詩》作〈奉試明堂火珠〉。

⑤《尚書》〈盤庚〉下：「盤庚既遷，奠厥攸居，乃正厥位。」孔氏《傳》：「定其所居，正郊廟朝社之位。」

⑥蔡邕《明堂月令論》：「夏后氏曰世室，殷人曰重屋，周人曰明堂。」

⑦「凌空」，《唐詩紀事》作「中天」。

⑧「滿」，《唐詩紀事》作「合」。

⑨「終期聖明代」，《國秀集》作「遥知太平代」；《全唐詩》作「遥知太平代」，注：「一作『還知聖明代』。」《唐詩紀事》作「還將聖明代」。

⑩「名」，《唐詩紀事》作「京」。

又①陳閏②《罷官後卻歸舊居》詩曰：

不歸江畔久，舊業已凋殘。露草蟲絲濕③，湖泥④鳥跡乾。買山⑤開客舍⑥，選竹⑦作魚⑧竿。何必⑨勞州縣⑩，驅馳⑪效一官⑫。

【註】

①此詩，《眼心鈔》列在錢起詩後。

②案大歷中有陳潤者，終坊州鄜城縣令，亦能詩，當係一人。以本書所引唐人詩，最晚者皆在大歷、貞元之際，故知當爲一人，《唐詩記事》卷三十九：「陳潤，樂天之外祖也。」案：《白氏長慶集》卷四十六《襄州別駕府君事狀》：「夫人，潁川陳氏……考諱潤，坊州鄜城縣令。」潤、閏形近而誤耳。河世寧謂閏蓋唐中葉人，未可據也。

③此第二管上句也。

④下句平聲。

⑤以次平聲。

⑥此第三管上句也。

⑦以次又入聲。

⑧《全唐詩逸》「魚」作「漁」。

⑨以次又入聲。

⑩此第四管上句也。

⑪以次又平聲也。

⑫《左傳》昭公二十六年：「宣王有志，而後效官。」杜注：「效，授也。」《正義》：「效者，致

與之義，故注云效授也。」

齊梁調詩①

張謂②《題故人別業》詩曰：五言

平子③歸田處，園林④接汝濆⑤。落花⑥開户入⑦，啼鳥⑧隔窗聞。池淨⑨流春⑩水，山明⑪斂霽雲。晝遊⑫仍不厭⑬，乘月⑭夜尋君⑮。

【註】

①「詩」，《眼心鈔》作「聲」。器案：《詩人玉屑》二〈詩體〉上云：「齊、梁體，通兩朝而言之。沈、宋體，佺期、之問也。」又云：「《風》、《雅》、《頌》既亡，一變而爲《離騷》，再變而爲西漢五言，三變而爲歌行雜體，四變而爲沈、宋律詩。」則齊、梁體與沈、宋體之別在詩律耳。趙執信《聲調後譜》云：「齊、梁體，如沈佺期《和杜麟台元志春情》：『嘉樹滿中園，氛氳羅秀色。不見（不粘上句）仙山雲，倚琴空太息。沉思若在夢，緘怨似無憶。青春（不粘上句）坐南移，白日忽西匿。蛾眉（不粘上句）返清鏡，閨中不相識。』（末二句古體，亦與古詩相入。）若上句末字平，及下聯與上聯相粘，便是仄韻律詩矣。」案趙氏言「上聯與下聯不粘」，即第三句與第二句意不相粘，第五句與第四句不相粘，則非律詩，而爲齊、梁調，與此文所引詩例相合。

②謂字正言，河南人。天寶二年登進士第，乾元中爲尚書郎，大歷間官至禮部侍郎，三典貢舉，有集一卷。略本《唐詩記事》卷二十五、《唐才子傳》卷四。殷璠謂其詩在物情之外。

③上句上聲。案：《文選》十五載張平子〈歸田賦〉，李善注云：「〈歸田賦〉者，張衡仕不得志，欲歸於田，因作此賦。凡在曰朝，不曰歸田。」

④下句平聲。

⑤《爾雅》〈釋水〉：「水自河出爲灉，……汝爲濆。」郭璞注：「《詩》曰：『遵彼汝墳。』皆大水溢出，別爲小水之名。」邢昺《疏》曰：「此《周南》〈汝墳〉篇文也。毛《傳》云：『汝，水名也。墳，大防也。』毛意以爲伐薪宜厓岸之上，故以大防解之。郭意以爲汝、濆所分之處有美地，因謂之濆。且毛《傳》墳從土，此濆從水，所以異也。」

⑥上句平聲。

⑦此第二管上句也。

⑧下句上聲。

⑨以次去聲。

⑩此第三管上句也。

⑪以次又平聲。

⑫以次平聲。

⑬此第四管上句也。

⑭以次又入聲也。

⑮《全唐詩》佚此首。

何遜①〈傷徐主簿〉詩曰：五言

世上②逸群士，人間③徹總④賢⑤。華池⑥論賞詫⑦，蔣徑⑧篤⑨周旋⑩。

又曰：

一旦辭東序⑪，千秋送北邙⑫；客簫雖有樂，鄰笛⑬遂還傷。

又曰：

提琴就阮籍⑭，載酒覓揚雄⑮；直⑯荷行罩水，斜柳細牽風。

【註】

①《梁書》卷四十九〈文學傳〉：「遜字仲言，東海剡人也。嘗爲安西安成王參軍事，兼尚書水部郎。遜文章與劉孝綽並重於世，謂之何劉。東海王僧孺集其文爲八卷。」又見《南史》卷三十三。

②上句上聲。

③下句平聲。

④《箋本》云：「『徹總』當作『叡聽』。」案：《莊子．外物》：「耳徹爲聰。」

⑤此第一管爲對也。

⑥上句平聲。器案：「華池」未詳，疑當作「習池」，音近之誤也。《晉書》〈山簡傳〉：「諸習氏荆土豪族，有佳園池，簡每出嬉遊，多之池上，置酒輒醉，名之曰高陽池。時有童兒歌曰：『山公出何許？往至高陽池，日夕倒載歸，茗艼無所知，時時能騎馬，倒著白接籬，舉鞭問葛彊：何如并州兒？』」《御覽》六七引《襄陽記》：「峴山南有習郁太魚池，依范蠡《養魚法》，當中築一釣台。將亡，敕其兒曰：『必葬我近魚池。』山季倫每臨此，輒大醉而歸。」

⑦此第二管上句。

⑧下句去聲。蔣徑，詳見前錢起《獻歲歸山》詩：「求仲時應見」注。

⑨「篤」，《古鈔本》作「蔦」，未可據。

⑩案何遜此詩三首，今佚。

⑪《禮記》〈王制〉：「夏后氏養國老於東序。」注：「東序，學名也。」

⑫北邙，大阜名，在洛陽北，時人多營藏於此。「邙」一作「芒」，《續漢書》〈郡國志〉一河南尹洛陽注引《皇覽》曰：「縣北芒山道西呂不韋冢。」

⑬《文選》十六向子期〈思舊賦序〉：「余與嵇康、呂安，居止接近，其人並有不羈之才；然嵇志遠而疏，呂心曠而放，其後各以事見法。嵇博綜技藝，於絲竹特妙，臨當就命，顧視日影，索琴而彈之。余逝將西邁，經其舊廬，於時，日薄虞淵，寒冰淒然，鄰人有吹笛者，發聲寥亮，追思曩昔遊宴之好，感音而嘆，故作賦云。」

⑭《御覽》五七九引〈孫登別傳〉：「孫登字公和，汲郡人。清靜無爲，好讀《易》彈琴，頹然自

得，觀其風神，若遊六合之外者。當魏末，居北山中，石窟爲宇，編草自覆。阮嗣宗見登被髮端坐岩下，逍遥然鼓琴；嗣宗自下趨進，冀得與言。嗣宗乃長嘯，與琴音諧會。登因嘯和之，妙響動林壑。」

⑮《漢書》〈揚雄傳〉：「時有好事者，載酒問奇字。」

⑯「直」，原作「宜」，形近而誤，下文《四聲論》引《宋書》〈謝靈運傳〉「直舉胸懷」，亦誤「直」爲「宜」，是其證也。

七言尖頭律

皇甫冉詩曰①：

閑看秋水心無染②，高卧寒林③手自栽。廬阜④高僧留偈別，茅山道士⑤寄書來。燕知社日⑥辭巢去，菊爲重陽冒雨開⑦。殘薄⑧何時⑨稱獻納，臨歧終日自⑩遲回⑪。

【註】

①此冉〈秋日東郊作〉詩也，《二皇甫集》、《皇甫冉集》、《中興間氣集》、《極玄集》、《唐賢三體詩》中、《文苑英華》卷三百十九、《全唐詩》俱同；惟《間氣集》序目作「〈秋日東林作

〉」，《全唐詩》題下注云：「『郊』一作『林』。」

②「染」，《間氣集》、《三體詩》、《全唐詩》俱作「事」。

③「高卧寒林」，《間氣集》、《三體詩》、《全唐詩》俱作「卧對寒松」，《全唐詩》注云：「『卧』一作『坐』。」何義門《中興間氣集校記》云：「『對』一作『聽』。」

④「阜」，《間氣集》、《全唐詩》作「岳」，《三體詩》作「嶽」。《箋》曰：「《沈隱侯集》十一《究慈悲論》曰：「廬阜名僧，已有蔬食者矣。』」器案：《高僧傳》〈慧遠傳〉：「因秦亂來遊於晉，居廬阜三十餘年，化兼道俗。」劉孝綽〈酬陸長史〉詩：「命駕獨尋幽，淹留宿廬阜。廬阜擅高名，岧岧凌太清。」俱謂廬山爲廬阜。

⑤《御覽》六六六〈道士類〉引〈老氏聖紀〉：「錢妙真晉陵人也，幼而好道，便欲離俗，親族逼以適人，泣涕固免，遂居大小二茅山，後往燕口洞，手裁書並詩七章與陶隱居。」

⑥《埤雅》〈釋鳥〉〈燕〉：「今其書戊己，其日皆土；故燕之往來，避社而嗛土，不以戊己日銜口布翅枝尾。」

⑦《中興間氣集》高仲武評曰：「冉詩巧於文字，發調新奇，遠出情外。而『雲藏神女館，雨到楚王宮』，與『閉門白日晚，倚仗青山暮』，及『遠山重疊見，芳草淺深生』，『岸草知春晚，沙禽好夜驚』，又『燕知社日辭巢去，菊爲重陽冒雨開』，可以雄視潘、張，平揖沈、謝。又〈巫山詩〉終篇奇麗，自晉、宋、齊、梁、陳、隋以來，採掇者無數，而補闕獨獲驪珠，使前賢失步，後輩卻立，自非天假，何以逮斯；長轡未騁，芳蘭早凋，悲夫！」

⑧「殘薄」，《間氣集》、《三體詩》、《全唐詩》、《皇甫冉詩集》俱作「淺薄」。
⑨「何時」，《間氣集》、《三體詩》、《全唐詩》作「將何」。
⑩「自」，《間氣集》作「獨」，《全唐詩》注云：「『一作獨』。」
⑪「遲回」，《三體詩》作「徘徊」，《全唐詩》注云；「『遲』一作『褰。』」

又曰：私云：錢起之詩也①。

自哂鄙夫多野性，貧②居數畝半臨湍③。溪雲帶④雨來茅洞⑤，山鵲⑥將雛上⑦藥欄。仙籙滿床閑不厭，陰符⑧在篋老羞看。更憐童子宜春服⑨，花裡尋師到⑩杏壇⑪。

【註】

①《古鈔本》、《三寶院本》無此注文，此蓋傳鈔者所附益耳。案此錢起之詩也，《唐賢三體詩》中題《石門春暮》，《全唐詩》題《幽居春暮書懷》，注云：「一作『《石門暮春》』，一作『《藍田春暮》』。」
②「貧」，《全唐詩》注云：「一作『閑』。」
③「臨湍」，《全唐詩》注云：「一作『村端』。」
④「帶」，《三體詩》、《全唐詩》作「雜」。
⑤「洞」，《正智院本》、《眼心鈔》、《三體詩》、《全唐詩》作「屋」。

⑥「鵲」，《全唐詩》作「雀」，注云：「一作『烏』。」
⑦「上」，《全唐詩》作「到」，注云：「一作『至』。」
⑧「《陰符》」，原作「音符」，今據《全唐詩》、《三體詩》校改。
⑨《論語》〈先進〉：「莫春者，春服既成，冠者五六人，童子六七人，浴乎沂，風乎舞雩，詠而歸。」《集解》：「包曰：『春服既成，衣單袷之時。』」
⑩「到」，《全唐詩》作「指」，注云：「一作『到』。」
⑪《莊子》〈漁父〉篇：「孔子遊乎緇帷之林，休坐乎杏壇之上，弟子讀書，孔子弦歌鼓琴。」

元氏①曰：聲有五聲，角徵宮商羽也。分於文字四聲，平上去入也。宮商爲平聲，徵爲上聲，羽爲去聲，角爲入聲②。故沈隱侯論③云：「欲使宮徵④相變，低昂舛⑤節，若前有浮聲⑥，則後須切響⑦。一簡之內，音韻盡殊；兩句之中，輕重悉異。妙達此旨，始可言文。」⑧固知調聲之義，其爲用⑨大矣。

【註】

①元氏，元兢也，此所引當出元氏《詩髓腦》。
②下文《四聲論》引李概《音譜決疑序》云：「案《周禮》，凡樂，圜鍾爲宮，黃鐘爲角，大簇爲徵，姑洗爲羽，商不合律，蓋與宮同聲也。五行則火土同位，五音則宮商同律，暗與理合，不其然

乎！……竊謂宮商徵羽角，即四聲也。羽，讀如括羽之羽，亦之和同，以拉群音，無所不盡。」此當即元氏所本。

③此《宋書》〈謝靈運傳論〉之文也，又見《文選》卷五〇。

④「徵」，《文選》作「羽」。

⑤周校云：「舛」。原作「殊」，本卷《四聲論》引此文作「叶」、『歹』，當均係『舛』字形誤，據《文選》改。」今從之。

⑥浮聲，即平聲也。

⑦切響，即側聲也。《苕溪漁隱叢話》前二引《蔡寬夫詩話》云：「聲韻之興，自謝莊、沈約以來，其變日多，四聲中又別其清濁以爲雙聲，一韻者以爲疊韻，蓋以輕重爲清濁耳，所謂『前有浮聲，則後有切響』是也。」《清波雜志》十二：「李公受虛己爲天聖從官，喜爲詩，與同年曾致堯倡酬，曾謂曰：『子之詩雖工，而音韻猶啞爾。』李初未悟，後得沈休文所謂，『前有浮聲，後有切響』，遂精於格律。煇在建康，識北客杜師顏，嘗言少陵《麗人行》『坐中八姨真貴人』，數目字中「八」字最響，覓句下字，當以此類求之。杜早從陳子高學，此說蓋得於陳云。」

⑧神珙《四聲五音九弄反紐圖序》引《譜》曰：「平聲者哀而安，上聲者厲而舉，去聲者清而遠，入聲者直而促。」日本沙門了尊《悉曇輪略圖鈔》一引《元和新聲韻譜》云：「平聲者哀而安，上聲厲而舉，去聲清而遠，入聲直而促。」晚明釋真空之《玉鑰匙》所云：「平聲平道莫低昂，上聲高呼猛烈強，去聲分明哀遠道，入聲短促急收藏。」謂四聲之上去高而平入低，亦即《文心雕龍》〈

聲律〉篇之所謂「徵羽響高，宮商聲下」也。

⑨「用」字原缺，今以意補。

調聲之術，其例有三：一曰換頭，二曰護腰，三曰相承。

一，換頭者，若兢①於《蓬州②野望》詩曰③：

飄飄宕渠域④，曠望蜀門⑤隈⑥，水共三巴⑦遠⑧，山隨八陣⑨開。橋形疑漢⑩接，石勢似煙回。欲下他鄉淚，猿聲幾處催。

此篇第一句頭兩字平，次句頭兩字去上入⑪；次句頭兩字去上入⑫，次句頭兩字平；次句頭⑬兩字又平，次句頭兩字去上入⑭；次句頭兩字又去上入⑮，次句頭兩字又平：如此輪轉，自初以終篇，名爲雙換頭，是最善也⑯。若不可得如此，則⑰如篇首第二字是平⑱，下句第二字是用去上入⑲；次句第二字又用去上入⑳，次句第二字又用平㉑：如此輪轉終篇，唯換第二字，其第㉒一字與下句第一字用平不妨，此亦名爲換頭，然不及雙換㉓。又不得句頭㉔第一字是去上入，次句頭用去上入㉕，則聲不調也。可不慎歟㉖！

【註】

①此兢於《詩髓腦》中自舉其詩以爲例，故稱名而不冠以姓，猶地卷、南卷王昌齡自舉其詩之稱昌齡而不冠以姓也。

②《元和郡縣志》二三山南道興元府，管州十七，蓬州其一也，惜正文俄空焉。《御覽》一六八引〈十道志〉：「蓬州咸安郡，本漢宕渠縣地。」又引《周地圖記》曰：「武帝天和四年，割巴州之伏虞郡，隆州之隆城郡於此置蓬州。」

③《無點本》脱此十三字。

④《御覽》一六八引〈十道志〉：「渠州潾山郡，土地所屬，與通州同。《漢志》曰：『宕渠屬巴郡。』」

⑤蜀門，指劍門，杜甫有《劍門》詩。陳子昂《西還至散關答喬補闕》：「蜀門自茲始，雲山方浩然。」即謂由劍門還蜀也。

⑥「限」，原誤作「隅」，今從《全唐詩逸》校正。

⑦《御覽》一六八引〈三巴記〉：「閬、白二水東南流，曲折三回如巴字，故謂之三巴。」

⑧「遠」，《古鈔本》、《三寶院本》作「達」，不可據。

⑨《水經》〈江水注〉：「諸葛亮所造八陣圖，東跨故壘，皆累細石爲之。自壘西去，聚石八行，行相去二丈，因曰八陣。」

⑩漢，謂天漢。

⑪「去上入」三字，《眼心鈔》作一「側」字，下並同。兩字並是去聲。

⑫案兩字爲上與去。

⑬「頭」下，《古鈔本》衍「句」字。

⑭案兩字並爲一入一去。

⑮案兩字一入一去。

⑯《眼心抄》《小種調聲》，第七《五言雙換頭》，第八《單換頭》。案此種格律，與五言平頭正律勢尖頭略異，此雖亦平頭，但每句第一字仍須平換側時，第一字仍須側，每句首二字須同時更換，而五言平頭，則只換每句第二字，第一字則不論，所異即在此。而尖頭律仍與前例同。

⑰「則」，《古鈔本》作「即」。

⑱謂每篇之第一句也。

⑲謂第二句也。

⑳謂第三句也。

㉑謂第四句也。

㉒「第」字，《古鈔本》無。

㉓案：此與五言平頭正律勢尖頭格律無殊，惟特明第一字用平用側無妨耳。

㉔「句頭」二字疑誤倒。案：西冊《文二十八種病》《平頭》：「此平頭如是近代成例，然未精也。」欲知之者，上句第一字與下句第一字因平聲，不爲病；同上去入聲，一字即同病。若上句第二字與下句第二字同聲，無問平上去入，皆是巨病。此而或犯，未曰知音。」

㉕謂上下句之第一字不可同是去上入也。

㉖此下，《眼心鈔》尚有一段文字，今補輯如次：

此換頭或名拈二①。拈二者，謂平聲反一字上去入爲一□安②第一句第二字若是③上去入聲，則④第二第三句第二字皆須平聲，第四第五句第二字還須上去入聲，第六第七字⑤安平聲，以次避之⑥。如庚信詩云⑦：「今日⑧小園中，桃華⑨數樹紅；欣君⑩一壺酒，細酌⑪對春風。」與⑫「日」與「酌」同入聲。只如此體，詞合宮商，又復流美，惟⑬此爲佳妙⑭。

【註】

①器案：拈二，又見南卷《集論》。

②此處文有脱誤，不能輒定。

③「是」字原脱，以意增補。

④「則」，原作「與」。

⑤「字」當爲「句」之訛。

⑥案：此與五言側頭正律勢尖頭全同，此處當增「第八句安上去入」七字，在「以次」之上。

⑦案：信《答王司空餉酒》詩也。

⑧上句入聲也。

⑨第二句第二字平聲也。

⑩第三句第二字平聲也。案：「欣」一作「開」，較此爲勝。
⑪第四句第二字入聲也。
⑫「與」字疑衍。
⑬「惟」，原作「爲」，涉下文而誤，今改定。
⑭以上蓋亦元兢之語也。

二，護腰者，腰，謂五字之中第三字也；護者，上句之腰不宜與下句之腰同聲。然同去上入則不可用，平聲無妨也。

庾信①詩曰②：

誰言氣蓋代③，晨起帳中歌。

「氣」是第三字，上句之腰也；「帳」亦第三字④，是下句之腰：此爲不調。宜護其腰，愼勿如此⑤。

【註】

①《北周書》：卷四十一〈文苑傳〉：「庾信，字子山，新野人。幼而俊邁，博覽群書。父肩吾爲梁太子中庶子，東海徐摛爲左衛率，摛子陵及信並爲抄撰學士，父子東宮，出入禁闥，詩文並綺艷，故世號徐庾體焉。信累官至開府儀同三司，尋徵司宗中大夫，卒，有集二十一卷。」

②案此《詠懷》二十七首之一也。詩云：「蕭條亭障遠，淒慘風塵多。關門臨白狄，城影入黃河。秋風別蘇武，寒水送荊軻。誰言氣蓋世，晨起帳中歌。」

③「代」，避唐諱改。《史記》〈項羽本紀〉：「項王則夜起飲帳中，……乃悲歌忼慨，自爲詩曰：『力拔山兮氣蓋世，時不利兮騅不逝。』」

④案二字皆是去聲。

⑤《古鈔本》「此」下有「也」字。

三，相承者，若上句五字之內，去上入字則①多，而平聲極少者，則下句用三平承之。用三平之術，向上向下二途，其歸道一也。

【註】

①羅根澤曰：「『則』，疑爲『甚』字之誤。」

三平向上承者①，如謝康樂②詩云③：

溪④壑斂暝色，雲霞收夕霏⑤。

上句唯有「溪」一字是平，四字是去上入，故下句之上用「雲霞收」三平承之，故曰上承也⑥。

【註】

①《眼心》作「向上相承。」

②《宋書》卷六十七〈謝靈運傳〉：「靈運，陳郡陽夏人，以祖父並葬始寧縣，遂移籍會稽。晉孝武時，襲封康樂公，累遷黃門侍郎。及宋受禪，降爵爲侯，起爲散騎常侍。武帝崩，出爲永嘉太守，在郡辭歸始寧。元嘉元年，文帝登祚，徵爲秘書監，遷侍中，未幾，復稱疾歸。好尋山陟險，會稽太守孟顗表其有異志；帝惜其才，授臨川內史，復爲有司所糾，徙廣州，尋以事，詔就廣州棄市，以宋文帝元嘉十年卒，年四十九。有《晉書》三十六卷，集二十卷。」又見《南史》卷二十一。

③此康樂《石壁精舍還湖中作》詩也，詩曰：『昏旦變氣候，山水含清暉；清暉能娛人，遊子憺忘歸。出谷日尚早，入舟陽已微，林壑斂暝色，雲霞收夕霏，芰荷迭映蔚，蒲稗相因依。披拂趨南徑，愉悅偃東扉，慮澹物自輕，意愜理無違。寄言攝生客，試用此道推。』詩載《文選》卷二十二。

④「溪」，《文選》作「林」，《眼心鈔》旁注一「林」字。

⑤《文選》注：「霏，雲飛貌。」

⑥案：《眼心》尚有一詩例在前詩之下，並錄之於此：『又王維詩云：「積水不可極，安知滄海東。」案：上句五字皆爲上去入聲，故下句用四平承之也。」

三①平向下承者②，如王中書③詩曰④：

待君竟不至，秋雁雙雙飛。

上句唯有一字是平⑤，四去上入，故下句末⑥「雙雙飛」三平承之，故曰三⑦平向下承也⑧。

【註】

①「三」，《古鈔本》誤作「四」。

②《眼心》作『向下相承』。」

③《南齊書》卷四十七〈王融傳〉：「融字元長，琅邪臨沂人也。少而神明警惠，博涉有文才，舉秀才，上書求自試，遷秘書丞。九年（永明），上幸芳林園　宴朝臣，使融爲《曲水詩序》，文藻富麗，當世稱之。上以融才辯，十一年使兼主客接虜使。竟陵王子良以融文辭辯捷，尤善倉卒屬綴，有所造作，援筆可待，特相友好，情分殊常。融欲立子良，不得，下獄賜死，時年二十七。文集行於世。」又見《南史》卷二十一。融仕於齊，嘗爲中書郎，故稱王中書。

④此王融《古意》二首之一也，詩云：『遊禽暮知反，行人獨不歸，坐銷芳草氣，空度明月輝。嚬容入朝鏡，思淚點春衣。巫山彩雲没，淇上綠條（或作「楊」）稀，待（一作「侍」）君竟不至，秋雁雙雙飛。』

⑤君爲平聲。

⑥「末」下疑脱一「用」字。

⑦《古鈔本》脱「三」字。

⑧本節論調聲之法，乃王昌齡《詩格》、元兢《詩髓腦》之文，『元氏曰』以上乃昌齡語，下則元兢之言。

詩章中用聲法式①

凡上一字爲一句，下二字爲一句，或上二字爲一句，下一字爲一句。三言。上二字爲一句，下三字爲一句。五言。上四字爲一句，下二字爲一句。六言。上四字爲一句，下三字爲一句。七言。

三言一平聲：驚七曜　詔八神　轉金蓋

二平聲：排閶闔　度天津　紛上馱②

四言一平聲：寶運惟顯　世康禮博　有穆晬③儀　槐棘④愷悌

二平聲：凝⑤金曉陸　紫玉山抽　丹羽林發　顧惟輕薄⑥

三平聲：高邁堯風　仁風遐闡　皮卿⑦未群

五言一平聲：九州不足步⑧　目擊道存者⑨

二平聲：玄經滿狹⑩室　綠水湧春波　雨數斜膝斷　蒙縣闕莊子　永慚問津所　詠歌殊未已　百行咸所該⑪

三平聲：披書對明燭　蘭生半上階　無論更漏緩　天命多羸尫　終缺九丹成　水⑫潰眾

滄來　洊雷揚遠聲⑬
四平聲：儒道推桓榮⑭　非關心尚賢
六言二平聲：合國吹饗蜡賓⑮　沙頭白鶴自舞　次宿密懸⑯花亭　將士來迎道側　日月馳邁
不停　仰瞻梓⑰柚葉青　八花沸躍神散
三平聲：客行感思無聊　停車向路不乘　奄忽縱橫無益　洞口青松起風　憂從中發愴
愴　何不歸棲高觀　不爲時于⑱所顧
四平聲：燕丹暫來岩下　柴門半掩恒雲　濛濛霖雨氣凝　況又流飄他方　南至滎⑲陽停
息　何爲貪生自譎　身爲灰土消爛
五平聲：蓬萊方丈相通　人生幾何多憂　風起塵興暝暝⑳　登高臨河顧西
七言二平聲：將軍一去出湖海㉑　信是薄命向誰陳　井上雙桐未掩鳳　嫁得作賦彈琴聲　寒
雁一一渡遼水　誰堪坐感篋里扇
三平聲：相抱長眠不願起　自有傾城蕩舟妾㉒　燕宮美女舊出名　復娉㉓無雙獨立人
二㉔人拂鏡開朱㉕幕　都護府裡無相識　岱㉖北雲氣晝昏昏　自從將軍出細
柳　左掖深閨行且㉗宜　聊看玉房素女術
四平聲：秋鴻千百相伴至　曾舞纖腰入金谷　妾用丹霞持作衣　燕山去塞三千里　金門
巧笑本如神　洛城秋風依竹進　玉釵長袖共留賓　唯見張女玄雲調㉘　河畔青
青唯見草㉙　前期歲寒保一雙

五平聲：高樓岧嶢連粉壁　可憐春日桃花敷　忖時俱來堪見迎　鴛鴦多情上織機　雲歸沙幕偏能暗　還嗟團扇匣中秋　深入邉邉偏易平　將軍勒兵討遼川　初言度燕征玄菟㉚

六平聲：朝朝愁向猶思床　桃花藹藹㉛無極妍　春山興雲盡如羅

【註】

①《眼心鈔》無此節。

②《南齊書》〈樂志〉：「建武二年，雩祭明堂，謝朓造辭，一依謝莊。《送神》五章：『敬如在，禮將周，神之駕，不少留。躍龍鑣，轉金蓋，紛上馳，雲之外，警七曜，詔八神，排閶闔，渡天津。』」四五兩章略。據此，則《南齊書》「警」字當從本書作「驚」，本書「馱」字當從《南齊書》作「馳」。八神，見《史記》〈封禪書〉。

③「睟」，原作「睟」，今據《古鈔本》校改。《箋》曰：「《孟子》曰：『睟然見於面。』潤澤貌云睟也。」

④《三國志》〈魏書．高柔傳〉：「古者，刑政有疑，輒議於槐棘之下。」《唐書》〈刑法志〉：「古者，斷獄必訊於三槐九棘之間。」

⑤《藝文類聚》卷四、《初學記》卷四梁簡文帝〈三日侍皇太子曲水宴詩〉：「摐金曉下擊。」「凝」爲「摐」字之誤。《史記．司馬相如傳》：「摐金鼓」。

⑥同上詩「顧惟菲薄。」

⑦「卿」，《古鈔本》作「鄉」，《箋》云：「皮鄉，走群之鄉也，如《寶鑰》云『魚鱉鄉』。」

⑧《箋》云：「《陳思王集》三〈五游篇〉：『九州不足步，願得凌雲翔。』」

⑨《莊子》〈田子方〉篇：「若夫人者，目擊而道存矣。」杜甫《木皮嶺》詩：「目擊玄圃存。」

⑩「狹」，原作「狹」，今據《古鈔本》、《三寶院本》、《無點本》校改。

⑪「該」，《三寶院本》作「詠」。

⑫「水」，原作「冰」，今據《古鈔本》、《箋本》校改。

⑬「洊」，原作「游」，今據《古鈔本》、《三寶院本》校改。《箋》曰：「《劉孝威集》一《奉和簡文帝太子應令》詩：『前星涵瑞彩，洊雷揚遠聲。』」

⑭《箋》曰：「《劉庶子集》一《奉和簡文帝太子應令》詩：『儒道推桓榮，延賓博望苑。』」案：桓榮，《後漢書》有傳。

⑮《箋曰》：「謝朓《齊雩祭樂歌》八首之一也。」案；謝朓《齊雩祭樂歌》八首《黑帝》三章云：「關梁閉，方不巡。合國吹，饗蜡賓。統微陽，究終始，百禮洽，萬祚臻。」

⑯「懸」，《古鈔本》、《三寶院本》作「縣」。

⑰箋云：「『梓』，『橘』之訛歟？」

⑱「于」，《古鈔本》作「干」，器案：疑是「王」字之誤。

⑲「榮」，原作「熒熒」，今據《古鈔本》、《無點本》校改。

⑳「瞑瞑」，原作「瞑瞑」，今據《古鈔本》校改。
㉑「湖」，《古鈔本》作「潮」，未可據。
㉒梁簡文帝《雍州曲》三首《北渚》：「好值城旁人，多逢蕩舟妾。」
㉓《箋》云：「『娉』，當作『聘』。」
㉔「二」，疑「玉」之誤。
㉕「朱」，《古鈔本》、《三寶院本》作「珠」。
㉖「岱」，當作「代」。《庚子山集》《燕歌行》句也。下句「自從將軍出細柳」，亦見此詩。
㉗「且」，原作「旦」，今據《古鈔本》校正。
㉘《漢武內傳》：「西王母命侍女安法嬰歌《玄雲》之曲。」
㉙此宋之問《明河篇》句。
㉚「菀」，原作「苑」，《箋本》校云：「當作『菀』。」今從之。
㉛左思《吳都賦》云：「異荂蓲蘛。」李善注引郭璞《爾雅注》曰：「蓲與敷同，無俱切。蘛與蕍同，庾俱切。」劉淵林注引《爾雅》曰：「敷蘛，華開貌。」

八種韻①

凡詩有連韻，疊韻，轉韻，疊連韻，擲韻，重字韻，同音韻，交鏁韻②。

一、連韻者，第五字與第十字同音③，故曰連韻④。

如湘東王⑤詩曰⑥：

嶰谷⑦管新抽，淇園⑧竹復修，作龍還葛水⑨，爲馬向并州⑩。

此上第五字是「抽」，第十字是「修」⑪，此爲佳也。

【註】

①「八」，原作「七」，案序目及卷首標目，均作『八種韻』，《眼心》復出交鏁韻一種，今據改。

②《交鏁韻》三字原無，今據《眼心》補。《悉曇藏》卷二引《真旦文筆》，本韻有連韻、疊韻、連疊韻、鄭（擲）韻等，與此同，但有訛誤耳。

③案「音」當作「韻」，形近而誤。

④謂首句末字與第二句之本韻相連也，七言詩亦同。

⑤梁元帝蕭繹，字世誠，武帝第七子也，初封湘東王，爲會稽太守，後爲使持節都督荆州刺史鎮西將軍，侯景反，遣王僧辯討誅之，遂即位於江陵，西魏見伐，兵敗出降，爲梁王詧所害。有《漢書

注》一百十五卷，《金樓子》十卷，集五十二卷，《小集》十卷。傳見《梁書》卷五、《南史》卷八。

⑥此《藝文類聚》卷八十九所引〈賦得竹〉詩也。《文苑英華》三二五作〈竹詩〉。

⑦《呂氏春秋》〈古樂〉：「昔黃帝令伶倫作爲律。伶倫自大夏之西，乃之阮俞之陰，取竹於嶰谿之谷，以生空竅厚鈞者，斷兩節間，其長三寸九分而吹之，以爲黃鐘之宮。」

⑧《詩經》〈衛風〉〈淇奧〉：「瞻彼淇奧，綠竹猗猗。」

⑨《御覽》九三〇引葛洪《神仙傳》：「費長房與壺公俱去，後壺公謝而遣之，長房憂不能到家，公與所用竹杖騎之，忽然如睡已到家；以所騎竹投葛陂中，顧之乃青龍也。」又見《後漢書》卷八十二〈方術傳〉。

⑩《後漢書》〈郭伋傳〉：「伋前在并州，素結恩德。……始至，行部到西河美稷，有童兒數百，各騎竹馬，道次迎拜。」

⑪「抽」、「修」同在《尤韻》。

二、疊韻者，詩曰：

看河水漠瀝，望野草蒼黃①；露停君子樹②，霜宿女姓③薑。

此爲美矣④。

【註】

①「蒼黃」疊韻。

②李嶠〈松〉詩：「鵠棲君子樹。」

③器案：「娃」疑當作「娃」，四川謂薑芽爲薑指拇。

④「蒼黃」疊韻。

三，轉韻者①，詩曰②：

蘭生不當門③，別是閑田④草；夙⑤被霜露欺，紅榮已先老。謬接瑶⑥花枝，結根君王池；顧無馨香美，叨沐⑦清風吹。餘芳若可佩，卒歲長相隨⑧。

【註】

①《冰川詩式》四：「古詩平頭換句法：此法七句方一換韻，又首句平聲，其法不得雙殺，雙殺者，不得此法。『門（平聲首句）草老（一韻）欺枝（一韻）』，互平仄也；『池（平聲首句）美佩（仄一韻《隊》）吹隨（平《支》一韻）』，互平仄：是非雙殺，是轉換韻一格也。」

②此李白《贈友人》詩也。

③《全唐詩》卷一百七十一「門」作「户」。

④《全唐詩》「田」作「庭」。

⑤「夙」，原作「風」，涉下文而誤，周校據《李太白集》改，《全唐詩》亦作「夙」，今從之。

⑥《瑶》，原作「搖」，《箋本》及周校俱作「瑶」，今從之。《箋》曰：「《江醴陵集》四《報袁功曹》詩：『鏤以瑶花枝。』」

⑦「沐」，原作「沬」，周校作「沐」，今從之。

⑧此詩連續轉換《皓》、《支》二韻，故曰轉韻詩。

四，疊連韻者，第四、第五與第九、第十字同韻，故曰疊連韻①。詩曰：

羈客意盤桓，流淚下闌干；雖對琴觴樂，煩情仍未歡。

此爲麗也②。

【註】

①連韻，疊韻合用，故曰疊連韻也。

②盤桓疊韻，闌干復疊韻，二疊韻相連以爲韻，故曰「此爲麗也。」

五，擲韻者①，詩云：

不知羞，不敢留。但好去，莫相慮。孤客驚，百愁生。飯蔬簞食樂道，忘飢陋巷不疲。

此之謂也。

又②曰：

不知羞，不肯留。集麗城，夜啼聲。出長安，過上蘭③。指揚④都，越江湖。念邯鄲，忘朝飧。但好去，莫相慮⑤。

【註】

①《箋》云：「擲韻者，每句換韻，棄擲前韻而不用，是一格也。」

②「又」，《古鈔本》誤作「天」。

③《文選》─班孟堅〈西都賦〉：「遂繞酆、鄗，歷上蘭。」李善注：「《三輔黃圖》曰：『上林有上蘭觀。』」

④「揚」，原作「楊」，周、任二校據《古鈔本》改，今從之。

⑤任學良曰：「此蓋前詩之改作也。案皆六字一意，分之實爲三言，每句用韻，六字一換，即一韻用之，則擲而不用。此種例不多見。」

六，重字韻者，詩云：

望野草青青，臨河水活活①；斜峰纜舟行，曲浦浮積沫。

此爲善也。

【註】

①「活活」，重字以爲韻也。《詩經》〈衛風〉〈碩人〉：「河水洋洋，北流活活。」毛傳：「活活，流也。」《釋文》：「〈韓詩〉云：『流貌。』」

七，同音韻者，所①謂同音而字別也。詩曰：

今朝是何夕，良人誰難覿；中心實憐愛，夜寐不安席②。

此上第五字還是「席」音③，此無妨也④。

【註】

①《眼心》無「所」字。

②「席」，《古鈔本》作「㢙」，旁注「席」字。器案：㢙爲六朝、唐人俗別字，《顏氏家訓》〈書證〉篇所謂「席中加帶」，《史記正義論例》〈論字例〉所謂「席下爲帶」，此正其例也。

③「席」，《古鈔本》作「㢙」。「音」字原無，今補。

④「夕」「席」音同而義別，故可用以爲韻也。

八，交鏁韻①。王昌齡《秋興》詩云：

日暮此西堂②，涼風洗修木。著書在南窗，門館常肅肅。苔草彌古亭③，視聽轉幽獨。或問余④所營，刈黍⑤就空谷⑥。

【註】

①據《眼心》補。案：交鏁韻者，謂除本韻外，各句間復自有韻鏁交於其中也。

②「此西堂」，《全唐詩》作「西北堂」。

③「彌古亭」，《全唐詩》作「延古意」。

④「余」原作「予」，據《全唐詩》改。

⑤「黍」原作「黎」，誤，據《全唐詩》改正。又原注：「問答體，『黎』作『犁』。」案亦非也。

⑥案：此詩以木、肅、獨、谷為韻，而其中堂、窗，亭、營，復各自為韻，交鏁於中也。

四聲論①

論云：經案陸士衡②《文賦》③云：「其爲物也多姿，其爲體也屢遷④，其會意也尚巧，其遣言也貴妍⑤，暨音聲之迭代，若五色之相宣。⑥」又云⑦：「豐約之裁，俯仰之形⑧，因宜適變，曲有微情⑨。或言拙而喻巧，或理樸而辭輕，或襲故而彌新，或沿濁而更清⑩。譬猶舞者赴節以投袂，歌者應弦而遣聲⑪」文體周流，備於茲賦矣。陸公才高價重，絕世孤出，實辭人之龜鏡⑫，固難得文名焉⑬。至於四聲條貫，無聞焉爾⑭。李充之制《翰林》⑮，褒貶古今，斟酌病利，乃作者之師表；摯虞之《文章志》⑯，區別優劣，編輯勝辭，亦才人之苑囿。其於輕重巧切之韻，低昂曲折之聲，並秘之胸懷，未曾開口⑰。縱復屈、宋奮飛於南楚，揚⑱、馬馳騖⑲於西蜀，或昇堂擅美⑳，或入室稱奇㉑，爭日月之光㉒，竦凌雲之氣；㉓敬通、平子，分路揚鑣㉔，武仲、孟堅，同途競遠㉕；曹植、王粲、孔璋、公幹之流㉖，潘岳、左思、士龍、景陽之輩㉗，自《詩》、《騷》之後，晉、宋已前，杞梓㉘相望，良亦多矣。莫不揚藻敷萼㉙，文美名香，颷彩與錦肆爭華㉚，發響共珠林合韻。然其聲調高下，未會當今㉛，唇吻㉜之間，何其滯歟！

【註】

①此即隋劉善經之《四聲指歸》也，潘重規《四聲指歸小箋》嘗舉三證，以明其爲劉氏之作，其言曰：「此論屢稱『經案』、『經以爲』『經數聞』、『經每見』云云，稱名立論，乃古人著述之體：此一證也。此論歷引南北朝諸家之說，反覆論辯，於南士則曰『吳人』，曰『江表人士』，於北朝群公，則稱其位號；至若北朝之君，必稱其諡，而南朝諸帝，則直斥其名，其出自北人之手無疑：此二證也。此論引據頗豐，若陸機《文賦》、李充《翰林》、陽休之《韻略》、李季節《音譜決疑》等，無一非隋以前人著作：此三證也。」今案：潘說是也。考《隋志》有《四聲指歸》一卷，《兩唐志》均無，而《日本見在書目》有劉善經《四聲指歸》一卷，與《隋志》合。劉善經，《隋書》〈文學傳〉、《北史》〈文苑傳〉俱有傳。潘重規教授，所撰《隋劉善經四聲指歸小箋》見民國三十二年秋國立四川大學《文學集刊》第一集。

②《文選》十七陸士衡〈文賦〉，李善注引臧榮緒《晉書》曰：「機字士衡，吳郡人。祖遜，吳丞相。父抗，吳大司馬。機少襲領父兵，爲牙門將軍。年二十而吳滅，退臨舊里，與弟雲勤學，積十一年，譽流京華，聲溢四表，被徵爲太子洗馬，與弟雲俱入洛。司徒張華素重其名，舊相識以文。華呈天才綺練，當時獨絕，新聲妙句，係踪張、蔡。機妙解情理，心識文體，故作〈文賦〉。」

③〈文賦序〉曰：「余每觀才士之所作，竊有以得其用心。夫放言遣辭，良多變矣，妍蚩好惡，可得而言。每自屬文，尤見其情，恒患意不稱物，文不逮意；蓋非知之難，能之難也。故作〈文賦〉，以述先士之盛藻，因論作文之利害所由，佗日殆可謂曲盡其妙。至於操斧伐柯，雖取則不遠，若夫

隨手之變，良難以辭逮：蓋所能言者，具於此云。」

④李善注曰：「萬物萬形，故曰多姿。文非一則，故曰屢遷。〈琴賦〉曰：『既豐贍以多姿。』《周易》曰：『爲道也屢遷。』」

⑤任學良曰：「文以體物寫志，故用意須巧，拙者不足觀也。至於言辭貴乎妍麗，此士衡一己所尚，未可以一概論也。」

⑥李善注：「言聲音迭代，而成文章，若五色相宣，而爲繡也。《爾雅》曰：『曁，及也。』又曰：『迭，更也。』《論衡》曰：『學士文章，其猶絲帛之有五色之功。』杜預《左氏傳注》曰：『宣，明也。』」何焯曰：「休文韻學，本此二句。」案《宋書》〈謝靈運傳論〉云：「五色相宣，八音協暢，玄黃律呂，各適物宜。」又云：「一簡之內，音韻盡殊；兩句之中，輕重悉異：妙達此旨，始可言文。」此即「音聲迭代，五色相宣」之引伸，何氏之言是也。

⑦「又云」二字原缺，今據《古鈔本》、《三寶院本》、《無點本》、《正智院本》校補。

⑧「裁」，《古鈔本》作「齊」，旁注云：「在載反。」李善注云：「《廣雅》曰：『約，儉也。』」

⑨李善注：「毛萇《詩傳》曰：『適，之也。』《楚辭》曰：『結微情以陳辭。』《說文》：『微，妙也。』」

⑩李善注：「孔安國《尚書傳》曰：『襲，因也。』《禮記》曰：『明王以相沿。鄭注曰：『沿，猶因述也。』」

⑪「舞」，《古鈔本》作「儛」。李善注：「王粲《七釋》曰：『邪睨鼓下，亢音赴節。』《左氏傳》曰：『投袂而起。』杜預曰：『投，振也。』」《左傳》見宣公十四年

⑫《北史》卷二十二〈長孫紹遠傳〉：「紹遠論樂上遺表有云：『此數事者，照爛典章，揚搉而言，足爲龜鏡。』」《唐書》卷一百八十七上〈蘇安恒傳〉：顧中正之基者，用元忠爲龜鏡。」謝偃〈惟皇誠德賦〉：「雖往古之軌業，亦當今之龜鏡。（《全唐文》）盧照鄰〈五悲雜言〉云：『思欲爲龜爲鏡，立德立言。』案：龜所以卜，鏡所以照，故堪取法者曰龜鏡。」

⑬器案：「文」疑當作「而」。

⑭「爾」上原有「自」字，周校據《古鈔本》刪削，今從之。

⑮《晉書》卷九十二〈文苑傳〉：『李充，字弘度，江夏人。父矩，江州刺史。嘗爲剡縣令，後遷大著作郎。於時，典籍混亂，充刪除煩重，以類相從，分作四部，甚有條貫，祕閣以爲永制。累遷中書侍郎，卒官。充注《尚書》及《周易旨》六篇，《釋莊論》上下篇，詩賦表頌等雜文二百四十首，行於世。」案：《翰林論》《隋書．經籍志》著錄三卷，嚴可均《全晉文》輯得數條。

⑯《晉書》卷五十一〈摯虞傳〉：『摯虞，字仲洽，京兆長安人。父模，魏太僕卿。虞少事皇甫謐，才學通博，著述不倦。屢遷光祿勛太常卿。時元帝親郊，自元康以來，不親郊祀，禮儀弛廢；虞考正舊典，法物粲然。及京、洛荒亂，盜竊縱橫，人飢相食，虞素清貧，遂以餒卒。虞撰《文章志》四卷，注解《三輔決錄》，又撰古文章，類聚區分爲三十卷，名曰《流別集》，各爲之論，辭理洽當，爲世所重。」嚴可均《全晉文》卷七十七輯有〈文章流別論〉佚文。

⑰閟，《説文》：「閉門也。」段注：「引申爲闢閉之閉義。」

⑱「揚」，原作「楊」，今據《古鈔本》改。

⑲「鶩」，原作「驚」，今據《古鈔本》、《無點本》、《正智院本》校改。

⑳《論語》〈先進〉篇：「子曰：『由也升堂矣，未入於室也。』」邢昺《疏》：「言子路之學識深淺，譬如自外入內，得其門者，入室爲深，顏淵是也；升堂次之，子路是也。」

㉑案此亦以升堂入室，喻屈、宋、揚、馬四人文學之深淺，蓋劉彥和尊聖宗經之義也。

㉒《史記》卷八十四〈屈原傳〉：「推此志也，雖與日月爭光可也。」

㉓《史記》卷一百十七〈司馬相如傳〉：「相如既奉大人之頌，天子大説，飄飄有凌雲之氣，似遊天地之間意。」《文心雕龍》〈風骨〉篇：「相如賦仙，氣號凌雲，蔚爲辭宗。」

㉔《箋》曰：「〈舞賦〉曰：『龍驤橫舉，揚鑣分沫。』翰注：『鑣謂轡銜之挑沫也。』善注：『鑣，馬勒旁鐵也。』」《後漢書》卷二十八〈馮衍傳〉：「衍字敬通，京兆杜陵人。幼有奇才，年九歲，能誦詩，至二十而博通群書，所著賦誄銘書記〈自序〉等共五十篇。居貧年老，卒於家。」又卷五十九〈張衡傳〉：「衡字平子，南陽西鄂人，少善屬文，入京師，觀太學，遂通《五經》，貫《六藝》，才高於世。所著詩賦銘等凡三十二篇，以永和四年卒。』」

㉕《後漢書》卷八十上〈文苑傳〉：「傅毅，字武仲，扶風茂陵人也。少博學，永平中，於平陵習章句。建初中，肅宗博召文學之士，以毅爲蘭台令史，拜郎中，與班固、賈逵共典校書，毅後作〈顯宗頌〉十篇，由是文雅顯於朝廷。永元元年，車騎將軍竇憲復請毅爲主記室，崔駰爲主簿。及憲遷

大將軍，復以毅爲司馬，班固爲中護軍，憲府文章之盛，冠於當世。毅早卒，著詩賦誄頌祝文〈七激〉〈連珠〉凡二十八篇。」又卷四十上〈班固傳〉：『固字孟堅，扶風安陵人。年九歲，能屬文，誦詩賦，及長，遂博貫載笈，九流百家之言無不窮究，學無常師，不爲章句，舉大義而已。固繼父業，撰爲《漢傳》凡百篇，又著《典引》詩賦銘誄頌雜文等凡四十篇。後以誣繫獄，死時年六十一。」魏文帝《典論》〈論文〉：「傅毅之於班固，伯仲之間耳，而固小之。」

㉖曹植字子建，《三國志》〈魏書〉卷十九有傳。王粲字仲宣，陳琳字孔璋，劉楨字公幹，《三國志》〈魏書〉卷二十一並有傳。

㉗任學良曰：「潘岳字安仁，滎陽中牟人，《晉書》卷五十五有傳。左思字太沖，齊國臨淄人，《晉書》卷九十二有傳。陸雲字士龍，吳郡吳人，《晉書》卷五十四有傳。張協字景陽，安平人，《晉書》卷五十五有傳。《詩品序》云：「晉太康中，三張、二陸、兩潘、一左，勃爾復興，踵武前王，風流未沫，亦文章之中興也。」

㉘《文選》四七袁彥伯〈三國名臣序贊〉：「親收杞梓。」李善注：「《國語》：『聲子謂子木曰：「若杞梓皮革，楚實遺之。」』韋昭曰：『杞，良材也。』」向曰：「杞梓，木之良材也，……並比於賢人也。」郭璞〈贈潘尼〉詩：「杞梓生南荊，奇才應世出。」《梁書》〈處士庾詵傳〉：「高祖聞而下詔曰：『新野庾詵，荊山珠玉，江陵杞梓。』」梁元帝〈中書令庾肩吾墓誌〉：「杞梓之材，有均廊廟。」顏之推〈觀我生賦〉：「作羽儀於新邑，樹杞梓於水鄉。」庾信〈竹杖賦〉：「乃是江、漢英靈，荊、衡杞梓。」《周書》〈儒林沈重傳〉：「高祖優詔答之

曰：『開府漢南杞梓，每軫虛衿；江東竹箭，極疲延首。』」《陳書》〈蔡景歷傳〉：「景歷答書曰：『杞梓方雕，豈盼樗櫪。』」江總〈辭行李賦〉：「訪羽儀於廊廟，旌秀異於杞梓。」杜甫〈毒熱寄簡崔評事十六弟〉：「楚材擇杞梓。」韓愈〈送張道士詩〉：「大匠無棄材，尋尺容有施；況當營都邑，杞梓用不疑。」俱以杞梓喻人之賢才也。

㉙《箋》：「《蜀志》〈秦宓傳〉曰：『足下自比巢、許，何故揚文藻，見瓌穎乎？』」

㉚《箋》曰：「沈約《撰志》曰：『心爲學府，詞同錦肆。』」

㉛范曄〈與甥侄書〉：「性別宮商，識清濁，斯自然也。觀古今文人，多不全了此處，從有會此者，不必從根本中來。」

㉜《箋》曰：「《漢書》〈東方朔傳〉曰：『樹頰胲，吐脣吻。』」

夫四聲者，無響不到，無言不攝①，總括三才②，苞籠萬象。劉滔③云：「雖復雷霆疾響，蟲鳥殊鳴，萬籟爭吹④，八音⑤遞奏，出口入耳，觸身動物，固無能越也⑥。」唯當形聲之外，言語道斷，此所不論，竟蔑聞於終古，獨見知於季代，亦足悲夫。雖師曠調律⑦，京房改姓⑧，伯喈之出變音⑨，公明之察鳥語⑩，至於此聲，竟無先悟。且《詩》、《書》、《禮》、《樂》，聖人遺旨⑪，探賾索隱⑫，亦未之前聞。宋末以來，始有四聲之目。沈氏乃著其譜論⑬，云起自周顒⑭。故沈氏《宋書》〈謝靈運傳〉⑮云：「五色相宜，八音協暢⑯，玄黃⑰律呂，各適物宜⑱。故⑲使宮羽⑳相變，低昂舛㉑節，若㉒前有浮聲，則後須

㉓切響。一簡之內，音韻盡殊；兩句之中，輕重悉異。妙達此旨，始可言文。至於先士茂制㉔，諷高歷賞㉕，子建函谷之作㉖，仲宣霸岸之篇㉗，子荊零雨之章㉘，正長朔風之句㉙，並直㉚舉胸懷，非㉛傍經史，正以音律調韻，取高前式。」劉滔亦云：「得者暗與理合㉜，失者莫識㉝所由，唯知齟齬難㉞安，未悟安之有術。若『南國有佳人』㉟，『夜半不能寐』㊱，豈用意所得哉！㊲」蕭子顯《齊書》云：「沈約、謝朓㊳、王融，以氣類相推㊴，文用宮商，平上去入爲四聲，世呼爲永明體。㊵」然則蕭賾㊶永明元年，即魏高祖孝文皇帝㊷太和㊸之六年也。昔永嘉之末，天下分崩㊹，關、河之地㊺，文章殄滅。魏昭成㊻、道武㊼之世，明元㊽、太武㊾之時，經營四方，所未遑也。雖復罔羅俊民㊿，獻納(51)左右；而文多古質，未營聲調耳。及太和(52)任運，志在辭彩，上之化下，風俗俄移。故《後魏文苑序》云：「高祖馭天鏡(53)，銳情(54)文學，蓋以頡頏漢徹(55)，淹跨曹丕，氣遠韻高，艷藻獨構。衣冠(56)仰止(57)，咸慕新風，律調頗殊，曲度(58)遂改，辭罕淵源，言多胸臆(59)，練古雕今，有所未值。至於雅言(60)麗則(61)之奇，綺合繡聯之美，眇歷年歲，未聞獨得。既而陳郡袁翻(62)、河內常景(63)，晚拔疇類，稍革其風。及肅宗御歷，文雅大盛，學者如牛毛，成者如麟角(64)。孔子曰(65)：『才難，不其然乎！』(66)」從此之後，才子比肩，聲韻抑揚，文情婉麗，洛陽之下，吟諷成群。及徙(67)宅鄴中，辭人間出，風流弘雅，泉湧雲奔，動合宮商，韻諧金石者(68)，蓋以千數，海內莫之比也。郁哉煥乎，於斯爲盛！乃甕牖繩樞之士(69)，綺襦紈袴之童(70)，習俗已久，漸以成性。假使對賓談論，聽訟斷決，運筆吐辭，皆莫之犯。

【註】

①攝，謂統攝也。《文選》劉越石〈勸進表〉：「家宰攝具綱。」注：「攝猶兼也。」郭煙寫本「斯」字一三四四（二）號：「又復《悉曇章》：「初二字與一切音聲作本，復能生聲，亦能收他一切音聲，六道殊勝，語言悉攝在中。」攝字用法與此正同。

②《易》〈繫辭〉下：「《易》之爲書也，廣大悉備，有天道焉，有人道焉，有地道焉，兼三才而兩之。」

③《梁書》卷四十九〈文學劉昭傳〉云：「昭子縚，字言明，亦好學，通《三禮》。大同中，爲尚書祠部郎，尋去職，不復仕。」《南史》〈文學劉昭傳〉亦云：「昭子縚，字言明，亦好學，通《三禮》。位尚書祠部郎。著《先聖本紀》十卷行於世。」又云：「縚弟緩，亦有才名。」《梁書》同。考《隋志》〈雜史類〉有劉縚《先聖本紀》十卷，《舊唐志》有劉滔《先聖本紀》十卷，《新唐志》與《舊書》合，「縚」、「滔」混用，據氏有弟緩，則以作『縚』爲是。

④《莊子》〈齊物論〉：「女聞人籟而未聞地籟，女聞地籟而未聞天籟夫。……夫吹萬不同，而使其自己也。」

⑤《周禮》〈春官〉：「大師寫六律六同，皆播之以八音：金，石，土，革，絲，木，匏，竹。」

⑥以上皆劉縚語。

⑦《孟子》〈離婁篇〉曰：「師曠之聰，不以六律，不能正五音。」

⑧《漢書》〈京房傳〉：「房字君明，東郡頓丘人也。治《易》，事梁人焦延壽。好鐘律，其學長於災變。初元四年，以孝廉爲郎。房本姓李，推律自定爲京氏，死時年四十一。」《後漢書》〈律曆志〉「元帝時，郎中京房知五聲之音，六律之數，上使人問房於樂府，房對受學六十律相生之法。』」

⑨《後漢書》〈蔡邕傳〉：「邕字伯喈，陳留圉人也。少博學，好辭章數術天文，妙操音律，善鼓琴。初，邕在陳留也，其鄰人有以酒食召邕者，比往，而主以酣焉。客有彈琴於屏，邕至，乃試潛聽之，：曰『憘，以樂召我，而有殺心，何也？』遂反。將命者告主人曰：『蔡君向來，至門而去。』邕素爲邦鄉所宗，主人遽自追而問其故，邕具以告，莫不憮然。彈琴者曰：『我向鼓琴，見螳螂方向鳴蟬，蟬將去而未飛，螳螂爲之一前一卻，吾心聳然，惟恐螳螂之失之也。此豈爲殺心而形於聲音者乎？』邕莞然而笑曰：『此足以當之矣。』」

⑩《三國志》〈魏書。管輅傳〉：「管輅，字公明，平原人也。輅至安德令劉長仁家，有鳴鵲來在閣屋上，其聲甚急，輅曰：『鵲言：東北有婦昨殺人，牽引西家人夫離妻，不過日在虞淵之際，告者至矣。』到時，果有東北同住民來告：鄰婦手殺其夫，詐言西家人與夫有嫌，來殺我婿。」

⑪《箋》曰：「《文選》，左思〈魏都賦〉曰：『雖選言以簡章，徒九復而遺旨。』」

⑫《周易》〈繫辭〉上：「探賾索隱，鉤深致遠，以定天下之吉凶，成天下之亹亹者，莫大乎蓍龜。」《正義》：「探謂窺探求取，賾謂幽深難見，卜筮則能窺探幽昧之理，故云探賾也。索謂求索，隱謂隱藏，卜筮能求索隱藏之處，故云索隱也。」

⑬《夢溪筆談》十四：「音韻之學，自沈約爲四聲，及天竺梵學入中國，其術漸密。」

⑭《南齊書》〈周顒傳〉：「顒字彥倫，汝南安城人。……音辭辯麗，出言不窮，宮商朱紫，發口成句。」《南史》〈周顒傳〉：「始著《四聲切韻》行於時。」皎然《詩式》〈明四聲〉：「樂章有宮商五音之說，不聞四聲。近自周顒、劉繪流出，宮商暢於詩體，輕重低昂之節，韻合情高，此未損文格。沈休文酷裁八病，碎用四聲，故風殆盡。後之才子，天機不高，爲沈生弊法所媚，懵然隨流，溺而不返。」

⑮《宋書》〈謝靈運傳〉：「陳郡陽夏人。少好學，博覽群書，文章之美，江左莫逮。襲封康樂公，性奢豪，車服鮮麗，衣裳器物，多所舊制，世共榮之，咸稱謝康樂也。以元嘉十年有罪誅，年四十九。」「傳」字原缺，據《箋本》校補。

⑯《文選》卷五〇載此文，李善注曰：「《文賦》曰：『曁音聲之迭代，若五色之相宣。』」

⑰《禮記》〈祭義〉：「遂朱綠之，玄黃之，以爲黼黻文章。」《文心雕龍》〈附會〉篇：「夫才量學文，宜正體制，必以情志爲神明，事義爲骨髓，辭采爲肌膚，宮商爲聲色；然後品藻玄黃，摛振金玉，獻可替否，以裁厥中：斯綴思之恒數也。」

⑱李善注：「《周易》曰：『象其物宜，是故謂之象。』」

⑲「故」，上文《調聲》引作「欲」，《文選》亦作「欲。」

⑳「羽」，《文選》同，《調聲》引作「徵」。

㉑「舛」，原作「叶」，周校據《文選》改，今從之。陳澧《切韻考》：「所謂宮商角徵羽，即平上

去入四聲，其分爲五聲者，蓋分平聲清濁爲二也。《唐韻考》後論云：『切韻者本乎四聲，必以五聲爲定。』則參宮參羽，半徵半商，引字調音，各自有清濁，若細分其條目，則令韻部繁碎，徒拘桎於文辭，此孫愐解說《切韻》之書，分四聲不分五聲之故也。所謂宮羽徵商，即平上去入也。平上去入，各有清濁，不可但分一聲之清濁，以足五聲之數；若四聲皆分清濁爲二部則太繁碎，故不可分也。《宋書》〈范蔚宗傳〉云：『性別宮商，識清濁。』此但言宮商，猶後世之言平仄也。蓋言爲平聲之商爲仄歟？〈謝靈運傳論〉：『欲使宮羽相變，低昂錯節。』《隋書》〈潘徽傳〉云：『李登《聲類》，呂靜《韻集》，始判清濁，才分宮羽。』此皆但言宮羽，蓋宮爲平聲，羽亦爲仄歟？《南齊書》〈陸厥傳〉云：『前英早已識宮徵。』此但言宮徵，蓋宮爲平聲，徵亦爲仄歟？又云：『兩句之內，角徵不同。』此但言角徵，蓋徵爲仄，角亦爲平歟？然則孫愐但云『宮羽徵商』，而不言角，角即平聲之濁歟？」器案：陳氏言「宮羽徵商，即平上去入」，其言明且清，知夫此，則本書之引〈謝靈運傳〉，前作「宮徵相變」，後作「宮羽相變」，無所致其疑矣。

㉒「若」字原缺，今據本卷《調聲》及《宋書》、《文選》校補。

㉓「須」，原作「有」，今據《調聲》及《宋書》、《文選》校改。

㉔制即下文「制作之士」之制，其文謂之制，其人則謂之「制作之士」也。徐陵《玉台新詠序》：「往世名篇，當今巧製。」《陳書》〈謝貞傳〉：「周確新除都官尚書，請貞爲〈讓表〉，後主覽而奇之，問確曰：『卿表自製耶？』對曰：『臣表謝貞所作。』」柳宗元〈送獨孤申叔序〉：「温清牽引之隟，必有美製，倘飛以示我，我將易觀而待，所不敢忽。」俱謂作品爲製，製、

制古通。

㉕李善注：「言諷詠之者，咸以爲高，歷載辭人，所共傳賞。」

㉖「谷」，《宋書》、《文選》作「京」，蓋涉注文而誤，當據此改正。李善注：「曹子建〈贈丁儀王粲〉詩曰：『從軍度函谷，驅馬過西京。』」案：詩見《文選》卷二四，李善注：「《魏志》曰：『公西征張魯。』《漢書》曰：『弘農縣故秦函谷關。』《毛詩》曰：『驅馬悠悠。』」

㉗「霸」，《宋書》、《文選》作「灞」。李善注：「王仲宣〈七哀詩〉云：『南登霸陵岸，回首望長安。』」案：《七哀詩》，見《文選》卷二三，李善注云：「《漢書》曰：『文帝葬霸陵。』」

㉘李善注：「孫子荊〈陟陽候〉詩曰：『晨風飄歧路，零雨被秋草。』」案：《文選》二〇孫子荊〈征西官屬送於陟陽候作詩一首〉：「晨風飄歧路，零雨被秋草。」李善注：「臧榮緒《晉書》曰：『孫楚，字子荊，太原人也。征西扶風王駿與楚舊好，起爲參軍梁令衛軍司馬，爲馮翊太守，卒。』」又曰：「李陵《與蘇武》詩曰：『欲因晨風發，送子以賤軀。』《毛詩》曰：『零雨其濛。』」

㉙李善注：「王正長《雜詩》曰：『朔風動秋草，邊馬有歸心。』」案：《文選》卷二九王正長〈雜詩〉一首：「朔風動秋草，邊馬有歸心。」李善注：「臧榮緒《晉書》曰：『王贊，字正長，義陽人也。博學有俊才，辟司空掾，歷散騎侍郎，卒。』」又曰：「蔡琰詩曰：『北風厲兮肅泠泠，胡笳動兮邊馬鳴。』」

㉚「直」，原作「宜」，今據《宋書》、《文選》校改。

㉛「非」，原作「作」，今據《宋書》、《文選》校改。《詩品》云：「觀古今勝語，多非補假，皆由直尋」即休文此意也。

㉜《謝靈運傳論》：「皆暗與理合，匪由思至。」

㉝「識」，原作「誠」，今據周校改正。

㉞「難」，原作「雖」，今從周校改正。宋玉《九辯》：「吾固知鉏鋙而難入。」

㉟《文選》二九曹子建〈雜詩〉六首：「南國有佳人，容華若桃李。」李善注：「《楚辭》曰：『受命不遷生南國。』謂江南也。」

㊱《文選》二三阮嗣宗〈詠懷詩〉十七首：「夜中不能寐，起坐彈鳴琴。」

㊲所謂信手拈來，皆成妙諦也。

㊳「朓」，原誤「眺」，今改。

㊴「推」，原作「催」，今據《古鈔本》、《三寶院本》、《無點本》、《正智院本》校改。《南史》〈陸厥傳〉：「厥舉秀才，時盛爲文章，與吳興沈約、陳郡謝朓、琅琊王融以氣類相推轂。」《文選》四六任彥升《王文憲集序》：「弘長風流，許與氣類。」李善注：「謝承《後漢書》曰：『桓礹邴營氣類，經緯士人。』」

㊵《南齊書》〈文學陸厥傳〉：「永明末，盛爲文章，吳興沈約、陳郡謝朓、琅琊王融以氣類相推轂。汝南周顒，善識聲韻。約等文皆用宮商，以平上去入爲四聲，以此制韻，不可增減，世呼爲永明體。」

㊶「賾」原誤「頤」，今據《南齊書》校改。《南齊書》〈武帝紀〉：「世祖武皇帝諱賾，字宣遠，太祖長子也，小諱龍兒，生於建康青溪宅。永明元年春正月辛亥，車駕祀南郊，大赦，改元永明。十一年崩，年五十四。」

㊷《魏書》〈高祖紀〉：「高祖孝文皇帝諱宏，顯祖獻文皇帝之長子，以太和二十三年崩。」

㊸「太」，原作「大」，據《魏書》校改。

㊹《論語》〈季氏〉：「邦分崩離析，而不能守也。」《集解》：「孔曰：『民有畏心曰分，欲去曰崩。』」

㊺《史記》〈蘇秦傳〉：「秦四塞之國，被山帶渭，東有關、河。」《正義》：「東有黃河，有函谷、蒲津、龍門、合河等關。」

㊻「昭」，原作「照」，今據《魏書》校改。《魏書》：「昭成皇帝諱什翼，年十九即位，稱建國元年，三十九年崩，年五十七。太祖即位，尊曰高祖。」

㊼《魏書》〈太祖紀〉：「太祖道武皇帝諱珪，獻明皇帝子也，以天賜六年崩，謚曰宣武皇帝，廟號太祖，泰常五年，改謚曰道武。」

㊽《魏書》〈太宗紀〉：「太宗明元皇帝諱嗣，太祖長子也，以泰常八年崩，年二十三，謚曰明元皇帝。」

㊾《魏書》〈世祖紀〉：「世祖太武皇帝諱燾，太宗明元皇帝長子也，以正平二年崩，年四十五，謚曰太武皇帝，廟號世祖。」

(50)「俊」，原作「後」，今據《三寶院本》、《長寬寫本》、《正智院本》及《魏書》校改。

(51)《文選》一班孟堅〈兩都賦序〉。「朝夕論思，日月獻納。」

(52)「太」，原作「大」，今據《古鈔本》及《魏書》校改。

(53)《南史》〈齊高帝紀〉：「披金繩而握天鏡，開玉匣而總地維。」徐陵〈皇太子臨辟雍頌序〉：「握天鏡而授河圖，執玉衡而還乾象。」

(54)《漢書》〈禮樂志〉：「是時，上方征討四夷，銳志武功。」銳情猶銳志也。

(55)「漢」，原誤作「漁」，今據《魏書》校改。漢徹，謂漢武帝劉徹也。

(56)《漢書》〈杜欽傳〉注：「衣冠，謂士大夫也。」《通鑒》三二胡三省注：「衣冠，當時士大夫及貴游子弟也。」

(57)《詩經》〈小雅〉〈車舝〉：「高山仰止，景行行止。」《釋文》：「『仰止』，本或作『仰之』。」

(58)《後漢書》〈馬防傳〉：「多聚聲樂，曲度比諸郊廟。」注：「曲度，謂曲之節度也。」

(59)陸機〈文賦〉：「思風發於胸臆，言泉流於脣齒。」

(60)《論語》〈述而〉：「子所雅言，《詩》、《書》、執《禮》，皆雅言也。」《集解》：「孔曰：『雅言，正言也。』鄭曰：『讀先王典法，必正言其音，然後義全，故不可有所諱。』」

(61)《揚子法言》〈吾子〉篇：「詩人之賦麗以則。」《文選》左太沖〈三都賦序〉引其言，張銑注云：「美麗有法則。」《文心雕龍》〈詮賦〉：「風歸麗則。」沈約《報王筠書》：「覽所示詩，實爲麗則。」何遜〈哭吳興柳惲〉詩：「清文窮麗則。」姚合〈和鄭相演楊尚書蜀中唱和〉詩：「五言全麗則，六義出《風》、《騷》。」于頔〈吳興晝上人集序〉：「信江表之文英，五言之麗則者也。」《舊唐志》：「《辭人麗則》二十卷，康明貞撰。」

62《魏書》〈袁翻傳〉：「袁翻字景翔，陳郡項人也。……少以才學，擅美一時。……肅宗、靈太后曾燕於華林園，舉觴謂群臣曰：『袁尚書朕之杜預，欲以此杯敬屬元凱，今爲盡之。』侍座者莫不羨仰。翻名位俱重，當時賢達，咸推與之。然獨善其身，無所獎拔，排抑後進，懼其凌己，論者鄙之。建義初，遇害於河陰，年五十三。所著文筆行於世。史臣曰：『袁翻文高價重，其當時之才秀歟。』」案：《魏書》〈王遵業傳〉：「遵業有譽當時，與中書令陳郡袁翻、尚書琅邪王誦，並領黃門郎，號曰三哲。」

63《魏書》〈常景傳〉：「常景字永昌，爽孫。……永安中，除中軍將軍黃門侍郎，賜爵高陽子。普泰初，除車騎將軍右光祿大夫秘書監，封濮陽縣子。遷鄴後，除儀同三司。武定六年致仕，給右光祿事力終其身。景所著述數百篇見行於世，刪正晉司空張華《博物志》及撰〈儒林〉、〈列女傳〉各數十篇云。史臣曰：『常景以文義見宗，著美當代，覽其遺稿，可稱尚哉。』」

64《御覽》六〇七引《蔣子萬機論》：「諺曰：『學如牛毛，成如麟角。』言其少也。」《顏氏家訓》〈養生〉篇：「學如牛毛，成如麟角。」

65「孔子曰」三字，原在「學者如牛毛」前，周校據《魏書》乙正，今從之。

66《論語》〈泰伯〉篇文。《魏書》〈文苑傳序〉：「永嘉之後，天下分崩，夷、狄交馳，文章殄滅。昭成、太祖之世，南收燕趙，網羅俊義。逮高祖馭天鏡，銳情文學，蓋以頡頏漢徹，掩踔曹丕，氣韻高艷，才藻獨構，衣冠仰止，咸慕新風。肅宗歷位，文雅大盛。學者如牛毛，成者如麟角，孔子曰：『才難，不其然乎。』」《北史》〈文苑傳序〉：「洎乎有魏，定鼎沙朔，南包河、淮，西吞關、隴，當時之士，有許謙、崔宏、宏子浩、高允、高閭、游雅等，先後之間，聲實俱茂，詞義典正，有永嘉之遺烈焉。及太和在運，銳情文學，固以頡頏漢徹，跨躡曹丕，氣韻高遠，艷藻獨構，衣冠仰止，咸慕新風，律調頗殊，曲度遂改，辭罕泉源，言多胸臆，潤古彫今，有所未遇。是故雅言麗則之奇，綺合繡聯之美，眇歷年歲，未聞獨得。既而陳郡袁翻、河內常景，晚拔疇類，稍革其風。及明皇御歷，文雅大盛，學者如牛毛，成者如麟角，孔子曰：『才難，不其然也！』」

(67)「徒」，原作「從」，今改。

(68)《文選》五〇沈休文〈宋書謝靈運傳論〉：「英辭潤金石，高義薄雲天。」李善注：「《吳越春秋》：『樂師謂越王曰：「君王德可刻之於金石。」』《淮南子》曰：『夫道潤乎草木，浸乎金石。』」案：此金石當謂音樂。《晉書》〈孫綽傳〉：作〈天台賦〉成，示范榮期云：『卿試擲地，當作金石聲也。』榮期曰：『恐此金石，非中宮商。』然每至佳句，輒云：『是我輩語。』」以金石與宮商對言，與此文正同。

(69)《呂春氏秋》〈下賢〉篇：「所朝於窮巷之中，甕牖之下者七十人。」高誘注：「甕牖，以破甕蔽牖，言貧陋也。」《文選》五一賈誼〈過秦論〉：「陳涉甕牖繩樞之子。」李善注：「《禮記》曰：『儒有蓬户甕牖。』韋昭曰：『繩樞，以繩扃户爲樞也。』」

⑳《漢書》〈敘傳〉上：「出與王、許子弟爲群，在於綺襦紈袴之間，非其好也。」晉灼曰：「白綺之襦，冰紈之袴也。」師古曰：「紈，素也。綺，今細綾也。並貴戚子弟之服。」

又吳人劉勰①著〈雕龍篇〉②云：「音有飛沈③，響有雙疊，雙聲隔字而每舛④，疊韻離句其必睽⑤；沈則響發如斷，飛則聲颺不還⑥；並鹿盧⑦交往，逆鱗相批⑧，迕⑨其際會，則往蹇來替⑩，其爲疹病⑪，亦文家之吃也。」又云：「聲盡妍嗤⑫，寄在吟詠⑬，滋味流於下句⑭，風⑮力窮於和韻。異音相慎⑯謂之和，同聲相應謂之韻，韻氣一定，則⑰餘聲易遺，和體抑揚，故遺響難契矣。」此論，理到優華，控引⑱弘博，計其幽趣，無以間然⑲。但恨連章結句，時多澀阻，所謂能言之者也，未必能行者也⑳。

【註】

①《梁書》〈文學劉勰傳〉：「劉勰字彥和，東莞莒人。……少孤，篤志好學。家貧，不婚娶，依沙門僧祐，與之居處積十餘年，遂博通經論，因區別部類，錄而序之，今定林寺《經藏》，勰所定也。……初，勰撰《文心雕龍》五十篇，論古今文體，引而次之，……既成，未爲時流所稱，勰自重其文，欲取定於沈約，約時貴盛，無由自達，乃負其書候約出，干之於車前，狀若貨鬻者。約便命取讀，大重之，謂爲深得文理，常陳諸几案。」

②見《文心雕龍》〈聲律〉篇。

③「音」，《雕龍》作「聲」。案：〈謝靈運傳論〉言「浮聲切響」，浮切猶清濁，亦即彥和之所謂飛沈也。《高僧傳》十三〈曇智傳〉：「時有道朗、法忍、智欣、慧光，並無餘解，薄能轉讀：道朗捉調小緩，法忍好存擊切，智欣善能側調，慧光喜騁飛聲。」

④「舛」，原作「⿰歹歹」，即「舛」之俗別字，見《龍龕手鑑》卷三〈歹部〉，今從《雕龍》改正。

⑤「離」，《雕龍》作「雜」。

⑥案：此即沈休文所謂：「前有浮聲，後須切響，兩句之中，輕重悉異」也。即一句之中，不得純用平聲字或仄聲字也。

⑦「鹿盧」，《雕龍》作「轆轤」。

⑧「批」，《雕龍》作「比」。《韓非子》〈說難〉篇：「夫龍之爲蟲也，柔可狎而騎也；然其喉下有逆鱗徑尺，若人有嬰之者，則必殺人。」《雕龍》作「比」，義勝，此取譬鱗之相比耳，本無批嬰之義。

⑨「迕」，原作「逆」，涉上文而誤，今據《古鈔本》校改；《雕龍》作「迂」，紀昀評曰：「『迂』當作『迕』。」案：此書正作「迕」。《廣韻敍錄》：「又紐其脣齒喉舌牙，部仵而次之。」仵字義與此同，亦謂漫無有紀矣。

⑩「蹇」，原作「謇」，今據《雕龍》校改。「替」，《雕龍》作「連」。《易》〈蹇卦〉六四：「往蹇來連。」《正義》：「馬云：『連亦難也。』鄭云：『遲久之意。』」

⑪「疹」，《雕龍》作「疾」。

⑫「聲盡妍嗤」，《雕龍》作「聲畫妍蚩」。

⑬《雕龍》重「吟詠」二字，非是，《玉海》四五引《雕龍》與本書同，當據以刪訂《雕龍》。

⑭《雕龍》原作「下句」，與本書合，商家梅改作「字句」，非是。

⑮「風」，《雕龍》作「氣」。

⑯「慎」，《雕龍》作「從」。慎古讀爲順，《荀子》〈成相〉篇：「請布基，慎聖人。」楊倞注：「慎讀爲順。」是其證。

⑰「則」字，《古鈔本》無，《雕龍》作「故」，《玉海》四五引《雕龍》與本書同。

⑱《文選》五左太沖〈吳都賦〉：「控清引濁。」又六〈魏都賦〉：「控引世資。」張銑注：「控引天下之資財。」器按：控引，謂控制牽引也。

⑲《論語》〈泰伯〉篇：「禹，吾無間然矣。」《集解》：「孔曰：『言己不能復間廁其間。』」

⑳《箋》曰：「《隋書》〈文學傳論〉曰：『所謂能言者未必能行，蓋亦君子不以人廢言也。』」

潁川①鍾嶸②之作《詩評》③，料簡④次第，議其工拙。乃以謝朓⑤之詩末句多蹇⑥，降爲中品，侏儒一節⑦，可謂有心哉⑧！又云：「但使⑨清濁同⑩流，口吻⑪調和⑫，斯爲足矣。至於平上去入，余病未能。」經謂⑬：嶸徒見口吻之爲工，不知調和之有術，譬如刻木爲鳶⑭，摶⑮風遠颺，見其抑揚天路，騫⑯翥煙霞，咸疑羽翮之行然⑰，焉知王爾⑱之巧思也。四聲之體調和，此其效乎！除四聲已外，別求此道，其猶⑲之荆者而北魯、燕，雖遇牧馬童子⑳，何以解鍾生之迷。或復云：「余病未能。」觀公此病，乃是膏肓㉑之疾，縱使華陀㉒集藥，鷓鴣㉓投針，恐魂歸㉔岱宗，終難起也㉕。嶸又稱：「昔齊有王元長者，嘗謂余曰：『宮商與二儀俱生，往㉖古詩人，不知用之。唯范曄㉗、謝公㉘頗識之耳㉙。』」今讀范侯贊論㉚，謝公賦表，辭氣流靡，罕有掛礙，斯蓋獨悟於一時，爲知聲之創首也。

【註】

①「潁」，原作「穎」，今改。

②「鍾」，原作「鐘」，今據《古鈔本》校改。《梁書》〈文學鍾嶸傳〉：「鍾嶸字仲偉，潁川長社人。嶸與兄岏、弟嶼，並好學，有思理。嶸齊永明中爲國子生，明《周易》，衛軍王儉領祭酒，頗賞接之。舉本州秀才。永元末，除司徒行參軍。……後累遷至西中郎晉安王記室。嶸嘗品古今五言詩，論其優劣，名爲《詩評》。頃之卒官。」《南史》〈鍾嶸傳〉：「嘗求譽於沈約，沈拒之，及約卒，嶸品古今詩爲評，言其優劣云。其評沈約云：『約所著既多，今剪除淫雜，收其精要，允爲中品之第矣。』」

③《詩評》三卷，今作「《詩品》」。

④料簡，謂料理簡選。《南齊書》〈王晏傳〉：「料簡世祖中詔，得與晏手敕三百餘紙。」

⑤「朓」，原作「眺」，今改。《南齊書》〈謝朓傳〉：「謝朓字玄暉，陳郡陽夏人也。少好學，有

美名，文章清麗，解褐豫章王參軍。子隆在荆州，好辭賦，數集僚友；朓以文才，尤被賞愛，流連晤對，不舍日夜。隆昌初，敕朓接北使，朓自以口訥，啟讓不當，見許。高宗輔政，以朓爲驃騎諮議，領記室，掌霸府文筆，又掌中書詔誥。建武四年，出爲晉安王鎮北諮議。朓善草隸，長五言詩，沈約嘗云：『二百年來，無此詩也。』死年三十六。」

⑥「蹇」，原作「謇」，今改；上文引《文心雕龍》亦誤「蹇」爲「謇」。《詩品》中：「謝朓，善自發詩端，而末篇多躓，此意銳而才弱也」躓與蹇義近而相成，若作謇，則相反也。

⑦《御覽》三七八引桓譚〈新論〉：「諺云：『朱儒見一節，而長短可知』」

⑧《論語》〈憲問〉：「有心哉，擊磬乎！」

⑨「使」，《詩品》下作「令」。

⑩「同」，《詩品》下作「通」。

⑪《箋》曰：「成公綏〈嘯賦〉：『隨口吻而發揚。』」「〈嘯賦〉」，原誤作一「諷」字，今據《文選》十八校改。《唐書》〈李德裕傳〉：「榮枯生於口吻。」

⑫「和」，《詩品》下作「利」。

⑬「經謂」，原誤作「涇渭」，今據《三寶院本》校改。

⑭《韓非子》〈外儲說左上〉：「墨子爲木鳶，三年而成，蜚一日而敗。」

⑮「摶」，原作「搏」，今據《古鈔》本校改。《莊子》〈逍遥遊〉：「鵬之徙於南冥也，水擊三千里，摶扶摇而上者九萬里。」此摶風用字所本。

⑯「騫」原作「謇」，今據《古鈔本》、《三寶院本》校改。
⑰然，猶如此也。
⑱「爾」，原作「蕭」，今據《古鈔本》、《三寶院本》校改。《韓非子》〈奸劫弑臣〉篇：「無規矩之法，繩墨之端，雖王爾不能以成方圓。」又〈用人〉篇：「廢尺寸而差短長，王爾不能半中。」《淮南子》〈本經〉篇高注：「王爾，古之巧匠也。」
⑲「猶」，原作「獨」，《箋本》校云：「當作『猶』。」今從之。
⑳《箋云》：「《莊子》〈徐無鬼〉篇：『黃帝將見大隗乎具茨之山，方明爲御，昌寓驂乘，張若、謵朋前馬，昆閽、滑稽後車，至於襄城之野，七聖皆迷，無所問塗。適遇牧馬童子，問途焉曰：『若知具茨之山乎？』曰：『然』『若知大隗之所存乎？曰：『然』黃帝曰：『異哉！小童，非徒知具茨之山，又知大隗之所存。』」
㉑《左傳》成公十年：「公夢疾爲二豎子，曰：『彼良醫也，懼傷我，焉逃之？』其一曰：『居肓之上，膏之下，若我何。』」杜注：「肓，鬲也。心下爲膏」
㉒「陀」，原作「他」，周校據《後漢書》〈方術華佗傳〉改，今從之。
㉓「鶣鵲」，即「扁鵲」，《史記》有傳。
㉔「歸」字原無，今補。《後漢書》〈方術許曼傳〉：「少嘗篤病，三年不愈，乃謁太山請命。」注：「太山主人生死，故詣請命也。」又〈烏桓傳〉：「赤山在遼東西北數千里，如中國人死者魂神歸岱山也。」注：「《博物志》：『泰山，天帝孫也，主召人魂。東方萬物始，故知人生命。』」

案：李注所引《博物志》，見今本卷二。《古樂府》〈怨詩行〉：「人生樂未央，忽然歸東嶽。」應璩〈百一詩〉：「年命在桑榆，東嶽與我期。」劉楨〈贈五官中郎將〉詩：「常恐游岱宗，不復見故人。」

㉕起，謂起死回生也。

㉖「往」，原作「行」，今改爲「往」，《詩品》作「自」。

㉗「曄」，原從目，今據《詩品》校改。《宋書》〈范曄傳〉：「范曄字蔚宗，順陽人。少好學，博涉經史，善爲文章，能隸書，曉音律。元嘉元年左遷宣城太守，不得志，删衆家《後漢書》爲一家之作。數年，遷長沙王義欣鎮軍長史，加寧朔將軍，後遷左衛將軍太子詹事。曄善彈琵琶，能爲新聲，上欲聞之，屢諷以微旨，曄僞若不曉。曄與孔熙先等謀逆，事泄下獄伏誅，時年四十八。」

㉘「謝公」，《詩品》作「謝莊」。《宋書》〈謝莊傳〉：「謝莊字希逸，陳郡陽夏人。年七歲，能屬文，通《論語》。元嘉二十七年。索虜寇彭城，遣尚書李孝伯訪問莊，其名聲遠布如此。二十九年，除太子中庶子，累官至金紫光祿大夫，給親信二十人。泰始二年卒，時年四十六，追贈右光祿大夫，常侍如故，謚曰憲子。所著文章四百餘首行於世。」

㉙《詩品》下：「昔曹、劉殆文章之聖，陸、謝爲體貳之才，鋭精研思千百年，而不聞宮商之辨，四聲之論：或謂前達偶然不見，豈其然乎！嘗試論之曰：古詩頌皆被之金竹，故非調正音，無以諧會。若『置酒高堂上』，『明月照高樓』，爲韻之首，故三祖之詞，文或不工，而韻入歌唱，此重音韻之義也，與世之言宮商者異矣。今既不備管弦，亦何取於聲韻耶！齊王元長者，嘗謂余

云：『宮商與二儀俱生，自古詞人不知之，唯顏憲子乃云律呂音調，而其實大謬，唯見范曄、謝莊頗識之耳。』常欲造《知音論》，未就。王元長創其首，謝朓、沈約揚其波，三賢咸貴公子孫，幼有文辨；於是士流景慕，務爲精密，襞積細微，轉相凌架，故使文多拘忌，傷其宜美。余謂文制本須諷讀，不可蹇礙，但令清濁通流，口吻調利，斯爲足矣。至平上去入，則余病未能；蜂腰鶴膝，閭里已具。」

㉚范曄〈獄中與諸甥侄書〉：「性別宮商，識清濁，斯自然也。觀古今文人，多不全了此處，縱有會此者，不必從根本中來，言之皆有實證，非爲空談。年少中謝莊最有其分，手筆差異，文不拘韻故也。」又云：「贊自是吾文之傑思，殆無一字空設，奇變不窮，同含異體，乃自不知，所以稱之。此書行，故應有賞音者。」

洛陽王斌①撰《五格四聲論》②，文辭鄭重③，體例繁多，部析④推研，忽不能別矣。魏定州刺史甄思伯⑤，一代偉人，以爲沈氏《四聲譜》⑥，不依古典，妄自穿鑿，乃取沈君少時文詠犯聲處以詰難之。又云：「若計四聲爲紐⑦，則天下眾聲無不入紐，萬聲萬紐，不可止爲四也。」經以爲三王異禮，五帝殊樂⑧，質文⑨代變，損益隨時⑩，豈得膠柱調瑟⑪，守株伺兔⑫者也。古人有言：「知今不知古，謂之盲瞽；知古不知今，謂之陸沉。⑬」孔子曰：「溫故而知新，可以爲師矣。⑭」《易》曰：「一開一闔謂之變，往來無窮謂之通。⑮」甄公此論，恐未成變通矣。且夫平上去入者，四聲之總名也，征整⑯政隻者，四聲之實稱也。然則名不離實，實不遠名，名實相憑，理自然矣。故聲者逐物以立名，紐者因聲以⑰轉注。萬聲萬紐，縱如來言；但四聲者，譬之軌轍，誰能行不由軌乎？縱出涉九州，巡游四海，誰能入不由户也⑱？四聲總括，義在於此。

【註】

①「洛陽」，《古鈔本》作「略陽」。《南史》〈陸厥傳〉：「時有王斌者，不知何許人，著《四聲論》行於時。斌初爲道人，博涉經籍，雅有才辯，善屬文，能倡導，而修容儀。嘗弊衣於瓦官寺聽雲法師講《成識論》，無復坐處；唯僧正慧超尚空席，斌直坐其側，慧超不能平，乃駡曰：『那得此道人，祿蔌似隊父，唐突大人。』因命驅之。斌笑曰：『既有敘勛僧正，何爲無隊父？』道人不爲動，而撫機問難，辭理清舉，四坐皆屬目。後還俗，以詩樂自樂，人莫能名之。』案：雲法師即釋法雲也。《續高僧傳》五：「釋法雲，姓周氏，宜興陽縣人。母吳氏，初產在草，見雲氣滿室，因以名之，七歲出家，更名法雲。及年登三十，建武四年夏，初於妙音寺開《法華》、《淨名》二經，序正條源，群分名類，學徒海湊，四眾盈堂，僉謂理因言盡，紙卷空存。講經之妙，獨步當時。齊中書周顒、瑯琊王融、彭城劉繪、東莞徐孝嗣等一代名貴，並投莫逆之交。孝嗣每曰：『見雲公俊發，自顧缺然。』天監初，時諸名德各撰《成實義疏》，雲乃經論合撰，有四十科，爲四十二卷，俄尋究了。又勅於寺三遍敷講，廣請義學，充諸堂宇，勅給傳詔車牛，吏力皆備足焉。至七年，制注大品，朝貴請雲講之，辭疾不赴，帝請乃從之。尋又下詔，禮爲家僧。雲學通內外，自王

侯逮於榮貴，莫不欽敬，世稱雲法師焉。以大通三年三月二十七日初夜卒於住房，春秋六十有三。」據此，則王斌聽講《成實論》，當在天監七年。又《續高僧傳》六：「釋慧超，姓廉氏，趙郡陽平人，善用俳諧，尤能草隸，兼習朱、許，又工占相，自齊歷告終，梁祚伊始，超現疾新林，情存拯溺，信次之間，聲馳日下。尋有別勅，乃授僧正。天監中，帝請爲家僧，禮問殊積。以普通七年五月十六日遷神於寺房，湘東王繹、陳郡謝幾卿各爲制文，俱鐫墓所。」據此，亦可證明王斌與慧超同爲天監中人矣。又案：王斌，《南史》不知爲何許人，據此，則斌爲洛陽人（一作「略陽」），足補《南史》之缺。

②《日本見在書目》有《五格四聲論》一卷，不著撰人，據此，則作者乃王斌也。又本書西卷〈文二十八種病〉云：「王斌五字制鶴膝，十五字制蜂腰，並隨執用。」當出《五格四聲論》。

③鄭重，猶言頻煩。《漢書》〈王莽傳〉：「非皇天所以鄭重降符命之意。」師古曰：「鄭重，猶言頻煩也。」《三國志》〈魏書、倭人傳〉：「使知國家哀汝，故鄭重汝好物也。」《顏氏家訓》〈勉學〉篇：「此事遍於經史，吾亦不能鄭重，聊舉近世切要，以啟寤汝耳。」諸書及本文所言鄭重，俱用爲頻煩意。

④「剖析」，原作「割拆」，此形近而誤也，今改。

⑤《魏書》〈甄琛傳〉：「甄琛字思伯，中山毋極人，漢太保甄邯後也。……除征北將軍定州刺史，衣錦晝遊，大爲稱滿。……所著文章，鄙碎無大體，時有理詣。〈磔四聲〉、〈姓族興廢〉、〈會通緇素〉三論及〈家誨〉二十篇、《篤學文》一卷，頗行於世。」

⑥沈約《四聲譜》，此以著錄爲最早。

⑦用紐之名，以此爲最早。

⑧《禮記》〈樂記〉：「五帝殊時，不相沿樂；三王異世，不相襲禮。」鄭玄注：「言其有損益也。」

⑨《史記》〈平准書〉：「物盛則衰，時極而轉，一質一文，終始之變也。」《鹽鐵論》〈錯幣〉篇：「一質一文，非苟易常也。」《漢書》〈敍傳・荅賓戲〉云：「乃文乃質，王道之綱。」班孟堅此文又見《文選》卷四五，項岱注曰：「或施質道，或施文道，此王者所以爲綱維也。」李善注：「《春秋元命苞》曰：『一質一文，據天地之道，天質而地文。』又曰：『正朔三而改，文質再而復。』」

⑩《周易》〈損卦・彖〉曰：「損益盈虛，與時偕行。」王弼注：「自然之質，各定其分，短者不爲不足，長者不爲有餘，損益將何加焉；非道之常，故必與時偕行也。」《史記》〈禮書〉：「余至大行禮官，觀三代損益，乃知緣人情而制禮，依人性而作儀，其所由來尚矣。」

⑪《淮南子》〈齊俗〉篇：「今握一君之法籍，以非傳代之俗，譬由膠柱而調瑟也。」〈鹽鐵論〉〈相刺〉篇：「堅據古文以應當世，猶辰參之錯，膠柱而調瑟，固而難合矣。」《揚子法言》〈先知〉篇：「或曰：『以往聖人之法，治將來之政，譬猶膠柱而調瑟。』」

⑫《韓非子》〈五蠹〉篇：「宋人有耕田者，田中有株，兔走觸株，折頸而死；因釋其耒而守株，冀復得兔，兔不可復得，而身爲宋國笑。」慧琳《一切經音義》三：「株杌，《考聲》云：『殺樹之餘也。』」

⑬見《論衡》〈謝短〉篇。

⑭《論語》〈爲政〉篇：「子曰：『温故而知新，可以爲師矣。』」《集解》「温，尋也；尋繹故者，又知新者，可以爲人師矣。」

⑮「通」，原作「道」，今據《周易》校改。《周易》〈繫辭〉上：「一闔一辟謂之變，往來不窮謂之通。」《正義》：「一闔一辟謂之變者，開閉相循，陰陽遞至，或陽變爲陰，或開是更閉，或陰變而爲陽，或閉而還開，是謂之變也。往來不窮謂之通者，須往則變來爲往，須來則變往爲來，隨須改變，不有窮已，恒得通流，是謂之通也。」

⑯「整」字原缺，今據《古鈔本》、《三寶院本》、《正智院本》訂補。案：《弄紐圖》作「真整正隻」。

⑰「以」字，《古鈔本》脱。

⑱《論語》〈雍也〉篇：「子曰：『誰能出不由户，何莫由斯道也。』」《集解》：「孔曰：『言人立身成功當由道；譬猶出入要當從户。』」器案：據孔注及本文，疑《論語》原有「入」字。

經數聞江表人士說：梁王蕭衍①不知四聲，嘗從②容謂中領軍朱异③曰：「何者名爲四聲？」异答云：「『天子萬福』，即是四聲。」衍异謂：「『天子壽考』，豈不是四聲也。④」以蕭主之博洽通識，而竟不能辨之。時人咸美朱异之能言，嘆蕭主之不悟。故知心有通塞，不可以一概⑤論也。今尋公文詠，辭理可觀；但每觸籠網，不知回避，方驗所說非憑虛矣⑥。

【註】

①《梁書》〈武帝本紀〉：「高祖武皇帝諱衍，字叔達，小字練兒，南蘭陵中都里人，漢相蕭何之後也。」

②「從」，原作「縱」，今改。

③《梁書》〈朱异傳〉：「朱异字彥和，吳郡錢塘人也。……遍治五經，尤明《禮》、《易》，涉獵文史，兼通雜藝，博奕書算，皆其所長。……太清二年遷中領軍，舍人如故。……有文集百餘篇。」「异」原作「棄」，今從《梁書》校改，下同。

④案：《梁書》〈武帝本紀〉、〈朱异傳〉，均不載此事。尋〈沈約傳〉云：「又撰《四聲譜》，以爲在昔詞人，累千載而不寤，而獨得胸衿，窮其妙旨，自謂入神之作，高祖雅不好焉。帝問周舍曰：『何謂四聲？』舍曰：『「天子聖哲」是也。』然帝竟不遵用。」《天中記》二六引《談藪》：「沙門重公嘗謁梁高祖，問曰：『聞在外有四聲，何者爲是？』答曰：『「天保寺刹」』。既出，逢劉焯，說以爲能，焯曰：『何如道「天子萬福」』」。蓋一事而異傳。

⑤《楚辭》〈九章〉〈懷沙〉：「同糅玉石兮，一概而相量。」洪興祖《補注》：「概，平斗斛木。」曹植《令》：「諸吏各敬爾在位，推一概之平。」

⑥案：沈氏《四聲譜》出，鍾嶸詆之於前，甄琛難之於後，且以休文少作之犯聲者相詰難，故善經鄭

重辨之。

沈氏《答甄公論》云：「昔神農重八卦①，卦無不純②，立四象③，象無不象。但能作詩，無四聲之患，則同諸四象。四象既立，萬象生焉；四聲既周，群聲類焉。經典史籍，唯有五聲，而無四聲。然則四聲之用，何傷五聲也。五聲者，宮商角徵羽，上下相應，則樂聲和矣；君臣民事物④，五者相得，則國家治矣。作五言詩者，善用四聲，則諷詠而流靡；能達八體⑤，則陸離⑥而華潔。明各有所施，不相妨廢。昔周、孔所以不論四聲者，正以春爲陽中，德澤不偏，即平聲之象；夏草木茂盛，炎熾如火，即上聲之象；秋霜凝木落，去根離本，即去聲之象；冬天地閉藏，萬物盡收，即入聲之象：以其四時之中，合有其義，故不標出之耳⑦。是以《中庸》云：『聖人有所⑧不知；匹夫匹婦，猶有所知焉。』斯之謂也。」

【註】

①司馬貞《三皇本紀》：「神農氏遂重八卦爲六十四爻。」王應麟曰：「重卦之人：王輔嗣等以爲伏羲；鄭康成之徒以爲神農；淳于俊云『包羲因遂皇之圖而制八卦，神農演之爲六十四』；孫盛以爲夏禹；史遷等以爲文王；《淮南子》『伏戲爲之六十四變，周室增以六爻』。」

②「卦」字原不重，今據下句文例訂補，此蓋原作小二，而傳鈔者忽之也。《周易》〈繫辭〉上《正義》：「剛柔相推而生變化者，八純之卦，卦之與爻，其象既定，變化猶少，若剛柔二氣相推，陰

爻陽爻交變，分爲六十四卦，有三百六十四爻，委曲變化，事非一體，是而生變化也。」蓋單舉八卦，卦無不純，故有八純之說也。

③《周易》〈繫辭〉上：「《易》有太極，是生兩儀，兩儀生四象，四象生八卦。」《正義》：「兩儀生四象者，謂金木水火稟天地而有，故云兩儀生四象。土則分王四季，又地中之別，故唯云四象也。」

④《禮記》〈樂記〉：「宮爲君，商爲臣，角爲民，徵爲事，羽爲物：五者不亂，則無怗懘之音矣。」鄭玄注：「五者，君臣民事物也。」

⑤《日本見在書目》有《四聲八體》一卷及《詩病體》一卷，俱不著撰人。常景《四聲贊》云：「四聲發彩，八體含章。」西卷〈論病〉云：「洎八體、十病，六犯，三疾，或文異義同，或名通理隔。」蓋八體即八病之異名也。

⑥《楚辭》〈離騷經〉：「高余冠之岌岌兮，長余佩之陸離。」王逸注：「陸離，猶參差眾貌也。」洪興祖《補注》：「許慎云：『陸離，美好貌。』顏師古云：『陸離，分散也。』〈九章〉云：『帶長鋏之陸離兮，冠切雲之崔嵬。』」又云：「紛總總其離合兮，班陸離其上下。」王注：「陸離，分散也。」《文選》七揚子雲〈甘泉賦〉：「聲駍隱以陸離兮，輕先疾雷而馺遺風。」李善注：「《廣雅》曰：陸離，參差也。』」

⑦日僧金剛乘末裔淨嚴《悉曇三密鈔》卷上云：「四聲者，鳴於四序，應於四方，形於四轉也。一，平聲者，平謂不偏，哀而安之聲，春陽氣起於東，德澤不偏，發生萬物，則是初發自他平等之心

也。二，上聲者，上謂上升，勵而舉之聲，夏陽氣溢於南，草木茂盛，炎熾如火，則是大勤勇行，使菩提樹王漸次繁滋也。三，去聲者，去謂去逝，清而遠之聲，秋陽氣衰耗於西，霜凝木落，去根離本，是則去無明濁穢之本鄉，徂菩提淨妙之樂土也。四，入聲者，入謂收入，直而促之聲，（入而止也）冬主北方，陽氣收盡，天地閉藏，萬物斂收，是即入住涅槃之理窨也。（四季四方四轉配屬了矣。）」

⑧「所」下原衍「以」字，今據《禮記》〈中庸〉校刪。

⑨《禮記》〈中庸〉：「君子之道，費而隱，夫婦之愚，可以與知焉，及其至也，雖聖人亦有所不知焉。」鄭注：「與讀爲贊者皆與之與，言匹夫匹婦愚耳，亦可以其與有所知者，以其知行之極也，聖人有不能如此。舜好察邇言，由此故與。」此文蓋合正文與注文而用之。

魏秘書常景①爲《四聲贊》曰：「龍圖②寫象，鳥跡③摛光④。辭溢流徵⑤，氣靡清商⑥。四聲發彩，八體含章⑦。浮景⑧玉苑⑨，妙響金鏘⑩。」雖章句短局，而氣調清遠；故知變風⑪俗下，豈虛也哉。齊僕射陽休之⑫，當⑬世之⑭文匠⑮也，乃以音有楚、夏⑯，韻有訛切⑰，辭人代用，今古不同，遂辨其尤相涉者五十六韻，科以四聲，名曰《韻略》⑱。制作之士，咸取則焉，後生晚學，所賴多矣。齊太子舍人李節⑲，知音之士，撰《音韻決疑》⑳，其序云：「案《周禮》：『凡樂：圜㉑鐘爲宮，黃鐘爲角，大蔟爲徵，沽㉒洗爲羽。』商不合律，蓋與宮同聲也。五行則火土同位，五音則宮商同律，闇與理合，不其然乎。呂靜之撰《韻集》㉓，分取無方。王微㉔之制《鴻寶》，詠歌少驗。平上去入，出行閭里㉕，沈約取以和聲之，律呂相合。竊謂㉖宮商徵羽角，即四聲也。羽，讀如括羽㉗之羽，亦之㉘和同，以拉㉙群音，無所不盡。豈其藏埋㉚萬古，而未改於先悟者乎？」經㉛每見當世㉜文人，論四聲者眾矣，然其以五音配偶㉝，多不能諧；李氏忽以《周禮》證明，商不合律，與四聲相配便合，恰然懸同㉞。愚謂鍾、蔡㉟以還，斯人而已㊱。

【註】

①《魏書》〈常景傳〉：「常景字永昌，河內人也。少敏悟，初讀《論語》、《毛詩》，一受便覽。及長，有才思，雅好文章，高祖以爲太常博士。後積歲不至顯官，以蜀司馬相如、王褒、嚴君平、揚子雲等四賢，皆有高才，而無重位，乃托意以贊之。……累官至車騎將軍右光祿大夫秘書監，以預詔命之勤，封濮陽縣子，……武定八年薨。景業藝該通，文史淵洽，所者述數百篇行於世。」

②《龍魚河圖》：「伏羲氏王天下，有神龍負圖出於黃河，法而效之，始畫八卦，推陰陽之道，知吉凶所在，謂之《河圖》。」（据安居香山、中村璋八纂輯《緯書集成》）

③許慎《說文解字序》：「黃帝之史倉頡，見鳥獸蹄迒之跡，知分理之可相別異也，初作書契。」

④《文選》五八蔡伯喈〈郭有道碑文〉：「摛其光耀。」李善注：「韋昭《漢書注》曰：『摛，布也。』」《後漢書》〈馬融傳〉：「錯五色以摛光。」

⑤《拾遺記》二：「師延既被囚繫，奏清商流徵滌角之音，司獄者以聞於紂。紂猶嫌曰：『此乃淳古

遠樂，非余可聽說也。』猶不釋。師延乃更奏迷魂淫魄之曲，以歡脩夜之娛，乃得免炮烙之害。」《文選》一八成公子安〈嘯賦〉：「協黃宮於清角，雜商羽於流徵。」李善注：「宋玉〈笛賦〉曰：『吟清商，追流徵。』」

⑥「清商」，原作「輕商」，音近之誤，今改。清商與流徵對言，已見上條注引《拾遺記》與〈嘯賦〉，又陸機〈七徵〉：「合清商以絕節，揮流徵而赴曲。」

⑦《易》〈坤卦·象〉曰：「含章可貞。」王弼注曰：「含美可正。」《文選》四左太沖〈蜀都賦〉：「楊雄含章而挺生。」《文心雕龍》〈神思〉篇：「含章司契，不必勞情也。」

⑧《文選》二三張孟陽〈七哀〉詩：『浮景忽西沈。』李善注：「孔安國《尚書注》曰：『浮，行也。』《說文》曰：『景，日光也。』」

⑨「苑」，原作「宛」，今從周校，但細詳《古鈔本》，又似「永」字，待考。

⑩梁簡文帝〈九日侍皇太子樂遊苑〉：「離光麗景，神英春裕。副極儀天，金鏘玉度。」王僧孺《禮佛唱導文》：「玉振蘭搖，金鏘桂縟。」

⑪《詩經》〈周南·關雎序〉：「至於王道衰，禮義廢，政教失，國異政，家殊俗，而變風、變雅作矣。《正義》：「衛頃、齊哀之時而有變風。」

⑫《北齊書》〈陽休之傳〉：「陽休之，字子烈，右北平無終人也。俊爽有風概，少勤學，愛文藻，弱冠擅聲，爲後來之秀，幽州刺史常景、王延年並召爲主簿。莊帝立，解褐員外散騎侍郎，尋以本官領御史，累官至正尚書右僕射，未幾，又領中書監。休之好學不倦，博綜經史，文章雖不華靡，

亦爲典正。周武平齊，與顏之推、李德林、薛道衡等十八人同徵令，隨駕赴長安。隋開皇二年罷任，終於洛陽，年七十四，所著文集三十卷，又撰《幽州人物志》，並行於世。」

⑬「當」。原作「嘗」，今改。

⑭「之」字原缺，今據《古鈔本》補。

⑮《文選》十七陸士衡〈文賦〉：「辭程才以效伎，意司契而爲匠。」李善注：「眾辭俱湊，若程才效伎；取舍由意，類司契爲匠。」《老子》曰：『有德司契。』《論衡》曰：『能雕琢文書，謂之史匠也。』」齊己《聞貫休下世》詩：「吾師詩匠者，真個碧雲流。」文匠，猶言詩匠也。

⑯《箋》曰：「〈魏都賦〉：『蓋音有楚、夏。』向注：『音，人語音也。夏，中國也。』善注：『《孫卿子》曰：「人居楚而楚，居夏而夏，非天性也，積靡使然也。」《史記》曰：「淮北、沛、陳、汝南、南郡，此西楚也。潁川、南陽，夏人之居，故至今謂之夏人。」』」

⑰陸雲《與兄平原書》：「張公語雲云：『兄文故自楚，須作文爲思昔所識文。』」又書云：「音楚，愿兄便定之。」言音之有楚，此爲其朔。《文心雕龍》〈聲律〉篇：「詩人綜韻，率多清切，《楚辭》辭楚，故訛韻實繁。及張華論韻，謂士衡多楚；〈文賦〉亦稱知楚不易，可謂銜靈均之聲餘，失黃鍾之正響也。凡切韻之動，勢若轉圜；訛音之作，甚於枘方，免乎枘方，則無大過矣。」然則音有楚、夏，韻有訛切，其來尚矣。

⑱陽休之《韻略》一卷，《隋》、《唐志》俱見著錄，其書今亡，有任大椿、馬國翰、黃奭、顧震福輯本。善經此文，頗見其大略。王仁昫《切韻》亦記其分韻之部類，如「冬」、「鍾」、「江」不

分，「元」、「魂」、「痕」不分，「山」、「先」、「仙」不分，「蕭」、「宵」、「肴」不分，皆與《切韻》不合，而分韻甚寬。陸法言《切韻序》云：「陽休之《韻略》、周思言《音韻》、李季節《音譜》、杜臺卿《韻略》等，各有乖互。」《顏氏家訓》〈音辭〉篇：「陽休之造《切韻》，殊爲疎野。」

⑲《北史》〈李靈傳〉：「公緒弟概，字季節，少好學，然性倨傲，每對諸兄弟露髻披服，略無少長之禮。爲齊文襄大將軍府行參軍，後爲太子舍人，爲副使聘於江南，後卒於并州功曹參軍。撰《戰國春秋》及《音譜》，並行於世。又自簡詩賦二十四首，謂之《達生丈人集》。」又〈崔贍傳〉載：「概與清河崔贍爲莫逆之友，概將東還，贍遺之書曰：『仗氣使酒，我之常弊；詆訶指切，在卿尤甚。足下告歸，吾於何聞過也。』」足見相款之切。又《北齊書》〈文苑荀仲舉傳〉載：「仲舉與趙郡李概交款，概死，仲舉因至其宅，爲五言詩十六韻以傷之，詞甚悲切，世稱其美。」器案：李季節，此作李節，《日本見在書目》亦作李節，蓋割裂古人名字，如介之推之作介推，於古已有之矣。

⑳《音韻決疑》，原作《音譜決疑》，今從《正智院本》校改。案：《顏氏家訓》〈音辭〉篇：「李季節著《音韻決疑》，時有錯失。」《隋書》〈經籍志〉：「《修續音韻決疑》十四卷，李概撰，又《音譜》四卷。」則《音韻決疑》與《音譜》本爲兩書，而《日本見在書目》著錄：「《音譜決疑》十卷。」注：「齊太子舍人李節撰。」又：「《音譜決疑》二卷，李概撰。」此則大誤矣，蓋前之「《音譜決疑》」，當作「《音韻決疑》」，而後之「《音譜決疑》」，則又涉上文而誤

衍「決疑」二字耳。「《音譜決疑》」之名既重出，作者不知沿誤之由，乃列「李概」之名以別之，冀以明其爲二書，而不知其弄巧反拙也。陸法言《切韻序》云：「陽休之《韻略》、周思言《音韻》、李季節《音譜》、杜臺卿《韻略》等，各有乖互。」真旦《韻詮序》云：「李季節之輩，定《音譜》於前，陸法言之徒，修《切韻》於後。」《音譜》、《音韻決疑》二書俱亡，馬國翰輯佚，有目無書。《音譜》之分韻部，敦煌本王仁昫《切韻》猶存其梗概。如「佳」、「皆」不分，「先」、「仙」不分，「蕭」、「宵」不分，「庚」、「耕」、「青」不分，「尤」、「侯」不分，「咸」、「銜」不分，皆與《切韻》不合也。

㉑「圜」，原作「岡」，今据《古鈔本》、《三寶院本》校改。文見《周禮》《春官》《大司樂》，鄭玄注云：「圜鐘，夾鐘也。」

㉒「沽」，《周禮》作「姑」。

㉓《魏書》〈江式傳〉：「呂靜作《韻集》五卷，宮、商、角、徵、羽，各爲一篇。」《顏氏家訓》〈音辭〉篇：「《韻集》以成仍、宏登，合成兩韻。」《隋書》〈經籍志〉：「呂靜《韻集》六卷，晉安復令。」《隋書》〈潘徽傳〉：「撰集字書，名爲《韻纂》，徽爲〈序〉曰：『……又有李登《聲類》、呂靜《韻集》，始判清濁，才分宮羽；而全無引據，過傷淺局，詩賦所須，卒難爲用。』」案王仁昫《切韻》目錄，所注呂氏分韻之部類，與《切韻》不合者頗爲夥頤。如《脂》下注云：「呂、夏與《微韻》大亂雜，陽、李、杜別，今依陽、李。」呂即呂靜，夏即夏侯詠，陽即陽休之，李即李季節，杜即杜臺卿也。《韻集》今亡，有陳鱣、任大椿、馬國翰、顧震福輯本。

㉔「微」，原作「徵」，《三寶院本》作「徽」，俱不可据，今改。王微，《宋書》有傳，傳言其「知音律」。《詩品》：「李充《翰林》，疏而不切；王微《鴻寶》，密而無裁。」《隋書》〈經籍志·雜類〉有《鴻寶》十卷，當即此書。

㉕《詩品》下：「余謂文制本須諷讀，不可蹇礙，但令清濁通流，口吻調利，斯爲足矣。至平上去入，則余病未能；蜂腰鶴膝，閭里已具。」

㉖「謂」，原作「諧」，今據《古鈔本》、《正智院本》校改。

㉗《家語》〈子路初見〉篇「子路初見孔子，子曰：『……君子不可以不學。』子路曰：『南山有竹，不揉自直，斬而用之，達於犀革，以此言之，何學之有？』孔子曰：『括而羽之，鏃而礪之，其入不益乎！』子路再拜曰：『敬受教。』」

㉘「之」，疑當作「云」。

㉙「拉」，疑當作「位」。

㉚「埋」，《古鈔本》、《箋本》作「理」。

㉛「經」，原作「往」，今據《古鈔本》、《三寶院本》、《正智院本》改校。

㉜「世」，原作「此」，今據羅根澤說校改。

㉝《悉曇藏》二：「外教說：天地交合，各有五行，由五行故，乃有五音，五音之氣，內發四聲，四音之響，外生六律六呂之曲。今者，內教亦說法性緣起生佛發生，以業力悲力故，情界器界各有五行五音，亦生四韻四聲，亦與四聲四音合，各有五行金木水火土如循環。言五音者，《白虎

通》、《博物志》云：『東方木，其帝大昊，其佐苟萌，執規而治春。其神大歲，其獸青龍，其音角，其日甲乙，其味酸，其氣臭羶。南方火，其帝祝融，其佐朱明，執衡而治夏，其神熒惑，其獸朱雀，其音徵，其日丙丁，其味苦，其氣臭燋。西方金，其帝少昊，其佐蓐收，執矩而治秋，其神大白，其獸白虎，其音商，其日庚辛，其味辛，其氣臭腥。北方水，其帝顓頊，其佐玄冥，執權而治冬，其神辰星，其獸玄武，其音羽，其日壬癸，其味鹹，其氣臭腐。中央土，其帝黃帝，其佐後合土，執綱而制四方，其神鎮星，其獸黃龍，其音宮，其日戊己，其味甘，其氣臭芳。其佐者主於五行之官。』夫五音者，從五藏兆，從五根發，從五觸動，從五處起，從五氣響。應五聲行，感五色住，候五時變，適五根發，歸五位極。言五藏者，肝屬木，角；心屬火，徵；肺屬金，商；腎屬水，羽；脾屬土，宮。言五根者：眼主肝，角；耳主腎，宮；鼻主肺，商；舌主脾，羽；身主心，徵。言五觸者：木性多直，屬角；火性多轉，屬徵；金性堅利，屬商；水性流注，屬羽；土性堅澀，屬宮。言五處者：宮，舌中音即喉；商，開口張即腭；角，舌角落即牙；徵，舌柱齒即齒；羽，撮口聚即唇。言五氣者，呵屬於商；吹呼屬羽；噓屬於徵；唧嘿屬於宮，囀屬於角。言五聲者：呼喚屬角，木；語言屬徵；火；笑屬商，金；吟屬羽，水；歌屬宮，土。言五色者：青屬東，木角；赤屬南，火徵；白屬西，金商；黑屬北，水羽；黃屬中，土宮。言五時者：天地二氣交合，各有五行，金木水火土，如循環，故金化而水生，水流而木榮；木動而火明，火炎而土貞，木遭金而折傷，此則相剋；從商而羽聚，從羽而角開，從角而徵柱，從徵而宮住，從宮而商張，是相生也。徵遇羽而止，羽遇宮而乘，宮遇角而失，角遇商而違，商遇徵而蕩，此相剋也。五根者：徵屬語喜，宮屬歌樂，羽屬人憂，商屬哭苦，角屬喚拾、言五位者：五行各有五位，謂王、相、老、囚、死。春木火水金土，夏火土木水金，秋金水土火木，冬水木金土火，並如次，五是五位也。且如木生甲乙，長於丙丁，老於壬癸，病於庚辛，死於戊己。他效此。故亦角者連徵而滑，連羽而澀，連商而遠，連宮而無。他效於此。云云。又五音者，發四聲四音之呼，生六律六呂之響。言四聲四音者，平聲上聲去聲入聲，正紐傍紐通韻落韻也。」按以上所述，俱可與《四聲論》相發明，其五行之說，雖近迂誕，要亦爲吾人治四聲五音說者所不廢也。

㉞杜光庭《道德真經廣聖義》四：「滯邪者望風而懸解。」懸字義與此同，俱謂不期然而然也。

㉟按：鍾、蔡，當指鍾子期、蔡伯喈，俱所謂知音之人也。

㊱《顏氏家訓》〈音辭〉篇：「北人之音，多以『舉』、『莒』爲『矩』；唯李季節云：『齊桓公與管仲於臺上謀代莒，東郭牙望見桓公口開而不閉，故知所言者莒也。然則「莒」、「矩」必不同呼。』此爲知音矣。」器案：「舉」、「莒」、「矩」古音呼俱同，率相通用，故《春秋》定公四年之「柏舉」，《公羊》作「伯莒」，《水經》〈江水三注〉之「舉水」，庚仲雍作「莒水」，京相璠作「洰水」，以見北人於《魚》、《虞》二韻不分，與古不合。李氏舉桓公謀伐莒事，以證「莒」爲開口，「矩」爲合口，音呼不同。故顏氏稱之爲知音，善經且謂「鍾、蔡以還，斯人而已」。

文鏡秘府論　地

金剛峰寺禪念沙門　遍照金剛　撰
江津　王利器　校注

論體勢①等

十七勢② 十四例③ 十體④ 六義 八階 六志 九意

十七勢⑤

或曰⑥：詩有學古今勢一十七種，具列⑦如後：

第一，直把入作勢；第二，都商量入作勢；第三，直樹一句，第二句入作勢⑧；第四，直樹兩句，第三句入作勢⑨；第五，直樹三句，第四⑩句入作勢⑪；第六，比興入作勢；第七，謎⑫比勢；第八，下句拂上句勢；第九，感興勢；第十，含思落句⑬勢；第十一，相分明勢；第十二，一句中分勢；第十三，一句直比勢；第十四，生殺回薄勢；第十五，理入景勢；第十六，景入理勢；第十七，心期落句勢。

【註】

①古之言文者，多言文勢。《文心雕龍》〈定勢〉篇：「夫情致異區，文變殊術，莫不因情立體，即體成勢也。勢者，乘利而爲制也。如機發矢直，澗曲湍回，自然之趣也。圓者規體，其勢也自轉；方者矩形，其勢也自安：文章體勢，如斯而已。是以模經爲式者，自入典雅之懿；效騷命篇者，必歸艷逸之華；綜意淺切者，類之醞藉；斷辭辨約者，率乖繁縟；譬激水不漪，槁木無陰，自然之勢

也。是以繪事圖色，文辭盡情，色糅而犬馬殊形，情交而雅俗異勢，熔範所擬，各有司匠，雖無嚴郛，難得逾越。然淵乎文者，並總群勢；奇正雖反，必兼解以俱通；剛柔雖殊，必隨時而適用。若愛典而惡華，則兼通之理偏，似夏人爭弓矢，執一不可以獨射也；若雅、鄭而共篇，則總一之勢離，是楚人鬻矛譽楯，兩難得而俱售也。是以括囊雜體，功在銓別，宮商朱紫，隨勢各配。章表奏議，則准的乎典雅；賦頌歌詩，則羽儀乎清麗；符檄書移，則楷式於明斷；史論序注，則師範於覈要；箴銘碑誄，則體制於宏深；連珠七辭，則從事於巧艷：此循體而成勢，隨變而立功者也。雖復契會相參，節文互雜，譬五色之錦，各以本采爲地矣。」齊己《風騷旨格》：詩有十勢：獅子返擲勢，『離情遍芳草，無處不萋萋。』猛虎踞林勢，『窗前間詠鴛鴦句，壁上時觀獬豸圖。』丹鳳銜珠勢，『正思浮世事，又到古城邊。』毒龍顧尾勢，『可能有事關心後，得似無人識面時。』孤雁失群勢，（詩缺）。洪河側掌勢，『游人微動水，高岸更生風。』龍鳳交吟勢，『崑玉已成廊廟器，澗松猶是薜蘿身。』猛虎投澗勢，『仙掌月明孤影過，長門燈暗數聲來。』龜潛巨浸勢，『養猿寒嶂疊，擎鶴密林疏。』鯨吞巨海勢，『袖中藏日月，掌上握乾坤。』」縱觀慧地，齊己所言，則體勢旨意，思過半矣。

②《三寶院本》下注「王」字，蓋謂此乃王昌齡之說也。

③《三寶院本》下注「皎」字，蓋謂此乃釋皎然之說也。

④《三寶院本》下注「崔」字，蓋謂此乃崔融之說也。

⑤「十七勢」三字，《古鈔本》、《三寶院本》、《無點本》作「體例」。

⑥「或曰」二字，《古鈔本》、《三寶院本》、《無點本》作「王氏論文云」。器按：「十七勢」當是王昌齡《詩格》中語。文中多引己作以爲例證，又率稱「昌齡曰」云云，而不冠以姓氏，蓋自述之體如此也。本卷〈六義〉引王云，南卷〈論文意〉，《古鈔本》旁注「王氏論文」云云，蓋皆出於《詩格》。《新唐書》〈藝文志〉：「王昌齡《詩格》二卷。」《日本見在書目》：「《詩格》三卷。」不著撰人。《直齋書錄解題》：「《詩格》一卷，《詩中密旨》一卷，唐王昌齡。」尋《吟窗雜錄》五有王昌齡《詩格》，其文多與《文鏡秘府》所引之王氏論文不類，而《吟窗雜錄》六所載之王昌齡《詩中密旨》，轉多與此相同，然則今傳本《詩格》，蓋亦出於僞托歟？弘法大師《性靈集》四《書劉希夷集獻納表》云：「此王昌齡《詩格》一卷，此是在唐之日，於作者邊偶得此書。古代《詩格》等，雖有數家，近代才子切愛此格。』是此書係大師入唐求法時所得，大師既不言見《詩中密旨》，而《日本見在書目》亦只著錄《詩格》，然則大師所引之王氏論文爲《詩格》，必矣。

⑦「列」，原作「例」，今據《古鈔本》校改。

⑧此句六字，原作注文，《古鈔本》、《三寶院本》作正文，今從之。

⑨此句六字，原作注文，《古鈔本》、《三寶院本》作正文，今從之。

⑩「四」原作「五」，今據《三寶院本》校改。

⑪此句六子，原作注文，《古鈔本》、《三寶院本》作正文，今從之。

⑫「謎」，原作「讙」，《古鈔本》、《三寶院本》、《無點本》作「謎」，《箋》云：「『讙』恐

『謎』誤。」今據改正。

⑬下文又言「心期落句勢」。《滄浪詩話》〈詩體〉：「有落句，結句也。」《詩人玉屑》二〈詩體〉上同，又十二《律詩》引《金針詩格》：「第一聯謂之『破題』，欲如狂風捲浪，勢欲滔天；又如海鷗風急，鸞鳳傾巢，浪拍禹門，蛟龍失穴。第二聯謂之『頷聯』，欲似驪龍之珠，善抱而不脫也；亦謂之『撼聯』者，言其雄贍遒（原作『道』，今改）勁，能捭闔天地，動搖星辰也。第三聯謂之『警聯』，欲似疾雷破山，觀者駭愕，搜索幽隱，哭泣鬼神。第四聯謂之『落句』，欲如高山放石，一去不回。」釋文彧《詩格》：「詩之結尾，亦云斷句，亦云落句，須含蓄旨趣。」尤袤《全唐詩話》一：「中宗正月晦日幸昆明池賦詩，群臣應制百餘篇，帳殿前結彩，令昭容選篇爲新翻御制曲。群臣悉集其下，須臾，紙落如飛，各認其名而懷之；既退，惟沈、宋二詩不下；移時，一紙飛墜，競取而觀，乃沈詩也。及聞其評曰：『二詩工力悉敵，沈詩落句云：「微臣雕朽質，羞睹豫章材。」蓋詞氣已竭。宋詩云：「不悉明月盡，自有夜珠來。」猶陡健舉。』沈乃伏，不敢復爭。」

第一，直把入作勢①。

直把入作勢者，若賦得一物，或自登山臨水，有閑②情作，或送別，但以題目爲定；依所題目，入頭便直把是也。皆有此例。昌齡③《寄驩州》④詩入頭便云：「與君遠相知，不道雲海深。」又《見譴至伊水》詩云：「得罪由己招，本性易然諾。」又《題上人房》詩云：「通經彼上人⑤，無跡任勤苦。」又〈送別〉⑥詩云：「春江愁送君，蕙草生氛氳。⑦」又〈送別〉詩云：「河口餞南客，進帆清江水。」又如高適⑧云：「鄭侯應棲遑，五十頭盡⑨白。⑩」又如陸士衡云：「顧侯體明德，清風肅已邁。⑪」

【註】

①《眼心鈔》無「入作」二字。器按：入作者，謂用其題目之意以入詩也，猶言開門見山。

②「閑」，《古鈔本》、《三寶院本》、《無點本》作「開」。

③王昌齡，兩《唐書》有傳。《唐才子傳》二：「王昌齡，字少白，太原人。開元十五年李嶷榜進士，授汜水尉，又中宏辭，遷校書郎，後以不護細行，貶龍標尉，以刀火之際歸鄉里，爲刺史閭丘曉所忌而殺。後張鎬按軍河南，曉愆期，將戮之，辭以親老乞恕，鎬曰：『王昌齡之親，欲與誰養乎？』曉大慚沮。昌齡工詩，縝密而思清，時稱『詩家夫子王江寧，』蓋嘗爲江寧令，與文士王之渙、辛漸交友至深，皆出模範，其名重如此。有詩集五卷，又述作詩格律境思體例共十四篇爲《詩格》一卷，又《詩中密旨》一卷，及《古樂府解題》一卷，今並傳。自元嘉以還，四年之內，曹、劉、陸、謝，風骨頓盡，逮儲光羲、王昌齡，頗從厥跡，兩賢氣同而體別也。王稍聲峻，奇句俊格，驚耳駭目。奈何晚途，不矜小節，謗議騰沸，兩竄遐荒，使知音者，喟然長嘆，至歸全之道，不亦痛哉！」

④「州」，原作「洲」，今據《古鈔本》、《三寶院本》、《無點本》校改。

⑤箋曰：「《摩訶般若經》曰：『何名上人？佛言菩薩一心行阿耨菩提，心不散亂，是名上人。』」器按：上人，謂上德之人。自鮑照有〈秋日示休上人〉詩、江淹有〈休上人怨別〉詩，其後遂以上人為僧之專稱。爰逮於唐，則有若錢起之〈夢尋西山准上人〉、〈歸義寺題震上人壁〉、〈山齋獨坐喜玄上人夕至〉、〈宿遠上人蘭若〉等詩。皇甫冉之〈西陵寄靈一上人朱放〉、〈赴無錫寄別靈一、淨虛二上人雲門所居〉、〈贈普門上人〉、〈奉和待勤照上人不至〉、〈題照上人房〉、〈早發中嚴寺別契上人〉等詩，所謂上人俱指僧也。

⑥「別」下原有「諸」字，今據《古鈔本》刪。

⑦日本河世寧纂輯《全唐詩逸》上以此二句及第十〈含思落句勢〉所舉之「醉後不能語，鄉山雨雰雰」二句，合為一詩，而題曰〈送別〉，蓋以意為之耳。

⑧《唐才子傳》二：「高適字達夫，一字仲武，滄州人。少性拓落，不拘小節，恥預常科，隱跡博徒，才名便遠，後舉有道，授封丘尉。未幾，哥舒翰表掌書記。後擢諫議大夫、負氣敢言，權近側目。李輔國忌其才，蜀亂，出為蜀、彭二州刺史，遷西川節度使，還為左散騎常侍，永泰初卒。適尚氣節，語王霸衮衮不厭，遭時多難，以功名自許。年五十始學為詩，即以氣質自高，多胸臆間語。每一篇已，好事者輒為傳播吟玩。嘗過汴州，與李白、杜甫會，酒酣登吹台，慷慨悲歌，臨風懷古，人莫測也。中間唱和頗多。今有詩文等二十卷。」

⑨「盡」，原作「垂」，今據《眼心鈔》校改。

⑩楊一統《唐十二名家詩》〈高適集．同群公題鄭少府田家〉詩：「鄭侯應棲惶，五十頭盡白。昔為

南昌尉，今作東郡客。與語多遠情，論心知所益。秋林既清曠，窮巷空淅瀝。蝶舞園更閑，鷄鳴日云夕。男兒未稱意，其道固無適。勸君且杜門，勿嘆人事隔。」按：《全唐詩》三函十册《高適卷》有題注云：「此公昔任白馬尉，今寄住滑台。」

⑪《文選》二十四陸士衡〈贈顧交阯公真〉詩「顧侯體明德，清風肅已邁。發跡翼藩后，改授撫南裔，伐鼓五嶺表，揚旌萬里外。遠績不辭小，立德不在大。高山安足凌，巨海猶縈帶。惆悵瞻飛駕，引領望歸旆。」李善注：「《晉百官名》云：『顧秘字公真，爲交州刺史。』《周易》曰：『君子體仁足以長人。』鄭玄曰：『體，生也。』《尚書》曰：『先王既勤用明德。』胡廣書曰：『建鴻德，流清風。』」呂向注：『肅，嚴；邁，遠也。」按：傳《詩格》：「直入興八，陸士衡詩：『顧侯體明德，清風肅已邁。』此入頭直敍題中之意。」以此詩爲「直入興」例，而釋文又云「此入頭直敍題中之意」，言有牴牾，益知宋人所傳之《詩格》，非復昌齡之舊也。

第二，都商量入作勢①。

都商量入作勢者，每詠一物，或賦贈答寄人，皆以入頭兩句平商量其道理，第三第四第五句入作是也②。皆有其例。昌齡〈上同州使君伯〉詩言：「大賢奈③孤立，有時起絲④綸，伯父自天稟，元功載生人。」是第三句入作。又《上侍御七⑤兄》詩云：「天人俟明略⑥，益、稷分堯心。利器必先舉，非賢安可任。吾兄執嚴憲，時佐能鈞⑦深。」此是第五句入作勢也。

【註】

①《眼心鈔》無「入作」二字。

②「也」字原缺，今據《眼心鈔》訂補。

③「奈」，《古鈔本》、《三寶院本》、《無點本》作《本》。

④「絲」，《眼心鈔》作「經」。

⑤「七」原作「士」，《全集本》、《全唐詩逸》上亦作「士」；《古鈔本》、《無點本》、《長寬寫本》作「七」，今從之。唐人詩中，每以行第相稱，如李十二、高三十五即李白、高適是也。此亦其比。

⑥「略」，《全唐詩逸》作「路」，未可從。

⑦「鈎」，《古鈔本》、《全唐詩逸》作「鈞」，未可從。《易》〈繫辭〉上：「聖人探賾索隱，鈎深致遠，以定天下之吉凶。」即此文所本。

第三，直樹一句，第二句入作勢①。

直樹一句者，題目外直樹一句景物當時者，第二句始言題目意是也。昌齡〈登城懷古〉詩入頭便云：「林②藪寒③蒼茫，登城遂懷古。」又〈客舍秋霖呈席姨夫〉詩云：「黃葉亂秋雨，空齋愁暮心。」又：「孤煙曳長林，春水聊一望。」又〈送鄒④貢觀省江東〉詩云：「楓橋⑤延海岸，客帆歸富春。」又〈宴南亭〉詩云：「寒江映村林，亭上納高⑥潔⑦。」此是直樹一句，第二句入作勢。

【註】

①「第二句入作勢」六字，原作注文，今據《古鈔本》、《眼心鈔》校改；惟《眼心鈔》無「勢」字，下並同。

②「林」，《全唐詩逸》上作「陵」。

③「寒」，《眼心鈔》作「空」。

④「鄢」，《全唐詩逸》作「鄔」，此所謂「焉烏不分」者也。

⑤「楓橋」，《古鈔本》作「楓橘」，未可據。張繼有《楓橋夜泊》詩（一作《夜泊楓橋》」），杜牧《樊川外集》〈懷吳中馮秀才〉詩：「暮煙秋雨過楓橋。」俱指其地。《方輿攬勝》二：「楓橋寺，在吳縣西十里。」

⑥「高」，《全唐詩》二函十冊〈王昌齡卷〉作「鮮」。

⑦《全唐詩》王昌齡〈宴南亭〉：「寒江映村林，亭上納鮮潔。楚客共閑飲，靜坐金管闋。酣竟（一作「意」）日入山，暝來雲歸穴，城樓舊杳靄，猿鳥（一作「鳴」）備清切。物狀如絲綸，上（一作「道」）心爲予決。訪君東溪事，早晚樵路絕（一作「闊」）。」《全唐詩逸》以此爲逸句，非是。

第四，直樹兩句，第三句入作勢。

直樹兩句，第三句入作勢者，亦題目外直樹兩句景物，第三句始入作題目意是也。昌齡〈留別〉詩云：「桑林映陂水，雨①過宛城西，留醉楚山別，陰雲暮霋霋。②」此是第三句入作勢也③。

【註】

①「雨」，原旁注「兩」字；按：《古鈔本》作「兩」。

②「霋」，《全唐詩逸》同；《古鈔本》、《三寶院本》、《無點本》、《眼心鈔》作「淒淒」。器按：《說文》〈雨部〉：「霽謂之霋。」《玉篇》〈雨部〉：「霋，雲行貌。」此文「霋霋」承「陰雲」言，與《說文》、《玉篇》義合。《文選》十一何平叔〈景福殿賦〉李善注：「淒，寒風也。」又十六向子期〈思舊賦〉李善注：「淒，冷也。」又潘安仁〈寡婦賦〉：「淒淒凜凜。」李善注：「寒也。」與雨霽、雲行義別。

③《眼心鈔》無此注文。

第五，直樹三句，第四句入作勢。

直樹三句，第四句入作勢者，亦有題目外直樹景物①三句，然後即入其意，亦有第四第五句直樹景物，後入其意，然恐爛不佳也。昌齡《代扶風主人答》云：「殺氣凝不流，風悲日彩寒，浮埃起四遠，遊子彌不歡。②」此是第四句入作勢。又〈旅次盩厔③過韓七④別業⑤〉詩云：「春煙桑柘林，落日隱荒墅，泱漭平原夕，清吟久延佇。故人家於茲⑥，招我漁樵所。」此是第五句入作勢⑦。

【註】

①「景物」二字原缺，《古鈔本》、《三寶院本》、《無點本》、《長寬寫本》、《正智院本》、《寶龜院本》、《觀智院本》俱有，今據補正。

②《全唐詩》二函十册王昌齡〈代扶風主人答〉：「殺氣凝不流，風悲日（一作「月」）彩寒，浮埃起四遠，遊子彌（一作「迷」）不歡。依然宿扶風，沽酒聊自寬。寸心亦未理，長鋏誰能彈？主人就我飲，對我還慨嘆（一作「然」），便泣數行淚，因歌《行路難》。十五役邊地（一作「城」），三回討樓蘭，連年不解甲，積日無所餐。將軍降匈奴，國使沒桑乾，去時三十萬，獨自還長安。不信沙場苦，君看刀箭瘢。鄉親悉零落，冢墓亦摧殘，仰攀青松枝，慟絕傷心肝。禽獸悲不去，路傍誰忍看。幸逢休明代，寰宇靜波瀾。老馬思伏櫪，長鳴力已殫。少年與運會，何事發悲端。天子初封禪，賢良刷羽翰。三邊悉如此，否泰亦須觀。」

③「盩厔」，原作「盩屋」，今改。

④「七」，原誤作「士」，今據《古鈔本》等校改。

⑤《箋》曰：「《三都賦序》曰：『於河陽別業。』良注：『別業，別居也。』」
⑥「茲」，《全唐詩逸》上作「此」。
⑦此注，《眼心鈔》作「此第五入作，恐紐不佳」。

第六，比興入作勢。①

比興入作勢者，遇物如本立文之意，便直樹兩三句物，然後以本意入作比興是也。昌齡〈贈李侍御②〉詩云：「青冥孤雲去，終當暮歸山；志士杖苦節，何時見龍顏？」又云：「眇默③客子魂，倏鑠④川上暉，還雲⑤慘知暮，九月仍未歸。」又：「遷客又相送，風悲蟬更號。」又崔曙詩云：「夜台一閉無時盡，逝水東流何處還。又鮑照⑥詩曰：「鹿鳴思深草，蟬鳴隱高枝，心自有所疑⑦，旁人那得知。⑧」

【註】

①傳王昌齡《詩格》：「起首入興體十四：一曰感時入興；二曰引古入興；三曰犯勢入興；四曰先衣帶後敍事入興；五曰先敍事後衣帶入興；六曰敍事入興；七曰直入比興；八曰直入興；九曰托興入興；十曰把情入興；十一曰把聲入興；十二曰景物入興；十三曰景物兼意入興；十四曰怨調入興。」
②李侍御，即李邕也。邕嘗爲殿中侍御史。

③「眇默」，《全唐詩逸》上作「渺然」，未可據。《箋》曰：「《江醴陵集》四（十八）；『羽化塗，終眇默。』」

④《箋》曰：「《謝康樂集》四（七古）〈長歌行〉曰：『倏鑠夕星流。』」

⑤《箋》曰：「《江醴陵集》五〈述哀〉詩：『雨絕無還雲。』」

⑥「照」原作「昭」，今從周校本改。《宋書》五十一：「鮑照，字明遠。文辭贍逸，嘗爲古樂府，文甚遒麗。元嘉中，河、濟俱清，當時以爲美瑞，照爲《河清頌》，其序甚工。……世祖以照爲中書舍人。上好爲文章，自謂物莫能及；照悟其旨，爲文多鄙言累句，當時咸謂照才盡，實不然也。臨海王子頊爲荆州，照爲前軍參軍，掌書記之任，子頊敗，爲亂軍所殺。」

⑦「疑」，《眼心鈔》作「懷」。

⑧鮑照〈代別鶴操〉：「雙鶴俱起時，徘徊滄海間，長弄若天漢，輕軀似雲懸。幽客時結侶，提攜遊（或作「到」）三山，青繳凌瑶台，丹羅（《樂府》作「蘿」，《樂苑》作「爐」）籠紫煙。海上悲（或作「疾」）風急，三山多雲霧，散亂一相失，驚孤一得住。緬然日月馳，遠（或作「已」）矣絕音儀，有願而不遂，無怨以生離。鹿鳴在深草，蟬鳴隱高枝，心自有所存（一作「懷」），旁人那得知。」

第七，謎①比勢。

謎比勢者，言今詞人不悟有作者意，依古勢有例。昌齡〈送李邕②之秦〉詩云：「別怨

③秦、楚深，江中秋雲起，言別怨與④秦、楚之深遠也。別怨起自楚地，既別之後，恐長不見，或偶然而會，以⑤此不定，如雲起上騰於青冥，從風飄蕩，不可復歸其起處，或偶然而歸爾。天長夢無隔，月映⑥在寒水。」雖天長⑦，其夢不隔。夜中夢見，疑由⑧相會，有⑨如別，忽覺，乃各一方，互⑩不相見，如月影在水，至⑪曙，水月亦了不見矣。

【註】

①「謎」，原作「讔」，周校本「據《鈔本》本卷《體例》作『謎』酌改」。按：《正智院本》亦作「謎」，今從之。

②李邕字泰和，廣陵江都人。開元中，歷殿中侍御史，執政忌其才，頻被貶斥，後爲北海太守，李林甫傅以罪，杖殺之。邕早擅才名，尤長碑頌，雖貶職在外，中朝衣冠及天下寺觀多賫金帛，往求其文，饋遺至巨萬，自古鬻文獲財，未有其比。《全唐詩》存詩四首。「李邕」，《全唐詩》作「李十五」。

③「別怨」，《全唐詩》作「怨別」。

④「與」，疑當作「如」。

⑤「以」上原衍「宜」字，今據《古鈔本》、《三寶院本》、《正智院本》刪。

⑥「映」，《全唐詩》作「影」。

⑦「雖天長」，《眼心鈔》作「天雖長」。

⑧「由」，古通「猶」。

⑨「有」，古通「又」。

⑩「互」，原作「了」，《眼心鈔》無此字，《古鈔本》、《正智院本》作「互」，今據改正。

⑪「至」，《古鈔本》倒植在「水」上，不可據。

第八，下句拂上句勢。

下句拂上句勢①者，上句說意不快，以下句勢拂之，令意通。古詩云：「夜聞木葉落，疑是洞庭秋。②」昌齡云：「微雨隨雲收，濛濛傍山去。③」又云：「海鶴④時獨飛，永然滄洲意。」

【註】

①「勢」字原無，《全集本》校云：「『者』上恐脫『勢』字。」按：《寶龜院本》正有「勢」字，今據補正。

②傳王昌齡《詩格》引全詩云：「遙聞木葉落，疑是洞庭秋，中宵起長望，正見滄海流。」謂：「此三句敍事，一句入興。」按：《楚辭》〈九歌。湘夫人〉：「嫋嫋兮秋風，洞庭波兮木葉下。」駱賓王《久客臨海有懷》：「草濕姑蘇夕，葉下洞庭秋。」李紳〈新樓〉詩二十首：「蕭瑟曉風聞木落，此時何異洞庭秋。」俱本《楚辭》。

③王昌齡〈山行入涇州〉：「倦此山路長，停驂問賓御，林巒信回惑（一作「坰林往或回」），白日落何處？徙倚望長風，滔滔引歸慮，微雨隨雲收，濛濛傍山去。西臨有邊邑，北走盡亭戍，涇水橫白煙，州城隱寒樹。所嗟異風俗，已自少情趣，豈伊懷土多，（一作「戀懷土」）觸目（一作「解物」）忻所遇。」河世寧以此爲逸詩者，誤矣。

④「海鶴」，《全唐詩逸》作「海客」，誤。

⑤王昌齡〈緱氏尉沈興宗置酒南谿留贈〉：「林色與溪古，深篁引幽翠，山尊在漁舟，棹月情已醉。始窮清源口，壑絕人境異，春泉滴空崖，萌草拆陰地。久之風榛寂，遠聞樵聲至，海雁時獨飛，永然滄洲意。古時青冥客，滅跡淪一尉，吾子躊躇心，豈其紛埃事？緱峰（一作「岑」）信所克，濟北余乃遂，齊物意已會（一作「可任今」），息肩理猶未。卷舒形性表，脫略賢哲議，中（一作「乘」）月期角巾，飯僧嵩陽寺。」即此文所本，惟「海鶴」作「海雁」耳。河世寧以此爲逸詩者，亦誤矣

第九，感興勢①。

感興勢者，人心至感，必有應說，物色萬象，爽然有如感會。亦有其例。如常建②詩③云：「泠泠七弦遍，萬木澄幽音，能使江月白，又令江水深。④」又王維⑤〈哭殷四〉⑥詩云：「泱漭寒郊外，蕭條聞哭聲，愁⑦雲爲蒼茫，飛鳥不能鳴。⑧」

【註】

①傳王昌齡《詩格》：「起首入興體十四：一曰，感興入興，古詩：『凜凜歲雲暮，螻蛄多鳴悲，涼風率以厲，遊子寒無衣。』江文通詩：『西北秋風起，楚客心悠哉，日暮碧雲合，佳人殊未來。』此皆三句感時，一句敘事。」

②《唐才子傳》二：「常建，長安人。開元十五年與王昌齡同榜登科，大歷中，授盱眙尉，仕頗不如意，遂放浪琴酒，往來太白、紫閣諸峰，有肥遁之志。……後寓鄂渚，招王昌齡、張僨同隱，獲大名當時。集一卷，今傳。……建屬思既精，詞亦警絕，似初發通莊，卻尋野徑，百里之外，方歸大道，旨遠興僻，能論意表，可謂一唱而三嘆矣。」「建」原誤作「遠」，今據《古鈔本》、《無點本》、《正智院本》校正。

③《古鈔本》脫「詩」字。

④常建《江上琴興》：「江上調玉琴，一弦清一心，泠泠七弦遍，萬木澄幽陰（一作「「音」」），能使江月白，又令江水深，始知梧桐枝，可以徽黃金。」

⑤《唐才子傳》二：「王維，字摩詰，太原人。九歲知屬辭，工草隸，閑音律，岐王重之。維將應舉，岐王謂曰：『子詩清越，可錄數篇，琵琶新聲，能度一曲，同詣九公主第。』維如其言。是日，諸伶擁維獨奏，主問何名，曰：『《鬱輪袍》。』因出詩卷，主曰『皆我習諷，謂是古作，乃子之佳制乎！』延於上座，曰：『京兆得此生爲解，榮哉！』力薦之。開元十年狀元及第，擢左拾遺，遷給事中。賊陷兩京，駕出幸，維扈從不及，爲賊所擒，服葯稱瘖病。祿山愛其才，逼至洛

陽，供舊職，拘於普施寺。賊宴凝碧池，悉召梨園諸工合樂。維痛悼賦詩曰：『萬户傷心生野煙，百官何日再朝天？秋槐花落空宮裡，凝碧池頭奏管弦。』詩聞行在所。賊平後，授僞官者皆定罪，獨維得免。仕至尚書右丞。維詩入妙品上上，畫思亦然，至山水平遠，雲勢石色，皆天機所到，非學而能。自爲詩云：『當代謬詞客，前身應畫師。』後人評維詩中有畫，畫中有詩，信哉！客有以《按樂圖》示維者，曰：『此《霓裳》第二疊最初拍也。』對曲果然。篤志奉佛，蔬食素衣，喪妻不再娶，孤居三十年。別墅在藍田縣南輞川，亭館相望，嘗自寫其景物奇勝；日與文士丘爲、裴迪、崔興宗遊覽賦詩，琴樽自樂。後表宅請以爲寺。臨終作書辭親友，停筆而化。代宗訪維文章，弟縉集賦詩等十卷上之，今傳於世。」

⑥《哭殷四》，《唐詩紀事》十七作「〈哭遥〉」，《唐十二名家詩》、《全唐詩》作「〈哭殷遥〉」。維又有〈送殷四葬〉詩一首。《唐才子傳》三：「殷遥，丹陽人。天寶間，嘗仕爲忠王府倉曹參軍。與王維結交，同慕禪寂，志趣高疏，多雲岫之想；而苦家貧，死不能葬。一女才十歲，日哀號於親黨；憐之者賙贈，埋骨石樓山中。工詩，詞彩不群，而多警句，杜甫嘗稱許之。有詩傳於今。」《全唐詩》存詩五首。

⑦「愁」，《唐詩紀事》、《唐十二名家詩》、《全唐詩》作「浮」。

⑧楊一統《唐十二名家詩》王維〈哭殷遥〉：「人生能幾何，畢竟歸無形，念君等爲死，萬事傷人性。慈母未及葬，一女才十齡，泱漭寒郊外，蕭條聞哭聲。浮雲爲蒼茫，飛鳥不能鳴，行人何寂寞，白日自淒清。憶昔君在時，問我學無生，勸君苦不早，令君無所成。故人各有贈，又不及平

生，負爾非一途，痛哭返柴荊。」

第十，含思①落句勢。

含思落句勢者，每至落句，常須含思；不得令語盡思②窮；或深意堪愁，不可具說。即上句爲意語，下句以一景物堪愁，與深意相愜便道。仍須意出成③感人始好。昌齡《送別》詩云：「醉後不能語，鄉山雨④雰雰。」又落句云⑤：「日夕辨靈藥，空山松桂香。」又：「墟落有懷縣，長煙溪樹邊。」又李湛⑥詩云：「此心復何已，新月清江長。」

【註】

①傳王昌齡《詩格》：「落句體七：四曰含思，陸韓卿詩：『惜哉時不與，日暮無輕舟。』陳拾遺詩：『蜀門自茲始，雲山方浩然。』」

②「思」，《眼心鈔》作「意」。

③「成」，疑衍。

④「雨」，《古鈔本》誤「兩」。

⑤《古鈔本》脱「云」字。

⑥「湛」，《全唐詩逸》中作「堪」，下同。

第十一，相分明勢。

相分明勢者，凡作語皆須令意出，一覽其文，至於景象，恍然有如目擊；若上句說事未出，以下一句助之，令分明出其意也。如李湛詩云：「雲歸石壁盡，月照霜林清。」崔曙詩云：「田家收已盡，蒼蒼唯①白茅。」

【註】

①「唯」，《全唐詩逸》上作「只」。

第十二①，一句中分勢。

一句中分勢者，「海淨②月色真。③」

【註】

①「二」，古鈔本誤「一」。

②「淨」原作「清」，今據《古鈔本》、《無點本》、《全唐詩》校改。

③王昌齡〈送書十二兵曹〉：「縣職如長纓，終日檢我身，平明趨郡府，不得展故人。故人念江湖，富貴如埃塵，跡在我府掾，心遊天台春。獨立浦中鶴，白雲長相親，南風忽至吳，分散還入秦。寒夜天光白，海淨月色真，對坐論歲暮，弦悲豈（一作「歌起」）無因。平生馳驅分，非謂杯酒仁，出處

兩不合，忠貞何由伸，看君孤舟去，且欲歌垂綸。」

第十三，一句直比勢

一句直比勢者，「相思河水流。①」

【註】

①李頎〈題綦毋校書別業〉：「常稱挂冠吏，昨日歸滄洲，行客暮帆遠，主人庭樹秋。豈伊問（一作「得」）天命，但欲爲山遊，萬物我何有，白雲空自幽。蕭條江海上，日夕見丹邱，生事非（一作「本」）漁釣，賞心隨去留。惜哉曠微月，欲濟無輕舟，倏忽令人老，相思河水流。」

第十四，生殺回薄①勢

生殺回薄勢者，前說意悲涼，後以推命破之；前說世路伶俜②榮寵，後以至空之理破之入道是也。

【註】

①《史記》〈賈生列傳〉：「萬物回薄兮，振蕩相轉。」《文選》潘安仁〈秋興賦〉：「四運忽其代序兮，萬物紛以回薄。」呂向注：「薄，迫也。」

②「伶俜」，原作「伶娉」，無義。按《文選》潘安仁〈寡婦賦〉：「少伶俜而偏孤兮，痛切怛以摧心。」李善注：「〈古猛虎行〉曰：『少年惶且悕，伶俜到他鄉。』伶，力丁切。」張銑注：「伶俜，單孑貌。」《祖庭事苑》一：「伶俜，正作竛竮，上盧經切，下滂丁切，行不正也。」今據改訂。

第十五，理入景勢①。

理入景勢者，詩不可一向②把理，皆須入景，語始清③味；理欲④入景勢，皆須引理語入一⑤地及居處，所在便論之，其景與理不相愜，理通無味。昌齡詩云：「時與醉林壑，因之墮⑥農桑，槐煙漸⑦含夜，樓月深蒼茫。」

【註】

①傳王昌齡《詩格》「常用體十四：九曰，理入景體。邱希范詩：『漁潭霧未開，赤亭風已飄。』江文通詩：『一聞苦寒奏，再使艷歌傷。』顏延年詩：『淒矣自遠風，傷哉千里目。』」

②一向，本書習用語。下文云：「詩一向言意，則不清及無味；一向言景，亦無味。」南卷〈論文意〉：「若一向言意，詩中不妙及無味。」又：「詩不得一向把，須縱橫而作。」尋《藥師經》云：「彼佛國土，一向清淨，無有女人。」則一向者，猶言全也。

③「味」上，疑脱「有」字。
④「欲」，羅根澤云：「疑當作『語』。」
⑤《古鈔本》、《眼心鈔》無「一」字。
⑥「墮」，《眼心鈔》作「惰」。
⑦「漸」，《古鈔本》、《三寶院本》、《無點本》、《正智院本》作「稍」。

第十六，景入理勢①。

景入理勢者，詩一向言意，則不清及無味；一向言景，亦無味。事須景與意相兼始好。凡景語入理語，皆須相愜，當收意緊，不可正言。景語勢收之便論理語，無相管攝。方今人皆不作意，慎之。昌齡②詩云：「桑葉下墟落，鵾鷄鳴渚田，物情每衰極③，吾道方淵然。」

【註】

①傳王昌齡《詩格》：「常用體十四：十曰，景入理體。鮑明遠詩：『侵星走早路，畢景逐前儔。』謝玄暉詩：『天際識孤舟，雲中辨江樹。』」
②《眼心鈔》無「昌齡」二字。
③「物情每衰極」，「每」下原衍「遽」字，《古鈔本》、《三寶院本》、《無點本》、《長寬寫

本》、《寶龜院本》、《觀智院本》俱無，今據刪。《正智院本》、《眼心鈔》作「物情遽衰索」。《箋本》以爲「若『極』衍歟？」非是。

第十七，心期①落句勢。

心期落句勢者，心有所期是也。昌齡②詩云：「青桂③花④未吐，江中獨鳴琴。」言青桂花吐之時，期得相見，花既未吐，即未相見，所以江中獨鳴琴。又詩云：「還舟⑤望炎海，楚葉下秋水。」言至秋⑥方始還。《此送友人之安南》⑦。

【註】

①何遜〈下直出溪邊望答虞丹徒教〉：「直廬去咫尺，心期得宴語。」又〈劉博士江丞朱從事同顧不值作詩云爾〉：「心期不會面，懷之成首疾。」

②《眼心鈔》無「昌齡」二字。

③王昌齡《送劉昚虛歸取宏辭解》：「青桂春再榮，白雲暮來變。」

④「花」，《眼心鈔》作「華」，下同。

⑤「舟」，《全唐詩逸》作「家」。

⑥「至秋」，《眼心鈔》作「秋至」。

⑦《古鈔本》句末有「也」字。按：釋齊己《風騷旨格》：「詩有十勢：獅子反擲勢，詩曰：『離情

偏芳草，無處不萋萋。』猛虎踞林勢，詩曰：『窗前閑詠鴛鴦句，壁上時觀獬豸圖。』丹鳳銜珠勢，詩曰：『正思浮世事，又到古城邊。』毒龍顧尾勢，詩曰：『可能有事關心後，得似無人識面時。』孤雁失群勢（詩缺）。洪河側掌勢，詩曰：『遊人微動水，高岸更生風。』龍鳳交吟勢，詩曰：『崑玉已成廊廟器，澗松猶是薜蘿身。』猛虎投澗勢，詩曰『仙掌月明孤影過，長門燈暗數聲來。』龍潛巨浸勢，詩曰：『養猿寒嶂疊，擎鶴密林疏。』鯨吞巨海勢，詩曰：『袖中藏日月，掌上握乾坤。』」取譬事物以言勢，較王昌齡之說，尤易入門也。

十四例

皎公①《詩議》②新立八種對③十五例，具如後。十五例御草本消之④。

一，重疊用事之例；二，上句用事，下句⑤以事成之例；三，立興以意成之例；四，雙立興以意成之例；五，上句古，下句以即事偶之例；六，上句立⑥意，下句以意成之例；七，上句體物，下句以狀成之例；八，上句體時，下句以狀成之例；九，上句用事，下句以意成之例；十，當句各⑦以物色成之例；十一，立比以⑧成之例；十二，覆意之例；十三，疊語之例；十四，避忌之例；御草本消之⑨。十五⑩，輕重錯謬之例。

【註】

①貞元壬申于頔撰《吳興晝上人集序》：「有唐吳興開士釋皎然，字清晝，即康樂之十世孫，得詩人之奧旨，傳乃祖之精華，江南詞人，莫不楷範，極於緣情綺靡，故詞多芳澤，師古典制，故律尚清壯，其或發明玄理，則深契真如，又不可得而思議也。」

②本書東卷〈二十九種對〉云：「右八種出皎公《詩議》。」西卷〈文二十八種病〉第十五忌諱病云：「皎公名曰避忌之病。」按：《唐志》〈文史類〉：「《晝公詩式》五卷，《詩評》三卷，僧皎然。」《崇文總目》〈文史類〉：「《晝公詩式》五卷。」《秘書省續編到四庫闕書目》一《別集類》：「僧皎然《詩評》一卷。」《直齋書錄解題》〈文史類〉：「《詩式》五卷，《詩議》一卷，僧皎然撰。」《通志略》〈詩評類〉：「《晝公詩式》五卷，僧皎然。《詩評》三卷。」《宋史》〈藝文志〉〈文史類〉：「僧皎然《詩式》五卷，又《詩評》一卷。」是《詩議》又或謂

之《詩評》。今所見皎然《詩議》有《格致叢書》本及《詩學指南》本與本書所引者，互有出入，《四庫全書總目提要》一九一以爲「原書散佚，而好事者摭拾補之也」，其說蓋是也。

③本書東卷〈二十九種對〉引皎公《詩議》八種對。

④「消」，原作「錯」，周校本「據下文改正」，今從之。《古鈔本》、《三寶院本》、《無點本》無此條注文二十三字。案：今傳《詩議》云：「詩有十五例云云。」與本書全同。又案：王昌齡《詩中密旨》：「詩有九格：一曰，重疊用事格；二曰，上句立興，下句是意格；三曰，上句立興，下句是比格；四曰，上句體物，下句狀成格；五曰，上句體時，下句狀成格；六曰，上句體事，下句意成格；七曰，句中比物成語意格；八曰，句中疊語格；九曰，句中輕重錯繆格。」所言九格，俱見此《十四例》中也。

⑤「句」字原缺，今據《古鈔本》、《三寶院本》、《無點本》訂補。

⑥「立」字原缺，今據《格致叢書》本《詩議》訂補，下並用《格致叢書》本。

⑦「各」字原缺，今據《詩議》訂補。

⑧「以」字原缺，今據《詩議》訂補。

⑨《古鈔本》、《三寶院本》、《無點本》無十四例之正文及注文十一字，而以下「十五」條爲「十四」條。《寶龜院本》、《詩議》與此本同。

⑩「十五」，《古鈔本》、《三寶院本》、《無點本》作「十四」。

一，重疊用事之例。詩曰：「淨宮鄰①博望②，香刹對承華③。」

【註】

①「鄰」，《無點本》、《詩中密旨》作「連」。

②博望，漢武帝所置苑名，見《漢書》〈武五子傳〉。

③《詩中密旨》：「詩有九格，一曰，重疊用事格，詩曰：『淨宮連博（原誤「薄」）望，香刹對承華。』是也。」《文選》二十陸士衡〈皇太子宴玄圃宣猷堂有令賦詩〉：「弛厥負檐，振纓承華。」李善注：「《洛陽記》曰：『太子宮在太宮東，中有承華門。』」李善〈上文選注表〉：「昭明太子……開博望以招賢。」

二，上句用事，下句以事成之例。詩曰：「子玉之敗，屢增①惟塵。②」上句出《傳》，下句出《詩》③。

【註】

①「增」，《正智院本》作「憎」，未可據。

②《文選》二十三嵇叔夜〈幽憤詩〉：「子玉之敗，屢增惟塵。」李善注：「子玉，楚大夫也。《左傳》：『楚子將圍宋，使子文治兵於睽，終朝而畢，不戮一人。子玉復治兵於蔿。終日而畢，鞭七

人，貫三人耳。國老皆賀子文，子文飲之酒；蔿賈尚幼，後至，不賀，子文問之，對曰：「不知所賀。子之傳政於子玉，子玉之敗，子之舉也，舉以敗國，將何賀焉！」』《毛詩》曰：『無將大車，維塵冥冥。』鄭玄曰：『喻大夫進舉小人，適自作憂患也。』」按：引《傳》見《左傳》僖公二十八年。引《詩》見《詩經》〈小雅〉〈谷風〉。

③《古鈔本》、《三寶院本》句末有「也」字。

三，立興以意成之例。《詩》曰：「營營青蠅，止於樊①，愷悌②君子，無信讒言。③」又詩云：「明月照高樓，流光正徘徊，上有愁思婦，悲嘆有餘哀。④」

【註】

①「樊」，原作「棘」，今據《古鈔本》、《三寶院本》、《無點本》校改，此涉《詩》下文而誤也。

②「愷悌」，《詩》作「豈弟」，古通。

③《詩經》〈小雅〉〈甫田〉〈青蠅〉文也。

④《詩中密旨》：「詩有九格，二曰，上句立興，下句是意格，詩曰：『明月照高台，孤光正徘徊』是也。」《文選》二十三曹子建〈七哀詩〉：「明月照高樓，流光正徘徊，上有愁思婦，悲嘆有餘哀。借問嘆者誰，言是宕子妻，君行逾十年，孤妾常獨棲。君若清路塵，妾若濁水泥，浮沉各異

勢，會合何時諧。願爲西南風，長逝入君懷，君懷良不開，賤妾當何依。」李善注：「夫皎月流輝，輪無輟照，以其餘光未没，似若徘徊，前覺以爲『文外傍情』，斯言當矣。」

四，雙立興以意成之例。《詩》曰：「鼓鐘鏘鏘①，淮水湯湯②，憂心且傷。③」又詩曰：「青青陵上柏，磊磊澗中石。人生天地間，忽如遠行客。④」

【註】

①「鼓鐘鏘鏘」，今《詩經》〈小雅〉〈谷風〉「鼓鐘將將」。

②「湯湯」，原作「蕩蕩」，《古鈔本》、《三寶院本》作「湯湯」，與《詩經》合，今據改。

③《詩經》〈小雅〉〈谷風〉〈鼓鐘〉文。

④《詩中密旨》：「詩有九格：三曰，上句立興，下句是比格。詩曰：『青青陵上柏，磊磊澗中石。人生天地間，猶如遠行客』是也。」《文選》二十九〈古詩十九首〉：「青青陵上柏，磊磊澗中石。人生天地間，忽如遠行客。斗酒相娛樂，聊厚不爲薄，驅車策駑馬，遊戲宛與洛。洛中何鬱鬱，冠帶自相索，長衢羅夾道，王侯多第宅。兩宮遥相望，雙闕百餘尺，極宴娛心意，戚戚何所迫。」李善注「青青」二句云：「言長存也。《莊子》：『仲尼曰：「受命於也，唯松柏獨也，在冬夏常青。」』《楚辭》曰：『石磊磊兮葛蔓蔓。』《字林》：『磊磊，眾石也。』」又注「人生」二句云：「言異松石也。《尸子》：「老萊子曰：『人生於天地之間，寄也。寄者同

歸。』」《列子》曰：『死人爲歸人。』則生人爲行人矣。〈韓詩外傳〉曰：『枯魚銜索，幾何不蠹。二親之壽，忽如過客。』」

五，上句古，下句以即事偶之例。詩曰：「昔聞汾水遊，今見塵外鑣。」①

【註】

①《文選》二十二謝靈運〈從遊京口北固應詔〉：「玉璽戒誠信，黃屋示崇高，事爲名教用，道以神理超。昔聞汾水遊，今見塵外鑣，鳴笳發春渚，稅鑾登山椒，張組眺倒景，列筵矚歸潮，遠岩映蘭薄，白日麗江皋，原隰荑綠柳，墟囿散紅桃。皇心美陽澤，萬象咸光昭。顧己枉維縶，撫志慚場苗，工拙各所宜，終以反林巢，曾是縈舊想，覽物奏長謠。」李善注：「《莊子》曰：『遠見四子藐姑射之山，汾水之陽。』《莊子》曰：『孔子彷徨塵垢之外，逍遙無爲之業。』郭象曰：『所謂塵垢之外，非伏於山林而已』，《說文》：『鑣，馬銜也。』言鑣以明馬，猶軫以表車。」張銑注：「堯見四子藐姑射之山，汾水之陽，窅然喪其天下，故云『昔聞』也。『今見』者，謂宋高祖登北固山，若飄然出於塵外，正與堯意相合也。」

六，上句意，下句以意成之例。《詩》曰：「假樂君子，顯顯令德，宜民宜人，受祿于天。②」

【註】

①「于」，原作「乎」，今據《古鈔本》及《詩經》校改。

②《詩經》〈大雅〉〈生民〉〈假樂〉文。

七，上句體物，下句以狀成之例。詩曰：「朔風吹飛雨，蕭條江上來。」①

【註】

①《詩中密旨》：「詩有九格：四曰，上句體物，下句狀成格。詩曰：『朔風吹飛雪，蕭蕭江上來』是也。」《文選》三十謝玄暉〈觀朝雨〉：「朔風吹飛雪，蕭條江上來，既灑百常觀，復集九成台，空濛如薄霧，散漫似輕埃。平明振衣坐，重門猶未開，耳目暫無擾，懷古信悠哉。戢翼希驤首，乘流畏暴鰓，動息無兼遂，歧路多徘徊，方同戰勝者，去翦北山萊。」張銑注：「蕭條，雨足灑水而隨成貌。」

八，上句體時，下句以狀成之例。詩曰：「昏旦變氣候，山水含清暉。」①

【註】

①《詩中密旨》：「詩有九格：五曰，上句體時，下句狀成格。詩曰：『昏旦變氣候，山水含清輝』是也。」賈島《二南密旨》：「依帶境：爲詩實在對屬，今學者但知虛實爲妙。古詩云：『日暮碧雲合，佳人殊未來。』此上句先敍其事，下句拂之。又古詩：『昏旦變氣候，山水含光輝。』此並先勢，然後解之也。」《文選》二十二謝靈運《石壁精舍還湖中》：「昏旦變氣候，山水含清暉。清暉能娛人，遊子澹忘歸。出谷日尚早，入舟陽已微，林壑斂暝色，雲霞收夕霏，芰荷迭映蔚，蒲稗相因依。披拂趨南徑，愉悅偃東扉，慮澹物自輕，意愜理無違。寄言攝生客，試用此道推。」

九，上句用事，下句以意成之例。詩曰：「雖無玄豹姿，終隱南山霧。」①

【註】

①《詩中密旨》：「詩有九格：六曰，上句體事，下句意成格。詩曰：『雖無玄豹姿，終隱南山霧』是也。」《文選》二十七謝玄暉〈之宣城出新林浦向板橋〉：「江路西南永，歸流東北騖，天際識歸舟，雲中辨江樹。旅思倦搖搖，孤遊昔已屢，既懽懷祿情，復協滄洲趣，囂塵自茲隔，賞心於此遇，雖無玄豹姿，終隱南山霧。」李善注：「《列女傳》曰：『陶答子治陶三年，名譽不興，家富三倍。其妻抱兒而泣，姑怒以爲不祥。妻曰：「妾聞南山有玄豹，隱霧而七日不食，欲以澤其衣毛，成其文章，至於犬豖肥以取之，逢禍必矣。」期年，答子之家果被盜誅。』」

十，當句各①以物色成之例。詩曰：「明月照積雪，朔風勁且哀。②」

【註】

①「各」字，據《詩議》補。

②謝靈運〈歲暮〉：「殷憂不能寐，苦此夜難頹，明月照積雪，朔風勁且哀，運住無淹物，年逝覺已催。」

十一，立比以②成之例。詩曰：「餘霞散成綺，澄江淨如練。②」

【註】

①「以」字，據《詩議》補。

②《詩中密旨》：「詩有九格：七曰，句中比物成語意格。詩曰：『餘霞散成綺，澄江靜如練』是也。」《文選》二十七謝玄暉〈晚登三山還望京邑〉：「灞涘望長安，河陽視京縣，白日麗飛甍，參差皆可見。餘霞散成綺，澄江靜如練，喧鳥覆春洲，雜英滿芳甸。去矣方滯淫，懷哉罷歡宴，佳期悵何許，淚下如流霰，有情知望鄉，誰能鬒不變。」

十二，覆意之例。詩曰：「延州①協心許，楚老惜蘭芳，解劍竟何及，撫墳徒自傷。②」

【註】

①「州」，原作「洲」，今據《古鈔本》、《無點本》及《文選》校改。

②《文選》二十三謝靈運〈廬陵王墓下作〉：「曉月發雲陽，落日次朱方，含悽泛廣川，灑淚眺連岡。眷言懷君子，沉痛結中腸，道消結憤懣，運開申悲涼。神期恒若存，德音初不忘，徂謝易永久，松柏森已行。延州協心許，楚老惜蘭芳，解劍竟何及，撫墳徒自傷。平生疑若人，通蔽互相妨，理感深情慟，定非識所將。脆促良可哀，夭枉特兼常，一隨往化滅，安用空名揚。舉聲泣已灑，長嘆不成章。」李善注：《新序》曰：『延陵季子將西聘晉，帶寶劍以過徐君，徐君不言而色欲之；季子爲有上國之事，未獻也，然心許之矣。使於晉，顧反，則徐君死，於是以劍帶徐君墓樹而去。』《漢書》曰：『龔勝者，楚人也，字君賓。勝卒，有一老父來弔，其哭甚哀，既而曰：「差乎！薰以香自燒，膏以明自銷。龔先生竟夭天年，非吾徒也。」遂趨而出，莫知其誰。』《徐州先賢傳》曰：『楚老者，彭城之隱人也。』《史記》〈吳世家〉曰：『季札過徐，徐君好季札劍，口弗敢言。還至徐，徐君已死，乃解其寶劍繫之樹 而去。』潘岳〈虞茂春誄〉曰：『姨撫墳兮告辭，皆莫能兮仰視。』顧愷之〈拜宣武墓〉詩曰：『遠念羨昔存，撫墳哀今亡。』」

十三，疊語之例。詩曰：「故人心尚爾，故心人不見。①」又詩曰：「既爲風所開，還爲風所落。②」

【註】

①《文選》三十謝玄暉〈和王主簿怨情〉：「掖庭聘絕國，長門失歡宴，相逢詠蘼蕪，辭寵悲班扇。花叢亂數蝶，風簾入雙燕，徒使春帶賒，坐惜紅裝變。平生一顧重，宿昔千金賤，故人心尚爾，故心人不見。」李善注：「《古樂府》曰：『相去萬餘里，故人心尚爾。』鄭玄《毛詩箋》曰：『尚，猶也。』《字書》曰：『爾，詞也。』」呂向注：「故人心尚爾，謂君心不回也。故心人不見，謂婦人之心戀於夫也，忠臣之志懇於君也。」

②《詩中密旨》：「詩有九格：八曰，句中疊語格。詩曰：『既爲風所開，還爲風所落。』」《文苑英華》一五六引沈約〈詠風〉（《玉台新詠》作「《臨春風》」）：「臨春風，春風起春樹，遊絲暖如網，落花紛似霧。先泛天淵池，還過細柳枝，葉逢飛摇漾，燕值羽差池。揚桂旆，動芝蓋，開燕裾，吹趙帶。趙帶飛參差，燕裾合且離，回看復轉黛，顧步惜容儀。容儀已照灼，春風復回薄，氛氳桃李花，青跗含素蕚，既爲風所開，復爲風所落。攊綠帶，抗（疑「杌」）紫莖，舞春雪，雜流鶯，曲房開兮金鋪響，金鋪響兮思鳳鳴。梧台未陰，淇水始碧，迎行雨於高唐，送歸鴻於碣石。經洞房，響素紈，感幽閨，思幃帟。想西園可以遊，念蘭翹已堪摘，拂明鏡之冬塵，解羅衣之秋襞，既鏗鏘以動佩，又氤氳而流射，始摇蕩以入閨，終徘徊而緣隙，鳴珠簾於繡户，散芳塵於綺

席。是時悵思歸，安能久行役，佳人不在茲，春風為誰惜。」

十四，避忌之例。詩曰：「何況雙飛龍，羽翼縱當乖。①」又詩曰：「吾兄既鳳翔，王子亦龍飛。」②

【註】

①《文選》二十九蘇子卿〈詩四首〉：「黃鵠一遠別，千里顧徘徊，胡馬失其群，思心常依依。何況雙飛龍，羽翼臨當乖。幸有弦歌曲，可以喻中懷，請為遊子吟，泠泠一何悲，絲竹厲清聲，慷慨余餘哀，長歌正激烈，中心愴以摧，欲展清商曲，念子不能歸，俛仰內傷心，淚下不可揮，願為雙黃鵠，送子俱遠飛。」李善注：「雙龍，喻己及朋友也。」張銑注：「龍，美喻也。」「羽」原誤「州」，據旁校及《寶龜院本》改。

②「兄」原誤「無」，據旁校及《寶龜院本》改。按：《古鈔本》、《三寶院本》、《無點本》、《正智院本》無十四例，蓋以西卷〈文二十八種病〉第十五忌諱病引皎公此文而刪之歟？據本注，皎公《詩議》本十五例，因刪此例，故亦改標題為十四例，而或者仍舉避忌之例，不知其牴牾不合也。《詩議》：「詩有十五例：十四，避忌之例。詩曰：『何以雙飛龍，羽翼臨當乖。』又詩曰：『吾兄既鳳翔，王子亦龍飛。』」《文選》二十五傅長虞《贈何劭王濟》：「日月光太清，列宿曜紫微。赫赫大晉朝，明明辟皇闈。吾兄既鳳翔，王子亦龍飛，雙鸞遊蘭渚，二離揚清暉，攜

手升玉階，並坐侍丹帷，金璫綴惠文，煌煌發令姿。斯榮非攸庶，繾綣情所希，豈不企高踪，麟趾邈難追。臨川靡芳餌，何爲守空坻，槁葉待風飄，逝將與君違。違君能無戀，尸素當言歸。歸身蓬蓽廬，樂道以忘饑，進則無云補，退則恤其私，但願隆弘美，王度日清夷。」李善注：「吳質〈答文帝牋〉曰：『曹烈、曹丹，加以公室枝庶，骨肉舊恩，其龍飛鳳翔，實其分也。』」李周翰注：「吾兄，謂劭也；王子，王濟也；鳳翔，龍飛，喻君子得用。」按：《顏氏家訓》〈文章〉篇：「蔡邕〈楊秉碑〉云：『統大麓之重。』潘尼〈贈盧景宣詩〉云：『九五思龍飛。』孫楚〈王驃騎誄〉云：『奄忽登遐。』陸機〈父誄〉云：『億兆宅心，敦敘百揆。』〈姊誄〉云：『俔天之和。』今爲此言，則朝廷之罪人也。」按：《易．乾卦》：「九五，飛龍在天，利見大人。」九五，君位；飛龍謂聖人起而爲天子也，故當避忌也。

十五①，輕重錯謬之例②。陳王之誄③武帝，遂稱「尊靈永蟄」；孫楚之哀人臣，乃云：「奄忽登遐。④」子荆〈王驃騎誄〉⑤。此錯繆一例也，見〈顏氏傳〉⑥。今於古律之上⑦，始末⑧酷論，以祛⑨未悟，則反正之⑩道，可得而聞也。

【註】

①「十五」，《古鈔本》、《三寶院本》、《無點本》、《正智院本》作「十四」。

②《詩中密旨》：「詩有九格：九曰，句中輕重錯繆格。詩曰：『天子憂征伐，黎民常自怡』是

也。」

③「誄」，原誤「誅」，今據《古鈔本》、《三寶院本》、《無點本》、《正智院本》校改。《藝文類聚》十四引曹植〈武帝誄〉：「潛闥一扃，尊靈永蟄。」

④《詩議》：「詩有十五例：十五，輕重錯謬之例。詩曰（按：此二字不當有。）：『陳王之（當作「誄」）武帝，稱「尊靈之蟄」；孫楚之哀人臣，乃云「奄忽登遐」。』此錯謬之例。」

⑤「誄」，原誤「誅」，今據《古鈔本》、《三寶院本》、《無點本》、《正智院本》校改。此文已佚。

⑥器案：《顏氏傳》，謂《顏氏家訓》也，見上文避忌之例引《顏氏家訓》〈文章〉篇，顏氏又云：「陳思王〈武帝誄〉，遂深永蟄之思；潘岳〈悼亡賦〉，乃愴手澤之遺：是方父於蟲，匹婦於考也。」尋《金樓子》〈立言〉篇下：「古來文士，異世爭驅，而慮動難固（當作「周」），鮮無瑕病。陳思之文，群才之儁也，〈武帝誄〉云：『尊靈永蟄。』〈明帝頌〉云：『聖體浮輕。』浮輕有似於蝴蝶，永蟄可擬於昆蟲，施之尊極，不其嗤乎。」《文心雕龍》〈指瑕〉篇：「古來文才，異世爭驅；或逸才以爽迅，或精思以纖密，而慮動難圓，鮮無瑕病。陳思之文，群才之俊也，而〈武帝誄〉云：『尊靈永蟄。』〈明帝頌〉云：『聖體浮輕。』浮輕有似於蝴蝶，永蟄頗擬於昆蟲，施之尊極，豈其當乎！左思〈七諷〉，說孝而不從，反道若斯，餘不足觀矣。潘岳爲才，善於哀文，然悲內兄，則云『感口澤』，傷弱子，則云『心如疑』，禮文在尊極，而施之下流，辭雖足哀，義斯替矣。」

「『今於』以下難訓。」

本》作「未」。

，今據《古鈔本》、《三寶院本》、《無點本》、《正智院本》校改。

據《古鈔本》、《三寶院本》、《無點本》、《正智院本》校補。

十體

崔氏《新定詩體》①開十種體，具例如後出右②。

一，形似體③；二，質氣體④；三，情理體⑤；四，直置體⑥；五，雕藻體⑦；六，映帶體⑧；七，飛動體；八，婉轉體⑨；九，清切體⑩，十，菁華體⑪。

【註】

①《日本見在書目》：「《唐朝新定詩體》一卷。」不著撰人，當即此書。本書天卷《調四聲譜》引崔氏曰云云，東卷《二十九種對》二十六切側對、二十七雙聲側對、二十八疊韻側對云：「右三種，出崔氏《唐朝新定詩格》，」又第十七側對下云：「崔名『字側對』。」西卷《文二十八種病》十二繁説下云：「崔名相類」。十六形跡下云：「崔同。」二十二相濫下云：「崔同。」當出此書。

②「開」原作「困」，「出」原作「云」，周校本引《考文篇》校云：「『困』，別本作『開』：『云』，別本作『出』。」今據改正。竊疑「右」或爲「者」或「云」之誤也。《古鈔本》、《三寶院本》、《無點本》無此注文十六字。按：李嶠《評詩格》説「詩有十體」，與此大同而小異耳。

③本書南卷《集論》：「以鄙直爲形似。」《文選》五十沈休文〈宋書·謝靈運傳論〉：「相如工爲形似之言。」《詩品》：「巧構形似之言。」《文心雕龍》〈物色〉篇：「近代以來，文貴形似。」

④本書南卷《集論》：「公幹氣質。」又云：「以重濁爲氣質。」《文選》〈宋書．謝靈運傳論〉：「子建、仲宣，以氣質爲體。」劉良注：「氣質，謂有力也。」李善〈上文選注表〉：「氣質馳建安之體。」質氣，即氣質也。

⑤《文選》〈宋書．謝靈運傳論〉：「二班長於情理之說。」劉良注：「情理，謂得事之實也。」

⑥江淹《雜體詩》三十首〈殷東陽仲文興矚〉：「直置忘所宰，蕭散得遺慮。」伏挺《致徐勉書》：「靜居廓處，顧影莫酬，秋風四起，園林易色，涼野寂寞，寒蛩叫吟，懷抱不可直置，情慮不能無吒。」《吟窗雜錄》二十四〈歷代吟譜〉引儲光羲詩：「宏瞻縱逸，務在直置。」

⑦《南齊書》〈文學傳〉：「次則發唱驚挺，操調險急，雕藻淫艷，傾炫心魂，亦猶五色之有紅紫，八音之有鄭、衛，斯鮑照之遺烈也。」

⑧「映帶」，李嶠《評詩格》、白居易《文苑詩格》作「影帶」。

⑨《文心雕龍》〈明詩〉篇：「婉轉附物，怡悵述情。」又〈物色〉篇：「寫氣圖貌，既隨物以宛轉。」

⑩「清切」，李嶠《評詩格》作「情切」。

⑪《晉書》〈文苑傳序〉：「《翰林》志其菁華，《典論》詳其藻絢。」「菁華」，原誤作「青花」，今據《古鈔本》、《三寶院本》、《無點本》校改。

一，形似體。

形似體者，謂貌其形而得其似，可以妙求，難以粗測者是。詩曰；「風花無定影，露竹有餘清。①」又云：「映浦樹疑浮②，入雲峰似滅。③」如此即形似之體也。

【註】

①李嶠《評詩格》：「詩有十體：一曰形似，謂邈（當作「貌」）其形而得似也。詩曰：『風花無定影，露竹有餘清。』」

②謝朓《新治北窗和何從事》：「池北樹如浮，竹外山猶影。」

③「滅」，《眼心鈔》作「截」。

二，質氣體。

質氣體者，謂有質骨而作志氣者是。詩云：「霧烽①暗無色，霜旗凍不翻，雪覆白登道，冰塞黃河源。②」此是③質氣之體也④。

【註】

①「烽」，原作「峰」，《古鈔本》作「烽」，虞世基詩正作「烽」，今據改正。

②李嶠《評詩格》：「詩有十體：二曰質氣，謂有質骨而依其氣也。詩曰：『霜峰（一作「風」）暗無色，雪覆登道白。』」李嶠舉詩，訛脱殊甚。虞世基《出塞二首和楊素》：「上將三略遠，元戎

九命尊，緬懷古人節，思酬明主恩。山西多勇氣，塞北有遊魂，揚桴度（一作「上」）隴阪，勒騎上（一作「下」）平原，誓將絕沙漠，悠然去玉門，輕齎不遑舍，驚策騖戎軒。懍懍邊風急，蕭蕭徵馬煩，雪暗天山道，冰塞交河源，霧烽黯無色，霜旗凍不翻，耿介倚長劍，日落風塵昏。」與此所引，頗有異同顛倒之處。

③「是」字原缺，今據《古鈔本》、《三寶院本》訂補。

④「也」字原脫，今據《古鈔本》、《無點本》訂補。

三，情理體。

情理體者，謂抒情以入理者是。詩云：「遊禽暮知返①，行人獨未歸。②」又云：「四鄰不相識，自然成掩扉。」此即情理之體也。

【註】

①「暮知返」，《眼心鈔》作「知暮返」，不可據。

②李嶠《評詩格》：「詩有十體：三曰情理，謂敍情以入理致也。詩曰：『遊禽知暮返，行路獨未歸。』」王融《和王友德元古意》二首：「遊禽暮知反，行人獨不歸，坐銷芳草氣，空度明月輝，嚬容入朝鏡，思淚點春衣，巫山彩雲没，淇上綠條稀，待君竟不至，秋雁雙雙飛。」

四，直置體。

直置體者，謂直書其事置之於句者是。詩云：「馬銜苜蓿葉，劍瑩鷺鷀膏。①」又曰：「隱隱山分地，滄滄海接天。②」此即是直置之體。

【註】

①「鷺」原作「鴨」，《箋》云：「案：『鴨』，『鷺』之誤。」器案：戴暠原詩作「鷺」，今據改正。戴暠《度關山》：「昔聽《隴頭吟》，平居已流涕；今上關山望，長安樹如薺。千里非鄉邑，四海皆兄弟。軍中大體自相褒，其間得意各分曹，博陵輕俠皆無位，幽州重氣本多豪，馬銜苜蓿葉，劍瑩鷺鷀膏。初征心未習，復值雁飛入，山頭看月近，草上知風急，笛喝曲難成，笳繁響還澀。武帝初承平，東伐復西征，薊門海作塹，榆塞冰爲城，催令四校出，倚望三邊平，箭服朝來動，刀環臨陣鳴，將軍一百戰，都護五千兵。且決雄雌眼前利，誰道功名身後事。丈夫意氣本自然，來時辭第已聞天，但令此身與命在，不持烽火照甘泉。」案：《爾雅》〈釋鳥〉：「鷉，須鸁。」注：「鷉，鷺鷉，似鳧而小，膏中瑩刀。」杜甫《贈奉太常張卿二十韻》：「健筆凌鸚鵡，銛鋒瑩鷺鷀。」又《荊南兵馬使太常卿趙公大食刀歌》：「鏽錯碧甖鷺鷀膏，鋩鍔已瑩虛秋濤。」

②李嶠《評詩格》：「詩有十體：四曰直置，謂直書可置於句也。詩曰：『隱隱山分地，蒼蒼海接天。』」

五，雕藻體。

雕藻體者，謂以凡事理而雕藻之，成於妍麗，如絲彩之錯綜，金鐵之砥煉是①。詩曰：「岸綠開河柳，池紅照海榴。②」又曰：「華志怯馳年，韶顏慘驚節。③」此即是雕藻之體。

【註】

①白居易《文苑詩格》：「雕藻文字，夫文字須雕藻三兩字，文彩不得全真，致恐傷鄙樸。古詩云：『初篁包綠籜，新蒲含紫茸。』又古詩：『日戶晝輝靜，月林霞影明。』有此勢，可精求之。」

②李嶠《評詩格》：「詩有十體：五曰雕藻，謂以凡目前事而雕妍之也。詩曰：『岸綠開河柳，池紅照海榴。』」《文苑英華》一五七引江總《山庭春日》：「洗沐維五日，棲遲在一丘。古楂橫近澗，危石聳前洲，岸綠開河柳，池紅照海榴。野花寧待晦，山蟲詎識秋，人生復能幾，夜燭非長遊。」

③「韶」原作「脂」，周校本「據《鮑參軍集》正」，今從之。鮑照《發後渚》：「江上氣早寒，仲秋始霜雪。從軍乏衣糧，方冬與家別，蕭條背鄉心，淒愴清渚發。涼埃晦平皋，飛潮隱脩樾，孤光獨徘徊，空煙視升滅，途隨前峰遠，意逐後雲結。華志分馳年，韶顏慘驚節，推琴三起嘆，聲爲君斷絕。」

六，映帶體①。

映帶體者，謂以事意相愜，復而用之者是。詩曰：「露花疑②濯錦，泉月似沉珠。③」此意④花似錦，月似珠，自昔通規矣。然蜀有濯錦川，漢有明珠浦，故特以爲映帶。又曰：「侵雲蹀征騎，帶月倚雕弓。」「雲騎」與「月弓」是復用⑤，此映帶之類。又曰：「舒⑥桃臨遠騎，垂柳映連營。⑦」

【註】

①《詩人玉屑》三《一人名而分用之句》：「一人名而分用之者，如劉越石『宣尼悲獲麟，西狩泣孔丘。』謝惠連『雖好相如達，不同長卿慢』等，若非前後相映帶，殆不可讀。然要非全美也。唐初，餘風猶未殄，陶冶至杜子美，始淨盡矣。」此又映帶之一義也。

②「疑」，《正智院本》、《眼心鈔》、李嶠《評詩格》作「如」。

③李嶠《評詩格》：「詩有十體：六曰影帶，謂以事意相愜而用之也。詩曰：『露花如濯錦，泉月似沉鈎。』」孔德紹《登白馬山護明寺》：「名岳標形勝，危峰遠郁紆，成象建環極，大壯闡規模，層台聳靈鷲，高殿邇陽烏。暫同遊閬苑，還類入仙都，三休開碧題（一作「嶺」），萬户洞金鋪。攝心罄前禮，訪道挹中虚（一作「衢」），遥瞻盡地軸，長望極天隅，白雲起梁棟，丹霞映栱櫨，露花疑濯錦，泉月似沉珠，今日桃源客，相顧失歸途。」按：《文苑英華》二八六引王勃《别薛升

華》：「明月沈珠浦，秋風濯錦川。」《文選》左太沖《蜀都賦》：「貝錦斐成，濯色江波。」劉淵林注：「譙周《益州志》云：『成都織錦既成，濯於江水，其文分明，勝於初成，他水濯之，不如江水也。』」

④「意」，《眼心鈔》作「言」。

⑤「用」原作「植月」二字，即「複用」之訛衍，今據《古鈔本》、《三寶院本》、《無點本》、《正智院本》、《眼心鈔》訂正。

⑥「舒」，《正智院本》、《眼心鈔》作「野」。

⑦白居易《文苑詩格》：「影帶宗旨：文體直敘，其意語成文，影帶回合，三向四通，悉皆流美。古詩云：『花飛織錦處，月落搗衣邊。』又古詩：『朱門日照金生翠，粉堞雲橫月放光。』」

七、飛動體。

飛動體者，謂詞若飛騰而動是①。詩曰：「流波將月去，潮水②帶星來。③」又云：「月光隨浪動，山影逐④波流。」此即⑤飛動之體⑥。

【註】

①《詩人玉屑》四《風騷句法》：「龍吟虎嘯（飛動）：『野雲低度水，檐雨細隨風。亂雲低薄暮，急雪舞回風。』」

②「潮水」，原作「湖水」，今據原詩校改。
③隋煬帝楊廣《春江花月夜》二首：「暮江平不動，春花滿正開，流波將月去，潮水帶星來。」
④「逐」，原作「遂」，各本俱作「逐」，今據改正。
⑤《古鈔本》、《三寶院本》、「即」下有「是」字。
⑥「體」上原衍「類」字，今據《古鈔本》、《無點本》、《正智院本》校刪：《觀智院本》「體」作「類」。李嶠《評詩格》：「詩有十體：八曰飛動。詩曰：『空葭凝露色，落葉動秋聲。』」案：李嶠所舉例詩，見崔氏清切體下。

八，婉轉體。

婉轉體者，謂屈曲其詞，婉轉成句是。詩曰：「歌前日照梁，舞處塵生襪。」又曰：「泛色松煙舉，凝花菊露滋。①」此即婉轉之類②。

【註】

①李嶠《評詩格》：「詩有十體：七曰婉轉，謂屈曲其詞，婉轉成句也。詩曰：『流波將月去，潮（原誤「湖」）水帶星來。』」案：李嶠所舉例詩，見崔氏飛動體下。
②「類」，《古鈔本》、《無點本》、《正智院本》作「體」。

九，清切體。

清切體者，謂詞清而切者是。詩曰：「寒葭凝露色，落葉動秋聲。」又曰：「猿聲出峽斷，月彩落江寒。①」此即是清切之體②。

【註】

①李嶠《評詩格》：「詩有十體：九曰情切。詩曰：『猿聲出峽斷，月影落江寒。』」崔信明《送金敬陵入蜀》：「金門去蜀道，玉壘望長安，豈言千里遠，方尋九折難。西上君飛蓋，東歸我掛冠，猿聲出峽斷，月彩落江寒。今從與君別，花月幾新殘。」案：「月彩」，李嶠作「月影」。尋虞世南《奉和月夜觀星》詩：「早秋炎景暮，初弦月彩新。」則作「月彩」爲是。

②「體」上原衍「類」字，今據《古鈔本》、《正智院本》、《寶龜院本》校刪；《觀智院本》「體」作「類」。

十，菁華體。

菁華體者，得其精而忘其粗者是。詩曰：「青田未矯翰①，丹穴欲乘風。②」鶴生青田③，鳳出丹穴④；今只言青田，即⑤可知⑥鶴，指言丹穴，即可知鳳，此即文典⑦之菁華⑧。又曰：「曲沼疏秋蓋，長林卷夏帷。」曲沼，池也。又曰：「積翠徹⑨深潭，舒丹⑩明淺瀨。」丹即霞，翠即煙也。今只言丹、翠，即可知煙、霞之義。況近代之儒，情識⑪不周⑫於變通，即坐其危險，若茲人者，固未可與言⑬。

【註】

①「翰」，原誤「幹」，今據《觀智院本》、《眼心鈔》校改。

②「凰」，《三寶院本》作「鳳」，不可據。李嶠《評詩格》：「詩有十體：十曰精華。詩曰：『青田擬駕鶴，丹穴欲乘風。』」今據改正。

③《藝文類聚》九〇、《御覽》九一六引《永嘉郡記》：「沐溪（一作「洙溪」）野青田中有雙白鶴，年年生伏子，長大便去，只恒餘父母一雙在耳，精白可愛，多云神仙所養。」

④《山海經》〈南山經〉：「又東五百里曰丹穴之山，其上多金玉，丹水出焉，而南流注於渤海。有鳥焉，其狀如雞，五彩而文，名曰鳳皇：首文曰德，翼文曰義，背文曰禮，膺文曰仁，腹文曰信。是鳥也，飲食自然，自歌自舞，見則天下安寧。」案：張衡《東京賦》：「舞丹穴之鳳凰。」顏延之《贈王太常》詩：「聞鳳窺丹穴。」

⑤「即」原作「只」，周校云：「疑當作『即』。」案：周說是，今從之。

⑥「知」原作「出」，今據《古鈔本》、《三寶院本》、《正智院本》校改。

⑦「典」原作「曲」，今據《古鈔本》、《三寶院本》校改。

⑧白居易《文苑詩格》：「菁華章：詩有屬對，方知學之淺深。古詩：『金波麗鳷鵲，玉繩低建章。』此明時對爲麗也。」

⑨「徹」，疑當作「澈」。

⑩《箋》曰：「《蜀都賦》：『舒丹氣以爲霞。』」

⑪「識」原作「誠」，今據《古鈔本》、《正智院本》校改。

⑫「周」，《三寶院本》作「同」，未可據。

⑬釋齊己《風騷旨格》：「詩有十體：一曰高古，詩曰：『千般貴在無過達，一片心閒不奈何。』二曰清奇，詩曰：『未曾將一字，容易謁諸侯。』三曰遠近，詩曰：『已知前古事，更結後人看。』四曰雙分，詩曰：『船中江上景，晚泊早行時。』五曰背非，詩曰：『山河終決勝，楚、漢且橫行。』六曰虛無，詩曰：『山寺鐘樓月，江城鼓角風。』七曰是非，詩曰：『須知項籍劍，不及魯陽戈。』八曰清潔，詩曰：『大雪路亦宿，深山水也呑。』九曰覆粧，詩曰：『疊巘供秋望，無雲到夕陽。』十曰闔門，詩曰：『卷簾黃葉落，鏁印子規啼。』」所言詩有十體，與此又別，可互存也。

六義

一曰風，二曰賦，三曰比，四曰興，五曰雅，六曰頌。①

【註】

①《周禮》〈春官〉〈大師職〉：「教六詩：曰風，曰賦，曰比，曰興，曰雅，曰頌。」《毛詩序》；「《詩》有六義焉：一曰風，二曰賦，三曰比，四曰興，五曰雅，六曰頌。」此爲談六義之始，其後，摯虞《文章流別論》（《藝文類聚》五六引）、蕭統《文選序》、賈島《二南密旨王昌齡《詩中密旨》、釋齊己《風騷旨格》等，俱本之爲說。《文選》張銑注云：「六義者，謂歌事曰風，布義曰賦，取類曰比，感物曰興，政事曰雅，成功曰頌，各隨作者之志名也。」

一曰風。

體一國之教謂之風①。《關雎》、《麟趾》之化，王者之風也；《鵲巢》、《騶虞》之德，諸侯之風也②。王③云：「天地之號令曰風。上之化下，猶風之靡草，行春令則和風生，行秋令則寒風殺，言君臣不可輕其風也。④」

【註】

①本章釋六義各條，俱引皎然、王昌齡之說，據下五條例，此句上當補「皎云」二字。

②《毛詩序》「風，風也，教也，風以動之，教以化之……是以一國之事，係一人之本謂之風。……然則〈關雎〉、〈麟趾〉之化，王者之風，故繫之周公，南言化自北而南也；〈鵲巢〉、〈騶虞〉之德，諸侯之風也，先王之所以教，故係之召公。」賈島《二南密旨》：「論六義：歌事曰風。風者，諷也，即與體定句須有感，外意隨篇目白彰，內意隨入諷刺，歌君臣風化之事。」王昌齡《詩中密旨》：「六義：諷一。諷者，謂體一國之風教，有王者之風，有諸侯之風。」王夢簡《詩要格律》：「一曰風，與諷同義，含皇風，明王業，正人倫，歸正義也。」

③「王云」，本篇凡六見，俱誤作「玉云」，今據《古鈔本》、《三寶院本》、《正智院本》校正。

④釋齊己《風騷旨格》：「詩有六義：一曰風。詩曰：『高齊日月方爲道，動合乾坤始是心。』」

二曰賦。

皎云：「賦者，布也。匠①事布文，以寫情也。②」王云：「賦者，錯雜萬物③，謂之賦也。④」

【註】

①「匠」，當從《詩中密旨》作「象」，聲近而誤。

②《藝文類聚》五六引《文章流別論》：「賦者，敷陳之稱也。」《文心雕龍》〈詮賦〉篇：「賦

者，鋪也，敷采　文，體物寫志也。」《毛詩序正義》：「詩又直陳其事，不譬喻者，皆賦辭也。」《二南密旨》：「論六義：布義曰賦。賦者，敷也，布也，指事而陳，顯善惡之殊態，外則敷本題之正體，內則布諷誦之玄情。」朱熹《詩集傳》：「賦者，敷陳其事而直言之也。」《困學紀聞》三〈詩〉引李仲蒙曰：「敍物以言情謂之賦，情盡物也。」

③《文心雕龍》〈詮賦〉篇：「至於草區禽旅，庶品雜類，則觸興致情，因變取會，擬諸形容，則言務纖密；象其物宜，則理貴側附；斯又小制之區畛，奇巧之機要也。」《詩中密旨》：「六義：賦二。賦者，布也。象事布文，錯雜萬物，以成其象，以寫其精（當作「情」）。」李重華《貞一齋詩說》：「賦之爲言，敷陳其事而直言之者，尚是淺淺解說；須知化工妙處，全在隨物賦形，故自屈、宋以來，體物作文，名之曰賦，即隨物賦形之義也。相如論作賦之法，是何等能事。」（案：司馬相如論賦語，見《西京雜記》二司馬相如爲〈上林子虛賦〉條。）

④王夢簡《詩要格律》：「二曰賦，賦其事體，伸冤雪恥，紀功立業，旌著物情，宣王化以合史籍者也。」《風騷旨格》：「二曰賦。詩曰；『風和日暖方開眼，雨潤煙濃不舉頭。』」

三曰比。

皎曰：「比者，全取外象以興之①，『西北有浮雲』②之③類是也。」王云；「比者，直比其身，謂之比假④，如『關關雎鳩』⑤之類是也。⑥」

【註】

①《藝文類聚》五六引《文章流別論》：「比者，喻類之言也。」《文心雕龍》〈比興〉篇：「比者，附也。……蓋寫物以附意，揚言以切事者也。故金錫以喻明德，珪璋以譬秀民，螟蛉以類教誨，蜩螗以寫號呼，澣衣以擬心憂，席卷以方志固：凡斯切象，皆比義也。至於麻衣如雪，兩驂如舞：若斯之類，皆比類者也。」皎然《詩式》：「取象曰比。」《二南密旨》：「取類曰比。比者，類也，妍媸相類相顯之理，或君臣昏佞，則物象比而刺之，或君臣賢明，亦取物比而象之。」《詩中密旨》：「比三，比者，各令取外物，象己興事。」朱熹曰：「比者，比也，以彼物比此物也。」

②《文選》二十九魏文帝〈雜詩〉二首：「西北有浮雲，亭亭如車蓋，惜哉時不遇，適與飄風會。吹我東南行，行行至吳會，吳會非我鄉，安能久留滯。棄置勿復陳，客子常畏人。」李周翰注：「此意爲漢征吳之時。西北浮雲，自喻也。」《詩式》二：「魏文帝有吞東南之意，軍至揚子江口，觀其洪濤洶湧，乃嘆曰：『此天地所以限南北也。』遂賦詩而還。」

③「之」字原缺，周校本據《眼心鈔》補，今從之。

④《文心雕龍》〈比興〉：「夫比之爲義，取類不常：或喻於聲，或方於貌，或擬於心，或譬於事。宋玉《高唐》云：『纖條悲鳴，聲似竽籟。』此比聲之類也；枚乘《菟園》云：『猋猋紛紛，若塵埃之間白雲。』此則比貌之類也。」昌齡謂「直比其心謂之比假」，即彥和「比貌」之意也。

⑤《詩式》：「用事：今且於六義之中，略論比興。取象曰比，取義曰興。義即象下之意，凡禽魚草

木，人物名數，萬象之中，義類同者，盡入比興，《關雎》即其義也。」

⑥李仲蒙曰：「索物以托情謂之比，情附物也。」李重華曰：「比不但物理，凡引一古人、用一故事俱是比；故比在律體尤得力。」《風騷旨格》：「詩有六義，三曰比。詩曰：『頂西施頰，霜毛四皓鬚。』」

四曰興。

皎曰：「興者，立象於前，後以人事諭之①，《關雎》之類是也。②」王云：「興者，指物及比其身說之爲興，蓋托諭謂之興也。③」

【註】

①《詩中密旨》：「六義：興四。興者，立象於前，然後以事喻之。」

②《文心雕龍》〈比興〉篇：「觀夫興之托諭，婉而成章，稱名也小，取類也大。關雎有別，故后妃方德；尸鳩貞一，故夫人象義。義取其貞，無從於夷禽；德貴其別，不嫌於鷙鳥；明而未融，故發注而後見也。」

③《藝文類聚》五六引《文章流別論》：「興者，有感之辭也。」《詩正義》：「取譬引類，起發己心詩文，諸舉草木鳥獸以見意者，皆興辭也。」《二南密旨》：「論六義：感物曰興。興者，情也，謂外感於物，內動於情，情不可遏，故曰興，感君臣之德政廢興而形於言。」李仲蒙曰：「觸

物以起情謂之興，物動情也。」朱熹曰：「興者，先言他物，以引起所詠之詞也。」李重華曰：「興之爲義，是詩家大半得力處。無端說一件鳥獸草木，不明指天時，而天時恍在其中；不顯言地境，而地境宛在其中；且不實說人事，而人事已隱約流露其中；故有興而詩之神理全具也。」《風騷旨格》：「詩有六義：四曰興。詩曰：『水諳彭澤闊，山憶武陵深。』」

五曰雅。

皎曰：「正四方之風謂雅①。正有小大，故有大小雅焉。②」王云：「雅者，正也。言其雅言典切，爲③之雅也。④」

【註】

①《周禮》〈春官〉〈大司樂〉注：「雅，正也，言今之正者，以爲後世法。」孔穎達《正義》：「先諷動之，物情既悟，然後教化，使之齊正。言其風動之初則名之曰風，指其齊正之後則名之曰雅。」

②《毛詩序》：「言天下之事，形四方之風謂之雅。雅者，正也，言王政之所由廢興也。政有小大，故有小雅焉，有大雅焉。」《二南密旨》：「論二雅大小正旨：四方之風，一人之德，民無門以頌，故謂之大雅；諸侯之政，匡救善惡，退而歌之，謂之小雅。大雅如盧綸〈興善寺後池〉詩：『月照何年樹，相逢幾度春。』小雅如：『風添松韻好，秋助月光多。』又如錢起詩：『好風

能自至，明月不須期。』」

③「爲」，古通「謂」。

④《詩中密旨》：「六義：雅五。雅者，正也。當正其雅，言語典切爲雅也。」《二南密旨》：「論六義：正事曰雅。雅者，正也，謂歌諷刺之言，而正君臣之道，法制號令，生民悅之，去其苛政。」《風騷旨格》：「詩有六義：五曰雅。詩曰：『卷簾當白晝，移榻對青山。』又詩：『遠道擎空鉢，深山踏落花。』」

六曰頌。

王云：「頌者，贊也。贊嘆其功，謂之頌也。」皎云：「頌者，容也。美盛德之形容①，以其成功告於神明也。②」

古人云：「頌者，敷陳似賦，而不華侈；恭慎如銘，而異規誡。③」以六義爲本，散乎情性，有君臣諷刺之道焉，有父子兄弟朋友規正之義焉。降及遊覽答贈之例，各於一道，全其雅正。

【註】

①《三國志》〈魏書．卞后傳〉注引魏文帝《答卞蘭教》：「頌者，美盛德之形容。」《文心雕龍》〈頌贊〉篇：「頌者，容也，所以美盛德而述形容也。」《二南密旨》：「論六義：美德曰頌。頌

者，美也，美君臣之德化。」

②《毛詩序》：「頌者，美盛德之形容，以其成功告於神明者也。」鄭玄《周頌譜》：「頌之言容。天子之德，光被四表，格於上下，無不覆燾，無不持載，此之謂容。於是和樂興焉，頌聲乃作。」《正義》：「此解名爲頌之意。頌之言容，歌成功之容狀也。」《詩中密旨》：「六義：頌六。頌者，定（當作「容」）也，欲續其神嘗爲頌之也。」《風騷旨格》：「詩有六義：六曰頌。詩曰：『君恩到銅柱，蠻款入交州。』」

③《文心雕龍》〈頌贊〉篇：「原夫頌惟典雅，辭必清鑠，敷寫似賦，而不入華侈之區；敬慎如銘，而異乎規戒之域。」此即引用其文。

八階

《文筆式》①。又《詩格》轉反②爲八體，後採八階。御草本有此，而以朱銷之③。

一，詠物階；二，贈物階；三，述志階；四，寫心階；五，返詶④階；六，贊毀階；七，援寡階；八，和詩階。

【註】

①《日本見在書目》〈小學家〉：「《文筆式》二卷。」

②「反」，《寶龜院本》作「變」。

③《古鈔本》注作「《文筆式》略同」。《觀智院本》無注。器案：據注，則階猶體也，而有十體八階之異者，前者就內容爲言，後者則就形式爲說也。

④「詶」通「酬」，潘尼《答陸士衡》詩：「慚無琬琰，以詶尺璧。」《晉書》〈劉琨傳〉：「琨詩托意非常，……盧諶素無奇略，以常詞詶和，殊乖琨心。」俱「詶」「酬」古通之證。

第一，詠物階。詩曰：「雙眉學新綠，二臉例輕紅，言模①出浪鳥，字寫入花蟲。」又云：「灑塵成細跡，點水作圓文②，白銀花裡散，明珠葉上分。」

釋曰：聞神嶺而賦金花，睹仙蓬以歌玉葉，或思今而染墨，乍③感昔以抽毫。此乃詠物之階斯顯，即事④之言是著。

【註】

①「模」，原作「横」，《古鈔本》、《三寶院本》、《無點本》、《正智院本》作「摸」，日本舊寫本從木從手之字，往往不分，「摸」即「模」也，今改正。

②王筠《北寺寅上人房望遠岫翫前池》：「雨點散圓文，風生起斜浪。」

③「乍」與「或」對文同義。

④《文選》二十二沈休文《鍾山詩應西陽王教》：「即事既多美，臨眺殊復奇。」李善注：「即事，即此山中之事也。《列子》曰：『周之尹氏，有老役夫，晝則呻呼即事。』」又謝靈運《南樓中望所遲客》：「即事怨睽攜，感物方凄戚。」李善注：「即事，即此離別之意也。」劉良注：「即事，謂此事也。」

第二，贈物階。詩曰：「心貞如玉性，志潔若金爲，托贈同心葉，因附合歡枝。」又曰：「合瞑刺縫罷，守啼方達曙，帶長垂兩巾①，代人交手處。」

釋曰：乍遺葐蒀之菉葉，時贈滴瀝之輕花，假類玉以制文，托如金而起詠，雖復表心著跡，還以贈物爲名。

【註】

①《箋》曰：「梁簡文詩：『折腰應兩袖，傾足轉雙巾。』」

第三，述志階。詩曰：「有鳥異孤鸞，無群飛①獨漾，鶴戲逐輕風，起響②三台上。」又曰：「丈夫懷慷慨，膽③上湧波奔，只將三尺劍，決搆一朱門。」

釋曰：燕雀之爲易測，鸞鳳之操難知，有如候雁銜蘆，騰龍附雲，上哲托以呈抱④，明賢因而表志，坦蕩之位既陳，慷慨之雄是立⑤。

【註】

①「無群飛」，原作「飛無群」，《箋》曰：「案：『飛』字當在『群』下。」今據改正。

②「起響」，原作「起聊」，《眼心鈔》作「聊起」，《長寬寫本》作「起響」，今據改正。

③「膽」，原作「瞻」，今據《無點本》、《觀智院本》、《眼心鈔》校改。

④「抱」，原作「犯」，今據《古鈔本》、《三寶院本》、《正智院本》校改。

⑤「是」字原無，《全集本》校云：「『雄立』難訓，恐有脱字。」《箋》云：「『雄立』之間，恐脱『于』歟？『爰』歟？對上『既』字而不遇也。」器案：下文第六讚毀階云：「褒貶之事既彰，讚毀之階是立。」句法與此同，今據補「是」字。

第四，寫心階。詩曰：「命禮遣①舟車，佇望談言志，若值信來符②，共子同琴瑟。」

又曰：「插花花未歇，薰衣衣已香，望望遥心斷，悽悽愁切腸。」

釋曰：春光暖暖，托青鳥③以通言；夏日悠悠，因紅④箋而表意。若也招朋⑤命侶，方事一斟兩酌；追舊狎⑥新，如應三揮四撫⑦。既傾一樽若是，故以寫心爲名。

【註】

①「遣」，《無點本》作「遺」，未可據。

②「符」，原作「府」，今據《古鈔本》改正。

③陶淵明〈讀山海經〉詩：「翩翩三青鳥，毛色奇可憐，朝爲王母使，暮歸三危山。我欲因此鳥，具向王母言，在世無所須，唯酒與長年。」案：三青鳥見《山海經》〈西山經〉三危之山。薛道衡《豫章行》：「願作王母三青鳥，飛去飛來傳消息。」

④「紅」，原作「江」，今據《古鈔本》、《三寶院本》、《無點本》校改。

⑤「朋」，原作「明」，《長寬寫本》、《觀智院本》作「朋」，《古鈔本》原亦作「明」，旁校作「朋」，今據改正。

⑥「狎」，《古鈔本》作「押」，未可據。

⑦案：三揮四撫，謂彈鳴琴也。

第五，返詶階。詩曰：「盛夏盛炎光①，焦天焦氣烈。②」又曰：「清階清溜瀉，涼户涼風入。」

釋曰：此述涼秋，彼陳盛暑③，九冬雪狀悽人，三春風光可玩。即二節各舉，且兩時互列，語既差舛，故以詶爲名。

【註】

①「炎光」，《正智院本》、《眼心鈔》作「光炎」。

②「焦」，《古鈔本》、《三寶院本》作「燋」。

③「暑」，《古鈔本》作「署」，未可據。

第六，讚毀階。詩曰：「施朱桃惡采，點黛柳慚色。」又云：「皓①雪已藏暉，凝霜方疊影。」

釋曰：讚此練葛無方，毀彼羅紈取證，既近辱緹錦，亦遠恥霜雪。至如梁家畫黛②，漢女久矣低顏；宋里施朱③，江妃④故宜斂色。且自重⑤。又曰：褒貶之事既彰，讚毀之階是立。

【註】

①「皓」，《箋本》作「皎」，當出臆改。

②《後漢書》《梁冀傳》：「詔遂封冀妻孫壽爲襄城君。……壽色美而善爲妖態，作愁眉、嗁妝，……以爲媚惑。」注：「《風俗通》曰：『愁眉者，細而曲折。嗁妝者，薄拭目下若啼處。……始自冀家所爲，京師翕然皆仿效之。』」

③「里」，原作「黑」，今據《古鈔本》、《三寶院本》校改。《箋》云：「《何記室集》三《七召》曰：『效施朱於宋里，結墮馬於梁家。』《登徒子賦》：『著紛太白，施朱太赤。』」

④《文選》四左太沖〈蜀都賦〉：「娉江斐（五臣作「妃」），與神遊。」劉淵林注：「江斐，二女遊於江濵，逢鄭交甫，挑之，不知其神女也，遂解佩與之。交甫悅，受佩而去，數十步空懷無佩，女亦不見。語在《列仙傳》。」呂向注：「江妃，神女也。」

⑤周校本引《考文篇》校云：「此句疑有訛」。

第七，援①寡階。詩曰：「女蘿②本細草，抽莖信不功，憑高出嶺上，假樹入雲中。」又云：「愁臨玉台鏡，淚垂金縷裙。」

釋曰：登岩眺遠，陟嶺瞻高，此乃假彼敷榮，因他茂實。且復何異鸞鏡絕塵，遂寫如花之嫩頰③；龍津屏浪，乃照似月之蛾眉。既憑④有功，亦假託⑤於信。又日而住⑥。

【註】

①「援」，《古鈔本》原誤作「授」，後校作「援」。

②「女夢」，原作「女羅」，《箋》云：「當作『女蘿』。」今據改正。《文選》二十一郭景純〈遊仙〉詩：「女蘿辭松柏。」李善注：「《毛詩》曰：『蔦與女蘿，施於松柏。』毛萇曰：『蔦，寄生也。女蘿，松蘿也。』」劉良曰：「女蘿，兔絲也，緣於松柏，爲寒所拂，將以萎死，故辭而去。」

③「嫩頰」，原作「軟顏」，今據《三寶院本》、《觀智院本》校改。

④「憑」字上或下，疑脱一字。

⑤「託」，原作「記」，今據《古鈔本》、《三寶院本》、《無點本》校改。

⑥《箋》曰：「『而住』宜作『而佳』也。」周校本引《考文篇》校云：「即是大師之注也，言『於信』兩字，《文筆式》作『而住』。」

第八，和詩階。詩曰：「花桃微散紅，萌①蘭稍開紫②，客子情已多，春望復如此。」

又曰：「風光摇隴麥，日華暎林蕊，春情重以傷，歸念③何由弭。」

釋曰：黄蘭碧桂，風舞葉上之飛香；紫李④紅桃，日漾花中之⑤艷色。彼既所呈九暖，此即復答三春。兼疑⑥秋情，齊嗟夏抱。染墨之辭不異，述懷之志皆同，彼此宫商，故稱相和。王斌⑦有言曰：「無山可以減水，有日必應生月。」夫訓⑧采答詩，言法⑨語復，但令切著，施教無兼⑩。

【註】

①「萠」，原作「萠」，不字。案：當作「萌」，《說文》〈艸部〉：「萌，草芽也。」萌蘭者，初生之蘭也。萌蘭、花桃對文。

②「紫」，《三寶院本》誤作「蕊」。

③「念」，原作「命」，今據《古鈔本》、《三寶院本》校改。

④「李」，《古鈔本》、《三寶院本》、《正智院本》作「柰」。

⑤「之」字原缺，今據《古鈔本》校補。

⑥「疑」，疑當作「凝」。

⑦王斌，注見天卷《四聲論》。

⑧「詶」，原作「訓」，器案：即「詶」字形近之誤，今訂正。

⑨「法」，疑「往」字形近之誤。

⑩「兼」，疑當作「嫌」。

六 志

《筆札》①略同。

一曰，直言志；二曰，比附志；三曰，寄懷志；四曰，起賦志；五曰，貶毀志；六曰，讚譽志②。

【註】

①器案：本書東卷有《筆札七種言句例》一章，同卷《疊韻對》條引《筆札》。《日本見在書目》〈小學家〉：「《筆札華梁》二卷。」當即其書。

②傳魏文帝《詩格》〈六志〉，與此同。

一曰，直言志。

直言志者，謂的申①物體，指事而言，不藉餘風，別論其詠。即假作②《屏風詩》曰：「綠葉霜中夏，紅花雪裡春，去馬不移跡，來車豈動輪。③」

釋曰：畫樹長青，不許經霜變色；圖花永赤，寧應度雪改容。毫模去跡，料判未移蹤；筆寫行輪，何能進轍。如斯起詠，所例④曰直，不藉煩詞，自然應格悟⑤。

【註】

①「申」，傳魏文帝《詩格》作「中」。

②器案：本書北卷《論對屬》數言「假令」以舉例，與此言「假作」義同。蓋無適例，故爾假作也。

③傳魏文帝《詩格》：「六志：一曰，直言，謂的中物體，指事而直。如《畫屏風詩》：『去馬不移足，來車豈動塵。』」

④「例」，原作「側」，旁校作「例」，案：《古鈔本》、《三寶院本》、《無點本》正作「例」，今據改正。

⑤案：此與上文之「料判」，俱爲正文與誤文並存之例。蓋「判」與「悟」爲誤文，旁校正作「料」與「格」，傳鈔者不知其故，而誤並存之也。

二曰，比附志。

比附志者，謂論體寫狀，寄物方形，意托斯間，流言彼處①。即假作《贈別》詩曰：「離情弦上急，別曲雁②邊嘶③，低④雲百種千過⑤鬱，垂露幾千⑥行啼。」

釋曰：無方敍意，寄急狀於弦中；有意論情，附嘶聲於雁側。上見低雲之鬱，托愁氣以合詞；下矚垂露懸珠，寄啼行而奮筆。意在妝頰，喻說⑦鮮花；欲述眉形，假論低月⑧。傳形在去，類體在來⑨，意涉斯言，方稱比附。

【註】

①《文心雕龍》〈比興〉篇：「比者，附也；興者，起也。附理者切類以指事，起情者依微以擬議。起情故興體以立，附理故比例以生。比則畜憤以斥言，興則環譬以記諷。蓋隨時之義不一，故詩人之志有二也。」

②「雁」，原作「寫」，旁校作「雁」，下同。案：《古鈔本》、《三寶院本》作「雁」，今據改正。

③傳魏文帝《詩格》：「六志：二曰比附，謂論體寫狀，寄物方形。如〈贈別〉詩：『離情弦上怨，別曲雁邊嘶。』」

④「低」下，《古鈔本》、《三寶院本》有注云：「別本『行』。」

⑤「百種、千過」，原作大字「百種」，無「千過」二字，今據《古鈔本》、《三寶院本》、《無點本》校改。

⑥「幾、千」，原作大字「千」，無「幾」字，今據《古鈔本》校改。《眼心鈔》則「幾、千」俱作大字，而無「行」字；據釋文「寄啼行而奮筆」，則《眼心鈔》無「行」字非也。

⑦「說」字原缺，今據《古鈔本》、《正智院本》訂補。

⑧「月」，原作「日」，今據《古鈔本》、《三寶院本》、《長寬寫本》、《正智院本》校正。

⑨《箋》云：「《異本箋》曰：『傳形者有去捨，不可比者也；類體者有來用，能可比者也。』」

三曰，寄懷志。

寄懷志者，謂情含鬱抑，語帶譏微，事側例①膏肓，詞褒②譎詭。即假作〈幽蘭〉詩③曰：「日月雖不照，馨香④要自豐，有怨生幽地，無由逐遠風。⑤」

釋曰：「慽道日月不明⑥，自表生於幽地；略述馨香有質，還論逐吹無由。猶屈原多俠，《離騷》之詠勃興；賈誼不申，《伏鳥》之歌⑦云作。如斯之例，因號寄懷。」

【註】

①「例」，《古鈔本》、《三寶院本》作「列」。

②「褒」，疑「褒」之誤。

③「詩」下原重一「詩」字，今據《古鈔本》刪。

④「香」，《觀智院本》作「多、香」二小字並列。

⑤傳魏文帝《詩格》：「六志：三曰寄懷，謂含情鬱抑，語帶幾微。如〈幽蘭〉詩：『有怨生幽地，無情逐遠風。』」

⑥「不明」二字，原作小字並列，今據《古鈔本》改爲正文。

⑦「《伏鳥》之歌」，即「《鵩鳥賦》」，作「伏」者，俗別字。

四曰，起賦志①。

起賦志者，謂㡿②論古事，指列今詞，模《春秋》之舊風，起筆札③之新號。或指人爲定，就跡行以題篇；或立事成規，造因由而遺筆④。附申名況，托志浮流言，例此之徒，皆名起賦。即假作《賦得魯司寇》⑤詩曰：「隱見通榮辱，行藏備卷舒，避席談曾子⑥，趨庭誨伯魚。⑦」

釋曰：有道無道之說，備列前聞；用之捨之之⑧事，名傳後代。曾參避席，文載《孝經》；鯉也過庭，義⑨班⑩《論語》。如斯之例，事得成言，因舊行新，故名起賦者也。

【註】

①「起賦」，《詩格》作「賦起」。

②「㡿」，原作「𢇍」，器案：當爲「㡿」之誤，即「斥」之俗別字，今輒訂正。《龍龕手鑒》一〈斤部〉：「㡿，或作，丑格反，開也。」

③筆札，本謂筆與簡札，引申爲作品之意。《漢書》〈司馬相如傳〉：「上令尚書給筆札。」又〈樓護傳〉：「谷子雲筆札，樓君卿脣舌。」《後漢書》〈章帝紀〉：「堯試臣以職，不直以言語筆札。」注：「札，簡也。」

④「或立事成規，造因由而遺筆」，原作「或立事云成規貌造因由不遺筆」。「云」，《古鈔本》、《三寶院本》作「立」，涉上文「立事」而誤衍；「貌」，即「規」形近而訛衍；「不」，

當即「而」形近之訛；故輒定爲「或立事成規，造因由而遺筆」，如此，則與上文相儷也。

⑤孔丘嘗爲魯司寇，見《史記》〈孔子世家〉。

⑥《孝經》〈開宗明義〉章第一：「仲尼居，曾子侍，子曰：『先王有至德要道，以順天下，民用和睦，上下無怨，汝欲知之乎？』曾子避席曰：『參不敏，何足以知之。』」

⑦《論語》〈季氏〉篇：「陳亢問於伯魚曰：『子亦有異聞乎？』對曰：『未也。嘗獨立，鯉趨而過庭，曰：「學《詩》乎？」對曰：「未也。」「不學《詩》，無以言。」鯉退而學《詩》。他日又獨立，鯉趨而過庭，曰：「學《禮》乎？」對曰：「未也。」「不學《禮》，無以立。」鯉退而學《禮》。聞斯二者。』陳亢退而喜曰：『問一得三：聞《詩》，聞《禮》，又聞君子之遠其子也。』」

⑧「之」字原缺，周校云：「『之』下疑脱一『之』字。」器案：周校是，今據補。

⑨「義」上原衍「事」字，今據《古鈔本》、《寶龜院本》校刪。

⑩「班」通作「頒」。《周禮》〈太宰〉：「八曰匪頒之式。」鄭司農曰：「頒讀爲班布之班。」《文選》五十七潘安仁《馬汧督誄》李善注：「『頒』與『班』古字通。」

五曰，貶毀志。

貶毀志者，謂指物實佳，興文道惡，他言作①是，我說宜②非。文筆見貶，言詞致毀，證善爲惡，因以名之。即假作《田家》詩③曰：「有意嫌千石，無心羨九卿，且悦丘園好，何論冠蓋生。④」

釋曰：千石崇高，興⑤言有棄⑥；九卿位重，所願無心。翻非冠蓋，例⑦悦丘園，貶毀之情，自然隆著。

【註】

①「作」，《古鈔本》、《三寶院本》作「你」。

②「宜」，原作「官」，《箋本》云：「當作『爲』。」《全》校云：「『官』恐『爲』歟？」器案：當是「宜」字形近之訛，今輒定爲「宜」。

③「詩」下原重一「詩」字，今據《古鈔本》、《無點本》校删。

④傳魏文帝《詩格》：「六志：五曰貶毀，謂指物實佳，興文要毀其美。如《田家》詩：『且悦丘園死，未甘冠蓋榮。』」

⑤「興」，原作「與」，今據《古鈔本》、《三寶院本》、《無點本》、《正智院本》校正。

⑥「棄」，原作「奇」，今據《古鈔本》、《三寶院本》、《無點本》校改。

⑦「例」，疑當作「倒」，與上句「翻」字對文。下讚譽志條，「眉成月例慚」，一本作「眉成月倒慚」，即二字易訛之證。

六曰，讚譽志。

讚譽志者，謂心珍賤物，言貴者不如；意重今①人，云先賢莫及②。詞褒筆味，玄③欺豐歲之珍④；語讚文峰⑤，劇勝饑年之粟⑥。小中出大，短內生長，撥滯升微，方云⑦讚譽。即假作《美人》詩，詩曰：「宋臘⑧何須說，虞姬未足談，頰態花翻愧，眉成月倒⑨慚。⑩」

釋曰：宋臘無雙，播徽音⑪於筆札；虞姬罕匹，飛令譽於含章⑫。鮮花笑樹，剌⑬施妝⑭之未如；初月開雲⑮；信圖眉而莫及。俱論彼弱，玄⑯識此強，假名具陳，方申指的。

【註】

①「今」，原作「令」，今據《古鈔本》、《三寶院本》校改。

②「云先賢莫及」，原作「先賢之莫及」，周校云：「『之』疑爲『云』字形誤。上文『言貴者不如』，此句似宜作『云先賢莫及』。」器案：周説是，今從之。

③「玄」，疑當作「互」。

④「珍」，《古鈔本》、《三寶院本》、《無點本》、《正智院本》作「珠」，未可據。

⑤「峰」，原作「筆」，今據《古鈔本》、《三寶院本》、《無點本》校改。

⑥《御覽》四四七引《郭子》：「世中稱庾文康爲豐年玉，庾稚恭爲荒年穀。」《世説新語》〈賞譽〉下：「世稱庾文康爲豐年玉，穉恭爲荒年穀。庾家論云：『是文康稱恭爲荒年谷，庾長仁爲豐年玉。』」注：「謂亮有廊廟之器，翼有匡世之才，各有用也。」此文本之，故知上文作「豐年之

珠」之非也。

⑦「云」，原作「之」，今據《古鈔本》、《三寶院本》、《無點本》校改。

⑧魏文帝《答繁欽書》：「妙舞莫巧於絳樹，清歌莫激於宋臘。」

⑨「倒」，原作「例」，今據《正智院本》、《眼心鈔》校改。

⑩傳魏文帝《詩格》：「六至：六曰讚譽，謂小中出大，短內生長。如《古詩》：『妝罷花更醜，眉成月對慚。』」

⑪「徽音」，《古鈔本》、《三寶院本》、《無點本》作「微音」。

⑫《易》〈坤卦〉：「含章可貞。」《文選》〈蜀都賦〉：「楊雄含章而挺生。」呂向注：「楊雄含懷文章，挺援而生。」

⑬「剌」，疑當作「則」。

⑭「粧」，原作「莊」，《箋》云：「當作『妝』。」案：《詩格》引《古詩》作「粧罷花更醜」，今據改正。

⑮「開雲」，原作「雲開」，今據《古鈔本》、《三寶院本》、《長寬寫本》、《正智院本》乙正。

⑯「玄」，疑當作「互」，「互識」與「俱論」對文。

九意①

一，春意；二，夏意；三，秋意；四，冬意；五，山意；六，水意；七，雪意；八，雨意；九，風意。

【註】

①南卷《論文意》有云：「凡作詩之人，皆自抄古今詩語精妙之處，名爲隨身卷子，以防苦思。作文興若不來，即須看隨身卷子，以發興也。」案：此九意所陳，即抄古今佳句，以爲饋貧之糧，蓋亦兔園册子之類也。

春意

雲生似蓋，霧起如煙。山行

垂松萬歲，卧柏千年。山行

羅雲出岫，綺霧張天①。山行

紅桃繡②苑，碧柳裝田。遊園③
風生玉艷，日帶金妍④。野望
窗中落粉⑤，瑟上鳴弦。
朝雲蔽日⑥，夕雨傾天。大雨
三山引霧，六澤浮煙。望晴⑦
鴻歸塞北⑧，雁入幽邊。望晴⑨
蜂歌樹裡，蝶舞花前。遊園
悲瞻漢地，泣望胡天。從戎
秦娥鼓瑟，越女調弦。席輿
離衿十載，別袂三年。怨別
風飄綺袖，日照花鈿。美人
鳴鐘伏趙，摻⑩鼓降燕。劍騎
三山⑪帶霧，五仞⑫含煙。劍騎
平原⑬皎潔，下蔡芬芳。遊園
金池水綠，玉苑花紅。遊園
燈前覆盞，燭下傾觴。夜飲
鴻⑭辭繡⑮沼，燕入華⑯梁。傷別

遊⑰蜂熠燿，舞⑱蝶翺翔。酣飲
花開故苑，柳發新裝。遊池⑲
同觀比翼，共眺鴛鴦。遊池⑳
眉間葉綠，臉上花黃。美人㉑
琴宜袖短，舞勢㉒裙長。妓女
懸情憶土，舉目思鄉。客怨
雲生鶴嶺，霧起鸞崗。山行
天開寶艷，日寫金光。淵居
風飄洞戶，月照長廊。淵居
環欹照曜，珮動鏗鏘。擣練
蘭腰婀娜，玉手低昂。擣練
猿啼柏阜，鳥喚松崗。山行
三危鳥翅，九折羊腸。山行
鳴鳩振羽㉓，嘇雁番歸㉔。
風飄芍藥，日照牆微㉕。野望
嬌同漢婦㉖，態若湘妃㉗。美人
朝悲鳳幕，夜泣鸞帷。閨怨

良人惆默，賤女歔欷。送別

娼人㉘過漢㉙，蕩婦桑媒㉚。寓目㉛

房櫳㉜夜泣，洞戶朝悲。閨怨

持花夕返，採葉㉝朝歸。蠶婦

孤眠繡帳，獨寢羅幃。閨怨

顏同趙燕，面似西施。美人

稚兒荷蓧㉞，織女鳴機。田家

尋山採蕨，亘野收薇。田家

啼淹武服，泣爛戎㉟衣。從戎㊱

紅桃似頰，碧柳如眉。遊園

萍開舊沼，藕發新泥。遊池

黃禽命駕，紫燕相隨。寓目

丹桃曄曄，綠竹猗猗㊲。遊池㊳

觀魚引詠，視鳥興詩。同上㊴

桃蹊遣爵，菊浦酬卮。園讌

風光紫闕，日曜丹墀。同上㊵

新梅婀娜，嫩㊶柳逶迤。

宜男㊷窈窕，少女㊸參差。芳草
龍城㊹馬倦，雁塞人疲。從戎
通情豆蔻㊺，寄意相思㊻。美人
雲從浪覆，日逐波欹。
由來廣額，本自長眉。美人
君心易改，妾意難移。美人

【註】

①《文選》四左太沖〈蜀都賦〉：「囂塵張天」。
②「繡」，原作「綠」，今據《古鈔本》、《三寶院本》、《無點本》、《正智院本》校改。
③「園」，原作「行」，今據《古鈔本》、《三寶院本》校改。
④「妍」，原作「研」，今據《無點本》校改。
⑤「粉」，原作「紛」，今據《古鈔本》、《三寶院本》校改。
⑥「日」下，《古鈔本》注「旭」字。
⑦「望晴」，疑當乙作「晴望」。
⑧《箋本》旁注：「『北』之下，有注『表』之字。」
⑨「望晴」，亦當乙作「晴望」。

⑩「摻」，原作「⿰⻊參」，無義，《說文繫傳》〈手部〉：「摻，三撾鼓也。」今據改正。

⑪「山」，《古鈔本》旁注「峰」字。

⑫「仞」，疑爲「嶺」字音近之誤。

⑬「平原」，《古鈔本》、《三寶院本》、《無點本》作「平源」，不可據。下文《秋意》：「花雕下蔡，木落平原。」亦以「平原」「下蔡」對文，與此正同。

⑭「鴻」，《古鈔本》作「鵬」，下注「鴻」字。

⑮「繡」，原作「潚」，今據《古鈔本》、《三寶院本》、《無點本》、《正智院本》校改。

⑯「華」，原作「花」，今改。

⑰「遊」下，《古鈔本》、《三寶院本》注「葛」字，當是「蕩」之俗別字。

⑱「舞」下，《古鈔本》、《三寶院本》注「周」字，又云：「『周』一作『閣』。」

⑲「池」，原作「地」，今據《古鈔本》、《三寶院本》、《正智院本》校改。

⑳「池」，原作「地」，今據《古鈔本》、《三寶院本》、《正智院本》校改。

㉑「人」，原作「女」，今據《古鈔本》、《無點本》校改。

㉒《全集本》校云：「『勢』字難訓。」

㉓晉拂舞歌詩〈白鳩篇〉：「皎皎鳴鳩，或丹或黃，樂我君惠，振羽來翔。」見《晉書》《樂志》。

㉔《箋本》旁注云：「『嘇』恐『唳』字之訛歟？又『番』恐『翻』歟？」《全集本》校云：「『番』恐『翻』歟？」

㉕「牆微」，《箋本》、《全集本》旁注「薔薇」二字。

㉖《文選》十九曹子建〈洛神賦〉：「擕漢濱之遊女。」李善注：「《韓詩》曰：『漢有遊女，不可求思。』薛君曰：『遊女，漢神也。』」案：同賦：「感交甫之棄言兮。」李善注：「《韓詩內傳》曰：『鄭交甫遵彼漢皐台下，遇二女，與言曰：「願請子之佩。」二女與交甫，交甫受而懷之，超然而去，十步循探之，即亡矣。回顧二女，亦即亡去。』」又五左太沖〈吳都賦〉：「載漢女於後舟。」李周翰注：「漢女，漢水之神女也。」

㉗《洛神賦》：「從南湘之二妃。」李善注：「《禮記》曰：『舜葬蒼梧之野，蓋二妃未之從也。』鄭玄曰：『《離騷》所謂湘夫人也。舜南巡狩，死於蒼梧，二妃留江、湘之間。』」

㉘「娼人」，原作「唱歌」，今從《古鈔本》校改；《三寶院本》、《無點本》作「唱人」。

㉙「過漢」二字不同，疑是「遭嘆」之誤，然不能輒定也。

㉚《箋》曰：「桑媒，《列子》曰：『鄰人有送妻適私家者，見桑婦悅而與之言，然顧見其妻，亦有招之者。』」

㉛《左傳》僖公二十八年：「得臣與寓目焉。」杜預注：「寓，寄也。」

㉜「櫳」，原誤作「攏」，今據《古鈔本》校改。《文選》五左太沖〈吳都賦〉：「房櫳對櫎。」李善注：「《說文》曰：『櫳，房室之疏也。』」

㉝「葉」，原作「桒」，旁校作「葉」，《古鈔本》亦有小注「葉」字，今據改正。

㉞《論語》《微子》篇：「子路從而後，遇丈人，以杖荷蓧。」

㉟「戎」，原作「戍」，今據《古鈔本》、《三寶院本》校正。

㊱同註㉟。

㊲《詩》《衛風》《淇奧》：「瞻彼淇奧，綠竹猗猗。」

㊳「遊池」，《古鈔本》、《三寶院本》無此二字。

㊴「同上」，《古鈔本》、《三寶院本》無此二字。

㊵「同上」，《古鈔本》、《三寶院本》無此二字。

㊶「嫩」，《古鈔本》作「嬾」，未可據。

㊷《藝文類聚》八一引曹植〈宜男花頌〉：「草號宜男，既煒且貞。」

㊸庾信《傷心賦》：「風無少女，草不宜男。」

㊹《漢書》〈匈奴傳〉：「五月，大會龍城，祭其先天地鬼神。」

㊺《文選》五《吳都賦》劉淵林注引《異物志》：「豆蔻生交趾，其根似姜而大，從根中生，形似益智，皮殼小厚，核如石榴，辛且香。」梁簡文帝《和蕭侍中子顯春別》四首：「別觀蒲萄帶實垂，江南豆蔻生連枝。無情無意猶如此，有心有恨徒別離。」杜牧《贈別》詩：「娉娉裊裊十三餘，豆蔻梢頭二月初。」

㊻《吳都賦》劉淵林注：「相思，大樹也，材理堅，邪斫之，則又可作器；其實如珊瑚，歷年不變，東冶有之。」

夏意

煙雲夕卷，火霧朝開。
招涼入苑，避暑登台。遊園
臨池命盞，入水呼杯。池
風捿翠柳，月灼芳梅。遊園
單紗夜剪，輕①縠朝裁。妓女
陽②風乍舉，炎氣翻來。焰氣
尋風照灼，逐水徘徊。遊池③
浮瓜百只，沈李千枚④。
朱霞東起，赤日西頹。日晚
飄風蝶起，拂水蓮開。遊園
松禽風響，柏鳥聲⑤哀。山行
愁心叵卻，眼淚難裁。閨怨
榴觴滿榼，菊酒盈杯。對酒⑥
酬觴玉德，獻雅金⑦才。敍觴⑧
同嘗⑨鳳髓，共乳⑩龍胎。貴席

時登水殿，或上風台。避暑

三桃宜獻，五柳堪酬。望⑪人

崍山⑫我愛，洛浦⑬君求。神女

移床就沼，改幕依流。

蘭池⑭遜遁，金谷⑮周遊。遊園

長宵繾綣，永夜綢繆。美人

胡城足怨，隴幕多愁。客怨

分桃⑯入寵，割袖⑰爲儔。美人

臨池顧影，就水搔頭。美人

終輕七貴⑱，焉重五侯⑲。逸仕⑳

嚬眉造態，霓㉑粉佯㉒羞。美人

江邊亂淥㉓，溪上迷紅㉔。美人

天開龍日，海放魚風。寓目

追涼上苑，避暑幽宮。避暑

觀魚濠上㉕，眺美桑中㉖。寓目

閒門耿耿，寂帳㉗忡忡。有懷

朝看列缺㉘，暮望豐隆㉙。雨貌

雲從土馬，水逐泥牛。雨貌

元輕別鵲㉚，本謝蜩蟲㉛。謙短

金聲漏盡，玉潤番終。傷情

芳涼易竭㉜，玉井㉝先窮。傷遊㉞

秦庭奮猛，漢室馳雄。

先持寶劍，卻挽烏弓㉟。

平生好怒，立性從戎。

才非白馬㊱，智闕青牛㊲。謙短

檐前花笑，戶外鶯嬌。

花園命駕，綺殿相招。

彈琴弱腕，妙舞纖腰。妓女

興言嗚咽，發語號咷。

歌持越劍，舞拔吳刀。劍騎

池旁㊳寄意，折藕相嫽。採蓮

魚燈晃夜，龍燭明宵。夜飲

關山迢迢㊴，津路遙遙。遠移

長安遠遠，白日迢迢㊵。

馳輪漢室，策馬胡橋。

終軍棄帛㊶，司馬題橋㊷。求遷

心存驥尾㊸，意托鴻毛㊹。求遷

【註】

①「輕」，原作「羅」，今據《古鈔本》、《三寶院本》、《長寬寫本》校改。

②「陽」，《古鈔本》、《無點本》、《寶龜院本》作「湯」。

③「池」原作「地」，今據《古鈔本》、《三寶院本》、《無點本》校改。

④《文選》四十二魏文帝〈與朝歌令吳質書〉：「浮甘瓜於清泉，沈朱李於寒水。」《御覽》九六八引庾玄默〈水井賦〉：「接朱李於玄泉，來甘瓜於清濤。」

⑤「聲」，原作「散」，今據《古鈔本》、《三寶院本》、《無點本》、《正智院本》校改。

⑥「對酒」，《古鈔本》、《三寶院本》、《無點本》、《寶龜院本》作「對飲」。

⑦「金」，原作「全」，今據《古鈔本》、《無點本》、《正智院本》、《寶龜院本》校改。

⑧「敍觴」，原作「劍觸」，《古鈔本》殘存「又」旁，周校本引《考文篇》定作「敍」，今從之。「觸」則爲「觴」形近之誤，今改正。

⑨「嘗」，《古鈔本》、《無點本》、《寶龜院本》作「酣」。

⑩「乳」，疑當作「飫」。

⑪「望」，《古鈔本》字形近「智」。

⑫《文選》十九宋玉〈高唐賦〉：「昔者，先王嘗遊高唐，怠而晝寢，夢見一婦人，曰：『妾，巫山之女也。』」李善注：「〈襄陽耆舊傳〉曰：『赤帝女姚姬，未行而卒，葬於巫山之陽，故曰巫山之女。楚懷王遊於高唐，晝寢，夢見與神遇，自稱是巫山之女。王因幸之。遂為置觀於巫山之南，號為朝雲。後至襄王時，復遊於高唐。』」

⑬《文選》十九曹子建〈洛神賦〉並〈序〉：「黃初三年，余朝京師，還濟洛川。古人有言，斯水之神，名曰宓妃。感宋玉對楚王說神女之事，遂作斯賦。」

⑭《文選》十潘安仁〈西征賦〉：「蘭池、周曲。」李善注：「《三輔黃圖》曰：『蘭池觀在城外。』《長安圖》曰：『周氏曲，咸陽縣東三十里，今名周氏陂，陂南一里，漢有蘭池宮。』」

⑮《文選》二十潘安仁〈金谷集作詩〉，李善注引石崇《金谷詩序》曰：「余以元康六年，從太僕卿出為使持節監青、徐諸軍事，有別廬在河南縣界金谷澗。時征西大將軍祭酒王詡，當還長安，余與眾賢共送澗中，賦詩以敘中懷。」

⑯《韓非子》〈說難〉篇：「昔彌子瑕有寵於衛君，……異日，與君遊於果園，食桃而甘，不盡，以其半啗君，君曰：『愛我哉！忘其口味，以啗寡人。』」

⑰《漢書》〈佞幸傳〉：「董賢字聖卿，哀帝立，拜黃門郎，寵愛日甚，常與上同臥起，常晝寢，偏藉上袖，上欲起，賢未覺，不欲動賢，乃斷袖而起，其恩愛至此。」沈約《讖悔文》：「分桃斷袖，亦足稱多。」

⑱《文選》十潘安仁〈西征賦〉：「窺七貴於漢庭。」李善注：「庾亮《表》曰：『向使西京七族，皆非姻黨，從而悉全，決不盡敗。』」李周翰注：「漢庭七貴：呂、霍、上官、丁、趙、傅、王，並后族也，皆權重受誅。」

⑲《漢書》〈元后傳〉：「河平二年，上悉封舅譚爲平阿侯，商成都侯，立紅陽侯，根曲陽侯，逢時高陽侯。五人同日封，故世謂之五侯。」《文苑英華》一九二引戴暠〈煌煌京洛行〉：「五侯同拜爵，七貴各垂纓。」

⑳「逸仕」，原作「逸人、美人」雙行小字並列，今據《古鈔本》、《三寶院本》、《無點本》校改。

㉑「雹」，當即「擌」之俗別字。《文選》二張平子〈西京賦〉：「流鏑擌㩧。」薛綜注：「擌㩧，中聲也。」擌，音普麥反，音義與撲相近，擌粉即撲粉也。《孟姜女變文》：「姜女自雹哭黃天。」蔣禮鴻《敦煌變文字義通釋》云：「『自雹』就是《大目乾連冥間救母變文》『遂乃舉身自撲』的『自撲』。《齖䶗書》：『雹釜打鐺。』『雹釜』就是撲釜。」則是「雹」爲唐人習用字也。

㉒「佯」，原作「祥」，今據《古鈔本》校改。

㉓「淥」，原作「蒲」，今改。《文選》三張平子〈東京賦〉：「淥水澹澹」。

㉔此二句，《古鈔本》、《三寶院本》、《無點本》、《寶龜院本》、《觀智院本》均作「江邊亂浦，漢上迷江」。

㉕《莊子》〈秋水〉篇：「莊子與惠子遊於濠梁之上，莊子曰：『儵魚出游從容，是魚樂也。』」梁簡文帝〈石橋〉詩：「惠子臨濠上，秦王見海神。」

㉖《詩經》〈鄘風〉〈桑中〉：「爰採唐矣，沬之鄉矣，云誰之思，美孟姜矣；期我乎桑中，要我乎上宮，送我乎淇之上矣。爰採麥矣，沬之北矣，云誰之思，美孟弋矣；期我乎桑中，要我乎上宮，送我乎淇之上矣。爰採葑矣，沬之東矣，云誰之思，美孟庸矣；期我乎桑中，要我乎上宮，送我乎淇之上矣。」

㉗「帳」，《古鈔本》作「悵」，未可據。

㉘《文選》八楊子雲〈羽獵賦〉：「霹靂烈（《五臣》作「列」）缺，吐火施鞭。」李善注：「應劭曰：『烈缺，閃隙也。』」《漢書》〈司馬相如傳〉：「貫列缺之倒景兮，涉豐隆之滂湃。」注：「列缺，天閃也。」

㉙《離騷》：「吾令豐隆乘雲兮。」王逸注：「豐隆，雲師。」《淮南子》〈天文〉篇：「季春三月，豐隆乃出，以將其雨。」高誘注：「豐隆，雷也。」「豐隆」，《古鈔本》作「豐降」，非是。

㉚「別鵲」，《無點本》、《長寛寫本》作「別鶴」。器案：「鵲」當爲「鵠」之誤，「鶴」、「鵠」古通，《文選》二張平子〈西京賦〉：「掛白鶴。」《六臣注本》云：「《善本》作『白鵠』。」盧憲《嘉定鎮江志》卷六：「黃鶴山本名黃鵠山。」俱其證。蔡邕《琴操》：「商陵牧子娶妻，五年無子，父兄欲爲改娶，牧子援琴鼓之，嘆《別鶴》以舒其憤懣，故曰《別鶴操》。」

㉛《箋》曰：「『蜩』恐『雕』歟？《楊子》〈吾子〉曰：『或問吾子好賦。然，童子雕蟲篆刻。俄而曰，壯夫不爲也。』」

㉜「竭」，疑當作「歇」。

㉝「玉井」，疑當作「甘井」，《莊子》〈山水〉篇：「直木先伐，甘井先竭。」《文子》〈符言〉篇：「甘泉必竭，直木必伐。」《御覽》一八九引〈范子〉：「直木先伐，甘井先竭。」字俱作「甘」，此文本之。

㉞「遊」，疑當作「逝」。《世說》有〈傷逝〉篇。

㉟烏弓，即烏號弓。《淮南子》〈原道〉篇：「射者扜烏號之弓。」高誘注：「烏號，桑柘，其材堅勁，烏峙其上，及其將飛，枝必橈下，勁能復起巢（借作摷），烏隨之，烏不敢飛，號呼其上。伐其枝以爲弓，因曰烏號之弓也。一說，黃帝鑄鼎於荊山鼎湖，得道而仙，乘龍而上，其臣援弓射龍，欲下黃帝，不能也。烏，於也；號，呼也；於是抱弓而號，因名其弓爲烏號之弓也。」案：高注後說，本《史記》〈封禪書〉爲言。

㊱《初學記》七引劉向《別錄》：「公孫龍持白馬之論以度關。」《古籍叢殘》〈古類書〉第一種：《白馬》注云：「公孫龍度關，關司禁曰：『馬不得過。』公孫曰：『我馬白，非馬。』遂過。」《韓非子》〈外儲說左上〉：「兒說，宋人善辯者也，持白馬非馬也，服齊稷下之辯者。」蓋皆持《白馬論》的雄辯之才也。

㊲「闕」，原作「闘」，今改。《史記》〈老子列傳〉〈索隱〉：「又按《列仙傳》：『老子西遊，

關令尹喜望見有紫氣浮關，而老子果乘青牛而過也。』」

㊳「傍」，《長寬寫本》作「倚」。

㊴「迢迢」，《觀智院本》作「递递」。

㊵「迢迢」，《三寶院本》作「递递」，「递」即「遞」之俗別字。

㊶《漢書》〈終軍傳〉：「初，從濟南當詣博士，步入關，關吏與軍繻。軍問：『以此何爲？』吏曰：『爲復符傳，還當以合符。』軍曰：『大丈夫西遊，終不復還傳。』棄繻而去。」注：「張晏曰：『繻音須。繻，符也，書帛裂而分之，若券契矣。』」

㊷《華陽國志》〈蜀志〉：「城北十里有升仙橋，有送客觀，司馬相如初入長安，題市門曰：『不乘赤車駟馬，不過汝下也。』」

㊸《史記》〈伯夷列傳〉：「附驥尾而名益顯。」

㊹《文選》四十七王子淵〈聖主得賢臣頌〉：「翼乎，如鴻毛遇順風。」李善注：「〈春秋保乾圖〉：『神明之應，疾於倍風吹鴻毛。』」

秋意

火雲將闋①，水月翻明。

錦霞朝暗，碧霧霄清②。

晨看度雁，夜視飛螢。
燈來若月，火度如星。秋夜
金風乍動，縠袖時輕。
花凋玉苑，月③落金城。傷逝④
鴻辭漢沼，燕別吳庭。怨別
秦宮振響，漢室揚名。美人⑤
燈前滅影，燭下流形。傷逝⑥
龍門泣淚，馬邑悲鳴。從戎
啼看繡帳，泣望花屏。閨情
能妝面貌，巧畫蛾⑦眉。美人
能歌緩唱⑧，妙舞腰輕⑨。
蒲桃我酌，竹葉君傾。樂飲
蓬門匿影，甕牖⑩藏形。隱士
桑中遣意，漢側留情。
追朋阮籍，命友劉靈⑪。飲士
遲遲璧玉，映映⑫羅雲。
鴻歸熠耀，鶴度繽紛。

蟲⑬鳴東圃，蟬叫西園。
風高塞⑭邑，日慘函關。
遊風索索，逝⑮水渾渾。
花凋下蔡，木落平原。
龍城念子，馬邑思君。
三清⑯滿榼，九醞⑰盈樽。樂飲
蒲桃浼瀞⑱，竹葉氛氳。
鳴弦雁塞，佩劍龍門。
心怨憤憤，眼淚渾渾。愁意
心羅天地，意網乾坤。雄士
晨招公子，夕餞王孫。遊遇⑲
山傍⑳日暗，嶺上雲昏。山行
風驚樹動，水激雷奔。山行
踟躕三徑㉑，涉獵幽蹊。
羅雲靄靄，玉露凄凄。
蟬鳴飲露㉒，燕罷銜泥。
登山雉喚，入谷猿啼。山行

摧藏夜泣，悵㉓望孤棲。閨怨

山斜馬惑，澗㉔曲人迷。

金風動壁，桂月宵低。

風飄曲澗，水噎長溪。山行

無方日暗㉕，有意雲梯。求士㉖

三虞㉗風一，五百聲齊。美人

揮戈出塞㉘，拔劍龍蹊。從戎

風飄綺袖，日照金堤。美人

衡門寂寂，白社㉙棲棲。

朝瞻澗雉，曉候山雞。

開門出獻，閉戶酬稽。

昏昏綺帳，寂寂蘭閨。閨怨

朝悲焍鼓㉚，夕泣搖鞞。從戎

珠星皎皎，壁㉛月朧朧。

風飄紫柏，日翳㉜青桐。

新花罷綠，晚蕊開紅。

花飛木悴，葉落條空。

秋天秋夜，秋月秋蓬。
秋池秋雁，秋渚秋鴻。
朝雲漠漠，夕雨濛濛㉝。山行
猿啼紫柏，蟬泣青松。
時迎牧子，乍送田翁。
南池養雁，北澤呼鴻。
歌迎白鶴㉞，舞送玄龍。愁意㉟
兒栽白薤，女蒔青蔥。田家
千愁㊱入臆，百恨填胸。愁意
心悲易足，眼淚㊲難供。
本稱桃李㊳，今謝芙蓉。傷逝㊴
燈暉幕靜，月照人空。
眉如葉綠㊵，頰類花紅。美人
呼歌八表，叱㊶咤三公。劍騎
弓穿白虎，手制黃龍。
俱傾鄭盞㊷，共覆堯鐘㊸。
躊躇陌㊹上，搔手房櫳。

行如月度，立若花叢。

【註】

①「閟」，原作「閲」，今據《寶龜院本》校改。《文選》六左太沖〈魏都賦〉：「閟象竹帛。」劉淵林注：「閟，閉也。《詩》云：『閟宮有侐。』」

②「霄」，當作「宵」。「清」，原作「消」，今據《無點本》、《長寬寫本》、《觀智院本》校改。

③「月」，《古鈔本》作「日」。

④「逝」，原作「遊」，今據《古鈔本》、《三寶院本》、《正智院本》校改。

⑤「人」，原作「名」，旁注「人」字。按：《古鈔本》、《三寶院本》、《無點本》、《寶龜院本》俱作「人」，今據改正。

⑥「逝」，原作「遊」，今據《古鈔本》、《三寶院本》校改。

⑦「蛾」，原作「娥」，今據《古鈔本》校改。

⑧「緩唱」，疑當作「唱緩」。

⑨「輕」，《古鈔本》下注「好」字。

⑩《文選》五十一賈誼〈過秦論〉：「陳涉甕牖繩樞之子。」李善注：「《禮記》曰：『儒有蓬户甕牖。』」劉良注：「謂以甕爲牖。」「甕」，原作「壅」，今據《古鈔本》、《三寶院本》、《寶

龜院本》校改；《無點本》作「⿱埶瓦」。

⑪「靈」，《無點本》作「伶」，《箋本》云：「當作『伶』。」器案：《世説新語》〈容止〉篇：「劉伶身長六尺云云。」《藝文類聚》八二引作「劉靈」，又〈任誕〉篇：「劉伶病酒云云。」《御覽》七三六、八四六引作「劉靈」，《文選》四十七劉伯倫〈酒德頌〉李善注：「臧榮緒《晉書》曰：『劉靈，字伯倫，沛國人也。志氣曠放，以宇宙爲狹，著《酒德頌》，爲建威參軍，卒以壽終。』」王通《中説》〈周公〉篇：「曰：『劉靈何人也？』子曰：『古之閉關人也。』」阮逸注：「劉靈，字伯倫，性淡默，不交遊，以酒自樂，常攜壺，使人荷鍤隨行，曰：『死則埋之。』」《文苑英華》十三皇甫湜〈醉賦〉：「昔劉靈作《酒德頌》。」陸龜蒙《酒賦》：「有甒卓擒靈之伍，我願先登。」字俱作「靈」。今案：從霝從令之字古通，《説文》〈雨部〉：「雨，零也。《詩》曰：『霝雨其濛。』」今《詩經》〈豳風〉〈東山〉作「零」。又《虫部》：「䗆，䗆蠃，蒲盧，細要土蜂也。天地之性，細要純雄無子。《詩》曰：『螟䗆有子，䗆蠃負之。』」今《詩經》〈小雅〉〈節南山之什〉〈小宛〉作「蛉」。又《車部》「𨏩」爲「軨」之或體字。《爾雅》〈釋草〉：「蘦，大苦。」《釋文》：「字或作『苓』。」俱其證。

⑫「映映」，《古鈔本》、《三寶院本》、《無點本》作「皎皎」。

⑬「蟲」，疑當作「蚉」。

⑭「塞」，原作「寒」，《觀智院本》校改。

⑮「逝」，原作「遊」，今據《古鈔本》、《三寶院本》、《寶龜院本》校改。

⑯「三清」，《古鈔本》旁注云：「酒名也。」按《周禮》〈天官〉〈酒正〉：「辨三酒之物：一曰事酒，二曰昔酒，三曰清酒。」

⑰《文選》四張平子〈南都賦〉：「酒則九醖甘醴，十旬兼清。」李善注：「《魏武集》〈上九醖酒奏〉曰：『三日一釀，滿九斛米止。』《廣雅》曰：『醖，投也。』」劉良注：「九醖、十旬，皆酒名。」

⑱《文選》八司馬長卿〈上林賦〉：「瀺灂隕墜。」李善注：「《字林》曰：『瀺灂，小水聲也。』」又十潘安仁〈西征賦〉：「瀺灂驚波。」李周翰注：「瀺灂，出没貌。」

⑲「遊遇」，《古鈔本》、《三寶院本》、《長寬寫本》、《寶龜院本》作「逝遇」。

⑳「傍」，原作「境」，今據《古鈔本》、《三寶院本》、《無點本》、《寶龜院本》校改。

㉑《文選》三十謝靈運〈田南樹園激流植援〉注引《三輔決錄》：「蔣詡，字元卿，隱於杜陵，舍中三徑，唯羊仲、求仲從之遊。」

㉒《說苑》〈正諫〉篇：「蟬高居悲鳴飲露。」《御覽》九四四引陸雲〈寒蟬賦〉：「含氣飲露，則其清也。」

㉓「悵」，原作「帳」，今據《古鈔本》、《無點本》、《正智院本》校改。

㉔「澗」，原作「水」，今據《古鈔本》、《正智院本》校改。

㉕「日暗」，疑當作「日路」，涉上「山傍日暗」而誤也。

㉖「求士」，原作「求上」，今從《三寶院本》、《觀智院本》校改；《古鈔本》作「求土」。
㉗《箋》曰：「《齊語》曰：『澤立三虞。』注：『掌川澤大小及所主育。』」
㉘「出塞」，疑當作「馬塞」。
㉙「社」，原作「杜」，《箋本》校云：「當作『社』。」今從之。《晉書》〈董京傳〉：「至洛陽，披髮而行，逍遥吟詠，常宿白社中，時乞於市。」沈約〈郊居賦〉：「乍容身於白社，亦寄孥於伯通。」白社之白，猶白屋之白，白社，蓋洛陽之貧民窟也。
㉚《箋》云：「『焠鼓』，『揥鼓』歟？揥，擿也。」
㉛「璧」，原作「壁」，今據《古鈔本》、《三寶院本》、《無點本》、《長寬寫本》校改。
㉜「翳」，《寶龜院本》作「映」。
㉝「濛濛」，原作「曚曚」，今改。《文選》十九束廣微《補亡詩》六首：「濛濛甘霤。」李善注：「毛萇《詩傳》曰：『濛濛，雨貌。』」
㉞《文選》四張平子〈南都賦〉：「白鶴飛兮繭曳緒。」李善注：「皆舞人之容。」
㉟「愁意」，《古鈔本》、《正智院本》作「遇住」。
㊱「愁」，原作「秋」，今據《古鈔本》校改。
㊲「眼淚」，原作「淚眼」，今據《古鈔本》、《三寶院本》、《無點本》校改。
㊳「李」，原作「花」，今據《古鈔本》、《三寶院本》、《無點本》、《長寬寫本》、《寶龜院本》校改。

㊴「逝」，原作「遊」，今據《古鈔本》、《三寶院本》、《無點本》、《寶龜院本》校改。
㊵「葉綠」，原作「綠葉」，今據周校本校改。
㊶「叱」，原作「吐」，今據《古鈔本》、《三寶院本》、《正智院本》、《寶龜院本》校改。
㊷《世說新語》〈文學〉篇注、《書鈔》一四八引〈鄭玄別傳〉：「袁紹辟玄，及去，餞之城東，欲玄必醉，會者三百餘人，皆離席奉觴，自旦及暮，飲三百餘杯，而溫克終日無怠。」《南史》〈陳暄傳〉：「與兄子秀書曰：『昔周伯仁度江唯三日醒，吾不以爲少；鄭康成一飲三百杯，吾不以爲多。』」
㊸《孔叢子》〈儒服〉篇：「平原君與子高飲，強子高酒，曰：『昔有遺諺：「堯、舜千鍾，孔子百觚，子路嗑嗑，尚飲十榼。」古之聖賢，無不能飲也。』」《御覽》八四四引〈九州春秋〉：「曹公制酒禁，而孔融書嘲之曰：『……堯不先千鍾，無以成其聖。』」
㊹「陌」，原作「泊」，今據《古鈔本》、《三寶院本》、《長寬寫本》、《寶龜院本》校改。

冬　意

瓊梅落葉，玉樹凋①柯。
冰開雁沼，凍結鴛河。

龍城風少，馬邑②寒多。
重帷艷錦，復帳珠羅。
雲凝五岫，霧結三河③。
宮商韻動，律呂調和。奏④樂
方筵趙舞，曲宴韓娥。妓女
佯嗔怨少，笑語嬌多。夜伎⑤
花仙妙舞，月燭清歌。
千門涉獵，萬戶經過。
持觴隱亞⑥，促酒嵬峨。飲
松蹊萬仞，石水千過。山行
馳輿響轄，蹀馬聲珂⑦。
盧龍惆悵，碣⑧石呼嗟。從戎
蒙憐是笑，得寵由歌。美人
三危怨少，九折悲多。
龍泉乍拭，巨闕新磨。劍騎
枯藤望郁，落樹希榮。
寒雲夜斂，苦霧朝驚。

燕風蕭蕭⑨，岱霧⑩縱橫。

寒朝促日，冷夜延⑪更。

寒雲寒暗，寒夜寒明。

臨池月出，照日花生。明金

才非郭太⑫，智謝荀卿。謙意

遊燕獨步，入洛孤行。

眉間柳翠，頰上花生。

徑中遙見，路上逢迎。美人

西施越第，褒姒周京。貴人

胡笳切響，塞⑬笛哀鳴。從戎

征雲乍舉，陳⑭火初驚。從戎

愁雲夕起，苦霧朝興。

羊腸叵越，鹿徑難行。從戎

金壺獸炭⑮，玉頂⑯龍鐺。

龍門日慘，兔苑風酸⑰。

龍門水凍，兔苑幡⑱凝。

園含白雪，池結清冰⑲。

寒朝巨度，寒夜難勝。
雲含十嶺，日照九層。
埋蹤五命，匿響三徵⑳。隱士
平原宋鵲㉑，上苑梁鷹㉒。田家
悲看花燭，泣望蘭燈。閨怨
當㉓年婿寵，今日夫憎。棄妾
金山忽倒，玉嶺㉔翻崩。傷逝㉕
巫山忽倒，玉岫翻崩。傷逝㉖
悲逢郭太㉗，愧見孫登㉘。過德
松間霧起，柏上雲騰。
妍無常闕㉙，笑罷金陵㉚，傷逝㉛
林玄霧映，樹白雲飛。
寒鴻寒嘯，寒雁寒吟㉜。
玄風振野，白霧張林。
重帷雪入，復幔霜侵。
雕薪鏤火，鳳㉝幕鴛衾。
車經巇嶮，馬度嶔崟。山行

笙抽鳳響㉞，笛發龍吟㉟。歡樂

蒲桃我酌，竹葉君斟。樂飲㊱

從時散誕，與日浮沉。逸心㊲

懷金㊳鵲起㊴，蘊玉㊵龍潛㊶。隱士

君爲柏意，妾作松心。附意。

綢繆稱昔，態㊷摘云今。棄奴

傾看劉酳㊸，舞拍陶琴。

松長少日㊹，淍曲多陰。山行

【註】

①「淍」，《古鈔本》作「淍」，俗別字。

②「邑」，原作「色」，今據《古鈔本》、《三寶院本》、《無點本》校改。

③「河」，《古鈔本》、《寶龜院本》作「阿」。

④「秦」，原作「藝」，今據《古鈔本》、《三寶院本》、《寶龜院本》校改。

⑤「伎」，《三寶院本》、《寶龜院本》作「妓」。

⑥《箋》云：「隱亞，密相依也。《爾雅》『隱亞』注，劉熙曰：『一人取姊，一人取妹相次也。』《詩》〈小雅〉：『瑣瑣姻亞。』」

⑦「珂」，原作「河」，今據《古鈔本》、《三寶院本》、《長寬寫本》、《寶龜院本》校改。

⑧「碣」，原作「竭」，《箋本》校云：「當作『碣』。」今從之。曹操〈碣石〉篇：「雲行雨步，超越九江之皋，臨觀異同，心意懷遊豫，不知當復何從，經過至我碣石，心惆悵我東海。（已上艷）東臨碣石，以觀滄海云云。（已上《觀滄海》）」即此文所本。又疑「呼嗟」當作「吁嗟」，即「惆悵」之意也。

⑨《史記》〈刺客列傳〉：「荊軻：又前而爲歌曰：『風蕭蕭兮易水寒，壯士一去兮不復還。』」

⑩《箋》曰：「曹操〈飛龍〉篇曰：『晨遊泰山，雲霧窈窕。』」

⑪「延」，原作「廷」，今據《三寶院本》、《無點本》校改。

⑫「太」，原作「大」，今從《無點本》、《長寬寫本》作「泰」。

⑬「塞」，原作「寒」，今據《三寶院本》、《寶龜院本》校改。

⑭「陳」，俗作「陣」。

⑮「炭」，原作「火」，今據《古鈔本》、《無點本》、《長寬寫本》校改。《晉書》〈外戚傳〉：「羊琇……性豪侈，費用無復齊限，而屑炭和作獸形以温酒，洛下豪貴，咸竟效之。」駱賓王〈冬日宴〉詩：「當壚獸炭然。」

⑯「頂」，疑「鼎」聲近之誤。

⑰「酸」，原作「暖」，今據《古鈔本》、《三寶院本》、《寶龜院本》校改。魏《巫山高曲》：「越度隴塞路漫漫，北逾岡平，但聞悲風正酸。」

⑱「幡」，原作「翻」，今改正。
⑲「冰」，原作「水」，今據《三寶院本》、《觀智院本》校改。
⑳《後漢書》〈儒林．楊倫傳〉：「倫前後三徵，皆以直諫不合。」又〈方術．董扶傳〉：「公車三徵，再舉賢良方正、博士有道，皆稱病不就。」
㉑《禮記》〈少儀〉：「乃問犬名。」注：「謂若韓盧、宋鵲。」《正義》：「魏文帝說諸方物亦云：『狗於古則韓盧、宋鵲。』」
㉒「鷹」，原作「雁」，今據《三寶院本》、《寶龜院本》、《觀智院本》校改。
㉓「當」，《古鈔本》、《三寶院本》、《寶龜院本》作「常」。
㉔《世說新語》〈容止〉篇：「山公曰：『嵇叔夜之爲人也，巖巖若孤松之獨立，其醉也，傀俄若玉山之將崩。』」
㉕「逝」，原作「遊」，今改。
㉖「逝」，原作「遊」，今改。又案：此二句即上聯「金山忽倒，玉嶺翻崩」之訛衍，「巫山」亦「金山」之誤，巫山無義。
㉗「太」，原作「火」，《古鈔本》作「大」，《正智院本》作「泰」，今據改。
㉘「登」，原作「燈」，今據《長寬寫本》校改。
㉙此句有訛誤。
㉚「陵」，原作「凌」，今據《古鈔本》、《無點本》、《寶龜院本》校改。

㉛「逝」，原作「遊」，今改。

㉜「吟」，原作「叫」，今據《古鈔本》、《三寶院本》、《長寬寫本》、《寶龜院本》校改。

㉝「鳳」，原作「風」，今據《古鈔本》、《三寶院本》校改。

㉞「笙抽鳳響」，原作「笛抽風響」，今據《古鈔本》、《無點本》、《長寬寫本》、《正智院本》、《寶龜院本》校改。《列仙傳》：「王子晉者，周靈王太子晉也，好吹笙，作鳳皇鳴，遊伊、洛之間，道士浮丘公接以上嵩高山。三十餘年後，求之於山上，見桓良曰：『告我家，七月七日待我於緱氏山巔。』至時，果乘白鶴駐山頭，舉手謝時人，數日而去。」

㉟《文選》十八馬季長〈長笛賦〉：「近世雙笛從羌起，羌人伐竹未及已，龍鳴水中不見己，截竹吹之聲相似。」張銑注：「羌，西戎也。起，謂首作也。其人伐竹，未畢之間，有龍鳴水中，不見其身，羌人旋即截竹吹之，聲與龍相似也。」

㊱「樂飲」，《寶龜院本》作「歡飲」。案：此聯與《秋意》「蒲桃我酌，竹葉君傾」重覆，彼文小注亦作「樂飲」二字。

㊲「心」，《古鈔本》、《三寶院本》、《無點本》作「如」。

㊳《楊子法言》〈學行〉篇：「或問：『使我紆朱懷金，其樂不可量也？』」李軌注：「朱，朱紱也。金，金印也。」

㊴《藝文類聚》八八、又九二、《文選》謝玄暉〈和伏武昌登孫權故城詩注〉、又陸士衡〈贈馮文熊詩注〉、《御覽》九二一、《困學紀聞》一〇引《莊子》：「鵲上高城之垝，而巢於高榆之顛，城

壞巢折，陵風而起。故君子之居世也，得時則蟻行，失時則鵲起也。」本文「鵲起」義本此，舊誤作「鴿起」，今改。前《夏意》「別鴿」誤爲「別鵲」，亦其比也。

㊵《論語》〈子罕〉篇：「子貢曰：『有美玉於斯，韞櫝而藏諸？求善賈而沽諸？』子曰『我待賈者也。』」韞、蘊古通。

㊶陸雲《榮啟期贊》：「邈矣先生，如龍之潛，夷明攸察，滅跡在陰。」

㊷「態」，疑當作「指」。

㊸「酳」，原作「胥」，《箋》曰：「『劉胥』恐『劉酳』歟？酳，酒也。劉伶嗜酒。」案：《箋》說是，今從之。

㊹「少日」，原作「日少」，今乙正。

山意

嶔崟嵑巖①，㠥嵔②嵯峨。
春禽嘲哳，夏鳥嘍囉③。
林高日少，樹密風多。
青春鳥哢，朱夏禽歌。
人呼嶺應，馬叫山和。

浮丘涉獵，王晉經過④。
時稱鳳⑤穴，亦謂龍窠。
開雲若錦，引霧如羅。
能流萬水，巧納千河。
朝聞海嘯，夜聽禽歌。
黃熊西麓，白虎東阿⑥。
望之郁郁，盼⑦之峨峨。
湧川開瀆，納海呑河。
唐蒙⑧附柏，松挂⑨女蘿。
嶄岩岞峉⑩，嶜嵂崆峒。
腰前萬柏⑪，帶後千松。⑫
齊君憫默⑬，鄭后咨嗟。
千尋嶒⑭嶠，萬仞嵯峨。
或藏棲鳳，或隱遊龍。
魚鱗百疊，鳥翅千重⑮。
猿啼北岫，雉雊南峰。
招河引濟，納海呑江。

時逢赤子，數值黃公⑯。
飛簾⑰出岫，屏翳⑱升峰。
豐隆南北，列缺西東。
春林照灼，夏卉青葱。
凌明⑲巧更，負局⑳遊蹤。
陽抽雪白，陰放花紅。
玄犀競入，白虎爭居。
黃熊東越，赤豹西逾。
狌狌㉑殞命，狒狒㉒殘軀。
岩棲六駮㉓，岫隱騶虞。
時看麋鹿，乍見騊駼㉔。
猿公騰跳，獋子㉕趑趄。
文麟㉖重踏，巨象踟躕。
神能致雨，湧氣成㉗朱。
舒陽鸒㉘絶，奮足騰虛。
歌鸞棲蔭，舞鳳陽居。
王㉙睢頡頏㉚，鳩鵲翺翔。

鷄鶋寶艶㉛，翡翠花光。
山鷄或隱，澤雉翻藏。
孤鴻拂岫，旅㉜雁遊崗。
四文成體㉝，五德爲章㉞。
聞弓睒眼，見彈侏張。孤雁㉟。
能依寒暑，善逐陰陽。
銜蘆意迫㊱，刷羽㊲神惶。
遊燕爲侶，出塞成行。

【註】

①「崟」，原作「岑」，今據《古鈔本》、《三寶院本》、《長寬寫本》、《寶龜院本》校改。「岸」，原作「岸」，今據《古鈔本》旁注校改。

②「嵲峎」，原作「巊嵲」，今據《古鈔本》、《三寶院本》、《長寬寫本》、《寶龜院本》校改。

③《敦煌掇瑣》四〈燕子賦〉：「燕子實難及，能語復嘍羅。」嘍羅，即嘍囉；夏鳥即謂燕子也。用法與此正同。《北史》〈王昕傳〉：「嘗有鮮卑聚語，崔昂戲謂昕曰：『頗解此否？』昕曰：『樓羅樓羅，實自難解。』《南史》〈隱逸顧歡傳〉：「蹲夷之儀，婁羅之辯。」《廣韻》〈七歌〉囉字注云：「嘍囉也，亦小兒語也。」然則嘍囉者，六朝唐人習用爲難解之語之義耳。

④「王」，原作「玉」，今據《古鈔本》、《三寶院本》、《無點本》校改；「經」，原作「倒」，今據《古鈔本》、《三寶院本》、《長寬寫本》校改。

⑤「鳳」，原作「風」，今據《古鈔本》、《三寶院本》、《無點本》、《寶龜院本》校改。

⑥「阿」，原作「河」，今據《古鈔本》、《長寬寫本》校改。

⑦「盼」，當作「眄」。

⑧《爾雅》〈釋草〉：「唐蒙，女羅；女羅，菟絲。」《疏》云：「一物三名。」

⑨「挂」，原作「桂」，今據《古鈔本》校改。

⑩《文選》四張平子〈南都賦〉：「岝峉㠑嵬。」李善注：「《埤蒼》曰：『岝峉，山不齊也。』」

⑪「柏」，原作「劫」，《觀智院本》作「卻」，今據《古鈔本》、《三寶院本》校改。

⑫「帶後千松」已上四句，《箋本》移在「萬仞嵯峨」之後，蓋誤植也。

⑬「憫」，原作「惘」，今據《古鈔本》、《無點本》、《寶龜院本》校改，上文《春意》：「良人憫默。」下文《雪意》：「燕人憫默。」俱作「憫默」。

⑭「嶒」，原作「嶗」，今據《古鈔本》、《長寬寫本》校改。

⑮「重」，原誤「里」，今據《正智院本》校改，「重」字協韻。

⑯赤子，蓋謂赤松子，黃公，蓋謂黃石公。

⑰周校云：「『簾』，當作『廉』。」

⑱《文選》十九曹子建〈洛神賦〉：「屏翳收風。」李善注：「王逸《楚辭注》曰：『屏翳，雨師

名。』虞喜《志林》曰：『韋昭云：「屏翳，雷師。」喜云雨師。』然說屏翳者雖多，並無明據。曹植《詰洛文》曰：『河伯典澤，屏翳司風。』植既皆爲風師，不可引他說以非之。」

⑲凌明，蓋謂陵陽子明，《文選》二十一郭景純〈遊仙〉詩：「陵陽挹丹溜。」李善注：「《列仙傳》曰：『陵陽子明者，銍鄉人也，好釣魚，於涎溪釣得白魚，腸中有書，教子明服食之法，子明遂上黃山，採玉石脂服之，三年，龍來迎去。』」

⑳《箋》曰：「《列仙傳》：『負局先生，負石磨鏡局，狥吳中街磨鏡，得一錢因磨之。』異本箋曰：『負局者，《唐文粹》有負局生。局，棋局也。』」

㉑《文選》四左太沖〈蜀都賦〉：「猩猩夜啼。」劉淵林注：「猩猩生交趾封溪，似猿，人面，能言語，夜聞其聲，如小兒啼。」「狌狌」即「猩猩」。《山海經》〈海內南經〉注：「『狌狌』或作『猩猩』，字同耳。」

㉒「狒狒」，原作「拂拂」，今據《古鈔本》、《三寶院本》、《無點本》、《長寬寫本》校改。《文選》五左太沖〈吳都賦〉：「猩猩啼而就禽，狒狒笑而被格。」劉淵林注：「《山海經》曰：『猩猩，豕身人面。』《異物志》曰：『出交趾，封溪有猩猩，夜聞其聲，如小兒啼也。』狒狒，梟羊也。……梟羊善食人，大口，其初得人，喜而笑，卻唇上覆，移時而後食之。人因爲筒，貫於臂上，待執人，人即抽手從筒中出，鑿其唇於頞，而得禽之。』張衡《玄圖》曰：『梟羊喜獲，先笑後愁。』」李善注：「狒，扶沸切。」呂向注：「猩猩獸性好酒，醉則不能去，乃啼爲人所擒也。狒狒獸食人，見人則執手而笑，乃食之，人因以筒致臂而與之，則執筒而笑，笑則唇上掩

其目，人則抽臂，以鑿綴其脣於頞而殺之。」按：《説文》〈内部〉：「𥝟周成王時，州靡國獻𥝟𥝟，人身反踵，自笑，笑即上脣弇其目。食人。北方謂之土螻。」《爾雅》曰：『𥝟𥝟，如人被髮，讀若費。一名梟陽。』從厹，象形。」按：今《爾雅》〈釋獸〉作「狒狒」，《周書》〈王會〉解作「費費」。郭璞《山海經圖贊》云：「狒狒怪獸，被髮操竹，見人則笑，脣蔽其目，終亦號咷，反爲我戮。」

㉓《詩經》〈秦風〉〈晨風〉：「隰有六駮。」《文選》五左太沖〈吳都賦〉：「䳗六駮。」劉淵林注：「《山海經》曰：『駮如馬，白身，黑尾，一角，鋸牙虎爪，音如鼓，能食虎也。』」

㉔《山海經》〈海外北經〉：「北海內有獸，其狀如馬，名曰騊駼。」按：《爾雅》〈釋獸〉郭注云：「其色青。」

㉕《文選》〈吳都賦〉：「其上則猿父哀吟，貚子長嘯。」劉淵林注：「《吳越春秋》曰：『越有處女，出於南林之中，越王使使聘問以劍戟之事。處女將北見於越王，道逢老翁，自稱素袁公，問處女：「吾聞子善爲劍術，願一觀之。」女曰：「妾不敢有所隱，唯公試之。」於是袁公即跳於林，竹槁折，墮地，處女即接末，袁公操本以刺處女，女應節入，三入，因舉枝擊之，袁公即飛上樹，化爲白猿。遂引去。』貚子，猿類，猿身人面，見人嘯。」李善注：「《山海經》曰：『獄法之山有獸，狀如犬，人面，見人則笑，名貚。』貚，胡奔切。」

㉖「麟」，原作「鱗」，今據《古鈔本》、《無點本》、《長寬寫本》校改。

㉗「成」，原作「城」，周校本引〈考文篇〉云：「『城』疑當作『成』。」今據改。「朱」亦疑當

作「珠」。

㉘「罄」，《正智院本》作「聲」。《長寬寫本》作「愍」，俱未可據。「陽」亦疑當作「暘」。

㉙「王」，原作「天」，今據《三寶院本》、《寶龜院本》、《觀智院本》校改。

㉚「頑」，原作「頊」，今據《無點本》、《寶龜院本》校改。

㉛「艷」，原作「體」，今據《古鈔本》、《三寶院本》、《無點本》、《長寬寫本》校改。

㉜「旅」，原作「張」，今據《長寬寫本》、《寶龜院本》、《觀智院本》校改。

㉝「四」，疑當作「三」，古文「四」作「亖」，「三」誤爲「亖」，此積畫之誤也。《御覽》九一五引〈帝王世紀〉：「黃帝服齊於中宮，坐於玄扈，洛上乃有大鳥，雞頭，燕喙，龜頸，龍形，麟翼，魚尾，其狀如鶴，體備五色，三文成字，首文曰順德，背文曰信義，膺文曰仁智。」即此文所本。

㉞《韓詩外傳》二：「田饒謂哀公曰：『君獨不見夫雞乎？首戴冠者，文也；足傅距者，武也；敵在前敢鬥者，勇也；得食相告，仁也；守夜不失時，信也。雞有此五德，君猶日瀹而食之者，何也？則以其所從來者近也。』」又見《新序》〈雜事〉五。

㉟「孤雁」兩字原缺，今據《古鈔本》、《三寶院本》、《寶龜院本》補。

㊱《淮南》〈脩務〉篇：「夫雁順風，以愛氣力，銜蘆而翔，以備矰弋。」高誘注：「未秀曰蘆，已秀曰葦。矰，矢；弋，繳。銜蘆，所以令繳不得截其翼也。」

㊲《文選》三〇沈休文〈和謝宣城〉詩：「刷羽汎清源。」李善注：「〈吳都賦〉曰：『刷蕩情

源。』《說文》曰：『刷，刮也。』」庾信〈鴛鴦賦〉：「浮波弄影，刷羽乘風。」

水意

朝①宗尾閭②，派別崑崙③。
千途浩浩，萬里渾渾。
聲淫宇宙，響震乾坤。
滉瀁霆激，浩汗雷奔。
清波瀄汩④，綠浦⑤潺湲。
泓澄沆瀁，澎湃漣漪。
蜃蛛⑥或滿，蚌水能虧。
雲從浪覆，日逐波欹。
青楊⑦映浦，綠竹生湄。
溝清沸瀆，含綠由瀦。
澄如碧玉，皎若琉璃。
朝看白獺，暮視玄龜。
三眸竟⑧出，六眼奔馳。

楚臣嗚⑨咽，舜婦含悲。
彈琴就岸，寫曲臨池。
湘妃遥曳⑩，洛女逶迤。
年來若此，歲去如玆。
鯤鱠鮫鰭，鱣鮪鱒魴。
鯸鮐比目，鮷鱧鯊鰭。
紫鱗素甲，春躍冬藏。⑪
朱頭活活，赭尾⑫洋洋。
聽琴⑬踴躍，逐餌低昂。
時逢豫子⑭，或值文王。
冠山⑮跳吼，呼舳⿰舟羽翔。
晴⑯如兔影，目似烏⑰光。

【註】

①「朝」，原作「潮」，今改。《尚書》〈禹貢〉：「江、漢朝宗於海。」即此文所本，作「潮」無義。

②《列子》〈湯問〉篇：「渤海之東，不知幾億萬里，有大壑焉，實惟無底之谷，其下無底，名曰歸

墟。」張湛注：「《莊子》云『尾閭』也。」

③《水經》〈河水注〉一引《徐幹》〈齊都賦〉：「川瀆則洪河洋洋，發源崑崙，九流分逝，北朝滄淵，驚波沛厲，浮沫揚奔。」

④「清波漸汩」，原作「汩波漸汩」，今據《古鈔本》、《三寶院本》、《無點本》、《長寬寫本》校改。《文選》十八嵇叔夜〈琴賦〉注：「漸汩，去疾貌。」

⑤沈約《釣竿》詩：「綠浦復回紆。」

⑥《箋》曰：「『蜃琳』或『蜃淋』歟？對『蜯水』故。」按：《淮南》〈天文〉篇：「方諸見月，則津而爲水。」高誘注：「方諸，陰燧，大蛤也。」疑「淋」亦「津」音近之誤。

⑦「楊」，原作「陽」，今據《古鈔本》、《三寶院本》、《長寬寫本》校改。

⑧「竟」，《正智院本》作「競」，二字古多混用；《三寶院本》作「竟」，即「競」之俗別字。器按：「三眸」，疑當作「三足」，《文選》十二郭景純〈江賦〉：「有鱉三足，有龜六眸。」李善注：「『山海經』曰：『三足鱉，歧尾。』《爾雅》曰：『鱉三足曰能。』郭璞曰：『今吳興郡陽羨縣，山上有池，池中出三足鱉，又有六眼龜。』」

⑨「嗚」，原作「鳴」，今據《古鈔本》校改。

⑩張華《遊仙詩》：「湘妃詠涉江。」摯虞〈思遊賦〉：「匪時運其焉行兮，乘大虛而遥曳。」駱賓王〈秋雁詩〉：「聯翩辭海曲，遥曳指江干。」後人多作「搖曳」。

⑪「藏」，原作「籠」，下注「藏」字。按：《古鈔本》、《三寶院本》、《無點本》作「藏」，今

據改正。

⑫《詩經》〈周南〉〈汝墳〉：「魴魚赬尾。」

⑬《荀子》〈勸學〉篇：「瓠巴鼓瑟，而流魚出聽。」《列子》〈湯問〉篇：「瓠巴鼓琴，而鳥舞魚躍。」

⑭《箋》曰：《嵇中散集》一《答二郭》曰：『豫子匿梁側。』」器按：嵇詩「豫子」，一本作「豫讓」，謂刺趙襄子事，恐非此文之義；疑此指豫且，豫且漁者也，見《史記》〈龜策列傳〉。下文「或值文王」，謂呂尚釣於渭濱遇文王也。此二句俱謂漁釣於水之事。

⑮《箋》曰：「《列子》曰：『渤海之中有大壑，其中有五山，巨鰲十五舉首而戴之，五山始峙而不動。』」案：所引《列子》，亦見〈湯問〉篇。

⑯「晴」，原作「精」，今據《古鈔本》、《無點本》、《長寬寫本》校改。《古鈔本》「兔影」旁注「月」字。

⑰「烏」，原作「鳥」，今據《古鈔本》、《三寶院本》、《無點本》校改。

雪意

光含秋月，麗若春霞。
飄飄天際，散漫欹斜。

從風玉礫，逐吹瓊砂①。
朝疑柳絮②，夜似梅花。
花生桂苑，粉落田家。
看鴻入苑③，望蝶歸花。
燕人憫默，漢使咨嗟。
同觀④瑞鳥，共眺仙車。
寒添薄帳，冷足單家⑤。
平原蕊落，上苑花開。
隨風宛轉，逐吹徘徊。
朝光玉殿，夜照瓊台。
歸林蝶去，入苑鴻來。
登弦曲美⑥，入調聲哀。
班婕扇至⑦，洛媛裙開⑧。
凝階似粉，凍水如梅。
花飛染⑨樹，蕊落遙天。
朝看玉扇，夜望瓊塵⑩。
依樓玉砌，入野銀田。

霏霏户際，皎皎檐前。
雰雰入水，沫沫登山。
還同碎玉，不異銀田。
先滋粟麥，亦表豐年。
芬芳入扇，婉約登弦。
林間皎潔，月下光鮮。

【註】

①「砂」，原作「沙」，今據《古鈔本》、《三寶院本》、《長寬寫本》、《寶龜院本》校改。

②《世說新語》〈言語〉篇：「謝太傅寒雪日內集，與兒女講論文義；俄而雪驟，公欣然曰：『白雪紛紛何所似？』兄子胡兒曰：『撒鹽空中差可擬。』兄女曰：『未若柳絮因風起。』公大笑樂。即公大兄無奕女、左將軍王凝之妻也。」

③「苑」，原作「花」，義不可通，今據《無點本》改正。按：下文亦云：「入苑鴻來。」

④「觀」，原作「視」，今據《古鈔本》、《三寶院本》、《無點本》校正。

⑤《三國志》〈魏書．王肅傳〉注：「薛夏字宣聲，天水人也。博學有才。天水舊有姜、閻、任、趙四姓，常推於郡中；而夏爲單家，不爲降屈。」又〈張既傳〉注引《魏略》：「既世單家，富爲人，有容儀，少小工書疏，爲郡門下小吏，而家富，自惟門寒，念無以自達。」又〈裴潛傳〉注引

《魏略》〈列傳〉：「嚴幹字公仲，李義字孝懿，皆馮翊東縣人也。馮翊東縣舊無冠族，故二人並單家。」又《蜀書》〈諸葛亮傳〉注引《魏略》：「徐庶，先名福，本單家子，少好任俠。」《晉書》〈蘇峻傳〉：「峻本以單家，聚眾於擁攘之間。」單家，猶言寒家，亦作單門，《南史》〈楊公則傳〉：「湘州單門，多以賂求職，公則皆斷之，所辟皆著姓。」單門，亦謂寒門也。

⑥《文選》十七陸士衡〈文賦〉云：「綴《下里》於《白雪》，吾亦濟夫所偉。」注：「宋玉《對楚王問》曰：『客有歌於郢中者，其始曰《下里》。』宋玉〈笛賦〉曰：『師曠爲《白雪》之曲。』《淮南子》曰：『師曠奏《白雪》，而神禽下降。』《白雪》，五十弦瑟樂曲名。《下里》，俗之謠歌。」

⑦班婕妤《怨詩》：「新裂齊紈素，鮮潔如霜雪，裁爲合歡扇，團團如明月。」

⑧《文選》十九曹子建〈洛神賦〉：「仿佛兮若輕雲之蔽月，飄颻兮若流風之回雪。」

⑨「染」，疑當作「遠」聲近之誤也。

⑩「塵」，疑當作「檐」，始與上下文韻協。

雨意

山雲靄靄，海氣濛濛。

投林亂鳥，入塞迷龍。
玉女之電①，美人之虹②。
夜瞻神女③，朝看海童④。
鷺崗住柏，鳳嶺傾松。
滂沱入海，瀺灂⑤歸江。
南堂草碧，北苑花紅。
朝瞻白馬，夕眺玄龍。
霞遊桂棟⑥，礎潤蘭房⑦。
林風窈窕，山石玄黃。
不殊京縣，還如洛陽。
淋⑧冷檀邑，霢霂金鄉⑨。
分遊洞澗，派入枯塘。
浮池汗汗⑩，覆沼湯湯⑪。
波中月動，水上雲蕩。
宵埋兔影，晝掩龍光。
田農獻疋，治粟⑫酬觴。
能除蜀忿，巧滅⑬齊遑⑭。

雲開斗上⑮，月度星孛⑯。
平原沛沛，下隰⑰湯湯。
蕃⑱人西怨，姬客⑲東傷。
青牛道絕，白馬雲行。
澆魚鳥吼⑳，樹液龍鷩㉑。
添桃葉淨，灌李花明。
波中月生，浪裡雲生。

【註】

①《御覽》十三引《神異傳》：「東王公與玉女投壺，誤而不接，天爲之笑，今電是也。」

②《御覽》十四引《異苑》：「古語有之曰：『古者，有夫妻，荒年菜食而死，俱化成青虹，故俗呼爲美人。』」

③《文選》十九宋玉〈高唐賦〉：「旦爲朝雲，暮爲行雨。」李善注：「朝雲、行雨，神女之美也。」

④《文選》五左太沖〈吳都賦〉：「江斐於是往來，海童於是宴語。」劉淵林注：「海童，海神童也。《吳歌曲》曰：『仙人齎持何等？前謁海童。』」李善注：「《神異經》曰：『西海有神童，乘白馬，出則天下大水。』」

⑤《文選》十九宋玉〈高唐賦〉：「巨石溺溺之瀺灂兮。」李善注：「瀺灂，石在水中出没之貌。《埤蒼》曰：『瀺灂，水流聲貌。』」

⑥《文選》十一王文考〈魯靈光殿賦〉：「皓壁暠曜以月照，丹柱歙赩而電烻。霞駮雲蔚，若陰若陽。」

⑦《淮南子》〈說林〉篇：「山雲蒸，柱礎潤。」

⑧「淋」，原作「霖」，今據《古鈔本》、《三寶院本》、《無點本》校改。

⑨「金鄉」，原作「全鄉」，今據《古鈔本》、《三寶院本》、《無點本》、《長寬寫本》校改。

⑩《文選》十二郭景純〈江賦〉：「汗汗沺沺。」李善注：「皆廣大無際之貌。」

⑪《文選》一班孟堅〈東都賦〉：「《辟雍詩》：『乃流辟雍，辟雍湯湯。』」李善注：「孔安國《尚書傳》曰：『湯湯，流貌。』」

⑫《史記》〈陳丞相世家〉：「問錢穀，責治粟內史。」

⑬「滅」，《三寶院本》、《無點本》、《寶龜院本》作「急」。

⑭「遑」，疑當作「惶」。

⑮《御覽》十引《天文要集》：「北斗之旁有氣，往往而黑，狀似禽獸，大如皮席，不出三日，必雨。」又曰：「北斗者，不欲雲覆之，黑雲覆之，大雨。」

⑯《詩經》〈小雅〉、〈漸漸之石〉：「月離於畢，俾滂沱矣。」

⑰「隰」，原作「濕」，今據《古鈔本》改。

⑱「蕃」，《古鈔本》、《三寶院本》作「番」。
⑲「客」，原作「容」，今據《古鈔本》、《三寶院本》、《長寬寫本》校改。
⑳「澆魚鳥吼」，句義不明。「魚」，原作「莫」，今據《古鈔本》、《無點本》、《長寬寫本》、《正智院本》改，又疑「莫」爲「漠」之誤也。
㉑「樹液龍驚」，句義不明，「樹液」或「注海」之誤歟？

風　意

遊江入漢，拂水摇台。
飄颻響竹，涉獵①鼓②梅。
從花宛轉，逐葉徘徊。
徑③窗燭滅④，入戶燈摧。
從弦逐管，合律⑤應灰⑥。
過林響切，入樹聲哀。
升台帳卷，入戶簾開。
歎⑦能叶舞，怨則林頽。
飄飄日去，颯颯時來。

無形無像，能重能輕。
冬涼白馬⑧，夏暖朱青⑨。
八方異號⑩，四序殊名⑪。
銅禽⑫已舉，石燕⑬翻零。
偏從暈月⑭，好逐箕星⑮。
颼飀馬叫，颲颶雷驚。
吹天西側，鼓地東傾。
能馳嘯馬，巧運飛車⑯。
指南指北，若有若無⑰。
傾林若實，倒薄⑱疑虛。
逢崖自卷，入野由⑲舒。
升沉烈烈⑳，上下徐徐。
經㉑過芍藥，參次芙蓉。
燈前舞鳥，燭下吟烏。

【註】

①《御覽》九引《周生烈子》：「夫獵蕙之風，不應八節。」《文選》十三宋玉〈風賦〉：「獵蕙

草，離秦衡。」李善注：「獵，歷也。」

②「敲」，原作「欹」，今據《古鈔本》、《無點本》、《寶龜院本》校改。

③周校本云：「『徑』，疑當作『經』。」

④「滅」，原作「減」，今據《古鈔本》、《長寬寫本》校改。

⑤《呂氏春秋》〈音律篇〉：「大聖至理之世，天地之氣合而生風，日至則月鍾其風以生十二律：仲冬日短至，則生黃鍾；季冬生大呂；孟春生太簇；仲春生夾鍾；季春生姑洗；孟夏生仲呂；仲夏日長至，則生蕤賓；季夏生林鍾，孟夏生夷則；仲秋生南呂；季秋生無射；孟冬生應鍾。天地之風氣正，則十二律定矣。」器案：《周禮》〈保章氏〉：「以十有二風，察天地之和命，乖別之妖祥。」注：「十有二辰，皆有風吹其律，以知和不。」即此之謂也。

⑥《淮南》〈覽冥〉篇：「畫隨灰而月運闕。」高誘注：「運讀連圍之圍也。運者，軍也，將有軍事相圍守，則月運出也。以蘆草灰隨牖下月光中令圜畫，缺其一面，則月運亦缺於上也。」

⑦「歎」，原作「難」，今據《古鈔本》、《長寬寫本》、《正智院本》、《寶龜院本》校改。

⑧「馬」，《古鈔本》、《三寶院本》作「黑」。

⑨「青」，疑當作「禽」。漢《鐃歌》十八曲有《朱鷺》。

⑩《御覽》九引《易緯》：「八節之風，謂之八風：立春條風至（東北風）；春分明庶風至（東方風）；立夏清明風至（東南方風）；夏至景風至（南方風）；立秋涼風至（西南方風）；秋分閶闔風至（西方風）；立冬不周風至（西北方風）；冬至廣莫風至（北方風）。」

⑪《爾雅》〈釋天〉：「南風謂之凱風，東風謂之谷風，北風謂之涼風，西風謂之泰風。」

⑫《御覽》九引《述征記》：「長安宮南靈台上有相風銅烏。或云，此烏遇千里風乃動。」

⑬《御覽》九引庾仲雍《湘州記》：「零陵山有石燕，遇風雨則飛，雨止還化爲石。」又四九引甄烈《湘州記》：「石形似燕，大小如一，山明雪淨，即翩翩飛翔。」又引羅含《湘中記》：「石燕在零陵縣，雷風則群飛翩翩然，其土人未有見者，今合藥或用。」杜綰《雲林石譜》中《零陵石燕》：「永州零陵出石燕，昔傳遇雨則飛。頃歲，余涉高岩，石上如燕形者頗多，因以筆識之；石爲烈日所暴，偶驟雨過，凡所識者，一一墜地。蓋寒熱相激，迸落不能飛爾。土人家有石版，其上多磊磈如燕形者。」

⑭王褒〈關山月〉詩：「天寒光轉白，風多暈欲生。」

⑮《尚書》〈洪範〉：「庶民惟星；星有好風，星有好雨。」孔《傳》：「星，民象，故眾民惟若星；箕星好風，畢星好雨，亦民所好。」

⑯《山海經》〈海外西經〉奇肱國，郭注：「其人善爲機巧，以取百禽；能作飛車，從風遠行。湯時，得之於豫州界中，既壞之，不以示人；後十年，西風至，復作遣之。」

⑰《西京雜記》下〈董仲舒天象〉：「董仲舒曰：『陰陽二氣之初蒸也，若有若無，若實若虛，若方若圓，攢聚相和，其體稍重，故雨乘虛而墜。風多則合速，故雨大而疏；風少則合遲，故雨細而密。』」

⑱《文選》〈甘泉賦〉注：「草藂生曰薄。」

⑲「由」，《古鈔本》、《三寶院本》作「申」。

⑳「烈烈」，《古鈔本》、《三寶院本》、《寶龜院本》作「洌洌」。

㉑「經」，原作「遥」，今改。上文《冬意》：「萬户經過。」又《山意》：「王晉經過。」俱作「經過」，可證。

文鏡秘府論　東

金剛峰寺禪念沙門　遍照金剛　撰
江津　王利器　校注

論對①

或曰：文詞妍麗，良由對屬②之能；筆札③雄通，實④安施之巧。若言⑤不對，語必徒申；韻而不切⑥，煩詞枉費。元氏⑦云：「《易》曰：『水流濕，火就燥。⑧』『雲從龍，風從虎。⑨』《書》曰：『滿招損，謙受益。⑩』此皆聖作⑪切對⑫之例也⑬。況乎庸才凡調，而對而不求切哉！⑭」

【註】

①《顏氏家訓》〈文章〉篇：「今世音律諧靡，章句對偶，諱避精詳，賢於往昔多矣。」器案：南北朝時，文省駢儷，學者單以洽聞周見相高，於是論對之書出焉。如朱遠《語麗》、《語對》，徐僧權《編略》，杜公瞻《編珠》是也。

②「屬」原作「囑」，今改，《北卷》有《論對屬》，字正作「屬」。

③《箋》曰：「《文選》曰：『昉嘗以筆札見知。』善注：『陸機《表詣吳王》曰：「臣以筆札見知。」』」按：筆札見前《地卷》〈六志〉。

④「實」下，羅根澤云：「疑此下奪一字。」器按：疑脫「賴」字。

⑤「言」下，羅根澤云：「疑奪一『而』字。」周維德曰：「似爲『言若』二字倒置致誤。」器按：

原文不增不乙自可。

⑥《文心雕龍》《聲律》篇：「詩人綜韻，率多清切。」又：「切韻之動，勢若轉圜。」《文選》〈羽獵賦〉注：「切，近也。」

⑦當出元兢《腦髓》。

⑧《文言》文。

⑨《文言》文。

⑩《大禹謨》文。

⑪《箋》曰：「《唐文粹》三十六呂溫《人文化成論》曰：『有聖作則，實爲人文。』」器案：聖作，謂聖人之作，指上引《易》、《書》。楊炯《王勃集序》：「幽贊神明，非杼軸於人事；經營訓導，迺優遊於聖作。」

⑫《箋》曰：「切對，急切對偶也。」

⑬「也」，《古鈔本》無。

⑭「而」字重見，於文不順，當衍其一。

余覽沈、陸、王、元①等詩格式等，出沒不同。今棄其同者，撰其異者，都有二十九種對，具出如後。其賦體對者，合彼重字、雙聲、疊韻三類，與此一名；或疊韻、雙聲，各開一對，略之賦體；或以重字屬聯綿對。今者，開合俱舉，存彼三名②，後覽達人③，莫嫌煩冗。

【註】

①沈謂沈約，王謂王昌齡，元謂元兢，陸當謂陸厥，《南史》〈陸厥傳〉載厥與沈約書論四聲。

②三名，謂疊韻、雙聲及聯綿對也。

③《左傳》昭公七年：「聖人有明德者，若不當世，其後必有達人。」

二十九種對①

一曰，的名對；亦名正名對，亦名正對。二曰，隔句對；三曰，雙擬對；四曰，聯綿對；五曰，互成對；六曰，異類對；七曰，賦體對；八曰，雙聲對；九曰，疊韻對；十曰，回文對；十一曰，意對。

右十一種②，古人同出斯對③。

【註】

①《三寶院本》此下有「以下證本注也」六字。敦煌寫本《詩格》（斯·三〇一一）：「第一的名對，第二隔句對，第三雙擬對，第四聯綿對，第五牙（互）成對，第六名對，第七賦體對。」與此所列前七種全同。

②《無點本》無此行。

③傳魏文帝《詩格》：「八對：一曰正名，二曰隔句，三曰雙聲，四曰疊韻，五曰連綿，六曰異類，七曰回文，八曰雙擬。」李淑《詩苑類格》、梁橋《冰川詩式》九引上官儀曰：「詩有六對：一曰正名對，天地日月是也；二曰同類對，花葉草芽是也；三曰連珠對，蕭蕭赫赫是也；四曰雙聲對，黃槐綠柳是也；五曰疊韻對，彷徨放曠是也；六曰雙擬對，春樹秋池是也。」李淑《詩苑類格》見

《類說》五一、《詩人玉屑》七、《小學紺珠》四引。皎然《詩議》：「詩對有六格：一曰的名，二曰雙擬，三曰隔句，四曰聯綿，五曰互成，六曰類對體。」案：敦煌寫本《詩格》（「斯」字三〇一一號）：「第一的名對，第二隔句對，第三雙擬對，第四聯綿對，第五牙（互）成對，第六異名對，第七賦體對。」與此二十九種對之前七種對全同，惜爲殘文耳。

十二曰，平對；十三曰，奇對；十四曰，同對；十五曰，字對；十六曰，聲對；十七曰，側對。

右六種對①，出元兢《髓腦》②。

【註】

①《無點本》無此行。

②《日本見在書目錄》：「《詩髓腦》一卷，《注詩髓腦》一卷。」俱不著撰人。

十八曰，鄰近對；十九曰，交絡對；廿曰，當句對；廿一曰，含境對；廿二曰，背體對；廿三曰，偏對；廿四曰，雙虛實對；廿五曰，假對。

右八種對，出皎公《詩議》①。

【註】

①皎然《詩議》：「詩有八種對：一曰鄰近，二曰交絡，三曰當句，四曰含境，五曰背體，六曰偏對，七曰假對，八曰雙虛實對。」案：七、八兩種對，與本書互乙。

廿六曰，切側對；廿七曰，雙聲側對；廿八曰，疊韻側對。

右三種，出崔氏《唐朝新定詩格》①。

【註】

①李嶠《評詩格》：「詩有九對：一曰切對，二曰切側對，三曰字對，四曰字側對，五曰聲對，六曰雙聲對，七曰側雙聲對，八曰疊韻對，九曰疊韻側對。」

廿①九曰，總不對對②。

【註】

①「廿」原作「二十」，今據《古鈔本》校改，取與上文一致耳。

②傳魏文帝《詩格》雜例有俱不對例。

第一，的名對。又名正名對，又名正對①，又名切對②。

的名對者，正也③。凡作文章，正正相對。上句安天，下句安地；上句安山；下句安谷；上句安東，下句安西；上句安南，下句安北；上句安正，下句安斜；上句安遠，下句安近；上句安傾，下句安正；如此④之類，名爲的名對。初學作文章，須作此對，然後學餘對也。

或曰：天、地，日、月⑤，好、惡，去、來，輕、重，浮、沈，長、短，進、退，方、圓，大、小，明、暗，老、少，凶、儜，俯、仰，壯、弱，往、還，清、濁，南、北，東、西、如此之類，名正對⑥。

詩曰⑦：「東圃青梅發，西園綠草開；砌下花徐去，階前絮緩來。⑧」

釋曰：上二句中：「東」「西」是其對，「園」「圃」是其對，「青」「綠」是其對，「梅」「草」是其對，「開」「發」是其對。下二句中：「階」「砌」是其對，「前」「下」是其對，「花」「絮」是其對，「徐」「緩」是其對，「來」「去」是其對。如此之對類，名爲的名對⑨。

又曰⑩：「手披黃卷盡，目送白雲征⑪。玉霜摧草色，金風斷雁聲。片雲愁近戍，半月隱遙城。」

釋曰：上有「手披」，下有「目送」，上「黃」下「白」，上「玉」下「金」：故曰的名對。

又曰：「雲光鬢裡薄，月影扇中新；年華與妝⑫面，共作一芳春。⑬」

釋曰：上有「雲光」，下有「月影」，落句雖無對，但結成上意而已。自餘詩皆放⑭此最爲上。

又曰：「送酒東南去，迎琴西北來。⑮」

釋曰：「迎」「送」詞翻，「去」「來」義背，下言「西北」，上說「東南」：故曰正名也。

又曰：「鮮光葉上動，艷彩花中出；疏桐映蘭閣，密柳蓋荷池。⑯」

釋曰：持「艷」偶「鮮」，用「光」匹「彩」，「疏桐」「密柳」之相酬：故受的名⑰。

又曰：「日月光天德，山河壯帝居。⑱」

有虛名實名，上對實名也⑲。

又曰：「恒斂千金笑，長垂雙玉啼。⑳」

元兢曰：「正對者，若『堯年』、『舜日』㉑。堯、舜皆古之聖君㉒，名相敵，此爲正對。若上句用聖君，下句用賢臣；上句用鳳，下句還用鸞：皆爲正對也。如上句用松桂，下句用蓬蒿；松桂是善木，蓬蒿是惡草：此非正對也。㉓」

【註】

①《文心雕龍》〈麗辭〉篇：「麗辭之體，凡有四種：言對爲易，事對爲難，反對爲優，正對爲劣。……正對者，事異義同者也。……張孟陽《七哀》云：『漢祖想枌榆，光武思白水。』此正對之類也。」

②李嶠《評詩格》：「詩有九對：一曰切對，謂家物切正不偏枯。」吳聿《觀林詩話》：「前輩作〈桃花菊〉詩雖多，而未有拔俗者。楊元素云：『清香舊已親陶令，紅艷新能惑阮郎。』張敏叔云：『但令陶令長爲主，莫遣靈芸錯認伊。』」然世復盛傳一聯云：「陶令歸來驚色變，劉郎去後笑開遲。」亦未爲勝。但『陶令歸來』，『劉郎去後』，乃切對也。

③《眼心鈔》無釋文，下並同。

④「此」原作「是」，《古鈔本》、《三寶院本》、《長寬寫本》、《寶龜院本》作「此」。按：下文俱作「如此之類」，今據改正。

⑤此上官儀說也，已見前引。

⑥「名正對」，《三寶院本》作「名正名對」。

⑦「詩曰」二字，《眼心鈔》無，下並同。

⑧傳魏文帝《詩格》：「八對：正名一，《古詩》：『東圃青梅發，西園綠草開；砌下花徐去，階前絮緩來。』」

⑨「如此之對類，名爲的名對」，《三寶院本》作「如此之對爲的名對」。

⑩「又曰」，《眼心鈔》作「又」，下並同。

⑪「征」原作「往」，《古鈔本》、《三寶院本》、《無點本》、《寶龜院本》作「征」，今據改正。皎然《詩式》：「偷勢詩例，如王昌齡《獨遊》詩：『手攜雙鯉魚，目送千里雁；悟彼飛有適，嗟此罹憂患。』取嵇康《送秀才入軍》詩：『目送歸鴻，手揮五弦，俯仰自得，遊心太玄。』」按：此詩之「手披」「目送」，亦《詩式》所謂偷勢也。

⑫「妝」原作「壯」，今據李百藥原詩改。

⑬李百藥《戲贈潘徐城門迎兩新婦》：「秦、晉稱舊匹，潘、徐有世親。三星宿已會，四德婉而嬪。雲光鬢裡薄，月影扇中新；年華與妝面，共作一芳春。」

⑭「放」原作「效」，《古鈔本》、《三寶院本》、《無點本》作「放」，今據改正。

⑮《類說》五一、《詩人玉屑》七、《小學紺珠》四引《詩苑類格》：「上官儀曰：『詩有八對：一曰的名對，送酒東南去，迎琴西北來是也。』」《冰川詩式》九同。

⑯梁元帝《藩難未靜述懷》：「樓前飄密柳，井上落疏桐。」以「密柳」、「疏桐」相酬，亦其例也。

⑰《箋》曰：「『的名』者，恐下脱『名』字歟？應『受的名名』也。」

⑱《詩議》：「詩對有六格：一曰的名對，詩曰：『日月光天德，山河壯帝居。』」按《南史》〈陳後主記〉：「後主從隋文帝東巡，登芒山，賦詩云：『日月光天德，山河壯帝居。』」又見《文苑英華》一六九。

⑲「有虛名實名」二句，《眼心鈔》作夾注。

⑩薛道衡《昔昔鹽》：「垂柳覆金堤，蘼蕪葉復齊，水溢芙蓉沼，花飛桃李蹊。採桑秦氏女，織錦竇家妻，關山別蕩子，風月守空閨，恒斂千金笑，長垂雙玉啼，盤龍隨鏡隱，彩鳳逐帷低，飛魂同夜鵲，倦寢憶晨雞，暗牖懸蛛網，空梁落燕泥。前年過代北，今歲往遼西，一去無消息，那能惜馬蹄。」器按：詩例下疑脫釋文「上對，虛名也。」一句五字，謂「啼」「笑」虛名也。

㉑梁《四時白紵歌》：「舜日堯年歡無極。」

㉒「堯舜皆古之聖君」，此下三十九字，《寶龜院本》作夾注。

㉓《觀林詩話》：「前輩作《桃花菊詩》，雖多而未見拔俗者。楊元素云：『清香舊已親陶令，紅艷新能惑阮郎。』張敏叔云：『但令陶令長爲主，莫遣靈芸錯認伊。』然世復盛傳一聯云：『陶令歸來驚色變，劉郎去後笑開遲。』亦未爲勝。但『陶令歸來』、『劉郎去後』乃切對也。」按：此雖以後證前，然說切對，至爲明確，故過而存之云。

第二，隔句對。

隔句對者，第一句與第三句對，第二句與第四句對：如此之類，名爲隔句對①。

詩曰：「昨夜越溪難，含悲赴上蘭②；今朝逾嶺易，抱③笑入長安。」

釋曰：第一句「昨夜」與第三句「今朝」對，「越溪」與「逾嶺」是對；第二句「含悲」與第四句「抱笑」是對，「上蘭」與「長安」對；並是事對，不是字對：如此之類，名爲隔句對。

又曰：「相思復相憶，夜夜淚沾衣；空悲亦空嘆，朝朝君未歸。④」

釋曰：兩「相」對於兩⑤「空」，隔以「沾衣」之句，「朝朝」偶於⑥「夜夜」，越以「空嘆」之言：從首至末，對屬間來，故名隔句對。

又曰：「月映茱萸錦⑦，艷起桃花頰；風發蒲桃繡，香生雲母帖。」又曰：「翠苑翠叢外，單蜂拾蕊歸；芳園芳樹里，雙燕歷花飛。」

釋曰：夫「艷起」對「香生」，隔以「映茱萸」之錦，「月錦」偶「風繡」，又間諸「生⑧雲母」之帖；其雙「芳」「燕」匹⑨兩「翠」「蜂」，「里」「外」盡間成，故云隔句。

又曰：「始見西南樓，纖纖如玉鉤；未映東北墀，娟娟似蛾眉。⑩」

【註】

①《苕溪漁隱叢話》前九：「律詩有扇對格，第一與第三句對，第二與第四句對。如杜少陵〈哭台州鄭司戶蘇少監〉詩云：『得罪台州去，時危棄碩儒；移官蓬閣後，穀貴歿潛夫。』東坡〈和鬱孤台〉詩云：『解後陪車馬，尋芳謝朓洲；淒涼望鄉國，得句仲宣樓。』又唐人絕句，亦用此格。如『去年花下留連飲，暖日夭桃鶯亂啼；今日江邊容易別，淡煙衰草馬頻嘶』之類是也。」《滄浪詩話》〈詩體〉：「有扇對，又謂之隔句對。如鄭都官『昔年共照松溪影，松折碑荒僧已無；今日還思錦城事，雪消花謝夢何如』是也。蓋以第一句對第三句，第二句對第四句。」《詩人玉屑》二〈論

詩體〉之扇對，與《滄浪詩話》說同。又唐庚《子西語錄》稱此格爲隔句對，《類說》五一引《續金針詩格》稱爲扇對格。所引鄭都官詩，見鄭谷《寄裴晤員外》。

②傳魏文帝《詩格》：「二曰隔句。《古詩》：『昨夜越溪難，含悲赴上蘭；今朝逾嶺易，抱笑入長安。』」按：《漢書》〈元后傳〉：「校獵上蘭。」師古曰：「上蘭，苑名，在上林中。」《文選》〈西都賦〉：「繞酆、鄗，歷上蘭。」李善注引《三輔黃圖》：「上林有上蘭觀。」

③「抱」，《古鈔本》作「拖」，下同。

④《類說》五一、《詩人玉屑》七引《詩苑類格》：「唐上官儀曰：『詩有八對：八曰隔句對，相思復相憶，夜夜淚沾衣；空嘆復空泣，朝朝君未歸』是也。」《冰川詩式》九說同。

⑤「兩」，《古鈔本》作「二」。

⑥「字」字原缺，今據《古鈔本》、《三寶院本》、《無點本》校補。

⑦吳均〈贈柳真陽〉詩：「朝衣茱萸錦，夜覆蒲萄巵。」又〈行路難〉：「茱萸錦衣玉作匣。」《御覽》八一五引陸翽〈鄴中記〉：「織錦署有大茱萸、小茱萸。」謂織錦之圖案也。

⑧「生」字原缺，今據上句文例補。

⑨「匹」，《古鈔本》、《無點本》作「亦」。

⑩《六臣注文選》卷三十鮑明遠〈玩月城西門廨（善作「解」）中〉：「始出（善作「見」）西南樓，纖纖如玉鈎；未映東北墀，娟娟似娥眉。娥眉蔽珠櫳，玉鈎隔瑣窗，三五二八時，千里與君同。夜移衡漢落，徘徊帷户中。歸華先委露，別葉早辭風。客遊厭苦辛，仕子倦飄塵，休澣自公

日，宴慰及私辰，蜀琴抽白雪，郢曲發陽春。肴乾酒未缺，金台啟夕淪，回軒駐輕蓋，留酌待情人。」李善曰：「《西京雜記》：『公孫乘〈月賦〉曰：「値圓岩而似鈎，蔽脩堞如分境。」』王逸《楚辭注》曰：『曲瓊，玉鈎也。』《説文》曰：『墀，塗地也。』《禮》：『天子赤墀。』〈上林賦〉曰：『長眉連娟。』《毛詩》曰：『螓首娥眉。』」呂向曰：「月初出於西南，纖纖然有似玉鈎；出於西南，固宜映東北階也。娟娟，明媚貌。此月初出光微也。蛾眉，婦人之眉也。」按：「未」，《鮑參軍集》作「末」。

第三，雙擬對。

雙擬對者，一句之中所論，假令第一字是「秋」，第三字亦是「秋」，二「秋」擬第二字；下句亦然：如此之類，名爲雙擬對。詩曰：「夏暑夏不衰，秋陰秋未歸①；炎至炎難卻，涼消涼易追。②」

釋曰：第一句中，兩「夏」字擬一「暑」字；第二句中，兩「秋」字擬一「陰」字；第三句中，兩「炎」字擬一「至」字；第四句③中，兩「涼」字擬一「消」字：如此之法，名爲雙擬對。

又云：「乍行乍理髮④，或笑或看衣。」又曰：「結萼結花初，飛嵐⑤飛葉始。」

釋曰：既雙「結」居初，亦兩「飛」帶末；宜書⑥宜時之句，可題可憐之論，準擬成對，故以名云。而又取⑦雙擬爲名。

又曰：「可聞不可見，能重復能輕。⑧」又曰：「議月眉欺⑨月，論花頰勝花。⑩」

釋曰：上陳二「月」，隔以「眉欺」；下說雙「花」，間⑪諸「頰勝」。文雖再讀，語必孤來；擬用雙文；故生斯號。

或曰：春樹春花，秋池秋日⑫；琴命清琴，酒追佳⑬酒；思君念君，千處萬處；如此之類，名曰⑭雙擬對。

【註】

①傳文帝《詩格》：「雙擬八，《古詩》：『夏暑夏復衰，秋陰秋未歸。』」

②兩「涼」字原作「冷」，旁校作「涼」。按：《古鈔本》、《三寶院本》、《無點本》作「涼」，釋文亦作「涼」，今據校改。

③「句」字原無，今據《古鈔本》、《三寶院本》、《長寬寫本》校補。

④「髮」，《眼心鈔》作「鬢」。

⑤「嵐」字無義，疑「風」之誤，「飛風」猶言「翻風」也。

⑥「書」原作「晝」，今據《古鈔本》、《三寶院本》、《無點本》校改。

⑦「取」原作「所」，形近致誤，《箋本》作「取」，今從之。

⑧《詩議》：「雙擬對，詩曰：『可聞不可見，能重復能輕。』」按：《文苑革華》一五六引何遜《詠風》：「可聞不可見，能重復能輕；鏡前飄落粉，琴上響餘聲。」《何記室集》二題作《詠

春風》。

⑨《遊仙窟》：「鬢欺蟬鬢非成鬢。」注：「欺，凌輕也。」

⑩《詩人玉屑》七：「上官儀曰：『詩有八對：六曰雙擬對，議月眉欺月，論花頰勝花是也。』」原注：「《詩苑類格》。」按：又見《類說》五一、《小學紺珠》四引，《冰川詩式》九同。

⑪「間」原作「襇」，誤增偏旁，「間諸」之「間」，猶上文「間來」、「間成」之「間」也，今據改正。

⑫《詩苑類格》（《類說》五一引）、《詩人玉屑》七：「上官儀曰：『詩有六對：六曰雙擬對，春樹秋池是也。』」

⑬「佳」，《古鈔本》作「桂」。

⑭「日」字，《古鈔本》無。

第四，聯綿對。

聯綿對者，不相絕也。一句之中，第二字、第三字是重字，即名爲聯綿對。但上句如此，下句亦然。詩曰：「看山山已峻，望水水仍①清；聽蟬蟬響急，思鄉鄉②別情。」

釋曰：一句之③中，第二字是「山」，第三字亦是「山」；餘句皆然：如此之類，名爲聯綿對。

又曰：「嫩④荷荷似頰，淺⑤河河似帶，初月月如眉。⑥」

釋曰：兩「荷」連續，放諸上句之中；雙「月」並陳，言之下句之腹：一文再讀，二字雙來，意涉連言，坐茲生號。

又曰：「煙離離萬代，雨絕⑦絕千年。」

釋曰：情起多端⑧，理曖昧難分，情參差迢述⑨；且⑩自無關賦體，實乃偏用開格。

又曰：「望日日已晚，懷人人不歸。⑪」又曰：「霏霏斂夕霧，赫赫吐晨曦；軒軒多秀氣，奕奕有光儀。」又曰：「視日日將晚，望雲雲漸積。」

或曰：朝朝，夜夜，灼灼，菁菁，赫赫⑫，輝輝，汪汪，落落，索索⑬，蕭蕭，穆穆，堂堂，巍巍，訶訶⑭：如此之類，名連⑮綿對。

【註】

①「仍」，《古鈔本》、《無點本》作「乃」。

②「鄉鄉」原作「卿卿」，旁校作「鄉二」。按：《古鈔本》、《長寬寫本》作「鄉鄉」，今據校正。

③「之」字原缺，今據《古鈔本》、《三寶院本》、《無點本》校補。

④「嫩」原作「嬾」，《箋》云：「『嬾』恐『嫩』歟？新荷詩多曰『嫩青』、『嫩莖』也。」按：《箋》說是，今據改正。

⑤「淺」，原校作「殘」，《古鈔本》、《三寶院本》、《無點本》作「殘」，《古鈔本》旁

校：「『淺』歟？」按：《詩人玉屑》、《冰川詩式》俱作「殘」。

⑥「如」原作「似」，今據《古鈔本》、《三寶院本》、《無點本》校改。《詩人玉屑》七引上官儀曰：「詩有八對：五曰聯綿對，殘河若帶，初月如眉是也。」原注：「《詩苑類格》。」按：又見《類說》五一引，《冰川詩式》九說同。

⑦《文選》三十一江文通《雜體詩》三十首〈潘黃門述哀〉：「雨絕無還雲，花落豈留英。」李善曰：「《鸚鵡賦》曰：『何今日之雨絕。』」劉良曰：「雨絕、花落，喻死而不還。」又四十四陳孔璋〈檄吳將校部曲文〉：「諸將校孫權婚親，皆我國家良寶利器，而並見驅迮，雨絕於天。」呂延濟曰：「雨絕，謂雨下於地，無還雲之期也。」器按：曹植《文帝誄》：「雲往雨絕。」傅玄《苦相篇豫章行》：「忽如雨絕雲。」郭璞《失題》詩：「一乖雨絕天。」義俱同。

⑧器按：此句上疑脫「理□□□」四字一句，於文始儷。

⑨器按：「述」疑「遰」之誤。

⑩《古鈔本》「且」下有「辭也」二字，又旁注「辭也」二字，是旁注誤入正文也。

⑪《詩議》：「聯綿對，詩曰：『望日日已晚，懷人人未歸。』」「不」作「未」，義較勝。

⑫《詩人玉屑》七、《小學紺珠》四引《詩苑類格》：「上官儀曰：『詩有六對：三曰連珠對，蕭蕭、赫赫是也。』」則「聯綿」又有「連珠」之名。

⑬「索索」，原作「素素」，今據《寶龜院本》校改。王昌齡《淇上酬薛據兼寄郭微》：「自從別京華，我心乃蕭索。」以「蕭索」連文，與此之以「索索」、「蕭蕭」重文並舉，其義一

也。《易》《震卦》：「上六，震索索。」《正義》：「索索，心不安之貌。」

⑭「訶訶」，疑當作「砢砢」，顧雲《天威行》：「轟轟砢砢雷車轉，霹靂一聲天地戰。」

⑮周維德曰：「『連』，宜據上文作『聯』。」按：此或因「聯綿」有「連珠」之名致誤。

第五，互①成對。

互成對者，天與地對，日與月對，麟與鳳對，金與銀對，台與殿對，樓與榭對。兩字若上下句安之②，名的名對；若兩字一處用之，是名互成對，言互相成也。詩曰：「天地心間靜，日月眼中明；麟鳳千年貴，金銀一代榮。」

釋曰：第一句之中，「天地」一處；第二句之③中，「日月」一處；第三句之中，「麟鳳」一處；第四句之中，「金銀」一處：不在兩處用之，名互成對。

又曰：「玉釵丹翠纏，象榻金銀鏤；青昳④丹碧度，輕霧歷檐飛。」

釋曰：「丹翠」自擬，「金銀」別對，各途布列，而互相成。「飛」「度」二言，並如斯例。

又曰：「歲時傷道路，親友念東西。⑤」

【註】

①「互」，《古鈔本》作「㸦」，俗別字。

②「之」字原無，今據下句例補。
③《古鈔本》、《三寶院本》無此以下三句之「之」字。
④「昳」原作「映」，《全集本》作「昳」，云：「『昳』原作『映』，依一本改。」按：《玉篇》〈日部〉：「昳，日。」「青昳」之説，義亦未安，疑當作「趺」，形近而誤。沈約《郊居賦》：「抽紅英於紫蔕，銜素芯於青跗。」「跗」通作「趺」。
⑤《詩議》：「互（原誤作「牙」）成對，詩曰：『歲時傷道路，親友在東西。』」

第六，異類對。

異類對者，上句安天，下句安山；上句安雲，下句安微①；上句安鳥，下句安花；上句安風，下句安樹；如此之類，名爲異類對。非是的名對，異同比類，故言異類對。但解如是②對，並是大才，籠羅天地，文章卓秀，才無擁③滯，不問多少，所作成篇，但如此對，益詩有功④。詩曰：「天清白雲外，山峻紫微中；鳥飛隨去影，花落逐搖風。⑤」

釋曰：上句安「天」，下句安「山」，「天」「山」非敵體，「白雲」「紫微」亦非敵體；第三句安「鳥」，第四句安「花」，「鳥」「花」非敵體，「去影」「搖風」亦非敵體；如此之類，名爲異類對。

又曰：「風織池間字，蟲穿葉上文。⑥」

釋曰：「風」「蟲」非類，而⑦附對是同；「池」「葉」殊流，而寄巧歸一。或雙聲以酬疊韻，或雙擬而對回文；別致同詞，故云異類。

又曰：「鯉躍排荷戲，燕舞拂泥飛；琴上丹花拂，酒側黃鸝度。」

釋曰：鳥飛魚躍，琴歌酒唱，事跡既異；至如鳥飛樹動，魚躍⑧水濺⑨，葉潤憑水而成文，枝搖托風而制語，諺赤鯉爲對，引⑩酒歌傍傳酒唱⑪，二各相無，故異類題目，空中起事。

又曰：「離堂思琴瑟，別路繞山川⑫。」

又如以「早朝」偶「故人」，非類是也⑬。

元氏曰：「異對者，若來禽、去獸，殘月、初霞。」此「來」與「去」，「初」與「殘」，其類不同，名爲異對。異對勝於同對。

【註】

①《古鈔本》、《三寶院本》、《長寬寫本》無「上句安雲，下句安微」八字。

②「是」，《古鈔本》、《三寶院本》、《長寬寫本》作「此」。

③「擁」當作「壅」。

④「功」，原作「巧」，《古鈔本》、《三寶院本》、《長寬寫本》作「功」，原本旁校亦作「功」，今據改正。

⑤傳魏文帝《詩格》：「異類六，《古詩》：『鳥飛隨去影，花落逐搖風。』」

⑥《類說》五一、《詩人玉屑》七引《詩苑類格》：「上官儀曰：『詩有八對：二曰異類對，風織池間樹，蟲穿草上文是也。』」《冰川詩式》九同。二文第一句俱作「風織池間樹」，此文「樹」作「字」，義勝，當據以改正。

⑦「而」字，《古鈔本》、《無點本》、《長寬寫本》無。

⑧「躍」，《古鈔本》、《三寶院本》、《長寬寫本》作「跳」。

⑨「濺」原作「淺」，無義，今改。李德裕《瀉灕》詩：「欲起搖荷蓋，閒飛濺水珠。」「濺」字用法正同。

⑩「引」，《古鈔本》、《長寬寫本》作「別」。

⑪器按：「諺赤鯉」以下十二字，文有訛脫，疑當作「紫燕以赤鯉爲對，丹花傍黃鸝傳唱」，「燕」與「諺」音近之誤，「丹」與「引」則形近之誤也。

⑫陳子昂〈春夜別友人〉：「銀燭吐青煙，金樽對綺筵。離堂思琴瑟，別路繞山川。明月隱高樹，長河沒曉天。悠悠洛陽道，（一作「去」。）此會在何年。」據《全唐詩》第二函第三冊《陳子昂卷》。

⑬《詩議》：「類對體，詩曰：『離堂思琴瑟，別路遶山川。』以『早朝』偶『故人』，非類爲類是也。」

第七，賦體對。

賦體對者，或句首重字，或句首疊韻，或句腹疊韻，或句首雙聲，或句腹雙聲：如此之類，名爲賦體對。似賦之形體，故名曰賦體對①。詩曰：

句首重字：「褭褭②樹驚風，䴡䴡雲蔽月。③」「皎皎夜蟬鳴④，朧朧曉光發。」

句腹重字：「漢月朝朝暗，胡風夜夜寒。⑤」

句尾重字：「月蔽雲䴡䴡，風驚樹褭褭。」

句首疊韻：「徘徊四顧望，悵悢獨心愁。⑥」

句腹疊韻：「君赴⑦燕然戍，妾坐逍遥樓。⑧」

句尾疊韻：「疏雲雨滴瀝，薄霧樹朦朧。⑨」

句首雙聲：「留連千里賓，獨待一年春。⑩」

句腹雙聲：「我陟崎嶇嶺，君行嶢确山。⑪」

句尾雙聲：「妾意逐行雲，君身入暮門。⑫」

釋曰：上句若有重字、雙聲、疊韻，下句亦然。上句偏安，下句不安，即爲犯病也。但依此對，名爲賦體對。

又曰：「團團月掛嶺，納納⑬露沾衣。」頭。「花承滴摘露⑭，風垂褭褭衣。」腹。「山風晚習習⑮，水浪夕淫淫⑯。」尾。

釋曰：《詩》⑰有鸞鳴噲噲⑱，鹿響幼幼⑲，萇楚婀娜之名⑳，澤陂菡萏之狀㉑，模朝隮而薈蔚㉒，寫荇菜而參差㉓，既正起重言，亦傍生疊字者。

【註】

①王昌齡《詩格》：「常用體十四：五賦體，謝靈運詩：『皎皎天月明，奕奕河宿爛。』此呈其秋懷之物，是賦體也。」按：今傳謝靈運作品無此詩。

②「裊裊」，「裊裊」俗別字。《六臣注文選》三十謝靈運〈擬魏太子鄴中集〉八首《平原侯植》：「白楊信裊裊。」注：「善作『裊裊』。善曰：『裊裊，風搖木貌。』翰曰：『裊裊，弱貌。』」

③器按：此二句，下文句尾重字作「月蔽雲曬曬、風驚樹裊裊」，則此蓋亦所謂假作之詩也。

④按：顏延之〈夏夜呈從兄散騎車長沙〉詩：「夜蟬當夏急。」王昌齡〈山中別龐十〉詩：「月出寒蟬鳴。」此詩言「夜蟬鳴」本此。

⑤梁簡文帝《明君詞》：「秋檐照漢月，愁帳入胡風。」此詩言「漢月」「胡風」本此。

⑥傳魏文帝《詩格》：「疊韻四，《古詩》：『徘徊四顧望，悵怏獨心愁。』此頭疊韻也。」

⑦「赴」原作「起」，今據《古鈔本》、《眼心鈔》校改。

⑧傳魏文帝《詩格》：「疊韻四，又《古詩》：『君赴燕然戍，妾守逍遙樓。』此腹疊韻也。」

⑨傳魏文帝《詩格》：「疊韻四，《古詩》：『疏雲雨滴瀝，薄霧樹朦朧。』此尾疊韻也。」

⑩傳魏文帝《詩格》：「雙聲三，《古詩》：『留連千里賓，獨待一年春。』此頭雙聲句也。」

⑪傳魏文帝《詩格》：「雙聲三，《古詩》：『我出崎嶇嶺，君行躑躅山。』此腹雙聲句也。」

⑫傳魏文帝《詩格》：「雙聲三，《古詩》：『野外風蕭索，雲裏日曨曚。』」《箋》曰：「『暮門』恐『墓門』歟？《寡婦賦》曰：『墓門兮肅肅。』《毛詩》曰：『墓門有棘。』」

⑬《箋》曰：「『納』疑當作『細』。」

⑭器按：「滴滴」疑「瀼瀼」之誤。《詩》〈鄭風〉〈野有蔓草〉、《小雅》〈蓼蕭〉俱曰：「零露瀼瀼。」

⑮《詩》〈小雅〉〈谷風〉：「習習谷風。」習習，和調貌。

⑯《文選》宋玉〈高唐賦〉：「洪波淫淫之溶潏。」李善注：「淫淫，去遠貌。」《楚辭》劉向《九嘆》：「河水淫淫，情所願兮。」王逸注：「淫淫，流貌。」

⑰「《詩》」字原無，據下文所舉，皆見《詩經》，應有此字，文義始順，今補。

⑱《詩》〈小雅〉〈庭燎〉、《魯頌》〈泮水〉俱有「鸞聲噦噦」之文，《釋文》俱云：「噦，呼會反。」蓋「噦」「噲」俱有會意，而《小雅》《斯干》又以「噲噲其正，噦噦其冥」連文，故誤「噦噦」爲「噲噲」歟！

⑲《詩》〈小雅〉〈鹿鳴〉：「呦呦鹿鳴。」《說文》〈口部〉：「呦或從欠作㰶。」《玉篇》〈口部〉：「呦亦作𣢭。」此文作「幼」，蓋即「㰶」或《𣢭》之訛舛。

⑳此句原作「往往處處婀娜之名」，「往往處處」四字，於此無義，當是「萇楚」二字之誤而衍爲重文者。蓋「萇楚」二字以音近誤爲「往處」，而「往處」二字，於此不詞，傳鈔者遂以臆重之爲「往往處處」也。《詩》〈檜風〉〈隰有萇楚〉：「猗儺其枝。」又：「猗儺其華。」又：「猗

儺其實。」毛《傳》：「猗儺，柔順也。」《釋文》：「猗，於可反；儺，乃可反。」《楚辭》〈九嘆〉王逸注：「《詩》」云：『旖旎其華。』一作『猗狔』。「猗儺」一作「旖旎」或「猗狔」，蓋《三家詩》異文。《文選》曹子建〈洛神賦〉：「華容婀娜。」李善注引張衡《七辯》：「婀娜宜顧。」《說文》〈女部〉無文，蓋後起字也。《文選》張衡〈南都賦〉：「阿那蓊茸。」《李善》注：「阿那，柔弱之貌。」「阿那」即「猗儺」，亦即「婀娜」或「旖旎」若「猗狔」，蓋皆錄其音，故字無定準也。據此，則「婀娜」即「猗儺」之異文，故知此書原文之「往往處處婀娜之名」，實即「萇楚猗儺之名」而訛衍者。蓋亦本《詩》爲說，與句頭「《詩》有」之說合，故知原文定當如是也。

㉑「陂」原作「波」，今據《古鈔本》、《長寬寫本》校改。《詩》〈陳風〉〈澤陂〉：「彼澤之陂，有蒲菡萏。」

㉒此句原作「摸潮濟而薈蔚」，今改。《詩》〈曹風〉〈候人〉：「薈兮蔚兮，南山朝隮。」「摸」改「模」，則據《古鈔本也》。

㉓《詩》〈周南〉〈關雎〉：「參差荇菜。」

第八，雙聲對①。

詩曰：「秋露香佳菊，春風馥麗蘭。②」

釋曰：「佳菊」雙聲，係之上語之尾；「麗蘭」疊韻③，陳諸下句之末。秋朝非無白露，春日自有清風，氣側音諧，反之不得。「好花」④「精酒」之徒，「妍月」「奇琴」之輩：如此之類，俱曰雙聲。

又曰：「䬆颮歲陰曉，皎潔寒流清；結交一顧重，然諾百金輕。⑤」又曰：「五章⑥紛冉弱，三冬粲陸離；悵望一途阻，參差百慮違。⑦」

釋曰：「䬆颮」「皎潔」，即是雙聲，得對疊韻⑧；「冉弱」「陸離」，即是⑨雙聲，自得成對。

又曰：「洲渚遞縈映⑩，樹石相因依。⑪」

或曰：⑫「奇琴」、「精酒」、「妍月」、「好花」，「素雪」⑬、「丹燈」⑭，「翻蜂」、「度蝶」，「黃槐」、「綠柳」⑮，「意憶」、「心思」，「對德」、「會賢」，「見君」、「接子」：如此之類，名雙聲對⑯。

【註】

①張表臣《珊瑚鉤詩話》三：「雙聲疊韻，狀連駢嬉戲之體。」

②《類說》五一、《詩人玉屑》七引《詩苑類格》：「上官儀曰：『詩有八對：三曰雙聲對，秋露香佳菊，春風馥麗蘭是也。』」《冰川詩式》九說同。

③《箋》曰：「『疊韻』二字，恐『雙聲』誤歟？」

④韓渥《丙寅二月二十二日撫州如歸館中有懷諸朝客》：「薄酒旋醒寒徹夜，好花虛謝雨藏春。」

⑤謝朓《和王主薄季哲怨情》：「生平一顧重，宿昔千金賤。」庾信〈詠懷二十七首〉：「一顧重尺璧，千金輕一言。」

⑥五章，五彩也。《尚書》〈皐陶謨〉：「天命有德，五服五章哉。」

⑦謝朓《酬王晉安》：「悵望一途阻，參差百慮休。」此文本此。疑「又曰」下所舉，本是兩詩，傳鈔者誤認爲一，而改「休」爲「違」，取與「離」協韻也。

⑧《箋》曰：「『疊韻』二字，恐『雙聲』歟？」

⑨「是」下原有「知」字，今據上句文例删訂。

⑩潘岳《閒居賦》：「環林縈映。」

⑪李嶠《評詩格》：「詩有九對：六曰雙聲對，詩曰：『洲渚近環映，樹石相因依。』」器按：謝靈運《石壁精舍還湖作》：「芰荷迭映蔚，蒲稗相因依。」文與此相類。

⑫「或曰」。《寶龜院本》旁注：「《筆札》云」。器按：下文第九疊韻對引「《筆札》云」一段，與此相類，疑《寶龜院本》是。

⑬曹植《朔風詩》：「今我旋止，素雪雲飛。」張華《遊獵篇》：「玄雲晻靆合，素雪紛連翩。」

⑭「丹燈」疑「丹磴」之誤。鮑照《登黃鶴磯》：「三崖隱丹磴，九派引滄流。」

⑮《詩人玉屑》七、《小學紺珠》四引《詩苑類格》：「上官儀曰：『詩有六對：四曰雙聲對，黃槐、綠柳是也。』」

⑯《紺珠集》九引《古今詩話》：「『幾家村草裡，吹笛隔江聲。』謂之雙聲。」《夢溪筆談》十

五：「『幾家村草裡，吹唱隔江聞。』『幾家』『村草』與『吹唱』『隔江』皆雙聲。」陸龜蒙《唐甫里先生文集》十三〈雙聲〉〈溪上思〉：「溪空唯密雲，木密不隕雨。迎漁隱映間，安問謳鴉觽。」

第九，疊韻對①。

詩曰：「放暢千般意，逍遙一個心②；漱流還枕石，步月復彈琴。」

釋曰：「放暢」雙聲③，陳之上句之初；「逍遙」疊韻，放諸下言之首。雙道二文，其音自疊；文生再字，韻必重來。「曠望」④、「徘徊」、「綢繆」、「眷戀」⑤，例同於此，何藉煩論。

又曰：「徘徊夜月滿，肅穆⑥曉風清；此時一樽酒，無君徒自盈。⑦」又曰：「郁律構丹巘，棱層起青嶂。⑧」「郁律」「棱層」是。

《筆札》云：「徘徊」、「窈窕」、「眷戀」、「彷徨」、「放暢」⑨、「心襟」、「逍遙」、「意氣」⑩、「優遊」、「陵勝」、「放曠」、「虛無」、「護⑪酌」、「思惟」、「須臾」：如此之類，名曰疊韻對⑫。

【註】

①皮日休《松陵集》〈雜體詩序〉：「梁武帝云：『後牖有朽柳。』沈約云：『偏眠船舷邊。』由是

疊韻興焉。」

②《類說》五一、《詩人玉屑》七引《詩苑類格》：「上官儀曰：『詩有八對：四曰疊韻對，放蕩千般意，遷延一介（《類說》作「個」）心是也。』」《冰川詩式》說同。器按：「一個」古通作「一介」，《尚書》〈秦誓〉：「如有一介臣。」《釋文》：「一介，耿介一心端愨也。字又作『个』。」按：《禮記》〈大學〉引《秦誓》作「一个」。「一個」即「一个」也。

③《箋》曰：「『雙聲』二字，恐『疊韻』誤歟？」

④謝朓《郡內高齋閒坐答呂法曹》：「結構何迢遰，曠望極高深。」高適《望北海》詩：「迢遞溟海際，曠望滄海開。」

⑤鮑照《與荀中書別》：「親交篤離愛，眷戀置酒終。」

⑥杜甫《別李義》：「蕭穆古制敦。」

⑦《寶龜院本》無此例詩四句二十字。

⑧《文選》二十二沈休文《鍾山詩應西陽王教》其二：「發地多奇嶺，干雲非一狀；合沓共隱天，參差互相望。郁律構丹巘，崚嶒起青嶂；勢隨九疑高，氣與三山壯。」李善注：「《西京賦》曰：『隱轔郁律。』《爾雅》曰：『山正，鄣。』巘，崿崖之別名。《爾雅》曰：『重巘，隒。』《魯靈光殿賦》曰：『崱繒綾而龍鱗。』」呂向注：「郁律，直上貌。山甑形曰巘。言構成此形。崚嶒，疊重貌。山橫曰嶂。」

⑨《詩人玉屑》七、《小學紺珠》四引《詩苑類格》：「上官儀曰：『詩有六對：五曰疊韻對，仿

徨、放曠是也。』」

⑩杜甫〈白馬〉詩：「可憐馬上郎，意氣今誰見。」

⑪《文選》十八馬季長〈長笛賦〉：「規摹彠矩。」李善注：「彠亦矱字，王逸《楚辭注》曰：『矱，度也。』」

⑫《紺珠集》引《古今詩話》：「『月影侵簪冷，江光逼履清。』謂之疊韻。」《夢溪筆談》十五：「『月影侵簪冷，江光逼履清。』『侵簪』『逼履』皆疊韻。」陸龜蒙《唐甫里先生文集》十三《疊韻》《山中吟》：「瓊英輕明生，石脈滴瀝碧。玄鉛仙偏憐，白幘客亦惜。」李重華《貞一齋詩說》：「匠門業師問余：『唐人作詩，何取於雙聲疊韻？能指出妙處否？』余曰：『以某所見，疊韻如兩玉相扣，取其鏗鏘；雙聲如貫珠相聯，取其宛轉。』業師嘆賞久之。」

第十，回文對①。

詩曰：「情親由得意，得意遂情親②；新情終會故，會故亦經新。③」

釋曰：雙「情」著於初、九，兩「親」繼於十、二；又顯頭「新」尾「故」，還標上下之「故」「新」：列字也④久；施文已周，回文更用，重申文義，因以名云。

【註】

①《類說》五十一引《樂府解題》：「回文詩，回復讀之，皆類而成文。」皮日休《松陵集》〈雜體

詩序〉：「晉温嶠有《回文虛言》詩云：『寧神靜泊，損有崇亡。』由是回文興焉。」《滄浪詩話》〈詩體〉六：「回文，起於竇滔之妻，織錦以寄其夫也。」（《晉書》〈列女傳〉：「竇滔妻蘇氏名蕙，字若蘭。滔被徙流沙，蘇氏思之，織錦爲〈回文璇璣圖詩〉以贈滔。宛轉循環以讀之，詞甚凄惋，凡八百四十字。」）《困學記聞》十八〈評詩〉：「《詩苑類格》謂：『回文出於竇滔妻所作。』《文心雕龍》謂：『回文所興，則道原爲始。』（〈明詩〉篇）又傅咸有〈回文反復詩〉，温嶠有〈回文詩〉，皆在竇妻前。」《冰川詩式》二：「回文詩，自晉温嶠始。或云：『起自竇滔妻蘇氏，於錦上織成文，順讀與倒讀皆成詩句。』今按：《織錦詩》體裁不一，其圖如璇璣，四言五言六言，橫讀斜讀皆成章，不但回文。」《陔餘叢考》二十三：「回文詩，世皆以爲始於蘇蕙，然劉勰謂『回文所興，道原爲始。』，則非起於蘇蕙矣。道原不知何姓何時人。按梅慶生注《文心雕龍》云：『宋有賀道慶作四言回文詩一首，計十二句，從尾至首，讀亦成韻，勰所謂道原或即道慶之訛也。』但道慶宋人，而蘇蕙苻秦人，則蕙仍在道慶前，而勰謂始自道原，意或當時南北朝分裂，蕙所作尚未傳播江南，而道慶在南朝實創此體，故以爲首耳。」

②傳魏文帝《詩格》：「回文七，《古詩》：『親情由得意，得意遂情親。』」《類説》五一、《詩人玉屑》七引《詩苑類格》：「上官儀曰：『詩有八對：七曰回文對，情新因得意，得意逐新情（《玉屑》作「情新因意得，意得逐情新」。）是也。』」范晞文《對床夜語》五：「『情新因意勝，意勝逐情新』，上官儀詩也。王駕有『雨前初見花間蕊，雨後全無葉底花，』脱胎工矣。人以爲此格自駕始，非也。或又謂爲荆公所作，亦非也。」《冰川詩式》九：「詩有八對：七曰回文

對，情新因得意，得意遂情新是也。」諸引文頗有出入，不能輒定也。

③此二句原作「新情終會二，故二亦經新」，今據《眼心鈔》校改。蓋古書連語重文，率於當字下以小二代之，如本卷第十七《側對》：「深二秘二之二」，即「深秘之，深秘之」南卷《論文意》：「意盡則肚二寬二則詩得」，即「意盡則肚寬，肚寬則詩得」，亦其比也。敦煌寫本、日本古鈔本書，如此類者，頗爲夥頤，不悉舉也。又按：鮑照《東門行》：「傷禽惡弦驚，倦客惡離聲；離聲斷客情，賓御皆涕零。涕零心斷絕，將去復還訣。」亦回文也。

④「也」，疑當作「已」。

第十一，意對①。

詩曰：「歲暮臨②空房，涼風起坐隅；寢興日已寒，白露生庭蕪。③」又曰：「上堂拜嘉慶，入室問何之；日暮行採歸，物色桑榆時。④」

釋曰：「歲暮」「涼風」，非是屬對；「寢興」「白露」，罕得相酬；事意相因，文理無爽：故曰意對耳⑤。

【註】

①傳魏文帝《詩格》：「勢對例五：意對三，陸士衡詩：『驚飆褰友信，歸雲難寄音。』《古詩》：『四顧何茫茫，東風搖百草。』」

②「臨」，原作「望」，《古鈔本》、《三寶院本》、《長寬寫本》作「臨」；按：《文選》正作「臨」，今據改正。

③《文選》二十一顏延年〈秋胡〉詩其四：「超遥行人遠，宛轉年運徂。良時爲此別，日月方向除。孰知寒暑積，僶俛見榮枯。歲暮臨空房，涼風起坐隅，寢興日已寒，白露生庭蕪。」李善注：「陸機《青青河畔草》詩曰：『空房來悲風。』《鵩鳥賦》曰：『止於坐隅。』《毛詩》曰：『言念君子，載寢載興。』宋玉《諷賦》曰：『主人女歌曰：「歲已暮兮日已寒。」』《爾雅》曰：『蕪，草也。』」

④同上其七：「高節難久淹，朅來空復辭。遲遲前途盡，依依造門基。上堂拜嘉慶，入室問何之。日暮行採歸，物色桑榆時。美人望昏至，慙嘆前相持。」李善注：「〈閒居賦〉曰：『太夫人在堂。』蘇亥〈織女詩〉曰：『時來嘉慶集。』室，妻之所居。《女史箴》曰：『正位居室。』《楚辭》曰：『浮雲兮容與，導余兮何之。』物色桑榆，言日晚也。《東觀漢記》：『光武曰：「日出之東隅，收之桑榆。」』」。呂向注：「見母，故云拜嘉慶。妻未還，所以問何之。」李周翰注：「妻自採桑而歸也。桑榆時，言日暮也。」敖器之《詩話》：「拜家慶。唐人與親別而復歸，謂之拜家慶。盧象詩：『上堂家慶畢，顧與親思邇。』孟浩然詩云：『明朝拜家慶，須著老萊衣。』」

⑤此句下，《寶龜院本》有「右十一種古人同出斯對」一句十字；《三寶院本》有「證本如此」四字小注。

第十二，平對。

平對者，若青山、綠水，此平常之對，故曰平對也。他皆效①此。

【註】

①「效」，原作「効」，今改，《古鈔本》、《三寶院本》、《寶龜院本》作「放」。

第十三，奇對①。

奇對者，若馬頰河、熊耳山；此「馬」「熊」是獸名，「頰」「耳」是形名，既非平常，是爲奇對②。他皆效③此。又如漆、沮④、四塞⑤，「漆」⑥與「四」是數名，又兩字各是雙聲對⑦。又如古人名，上句用曾參，下句用陳軫，「參」與「軫」者同是二十八宿名⑧。若此者，出奇而取對，故謂之奇對。他皆效⑨此。

【註】

①《詩人玉屑》七〈奇對〉：「對句法，人不過以事、以意、出處備具謂之妙。荊公曰：『平昔離愁寬帶眼，迄今歸思滿琴心。』又曰：『欲寄荒寒無善畫，賴傳悲壯有能琴。』不若東坡奇特。如曰：『見說騎鯨遊汗漫，亦曾捫虱話辛酸。』又曰：『龍驤萬斛不敢過，漁舟一葉從掀

舞。』以『鯨』爲『虱』對，『龍驤』爲『漁舟』對，大小氣焰之不等，其意若玩世，謂之秀傑之氣，終不可没。」

②庾信《任洛州酬薛文學見贈別》：「羊腸連九阪，熊耳對雙峰。」以「羊腸」對「熊耳」，亦是此例。

③「效」，原作「効」，今改，《古鈔本》、《三寶院本》、《寶龜院本》作「放」。

④《尚書》《禹貢》：「漆、沮既從。」此文《古鈔本》「漆」作「柒」。《龍龕手鑑》二《水部》以「柒」爲「漆」之俗字，「柒」即「柒」也。白珽《湛淵靜語》一：「『七』則秦有漆娥台，用此『漆』字。」器按：以「漆」爲「七」，此則所謂數字之大寫者也。今則通用「柒」字。

⑤《史記》〈秦始皇本紀〉：「秦地被山帶河以爲固，四塞之國也。」

⑥「漆」、《古鈔本》作「柒」。

⑦此二句十四字，《寶龜院本》作夾注。

⑧此句十一字，《寶龜院本》作夾注。

⑨「效」，原作「効」，今改，《古鈔本》、《三寶院本》、《寶龜院本》作「放」。

第十四，同對①。

同對者，若大谷、廣陵，薄雲、輕霧；此「大」與「廣」、「薄」與「輕」，其類是同，故謂之同對。同類對者，雲、霧，星、月，花、葉，風、煙，霜、雪，酒、觴，東、西，南、北，青、黃，赤、白，丹、素，朱、紫，宵、夜，朝、旦，山、岳，江、河，台、殿，宮、堂，車、馬，途、路。

【註】

①《類說》五一、《詩人玉屑》七、《小學紺珠》四引《詩苑類格》：「上官儀曰：『詩有六對：二曰同類對，花葉、草芽是也。』」按：「同對」即「同類對」，此文標目作「同對」，正文即作「同類對」。

第十五，字對①。

或曰：字對者，若桂楫、荷戈，「荷」是負之義，以其字草名，故與「桂」爲對；不用義②對，但取字爲對也。

或曰：字對者，謂義別字對是。詩曰：「山椒架寒霧，池篠韻涼飆。③」

「山椒」，即山頂也；「池篠」，傍池竹也：此義別字對。

又曰：「何用金扉④敞，終醉石崇家。」

「金扉」⑤「石家」即是⑥。

又曰：「原風振平楚⑦，野雪被長菅。」

即「菅」與「楚」爲字對⑧。

【註】

①《詩人玉屑》七〈陵陽謂對偶不必拘繩墨〉：「嘗與公論對偶，如『剛腸欺竹葉，衰鬢怯菱花』，以鏡名對酒名，雖爲親切，至如杜子美云：『竹葉於人既無分，菊花從此不須開。』直以菊花對竹葉，便蕭散不爲繩墨所窘。公曰：『枸杞因吾有，雞棲奈汝何？』蓋借枸杞以對雞棲，『冬温蚊蚋在，人遠鳧鴨亂。』人遠如鳧鴨然，又直以字對，而不對意；此皆例子，不可不知。子瞻《岐亭》詩云：『洗盞酌鵝黃，磨刀切熊白。』是用例者也。」

②「義」字原無，《箋》云：「『對』上恐脱『義』字歟。」按：《箋》說是，今據補。

③李嶠《評詩格》：「詩有九對：三曰字對，詩曰：『山椒架寒霧，池篠韻涼飆。』」

④「扉」原作「麻」，《古鈔本》、《三寶院本》、《無點本》作「扉」，今據改正。《箋》云：「李白詩：『引領望金扉。』」

⑤「扉」原作「麻」，今亦據《古鈔本》、《三寶院本》、《無點本》校改。

⑥此句六字原作注文，又「家」作「崇」，今均據《古鈔本》、《三寶院本》訂正。

⑦《文選》三十謝玄暉《郡內登望》：「寒城一以眺，平楚正蒼然。」李善注：「《毛詩》曰：『翹翹錯薪，言刈其楚。』《說文》曰：『楚，叢木也。』鄭玄《毛詩箋》曰：『蒹葭在眾草之中蒼蒼然也。』」

⑧此句七字，《三寶院本》、《無點本》、《寶龜院本》作夾注。

第十六，聲對①。

或曰：聲對者，若曉路、秋霜；「路」是道路，與「霜」非對，以其與「露」同聲故。

或曰②：聲對者，謂字義俱別，聲作對是。詩曰：「彤騶初驚路，白簡未含霜。③」

「路」是途路，聲即與「露」同，故將以對「霜」④。

又曰：「初蟬韻高柳⑤，密蔦掛深松。⑥」

「蔦」，草屬，聲即與「鳥」⑦同，故以⑧對「蟬」⑨。

【註】

①《禁臠》：「『根非生下土，葉不墜秋風』，『五峰高不下，萬木幾經秋』，以『下』對『秋』，蓋『夏』字聲同也。」

②「或曰」二字，《三寶院本》作「崔氏曰」。

③宋之問〈和姚給事寓直〉詩：「寵就黃扉日，威同白簡霜。」褚亮〈和御史韋大夫喜霽〉詩：「白簡光朝幰，彤騶出禁中。」

④此三句十四字，原作注文，周校本「從本章體例改正文」，今從之。

⑤陸士衡《擬明月何皎皎》：「涼風繞曲房，寒蟬鳴高柳。」

⑥李嶠《評詩格》：「詩有九對：五曰聲對，謂字義別、聲名對也。詩曰：『疏蟬韻高柳，密鳥掛深松。』」王昌齡《詩中密旨》〈犯病八格〉：「聲對病八，字義全別，借聲類對。詩曰：『疏蟬高

柳谷，掛鳥隱松深。』」

⑦「鳥」上原有「飛」字，《古鈔本》、《三寶院本》、《無點本》「飛」字在「聲」字上，今從周校本校刪。

⑧「以」上，《古鈔本》、《三寶院本》、《無點本》涉上文衍「聲即與」三字。

⑨此三句十二字，《寶龜院本》作小注。

第十七，側對。崔名「字側對」。

元氏曰：側對者，若馮翊、地名，在左輔①也。龍首。山名，在西京也。此爲「馮」字半邊有「馬」，與「龍」爲對；「翊」字半邊有「羽」，與「首」爲對：此爲側對。又如泉流、赤峰；「泉」字其上有「白」，與「赤」爲對。凡一字側耳，即是側對，不必兩字皆須側也。以前六②種切對③，時人把筆綴文者多矣，而莫能識其徑路。于公義④藏之篋笥，不可垂⑤示於非才。深秘之，深秘之⑥。

或曰：字側對者，謂字義俱別，形體半同是。詩曰：「忘懷接英彥，申勸引桂酒。」

「英彥」與「桂酒」⑦，即字義全別，然形體半⑧同是。

又曰：「玉雞清五洛⑨，瑞雉映三秦。⑩」

「玉雞」與「瑞雉」是⑪。

又曰：「桓山分羽翼⑫，荊樹折枝條⑬。」

「桓山」與「荆樹」是：如此之類，名字側對⑭。

【註】

①「左輔」，原誤作「右輔」，今訂正。《漢書》〈景紀〉注：「京兆尹、左馮翊、右扶風共治長安城中，是爲三輔。」

②「六」原作「八」，按：前文《二十九種對》：「十二日平對，……十七日側對。右六種對，出元兢《髓腦》。」此文正引「元氏曰」云云，明此「八種」爲「六種」之誤也。今改。

③此句以下，《寶龜院本》提行另起。

④「于公義」，《古鈔本》「義」字殘缺，《無點本》「于」作「王」。器按：《新唐書》〈藝文傳〉：「于公異，蘇州吳人，進士擢第。李晟表爲招討府掌書記，朱泚平，露布於德宗曰：『臣既肅清宮禁，祗奉寢園，鍾簴不移，廟貌如故。』帝覽泣下，曰：『誰爲之辭？』或以公異對，帝咨嘆一再。始公異與陸贄故有隙，時贄在翰林，聞不喜。世多言公異不能侍後母，既仕，不歸省；及贄當政，乃奏其狀，詔賜《孝經》，罷歸田里。公異繇是不自振而卒。」竊疑此文之「于公義」，即「于公異」音近之訛，考其時在建中、貞元之間，元兢與于公異或相值也。

⑤「垂」原作「棄」，《無點本》作「垂」，今從之。《全集本》校云：「『棄』字，一無。」

⑥此二句原作「深二秘二之人」，《古鈔本》作「深二秘二」，今輒訂正如此。

⑦《三寶院本》云：「已下一行，證本注也。」

⑧「體」下「半」上，原涉上文衍「即字義」三字，《寶龜院本》、《眼心鈔》無，《全集本》校云：「『體』下『即字義』三字恐衍。」今據刪。

⑨《太平御覽》八七引《帝王世紀》：「太上皇之妃曰媼，是爲昭靈后，名含始，遊於洛池，有玉雞銜赤珠出，刻曰：『玉英，呑此者王。』含始呑之，生邦，字季。」《水經》〈洛水注〉：「洛水東流會於伊，含始受玉雞之瑞於此。」

⑩李嶠《評詩格》：「詩有九對：四曰字側對，謂字義俱別，形體半同。詩曰：『玉雞清五洛，瑞雪映三秦。』」「瑞雪」是「瑞雉」之誤。《太平御覽》九一七引《列異傳》：「秦穆公時，陳倉人掘地得物，若羊非羊，若豬非豬，牽以獻諸公，道逢二童子，童子曰：『此名爲媼，常在地食死人腦，若欲殺之，以柏捶其首。』媼復曰：『彼二童名爲陳寶，得雄者王，得雌者霸。』陳倉人舍媼逐二童子，童化爲雉，飛入平林。陳倉人告穆公。穆公發徒大獵，果得其雉，又化爲石，置之汧、渭之間，至文公爲立祠，名陳寶。今南陽雉縣其地也，秦欲表其符，故以名縣。每陳寶祠時，有赤光長十餘丈，從雉縣來入陳寶祠中，有聲如雄雉。」

⑪此句六字，原是注文，周校本「據本章體例改文」，今從之。

⑫《家語》〈顏回〉篇：「孔子在衛，……顏回侍側，聞哭者之聲甚哀，子曰：『回，汝知此何所哭乎？』對曰：『回以此哭非但爲死者而已，又有生離別者也。……回聞桓山之鳥，生四子焉，羽翼既成，將分於四海，其母悲鳴而送之。哀聲有似於此，謂其往而不返也。回以音類知之。』」左思〈悼離贈妹〉詩：「桓山之鳥，四子同巢，將飛將散，悲鳴忉忉。惟彼禽鳥，猶有號咷；況我同

生，載憂載勞。」

⑬《詩中密旨》〈犯病八格〉：「側對病七，凡詩字字體全別，其義相背。詩曰：『桓山分羽翼，荊樹折枝條。』」《太平御覽》九五九引周景式《孝子傳》：「古有兄弟，忽欲分異，出門見三荊同株，接葉連陰，嘆曰：『本猶欣然聚，況我而殊哉！』遂還爲雍和。（一曰田真兄弟）」

⑭《古鈔本》「側」旁注「是如」二字，《三寶院本》、《長寬寫本》「字」作「是如」二字，俱涉上文而訛衍。

第十八，鄰近對。

詩曰：「死生今忽異，歡娛竟不同。①」又②曰：「寒雲輕重色，秋水去來波。③」上是義，下是正名。此也對④大體似的名⑤，的名窄，鄰近寬。

【註】

①北周無名法師《過徐君墓》：「延陵上國返，枉道訪徐公；死生命忽異，歡娛意不同。始往邙山北，聊踐平陵東；徒解千金劍，終恨九泉空。日盡荒郊外，煙生松柏中。何言愁寂寞，日暮白楊風。」據本書，「命」當爲「今」之誤，「意」當爲「竟」之誤。

②「又」下，《古鈔本》、《三寶院本》、《長寬寫本》有「詩」字。

③《詩議》：「鄰近對一，詩曰：『死生今忽異，歡娛竟不同。』又詩曰：『寒雲輕重色，

秋水去來波。』上是義，下是正名。」陳後主《幸玄武湖餞吳興太守任惠》：「寒雲輕重色，秋水去來波；待我戎衣定，然送《大風歌》。」

④「也對」疑當乙作「對也」。

⑤「似」，《古鈔本》、《寶龜院本》作「以」，不可據。

第十九，交絡對。

賦詩曰：「出入三代，五百①餘載。②」

或曰③：此中「餘」屬於「載」，不偶「出入」；古人但四字四義皆成對，故偏舉以例也④。

【註】

①「百」原作「有」，《詩議》作「百」，《全集本》校云：「『有』恐『百』歟？」按：《文選》〈蕪城賦〉作「百」，今據改正。

②《詩議》：「交絡對體，賦曰：『出入三代，五百餘載。』」器按：「出」、「入」，「五」、「百」，「三代」、「餘載」四字四義皆成對，所謂交絡也。又按：《夢溪筆談》十五：「古人文章，自應律度，未以音韻爲主。自沈約增崇韻學，其論文則曰：『欲使宮羽相變，低昂殊節，若前有浮聲，後須切響，一簡之類，音韻盡殊，兩句之中，輕重悉異，妙達此旨，始可言文。』自後浮巧

之語，體制漸多，如傍犯、蹉對、假對、雙聲、疊韻之類；詩又有正格、偏格，類例極多；故有三十四格、十九圖、四聲八病之類。今略舉數事，如《九歌》：『蕙殽蒸兮蘭藉，奠桂酒兮椒漿。』當曰『蒸蕙肴』，對『奠桂酒』，今倒用之，謂之蹉對。」《藝苑雌黃》：「蹉對法。僧惠洪《冷齋夜話》載介甫詩云：『春殘葉密花枝少，睡起茶多酒盞疏。』『多』字當作『親』，世俗傳寫之誤。洪之意，蓋欲以『少』對『密』，以『疏』對『親』。予作荊南教官，與江朝宗匯者同僚，偶論及此，江云：『惠洪多妄誕，殊不曉古人詩格。此一聯以「密」字對「疏」，以「多」字對「少」，正交股用之，所謂蹉對法也。』」然則交絡又有交股之名，而蹉對亦即交絡對也。《文選》十一鮑明遠《蕪城賦》：「出入三代，五百餘載，竟瓜剖而豆分。」李善注：「王逸《廣陵郡圖經》曰：『郡城，吳王濞所築。』然自漢迄於晉末，故云『出入三代，五百餘載』也。」

③「或曰」，《古鈔本》作「或謂」、《寶龜院本》自此以下作小注。《三寶院本》云：「以下二行證本注也。」

④「也」，《箋》本作「焉」。

第二十①，當句對②。

賦詩曰：「薰歇燼滅，光沉響絕。③」

【註】

①「二十」，《古鈔本》作「廿」。

②《容齋續筆》三：「唐人詩文，或於一句中自成對偶，謂之當句對。蓋起於《楚辭》『蕙蒸』、『蘭藉』，『桂酒』、『椒漿』，『桂櫂』、『蘭枻』，『斵冰』、『積雪』。自齊、梁以來，江文通、庾子山諸人亦如此。如王勃〈宴滕王閣序〉一篇皆然，謂若『襟三江帶五湖，控蠻、荆引甌、越』，『龍光牛斗，徐孺、陳蕃』，『騰蛟起鳳，紫電青霜』，……之辭是也。杜詩『小院回廊春寂寂，浴鳧飛鷺晚悠悠』，『清江錦石傷心麗，嫩蕊濃花滿目斑』，……之類，不可勝舉。李義山一詩，其題曰：『當句有對。』云：『密邇平陽接上蘭，秦樓鴛瓦漢宮盤。池光不定花光亂，日氣初涵露氣乾。但覺遊蜂饒舞蝶，豈知孤鳳憶離鸞。三星自轉三山遠，紫府程遙碧落寬。』其他詩句中，如『青女素娥』對『月中霜裡』，『黃葉風雨』對『青樓管弦』，『骨肉書題』對『蕙蘭蹊徑』，『花鬚柳眼』對『紫蝶黃蜂』，『重吟細把』對『已落猶開』，『急鼓疏鍾』對『休燈滅燭』，『江魚朔雁』對『秦樹嵩雲』，『萬户千門』對『風朝露夜』，如是者甚多。……」趙令時《侯鯖錄》三言當句對，舉陸龜蒙詩爲例。器按：當句對，又稱爲句對，王昌齡《詩格》：「勢對例五：四曰句對，曹子建詩：『浮沉各異物，會合何時諧。』」又稱爲就句對，《滄浪詩話》〈詩體〉五：「有就句對，又曰當句有對。如少陵『小院回廊春寂寂，浴鳧飛鷺晚悠悠。』」（見《涪城縣香積寺官閣》）李嘉祐『孤雲獨鳥川光暮，萬井（「井」原誤作「里」，今據《詩人玉屑》二校改，句見《同皇甫冉登重玄閣》，字正作「井」。）千山海氣秋』是也。前輩於文，亦多此體，如王勃『龍光射斗牛之墟，徐孺下陳蕃之榻』，乃就句對也。」按：《詩人玉屑》

二〈詩體〉上言就句對，襲用《滄浪》此文。惠洪《天廚禁臠》上亦稱就句對法。

③詩議：「當句對體，賦曰：『薰歇燼滅，光沉響絕。』」《文選》〈蕪城賦〉：「薰歇燼滅，光沉響絕。」李善注：「杜預《左氏傳注》曰：『薰，香草也。』又曰：『燼，火之餘木。』」呂延濟注：「芳香已歇，化爲灰燼，華光以沉，歌樂絕矣。」

第廿一，含境對。

詩曰：「悠遠長懷，寂寥無聲。①」

【註】

①《詩議》：「含境對體，賦曰：『悠遠長懷，寂寥無聲。』」器案：「詩」當從《詩議》作「賦」，此司馬長卿〈上林賦〉文也，見《文選》卷八。

第廿二，背體對①。

詩曰：「進德智所拙，退耕力不任。②」

【註】

①《詩議》：「背體對，詩曰：『進德智所拙，退耕力不任。』」

②《文選》二十二謝靈運〈登池上樓〉：「潛虯媚幽姿，飛鴻響遠音；薄霄愧雲浮，棲川怍淵沈。進德智所拙，退耕力不任；徇祿反窮海，臥痾對空林。衾枕昧節候，褰裳暫窺臨；傾耳聆波瀾，舉目眺嶇嶔。初景革緒風，新陽改胡陰，池塘生春草，園柳變鳴禽。祁祁傷豳歌，萋萋感楚吟。索居易永久，離群難處心；持操豈獨古，無悶徵在今。」李善注：「《周易》：『子曰：「君子進德修業，欲及時也。」』《尸子》曰：『爲令尹而不喜，退耕而不憂，此孫叔敖之德也。』」劉良注：「言進德濟世，智則疏拙；退耕自給，力不堪任。」

第廿三，偏對①。

《詩》曰：「蕭蕭馬鳴，悠悠旆旌。②」謂非極對也。又曰：「古墓犁爲田，松柏摧爲薪。③」又曰：「日月光太清，列宿曜紫微。④」又曰：「亭皋木葉下，隴首秋雲飛。⑤」全其文彩⑥，不求至切⑦，得非作者變⑧通之意乎！若謂今人不然，沈給事⑨詩亦有其例。詩⑩曰：「春豫⑪過靈沼，雲旗出鳳城。⑫」此例多矣。但天然語，今⑬雖虛亦對實⑭，如古人以「芙蓉」偶「楊柳」⑮，亦名聲類對。

【註】

①王昌齡《詩格》：「勢對例五：五曰偏對，重字與雙聲疊韻是也。」

②《詩議》：「偏對體，《詩》曰：『蕭蕭馬鳴，悠悠旆旌。』謂非極對也。」按：引《詩》文

見《小雅》〈車攻〉。

③《詩議》亦舉《古詩》此文。《文選》二十九〈古詩十九首〉：「去者日以疏，生者日以親；出郭門直視，但見丘與墳。古墓犁爲田，松柏摧爲薪；白楊多悲風，蕭蕭愁殺人。思還故里閭，欲歸道無因。」

④《詩議》亦舉此詩。《文選》二十五傅長虞〈贈何劭王濟〉：「日月光太清，列宿曜紫微；赫赫大晉朝，明明辟皇闈。吾兄既鳳翔，王子亦龍飛；雙鸞遊蘭渚，二離揚清暉。攜手升玉階，並坐侍丹帷，金璫綴惠文，煌煌發令姿。斯榮非攸庶，繾綣情所希；豈不企高踪，麟趾邈難追。臨川靡芳餌，何爲守空城？槁葉待風飄，逝將與君違。違君能無戀？尸素當言歸。歸身蓬蓽廬，樂道以忘饑。進則無云補，退則恤其私；但願隆弘美，王度日清夷。」李善注：「《鶡冠子》曰：『上及太清，下及太寧。』《春秋合誠圖》曰：『北辰，其星七，在紫微之中也。』」呂向注：「太清，天也。列宿，二十八宿也。紫微，天帝宮也。謂列宿曜之。」按：皎然《詩式》：「偷勢：才巧情意，各無朕跡，蓋詩人偷狐白裘手。如陳後主《入隋侍宴應詔》詩『日月光天德』，取傅長虞《贈何劭王濟》詩『日月光太清』，上三字同，下二字義同。」

⑤《詩議》：「偏對體，又詩：『亭皋木葉下，隴首塞雲飛。』」按：此柳惲《擣衣》詩句也，見《南史》〈本傳〉及《梁書》〈本傳〉。詩曰：「孤衾引思緒，獨枕愴憂端；深庭秋草綠，高門白露寒。思君起清夜，促柱奏《幽蘭》，不怨飛蓬苦，徒傷蕙草殘。行役滯風波，遊子淹不歸。亭皋木葉下，隴首秋雲飛，寒園夕鳥集，思牖草蟲悲；嗟矣當春服，安見御冬衣。鶴鳴勞永

嘆，採綦傷時暮；念君方遠遊，望妾理紈素。秋風吹綠潭，明月懸高樹；佳人飾淨容，招攜從所務。步欄杳不極，離堂肅已扃，軒高夕杵散，氣爽夜碪鳴。瑶華隨步響，幽蘭逐袂生，跱躅理金翠，容與納宵清。泛艷回煙采，淵旋龜鶴文；凄凄合歡袖，冉冉蘭麝芬。不怨杼軸苦，所悲千里分，垂涕送行李，傾首遲歸云。」

⑥《三寶院本》云：「已下二行，證本注也。」

⑦《詩議》：「全其文采（原誤作「米」），不求至切。」

⑧「變」上，《古鈔本》、《三寶院本》有「洗給事詩亦」五字，周校本以為「係涉下文而衍」，是也。「洗」即「沈」之誤。

⑨沈給事，謂沈佺期也。佺期，兩《唐書》有傳。〈唐才子傳〉一：「佺期字雲卿，相州人。上元二年鄭益榜進士。工五言詩，由協律考功郎受賕，長流驩州，後召拜起居郎，兼修文館直學士，常侍宮中；既侍宴，帝詔學士等爲回波舞，佺期作弄辭悦帝，詔賜牙緋。歷史書舍人。佺期嘗以詩贈張燕公，公曰：『沈三兄詩清麗，須讓居第一也。』詩名大振。」給事，謂給事中，「常侍宮中」也。

⑩「詩曰」，《寶龜院本》作「沈給事詩曰」。

⑪「豫」原作「預」，今據《古鈔本》、《三寶院本》、《無點本》及《眼心鈔》校改。宋之問〈晦日幸昆明池〉詩：「春豫臨波近，滄池帳殿開。」字亦作「春豫」。《孟子》〈梁惠王〉下：「《夏諺》曰：『吾王不遊，吾何以休？吾王不豫，吾何以助？』一遊一豫，爲諸侯度。」趙

岐注：「豫亦遊也。《春秋傳》曰：『魯季氏有嘉樹，晉范宣子豫焉。』」《文選》六左太沖〈魏都賦〉：「既苗既狩，爰遊爰豫。」李善注即引《孟子》爲說，張銑注：「春出曰遊，秋出曰豫。」橫分春秋，不痦其與沈、宋之詩適相牴牾也。

⑫明楊一統《唐十二家詩》沈佺期《昆明池侍宴應制》：「武帝伐《昆明》，穿池習五兵，水同河、漢在，館有豫章名。我后光天德，垂衣文教成，黷兵非帝念，勞物豈皇情？春仗過鯨沼，雲旗出鳳城，靈魚銜寶躍，仙女廢機迎。柳拂旌門暗，蘭依帳殿生，還如流水曲，日晚棹歌聲。」此文「鯨沼」作「靈沼」，誤。

⑬「今」，《三寶院本》作「全」。周校本曰：「如作『全』，則宜斷入上句。」

⑭《詩議》曰：「但天然，雖虛亦實。」

⑮《顏氏家訓》〈文章〉篇：「蘭陵蕭愨，梁室上黃侯之子，工於篇什，嘗有《秋詩》云：『芙蓉露下落，楊柳月中疏。』時人未之賞也。吾愛其蕭散，宛然在目；潁川荀仲舉、瑯琊諸葛漢亦以爲爾，而盧思道之徒，雅所不愜。」此文所指，蓋即謂蕭愨之詩也。蕭詩，《玉台新詠》八作《愁思》。

第廿四，雙虛實對。

詩曰：「故人雲雨散，空山來往疏。」

此對當①句義了，不同互成②。

【註】

①「當」原作「常」，旁校作「當」。按：《古鈔本》、《三寶院本》、《無點本》作「當」，今據校改。

②此二句十字，《古鈔本》、《三寶院本》、《無點本》作小注。《詩議》：「雙虛實對，詩曰：『故人雲雨散，空山來往疏。』此互（原誤「牙」）成也。」按：《詩議》此句，疑當作「此非互成也」，蓋「故人」對「空山」，實也；「雲雨散」對「來往疏」，虛也：故名雙虛實對，而非互成也。

第廿五，假對①。

詩曰：「不獻胸中策②，空歸海上山。」

或有人以「推薦」偶「拂衣」之類是也③。

【註】

①《紺珠集》九、元刊《集千家注分類杜工部詩》二十二〈寄韋有夏郎中〉注引《古今詩話》：「古之文章，自應律度，未以音韻爲主。自沈約增崇韻學之後，浮（此字原脱，據《夢溪筆談》補。）巧之語，體制漸多，始有蹉對、假對、雙聲、疊韻之類。如『自朱邪之狼狽，致赤子之流離』，不

唯（原誤「移」，據《夢溪筆談》校改。）『赤』對『朱』，『邪』對『子』，兼『狼狽』『流離』，乃獸名對鳥名。又如『廚人具雞黍，稚子摘楊梅』，以『雞』對『楊』之類，皆以假對。子美以『飲子』對『懷君』，及《惡樹》詩『枸杞因吾以，雞棲奈爾何』，殆亦所謂假對也。」（《夢溪筆談》十五說同）《邵氏聞見後錄》十七：「唐詩家有假對律，曰：『床頭兩甕地黃酒，架上一封天子書。』又：『三人鐺腳坐，一夜掉頭吟。』又：『鬢欲霑青女，官猶佐子男。』等句是也。或鄙其不韻，如杜子美：『枸杞因吾有，雞棲奈汝何。』又：『飲子頻通汗，懷君假抱珠。』杜牧之：『當時物議朱雲小，後代聲名白日懸。』亦用此律也。」《詩人玉屑》二：「有借對，孟浩然：『廚人具雞黍，稚子摘楊梅。』太白：『水春雲母碓，風掃石楠花。』少陵：『竹葉於人既無分，菊花從此不須開。』言之者有是也。」又七：《借對》：「沈佺期《回波詞》云：『姓名雖蒙齒錄，袍笏未換牙緋。』杜子美詩：『飲子頻通汗，懷君想報珠。』以『飲子』對『懷君』，亦『齒錄』『牙緋』之比也。（東坡）」又：「荊公和人詩以『庚桑』對『五柳』，『黃耇日』對『白雞年』。（《漫叟詩話》）」又：「『根非生下土，葉不墜秋風。』『五峰高不下，萬木幾經秋。』以『下』對『秋』，蓋『夏』字聲也。『因尋樵子徑，偶到葛洪家。』『殘春紅藥在，終日子規啼。』以『子』對『洪』，以『紅』對『子』，皆假其色也。『閒聽一夜雨，更對柏岩僧。』『住山今十載，明日又遷居。』以『一』對『柏』，以『十』對『遷』，假其數也。（《禁臠》）」又：「詩家有假村，本非用意，蓋造語適到，因以用之。若杜子美『本無丹灶術，那免白頭翁。』韓退之『眼穿長訝雙魚斷，耳熱何辭數爵頻。』『丹』對『白』，『爵』對『魚』，皆偶然相值，立意下句，初不在此。而晚唐諸人，遂立以爲格：賈島『卷簾黃葉落，開户子規啼。』崔峒『因尋樵子徑，偶到葛洪家。』爲例，以爲假對勝的對，謂之高手。所謂『痴人面前不得說夢』也。（蔡寬夫《詩話》）」《觀林詩話》：「杜牧之云：『杜若芳洲翠，嚴光釣瀨喧。』此以『杜』與『嚴』爲人姓相對也。又有『當時物議朱雲小，後代聲名白日懸』，此乃以『朱雲』對『白日』，皆爲假對；雖以人姓名偶物，不爲偏枯，反爲工也。如涪翁『世上豈無千里馬，人中難得九方皐』，尤爲工緻。」

②按：此假「策」爲「澤」，以對「山」也。

③《寶龜院本》此句爲小注。《三寶院本》：「此一行證本注也。」《詩議》：「假對體，詩曰：『不獻胸中策，空歸海上山。』或有人以『推薦』偶『拂衣』是也。至如『渡頭』『浦口』、『水面』『波心』，俗類也。」

第廿六，切側對①。

切側對者，謂精異粗同是。詩曰：「浮鍾宵響徹，飛鏡曉光斜。②」

「浮鐘」是鐘，「飛鏡」是月，謂理別文同是。

【註】

①李嶠《評詩格》：「詩有九對：二曰切側對，詩曰：『魚戲新荷動，鳥散餘花落。』」例證與此不

同。按：謝朓《遊東田》：「戚戚苦無悰，攜手共行樂，尋雲陟累榭，隨山望菌閣。遠樹曖阡阡，生煙紛漠漠，魚戲新荷動，鳥散餘花落。不對芳春酒，還望青山郭。」見《文選》二十二。

②按：李嶠《評詩格》以此爲疊韻側對例。

第廿七，雙聲側對。

雙聲側對者，謂字義別，雙聲來對是。詩曰：「花明金谷樹，葉映首山薇。①」

「金谷」與「首山」字義別，同雙聲側②對③。

又曰：「翠微分雉堞④，丹氣隱檜楹。」

「雉堞」對「檜楹」，亦雙聲側對⑤。

【註】

①李嶠《評詩格》：「詩有九對：七曰雙聲側對，詩曰：『花明金谷樹，葉映首山薇。』」

②《古鈔本》、《三寶院本》、《長寬寫本》脱「側」字。

③《寶龜院本》此二句十三字作小注。

④「雉堞」，原作「雉蝶」，今據《無點本》校改。韓愈《鄖城聯句》：「連空隳雉堞，照夜焚城郭。」盧肇《甘露寺》詩：「一隅通雉堞，千仞聳樓台。」俱以「雉堞」連文。

⑤此二句十字，《古鈔本》、《三寶院本》、《長寬寫本》、《寶龜院本》俱作注文。

第廿八，疊韻側對①。

疊韻側對者，謂字義別，聲②名疊韻對是。詩曰：「平生披黼帳，窈窕步花庭。③」「平生」「窈窕」是④。

又曰：「自得優遊趣，寧知聖政隆。」「優遊」與「聖政」，義非正對，字聲勢疊韻⑤。

或曰⑥：夫爲文章詩賦，皆須屬對，不得令⑦有跛眇者。跛者，謂前句雙聲，後句直語，或復空談：如此之例，名爲跛。眇者，謂前句物色⑧，後句人名；或前句語風空，後句山水：如此之例，名眇。何者？風與空則無形而不見，山與⑨水則有踪而可尋，以有形對無色：如此之例，名爲眇。或云：景風心色等，可以對虛，亦可以對實。今江東文人作詩，頭尾多有不對。如：「俠客倦艱辛，夜出小平津⑩；馬色迷關吏，雞鳴起戍⑪人。露鮮花劍影⑫，月照寶刀新；問我『將何去？』『北海就孫賓。』⑬」此即首尾不對之詩⑭，其有故不對者若之⑮。

【註】

①李嶠《評詩格》：「詩有九對：九曰疊韻側對，詩曰：『浮鐘霄響徹，飛鏡晚光斜。』」

②「聲」《眼心鈔》下有一「同」字，《箋本》「聲」旁注云：「『同』歟？《本集》校云：『「聲」「名」間恐脫「同」字。』」

③李嶠《評詩格》：「詩有九對：八曰疊韻對，詩曰：『平明披黻帳，窈兆步花庭。』」則以此詩爲疊

韻對例，且「平生」作「平明」。

④此句原作注文，周校本「從本章體例改正文」，今從之。

⑤此三句十四字，《寶龜院本》作注文。

⑥「或曰」，《三寶院本》、《寶龜院本》作「崔氏曰」。

⑦「令」，《古鈔本》作「合」。

⑧《文選》十三「物色」賦，李善注：「四時所觀之物色而為之賦。」又云：「有物有文曰色。風雖無正色，然亦有聲。《詩注》云：『風行水上曰漪。』《易》曰：『風行水上渙。』渙然，即有文章也。」《文心雕龍》有《物色》篇，云：「春秋代序，陰陽慘舒，物色之動，心亦搖焉。」

⑨「與」字原無，今依上句文例補。

⑩「小」原作「少」，今據《古鈔本》、《寶龜院本》、《詩格》校正。《後漢書》《靈帝紀》注：「小平津，在今鞏縣西北。」《御覽》七一引《郡國志》：「陝州平陸縣小平津，張讓劫獻帝處。南岸有句陳壘，武王伐紂，八百諸侯會處。」

⑪「戍」原誤作「戎」，今依《古鈔本》、《無點本》、《詩格》校正。

⑫「影」，《無點本》作「彩」。江淹《蕭驃騎讓太尉增封第三表》：「文軒華劍。」「華劍」即「花劍」，猶江淹《蕭太尉上便宜表》所謂「文彩利劍」。

⑬馮惟訥《古詩紀》北齊一：「《梁詞人麗句》作惠慕道士詩，題云：『《犯虜將逃作。》』」器按：《文苑英華》二八九作顏之推《從周入齊夜度砥柱》，詩曰：「俠客重艱辛，夜出小平津；馬

色迷關吏，雞鳴起戍人。露鮮華劍彩，月照寶刀新；問我『將何去？』『北海就孫賓。』」「孫賓」即「孫賓石」，《後漢書》《趙岐傳》：「中常侍唐衡兄唐玹，盡殺趙岐家屬，岐逃難江湖間，匿名賣餅。時孫嵩察岐非常人，曰：『我北海孫賓石，闔門百口，勢能相濟。』遂俱歸，藏岐複壁中，數年，諸唐後滅，岐因赦得免。』」「孫賓石」，《三國志》《魏書》《閻温傳》注引魚豢《魏略》作「孫賓碩」，「碩」「石」古通。「孫賓石」之作「孫賓」，此六朝人割裂人名爲文之習慣用法也。張玉穀《古詩賞析》二一以爲「『孫賓』抽韻，未免割裂」，此未見其會通也。《箋》引孫臏爲說，非是。

⑭傳魏文帝《詩格》：「頭尾不對例，古詩：『俠客倦艱計，夜出小平津；馬色迷關吏，雞鳴越戍人。露鮮花飲影，月照寶刀新；問我「將何去？」「北海問孫賓。」』」文多訛謬，悉存其舊，未校改也。

⑮此二句十六字，《寶龜院本》、《眼心鈔》作注文。

第廿①九，總不對對②。

如：「平生少年日，分手易前期③；及爾同衰暮，非復別離時。勿言一樽酒，明日難共持，夢中不識路，何以慰相思？④」

此總不對之詩，如此作者，最爲佳妙。夫屬對法，非真⑤風花竹木，用事而已；若雙聲即雙聲對，疊韻即疊韻對。

【註】

①「廿」，原作「二十」，今從《古鈔本》。

②「對」下原不重「對」字，今從《眼心鈔》補，與本章第一節相合。《滄浪詩話》《詩體》五：「有律詩徹首尾不對者。盛唐諸公有此體，如孟浩然詩：『掛席東南望，青山水國遥，舳艫爭利涉，來往接風潮。問我今何適，天台訪石橋。坐看霞色晚，疑是赤城標。』又『水國無邊際』（見孟浩然《送奚三還楊州》）之篇，又太白『牛渚西江夜』（見《牛渚夜泊》）之篇，皆文從字順，音韻鏗鏘，八句皆無對偶。」（《詩人玉屑》二用此文）《升庵詩話》二：「五言律八句不對，《太白》、《浩然集》有之，乃是平仄穩貼古詩也。」

③《詩中密旨》：「詩有二格，意高謂之格高，意下謂之格下。古詩：『耕田而食，鑿井而飲。』此高格也。沈休文詩：『平生少年日，分首易前期。』此下格也。」

④傳魏文帝《詩格》：「俱不對例，古詩：『平生年少日，分首易前期；及爾同衰暮，無復別離時。勿言一樽酒，明日難重持；夢中不識路，何以慰相思。』」《文選》二十沈休文《別范安成》詩：「生平（五臣作「平生」）少年日，分手易前期。及爾同衰暮，非復別離時。勿言一樽酒，明日難重持。夢中不識路，何以慰相思。」李善注：「繆襲《嘉夢賦》曰：『心灼爍其如陽，不識道之焉如？』《韓非子》曰：『六國時，張敏與高惠二人爲友，每相思，不能得見，敏便於夢中往尋，但行至半道，即迷不知路，遂回，如此者三。』」

⑤「真」，疑當作「直」。

《筆札》七種言句例

一曰，一言句例；二曰，二言句例；三曰，三言句例；四曰，四言句例；五曰，五言句例；六曰，六言句例；七曰，七言句例①。

一曰，一言句例。一言句者，天、地，陰、陽，江、河，日、月是也②。

二曰，二言句例。二言句者，「天高，地下③」，「露結，雲收」是④。又「翼乎，沛乎」⑤等是。

三曰，三言句例。三言句者，「斟清酒，拍青琴」⑥，「尋往信，訪來音」是也。又云：「春可樂，秋可哀」⑦。

四曰，四言句例。四言句者，「朝燃獸炭，夜秉魚燈」⑧，「宋臘⑨已歌，秦姬欲笑」是也⑩。

五曰，五言句例。五言句者，「霧開山有媚，雲閉日無光」⑪，「燥塵籠野白，寒樹染村黃」是也⑫。

六曰，六言句例。六言句者，「訝桃花之似頰，笑柳葉之如眉」⑬，「拔笙簧而數煖⑭，促箏柱而劬移。⑮」

七曰，七言句例。七言句者，「素琴奏乎五三拍⑯，綠酒傾乎⑰一兩巵」⑱，「忘言則貴於得趣，不樂則更待何爲。⑲」

八曰，八言句例。八言句者，「吾家⑳嫁我兮天一方，遠托異國兮烏孫王。㉑」

九曰，九言句例。九言句者，「嗟余薄德從役至他鄉，筋力疲頓無意入長楊。㉒」

十曰，十言句例㉓。

十一曰，十一言句例。《文賦》云：「沈辭怫㉔悅，若遊魚銜鈎而出重淵之深；浮藻聯翩，猶翔鳥纓繳而墜層雲之峻。」㉕下句皆十一字是也㉖。

【註】

①傳魏文帝《詩格》：「一言句，二言句，三言句，四言句，五言句，六言句，七言句。」

②傳魏文帝《詩格》：「一言句：天、地，江、河，日、月。」器按：《詩》〈鄭風〉〈緇衣〉：「緇衣之宜兮，敝，予又改爲兮。適子之館兮，還，予授子之粲兮。緇衣之好兮，敝，予又改造兮。適子之館兮，還，予授子之粲兮。緇衣之席兮，敝，予又改作兮。適子之館兮，還，予授子之粲兮。」「敝」字一句，「還」字一句。說本《日知錄》二十一。《日知錄》又謂：「《吳志》歷陽山石文：『楚，九州渚。吳，九州都。』『楚』字一句，『吳』字一句，亦是一言之詩。」

③「下」，《眼心鈔》作「卑」。

④傳魏文帝《詩格》：「二言句：『天高，地下』，『露結，雲收』。」《文心雕龍》〈章句〉

篇：「至於詩頌大體，以四言爲正，唯『祈父』『肇禋』，以二言爲句。尋二言肇於黃世，《竹彈》之謠是也。」《續文章緣起》：「二言詩始黃帝時《竹彈歌》（見《吳越春秋》），歌云：『斷竹，續竹；飛土，逐穴。』《小雅》〈祈父〉，二言之屬也。」

⑤《文選》四十七王子淵〈聖主得賢臣頌〉：「翼乎，如鴻毛遇順風；沛乎，若巨魚縱大壑。」李善注：「《春秋保乾圖》曰：『神明之應，疾於倍風吹鴻毛。』」張銑注：「言君臣道合，如鴻鵠遇風，一舉千里；如大魚遊縱於大川，得其性也。翼，飛疾貌。沛，大水貌。」

⑥傳魏文帝《詩格》：「三言句：『斟清酒，撫素琴。』」

⑦《藝文類聚》五六引摯虞〈文章流別論〉：「古詩之三言者，『振振鷺，鷺於飛』之屬是也。」《文心雕龍》〈章句〉篇：「三言興於虞時，『元首』之詩是也。」（皎然《詩議》說同）《文章緣起》：「三言詩，晉散騎常侍夏侯湛作。」蕭統《文選序》：「少則三字。」呂向注：「文始三字起夏侯湛。」按：夏侯湛詩未見。《詩》〈召南〉〈江有汜〉之「江有汜」，「江有渚」，「江有沱」，《禮記》〈大學〉所載湯之《盤銘》之「苟日新，日日新，又日新」，俱爲三言句。而《後漢書》〈范廉傳〉載：「百姓爲便，乃歌之曰：『廉叔度，來何暮。不禁火，民安作。昔無襦，今五袴。』（末二句從《資治通鑑》四六）」全首爲三言，則又在夏侯湛之前矣。

⑧傳魏文帝《詩格》：「四言句：『朝燃獸炭，夜秉魚燈。』」

⑨「宋臘」，原誤作「宋獵」，今據《無點本》校改，前《地卷》〈六志〉作「宋臘」，不誤。

⑩《文心雕龍》〈明詩〉篇：「漢初四言，韋孟首創，匡諫之義，繼軌周人。」又〈章句〉篇：「至

於詩頌大體，以四言爲正。……四言廣於夏年，『洛汭』之歌是也。」《文章緣起》：「四言詩，前漢楚王傅韋孟〈諫楚夷王戊〉詩。」（見《漢書》〈韋賢傳〉）皎然《詩議》：「四言本於《國風》，流於夏世，傳至韋孟，其文始具。」

⑪傳魏文帝《詩格》：「五言句，『雪開山有媚，雲閉日無光。』」

⑫《藝文類聚》五六引〈文章流別論〉：「五言者，『誰謂雀無角，何以穿我屋』之屬是也。」《文心雕龍》〈明詩〉篇：「至成帝品錄，三百餘篇，朝章國采，亦云周備，而辭人遺翰，莫見五言，所以李陵、班婕妤見疑於後代也。按：〈周南〉〈行露〉，始肇半章；孺子〈滄浪〉，亦有全曲；『暇豫』優歌，遠見春秋；『邪徑』童謠，近在成世：閱時取證，則五言久矣。」鍾嶸《詩品序》：「夏歌曰『郁陶乎予心』，楚謠曰『名余曰正則』，雖詩體未全，然是五言之濫觴也。逮漢李陵，始著五言之目矣。」《文章緣起》：「五言詩，創於漢騎都尉李陵《與蘇武詩》。」皎然《詩式》：「五言，周時已見濫觴，及乎成篇，則始於李陵、蘇武。」

⑬傳魏文帝《詩格》：「六言句：『仰桃花之類錦，笑柳葉之齊眉。』」

⑭「煖」，疑當作「緩」。

⑮《藝文類聚》五六引〈文章流別論〉：「六言者，『我姑酌彼金罍』之屬是也。」《文心雕龍》〈章句〉篇：「六言、七言，雜出《詩》、《騷》。」《文章緣起》：「六言詩，漢大司農谷永作。」按：谷永六言詩未見。《文選》〈蜀都賦〉李善注引東方朔《六言》：「合樽促席相娛。」《後漢書》《班固傳》下：「固所著《典引》、《賓戲》、《應譏》、詩、賦、銘、誄、頌、書、文、

記、論、議、六言，在者凡四十一篇。」又《孔融傳》：「所著詩、頌、碑文、論、議、六言、策文、表、檄、教、令、書記，凡二十五篇。」則漢人自有六言之作。

⑯「乎」，《無點本》、《寶龜院本》作「兮」。

⑰同註⑯。

⑱傳魏文帝《詩格》：「七言句：『素琴奏兮三五弄，綠酒傾兮一兩卮。』」

⑲《藝文類聚》五六引〈文章流別論〉：「七言者，『交交黃鳥止於桑』之屬是也。」《文章緣起》：「七言詩，漢武帝《柏梁殿聯句》。」吳承仕《絸齋筆記》：「《後漢書》〈東平王蒼〉、〈杜篤〉、〈崔琦〉、〈崔瑗〉、〈崔實〉等傳，並云著『七言』若干篇，〈班固傳〉則有『六言』若干篇。由是推之：知漢人稱詩，皆以四言爲限，其六言、七言、八言者，或本爲琴歌，或質稱六言、七言、八言，皆不與之詩名也。漢人七言之詞，今世已不數見，雖《文選》李注所引數事而已。《西京賦》注引劉向《七言》曰：『博學多識與凡殊』；王仲宣《贈士孫文始詩》注引劉歆《七略》（是「劉向《七言》」之訛。）曰：『宴處從容觀《詩》、《書》』；嵇叔夜《贈秀才入軍詩》注引劉向《七言》曰：『山鳥群鳴動我懷』；張景陽《雜詩》注引劉向《七言》：『揭來歸耕永自疏』。按：李引《七言》四句，其三句以殊、書、疏爲韻，明其同出一篇。」按：《日知錄》二一引〈靈樞〉〈刺節真邪〉篇：「凡刺小邪日以大，補其不足乃無害，視其所在迎之界。凡刺寒邪日以溫，徐往徐來致其神，門戶已閉氣不分，虛實得調其氣存。」宋玉《神女賦》：「羅紈綺繢盛文章，極服妙彩照萬方。」謂：「此皆七言之祖。」黃汝成《集釋》引楊氏曰：「《道德

經》已有之，如『視之不見名曰希』是也。」《文心雕龍》〈章句〉篇：「六言、七言，雜出《詩》、《騷》，而口體之篇，成於兩漢。」范文瀾注：「《吳越春秋》所載〈窮劫〉等曲，通首皆七言，此書出趙長君手，後漢人也。又史游《急就章》以七言成句，蓋今時里閭歌括之類，亦可以證漢世民間七言之行用。彥和所指成於兩漢者，其即六言、七言二體乎！」

⑳「家」，原作「夫」，《古鈔本》、《長寬寫本》、《寶龜院本》作「家」，按：《漢書》正作「家」，今據改正。

㉑《漢書》〈西域傳〉下載烏孫公主歌：「吾家嫁我兮天一方；遠托異國兮烏孫王。穹廬爲室兮旃爲牆，以肉爲食兮酪爲漿。居常土思兮心內傷，願爲黃鵠兮歸故鄉。」《續文章緣起》：「八言詩，漢中大夫東方朔作。按：《史記》（當作「《漢書》」）〈本傳〉曰：『八言、七言上下。』謂八言、七言各有上下篇（此本晉灼注）。《小雅》『我不敢效我友自逸』，八言之屬也（此說本《困學紀聞》《評詩》）。」蕭統《文選序》：「三言八字之文。」呂延濟注：「八字，謂魏文帝《樂府詩》。」

㉒《藝文類聚》五六引〈文章流別論〉：「九言者，洞酌彼行潦挹彼注茲之屬是也。」蕭統《文選序》：「多則九言。」呂向注：「九言出高貴鄉公。」《文章緣起》：「九言詩，魏高貴鄉公所作。」陳懋仁注：「《大雅》：『洞酌彼行潦挹彼注茲。』《文章流別》謂『九言之屬』。按：《洞酌》三章，章五句。《夏書》〈五子之歌〉：『懍乎若朽索之馭六馬。』九言也。」

㉓十言句例，原缺舉證。

㉔「佛」，原作「拂」，《古鈔本》、《三寶院本》作「咈」，周校本「據《文選》正作『佛』」，今從之。

㉕《文選》十七陸士衡〈文賦〉：「於是沈辭佛悦，若遊魚銜鉤而出重淵之深；浮藻聯翩，若翰鳥纓繳而墜曾雲之峻。」李善注：「佛悦，難出之貌。聯翩，將墜貌。王弼《周易注》曰：『翰，高飛也。』《說文》曰：『繳，半絲縷也。』謂縷繫繒矢而以弋射。」張銑注：「沈辭，謂沈於深邃也。佛謂思未出也，悦謂思微來也，則若遊魚銜鉤而出於重泉之深也。」李周翰注：「藻，文也。聯翩，鳥飛貌。謂文思將來，聯翩然，若翰鳥纓繳而墜自高雲之峻，言速也。纓，纏也。繳，射也。曾，高也。」器按：曾、層，古通。

㉖此句八字，《寶龜院本》作注文。

文鏡秘府論　南

金剛峰寺禪念沙門　遍照金剛　撰
江津　王利器　校注

論文意

或曰①：夫文字起於皇道②，古人畫一③之後方有也。先君傳之，不言而天下自理，不教而天下自然④，此謂皇道。道合氣性，性合天理，於是萬物稟焉，蒼生理焉。堯行之，舜則之，淳樸之教，人不知有君也。後人知識漸下，聖人知之，所以畫八卦，垂淺教，令後人依焉。是知一生名，名生教，然後名教生焉⑤。以名教爲宗，則文章起於皇道，興乎《國風》耳⑥。自古文章，起於無作，興於自然，感激而成，都無飾練，發言以當，應物便是⑦。古詩云：「日出而作，日入而息，鑿井而飲，耕田而食。⑧」當句皆了也。其次，《尚書》歌曰：「元首明哉，股肱良哉，庶事康哉。⑨」亦句句便了。自以之後，則有《毛詩》⑩，假物⑪成焉。夫子演《易》，極思於《繫辭》⑫，言句簡易⑬，體是詩骨⑭。夫子傳於游、夏⑮，游、夏傳於荀卿、孟軻，方有四言、五言，效古而作⑯。荀、孟傳於司馬遷，遷傳於賈誼⑰。誼謫居長沙，遂不得志，風土既殊，遷逐怨上，屬物比興，少於《風》、《雅》；復有騷人之作，皆有怨刺，失於本宗⑱。乃知司馬遷爲北宗，賈生爲南宗⑲，從此分焉。漢、魏有曹植⑳劉楨㉑，皆氣高出於天縱㉒，不傍經史，卓然爲文。從此之後，遞相祖述㉓，經綸百代，識人虛薄，屬文於花草，失其古焉。中有鮑照、謝康樂，縱逸㉔相繼，成敗兼行。至晉、宋、齊、梁，皆悉頹毀㉕。

【註】

①「或曰」，《古鈔本》旁注：「王氏論文云」。按：本卷《論文意》，除〈論體〉及〈定位〉等篇外，皆王昌齡《詩格》與釋皎然《詩議》之文；然今本王昌齡《詩格》及《詩中密旨》與此篇所載，大有出入，則今本《詩格》及《詩中密旨》，非復唐代之舊也。

②《文選》一班孟堅〈西都賦〉：「博我以皇道，弘我以漢京。」李周翰注：「皇道，皇王之道。」

③《說文》〈一部〉：「惟初太極，道始於一。」本書〈天卷〉：「一爲名始，文則教源。」

④《御覽》七四九引《孝經援神契》：「『奎主文章，倉頡放象』是也。夫文字者，總而爲言，包意以名事也；分而爲義，則文者祖父，字者子孫。得之自然，備其文理象形之屬，則爲之文；因而滋蔓，母子相生，形聲會意之屬，則爲之字，字者，言孳乳浸多也。題於竹帛謂之書——書者，如也，舒也，紀也。」（此混他文。）

⑤《日本見在書目》〈小學家〉：「《名教》一卷，田遊嚴撰。」「嚴」當作「巖」。

⑥按：此云「文章……興乎《國風》」，蓋指詩歌而言。

⑦荀悅《前漢紀》二，論酈食其謀立六國後曰：「與時遷移，應物變化。」《文心雕龍》〈章表〉篇：「應物制巧，隨變生趣。」

⑧《御覽》八一引〈帝王世紀〉：「帝堯陶唐氏，……年二十而登帝位，……天下大和，百姓無事，有八十老人擊壤於道，觀者嘆曰：『大哉，帝之德也！』老人曰：『吾日出而作，日入而息，鑿井

而飲，耕田而食，帝何力於我哉！』」《歷代詩話》：「王昌齡云：『出而作，日入而息。謂一句見意爲上。』」

⑨見《尚書》〈夏書〉〈益稷〉。王昌齡《詩中密旨》：「句有三例：一句見意，『股肱良哉』是也。」

⑩《漢書》〈藝文志．六藝略〉：「《毛詩》二十九卷。」又云：「又有毛公之學，自謂子夏所傳，而河間獻王好之，未得立。」又〈儒林傳〉：「毛公，趙人，治《詩》，爲河間獻王博士。」

⑪《荀子》〈勸學〉篇：「假輿馬者，非利足也，而致千里；假舟檝者，非能水也，而絕江、河。君子生非異也，善假於物也。」

⑫《史記》〈孔子世家〉：「孔子晚而喜《易》，序《彖》、《繫》、《象》、《說卦》、《文言》。」《正義》：「夫子作《十翼》，謂〈上彖〉，〈下彖〉，〈上象〉，〈下象〉，〈上繫〉，〈下繫〉，〈文言〉，〈序卦〉，〈說卦〉，〈雜卦〉也。」

⑬《易經》〈繫辭〉：「乾以易知，坤以簡能，易則易知，簡則易從，……易簡而天下之理得矣。」

⑭《文心雕龍》〈風骨〉篇：「沈吟鋪辭，莫先於骨。故辭之待骨，如體之樹骸，……結言端直，則文骨成焉。」

⑮陸璣《毛詩草木鳥獸蟲魚疏》下：「孔子刪《詩》授卜商，商之爲《序》，以授魯人曾申，申授魏人李克，克授魯人孟仲子，仲子授根牟子，根牟子授趙人荀卿，荀卿授魯國毛亨，亨作《詁訓傳》以授趙國毛萇。時人謂亨爲大毛公，萇爲小毛公；以其所傳，故名其《詩》曰《毛詩》。」言《詩

》之傳授，無有孟軻，不知此何所本。

⑯荀況《禮》、《智》、《蠶》等賦，並見四言五言。

⑰此所言司馬遷、賈誼傳《詩》事，亦未見他書。《史記》〈賈生列傳〉：「孝武皇帝立，舉賈生之孫二人至郡守，而賈嘉最好學，世其家，與余通書。」則司馬遷之交遊者，爲賈生之孫賈嘉，尚未及賈生之子賈璠，此言遷傳於賈誼者非也。

⑱按：謂賈生作《鵩鳥賦》也。《文選》十八賈誼〈鵩鳥賦〉，李善注：「賈生英特，弱齡秀發，縱橫海之巨鱗，矯沖天之逸翰，而不參謀棘署，贊道槐庭，虛離謗缺，爰傅卑土，發憤嗟命，不亦宜乎！而班固謂之『未爲不達』，斯言過矣。」

⑲賈島《二南密旨》〈論南北二宗例古今正體〉：「宗者，總也，言宗則始南北二宗也。南宗一句含理，北宗二句顯意。南宗例，如《毛詩》：『林有樸樕，野有死鹿。』即今人爲對，字字的確，上下各司其意。如鮑照《白頭吟》：『申黜褒女進，班去趙姬升。』如錢起詩：『竹憐新雨後，山愛夕陽時。』此皆宗南宗之體也。北宗例，如《毛詩》：『我心匪石，不可轉也。』此體今人宗爲十字句，對或不對。如左太沖詩：『吾希段干木，偃息藩魏君。』如盧綸詩：『誰知樵子徑，得到葛洪家。』此皆宗北宗之體也。詩人須宗於宗，或一聯合於宗，即終篇之意皆然。」此亦於文學分南北宗之說也。

⑳《三國志》〈魏書．陳王傳〉：「陳思王植，字子建，年十歲餘，誦讀《詩》、《論》及辭賦數十萬言，善屬文，……建安十六年封平原侯，十九年徙封臨淄侯，二十四年以植爲南中郎將，……黃

初二年貶罰安鄉侯，其年改封鄄城侯，三年立爲鄄城王，……四年徙封雍丘王，……太和元年徙封浚儀，二年復還雍丘，……三年徙封東阿，……六年二月，以陳四縣封植爲陳王，……十一年中而三徙都，常汲汲無歡，遂發疾薨，時年四十一。」

㉑《三國志》〈魏書．王粲傳〉：「東平劉楨字公幹。」注引《先賢行狀》曰：「幹清玄體道，六行修備，聰識洽聞，操翰成章，輕官忽祿，不耽世榮。建安中，太祖轉加旌命，以疾休息，後除上艾長，又以疾不行。」

㉒《論語》〈子罕〉篇：「固天縱之將聖，而又多能也。」

㉓《禮記》〈中庸〉：「仲尼祖述堯、舜，憲章文、武。」《漢書》〈藝文志〉用其文，師古注曰：「祖，始也；述，修也；言以堯、舜爲本始而遵修之。」

㉔縱逸，謂放縱逸樂。曹植〈酒賦〉：「酖於觴酌，流情縱逸。」張華《博陵王宮俠曲》：「身在法令外，縱逸常不禁。」

㉕《顏氏家訓》〈兄弟〉篇：「譬猶居室，一穴則塞之，一隙則塗之，則無頹毀之慮。」

凡作詩之體，意是格，聲是律，意高則格高①，聲辨則律清，格律全，然後始有調。用意於古人之上，則天地之境，洞焉可觀。古文格高，一句見意，則「股肱良哉」是也②。其次兩句見意，則「關關雎鳩，在河之洲」是也③。其次古詩，四句見意，則「青青陵上柏，磊磊澗中石，人生天地間，忽如遠行客」是也④。又劉公幹詩云：「青青陵上松，飈飈谷中風，風弦一何盛，松枝一何勁。⑤」此詩從首至尾，唯論一事，以此不如古人也。

【註】

①王昌齡《詩中密旨》：「詩有二格，詩意高謂之格高，意下謂之格下。古詩：『耕田而食，鑿井而飲。』此高格也。沈休文詩：『平生少年日，分手易前期。』此下格也。」

②《詩中密旨》：「句有三例：一句見意，『股肱良哉』是也。」按：引句見《尚書》〈益稷〉。

③《詩中密旨》：「兩句見意，『關關睢鳩，在河之洲。』」按：引詩見《詩經》〈周南〉〈關睢〉。

④《詩中密旨》：「四句見意，『青青陵上柏，磊磊澗中石，人生天地間，猶如遠行客。』」按：引詩見《文選》二十九〈古詩十九首〉，前兩句李善注云：「言長存也。《莊子》：『仲尼曰：「受命於地，唯松柏獨也，在冬夏常青青。」』《楚辭》曰：『石磊磊兮葛蔓蔓。』《字林》曰：『磊磊，眾石也。』」後兩句注云：「言異松石也。《尸子》：『老萊子曰：「人生於天地之間，寄也，寄者固歸。」』《列子》曰：『死人爲歸人。』則生人爲行人矣。《韓詩外傳》曰：『枯魚銜索，幾何不蠹，二親之壽，忽如過客。』」

⑤王昌齡《詩格》：「常用體十四：三曰立節體，王仲宣《詠史》：『生爲百夫雄，死爲壯士規。』劉公幹詩：『風聲一何盛，松竹一何勁。』按：此劉公幹《贈從弟》詩也，見《文選》二十三，詩云：「亭亭山上松，瑟瑟谷中風。風聲一何盛，松枝一何勁！冰霜正慘愴，終歲常端正。豈不羅凝

寒，松柏有本性。」

詩本志也，在心爲志，發言爲詩，情動於中，而形於言①，然後書之於紙也。高手②作勢，一句更別起意；其次兩句起意，意如湧煙，從地升天，向③後漸高漸高④，不可階上也⑤。下手下句弱於上句，不看向背，不立意宗，皆不堪也⑥。

【註】

①《毛詩序》：「詩者，志之所之也，在心爲志，發言爲詩，情動於中，而形於言；言之不足，故嗟嘆之，嗟嘆之不足，故永歌之，永歌之不足，不知手之舞之，足之蹈之也。」

②高手，本書習用語，本卷下文云：「凡高手，言物及意，皆不相倚傍。」又云：「如此之例，皆爲高手。」又云：「凡作文，必須看古人及當時高手用意處，有新奇調學之。」《詩式》中《取境》條：「成篇之後，觀其氣貌，有似等閒，不思而得，此高手也。」

③「向」，《眼心鈔》作「而」。

④「漸高漸高」，原作「漸漸高高」，周校本據《眼心釋文》改，今從之。

⑤《論語》〈子張〉篇：「夫子之不可及也，猶天之不可階而升也。」

⑥《文選》四十三嵇叔夜〈與山巨源絕交書〉：「自惟至熟，有必不堪者七。」

凡文章皆不難，又不辛苦。如《文選》詩云：「朝入譙郡界」①，「左右望我軍」②。皆如此例，不難不辛苦也③。

【註】

①《文選》二十七王仲宣〈從軍詩〉：「悠悠涉荒路，靡靡我心愁，四望無煙火，但見林與丘，城郭生榛棘，蹊徑無所由，萑蒲竟廣澤，葭葦夾長流，日夕涼風發，翩翩漂吾舟，寒蟬在樹鳴，鸛鵠摩天遊，客子多悲傷，淚下不可收。朝入譙郡界，曠然消人憂，雞鳴達四境，黍稷盈原疇，館宅充廛里，女士滿莊馗，自非聖賢國，誰能享斯休，詩人美樂土，雖客猶願留。」王昌齡《詩格》：「常用體十四：二曰曲存體，王仲宣詩：『朝入譙郡界，曠然銷人憂。』此乃直敍其事而美之也。」

②王粲〈從軍詩〉：「朝發鄴都橋，暮濟白馬津，逍遙河堤上，左右望我軍，連舫逾萬艘，帶甲千萬人，率彼東南路，將定一舉勛，籌策運帷幄，一由我聖君。恨我無時謀，譬諸具官臣，鞠躬中堅內，微畫無所陳，許歷爲完士，一言獨敗秦；我有素餐責，誠愧伐檀人，雖無鉛刀用，庶幾奮薄身。」

③王昌齡《詩格》：「詩有六式：二曰不難，王仲宣詩：『朝入譙郡界，曠然銷人憂。』此謂絕斤斧之痕也。三曰不辛苦，王仲宣詩：『逍遙河堤上，左右望我軍。』此謂婉而成章也。」按：《顏氏家訓》〈文章〉篇：「何遜實清巧，多形似之言，揚都論者，恨其每病苦辛，饒貧寒氣。」苦辛義與此同。《文心雕龍》〈神思〉篇：「秉心養術，無務苦慮；含章司契，不必勞神。」亦不辛苦之

義也。

夫作文章，但多立意。令左穿右穴，苦心竭智，必須忘身，不可拘束①。思若不來，即須放情卻寬之，令境生。然後以境照之，思則便來，來即作文②。如其境思不來，不可作也③。

【註】

①本書天卷〈調聲〉：「最要立文多用其意，須令左穿右穴，不可拘檢。」王昌齡《詩格》：「詩有六貴例：三曰穿穴，古詩：『古墓犁爲田，松柏摧爲薪。』」

②王昌齡《詩格》：「詩有三境：一曰物境，欲爲山水詩，則張泉石雲峰之境，極麗絕秀者，神之於心，處身於境，視境於心，瑩然掌中，然後用思，了然境象，故得形似。二曰情境，娛樂愁怨，皆張於意，而處於身，然後馳思，深得其情。三曰意境，亦張之於意，而思之於心，則得其真矣。」

③王昌齡《詩格》：「詩有三格：一曰生思，久用精思，未契意象，力疲智竭，放安神思，心偶照境，率然而生。二曰感思，尋味前言，吟諷古制，感而生思。三曰取思，搜求於象，心入於境，神會於物，因心而得。」

夫置意作詩，即須凝心，目擊其物，便以心擊之，深穿其境。如登高山絕頂，下臨萬象，如在掌中①。以此見象，心中了見，當此即用。如無有不似，仍以律調之定，然後書之於紙，會其題目。山林、日月、風景爲真，以歌詠之。猶②如水中見日月，文章是景，物色是本，照之須了見其象也。

【註】

①《文心雕龍》〈神思〉篇：「神思方遠，萬塗競萌，規矩虛位，刻鏤無形，登山則情滿於山，觀海則意溢於海，我才之多少，將與風雲而並驅矣。」即此意也。

②《長寬寫本》、《眼心鈔》「猶」上有「是」字。

夫文章興作，先動氣，氣生乎心，心發乎言①，聞於耳，見於目，錄於紙。意須出萬人之境，望古人於格②下，攢天海③於方寸。詩人用心，當於此也。

【註】

①《文心雕龍》〈神心〉篇：「意授於思，言授於意，密則無際，疏則千里。」即此意也。

②「格」，《無點本》作「腳」。按：上文云：「意是格。」即此格字之義，作「腳」者疑出臆改。

③下文云：「語須天海之內，皆入納於方寸。」與此意同。孔稚圭《褚先生伯玉碑》：「子晉笙歌，馭鳳於天海。」

夫詩，入頭即論其意，意盡則肚①寬，肚寬則詩得，容顏物色亂下，至尾則卻收前意，節節仍須有分付。

【註】

①下文云：「詩有飽肚狹腹。」肚字用法與此同。

夫用字有數般：有輕，有重；有重中輕，有輕中重；有雖重濁可用者，有輕清①不可用者。事須細律之，若用重字，即以輕字拂之，便快也。

【註】

①安然《悉曇藏》一〈悉曇韻紐〉引《四聲譜》云：「韻有二種：清濁各別爲通韻，清濁相和爲落韻。」又《商略清濁例》云：「先代件文之士，以清韻之不足，則通濁韻以裁之；濁韻之不足，則兼取叶韻以會之；叶韻之不足，則仍取並韻以成之。」

夫文章，第一字與第五字須輕清，聲即穩也；其中三字縱重濁，亦無妨。如「高台多悲風，朝日照北林。①」若五字並輕，則脫略②無所止泊③處；若五字並重，則文章暗濁。事須輕重相間，仍須以聲律之。如「明月照積雪」④，則「月」「雪」相撥；及「羅衣何飄飄」⑤，則「羅」「何」相撥：亦不可不覺也。

【註】

①皎然《詩議》〈評論〉：「重意以上，皆文外之旨，若遇高手，如康樂公覽而察之，但見情性，不睹文字，蓋詩道之極也。……二重意，如曹子建云：『高堂多悲風，朝日照北林。』王維詩：『秋風正蕭索，客散孟嘗門。』王昌齡詩：『別意猿鳥外，天寒桂水長。』」《文選》二十九曹子建〈雜詩〉：「高台多悲風，朝日照北林。之子在萬里，江湖迥且深，方舟安可極，離思故難任。孤雁飛南遊，過庭長哀吟，翹思慕遠人，願欲托遺音，形影忽不見，翩翩傷我心。」李善注：「《新語》曰：『高台，喻京師；悲風，言教令；朝日，喻君之明；照北林，言狹，比喻小人。』《新序》曰：『高堂百仞。』」按：注中「《新語》」字疑有誤。

②《文選》十六江文通〈恨賦〉：「脱略公卿。」李善注：「杜預《左氏傳注》曰：『脱，易也。』賈逵《國語注》曰：『略，簡也。』」

③鍾嶸《詩品》：「詩有六義，專用比興則意深，意深則詞躓；但用賦體則意浮，意浮則文散，嬉成流移，文無止泊，有蕪蔓之累矣。」按：泊亦止也。

④皎然《詩式》二：「如『池塘生春草』，情在言外；『明月照積雪』，旨冥句中：風力雖齊，興各別。」謝靈運〈歲暮〉詩：「殷憂不能寐，苦此夜難頹，明月照積雪，朔風勁且哀，運往無淹物，

年逝覺已催。」

⑤《文選》二十七曹子建〈美女篇〉：「美女妖且閒，採桑歧路間，柔條紛冉冉，葉落何翩翩。攘袖見素手，皓腕約金環，頭上金爵釵，腰佩翠琅玕，明珠交玉體，珊瑚間木難，羅衣何飄飄，輕裾隨風還，顧盼遺光采，長嘯氣若蘭。行徒用息駕，休者以忘餐。借問女安居，乃在城南端，青樓臨大路，高門結重關，容華耀朝日，誰不希令顏。媒氏何所營，玉帛不時安，佳人慕高義，求賢良獨難，眾人何嗷嗷，安知彼所觀，盛年處房室，中夜起長嘆。」

夫詩，一句即須見其地居處。如「孟夏草木長，繞屋樹扶疏，眾鳥欣有托，吾亦愛吾廬①。」若空言物色，則雖好而無味，必須安立其身。

【註】

①王昌齡《詩格》：「詩有五趣向：三曰閒逸，陶淵明詩：『眾鳥欣有托，吾亦愛吾廬。』」《文選》三十陶淵明〈讀山海經〉詩：「孟夏草木長，繞屋樹扶疏，眾鳥欣有托，吾亦愛吾廬。既耕亦已種，且還讀我書，窮巷隔深轍，頗回故人車，歡言酌春酒，摘我園中蔬。微雨從東來，好風與之俱。泛覽《周王傳》，流觀《山海圖》，俯仰終宇宙，不樂復何如。」李善注：「〈上林賦〉曰：『垂條扶疏。』」

詩頭皆須造意，意須緊①；然後縱橫變轉。如「相逢楚水寒」②，送人必言其所矣。

【註】

①「緊」，原作「豎」，今據《無點本》、《長寬寫本》、《眼心鈔》校改。王昌齡《詩格》：「常用體十四：十一曰緊體，范彥龍詩：『物情棄疵賤，何獨飮衡闈。』」即此緊字之義。

②王昌齡《岳陽別李十七越賓》：「相逢楚水寒，舟在洞庭驛，見陳江波事，不異淪棄跡。杉上秋雨聲，悲切蒹葭夕，彈琴收餘響，來送千里客。平明孤帆心，歲晚濟代策，時在身未充，瀟、湘不盈畫。湖小洲渚聯，滲淡煙景碧，魚鱉自有性，龜龍無能易。譴黜同所安，風土任所適，閉門觀元化，攜手遺損益。」

凡屬文之人，常須作意。凝心天海之外，用思元氣之前①，巧運言詞，精練意魄，所作詞句，莫用古語及今爛字舊意②。改他舊語，移頭換尾，如此之人，終不長進。爲無自性，不能專心苦思，致見不成。

【註】

①《文選》十七陸士衡〈文賦〉：「其始也，皆收視反聽，耽思傍訊，精騖八極，心遊萬仞。」《文心雕龍》〈神思〉篇：「文之思也，其神遠矣。故寂然凝慮，思接千載，悄焉動容，視通萬里，吟

詠之間，吐納珠玉之聲，眉睫之前，卷舒風雲之色：其思理之致乎！」《後漢書》〈李固傳〉：「斗斟酌元氣。」注：「春秋保乾圖曰：『天皇於是斟元陳樞，以五易威。』宋均注曰：『威，則也，法也。天皇斟元氣，陳列樞機，受行次之當得也。』」

②韓愈《答李翊書》：「當其取於心而注於手也，惟陳言之務去，戛戛乎其難哉。」即此意也。

凡詩人夜間床頭，明置一盞燈。若睡來任睡，睡覺即起，興發意生，精神清爽，了了①明白，皆須身在意中。若詩中無身，即詩從何有？若不書身心，何以爲詩？是故詩者，書身心之行李②，序當時之憤氣。氣來不適，心事或③不達，或以刺上，或以化下，或以申心，或以序事，皆爲中心不決，眾不我知。由是言之：方識古人之本也。

【註】

①《世說新語》〈言語〉篇：「孔文舉年十歲，隨父到洛。時李元禮有盛名，爲司隸校尉，詣門者皆俊才清稱及中表親戚乃通。文舉至門，謂吏曰：『我是李府君親。』既通，前坐，元禮問曰：『君與僕有何親？』對曰：『昔先君仲尼與君先人伯陽有師資之尊，是僕與君奕世爲通好也。』元禮及賓客莫不奇之。太中大夫陳韙後至，人以其語語之，韙曰：『小時了了，大未必佳。』文舉曰：『想君小時，必當了了。』韙大踧踖。」了了即明明白白之意。

②《箋》云：「古文『李』與『理』通用也。」

③「或」字，《眼心鈔》無。

凡作詩之人，皆自抄古人①詩語精妙之處，名②爲隨身卷子③，以防苦思。作文興若不來，即須看隨身卷子，以發興也。

【註】

①「人」，《古鈔本》作「今」。

②「名」字原缺，今據《古鈔本》、《三寶院本》補。

③按：下文又云：「紙筆墨常須隨身，興來即錄。」亦謂此事。韓愈《贈崔立之評事》：「隨身卷軸車連軫。」按《敦煌掇瑣》七三：「《雜抄》一卷。一名《珠玉抄》，二名《益智文》，三名《隨身寶》。」《雜抄》一名《隨身寶》，即此意也。爾時，如《白氏六帖》、《兔園册子》之類，亦此物也，所謂饋貧之糧是也。

詩有飽肚狹腹，語急言生，至極言終始，未一向耳。若謝康樂語，飽肚意多，皆得停泊，任意縱横①。鮑照言語逼迫，無有縱逸，故名狹腹之語。以此言之，則鮑公不如謝也。

【註】

①王昌齡《詩格》：「詩有六式：四曰飽肚，調怨閒雅，意思縱橫。謝靈運詩：『出谷日尚早，入舟陽已微。』此回停歇意容與。」按：所引謝詩，見《石壁精舍還湖中作》。

詩有無頭尾之體。凡詩頭①，或以物色爲頭，或以身爲頭，或以身意2爲頭，百般無定，任意以興來安穩，即任爲詩頭也。

【註】

①案：頭尾，謂全詩之結構分頭腹尾也。東卷〈二十九種對〉〈賦體對〉舉例詩曰：「『團團月挂影，納納露沾衣。』（頭）『花承滴滴露，風垂裊裊衣。』（腹）『山風晚習習，水浪夕淫淫。』（尾）」此與《悉曇輪略圖鈔》一所謂「頭者，上字也，尾者，下字也」義別，彼之所謂頭尾，乃反切上一字與下一字之謂也。

②「意」，《眼心鈔》作「心」。

凡詩，兩句即須團卻意①，句句必須有底蓋相承，翻覆而用。四句之中，皆須團意上道，必須斷其小大，使人事不錯。

【註】

①王昌齡《詩格》：「詩有六式：六曰一管摶意。謝玄暉詩：『繐帷飄井幹，樽酒若平生。』此一管論酒也。劉公幹詩：『誰謂相去遠，隔此西掖垣，拘限清切禁，中情無由宣。』此一管守官有限，不得相見也。」按：所引謝詩，見〈銅雀台妓〉；劉詩，見〈贈徐幹〉。摶意，即團意。《文選》十三賈誼〈鵩鳥賦〉注：「如淳曰：『摶音團。』」又三十一江文通〈雜體詩三十首〉注引司馬彪《莊子注》：「摶，團也。」

詩有上句言物色，下句更重拂之體。如「夜聞木葉落，疑是洞庭秋」①，「曠野饒悲風，颼颼黃蒿草」②，是其例也。

【註】

①本書《地卷》〈十七勢〉：「第八，下句拂上句勢。下句拂上句者，上句說意不快，以下句勢拂之，令意通。古詩云：『夜聞木葉落，疑是洞庭秋。』」

②王昌齡《長歌行》：「曠野饒悲風，颼颼黃（一作「多」）蒿草，繫馬倚（一作「停」）白楊，誰知我懷抱。所是（一作「見」）同袍（一作「懷」）者，相逢盡衰老，北（一作「比」）登漢家陵，南望長安道。下有枯樹根，上有鼯（一作「鼷」）鼠窩，高皇子孫盡，千載無人過，寶玉頻發掘，精靈其奈何！人生須達命，有酒且長歌。」

詩有上句言意，下句言狀；上句言狀，下句言意。如「昏旦變氣候，山水含清輝。①」「蟬鳴空桑林，八月蕭關道」②是也③。

【註】

①王昌齡《詩格》：「詩有五趣向：四曰幽深。謝靈運詩：『昏旦變氣候，山水含清輝。』」《文選》二二謝靈運〈石壁精舍還湖中作〉：「昏旦變氣候，山水含清暉。清暉能娛人，遊子憺忘歸，出谷日尚早，入舟陽已微，林壑斂暝氣，雲霞收夕霏，芰荷迭映蔚，蒲稗相因依。披拂趨南徑，愉悅偃東扉，慮澹物自輕，意愜理無違，寄言攝生客，試用此道推。」

②王昌齡《詩格》：「起首入興體十四：四曰先衣帶，後敘事入興。古詩：『蟬鳴空桑林，八月蕭關道。』此一句衣帶，一句敘事。」王昌齡〈塞下曲〉：「蟬鳴空桑林（一作「桑樹間」），八月蕭關道，出塞入塞寒（一作「復入塞」），處處黃蘆草。從來幽、并客，皆共塵沙（一作「向沙場」）老，莫學遊俠兒，矜誇紫騮好。」岑參〈胡笳歌送顏真卿〉詩：「涼秋八月蕭關道，北風吹斷天山草。」蓋出昌齡。

③「也」字原缺，今據《古鈔本》、《三寶院本》補。

凡詩，物色兼意下爲好，若有物色，無意興，雖巧亦無處用之。如「竹聲先知秋」，此名兼也①。

【註】

①《眼心鈔》此例作「物色兼意體」，詩：「竹聲先知秋」，又：「聽雞知曉月，聞雁覺秋天。」又：「見雨知心數，聞雷覺視通。」

凡高手，言物及意，皆不相倚傍。如「方塘涵清源，細柳夾道生」①，又「方塘涵白水，中有鳧與雁」②，又「綠水溢金塘」③，「馬毛縮如猬」④，又「池塘生春草，園柳變鳴禽」⑤，又「青青河畔草」⑥，「鬱鬱澗底松」⑦，是其例也。

【註】

①按：此二句倒植，當乙正。《文選》二三劉公幹〈贈徐幹〉：「誰謂相去遠，隔此西掖垣，拘限清切禁，中情無由宣，思子沈心曲，長嘆不能言，起坐失次第，一日三四遷。步出北寺門，遙望西苑園，細柳夾道生，方塘含清源，輕葉隨風轉，飛鳥何翻翻。乖人易感動，涕下與衿連，仰視白日光，皦皦高且懸，兼燭八紘內，物類無頗偏，我獨抱深感，不得與比焉。」李善注：「〈思玄賦〉曰：『旦余沐於清源。』」王昌齡《詩格》：「詩有六貴例：五曰出意，劉公幹詩：『細柳夾道生，方塘含清源。』」文末倒植，當據乙正。《眼心鈔》十八亦倒植。

②王昌齡《詩格》：「詩有六貴例：二曰貴直意，劉公幹詩：『豈不罹凝寒，松柏有本性。』又詩：

『方塘含白水，中有鳧與雁。』此高手也。」《文選》二九劉公幹〈雜詩〉：「職事相塡委，文墨紛消散，馳翰未暇食，日昃不知晏，沈迷簿領書，回回自昏亂，釋此出西城，登高且遊觀，方塘含白水，中有鳧與雁，安得肅肅羽，從爾浮波瀾。」李善注：「《楚辭》曰：『乘白水而高鶩。』」〈毛詩》曰：『弋鳧與雁。』」

③《眼心抄》十八：「言物意不倚傍體，詩：『流水溢金塘。』」「綠水」作「流水」。按：《文苑英華》一六九虞世南〈侍宴歸雁堂〉：「歌堂面綠水，舞館接金塘。」字亦作「綠水」、「金塘」，疑《眼心抄》誤。

④《文選》二八鮑明遠〈出自薊北門行〉：「羽檄起邊亭，烽火入咸陽，徵騎屯廣武，分兵救朔方，嚴秋筋竿勁，虜陣精且強，天子按劍怒，使者遙相望，雁行緣石徑，魚貫度飛梁，簫鼓流漢思，旌甲被胡霜，疾風沖塞起，沙礫自飄揚，馬毛縮如蝟，角弓不可張。時危見臣節，世亂識忠良，投軀報明主，身死爲國殤。」李善注：「《西京雜記》曰：『元封二年，大雪深五尺，野鳥獸皆死，牛馬踡縮如蝟。』」

⑤《文選》二二謝靈運〈登池上樓〉：「潛虯媚幽姿，飛源響遠音，薄霄愧雲浮，棲川怍淵沉。進德智所拙，退耕力不任，徇祿反窮海，臥痾對空林，傾耳聆波瀾，舉目眺嶇嶔。初景革緒風，新陽改故陰，池塘生春草，園柳變鳴禽。祁祁傷豳歌，萋萋感楚吟，索居易永久，離群難處心，持操豈獨古，無悶徵在今。」

⑥《文選》二九〈古詩一十九首〉：「青青河畔草，鬱鬱園中柳，盈盈樓上女，皎皎當窗牖，娥娥紅

紛妝，纖纖出素手，昔爲倡家女，今爲蕩子婦，蕩子行不歸，空床難獨守。」

⑦《文選》二一左太沖〈詠史〉：「鬱鬱澗底松，離離山上苗，以彼徑寸莖，蔭此百尺條。世胄躡高位，英俊沈下僚，地勢使之然，由來非一朝。金、張籍舊業，七葉珥漢貂，馮公豈不偉，白首不見招。」李善注：「《古詩》曰：『鬱鬱園中柳。』」

詩有天然物色，以五彩比之而不及。由是言之，假物不如真象，假色不如天然。如此之例，皆爲高手①。中手倚傍者，如「餘霞散成綺，澄江淨如練」②，此皆假物色比象，力弱不堪也③。

【註】

①《眼心鈔》此下有「如『池塘生春草，園柳變鳴禽』，如此之例，即是也。」四句十八字。

②王昌齡《詩格》：「詩有六貴例：二曰貴直意，謝玄暉詩：『餘霞散成綺，澄江靜如練。』此綺手也。」《文選》二七謝玄暉〈晚登三山還望京邑〉：「灞涘望長安，河陽視京縣，白日麗飛甍，參差皆可見，餘霞散成綺，澄江靜如練，喧鳴覆春洲，雜英滿芳甸。去矣方滯淫，懷哉罷歡宴，佳期悵何許，淚下如流霰，有情知望鄉，誰能鬒不變。」

③按：白居易〈與元九書〉：「『餘霞散成綺，澄江淨如練』，麗則麗矣，吾不知其所諷焉。」白氏取其麗而嘆其無諷喻之旨，亦對此詩之有微辭也。尋此評謂爲「中手倚傍，力弱不堪」者，蓋謂其

效王仲宣〈七哀詩〉之作也。〈七哀詩〉有云：「南登霸陵岸，回首望長安。」又云：「荆、蠻非我鄉，何爲久滯淫。」李善注固已舉之，以著其依傍之所本也。

詩有意好言真，光今絕古，即須書之於紙；不論對①與不對，但用意方便，言語安穩，即用之。若語勢②有對，言復安穩，益當爲善。

【註】

①「對」上，《三寶院本》有「有」字。

②「勢」下，原有「者」字，周校本據《眼心抄》刪，今從之。

詩有傑起險作，左穿右穴。如「古墓犁爲田，松柏摧爲薪」①，「馬毛縮如猬，角弓不可張」②，「鑿井北陵隈，百丈不及泉」③，又「去時三十萬，獨自還長安，不信沙場苦，君看刀箭瘢」④，此爲例也。

【註】

①王昌齡《詩格》：「詩有六貴例：三曰穿穴，古詩：『古墓犁爲田，松柏摧爲薪。』」《文選》二九〈古詩一十九首〉：「去者日以疏，生者日以親，出郭門直視，但見丘與墳，古墓犁爲田，松柏

摧爲薪，白楊多悲風，蕭蕭愁殺人，思還故里閭，欲歸道無因。」

②王昌齡《詩格》：「詩有六貴例：一曰貴傑起，鮑明遠詩：『馬毛縮如蝟，角弓不可張。』」鮑詩見上引《文選》二八，李善注云：「《韋曜集》：『秋風揚沙塵，寒露沾衣裳，角弓持急弦，鳩鳥化爲鷹。』」

③鮑照《擬古八首》：「鑿井北陵隈，百丈不及泉。生事本瀾漫，何用獨精堅，幼壯重寸陰，衰暮及輕年。放駕息朝歌，提爵止中山，日夕登城隅，周回視洛川，街衢積凍草，城郭宿寒煙，繁華悉何在，宮闕久崩填，空謗齊景非，徒稱夷、叔賢。」

④王昌齡〈代扶風主人答〉詩：「殺氣凝不流，風悲日（一作「月」）彩寒，浮埃起四遠，遊子彌（一作「迷」）不歡，依然宿扶風，沽酒聊自寬，寸心亦未理，長鋏誰能彈。主人就我飲，對我還慨嘆（一作「然」），便泣數行淚，因歌〈行路難〉：十五戍邊地（一作「城」），三回（疑作「十」）討樓蘭，連年不解甲，積日無所餐，將軍降匈奴，國使沒桑乾，去時三十萬，獨自還長安，不信沙場苦，君看刀箭瘢，鄉親悉零落，塚墓亦摧殘，仰攀青松枝，慟絕傷心肝。禽獸悲不去，路傍誰忍看，幸逢休明代，寰宇靜波瀾，老馬思伏櫪，長鳴力已殫，少年與運會，何事發悲端？天子初封禪，賢良刷羽翰，三邊悉如此，否泰亦須觀。」

詩有意闊心遠，以小納大之體。如「振衣千仞岡，濯足萬里流」①，古詩直言其事，不相映帶，此實高也。相映帶，詩云：「響如②鬼必附物而來」，「天籟萬物性，地籟萬物聲。」

【註】

①王昌齡《詩格》：「常用體十四：十二曰因小用大體。左太沖詩：『振衣千仞岡，濯足萬里流。』謝惠連詩：『裁用篋中刀，縫為萬里衣。』」《宋景文筆記》中：「左太沖詩曰：『振衣千仞岡，濯足萬里流。』使飄飄有世表意，不減嵇康『目送飛鴻』語。」《文選》二一左太沖〈詠史〉八首：「皓天舒白日，靈景耀神州，列宅紫宮裡，飛宇若雲浮，峨峨高門內，藹藹皆王侯。自非攀龍客，何為欻來遊，被褐出閶闔，高步追許由，振衣千仞岡，濯足萬里流。」李善注：「王粲《七釋》曰：『濯身乎滄浪，振衣乎高嶽。』」

②《全集本》校云：「『響如』下恐有脫字。」

詩有覽古者，經古人之成敗詠之是也①。

【註】

①《文選》二一盧子諒〈覽古〉詩，呂延濟注：「徐廣《晉紀》云：『諶善屬文，……嘗覽史籍，至〈藺相如傳〉，睹其志，思其人，故詠之。』」按：唐人覽古詩，多有出地名者，如于濆《秦原覽古》、徐凝〈長洲覽古〉、《金谷覽古》是也。

詠史者，讀史見古人成敗，感而作之①。

【註】

①《文選》二一有詠史詩，錄王仲宣以下九人之作。呂向注：「謂覽史書，詠其行事得失，或自寄情焉。」按：唐人詠史詩，且有成爲專集者，如胡曾《詠史詩》二卷是也。

雜詩者，古人所作，元有題目，撰入《文選》，《文選》失其題目，古人不詳，名曰雜詩①。

【註】

①《文選》二九、三〇收雜詩若干首，其第一組詩爲〈古詩十九首〉，李善注云：「並云古詩，蓋不知作者，或云枚乘，疑不能明也。詩云：『驅馬上東門』，又云：『遊戲宛與洛。』此則辭兼東都，非盡是乘明矣。昭明以失其姓氏，故編在李陵之上。」又王仲宣《雜詩》，李善注：「雜者，不拘流例，遇物即言，故云雜也。」李周翰注：「興致不一，故云雜詩。」

樂府者，選其清調合律，唱入管弦，所奏即入之樂府聚之①。如〈塘上行〉②、〈怨歌行〉③、〈長歌行〉④、〈短歌行〉⑤之類是也。

【註】

①皮日休《正樂府十篇並序》：「樂府，蓋古聖王採天下之詩，欲以知國之利病，民之休戚者也。得之者，命司樂氏奏之於塤篪，和之以管籥。詩之美也，聞之足以勸乎功，詩之刺也，聞之足以戒乎政。故《周禮》太師之職，掌教六詩；小師之職，掌諷誦詩。由是觀之：樂府之道大矣。今之所謂樂府者，唯以魏、晉之侈麗，陳、梁之浮艷，謂之樂府詩，真不然矣。故嘗有可悲可懼者，時宜於詠歌，總十篇，故命曰《正樂府詩》。」按：「聚之」，原作「聚至」，「至」當爲「之」音近之誤，今改。

②《文選》二八〈塘上行〉，李善注：「《歌錄》曰：『〈塘上行〉，古辭，或云甄皇后造，或云魏文帝，或云武帝。歌曰：蒲生我池中，葉何一離離。』」

③「歌」，原作「詩」，《眼心鈔》校云：「『詩』恐『歌』誤。」今據改正。《文選》二七班婕妤〈怨歌行〉，李善注：「《歌錄》曰：『〈怨歌行〉，古辭。』然言古者有此曲，而班婕妤擬之。」按：唐人曹鄴亦有《怨歌行》。

④《文選》二七〈長歌行〉，李善注：「崔豹《古今注》曰：『長歌，言壽命長短定分，不妄求也。』此上一篇，似傷年命，而下一首，直敘怨情。古詩曰：『長歌正激烈。』魏武帝〈燕歌行〉曰：『短歌微吟不能長。』傅玄《艷歌行》曰：『咄來長歌續短歌。』然行聲有長短，非言壽命也。」

⑤按：《文選》二七有魏武帝〈短歌行〉，二八有陸士衡〈短歌行〉，俱爲四言；唐人陸龜蒙有〈短歌行〉，則爲五言；司空圖有〈短歌行〉則爲雜言。

詠懷者，有詠其懷抱之事爲興是也①。

【註】

①《文選》二三阮嗣宗〈詠懷〉詩十七首，顏延年注曰：「說者阮籍在晉文代，常慮禍患，故發此詠耳。」

古意者，非若其古意①，當何有今意；言其效古人意，斯蓋未當擬古②。

【註】

①「非若其」，疑當作「若非具」。

②按：古意詩重在效古意，有今意。《文選》詩無古意之目，而〈效古〉詩，則自袁陽源已下，所撰亦多矣。玆錄唐人〈古意〉詩二首以示例。賈島〈古意〉：「碌碌復碌碌，百年雙轉轂，志士終（一作「中」）夜心，良馬白日足，俱爲下等閒，誰是知音（一作「者」）目，眼中兩行淚，曾吊三獻玉。（一作「別來兩淚盡，誰向荆山哭」。）」陸龜蒙〈古意〉：「君心莫淡薄，妾意正棲

托，願得雙車輪，一夜生四角。」至於擬古詩，則《文選》三〇有陸士衡〈擬古詩十二首〉，則爲擬〈古詩十九首〉之作，又有陶淵明〈擬古詩〉一首：「日暮天無雲，春風扇微和，佳人美清夜，達曙酣且歌，歌竟長嘆息，持此感人多。明明雲間月，灼灼葉中花，豈無一時好，不久當如何。」

寓言者，偶然寄言是也。①

【註】

①《文選》詩無寓言之目，兹錄唐人〈寓言〉詩二首以示例。裴夷直〈寓言〉：「秋樹却逢暖，未凋能幾時；何須尚松桂，搖動暫青枝。」杜牧〈寓言〉：「暖風遲日柳初含，顧影看身又自慚；何事明朝獨惆悵，杏花時節在江南。」

夫詩，有生殺回①薄，以象四時，亦稟人事，語諸類並如之。諸②爲筆，不可故不對，得還須對。

【註】

①「回」下，《無點本》有「落」字，誤衍。本書《地卷》〈十七勢〉：「第十四，生殺回薄勢。生殺回薄勢者，前說意悲涼，後以推命破之；前說世路矜騁榮寵，後以至空之理破之入道是也。」

②「諸」，《眼心鈔》作「凡」。

夫語對者，不可以虛無而對實象。若用草與色爲對，即虛無之類是也。

夫詩格律，須如金石之聲。〈諫獵書〉①甚簡小直置，似不用事，而句句皆有事②，甚善甚善；〈海賦〉太能③；〈鵩鳥賦〉④等，皆直把無頭尾⑤；〈天台山賦〉能律聲，有金石聲。孫公云：「擲地金聲。⑥」此之謂也。〈蕪城賦〉⑦，大才子有不足處，一歇哀傷便已，無有自寬知道之意。

【註】

①司馬長卿〈上書諫獵〉，見《文選》三九。

②《顏氏家訓》〈文章〉篇：「沈隱侯曰：『文章當從三易：易見事，一也；易識字，二也；易誦讀，三也。』邢子才常曰：『沈侯文章，用事不使人覺，若胸臆語也。』深以此服之。祖孝徵亦嘗謂吾曰：『沈詩云：「崖傾護石髓。」此豈似用事耶？』」

③《文選》十二木玄虛〈海賦〉，李善注：「《今書七志》曰：『木華，字玄虛。』《華集》曰：『爲楊駿府主簿。』傅亮《文意志》曰：『廣川木玄虛爲〈海賦〉，文甚儁麗，足繼前良。』」《南齊書》〈張融傳〉：「融浮海至交州，於海中作〈海賦〉，文辭詭激，獨與衆異；後還京，以示顧愷之，愷之曰：『此賦實超玄虛，但恨不道鹽耳。』融即求筆注之曰：『漉沙構白，

熬波出素，積雪中春，飛霜暑路。』此四句後所足也。」

④賈誼〈鵩鳥賦〉，見《文選》十三及《漢書》〈本傳〉。

⑤本書《地卷》〈十七勢〉，第一，直把入作勢。王昌齡《詩格》：「起首入興體十四：十曰把情入興，十一曰把聲入興。」即此直把之義。

⑥孫興公〈遊天台山賦〉，見《文選》十一。《世說新語》〈文學〉篇：「孫興公作〈天台賦〉成，以示范榮期，云：『卿試擲地，要作金石聲。』范曰：『恐子之金石，非宮商中聲。』然每至佳句，輒云：『應是我輩語。』」劉孝標注曰：「『赤城霞起而建標，瀑布飛流而界道』，此賦之佳處。」

⑦鮑明遠〈蕪城賦〉，見《文選》十一，李善注：「《集》云：『登廣陵故城。』」

詩有「明月下山頭，天河橫戍①樓，白雲千萬里，滄江朝夕流。浦沙望如雪，松風聽似秋，不覺煙霞曙，花鳥亂芳洲」，並是物色，無安身處，不知何事如此也。

【註】

①「戍」，原作「戎」，今據《古鈔本》、《無點本》校改。

詩有平①意興來作者，「願子勵風規，歸來振羽儀。嗟余今老病，此別恐長辭。②」蓋無比興，一時之能也。

【註】

①「平」，疑當作「憑」。

②《文苑英華》二六六徐陵〈別毛尚書〉：「願子厲風規，歸來振羽儀。嗟余今老病，此別空長離，白馬君來哭，黃泉我詎知，徒勞脱寶劍，空掛隴頭枝。」

詩有「高台多悲風，朝日①照北林」②，則曹子建之興也。阮公〈詠懷詩〉曰：「中夜不能寐，謂時暗也。起坐彈鳴琴。憂來彈琴以自娛也。薄帷鑒③明月，言小人在位，君子在野，蔽君猶如④薄帷中映明月之光。清風吹我襟。獨⑤有其日月以清懷也。⑥孤鴻號外野，翔鳥鳴北林。近小人也。⑦」

【註】

①「日」，原作「方」，今據《古鈔本》、《箋本》、《眼心鈔》校改。

②皎然《詩議》〈評論〉：「重意以上，皆文外之旨，若遇高手康樂公覽而察之，但見情性，不睹文字，蓋詩道之極也。二重意，如曹子建云：『高台多悲風，朝日照北林。』王維詩：『秋風正蕭索，客散孟嘗門。』王昌齡詩：『別意猿鳥外，天寒桂水長。』」《文選》二九曹子建〈雜詩〉六

首：「高台多悲風，朝日照北林。之子在萬里，江湖迥且深，方舟安可極，離思故難任。孤雁飛南遊，過庭長哀吟，翹思慕遠人，願欲托遺音，形影忽不見，翩翩傷我心。」李善注：「此六篇，並托喻傷政急，朋友道絕，賢人爲人竊勢。別京已後，在鄄城思鄉而作。《新語》曰：『高台喻京師；悲風，言教令；朝日，喻君之明；照北林，言狹，比喻小人。』《新序》曰：『高堂百仞。』」按：「《新語》」字有訛誤，未詳。

③「鑒」，原作「監」，今據《古鈔本》、《三寶院本》、《無點本》、《眼心鈔》校改。

④「如」下，原有「已」字，《古鈔本》、《三寶院本》、《無點本》作「也」，《眼心鈔》無此字，今據刪。

⑤「獨」，原作「猶」，今據《古鈔本》、《長寬寫本》、《眼心鈔》校改。

⑥「也」字原缺，今據《古鈔本》、《眼心鈔》補。

⑦王昌齡《詩格》：「詩有六式：一曰淵雅；如或一覽意窮，謂之浮淺。阮嗣宗詩：『中夜不能寐，起坐彈鳴琴。』」《文選》二三阮嗣宗〈詠懷詩〉十七首：「夜中不能寐，起坐彈鳴琴，薄帷鑒明月，清風吹我衿，孤鴻號外野，朔鳥鳴北林，徘徊將何見，憂思獨傷心。」顏延年、沈約等注：「臧榮緒《晉書》曰：『阮籍，字嗣宗，陳留尉氏人也。容貌瑰傑，志氣宏放。蔣濟辟爲掾，後謝病去，爲尚書郎，遷步兵校尉，卒。』說者，阮籍在晉文代，常慮禍患，故發此詠耳。嗣宗身仕亂朝，常恐罹謗遇禍，因茲發詠，故每有憂生之嗟；雖志在刺譏，而文多隱避，百代之下，難以情測，故粗明大意，略其幽旨也。」

凡作文，必須看古人及當時高手用意處，有新奇調學之。

詩貴銷題目中意盡，然看當所見景物與意愜者相兼道。若一向言意，詩中不妙及無味；景語若多，與意相兼不緊①，雖理道亦無味。昏旦景色，四時氣象，皆以意排之，令有次序，令兼意說之，爲妙。旦日出初，河山林嶂涯壁間，宿霧及氣靄，皆隨日色照著處便開。觸物皆發光色者，因霧氣濕著處，被日照水光發。至日午，氣靄雖盡，陽氣正甚，萬物蒙蔽，卻不堪用。至曉②間，氣靄未起，陽氣稍歇，萬物澄淨，遙目此乃堪用。至於一物，皆成光色，此時乃堪用思。所說景物必須好似四時者。春夏秋冬氣色，隨時生意。取用之意，用之時，必須安神淨慮③。目睹其物，即入於心；心通其物，物通即言。言其狀，須似其景。語須天海之內，皆入納於方寸。至清曉，所覽遠近景物及幽所奇勝，概皆須任意自起④。意欲作文，乘興便作，若似煩即止，無令心倦⑤。常如此運之，即興無休歇，神終不疲。

【註】

①「緊」，原作「豎」，今據《古鈔本》校改。王昌齡《詩格》：〈常用體十四：十一曰緊體。〉即此緊字之義。

②周校云：「『曉』，疑當作『晚』。」

③《文心雕龍》〈神思〉篇：「陶鈞文思，貴在虛靜，疏瀹五藏，澡雪精神。」

④「意」，《古鈔本》、《三寶院本》、《無點本》作「思」。王昌齡《詩格》：「詩有三境：一曰物境。欲爲山水詩，則張泉石雲峰之境，極麗絕秀者，神之於心，處身於境，視境於心，瑩然掌中，然後用思，了然境象，故得形似。二曰情境。娛樂愁怨，皆張於意，而處於身，然後馳思，深得其情。三曰意境。亦張之於意，而思之於心，則得其真矣。」

⑤本章上文云：「夫作文章，但多立意。令左穿右穴，苦心竭智，必須忘身，不可拘束。思若不來，即須放情卻寬之，令境生。然後以境照之，思則便來，來即作文。如其境思不來，不可作也。」

凡神不安，令人不暢無興。無興即任睡，睡大養神①。常須夜停燈②任自覺，不須強起。強起即惛迷，所覽無益。紙筆墨常須隨身③，興來即錄。若無筆紙，羈旅之間，意多草草。舟行之後，即須安眠。眠足之後，固多清景，江山滿懷，合而生興，須屏絕事務，專任情興。因此，若有制作，皆奇逸。看興稍歇，且如詩未成，待後有興成，卻必不得強傷神。敎古文章，不得隨他舊意，終不長進④；皆須百般縱橫，變轉數出，其頭段段皆須令意上道，卻後還收初意。「相逢楚水寒」詩是也⑤。

【註】

①本章上文云：「凡詩人夜間床頭，明置一盞燈。若睡來任睡，睡覺即起，興發意生，精神清爽，了

了明白，皆須在意中。」

②停燈，謂蓄留燈火，不撲滅之也。徐陵〈和王舍人送客未還，閨中有望〉詩：「綺燭停不滅，高扉掩朱關。」白居易〈歲暮夜長病中燈下閻盧尹夜宴以詩戲之且爲來日張本也〉：「當君秉燭銜杯夜，是我停燈服藥時。」又〈哀病〉詩：「行多朝散藥，睡少夜停燭。」朱慶餘〈近試上張水部〉：「洞房昨夜停紅燭，待曉堂前拜舅姑。」停燭、停燈，一也。「停燈」，猶今言留燈也，謂不滅燈火也。謝朓《冬諸羈懷示蕭諮議廣田曹劉江二常侍》：「寒燈耿宵夢。」宵夢而寒燈猶耿然，明古人終夜不滅燈也。本書西冊《文二十八種病》：《盒鐵病。即假作寒詩曰：『魚燈徹宵燃。』即「停燈」之確詁也。文曰「停燭」，徐陵《和王舍人送客未還閨中有望》：「綺燭停不滅，高匪掩朱關。」白居易《歲暮夜長病中燈下聞盧尺夜宴以詩戲之且爲來日張本也》：「當君秉燭御杯夜，是我停燈服藥時。」又《哀病》：「行多朝散藥，睡少夜停燭。」朱慶餘《近試上張水部》：「洞房昨夜停紅燭，待曉堂前拜舅姑。」

③徐陵《玉台新詠序》：「琉璃硯匣，終日隨身；翡翠筆床，無時離手。」

④本章上文云：「巧運言詞，精練意魄，所作詞句，莫用古語及今爛字舊意。改他舊語，移頭換尾，如此之人，終不長進。」《眼心鈔》無「進」字，非是。

⑤本章上文云：「詩頭皆須造意，意須緊。然後縱橫變轉。如『相逢楚水寒』，送人必言其所矣。」

凡詩立意，皆傑起險作，傍若無人，不須怖懼。古詩云：「古墓犁爲田，松柏摧爲薪」，及「不信沙場苦，君看刀箭瘢」是也。①

【註】

①本章上文云：「詩有傑起險作，左穿右穴。如『古墓犁爲田，松柏摧爲薪』，……又『去時三十萬，獨自還長安，不信沙場苦，君看刀箭瘢』，此爲例也。」

詩不得一向把①。須縱橫而作；不得轉韻，轉韻即無力。落句須令②思常如未盡始好。如陳子昂詩落句云：「蜀門自茲始，雲山方浩然」③是也。

【註】

①本書〈地卷〉〈十七勢〉：「第十五，理入景勢。理入景勢者，詩不可一向把理，皆須入景語始清味。」

②「令」，周校本引《考文篇》云：「疑爲『含』。」

③陳子昂〈西還至散關答喬補闕知之〉：「葳蕤蒼梧鳳，嘹唳白露蟬，羽翰本非匹，結交何獨全。昔君事胡馬，余得奉戎旃，攜手向沙塞，關河緬幽、燕，芳歲幾陽止，白日屢阻遷，功業雲台薄，平生玉佩捐。歎此南歸日，猶聞北戍邊，代水不可涉，巴江亦潺湲，攬衣度函谷，銜涕望秦川，蜀門自茲始，雲山方浩然。」

夫文章之體，五言最難，聲勢沉浮，讀之不美。句多精巧，理合陰陽；包天地而羅萬物，籠日月而掩蒼生。其中四時調於遞代①，八節正於輪環；五音五行，和於生滅；六律六呂，通於寒暑。

【註】

①《楚辭》宋玉〈招魂〉：「二八侍宿，射遞代些。」王逸注：「言意有厭倦，則更使相代也。或曰：遞代夕暮也。」

凡文章不得不對，上句若安重字、雙聲、疊韻，下句亦然。若上句偏安，下句不安，即名爲離支①；若上句用事，下句不用事，名爲缺偶②。故梁朝湘東王《詩評》云：「作詩不對，本是吼文，不名爲詩。」

【註】

①「支」，原作「友」，今據《古鈔本》、《無點本》校改。離支病，本書西卷〈文二十八種病〉第二十一作「支離病。」

②〈文二十八種病〉第十一曰闕偶病，即此是也。

夫作詩用字之法，各有數般：一敵體①用字，二同體用字，三釋訓用字，四直用字。但解作詩，一切文章，皆如此法。若相聞書題、碑文、墓誌、赦書、露布、牋、章、表、奏、啟、策、檄、銘、誄、詔、誥、辭、牒、判，一同此法。今世間之人，或識清而不知濁，或識濁而不知清。若以清爲韻，餘盡須用清；若以濁爲韻，餘盡須濁；若清濁相和，名爲落韻②。故李《音序》③曰：「篇名落韻，下篇通韻。」以草木如此④。

【註】

①敵體，謂敵對、相背之體。

②《悉曇藏》二引《四聲譜》：「韻有二種：清濁各別爲通韻，清濁相和爲落韻。」《詩人玉屑》二引《緗素雜記》：「鄭谷與僧齊己、黃損等，共定《今體詩格》云：『凡詩用韻有數格：一曰進退。進退韻者，一進一退；失此則繆矣。』余按：《倦遊錄》載唐介爲台官，廷疏宰相之失。仁廟怒，謫英州別駕，朝中士大夫以詩送行者頗眾，獨李師中待制一篇，爲人傳誦。詩曰：『孤忠自許眾不與，獨立敢言人所難。去國一身輕似葉，高名千古重於山。並遊英俊顏何厚，未死奸諛骨已寒。天爲吾君扶社稷，肯教夫子不生還。』此正所謂進退韻格也。按《韻略》：『難』字第二十五，『山』字第二十七，『寒』字又在第二十五，而『還』字又在第二十七。一進一退，誠合體格，豈率爾而爲之哉。近閱《冷齋夜話》、載當時唐、李對答語言，乃以此詩爲落韻詩；蓋渠伊不

見鄭谷所定《詩格》有『進退』之説，而妄爲云云也。」何光遠《鑒誡錄》三〈落韻貶〉：「李恨朝廷久無牽復之命，裁落韻詩以譏之。……落韻詩曰：『路傍傷羸牛，羸牛身已老，兩眼不能開，四蹄行欲倒。牛曾少壯時，歲歲耕田早，耕卻春秋田，駕車長安道；今日領頭穿，無人飼水草。喘也不能喘，問也没人問。』又曰：『炎蒸不可度，執爾生涼風，在物誠非器，於人還有功，殷勤九夏內，寂寞三秋中。想君應有語，棄我如秋扇。』」器按：據此，則落韻格與進退自有區別也。張侃《拙軒集》卷五〈跋揀詞〉：「大觀、崇寧中，大樂闕徵調，議者請補之。丁仙現曰：『音亡已久，非樂工所能爲，不可以妄意增。』蔡魯公使次樂工爲之，末音寄殺他調，召眾工按試尚書省庭。仙現曰：『曲甚好，只是落韻。』郭沔曰：『詞中仄字，上去二聲可用平聲，惟入聲不可用上三聲，用之則不協，近體如〈好事近〉、〈醉落魄〉，只許押入聲。』」按：郭沔之言上去二聲與入聲用法，即此言清濁須分之意也。

③器按：李《音序》，疑指李槩《音韻決疑序》。

④《古鈔本》、《三寶院本》、《長寬寫本》、《眼心鈔》無此注文。《全集本》校云：「夾注難訓。」又云：「『木』恐『本』歟。」

凡文章體例，不解清濁規矩，造次①不得制作。制作不依此法，縱令合理，所作千篇，不堪施用。但比②來潘郎，縱解文章，復不閑清濁；縱解清濁，又不解文章。若解此法，即是文章之士。爲若③不用此法，聲名難得。故《論語》云：「學而時習之」④，此謂也。若

「思而不學，則⑤危殆也」⑥。又云：「思之者，德之深也。⑦」

【註】

①《論語》〈里仁〉篇：「造次必於是。」造次，倉卒也。

②「比」，原作「此」，今據《無點本》校改。潘郎，蓋指潘岳。沈約《宋書》〈謝靈運傳論〉：「自靈均以來，多歷年代，雖文體稍精，而此秘未睹；至於高言妙句，音韻天成，皆暗與理合，匪由思至。張、蔡、曹、王，曾無先覺；潘、陸、顏、謝，去之彌遠。」當即此文所本。

③「爲若」，《眼心鈔》作「若爲」。《箋本》校云：「按：『爲』當作『焉』。」

④見〈學而〉篇。

⑤「則」字原脱，今據《古鈔本》訂補。

⑥今本〈爲政〉篇作「思而不學則殆」。

⑦未詳。

或曰①：夫詩有三四五六七言之別，今可略而敍之。三言始於《虞典》②〈元首〉之歌。四言本出《南風》③，流於夏世，傳至韋孟④，其文始具。六言散在《騷》、《雅》⑤。七言萌於漢代⑥。五言之作，〈召南〉〈行露〉⑦，已有濫觴，漢武帝時，屢見全什⑧，非本李少卿也。以上略同古人⑨。少卿以傷別爲宗，文體未備⑩，意悲詞⑪切，若偶中音⑫響，〈十九首〉之流也。古詩以諷興爲宗，直而不俗，麗而不朽，格高而詞温，語近而意遠，情浮於語，偶象則發，不以力制，故皆合於語，而生自然⑬。建安三祖⑭、七子⑮，五言始盛⑯，風裁爽朗，莫之與京⑰，然終傷用氣使才⑱，違於天真，雖忘從容⑲，而露造跡⑳。正始中，何晏、嵇、阮之儔也㉑，嵇興高邈，阮旨閒曠㉒，亦難爲等夷；論其代㉓，則漸浮侈矣。晉世尤尚綺靡，古人云：「彩縟於正始，力柔於建安。㉔」宋初文格，與晉相沿，更憔悴矣㉕。

【註】

①器按：此所引或曰，皎然《詩議》文也。

②「典」，原誤「興」，今據《詩議》校改。

③「本出南風」，《詩議》作「本於〈國風〉」。

④器按：指韋孟〈諷諫〉詩。《文選》十九韋孟〈諷諫〉一首，四言並序：「孟爲元王傅，傅子夷王及孫王戊，戊荒淫不遵道，作詩諷諫。」

⑤器按：《騷》指《離騷》「朕皇考曰伯庸」、「肇錫余以嘉名」之屬也；《雅》，指《詩》〈周南〉〈卷耳〉「我姑酌彼金罍」之屬是也。

⑥「代」字原脱，今據《詩議》補。此指漢武帝〈柏梁台聯句〉也。

⑦《詩經》〈召南〉〈行露〉：「誰謂雀無角，何以穿我屋？誰謂女無家，何以速我獄？……誰謂鼠

無牙，何以穿我墉？誰謂女無家，何以速我訟？」

⑧器按：此所言全什，即謂全篇，與駱賓王〈於紫雲觀贈道士詩序〉所言之「短什」爲短篇義同。尋《文選》五〇沈休文〈宋書謝靈運傳論〉：「升降謳謠，紛披風什。」李善注：「《毛詩》題曰〈鹿鳴〉之什，說者云：『詩每十篇同卷，故曰什也。』」陸德明《爾雅釋文》：「什者，歌詠之作，非止一人，篇數既多，故以十篇編爲一卷，名之爲什。」龔鼎臣《東原錄》：「世俗稱詩曰佳什，或曰見贈見寄之什，有以一篇爲什者；似以什爲詩之別名，殊失其旨。據《詩》、〈大雅〉、〈小雅〉、〈周頌〉，凡於其始，則曰某詩之什，至其終，則曰某詩之什若干篇以上也；《周禮》宮正：『會其什伍。』先儒以五人爲伍，二五爲什。唯《魯頌》亦曰《駉》之什，至其中以數不足，故曰《駉》四篇。然則詩一篇以上稱什可也。」

⑨器按：此所謂「略同古人」者，蓋指《文心雕龍》也。《文心雕龍》〈章句〉篇曰；「至於《詩》《頌》大體，以四言爲正，唯祈父、肇禋，以二言爲句。尋二言肇於黃世，〈竹彈〉之謠是也；三言興於虞時，〈元首〉之詩是也；四言廣於夏年，〈洛汭〉之歌是也；五言見於周代，〈行露〉之章是也。六言七言，雜出《詩》、《騷》，而體之篇（有闕誤），成於兩漢，情數運周，隨時代用矣。」尋彥和此言，亦本之摯虞，《詩經》〈小雅〉〈鹿鳴〉之什，《正義》引摯虞〈文章流別論〉曰：「古詩有三言、四言、五言、六言、七言、九言。大率以四言爲體，而時有一句二句雜在四言之間，後世演之，遂以爲篇。古詩之三言者，『振振鷺，鷺於飛』之屬是也，〈漢郊廟歌〉多用之。五言者，『誰謂雀無角，何以穿我屋』之屬是也，於俳諧倡樂多用之。六言者，『我

姑酌彼金罍』之屬是也，樂府亦用之。七言者，『交交黃鳥止於桑』之屬是也，於俳諧倡樂多用之。古詩之九言者，『泂酌彼行潦挹彼注茲』之屬是也，不入歌謠之章。」

⑩《詩議》無「以傷別爲宗，文體未備」二句九字。

⑪「詞」，原作「調」，今據《詩議》校改。

⑫「音」，《詩議》作「奇」。

⑬自「古詩以諷興爲宗」，至「而生自然」，凡十句四十六字，《詩議》無；《眼心鈔》移此與下文「古律之別」相合，自爲一節。

⑭《文選》三九任彥升〈奉答勑示七夕詩啟〉：「魏稱三祖。」李善注：「三祖，謂魏武、文、明也。《魏志》：『高貴鄉公詔曰：「昔三祖神武聖德，應天受祚。」』」又五〇〈宋書謝靈運傳論〉：「至於建安，曹氏基命，三祖、陳、王，咸蓄盛藻。」李善注：「《魏志》曰：『明帝青龍四年，有司奏武皇帝爲魏太祖、文皇帝爲魏高祖、明皇帝爲魏列祖也。』」

⑮《文選》五二魏文帝〈典論．論文〉：「今之文人：魯國孔融文舉，廣陵陳琳孔璋，山陽王粲仲宣，北海徐幹偉長，陳留阮瑀元瑜，汝南應瑒德璉，東平劉楨公幹。斯七子者，於學無所遺，於辭無所假，咸以自騁驥騄於千里，仰齊足而並馳。」《滄浪詩話》〈詩體〉：「以時而論，則有建安體。」原注：「漢末年號。曹子建父子及鄴中七子之詩。」

⑯「盛」，《詩議》作「成」。

⑰「風裁爽朗，莫之與京」，《詩議》無。《左傳》莊公二十二年：「莫之與京。」京，大也。

⑱《文心雕龍》〈明詩〉篇：「暨建安之初，五言騰踴，文帝、陳思，縱轡以騁節，王、徐、應、劉，望路而爭驅，並憐風月，狎池苑，述恩榮，敘酣宴，慷慨以任氣，磊落以使才。」即此文所本。又《文心》〈時序〉篇敘建安文學云：「良由世積亂離，風衰俗怨，並志深而筆長，故梗概而多氣也。」

⑲「忘」，《古鈔本》、《三寶院本》、《無點本》作「忌」。「從」，原作「松」，今從《無點本》校改。

⑳「使才」至「而露造跡」十四字，《詩議》無。

㉑《滄浪詩話》〈詩體〉：「以時而論，則有……正始體。」原注：「魏年號。嵇、阮諸公之詩。」

㉒《文心雕龍》〈明詩〉篇：「正始明道，詩雜仙心，何晏之徒，率多浮淺。惟嵇志清峻，阮旨遙深，故能標焉。」即此文所本。

㉓「嵇興高邈」至「論其代」十六字，《詩議》無。

㉔《文心雕龍》〈明詩〉篇：「晉世群才，稍入輕綺，張、潘、左、陸，比肩詩衢，彩縟於正始，力柔於建安。」《詩議》無「古人云」二句。

㉕「憔悴」，《詩議》作「顦顇」，字同。

論人，則康樂公①秉②獨善之資，振頹靡之俗。沈建昌③評：「自靈均已來，一人而已。」此後，江寧侯④溫而朗；鮑參軍麗而氣多，雜體〈從軍〉⑤，殆凌前古，恨其縱舍⑥

盤薄，體貌猶少；宣城公情致蕭散，詞澤義精，至於雅句殊章，往往驚絕⑦；何水部⑧雖謂格柔，而多清勁，或常態未剪，有⑨逸對可嘉，風範波瀾，去謝遠矣。柳惲⑩、王融、江總⑪三子，江則理而情，王則情⑫而麗，柳則雅而高。予知柳吳興名屈於何，格居何上。中間諸子，時有片言隻句，縱敵於古人，而體不足齒。或者隨流，風雅泯絕，八病雙枯，載發文蠹，遂有古律⑬之別，古詩三等：正，偏，俗⑭；律詩三等：古，正，俗。頃⑮作古詩者，不達其旨，效得庸音⑯，競壯其詞，俾令虛大。或有所至，已在古人之後，意熟語舊，但見詩皮，淡而無味。予實不誣，唯知音者知耳。

【註】

①按：皎然爲謝靈運遠裔，故稱之爲康樂公，其稱謝朓爲宣城公，義亦猶此。

②「秉」，原作「康」，周校本據皎然《詩議》改，今從之。

③梁武帝受禪，沈約爲尚書僕射，封建昌侯，謚曰隱。

④江寧侯，未詳，或以爲「王寧朔」之誤。王融曾官寧朔將軍，而下文又出王融，並云「王則情而麗」，有以知其誣矣。

⑤今《鮑集》無此題。

⑥周校本曰：「『舍』，疑當作『橫』。」

⑦鮑照〈芙蓉賦〉：「稟若華之驚絕。」

⑧何遜嘗爲尚書水部郎，故世稱何水部。

⑨「有」字，《眼心鈔》無。

⑩《梁書》〈柳惲傳〉：「惲文字暢，河東解人也。少有志行，好學，善尺牘，善彈琴。齊竟陵王引爲法曹行參軍，雅被賞狎。天監元年，除長史，兼侍中，與僕射沈約等共定新律。惲立行貞素，以貴公子早有令名，少工篇什，爲詩曰：『亭皋木葉下，隴首秋雲飛。』王元長見而嗟賞，至是預曲宴，必被詔賦詩。嘗奉和高祖〈登景陽樓〉，中篇云：『太液滄波起，長楊高樹秋，翠華承漢遠，雕輦逐風遊。』深爲高祖所美，當時咸共稱傳。二年，出爲吳興太守，六年，徵爲散騎常侍，遷左民尚書，後復爲吳興太守，天監十六年卒，時年五十三。」

⑪《陳書》〈江總傳〉：「江總，字總持，濟陰考城人。初仕梁，累官至尚書僕射；陳天嘉中，轉太子詹事；後主嗣位，歷任尚書令，不持政務，日與後主遊宴後庭；陳亡，入隋，拜上開府，開皇中卒。有集三十卷。」

⑫「情」，《長寬寫本》作「清」。

⑬《新唐書》〈杜甫傳贊〉：「唐興，詩人承陳、隋風流，浮靡相矜；至宋之問、沈佺期等研揣聲音，浮切不差，而號律詩，競相襲沿。」張表臣〈珊瑚鉤詩話〉三：「吟詠情性，總合而言志謂之詩。蘇、李而上，高簡古淡，謂之古；沈、宋而下，法律精切，謂之律。」李之儀《姑溪居士文集》十六〈謝人寄詩並問詩中格目小紙〉：「近體見於唐初，賦平聲爲韻，而平側協其律，亦曰律詩。由有律體，遂分往體；就以賦側聲爲韻，從而別之，亦曰古詩。」

⑭《紺珠集》九引《古今名賢集》：「正格偏格：詩第二字側入，謂之正格，『鳳歷軒轅記，龍飛四十春。』第二字平入，謂之偏格，如『四更山吐月，殘月水明樓。』唐律詩多因正格，杜詩側入，十無一二。」《冰川詩式》五：「五言絕句平仄式：正格，此法以第二字仄入，謂之正格。《武侯廟》，唐杜甫：『遺廟丹青落，空山草木長；猶聞辭後主，不復卧南陽。』偏格，此法以第二字平入，謂之偏格。《秋朝覽鏡》，唐薛稷：『客心驚落木，夜坐聽秋風；朝日看容鬢，生涯在鏡中。』俗格，下自有焉。」又：「按五言律，貴字字平仄諧和，失粘失律，皆不合律。然唐人詩亦有數格，今錄以備。正格，《春秋喜雨》，杜甫：『好雨知時節，當春乃發生。隨風潛入夜，潤物細無聲。野徑雲俱黑，江船火獨明。曉看紅濕處，花重錦官城。』偏格，《題李疑幽居》，唐賈島：『閒居少鄰並，草徑入荒園。鳥宿池邊樹，僧敲月下門。過橋分野色，移石動雲根。暫去還來此，幽期不負言。』」

⑮「頃」，原作「須」，今據《眼心鈔》校改。

⑯《文選》十七陸士衡〈文賦〉：「放庸音以足曲。」李善注：「《爾雅》曰：『庸，常也。』」《梁書》〈鍾嶸傳〉：「《詩評序》曰：『庸音雜體，各爲家法。』」又《庚肩吾傳》：「雖是庸音，不能閣筆。」

律家之流，拘而多忌，失於自然，吾常①所病也。必不得已，則削其俗巧，與②其一體。一體者，由③不明詩對，未階大道④。若《國風》、《雅》、《頌》之中，非一手作，或有暗同，不在此也。其詩云：「終朝采菉⑤，不盈一掬。⑥」又詩曰：「采采⑦卷耳，不盈傾筐。⑧」興雖別而勢同。若《頌》中，不名一體。夫累對⑨成章，高手有互變⑩之勢，列篇相望，殊狀更多。若句句同區，篇篇共轍，名爲貫魚⑪之手，非變之才也。俗巧者，由不辨正氣，習俗師弱弊之過也⑫。其詩云：「樹陰逢歇馬，魚潭見洗⑬船。⑭」又詩云：「隔花遙勸酒⑮，就水更移床。⑯」何則⑰？夫境象不一⑱，虛實難明，有可睹而不可取，景也；可⑲聞而⑳不可見，風也；雖繫乎我形，而妙用無體，心也；義貫眾象，而無定質；色也。凡此等，可以對㉑虛，亦可以對實。

【註】

①「常」，《詩議》作「嘗」。

②與，許也。

③「由」字，《詩議》無之，非是。此與下文「俗巧者由不辨正氣」云云對文。

④「未階大道」，原作「未皆大通」，今據《詩議》校正。《史記》《孝文本紀》：「俱棄細過，偕之大道。」當爲此文所本。

⑤《詩經》《小雅》《采綠》作「終朝采綠」，《傳》云：「自旦及食時爲終朝。兩手曰匊。」《箋》云：「綠，王芻也，易得之菜也，終朝采之而不滿手，怨曠之深，憂思不專於事。」

⑥「掬」，《詩經》作「匊」。

⑦「采采」上，原衍「終日」二字，今據《古鈔本》《長寬寫本》刪削。

⑧《詩經》《周南》《卷耳》作「不盈頃筐」，《傳》云：「采采，事采之也。卷耳，苓耳也。頃筐，畚屬，易盈之器也。」《釋文》：「頃，音傾。《韓詩》云：『頃筐，欹筐也。』」

⑨「對」，原作「體」，今據《古鈔本》、《三寶院本》、《無點本》校改，對即上文所言詩對也。

⑩《詩品》云：「陸賈賦孟春，然變之當也。」即此變字之義，所謂變通也。

⑪《易》《剝》：「貫魚，以宮人寵。」王弼注：「貫魚，謂此眾陰也，駢頭相次，似貫魚也。」按：此文亦謂以類相次之意。

⑫「習俗師弱弊之過也」，《詩議》作「習弱師弊之道也」。按：西卷《文二十八種病》第二十五「文贅」條亦云：「是則俗巧弱弊之過也。」

⑬「洗」，《無點本》作「般」，疑俱誤。

⑭庾信《歸田》詩：「務農勤九穀，歸來嘉一廛，穿渠移水碓，燒棘起山田，樹陰逢歇馬，魚潭見酒船，苦李無人摘，秋瓜不直錢，社雞新欲伏，原蠶始更眠，今日張平子，翻爲人所憐。」

⑮「勸酒」，《詩議》作「飲酒」。

⑯庾信《結客少年場行》：「結客少年場，春風滿路香，歌撩李都尉，果擲潘河陽，隔花遙勸酒，就水更移床。今年喜夫婿，新拜羽林郎，定知劉碧玉，偷嫁汝南王。」

⑰「何則」二字，《詩議》無。

⑱「境象不一」，《詩議》作「景象非一」。

⑲「可」上，《長寬寫本》有「有」字。

⑳「而」字原缺，今據《古鈔本》、《三寶院本》、《長寬寫本》訂補。

㉑「對」，《詩議》作「偶」，下句同。

又曰：至如渡頭、浦口，水面、波心，是俗對①也。上句青，下句綠；上句愛，下句憐：下對也。「青山滿蜀道，綠水向荆州。②」語麗而掩瑕也。句中多著映帶、傍佯等語，熟字也。制錦、一同、仙尉③、黃綬，熟名也。溪溠、水隈、山脊、山肋，俗名也。若個、占剩，俗字也。俗有二種：一，鄙俚俗，取例可知；二，古今相傳俗，詩云：「小婦無所作，挾瑟上高堂」④之類是也。又如送別詩，山字之中，必有離顔；溪字之中，必有解攜⑤；送字之中，必有渡頭字；來字之中，必有悠哉。如遊寺詩，鷲嶺雞⑥岑，東林⑦彼岸；語居士以謝公⑧爲首，稱高僧以支公⑨爲先。又柔其詞，輕其調，以「小」字飾之，「花」字妝之，「漫」字潤之，「點」字彩之，乃云「小溪花懸，漫水點山」。苦體裁已成，唯少此字，假以圓文，則何不可。然取捨之際，有斲輪⑩之妙哉，知音之徒，固當心證。調笑叉語⑪，似謔似讖，滑稽皆爲詩贅，偏入嘲詠，時或有之，豈足爲文章乎？剖宋玉俗辯⑫之能，廢東方不雅⑬之說，始可議其文也⑭。

【註】

①「對」，《詩議》作「類」。

②「州」，原作「洲」，今據《古鈔本》校改。此崔顥《寄盧象詩》句也。

③「仙尉」，原作「仙廚」，今據《古鈔本》、《長寬寫本》校改。仙尉，見《漢書》《梅福傳》。

④按：古調曲《相逢行》云：「大婦織羅綺，中婦織流黃，小婦無所作，挾瑟上高堂，丈人且安坐，調絲未遽央。」六朝人好作《三婦艷》詞，陳陳相因，此則古今相傳之俗也。

⑤解攜，猶言分手，對攜手而言也。唐人習用語。駱賓王《與博昌父老書》：「自解攜襟袖，一十五年。」杜甫《水宿遣興奉呈群公》：「異縣驚虛往，同人惜解攜。」劉長卿《六言詩》：「晴川落日初低，惆悵孤舟解攜。」韋莊《贈雲陽裴明府》：「南北三年一解攜，海爲深谷岸爲蹊。」又《江皋贈別》：「金管多情恨解攜。」又《憶小女銀娘》：「蕩槳揚帆各解攜。」羅虬《比紅兒》：「月落潛奔暗解攜，本心誰道獨單棲。」按《文選》二六陸士衡《赴洛》二首：「撫膺解攜手。」李善注：「《毛詩》曰：『攜手同行。』」此言解攜之所本。《廣雅》《釋詁》：「攜，解，散也。」又作「分攜」，李商隱《飲席贈同舍》詩：「洞中屐響省分攜，不是花迷客自迷。」

⑥「雞」，《眼心鈔》作「鶴」。按：雞足山，見《大唐西域記》九摩揭陀國下。《五燈會元》一《一祖摩訶迦葉尊者》則：「乃持僧伽梨衣入雞足山，俟慈氏下生，即周孝王五年丙辰歲也。」

⑦廬山東林寺，刺史桓伊爲惠遠建。見宋陳舜俞《廬山記》《敍北山》第二。

⑧謝公，靈運也。

⑨支公，支遁也。

⑩《莊子》《天道》篇：「輪扁曰：『臣也以臣之事觀之：斲輪徐則甘而不固、疾則若而不入。不疾不練，得之於手，而應於心，口不能言，有數存焉於其間，臣不能以喻臣之子，臣之子不能受之於臣，是以行年七十而老斲輪。』」有斲輪之妙哉《莊子．天道篇》：「桓公讀書於堂上，輪扁斲輪於堂下。」

⑪「叉語」，《古鈔本》作「叉托」，《無點本》作「人語」，《箋》曰：「叉語如叉手，相錯言語也。」按：「叉語」、「叉託」、「人語」，三者義俱難明。竊疑此文「叉語」當作「又語」，「調笑」二字，當移於「滑稽」二字之上，即當作：「又語似謔似讖，調笑滑稽，皆爲詩贊」，則文從字順也。《詩議》：「詩有三格：三曰調笑格，其品爲戲俗；此一品非雅作，足以爲談笑之資矣。李白歌：『女媧弄黃土，摶作下愚人。』《漢書》云：『匡鼎來，解人頤。』」

⑫「辯」，原作「弁」，今據「古鈔本」校改。此蓋指《對楚王問》之類，見《文選》四五。

⑬《文心雕龍》《諧讔》篇：「諧之言皆也。辭淺會俗，皆悅笑也。昔齊威酣樂，而淳于說甘酒；楚襄宴集，而宋玉賦好色；意在微諷，有足觀者。及優旃之諷漆城，優孟之諫葬馬，並譎辭飾說，抑止昏暴。是以子長編史，列傳《滑稽》，以其辭雖傾回，意歸義正也。但本體不雅，其流易弊。於是東方、枚皋，餔糟啜醨，無所匡正，而詆嫚媟弄，故其自稱爲賦，乃亦俳也。見視如倡，亦有悔矣。」按：《漢書》《東方朔傳》載朔與郭舍人諧隱之言，斯所謂「本體不雅」者也，班固《贊》以爲「其事浮淺」是也。

⑭「也」，字原缺，今據《古鈔本》、《三寶院本》、《無點本》訂補。

又云：凡詩者，雖①以敵古爲上，不以寫古爲能②。立意於衆人之先，放詞於群才之表，獨創雖取③，使耳目不接，終患倚傍之手。或引全章，或插一句，以古人相黏二字、三字爲力，厠麗玉於瓦石，殖芳芷於敗蘭，縱善，亦他人之眉目，非己之功也，況不善乎？時人賦孤竹則云「冉冉」④，詠楊柳則云「依依」⑤，此語未有之前，何人曾道。謝詩云：「江菼亦依依。⑥」故知不必以冉冉繫竹⑦，依依在楊。常手傍之，以爲有味，此亦雖作幽想耳⑧。且引靈均爲證，文譎氣貞⑨，本於《六經》⑩，而制體創詞，自我獨致，故歷代作者師之。此所謂勢不同，而無模擬之能也。班固雖謂屈原「露才揚己，引崑崙、玄圃之事不經，然⑪其文雅麗，可爲賦之宗⑫。若比君於堯、舜，況臣於稷、卨，思列切。綺里之高逸⑬，於陵之幽貞⑭，褒貶古賢，成當時文意，雖寫全章，非用事也。古詩：「胡馬依北風，越鳥巢南枝」⑮；「南登灞陵岸，回首望長安」⑯；「彭、薛才知恥，貢公不遺榮⑰，或可優貪競，豈足稱達生。⑱」此三例，非用事也⑲。

【註】

①「雖」，《眼心鈔》作「惟」，義較勝。

②《詩式》：「五，復古通變體：作者須知復變之道，反古曰復，不滯曰變。」

③「取」，《眼心鈔》作「在」。

④《文選》二九《古詩一十九首》：「冉冉孤生竹，結根泰山阿。」李善注：「竹結根於山阿，喻婦人托身於君子也。《風賦》曰：『緣太山之阿。』」

⑤《詩經》《小雅》《采薇》：「昔我往矣，楊柳依依；今我來思，雨雪霏霏。」毛《傳》：「楊柳，蒲柳也。霏霏，甚也。」

⑥《文選》二七謝玄暉《休沐重還道中》：「薄遊第從告，思閒願罷歸，還邛歌賦似，休汝車騎非，霸池不可別，伊川難重違，汀葭稍靡靡，江菼復依依，田鶴遠相叫，沙鴇忽爭飛，雲端楚山見，林表吳岫微。試與征徒望，鄉淚盡沾衣，賴此盈罇酌，含景望芳菲，問我勞何事，沾沐仰清徽，志狹輕軒冕，恩甚戀重闈，歲華春有酒，初服偃郊扉。」李善注：「《毛詩》曰：『葭菼揭揭。』毛萇曰：『葭，蘆也。菼，薍也。』《高唐賦》曰：『薄草靡靡。』《韓詩》曰：『楊柳依依。』」

⑦按：潘安仁《金谷集作》詩：「青柳何依依。」亦本《詩經》，仍以依依在楊也。劉孝綽《詠懷詩》：「桂華殊皎皎，柳絮亦霏霏。」下句重文，亦出於《詩》，此則不以霏霏繫雪也。

⑧《文選》一班孟堅《西都賦》：「發思古之幽情。」

⑨《論語》《憲問》篇：「晉文公譎而不正，齊桓公正而不譎。」《集解》：「鄭曰：『譎者，詐也。』」

⑩王逸《楚辭章句序》：「夫《離騷》之文，依託《五經》以立義焉：『帝高陽之苗裔』，則『厥初生民，時惟姜嫄』也；『紉秋蘭以爲佩』，則『將翱將翔，佩玉瓊琚』也；『夕攬洲之宿莽』，則

《易》『潛龍勿用』，也；『駟玉虬而乘鷖』，則『時乘六龍，以御天』也；『就重華而陳辭』，則《尚書》咎繇之謀謨也；「登崑崙而涉流沙」，則《禹貢》之敷土也。故智彌盛者其言博，才益多者其識遠，屈原之辭，誠博遠矣！」

⑪「然」，原作「能」，今據班固《離騷序》校改。

⑫班固《離騷序》：「今若屈原，露才揚己，競乎危國群小之間，以離讒賊；然責數懷王，怨惡椒、蘭，愁神苦思，強非其人，忿對不容，沈江而死，亦貶絜狂狷景行之士。多稱崑崙冥婚、宓妃虛無之語，皆非法度之政，經義所載，謂之兼《詩》《風》、《雅》而與日月爭光，過矣。然其文弘博麗雅，爲辭賦宗，後世莫不斟酌其英華，則象其從容。自宋玉、唐勒、景差之徒，漢興枚乘、司馬相如、劉向、揚雄，騁極文辭，好而悲之，自謂不能及也。雖非明智之器，可謂妙才者也。」

⑬《史記》《留侯世家》：「四人前對，各言名姓，曰：東園公，甪里先生，綺里季，夏黃公。」《漢書》《王貢傳序》：「漢興，有園公、綺里季、夏黃公、甪里先生。」師古曰：「四皓蓋隱居之人，匿跡遠害，不自標顯，秘其氏族，故史傳無得而詳。至於後代，皇甫謐之徒及諸地理書說，競爲四人施安姓氏，自相錯互，語又不經，班氏不載於書，諸家皆臆說，今並棄略一無取焉。」

⑭《孟子》《滕文公》下：「匡章曰：『陳仲子豈不誠廉士哉！居於陵，三日不食，耳無聞，目無見也。井上有李，螬食實者過半矣，匍匐往將食之，三咽，然後耳有聞，目有見。』」馮衍《顯志賦》：「於陵子之灌園兮，似至人之仿佛。」

⑮《文選》二九《古詩一十九首》：「行行重行行，與君生別離，相去萬餘里，各在天一涯，道路阻

且長，會面安可知。胡馬依北風，越鳥巢南枝，相去日已遠，衣帶日已緩，浮雲蔽白日，遊子不顧反，思君令人老，歲月忽已遠，棄捐勿復道，努力加餐飯。」李善注：「《韓詩外傳》曰：『詩曰：「代馬依北風，飛鳥棲故巢。」皆不忘本之謂也。』」

⑯王昌齡《詩格》：「詩有五用例：四曰用勢，王仲宣詩：『南登灞陵岸，回首望長安。』」《文選》二三王仲宣《七哀詩》二首：「西京亂無象，豺虎方遘患，復棄中國去，遠身適荊蠻，親戚對我悲，朋友相追攀。出門無所見，白骨蔽平原，路有饑婦人。抱子棄草間，顧聞號泣聲，揮涕獨不還，未知身死處，何能兩相完。驅馬棄之去，不忍聽此言，南登霸陵岸，回首望長安，悟彼下泉人，喟然傷心肝。」李善注：「《漢書》曰：『文帝葬霸陵。』」

⑰「榮」原作「麓」，今據《文選》改正。

⑱《文選》二六謝靈運《初去郡》詩：「彭、薛裁知恥，貢公未遺榮，或可優貪競，豈足稱達生。伊余秉微尚，拙訥謝浮名，廬園當棲岩，卑位代躬耕，顧已雖自許，心跡猶未並，無庸妨周任，有疾像長卿，畢娶類尚子，薄遊似邴生，恭承古人意，促裝返柴荊。牽絲及元興，解龜在景平，負心二十載，於今廢將迎。理棹遄還期，遵渚鶩修坰，溯溪終水涉，登嶺始山行，野曠沙岸淨，天高秋月明，憩石挹飛泉，攀林搴落英，戰勝臞者肥，止監流歸停，即是羲、唐化，獲我擊壤聲。」李善注：「《漢書》曰：『彭宣，字子佩，淮陽人也，遷御史大夫，轉爲大司空，王莽秉政專權，宣上書乞骸骨，歸鄉里。』又曰：『薛廣德，字長卿，沛郡人也，爲御史大夫，上書乞骸骨。』班固《漢書》《彭薛平當述》曰：『廣德、當、宣，近於知恥。』《漢書》：『貢禹，字少卿，琅邪

人也。爲光祿大夫，上書乞骸骨。』鍾會有《遺榮賦》。楚辭曰：『皆競進以貪婪。』《莊子》曰：『達生之情者傀，達於知者胥。』司馬彪曰：『傀讀曰瑰。瑰，大也，情在，故曰大也。胥，多智也。』」

⑲《詩議》《評論》：「時人皆以徵古爲用事，不必然也。陸機詩：『鄙哉牛山嘆，未及至人情。』此規諫之中比，非用事也；康樂公詩：『偶與張、邴合，久欲歸東山。』此敍志之中比，非用事也。語似用事，義非用事，此二門未始有之。康樂公詩：『彭、薛才知恥，貢公未遺榮，或可優貪競，未足稱達生。』此商榷三賢，欲借此成我詩意，非用事也。古詩：『仙人王子喬，難可與等期。』曹植詩：『虛無求列仙，松子久吾欺。』又古詩：『師涓久不奏，誰能宣我心。』此並非用事也。」

或云：今人所以不及古者，病於儷詞。予云①：不然。先正時人，兼非劉②氏。六經時有儷詞，揚、馬、張、蔡之徒始盛。「雲從龍，風從龍」③，非儷耶？但古人④後於語，先於意⑤。因意成語⑥，語不使意，偶對則對，偶散則散。若力爲之，則見斤斧⑦之跡。故有對不失渾成，縱散不關造作，此古⑧手也。

【註】

①「云」，《古鈔本》、《三寶院本》作「曰」。

②「劉」，原作「列」，今據《古鈔本》、《三寶院本》、《無點本》校改。

③《易經》《乾卦》：「雲從龍，風從虎。」孔穎達《正義》：「龍是水畜，雲是水氣，故龍吟則景雲出，是雲從龍也。虎是威猛之獸，風是震動之氣，此亦是同類相感，故虎嘯則谷風生，是風從虎也。」

④「古」字原缺，周校本「據皎然《詩議》補」，今從之。

⑤《詩議》：「或曰：今人所以不及古者，病於麗詞。予曰：不然，先正詩人，時有麗詞。『雲從龍，風從虎』，非麗邪？『昔我往矣，楊柳依依；今我來思，雨雪霏霏』，非麗邪？但古人後於語，先於意。」

⑥「因」下原無「意」字，周校本引《考文篇》云：「按文義，推對偶，當必脫『意』字也。蓋緣上有『意』字而脫耳。」今據補。

⑦《詩議》：「詩有四不：力勁而不露，則傷於斤斧。」

⑧「古」，疑當作「名」。

或曰：詩不要苦思①，苦思則喪於天真②。此甚不然。固須繹慮於險中，采奇於象外③，狀飛動之句，寫冥奧之思。夫希世之珠，必出驪龍之頷，況通幽含變之文哉④？但貴成章以後，有其易貌，若不思而得也⑤。「行行重行行，與君生別離」⑥，此似易而難到之例也⑦。

【註】

①劉威《歐陽示新詩因貽四韻》：「都由苦思無休日，已證前賢不到心。」

②詩式：「或曰：詩不假修飾，任其塊樸，但風韻正，天真全，即名上篇。」

③《文選》孫興公《遊天台山賦》：「散以象外之疑，暢以無生之篇。」李善注：「象外謂道也。」司空圖《詩品》：「超以象外，得其寰中。」《冷齋夜話》：「唐僧多佳句，比物以意，而不止言一物，謂之象外句。」《文選》孫興公《遊天台山賦》：「散以象外之說。」李善注：「象外，謂道也。《周易》曰：『象者，像也。』《荀粲列傳》：『粲答兄俁云：立象以委意，此非通寧象外者也，象外之意，故蘊而不出矣。』」《冷齋夜話》：「唐僧多佳句，比物以意，而不止會一物，謂之象外句。」

④《詩議》《評論》：「或曰：詩不要苦思，苦思則喪於天真。此甚不然。固當繹慮於險中，采奇於象外，狀飛動之趣，寫真奧之思。夫希世之珍，必出驪龍之頷，況通幽名變之文哉？」「文」字原缺，今據《詩議》訂補。《莊子》《列御寇》篇：「河上有家貧，恃緯蕭而食者。其子沒於淵，得千金之珠。其父謂其子曰：『取石來鍛之。夫千金之珠，必在九重之淵，而驪龍頷下；子能得珠者，必遭其睡也。使驪龍而寤，子尚奚微之有哉？』」

⑤《禮記》《中庸》：「誠者，不勉而中，不思而得」。

⑥《文選》二九《古詩一十九首》：「行行重行行，與君生別離，相去萬餘里，各在天一涯，道路阻

且長，會面安可知？胡馬依北風，越鳥巢南枝。相去日已遠，衣帶日已緩，浮雲蔽白日，遊子不顧反。思君令人老，歲月忽已晚，棄捐勿復道，努力加餐飯。」李善注：「《楚辭》曰：『悲莫悲兮生別離。』」

⑦《詩式》：「夫不入虎穴，焉得虎子。取境之時須至難至險，始見奇句；成篇之後，觀其氣貌，有似等閒，不思而得，此高手也。」

且文章關其本性，識高才劣者，理周而文窒；才多識微者，句佳而味少。是知溺情廢語，則語樸情暗；事①語輕情，則情闕語淡。巧拙清濁，有以見賢人之志矣。抵②而論，屬於至解，其猶空門證性有中道乎③！何者？或雖有態而語嫩④，雖有力意薄，雖正而質，雖直而鄙，可以神會，不可言得⑤，此所謂詩家之中道也。又古今詩人，多稱麗句⑥，開意爲上，反此爲下。如「盈盈一水間，脈脈不得語」⑦，「臨河濯長纓，念別悵悠阻」⑧，此情句也。如「白雲抱幽石，綠篠媚清漣」⑨，「露濕寒塘草，月映清淮流」⑩，此物色帶情句也。

【註】

①「事」，疑當作「重」。

②「抵」上，疑脫「大」字。《無點本》「抵」作「極」。

③《箋》曰：「空門，禪家法門也，證本分之真性也。中道者，《名義集》七引昭明太子曰：『真諦，離有離無；俗諦，即有即無。即有即無，斯是假名；離有離無，此爲中道』。」

④「嫩」，原作「嬾」，今據《古鈔本》、《三寶院本》、《長寬寫本》校改。

⑤所謂「可以意會，而不可以言傳」也。

⑥《文心雕龍》《麗辭》篇：「麗句與深采並流。」杜甫《戲爲六絕句》：「不薄今人愛古人，清詞麗句不可鄰。」韓愈《和虞部盧四汀酬翰林錢七徽赤藤杖歌》：「妍辭麗句不可繼。」白居易《答次休上人》詩：「姓白使君無麗句，名休座主有新文。」

⑦王昌齡《詩格》：「詩有五用例：五曰用神。用勢不如用神也。古詩：『盈盈一水間，脈脈不得語。』」《文選》二九《古詩一十九首》：「迢迢牽牛星，皎皎河漢女，纖纖擢素手，札札弄機杼，終日不成章，泣涕零如雨。河漢清且淺，相去復幾許，盈盈一水間，脈脈不得語。」李善注：「《爾雅》曰：『脈，相視也。』郭璞曰：『脈脈謂相視貌也。』」

⑧《文選》二九李少卿《與蘇武三首》：「嘉會難再遇，三載爲千秋，臨河濯長纓，念子悵悠悠，遠望悲風至，對酒不能酬，行人懷往路，何以慰我愁，獨有盈觴酒，與子結綢繆。」李善注：「夫冠纓，仕子之所服，濯之以遠遊；今因遠遊而感逝川，故增別念也。」按：原詩「悠悠」入韻，此作「悠阻」，誤矣。

⑨《文選》二六謝靈運《過始寧墅》一首：「束髮懷耿介，逐物遂推遷，違志似如昨，二紀及茲年，淄磷謝清曠，疲薾慚貞堅，拙疾相倚薄，還得靜者便。剖竹守滄海，枉帆過舊山，山行窮登頓，水

涉盡洄沿，岩峭嶺稠疊，洲縈渚連緜，白雲抱幽石，綠篠媚清漣，葺宇臨回江，築觀基曾巔。揮手告鄉曲，三載期歸旋，且爲樹枌檟，無令孤願言。」按：鮑照《望孤石》詩云：「朱華抱白雪，陽條熙朔風。」即擬靈運此作，亦不失爲麗句。

⑩何遜《與胡興安夜別》：「居人行轉軾，客子暫維舟，念此一筵笑，分爲兩地愁，露濕寒塘草，月映清淮流，方抱新離恨，獨守故園秋。」

夫詩工創心，以情爲地，以興爲經，然後清音韻其風律，①麗句增其文彩。如楊林②積翠之下，翹楚③幽花，④時時間⑤發。乃知斯文，味益深矣。

【註】

①魏文帝《答繁欽書》：「聲弱鍾石，氣應風律。」（《全三國文》卷七）

②「楊林」當作「陽林」，《文選》孫興公《遊天台山賦》：「惠風佇芳於陽林。」李善注：「毛萇《詩傳》：『山南曰陽。』鄭玄《周禮注》：『陽林生於山南。』」又左太沖《招隱詩》：「丹葩曜陽林。」

③《詩經》《周南》《漢廣》：「翹翹錯薪，言刈其楚。」鄭箋：「楚，雜薪之中，尤翹翹者。」孔穎達《春秋正義序》：「劉炫於數君之中，實爲翹楚。」

④杜甫《過南鄰朱山人水亭詩》：「幽花欹滿樹，小水曲通池。」李群玉《湖閣曉晴詩：「風鳥搖徑

柳，水蜨戀幽花。」

⑤「間」，原作「開」，旁校作「間」。按《古鈔本》、《三寶院本》、《無點本》正作「間」，今據改正。《文選》劉孝標《辨命論》：「左帶沸脣，乘閒電發。」

又有人評古詩，不取其句，但多其意，而古人難能。予曰：不然。旨全體貞，潤婉而興深，此其所長也。請復論之，曰：夫寒松白雲，天全之質也；散木①擁腫②，亦天全之質也。比之於詩，雖正而不秀，其擁腫之林③！《易》曰：「文明健。④」豈非兼文美哉？古人云：「具體唯子建、仲宣，偏善則太沖⑤、公幹，平子得其雅，叔夜含其潤，茂先凝其清，景陽振其麗，鮮能兼通。⑥」況當齊、梁之後，正聲寖微，人不逮古，振頽波者，或賢於今論矣⑦。

【註】

①《莊子》《人間世》：「散木也，以爲舟則沉，以爲棺椁則速腐，以爲器則速毀，以爲門户則液樠，以爲柱則蠹：是不材之木也。」

②「擁腫」，《眼心鈔》作「臃腫」。《莊子》《逍遥遊》：「吾有大樹，人謂之樗，其大本擁腫而不中繩墨。」「擁」借「癰」字，《說文》《疒部》：「癰，腫也。」「臃」，後起字。

③「林」，《全集本》校云：「『林』恐『材』誤。」案：「林」當作「材」，《藝文類聚》卷五十

劉孝儀《爲安成王讓江州表》：「九成輪奐，無求擁腫之材。」

④《易經》《同人》：「彖曰：『文明以健。』」

⑤「太沖」，原作「大仲」，今據《古鈔本》、《三寶院本》校改。

⑥《文心雕龍》《明詩》篇：「故平子得其雅，叔夜含其潤，茂先凝其清，景陽振其麗，兼善則子建、仲宣，偏美則太沖、公幹。然詩有恒裁，思無定位，隨性適分，鮮能通圓。」

⑦皎然《詩議》《評論》：「古人云：『具體惟子建、仲宣，偏善則太沖、公幹，平子得其雅，叔夜含其潤，茂先凝其清，景陽振其麗，鮮能兼通。』況當齊、梁之後，正聲寖微，人不逮古，振頹波者，或有賢於今論矣。」

論體①

凡制作之士，祖述多門，人心不同，文體各異。較而言之：有博雅焉，有清典②焉，有綺艷③焉，有宏壯④焉，有要約⑤焉，有切至⑥焉。夫模範經誥，褒述功業，淵乎不測，洋哉有閑⑦，博雅之裁也；敷演情志，宣照⑧德音，植義必明，結言唯正，清典之致也；體其淑姿，因其壯觀，文章交映，光彩傍發，綺艷之則也；魁張奇偉⑨，闡耀威靈，縱氣凌人，揚聲駭物，宏壯之道也；指事述心，斷辭趣理，微而能顯，少而斯洽⑩，要約之旨也；舒陳哀憤，獻納約戒，言唯折中，情必曲盡⑪，切至之功也⑫。

【註】

①《論體》二字，《古鈔本》、《三寶院本》、《長寬寫本》無。竊疑此卷之《論體》及《定位》（「或曰梁昭明太子撰《文選》」以前四段），二篇，乃劉善經《四聲指歸》之文也。何以明之？一則篇中不避淵字照字諱，則作者爲唐以前人也；一則篇中言「推校聲律，動成病累」，則作者爲病累論者也；一則篇中言「其犯避等狀，已具聲病條內」，當即指〈文二十八種病〉所引劉氏之言，及〈文筆十病得失〉所引文人劉善經之言也；而在〈文筆十病得失〉中，則避隋諱以「忠臣」爲「誠臣」：由是四端，故有以知其爲劉善經《四聲指歸》之文也。

②《文心雕龍》〈明詩〉篇：「張衡怨篇，清典可味。」

③《譚苑醍醐》曰：「庾信之詩，爲梁之冠絕，啟唐之先鞭，史評其詩曰綺艷。」

④潘安仁〈西征賦〉：「豁爽塏以宏壯。」

⑤《文心雕龍》〈定勢〉篇：「或美眾多，而不見要約。」

⑥《文心雕龍》〈比興〉篇：「比類雖繁，以切至爲貴。」

⑦「閑」，疑當作「間」。

⑧「照」，《無點本》作「昭」。

⑨「偉」，原作「緯」，今據《無點本》校改。

⑩「洽」，《三寶院本》作「給」。

⑪《文選》十七陸士衡〈文賦〉：「佗日殆可謂曲盡其妙。」李善注：「言既作此《文賦》，佗日而觀之，近謂委曲盡文之妙理。」

⑫《文心雕龍》〈體性〉篇：「夫情動而言形，理發而文見，蓋沿隱以至顯，因內而符外者也。然才有庸儁，氣有剛柔，學有淺深，習有雅鄭，並情性所鑠，陶染所凝，是以筆區雲譎，文苑波詭者矣。故辭理庸儁，莫能翻其才；風趣剛柔，寧或改其氣；事義淺深，未聞乖其學；體式雅鄭，鮮有反其習；各師成心，其異如面。若總其歸途，則數窮八體；一曰典雅，二曰遠奧，三曰精約，四曰顯附，五曰繁縟，六曰壯麗，七曰新奇，八曰輕靡。典雅者，鎔式經誥，方軌儒門者也；遠奧者，馥采典文，經理玄宗者也；精約者，覈字省句，剖析毫厘者也；顯附者，辭直義暢，切理厭心者

也；繁縟者，博喻釀采，煒燁枝派者也；壯麗者，高論宏裁，卓爍異采者也；新奇者，擯古競今，危側趣詭者也；輕靡者，浮文弱植，縹緲附俗者也。故雅與奇反，奧與顯殊，繁與約舛，壯與輕乖，文辭根葉，苑囿其中矣。」結合二文言之，蓋博雅與遠奧相等，清典與典雅相類，綺艷與繁縟、輕靡相值，宏壯與壯麗相埒，要約與精約相侔，切至與顯附相儔也。

至如稱博雅，則頌、論爲其標；頌明功業①，論陳名理②，體貴於弘，故事宜博，理歸於正，故言必雅之也③。語清典，則銘、贊居其極；銘題器物④，贊述功德⑤，皆限以四言⑥，分有定准，言不沉遁⑦，故聲必清；體不詭雜，故辭必典也。陳綺艷，則詩、賦表其華⑧；詩兼聲色，賦敘物象⑨，故言資綺靡，而文極華艷。敘宏壯，則詔、檄振其響；詔陳王命，檄敘軍容⑩，宏則可以及遠，壯則可以威物。論要約，則表、啟擅⑪其能；表以陳事⑫，啟以述心⑬，皆施之尊重，須加肅敬，故言在於要，而理歸於約。言切至，則箴、誄得其實。箴陳戒約⑭，誄述哀情⑮，故義資感動，言重切至也。凡斯六事，文章之通義焉。苟非其宜，失之遠矣。博雅之失也緩，清典之失也輕，綺艷之失也淫，宏壯之失也誕，要約之失也闌⑯，切至之失也直。體大義疏，辭引聲滯，緩之致焉；文體既大，而義不周密，故云疏；辭雖引長，而聲不通利，故云滯也。理入於浮，言失於淺，輕之起焉；敘事爲文，須得其理，理不甚會，則覺其浮；言須典正，涉於流俗，則覺其淺。艷⑰貌違方，逞欲過度，淫以興焉；文雖綺艷⑱，猶須⑲准其事類相當，比擬敘述。不得艷物之貌，而違於道；逞己之心，而過於制也。制傷迂闊，辭多詭異，誕則成焉；宏壯者，亦須準量事類可得施言，不可漫為迂闊，虛陳詭異也。情不申明，事有遺漏，有遺漏，闕自見焉；謂論心意不能盡申，敘事理又有所闕焉也。體尚專直，文好指斥，直乃行焉。謂文體不經營，專為直置⑳；言無比附㉑，好相指斥也。故詞人之作也，先看文之大體，隨而用心。謂上所陳文章六種，是其本㉒體也。遵㉓其所宜，防其所失，博雅、清典、綺艷、宏壯、要約、切至等，是所宜也㉔；緩、輕、淫、闕、誕、直，是所失也。故能辭成煉覈㉕，動合規矩。而近代作者，好尚互舛，苟見一塗，守而不易，至令摛㉖章綴翰㉗，罕有兼善。豈才思之不足，抑由體制之未該也。

【註】

①鄭玄《周頌譜》：「頌之言容。天子之德，光被四表，格於上下，無不覆燾，無不持載，此之謂容。於是和樂興焉，頌聲乃作。」《正義》：「頌之言容，歌成功之容狀也。」摯虞〈文章流別論〉：「頌，詩之美者也，古者聖帝明王，功成治定，而頌聲興，於是史錄其篇，工歌其章，以奏於宗廟，告於鬼神；故頌之所美者，聖王之德也。」《文心雕龍》〈頌贊〉篇〈贊〉曰：「容體底頌，勛業垂贊。」

②李充《翰林論》：「研求名理，而論生焉。論貴於允理，不求支離，若嵇康之論矣。」《文心雕龍》《論說》篇：「聖哲彝訓曰經，述經敘理曰論。論者，倫也；倫理無爽，則聖意不墜。」

③《文心雕龍》〈頌贊〉篇：「頌惟典雅，辭必清鑠。」

④《文心雕龍》〈銘箴〉篇：「銘者，名也，觀器必也正名。」又〈贊〉曰：「銘實表器。」〈文章流別論〉：「後世以來之器銘之嘉者，……咸以表顯功德。」

⑤「德」，《古鈔本》、《三寶院本》、《無點本》作「能」。《群書治要》四七引桓范《政要》：「夫贊象之所作，所以昭述勛德，思詠政惠，此蓋《詩》、《頌》之末流也。」《文心雕龍》〈頌贊〉篇〈贊〉曰：「勛業垂贊。」

⑥《文心雕龍》〈頌贊〉篇：「贊（從《御覽》五八八引）兼美惡，亦猶頌之有變耳。然本其爲義，事生奬嘆，所以古來篇體，促而不廣，必結言於四字之句，盤桓乎數韻之辭，約舉以盡情，照灼以送文，此其體也。」

⑦「遁」，《古鈔本》、《三寶院本》作「逭」。

⑧《典論》〈論文〉：「詩、賦欲麗」。

⑨「物象」，《眼心鈔》作「形容」。《文心雕龍》〈詮賦〉篇：「原夫登高之旨，蓋睹物興情。情以物興，故義必明雅；物以情觀，故詞必巧麗。麗詞雅義，符采相勝。」

⑩《文心雕龍》〈檄移〉篇：「凡檄之大體，或述此休明，或敍彼苛虐，指天時，審人事，算強弱，角權勢，標蓍龜於前驗，懸鞶鑒於已然，雖本國信，實參兵詐。譎詭以馳旨，煒燁以騰說，凡此眾條，莫之或違者也。」

⑪「擅」，《眼心鈔》作「標」。

⑫《文選》三七〈表〉上注：「表者，明也，標也，如物之標表。言標著事序，使之明白，以曉主

上，得盡其忠曰表。」
⑬《文心雕龍》〈奏啟〉篇：「啟者，開也。高宗云：『啟乃心，沃朕心。』取其義也。」
⑭《文心雕龍》〈銘箴〉篇：「箴者，針也（二字從唐寫本補），所以攻疾防患，喻鍼石也。……箴全禦過，故文資确切。」又〈贊〉曰：「箴惟德軌。」
⑮《文心雕龍》〈誄碑〉篇：「詳夫誄之爲制，蓋選言以錄行，傳體而頌文，榮始而哀終。論其人也，曖乎若可覿；道其哀也，悽焉如可傷。此其旨也。」
⑯唐人謂遺失爲闌遺，《唐律》《雜律》有「闌遺物」。
⑰「艷」，《古鈔本》、《三寶院本》、《無點本》作「本」，下同。
⑱《北史》〈辛德源傳〉：「文章綺艷，體調清華。」
⑲「須」，《古鈔本》無。
⑳「置」原作「詈」，今據《眼心鈔》校改。
㉑本書地卷〈六志〉：「比附志者，謂論體寫狀，寄物方形，意托斯間，流言彼處。」
㉒「本」，《眼心鈔》作「大」。
㉓「遵」，原作「導」，今據《古鈔本》、《三寶院本》、《無點本》校改。
㉔「也」字原缺，今據《古鈔本》訂補。
㉕「豰」，原作「𥨍」，今據《古鈔本》、《無點本》校改。
㉖《文選》四左太沖《蜀都賦》：「摛藻掞天庭。」又四五班孟堅〈答賓戲〉：「摛藻如春

華。」注：「韋昭曰：『摛，布也。』」郭璞《爾雅序》：「摛翰者之華苑。」

㉗綴謂綴屬，綴連，《漢書》〈劉向傳贊〉：「綴文之士。」《文選》潘安仁〈馬汧督誄〉：「綴辭之士。」《文心雕龍》〈知音〉篇：「綴文者情動而辭發。」又〈練字〉篇：「魏代綴藻。」字義與此俱同。

凡作文之道，構思爲先，亟將用心，不可偏執。何者？篇章之內，事義甚弘，雖一言或通，而眾理須會。若得於此而失於彼，合於初而①離於末，雖言之麗，固無所用之。故將發思之時，先須惟諸事物，合於此者。既得所求，然後定其體分。必使一篇之內，文義得成；篇，謂從始至末，使有文義，可得連接而成也。一章之間，事理可結。章者，若文章皆有科別，敘義可得連接而成事，以爲一章，使有事理，可結成義。通人用思②，方得爲之。大略而論：建其首，則思下辭而可承；陳其末，則尋上義不相犯；舉其中，則先後須相附依：此其大指也。若文繫於韻者，則量其韻之少多。若事不周圓，功必疏闕；與其終將致患，不若易之於初。然參會事情，推校聲律，動成病累，難悉安穩。如其理無配偶，音相犯忤，三思不得，足以改張。或有文人，昧於機變，以一言可取，殷勤戀③之，勞於用心，終是棄日④。若斯之輩，亦膠柱⑤之義也。又文思之來，苦多紛雜⑥，應機立斷⑦，須定一途。若空勸品量，不能取捨，心非其決，功心難成。然文無定方，思容通變，下可易之於上，前得回之於後。若語在句末，得易之於句首；或在前言，可移於後句也。研尋吟詠，足以安之；守而不移，則多不合矣⑧。然心或蔽通⑨，思時鈍利，來不可遏⑩，去不可留⑪。若又情性煩勞，事由寂寞，強自催逼，徒成辛苦⑫。不若韜翰屏筆，以須後圖⑬，待心慮更澄，方事連緝⑭。非止作文之至術，抑亦養生之大方耳⑮。

【註】

①「而」字原缺，今據《古鈔本》訂補。

②「思」，《長寬寫本》作「意」。

③「戀」，原作「變」，今據《古鈔本》、《三寶院本》、《長寬寫本》校改。

④「日」，原作「曰」，義不可通，今改。棄日，猶今言浪費時日。《法言》《孝至》篇：「孝子愛日。」注：「無須臾懈於心。」愛日，反言之則爲棄日也。《國語》《晉語》：「今忨日而灊歲，怠偷甚矣。」韋注：「忨，偷也；灊，遲也。」棄日義與忨日近也。「日」以形近誤爲「曰」，《三寶院本》、《無點本》不得其解，遂改「曰」爲「云」，可謂一誤再誤矣。

⑤《史記》〈藺相如傳〉：「王以名使括，若膠柱而鼓瑟耳。括徒能讀其父書傳，不知合變也。」胡三省《通鑑注》曰：「鼓瑟者，弦有緩急，調弦之緩急，在柱之運轉，若膠其柱，則弦不可得而調，緩者一於緩，急者一於急，無活法矣。」

⑥「紛雜」，《三寶院本》作「紛紛」。

⑦《文選》四〇陳孔璋〈答東阿王牋〉：「應機立斷。」

⑧《文心雕龍》〈神思〉篇：「夫神思方運，萬塗競萌，規矩虛位，刻鏤無形，登山則情滿於山，觀海則意溢於海，我才之多少，將與風雲而並驅矣。方其搦翰，氣倍辭前，暨乎篇成，半折心始。何則？意翻空而易奇，言徵實而難巧也。」

⑨《四聲指歸》：「心有通塞，不可以一概論矣。」

⑩「遏」，原作「過」，今據《文賦》校改。

⑪《文選》十七陸士衡〈文賦〉：「若夫應感之會，通塞之紀，來不可遏，去不可止，藏若景滅，行猶響起，方天機之駿利，夫何紛而不理。」

⑫《文心雕龍》〈神思〉篇：「是以意授於思，言授於意，密則無際，疏則千里，或理在方寸而求之域表，或義在咫尺而思隔山河。是以秉心養術，無務苦慮，含章司契，不必勞情也。」

⑬《左傳》〈桓公〉六年：「以爲後圖。」《正義》：「以爲在後圖謀。」

⑭《文心雕龍》〈神思〉篇：「樞機方通，則物無隱貌；關鍵將塞，則神有遯心。」

⑮《文選》五四陸士衡〈五等論〉：「識人情之大方。」李善注：「大方，法也。《呂氏春秋》曰：『凡耕之大方，力者欲柔。』」

定位①

凡制於文，先布其位，猶夫行陳之有次，階梯之②有依也。先看將作之文，體有大小；若作碑、誌、頌、論、賦、檄等，體法大；啟、表、銘、贊等，體法小也。又看所爲之事，理或多少。敘人事、物類等，事理有多者，有少③者。體大而理多者，定制宜弘，體小而理少者，置辭④必局。須以此義，用意准之，隨所作文，量爲定限。謂各准其文體事理，量定其篇句多少也。既已定限，次乃分位，位之所據，義別爲科，雖主一事爲文，皆須次第陳敘，就理分配，義別成科，其若夫、至如、於是、所以等，皆是科之際會也⑤。眾義相因，厥功乃就。科別所陳之義，各相准望連接，以成一文也。故須以心揆事，以事配辭，謂人以心揆所爲之⑥事，又以此事分配於將作之辭。總取一篇之理，折成眾科之義⑦。謂以所爲作篇之大理，分爲科別小義。

【註】

①「定位」二字，《古鈔本》、《長寬寫本》無。《易》〈說卦傳〉：「天地定位。」《文心雕龍》〈明詩〉篇：「詩有恒裁，思無定位。」按：定位，猶後之言謀篇布局也。

②「之」字原缺，今據《古鈔本》訂補。

③「少」，原作「小」，今據《古鈔本》、《長寬寫本》校改。

④《文心雕龍》〈知音〉：「是以將閱文情，先標六觀：一觀位體，二觀置辭。」「位體」即此「定制」之義，亦即「定位」也。

⑤本書北卷〈論對屬〉：「然文無定勢，體有變通，若又專對不移，便復大成拘執。可於義之際會，時時散之。」《文心雕龍》〈聲律〉篇：「迂其際會，則往蹇來連。」際會義同，猶言結合也。

⑥「之」字原缺，今據《古鈔本》訂補。

⑦《文心雕龍》〈熔裁〉篇：「情理設位，文采行乎其中。剛柔以立本，變通以趨時。立本有體，意或偏長；趨時無方，辭或繁雜。蹊要所司，職在熔裁，檃括情理，矯揉文采也。規範本體謂之熔，剪截浮詞謂之裁。裁則蕪穢不生，熔則綱領昭暢，譬繩墨之審分，斧斤之斲削矣。」

其爲用也，有四術焉①：一者，分理務周；謂分配其理，科別須相准望，皆使周足得所，不得令或②有偏多偏少者也。二者，敍事以次；謂敍事理須依次第，不得應在前而入後，應入後而出前，及以理不相干，而言有雜亂者③。三者，義須④相接；謂科別相連，其上科末義，必須與下科首義相接也⑤。四者，勢必相依。謂上科末與下科末，句字多少及聲勢高下，讀之使快，即是相依也。其犯避等狀，已具「聲病」條內⑥。然文縱右非犯而聲不便者，讀之是悟，即須改之，不可委載⑦也。理失周，則繁約互舛；多則義繁，少則義約，不得分理⑧均等，是⑨故云舛也⑩。事非次，則⑪先後成亂；理相參錯，故失先後之次也。義不相接，則文體中絕；兩科際會，義不相接，故尋之若文體中斷絶也。勢不相依，則諷讀爲阻。兩科聲勢，自相乖舛，故讀之以致阻難也。若斯並文章所尤忌也。⑫

【註】

①「焉」字原缺，今據《古鈔本》、《三寶院本》、《長寛寫本》訂補。

②「或」字，《眼心鈔》無。

③〈文二十八種病〉：「第二十四，雜亂。凡詩發首誠難，落句不易。或有制者，應作詩頭，勒爲詩尾；應可施後，翻使居前，故曰雜亂。」

④「須」，《眼心鈔》作「務」。

⑤「相」字，《古鈔本》、《三寶院本》作「連」，「也」字原缺，今據《古鈔本》、《三寶院本》、《無點本》訂補。

⑥此指西卷之〈文二十八種病〉及〈文筆十病得失〉而言。

⑦又下文云：「其在用至少，不復委載也。」案：《後漢書》〈班彪傳〉：「細意委曲，條例不經。」《史記》〈司馬相如傳〉索隱：「委，曲也。」《漢書》〈藝文志．六藝略〉：「曲爲之防，事爲之制。」師古曰：「委曲防閒，每事爲制也。」曲與事對言，則曲有每事之義。委載者，即每事詳載也。案下文又云：「不復委載也。」「委載」，猶完悉載也。

⑧「分理」兩字原缺，今據《眼心鈔》訂補。

⑨「是」，原作「事」，此涉上下文「事」字音近而誤，今改。

⑩「也」字原缺，今據《古鈔本》、《三寶院本》訂補。

⑪「則」字原缺，今據《古鈔本》訂補。

⑫《文心雕龍》〈熔裁〉篇：「凡思緒初發，辭采苦雜，心非權衡，勢必輕重。是以草創鴻筆，先標三准：履端於始，則設情以位體；舉正於中，則酌事以取類；歸餘於終，則撮辭以舉要。然後舒華布實，獻替節文，繩墨以外，美材即斲，故能首尾圓合，條貫統序。若術不素定，而委心逐辭，異端叢至，駢贅必多。」

故自於首句，迄於終篇，科位雖分，文體終合。理貴於圓備，言資於順序，使上下符契，先後彌縫①，上科與下科，事相成合，如符契然；科之先後，皆相彌縫，以合其理也。擇言者不覺其孤，言皆符合不孤。尋理者不見其隙，隙，孔也。理相彌合，故無孔②也。始其宏耳③。又文之大者，藉引而申之；文體大者，須依其事理，引之使長，又申明之，使成繁富也。文之小者，在限而合之。文體小者，亦依事理，豫定其位，促合其理，使歸約也。申之則繁，合之則約。善申者，雖繁不得而減；言雖繁多，皆相須而成義，不得減之令少也。善合者，雖約不可而增，言雖簡少，義並周足，不可增之使多。合而遺其理，謂合之傷於疏略，漏其正理也。疏穢之起，實在於茲。理不足，故體必疏。義相越，故文成穢也。皆在於義得理通，理相稱愜④故也。若使申而越其義，謂申之乃虛相依托，越於本義也。此固文人所宜用意。或有作者，情非通晤，不分先後之位，不定上下之倫⑤，苟出胸懷，便上翰墨⑥，假相聚合，無所附依，事空致於混淆，辭終成於隙碎。斯人之輩，吾無所裁矣⑦。

【註】

①《左傳》僖公二十六年：「彌縫其闕。」陶潛〈飲酒詩〉：「彌縫使其醇。」

②「孔」，原作「孤」，今據《古鈔本》、《三寶院本》校改。

③《文心雕龍》〈熔裁〉篇：「故三准既定，次討字句。句有可削，足見其疏；字不得減，乃知其密。精論要語，極略之體；遊心竄句，極繁之體；謂繁與略，隨分所好。引而申之，則兩章敷爲一章；約以貫之，則一章刪成兩句。思贍者善敷，才核者善刪。善刪者字去而意留，善敷者辭殊而意顯。字刪而意闕，則短乏而非核，辭敷而言重，則蕪穢而非贍。」

④「愜」原作「愷」，今據《古鈔本》、《三寶院本》校改。

⑤「倫」，原作「偏」，今據《古鈔本》、《三寶院本》、《長寬寫本》校改。

⑥《文選》五二魏文帝〈典論〉〈論文〉：「古之作者，寄身於翰墨，見意於篇籍。」又九〈長楊賦〉注：「韋昭曰：『翰，筆也。』」

⑦《文選》十七陸士衡〈文賦〉：「苟銓衡之所裁，固應繩其必當。」

篇既連位而合，位亦累句而成。然句無定方，或長或短：長有逾於十，如陸機《文賦》云：「沈辭怫悅①，若遊魚銜鉤而出重淵之深；浮藻聯翩②，猶翔③鳥纓繳④而墜層⑤雲之峻。」下句皆十一字也。短有極於二，如王褒〈聖主得賢臣頌〉云：「翼乎，若鴻毛之順風⑥，沛乎，若巨鱗之縱壑⑦。」上句皆兩字也。在於其內，固無待稱矣。謂十字已下，三字已上，文之常體，故不待稱也。然句既有異，聲亦互舛，句長聲彌緩，句短聲彌促，施於文筆，須參用焉⑧。雜文筆等，皆句字或長或短，須參用也。其若詩、贊、頌、銘，句字有限者，非也。就而品之，七言已去，傷於大緩，三⑨言已還，失於至促；准可以間其文勢，時時有之。至於四言，最爲平正，詞章之內，在用⑩宜多，凡所結言，必據之爲述。至若隨之於文，合帶而以相參，則五言、六言，又其次也。至如欲其安穩，須憑諷讀，事歸臨斷，難用辭窮。言欲安施字句⑪，須讀而驗之，在臨時斷定，不可預言者也。然大略而論，忌在於頻繁，務遵於變化。若置四言、五言、六言等體，不得頻繁，須變化相參用也。假令一對之語，四句而成，筆皆四句合成一對。便用四言，以居其半，其餘二句，雜用五言、六言等。謂一對語內，二句用四言，餘二句或用五言、六言、七言是也。或經一對、兩對已後，乃須全用四言，若一對四句，並全用四言也。既用四言，又更施其雜⑫體，還謂上下對內，四言與五言等參用也。循環反覆，務歸通利。然之、於、而、以，間句⑬常頻，對有之，讀則非便，能相回避，則文勢調矣。謂而、以、之、於等間成句者，不可頻，對體同。其七言、三言等，須看體之將變，勢之相宜，隨而安之，令其抑揚得所。然施諸文體，互有不同：文之大者，得容於句長；若碑、誌、論、檄、賦、誄等，文體大者，得容六言已上者多。文之小者，寧取於句促。若表、啟等，文體法小，寧使四言已上者多也。何則？附體立辭，勢宜然也。細而推之，開發端緒，寫送文勢⑭，則六言、七言之功也；泛敍事由，平調聲律，四言、五言之能也；體物寫狀，抑揚情理，三言之要也。雖文或變通，不可專據，謂有任人意改變，不必當依此等狀。敍其大抵，實在於茲。其八言、九言、二言等，時有所值，可得施之，其在用至少，不復委載也。

【註】

①賦見《文選》十七，李善注云：「佛悅，難出之貌。」

②李善注：「聯翩，將墜貌。」

③「猶翔」，《文選》作「若翰」，李善注：「王弼《周易注》曰：『翰，高飛也。』」

④李善注：「《說文》曰：『繳，生絲縷也。』謂縷繫　矢，而以弋射。」

⑤「層」，《文選》作「曾」，古通。

⑥「之」字原缺，今據《古鈔本》補。《文選》四七載此文，作「如鴻毛遇順風」，李善注：「《春秋保乾圖》曰：『神明之應，疾於倍風吹鴻毛。』」

⑦《文選》此句作「沛乎若巨魚縱大壑」。

⑧「焉」字原缺，今據《古鈔本》、《三寶院本》訂補。

⑨「三」，原作「二」，今據《古鈔本》、《三寶院本》校改。

⑩「在用」一詞，劉善經習用之，下文云：「其在用至少。」西卷〈文筆十病得失〉云：「平聲賒緩，在用最多。」

⑪「字句」，《古鈔本》、《三寶院本》、《長寬寫本》作「句字」。

⑫「雜」，《古鈔本》作「誰」。

⑬間句者，謂以虛字間入句中，如《尚書》〈君奭〉：「迪惟前人光。」惟，間句詞也。《左傳》隱公十一年：「天而既厭周德矣。」而，間句詞也。

⑭唐寫本《世說新書》〈文學〉篇注引《晉陽秋》：「今於『天下』之後便移韻，於寫送文勢，如為未盡。」今本「寫送文勢」作「寫送之勢」；唐寫本《文心雕龍》〈詮賦〉篇：「寫送文勢。」《御覽》五八七引同，今本誤作「迭致文契」；又《文心雕龍》〈附會〉篇云：「寄深寫送。」則「寫送」為六朝、唐人習用語。器按：《詩經》〈小雅〉〈蓼蕭〉：「既見君子，我心寫兮。」毛《傳》：「輸寫其心也。」鄭《箋》：「我心寫者，輸其情意無留恨也。」《漢書》〈趙廣漢傳〉：「輸寫心腹。」《文選》五五劉孝標〈廣絕交論〉注引馮衍〈與鄭禹書〉：「寫神輸意。」《後漢書》〈蔡邕傳〉：「斯誠輸寫肝膽亡命之秋。」《呂氏春秋》〈知接〉篇注：「輸寫所知。」寫送與輸寫義同。

或曰①：梁昭明太子撰《文選》②，後相效著述者十有③餘家④，咸自盡善⑤。高聽之士，或未全許。且大同至於天寶，把筆者近千人，除勢要及賄賂⑥，中間灼然可上⑦者，五分無二，豈得逢詩輒纂⑧，往往盈帙。蓋身後立節，當無詭隨⑨；其應銓簡⑩不精，玉石相混，致令眾口謗⑪鑠，爲知音所痛⑫。

【註】

①《古鈔本》、《無點本》旁注云：「殷璠《河岳英靈集敍》曰。」按：汲古閣本《河嶽英靈集》，題「唐丹陽進士殷璠集」。《文苑英華》七一二載此序。

②梁昭明太子蕭統撰《文選序》：「故與夫篇什，雜而集之，遠自周室，迄於聖代，都爲三十卷，名曰《文選》云耳。」按：後注家分爲六十卷。

③「有」字，《文苑英華》無。

④唐高仲武《中興間氣集敍》：「梁昭明載述已往，撰集者數家，推其風流，正聲最備；其餘著錄，或未至焉。何者？《英華》失於浮遊，《玉台》陷於淫靡，《珠玉》但記朝士，《丹陽》止錄吳人：此繇曲學專門，何暇兼包眾善，使夫大雅君子，所以對卷而長嘆也。」

⑤「自」下，《文苑英華》有「稱」字。《中興間氣集敍》云：「古之作者，……著王政之興衰，表國風之善否，豈其苟悦權右，取媚薄俗哉！今之所收，殆革前弊。」

⑥「略」下，《文苑英華》有「者」字。

⑦「上」，《文苑英華》作「尚」字。

⑧「纂」，《文苑英華》作「贊」字。

⑨《詩經》〈大雅〉〈民勞〉：「無縱詭隨。」毛《傳》：「詭隨，詭人之善，隨人之惡者。」《全集》校云：「『隨』恐『墮』乎？」非是。

⑩「銓簡」，《文苑英華》作「詮揀」字。

⑪「謗」，《文苑英華》作「銷」字。

⑫此段，《汲古閣本》無。

夫文有神來、氣來、情①來，有雅體②、鄙體、俗體③。編紀者能審鑒諸體，委④詳所來，方可定其優劣，論其取捨。至如曹、劉，詩多直致，語少切對⑤，或五言⑥並側⑦，或十字俱平⑧，而逸價⑨終存。然挈瓶⑩膚受⑪之流，責古人不辨宮商⑫，詞句質素，恥相師範。於是攻異端⑬，妄穿鑿⑭，理則不足，言常有餘，都無興象⑮，但貴輕艷⑯。雖滿篋笥，將何用之？自蕭氏以還，尤增矯飾。正德初，微波⑰尚在。貞觀末，標格漸高。景雲中，頗通遠調⑱。開元十五年後，聲律風骨始備矣。實由主上惡華好樸，去僞從真，使海內詞場⑲，翕然尊古，有周《風》、《雅》⑳，再㉑闡今日。璠不佞㉒，竊當㉓好事㉔，常㉕願刪略群才，贊聖朝之美。爰因退跡，得遂宿心。粤若王維、王昌齡㉖、儲光羲㉗等三十五人㉘，皆河嶽英靈也，此集便㉙以《河嶽英靈》爲號㉚。詩二百七十五首㉛，爲上下卷㉜。起甲寅，終癸巳㉝。論次於序，品藻各冠篇額㉞。如名不副實，才不合道，縱權壓梁、竇㉟，終無取焉㊱。

【註】

①「情」，《古鈔本》旁校、《三寶院本》、《無點本》作「精」，未可據。王昌齡《詩格》：「詩有五用例：一曰用事，用事不如用字也；二曰用形，用字不如用形也；三曰用氣，用形不如用氣也；四曰用勢，用氣不如用勢也；五曰用神，用勢不如用神也。」

②「雅體」下，汲古閣及高行篤兩種刊本《河岳英靈集》俱有「野體」二字。

③「夫文有神來」至「俗體」二句十六字，《文苑英華》作「夫文友神情體雅。」《滄浪詩話》〈詩法〉：「學詩先除五俗：一曰俗體。」

④「委」，《文苑英華》作「安」。

⑤「詩多直致，語少切對」，原作「詩多直語，少切對」，今據《文苑英華》校改。《詩人玉屑》十三引〈詩眼〉：「建安詩辯而不華，質而不俚，風調高雅，格律遒壯。其言直致，而少對偶，指事情而綺麗，得《風》、《雅》、騷人之氣骨，最爲近古者也。」語意與此正同，可互證也。鍾嶸《詩品》上：「晉平原相陸機，其源出於陳思，才高詞贍，舉體華美，氣少於公幹，文劣於仲宣，尚規矩，不貴綺錯，有傷直致之奇。」直致義與此正同。

⑥「言」，《古鈔本》、《三寶院本》、《無點本》作「字」，《文苑英華》及汲古閣刊本高行篤刊本《河岳英靈集》同。（以下簡稱《汲古閣本》、《高行篤本》。）

⑦如「脈脈不得語」是也。

⑧如「羅衣何飄飄，長裾隨風還」是也。

⑨「價」，《汲古閣本》、《高行篤本》作「駕」。

⑩《左傳》昭公七年：「人有言曰：『雖有挈缾之知，守不假器。禮也。』」杜注：「挈缾汲者，喻小知；爲人守器，猶知不以借人。」《文賦》：「患挈缾之屢空。」

⑪《論語》〈顏淵〉篇：「膚受之訴。」《集解》：「馬曰：『膚受之訴，皮膚外語，非其內實。』」《正義》：「皮膚受塵垢，穢其外，不能入內也。」《文選》三張平子〈東京賦〉：「若客所謂末學膚受，貴耳而賤目者也。」薛綜注：「膚受，謂皮膚之不經於心胸。」

⑫「宮商」下，《汲古閣本》、《高行篤本》有「徵羽」二字。

⑬「攻」下，《文苑英華》有「乎」字。《論語》〈爲政〉篇：「攻乎異端。」《集解》：「攻，治也。善道有統，故殊途而同歸；異端，不同歸也。」按：《類說》五一引《詩苑類格》載孫翌論詩云：「晚有詞人，爭立別體，以難解爲幽致，以難字爲新奇，攻乎異端，斯無亦太過。」用法與此相同。

⑭「妄」下，《文苑英華》有「爲」字。

⑮「興象」，《文苑英華》作「比興」，未可據。器按：璠評陶翰詩曰：「陶生既多興象，復備風骨，三百年以前，方可論其體裁也。」又評孟浩然詩曰：「浩然詩，無論興象，兼復故實。」則興象乃璠之語言也。《英華》改作「比興」，其意則是，其事則非矣。

⑯《南史》〈徐君蒨傳〉：「君蒨文冠一府，特有輕艷之才。」《北史》〈趙王招傳〉：「庾信詞多

輕艷。」

⑰鍾嶸《詩評》：「爰及江表，微波尚傳。」微波用法，與此正同。

⑱「詞」，《文苑英華》、《汲古閣本》、《高行篤本》作「調」。

⑲「埸」，《文苑英華》作「人」。

⑳「有周《風》、《雅》」，《汲古閣本》、《高行篤本》作「南風周《雅》」，未可據。

㉑「再」，《汲古閣本》、《高行篤本》作「稱」，未可據。

㉒「璠不佞」《文苑英華》作「璠雖不佞」，《汲古閣本》、《高行篤本》作「璠不揆」。

㉓「當」，《文苑英華》、《汲古閣本》、《高行篤本》作「嘗」，是，當據改正。

㉔《孟子》〈萬章〉篇：「好事者爲之也。」好事，謂好生事。

㉕「常」字，《汲古閣本》、《高行篤本》無。

㉖「王」字原無，今據《文苑英華》、《汲古閣本》、《高行篤本》訂補。

㉗「義」，原作「儀」，今據《文苑英華》、《汲古閣本》、《高行篤本》校改。

㉘「三十五人」，《汲古閣本》、《高行篤本》作「二十四人」。按：《英靈集》姓氏爲：常建、李白、王維、劉眘虛、張謂、王季友、陶翰、李頎、高適、岑參、崔顥、薛據、綦毋潛、孟浩然、崔國輔、儲光羲、王昌齡、賀蘭進明、崔曙、王灣、祖詠、盧象、李嶷、閻防共二十四人，則作「三十五人」者非也。

㉙「便」，《文苑英華》作「即」。

㉚「號」，《文苑英華》作「稱」。

㉛「詩二百七十五首」，《文苑英華》作「一百七十首」，《汲古閣本》、《高行篤本》作「二百三十四首」。按：目錄爲二百一十六首，重出十首，只二百二十六首，內實二百二十九首也。

㉜「爲上下卷」，《文苑英華》作「分爲上下卷」，《汲古閣本》作「分上中下三卷」。按：《高行篤本》分上下卷：上卷起常建，終岑參，共十人；下卷起崔顥，終閻防，共十四人。《汲古閣本》分上中下三卷：上卷起常建，終高適，共九人，詩一百四首；中卷起岑參，終賀蘭進明，共九人，詩八十八首，下卷起崔顥，終閻防，共六人，詩三十七首。尋汲古毛氏校本《英靈集》二卷，黃丕烈跋云：「陳振孫《書錄解題》有《河嶽英靈集》二卷，詩二百三十四首；近人據俗本分卷之三，而爲之說曰：『推測其意，似以三卷分上中下三品。』奚啻痴人說夢。」器按：《新唐書》〈藝文志。總集類〉有《河嶽英靈集》二卷，與此及《文苑英華》、《高行篤本》合，《汲古閣本》作「上中下卷」者非是。《玉海》五九：「唐《河嶽英靈集》，〈志。總集類〉：『殷璠，二卷。』集常建至閻防二十四人，詩總二百三十首，各序詩格於首，〈序〉曰：『貞觀標格漸高，開元風骨始備。』」言「二百三十首」，舉成數也。

㉝「癸巳」，《文苑英華》作「乙酉」。器按：此所言之「起甲寅」，當指開元二年，「終癸巳」，當從《英華》作「乙酉」，指天寶四年，宋元祐戊辰（三年）曾彥和錄宋景文《國秀集》（天寶三年芮挺章撰）〈跋〉云：「殷璠所撰《河嶽英靈集》，作於天寶十一載（壬辰）。」「癸巳」爲天寶十二年，則書成後一年也，以此知當從《英華》作「乙酉」也。何以定此斷限爲開、天間也？則

以此時「聲律風骨始備矣。」

㉞「品藻各冠篇額」，《文苑英華》作「以品藻各冠於篇額」。

㉟「權」，《文苑英華》無。《文選》五五劉孝標〈廣絕交論〉：「若其寵鈞董、石，權壓梁、竇。」李善注：「權，猶勢也。范曄《後漢書》曰：『梁冀，字伯卓，爲大將軍，專擅威柄，凶恣日積。』竇憲，已見范曄《宦者論》。」按：《文選》五〇《宦者傳論》：「和帝即祚幼弱，而竇憲兄弟專總權威。」

㊱「終無取焉」，原作「終改無取焉」，《古鈔本》作「終無改無取焉」，《無點本》作「終無改元取焉」，今據《文苑英華》、《汲古閣本》、《高行篤本》校改。

集論①

昔伶倫造律，蓋爲文章之本也。是以②氣因律而生，節假律而明，才得律而清焉。豫③於詞場，不可不知音律焉。如孔聖刪詩，非代議④所及。自漢、魏至於晉、宋，高唱者千⑤餘人；然觀其樂府，猶時⑥有小失。齊、梁、陳、隋，下品實繁，專爭⑦拘⑧忌，彌損厥道。夫能文者，匪謂四聲盡要流美，八病咸須避之，縱不拈二⑨，未爲深缺。即「羅衣何飄颻⑩，長裾隨風還」，雅調⑪仍在，況其他句乎？故詞有剛柔，調有高下；但令詞與調合，首末相稱，中間不敗，便是知音。而沈生雖⑫怪曹、王「曾無先覺」，隱侯去之更遠⑬。璠今所集，頗異諸家，既閑新聲，復曉古體；文質半取，《風》、《騷》⑭兩挾⑮；言氣骨則建安爲儔⑯，論宮商則太康不逮。將來秀士，無致深惑⑰。

【註】

①此亦《河嶽英靈集敍》文也，《高行篤本》正與本書合，他本則俄空焉。或以「集論」爲一章，並將下文兩段「或曰」列爲此章之文，失之遠矣。

②「以」，《古鈔本》誤作「元」。

③「豫」，《高行篤本》作「寧預」。

④「議」，原作「儀」，今據《古鈔本》、《無點本》校改。「代」避唐諱「世」字而改者。

⑤「千」，《高行篤本》作「十」。

⑥「時」，《高行篤本》無。

⑦「爭」，《高行篤本》作「事」。

⑧「拘」，原作「物」，今據《古鈔本》及《高行篤本》校改。

⑨「拈二」，《無點本》作「帖帖」，《高行篤本》作「拈綴」，《箋》曰：「言必撮取二種不屬對，亦非深缺。」蓋皆不得其解而臆爲之説耳。《眼心鈔》於「換頭調聲」下有云：「此換頭，或名拈二。拈二者，謂平聲僅一字，上去入爲一□，安第一句第二字若上去入聲，與第二第三句第二字皆須平聲，第四第五句第二字還須上去入聲，第六第七字安平聲，以次避之。如庾信詩云《答王司空餉酒詩也》：『今日小園平，桃華數樹紅，欣君一壺酒，細酌對春風。』『日』與『酌』同入聲，有如此體，詞合宮商，又復流美，爲（惟）此爲佳妙。」

⑩「飄飆」，《高行篤本》作「飄飄」。

⑪「調」，原作「詞」，今據《古鈔本》、《三寶院本》、《長寬寫本》、《眼心鈔》及《高行篤本》校改。

⑫「雖」，原作「難」，今據《高行篤本》校改。

⑬《文選》五〇沈休文《宋書》〈謝靈運傳論〉：「自靈均以來，多歷年代，雖文體稍精，而此秘未睹。至於高言妙句，音韻天成，皆暗與理合，匪由思至；張、蔡、曹、王，曾無先

覺，潘、陸、顏、謝，去之彌遠。」即此文所本，云「隱侯去之更遠」，則又反唇相譏也。
⑭「騷」，原作「搔」，旁校作「騷」，《古鈔本》、《三寶院本》、《無點本》、《高行篤本》作「騷」，今據改正。
⑮「挾」，原作「狹」，今據《古鈔本》、《長寬寫本》、《高行篤本》校改。
⑯「儔」，《高行篤本》作「傳」，不可據。李善《上文選注表》：「氣質馳建安之體。」李白〈餞校書叔雲〉詩：「蓬萊文章建安骨。」《滄浪詩話》〈詩評〉：「黃初之後，惟阮籍〈詠懷〉之作，極爲高古，有建安風骨。」
⑰「惑」，《高行篤本》作「憾」。

或曰①：晚代銓文者多矣。至如梁昭明太子蕭統與劉孝綽等，撰集《文選》，自謂畢乎天地②，懸諸日月③。然於取④捨，非無舛謬。方因秀句⑤，且以五言論之。至如王中書⑥「霜氣下孟津」⑦，及「遊禽暮知返」⑧，前篇則使氣飛動⑨，後篇則緣情宛密，可謂五言之警策⑩，六義之眉首。棄而不紀，未見其得。及乎徐陵《玉台》，僻而不雅⑪；丘遲《鈔集》，略而無當⑫。此乃詳擇全文，勒成一部者，比夫秀句，措意異焉。似秀句者，抑有其例。皇朝學士褚亮⑬，貞觀中⑭，奉敕與諸學士撰《古文章巧言語》，以爲一卷。至如王粲「霸岸」⑮，陸機《尸鄉》⑯，潘岳《悼亡》⑰，徐幹《室思》⑱，並有巧句，互稱奇作，咸所不錄。他皆效此。諸如此類，難以勝言。借如謝吏部⑲《冬序羈懷》⑳，褚乃選其「風草不留霜，冰㉑池共明月㉒」，遺其「寒燈耻㉓宵夢，清鏡悲曉發」。若悟此旨，而言於文，每思「寒燈耻宵夢」，令人㉔中夜安寢，不覺驚魂；若見「清鏡悲曉發」，每暑月㉕鬱陶㉖，不覺霜雪入鬢。而乃捨此取彼，而何㉗不通之甚哉！諸公文章之士也，雖未連衡㉘兩謝㉙，實所結駟㉚二虞㉛，豈於此篇，咫步千里？良以箕畢殊好㉜，風雨異宜者耳。

【註】

①鈴木虎雄以此爲《古今秀句序》，其說可從，惜尚未達一間也。余以爲此即《日本國見在書目》〈總集家〉所著錄之《古今詩人秀句》二卷之序，亦即《新唐書》〈藝文志〉著錄元兢《古今詩人秀句》二卷之序也。《新唐志》又出元思敬《古今詩人秀句》二卷，說者以爲元思敬即元兢，蓋《說文》云：「兢，敬也。」名字義正相應；而《新唐志》〈總集類〉既著錄康明貞《辭苑麗則》二十卷，又出康顯《辭苑麗則》三十卷，顯、明義亦相應，是亦一書重出之證也。元氏，《新唐書》無傳，《舊唐書》卷一九〇上〈文苑傳〉上云：「元思敬者，總章中爲協律郎，預修《芳林要覽》，又撰《詩人秀句》兩卷傳於世。」然則《古今詩人秀句》又名《詩人秀句》也。何以知此所引之爲《古今詩人秀句》之序也？請以四事證之：一，文云：「余以龍朔元年爲周王府參軍，與文學劉禕之、典籤范履冰，時東閣已建，斯竟撰成此錄。」尋《舊唐書》〈劉禕之傳〉言：「上元中遷左史、弘文閣直學士，與著作郎元萬頃、左史范履冰、苗楚客、右史周思茂、韓楚賓等皆召入禁中，共撰《列女傳》、《臣軌》、《百寮新誡》、《樂書》凡千餘卷。」同書《文苑》中《元萬頃傳》

亦載此事，「苗楚客」作「苗神客」，「韓楚賓」作「胡楚賓」。〈文苑傳〉又云：「范履冰者，懷州河內人，自周王府户曹召入禁中，凡二十餘年，垂拱中歷鸞台、天官二侍郎云云。」「自周王府户曹召入禁中，凡二十餘年」，爲「垂拱中」，則召入之時，當爲總章中。而〈文苑傳〉又言：「元思敬者，總章中爲協律郎。」蓋此時以周王薨，無子，國除，故元、范諸人被召至京供職。竊疑《舊唐書》〈高祖二十二子傳〉之〈周王元方傳〉「三年薨」上，當脱「總章」二字耳。二，文云：「余以龍朔元年，……斯竟撰成此錄，……遂歷十年，未終兩卷。」由龍朔元年下推十年，則爲總章二年，以「王家書既多缺，私室集更難求」，《古今詩人秀句》撰集工作尚未告竣，即因周王去世，而被召入京了。三，入京之後，元氏參加纂集《芳林要覽》工作，《新唐書》〈藝文志。總集類〉：「《芳林要覽》三百卷，許敬宗、顧胤、許圉師、上官儀、楊思倫、孟利貞、姚璹、竇德玄、郭瑜、董思恭、元思敬集。」就在這個有利條件下，元氏於是「今剪《芳林要覽》，討論諸集，人欲天從，果諧宿志。」於是這部「時歷十代，人將四百，自古詩爲始，至上官儀爲終」的《古今詩人秀句》才完成了。四，文云：「常與諸學士覽小謝詩，……諸君所言，竊所未取。於是咸服，恣余所詳。」按：《新唐書》〈文苑。元萬頃傳〉，敘元、范諸人撰《列女傳》、《臣軌》、《百寮新誡》、《樂書》之下又云：「至朝廷疑義表疏，皆密使參處，以分宰相權，故時謂北門學士。」《唐詩紀事》八：「劉禕之字希夷，（此恐誤。《舊唐書》〈文苑傳〉有劉希夷，汝州人；劉禕之常州人，見《舊唐書》〈列傳〉三十七，不言有字。）常州人。與孟利貞、高智周、郭正一俱有名，號劉、孟、高、郭。上元中，與元萬頃等偕召入禁中，論次新書。又密與參決時政，以分宰相權，時謂北門學士。」此文所謂「諸學士」，即指劉禕之、范履冰等人也。然則劉、范二人且始終參與《古今詩人秀句》之撰集工作也。由上四事觀之：則此文爲元兢之《古今詩人秀句序》，可無疑義矣。

②「地」，原作「埊」，武后造字。此文「自謂」二句，不見今本《文選序》。

③《文選序》：「孔父之書，與日月俱懸。」劉歆《答揚雄書》：「懸諸日月不刊之書。」

④「取」下，原有「於」字，今據《古鈔本》刪削。

⑤《文心雕龍》〈隱秀〉篇：「凡文集勝篇，不盈十一；篇章秀句，裁可百二。」《詩品》：「謝朓奇章秀句，往往遒警。」杜甫〈解悶〉十二首：「最傳秀句寰區滿。」〈哭李尚書之芳〉：「詩家秀句傳。」〈送韋十六評事充同谷郡防禦官〉：「題詩得秀句，札翰時相投。」白居易〈讀李杜詩集因題卷後〉：「文場供秀句，樂府待新詞。」《日本國見在書目》：「《總集家》：《秀句集》一卷，《秀句錄》一卷。《小學家》：《文場秀句》一卷。」《新唐書》〈藝文志〉：「王起《文場秀句》一卷，黃滔《泉山秀句集》三十卷。」信瑞《淨土三部經音義集》卷第二《無量壽經》卷下「朋友」引《文場秀句》：「知意得意。」此文虎一斑也。則當時撰集秀句者，不僅元兢一人而已。尋信瑞《淨土三部經音義集》卷第二《無量壽經》卷下「朋友」條引《文場秀句》云：「知音得意。」不知爲何家也。皎然《詩式》：「《重意詩例》：兩重意已上，皆文外之旨，若遇高手如康樂公覽而察之，但見情性，不睹文字，蓋詣道之極也。向使此道：遵之於儒，則冠《六經》之首；貴之於道，則居衆妙之門；精之於釋，則徹空在之奧。但恐徒揮斧斤，而無其質，故伯牙所

以嘆息也。疇昔，國朝協律吳兢，與越僧玄監集秀句。二子天機素少，選又不精，多採浮淺之言，以誘蒙俗，特入瞽夫偷語之便，何異借賊兵而資盜糧，無益於詩教矣。」「吳兢」亦「元兢」之誤，然則元兢之即元思敬，此又一確證也。又據皎然之言，則與思敬撰集《古今詩人秀句》者，尚有玄監其人也。

⑥王中書，謂王融也，融曾官中書郎。

⑦王融〈和王友德元古意〉二首：「霜氣下孟津，秋風度函谷。念君淒已寒，當軒卷羅縠，纖手廢裁縫，曲鬢罷膏沐。千里不相聞，寸心鬱紛蘊，況復飛螢夜，木葉亂紛紛。」

⑧前題：「遊禽暮知反，行人獨不歸，坐銷芳草氣，空度明月輝，嚬容入朝鏡，思淚點春衣，巫山彩雲合，淇上綠條稀，待君竟不至，秋雁雙雙飛。」

⑨皎然《詩議》：「狀飛動之趣，寫真奧之思。」《元和新體詩格》：「飛動體者，謂詞若飛動而動。」

⑩《文賦》：「立片言而居要，乃一篇之警策。」杜甫〈寄閬中王〉：「尚憐詩警策，猶憶酒顛狂。」《詩品》：「阮籍《詠懷》、子卿『雙鳧』、嵇康『雙鸞』、……謝惠連《擣衣》之作，斯皆五言之警策者也。」

⑪徐陵《玉台新詠序》：「撰錄艷歌，凡為十卷。」《滄浪詩話》〈詩體〉：「玉台體：《玉台集》乃徐陵所序，漢、魏、六朝之詩皆有之。或者但謂纖艷者為玉台體，其實則不然。」胡應麟《詩藪外編》二：「嚴云……非也。此不熟本書之故。《玉台》所集，於漢、魏、六朝無所詮擇，凡言情

則錄之，自餘登覽宴集，無復一首，通閱當自了然。」

⑫《隋書》〈經籍志〉：「梁有《集鈔》四十卷，丘遲撰，亡。」《新唐書》〈藝文志〉．總集類〉：「丘遲《集鈔》四十卷。」

⑬褚亮，字希明，杭州錢塘人。武德四年，立文學館，太宗以杜如晦、褚亮等十八人並以本官爲學士，號十八學士，天下謂之登瀛洲。兩《唐書》俱有傳。「褚」，原誤「楮」，今從《古鈔本》校改。

⑭「貞觀」下，原有「年」字，今據《古鈔本》、《三寶院本》刪削。

⑮《文選》二三王仲宣〈七哀詩〉：「西京亂無象，豺虎方遘患，復棄中國去，遠身適荆蠻，親戚對我悲，朋友相追攀。出門無所見，白骨蔽平原，路有饑婦人，抱子棄草間，顧聞號泣聲，揮涕獨不還，未知身死處，何能兩相完。驅馬棄之去，不忍聽此言，南登霸陵岸，回首望長安，悟彼下泉人，喟然傷心肝。」李善注：「《漢書》曰：『文帝葬霸陵。』」

⑯陸機《尸鄉亭》：「東遊觀鞏、洛，逍遥丘墓間，秋草漫長柯，寒水入雲煙，發軫有夙宴，息駕無愚賢。」

⑰《文選》二三潘安仁《悼亡詩》三首（兹錄其第一首）：「荏苒冬春謝，寒暑忽流易，之子歸窮泉，重壤永幽隔，私懷誰克從，淹留亦何益，僶俛恭朝命，回心反初役。望廬思其人，入室想所歷，帷屏無仿佛，翰墨有餘跡，流芳未及歇，遺掛猶在壁，帳怳如或存，周遑忡驚惕。如彼翰林鳥，雙棲一朝只，如彼遊川魚，比目中路析。春風緣隟來，晨霤承檐滴，寢息何時忘，沈憂日盈

積，庶幾有時衰，莊缶猶可擊。」

⑱《藝文類聚》三二徐幹〈室思詩〉：「浮雲何洋洋，願因通我辭，一逝不可歸，嘯歌久踟躕，人離皆復會，我獨無反期。自君之出矣，明鏡開不治，思君如流水，何有窮已時。」《玉台新詠》載此詩凡六章，而以此爲其第三章。

⑲謝吏部，謂謝朓也，朓曾官吏部郎。

⑳謝朓〈冬緒羈懷示蕭諮議虞田曹劉江二常侍〉：「去國懷丘園，入遠滯城闕，寒燈耿宵夢，清鏡悲曉發，風草不留霜，冰池共如月。寂寞此間帷，琴尊任所對，客念坐嬋媛，年華稍菴薆，夙慕雲澤遊，共奉荆台績，一聽春鶯喧，再視秋虹沒。疲驂良易返，恩波不可越，誰慕臨淄鼎，常希茂陵渴，依隱幸自從，求心果蕪昧，方軫歸與願，故山芝未歇。」按：王融《寒晚敬和何徵君點》：「疏酌候冬序，間琴改秋律。」序、緒古通。《詩經》〈周頌〉〈閔予小子〉：「繼序思不忘。」毛《傳》：「序，緒也。」《正義》：「《傳》『序緒』，《釋詁》文，以王世相繼如絲之端緒，故轉爲緒。」

㉑「冰」，原作「水」，今據《古鈔本》校改。

㉒「月」，原作「逆」，武后造字，今從《長寬寫本》。

㉓「恥」，今本《謝集》作「耿」。器按：江總〈姬人怨詩〉：「寒燈作花羞夜短。」作「恥」較作「耿」義勝。

㉔「人」，原作「生」，武后造字，《古鈔本》、《無點本》俱有旁注云：「『人』字也。」

㉕「月」，原作「辿」，《箋本》誤認爲「往」字，而以《千字文》《寒來暑往》證之，非是。

㉖《尚書》〈五子之歌〉：「鬱陶乎予心。」孔氏《傳》：「鬱陶，言哀思也。」《釋文》：「憂思也。」

㉗「何」字，《古鈔本》脱。

㉘《文選》五三陸士衡〈辨亡論〉上：「武將連衡。」李善注：「包咸《論語注》曰：『衡，軛也。』戎車，武將所駕，故以連衡喻多也。」

㉙兩謝：謂謝靈運、謝朓也。

㉚結駟連衡，猶言竝駕齊驅。

㉛二虞：虞世基、虞世南也。兄弟二人，並有才名，時人方之二陸。世基，《隋書》有傳；世南，兩《唐書》俱有傳。

㉜《尚書》〈洪範〉：「庶民惟星：星有好風，星有好雨。」孔氏《傳：「星，民象，故眾民惟若星。箕星好風，畢星好雨，亦民所好。」《文選》〈七命〉李善注引《春秋緯》：「月失其行，離於箕者風，離於畢者雨。」

余以龍朔元年，爲周王①府參軍，與文學劉禕之②、典籤范履冰③，肯④東閣⑤已建，期⑥竟撰成此錄。王家書既多缺，私室集更難求，所以遂歷十年，未終兩卷。今剪《芳林要覽》⑦，討論諸集，人欲天從⑧，果諧宿志。常與諸學士覽小謝⑨詩，見《和宋記室省中》

⑩，詮⑪其秀句，諸人咸以謝「行樹澄遠陰，雲霞成異色」爲最。余曰：諸君之議非也。何則？「行樹澄遠陰，雲霞成異色」，誠爲得矣，抑絕唱⑫也。夫夕望者，莫不鎔想煙霞，煉情林岫，然後暢其清調，發以綺詞，俯⑬行樹之遠陰，瞰雲霞之異色，中人以下⑭，偶可得之；但未若「落日飛鳥還，憂來不可極」之妙者也。觀夫「落日飛鳥還，憂來不可極」，謂捫心⑮罕屬，而舉目增思，結意惟人⑯，而緣情寄鳥，落日低照⑰，即⑱隨望斷，暮禽還集，則憂共飛來。美哉玄暉，何思之若是也！諸君所言，竊所未取。於是咸服，恣⑲余所詳。余於是以情緒爲先，直置⑳爲本，以物色留後，綺錯爲末；助之以質氣㉑，潤之以流華，竊之以形似㉒，開以以振躍。或事理俱愜，詞調雙舉，有一於此㉓，罔或孑遺㉔。時歷十代㉕，人將四百，自古詩爲始，至上官儀㉖爲終。刊定已詳，繕寫斯畢，實欲傳之好事，冀得㉗知音，若斯而已，若斯而已矣。

【註】

①《舊唐書》〈高祖二十二子傳〉：「周王元方，高祖第九子也。武德四年受封，貞觀二年授散騎常侍，三年薨，贈左光祿大夫。無子，國除。」「三年」上疑脱「總章」二字，説見前。

②「褘」，原作「禎」，今從周校本改正。《新唐書》〈劉褘之傳〉：「劉褘之，字希美，常州晉陵人。……褘之少與孟利貞、高智周、郭正一俱以文辭稱，號劉、孟、高、郭，並直昭文館，俄遷右史弘文館直學士。上元中，與元萬頃等偕召入禁中，論次新書凡千餘篇。高宗又密與參決時政，以

分宰相權，時謂北門學士。」禕之有集七十卷，《全唐詩》存詩五首。

③《舊唐書》〈文苑傳〉中：「范履冰者，懷州河內人，自周王府户曹召入禁中，凡二十餘年，垂拱中，歷鸞台、天官二侍郎，尋遷春官尚書，同鳳閣鸞台平章，兼修國史。載初元年，坐嘗舉犯逆者被殺。」

④「㞐」，原作「書」，形近之誤，今輒爲改正。

⑤《東觀漢紀》：「永平初，東平王蒼爲驃騎將軍，開東閣，延賢俊。」

⑥「期」，原作「斯」，義不可通，今輒改爲「期」，形近之誤也。

⑦《新唐書》〈藝文志。總集類〉：「《芳林要覽》三百卷，許敬宗、顧胤、許圉師、上官儀、楊思儉、孟利貞、姚璹、竇德玄、郭瑜、董思恭、元思敬集。」

⑧「人」，原作「生」，武后造字。《尚書》〈泰誓〉上：「民之所欲，天必從之。」

⑨鍾嶸《詩品》：「小謝才思富捷，〈秋懷〉、〈擣衣〉之作，雖復靈運鋭思，何以加焉。」小謝，謂惠連也。李白〈餞校書叔雲詩〉：「蓬萊文章建安骨，中間小謝又清發。」此又稱謝朓爲小謝。

⑩謝朓《和宋記室省中》：「落日飛鳥遠，憂來不可極，竹樹澄遠陰，雲霞成異色。懷歸欲乘黿，瞻言思解翼，清揚婉禁居，秘此文墨職，無嘆阻琴尊，相從伊水側。」

⑪「詮」，《長寬寫本》作「論」。

⑫《宋書》〈謝靈運傳論〉：「平子艷發，文以情變，絕唱高踪，久無嗣響。」

⑬「俯」，原作「府」，今從周校本改正。

⑭《論語》〈雍也〉篇：「中人以下，不可以語上也。」
⑮《文苑英華》二二五引顏之推〈神仙詩〉：「捫心徒自憐。」
⑯「人」，原作「生」，武后造字。
⑰「照」字不避武后諱，蓋未改唐爲周也。
⑱「即」下，疑脫「目」字。
⑲「恣」，周校本引《考文篇》云：「疑當作『咨』。」
⑳「直置」上，原有「其」字，羅根澤疑爲「直」之衍誤，其說是也，今從之。本書地卷《十體》引崔氏《新定詩體》：「直置體者，謂直書其事，置之於句者是。」
㉑《宋書》《謝靈運傳論》：「子建、仲宣，以氣質爲體。」
㉒《宋書》〈謝靈運傳論〉：「相如工爲形似之言，二班長於情理之說。」《詩品》上：「張協巧構形似之言。」《顏氏家訓》〈文章〉篇：「何遜詩實爲清巧，多形似之言。」形似者，猶今之言形象化也。王昌齡《詩格》：「詩有三境，一曰物境。欲爲山水詩，則張泉石雲峰之境，極麗絕秀者，神之於心，處身於境，視境於心，瑩然掌中，然後用思，了然境象，故得形似。」《苕溪漁隱叢話前集》卷三十八載《石林詩話》：「古人論詩多矣，吾獨愛湯惠休稱謝靈運如初日芙蕖，沈約稱王筠爲彈丸脫手，兩語最當人意。初日芙蕖，非人力所能爲，而精彩華麗之意，自然見於造化之外；然靈運諸詩，可以當此者無幾。彈丸脫手，雖是輸寫便利，動無違礙；然其精圓快速，發之在手，筠亦未能盡也。然作詩審到此地，豈復有餘事。韓退之〈贈張籍〉云：『君詩多態度，靄靄空

春雲。』司空圖記戴叔倫語云：『詩人之詞，如藍田日暖，良玉生煙。』亦是形似之微妙者，但學者不能味其言耳。」

㉓《尚書》〈五子之歌〉：「有一於此，未或不亡。」

㉔《詩經》〈大雅〉〈雲漢〉：「周餘黎民，靡有孑遺。」《正義》：「言『靡有孑遺』，謂無有孑然得遺漏。」

㉕江淹〈知己賦〉：「論十代兮興衰。」又〈爲齊王讓禪表〉：「五德迭興，十代繼運。」十代，謂兩漢、魏、晉、宋、齊、梁、陳、隋、唐也。

㉖上官儀，字游韶，陝州陝人。貞觀初，擢進士第，召授弘文館直學士，遷秘書郎。太宗每屬文，遣儀視稿，私宴未嘗不預。高宗即位，爲秘書少監，進西台侍郎，同東西台三品。麟德元年，坐梁王忠事下獄死。儀工詩，其詞綺錯婉媚，人多效之，謂爲上官體。有集三十卷。兩《唐書》有傳。

㉗「得」字原脱，今補。

或曰①：《易》曰②：「觀乎天文，以察時變；觀乎人文，以化成天下③。」《詩序》曰：「情發於中④，聲成文而謂之音⑤。理⑥世之音安以樂，其政和；亂世之意怨以怒，其政乖；亡國之音哀以思，其人⑦困。政⑧得失，動天地⑨，感鬼神，莫近於詩。先王以是經夫婦⑩，成孝敬，厚人倫，美教化，移風俗。」然則文章者，所以經理邦國，燭暢幽遐，達於鬼神之情，交於上下之際，功成作樂，非文不宣，理定制禮，非文不載⑪。與星辰而等煥，隨稟篇⑫而俱隆，雖正朔屢移，文質更變，而清濁之音是一，宮商之調斯在。

【註】

①鈴木虎雄以爲《芳林要覽序》。

②此《易》〈賁象〉文。

③王弼注：「觀天之文，則時變可知也；觀人之文，則化成可爲也。」《吟窗雜錄》四一引殷璠《丹陽集序》：「李都尉没後九百餘載，其間詞人，不可勝數。建安末氣骨彌高，太康中體調尤峻，元嘉筋骨仍在，永明規矩已失，梁、陳、周、隋，厥道全喪，蓋時遷推變，俗異風革，信乎『人文化成天下』。」

④「中」，今本《詩經》作「聲」。

⑤鄭《箋》：「發，猶見也。聲謂宮商角祉羽也。聲成文者，宮商上下相應。」

⑥「理」，原作「治」，此避唐高宗諱改。

⑦「人」，原作「生」，武后造字。

⑧「政」，今本《詩經》作「故正」，《釋文》云：「『正得失』，周云：『正齊人之得失也。』本又作『政』，謂政教也。兩通。」

⑨「地」，原作「埊」，武后造字。

⑩《正義》：「『經夫婦』者，經，常也，夫婦之道有常，男正位乎外，女正位乎內。德音莫違，是

夫婦之常；室家離散，夫妻反目，是不常也。教民使常此夫婦，猶《商書》云『常厥德』也。」

⑪「載」，原作「華」，旁注「載」字，《古鈔本》作「𡕀」，武后造字。

⑫《文賦》：「同槖籥之罔窮，與天地乎並育。」李善注：「《老子》曰：『天地之間，其猶槖籥乎！虛而不屈，動而愈出。』河上公曰：『槖籥，中空虛，故能育聲氣也。』王弼曰：『槖，排槖；籥，樂器。』按：槖，冶鑄者用以吹火使炎熾，《說文》曰：『槖，囊也。』音托。籥音藥。」

昔之才士，爲文者多矣。或濫觴姬、漢①，或發源曹、馬②。宋、齊已降，迄於梁、隋，世出鳳雛③之客，代有驪龍之寶，莫不言成黼黻④，家積縑緗⑤，盈委石渠之閣⑥，充牣蓬山⑦之府。自屈、宋已降，揚、班擅場⑧，諧合《風》、《騷》之序⑨，悽⑩鏘《雅》、《頌》之曲。長卿詞賦，色麗江波之錦；安仁文藻⑪，彩映河陽之花⑫。子建婉潤⑬，張衡清綺，公幹氣質⑭，景純宏麗⑮。陳琳書記遒健⑯，文舉奏議詳雅。太沖繁博⑰，仲宣響亮⑱。謝永嘉之璀璨⑲，袁東陽⑳之浩蕩。平原綺思，司空㉑嘆其寥廓㉒；吏部英才，隱侯稱其絕世㉓。莫不競宣五色㉔，爭動八音㉕，或工於體物㉖，或善於情理㉗，詠之則風流可想，聽之則舒慘在顏㉘。足以比景㉙先賢，軌儀來秀矣㉚。

【註】

①《宋書》〈禮志〉：「爰及姬、漢，風流尚存。」姬、漢即周、漢也。
②楊奐〈箕山詩〉：「土階墮渺茫，多少曹與馬。」曹與馬謂魏武帝父子及司馬宣王父子也。
③《晉書》〈陸雲傳〉：「幼時，吳尚書廣陵閔鴻見而奇之曰：『此兒若非龍駒，當是鳳雛。』」
④《漢書》〈禮樂志。郊祀歌。天地〉篇：「黼繡周張，承神至尊。」
⑤柳宗元〈上河陽烏尚書啟〉：「具筆札，拂縑緗，贊揚大功，垂之不朽。」
⑥《文選》一班孟堅〈兩都賦序〉：「內設金馬、石渠之署。」李善注：「《三輔故事》曰：『石渠閣大秘殿北，以閣秘書。』」按：《三輔黃圖》：「石渠閣，蕭何造。其下礱石爲渠以導水，若今御溝，因爲閣名。所藏入關所得秦之圖籍。又成帝於此藏秘書焉。」
⑦《後漢書》〈竇章傳〉：「是時，學者稱東觀爲老氏藏室、道家蓬萊山。」注：「蓬萊，海中神山，爲仙府，幽經秘錄，並皆在焉。」按：唐人習稱蓬萊爲蓬山，如李商隱《無題》四首之「劉郎已恨蓬山遠，更隔蓬山一萬重。」及〈無題〉之「蓬山此去無多路，青鳥殷勤爲探看。」俱謂蓬萊爲蓬山也。
⑧李肇《國史補》上：「唐人燕集必賦詩，推一人擅場。郭曖尚升平公主盛集，李端擅場；送劉相之巡江、淮，錢起擅場。」《文選》三張平子〈東京賦〉：「秦政利觜長距，終得擅場。」薛綜注：「言秦以天下爲大場。喻七雄爲鬥雞，利喙長距者，終擅一場也。《說文》：『擅，專也。』」
⑨《文選》〈宋書謝靈運傳論〉注引《續晉陽秋》：「自司馬相如、王褒、揚雄諸賢，代尚詩賦，皆

體則《風》、《騷》，詩總百家之言。」
⑩周校本曰：「『悽』，疑當作『鏗』。」
⑪鍾嶸《詩評》：「安仁詩，其源出於仲宣，《翰林》嘆其翩翩奕奕，如翔禽之羽毛，毛被之綃縠；猶尚淺於陸機，則機爲深矣。謝混云：『潘詩爛若舒錦，無處不佳；陸文如披沙揀金，往往得寶。』余嘗言：陸才如海，潘才如江。」
⑫庾信〈枯樹賦〉：「若非金谷滿園樹，即是河陽一縣花。」
⑬鍾嶸《詩評》：「子建詩，其源出於《國風》，骨氣高奇，辭采華茂，情兼雅怨，體備文質，粲然溢古，卓爾不群。嗟乎！陳思王之於文章也，譬如人倫之有周、孔，鱗羽之有龍鳳，音樂之有琴笙，女工之有黼黻。俾爾懷鉛吮墨之士，宜乎抱篇章而景慕，仰餘輝以自燭。故孔氏之門如用詩，則公幹升堂，思王入室，景陽、潘、陸，自可坐於廊廡間矣。」
⑭鍾嶸《詩評》：「公幹詩，其源出於古詩，仗氣愛奇，動多振絕；貞骨陵霜，高風跨俗。但氣過其文，然陳思已往，稍稱獨步。」
⑮鍾嶸《詩評》：「景純詩憲潘岳，文體相輝，彪炳可翫。變中原平淡之體，故稱中興第一。《翰林》以爲詩首。《遊仙》之作，辭多慷慨，乖玄遠之宗。」
⑯「道」，原作「道」，今據《無點本》校正。《文選》四二魏文帝〈與吳質書〉：「孔璋章表殊健，微爲繁富。」
⑰鍾嶸《詩品》上：「晉記室左思，其源出於公幹，文典以怨，頗爲精切，得諷諭之致。」

⑱鍾嶸《詩評》：「仲宣詩，其源出於李陵，若發愀愴之辭，文秀而質羸；在曹、劉間別構一體。方陳思不足，比魏文有餘。」

⑲《詩品》：「嶸謂若人（謝靈運）興多才高，寓目輒書，內無乏思，外無遺物，其繁富宜哉！然名章迴句，處處間起，麗典新聲，絡繹奔會。」《滄浪詩話》〈詩體〉：「以人而論，則有謝體。」靈運曾爲永嘉太守。

⑳袁宏，東陽人。

㉑張華，元康六年拜司空。

㉒鍾嶸《詩評》：「士衡詩，其源出於陳思，才高辭贍，舉體華密。氣少於公幹，文劣於仲宣，但尚規矩，不貴綺錯，有傷直置之奇也；然且咀嚼英華，厭飫膏澤，故文章之源泉也，張嘆其大才，信矣。人云古詩其源出於國風，陸機擬詩十二首，文溫以麗，意悲而切；驚心動魄，幾於一字千金。」

㉓鍾嶸《詩評》：「元暉時，其源出於謝琨，微傷細密，一章之中，自有金玉。然奇章秀句，足使叔原失步，明遠變色。」按：謝朓嘗官尚書吏部郎。長五言詩，沈約嘗曰：「二百年無此詩。」

㉔《文選》十七陸士衡〈文賦〉：「暨音聲之迭代，若五色之相宣。」李善注：「言音聲迭代而成文章，若五色相宣而爲繡也。《論衡》曰：『學士文章，其猶絲帛之有五色之功。』杜預《左氏傳注》曰：『宣，明也。』」

㉕《宋書》〈謝靈運傳論〉；「五色相宣，八音協暢。」

㉖《文賦》：「詩緣情而綺靡，賦體物而瀏亮。」李善注：「詩以言志，故曰緣情；賦以陳事，故曰體物。」地卷〈十四例〉引皎公《詩議》：「七，上句體物，上句以狀成之例。詩曰：『朔風吹飛雨，蕭條江上來。』」

㉗地卷〈十體〉引崔氏《新定詩體》；「三，情理體。情理體者，謂抒情以入理者是。詩云：『遊禽暮知返，行人獨未歸。』又云：『四鄰不相識，自然成掩扉。』」

㉘《文選》二張平子〈西京賦〉：「夫人在陽時則舒，在陰時則慘。」薛綜注：「陽謂春夏，陰謂秋冬。」李善注：「《春秋繁露》曰：『春之言猶偆也，偆者，喜樂之貌也。秋之言猶湫也，湫者，憂悲之狀也。偆，充尹切。湫，子由切。』」《文心雕龍》〈物色〉篇：「春秋代序，陰陽慘舒。」

㉙《文選》六〇王僧達〈祭顏光祿文〉：「清交素友，比景共波。」

㉚《宋書》〈謝靈運傳論〉：「方軌前秀，垂范後昆。」《文選》二一顏延年〈五君詠〉：「實稟生民秀。」李善注：「《禮記》曰：『人者，五行之秀。』《廣雅》曰：『秀，美也。』」又五五陸士衡《演連珠》；「丘園之秀，因時則揚。」李善注：「鄭玄曰：『秀士，有德行道藝者也。』」

然近代詞人，爭趨誕節，殊流並派，異轍同歸。文乖麗則，聽無宮羽。聲高曲下①，空驚偶俗之唱②，綵濕③文疏，徒誇悅目④之美。或奔放淺致，或嘈囋⑤野音，可以語宣，難以聲取；可以字得，難以義尋。謝病於新聲，藏拙於古體，其會意也僻，其適理也疏。以重濁爲氣質，以鄙直爲形似，以冗長爲繁富⑥，以誇誕爲情理。激浪長堤之表，揚鑣深埒之外。詞多流宕，罕持風檢⑦。庸生末學者慕之，若夕鳥之赴荒林；采奇好異者溺之，似秋蛾之落孤焰。奔激潰潦，汩蕩泥波⑧，波瀾浸盛，有年載矣。

【註】

①《文選》十七〈文賦〉：「徒悦目而偶俗，固高聲而曲下。」李善注：「言雖高而曲下。張衡〈舞賦〉曰：『既娛心以悦目。』《廣雅》曰：『耦，諧也。』耦與偶古字通。」《後漢書》〈吳良傳〉：「不希旨偶俗，以徼時譽。」

②同註①。

③「濕」，疑「密」字音近之訛。

④《文選序》：「黼黻不同，俱爲悦目之玩。」

⑤《文賦》：「或奔放以諧合，務嘈囋而妖冶。」李善注：「《埤蒼》曰：『嘈哱，聲貌。』哱與囋及嚽同。」按：虞世南〈琵琶賦〉：「音則抑揚嘈囋，聯綿斷續。」劉禹錫〈更衣曲〉：「滿堂醉客爭笑語，嘈囋琵琶青幂中。」白居易〈琵琶行〉：「豈無村歌與山笛，嘔啞嘈囋難爲聽。」

⑥「冗」，原作「允」，今據《古鈔本》、《三寶院本》校改。《文賦》：「要辭達而理舉，故無取乎冗長。」又：「或文繁理富，而意不指適，極無兩致，盡不可益。」

⑦《晉書》〈江統傳〉：「江統風檢操行，良有可稱，陳留多士，斯爲其冠。」又《列女傳

論》：「自晉政陵夷，罕樹風檢，虧閒爽操，相趨成俗。」

⑧《楚辭》〈漁父〉：「世皆濁，何不淈其泥而揚其波。」此文本之，「波」原誤「破」，今從《無點本》校改。

且文之爲體也，必當詞與旨相經，文與聲相會。詞義不暢，則情旨不宣；文理不清，則聲節不亮。詩人因聲以緝韻①，沿旨以制詞，理②亂之所由，風雅之所③在。固不可以孤音絕唱，寫流遁④於胸懷；棄徵捐商，混妍蚩於耳目⑤。變之者，自當晞聖藻⑥於天文，聽仙章於廣樂⑦，屈、宋爲涯島，班、馬爲堤防，粲、植爲陆落⑧，潘、陸爲郊境，褰琅玕於江、鮑之樹，採花蕊於顏、謝之園，何、劉⑨准其衡軸，任、沈程其粉黛，然後爲得也。若乃才不半古⑩，而論已過之，妄動刀尺⑪，輕移律呂，脱略⑫先輩，迷註⑬後昆，此明時所當變也。

【註】

①《詩序》：「情發於聲，聲成文謂之音。」音猶韻也。

②唐人諱「治」伯「理」。

③「所」，《古鈔本》作「攸」。

④「遁」，原作「道」，今據《古鈔本》校改。

⑤《文賦》：「混妍蚩而成體，累良質而爲瑕。」李善注：「妍謂言靡，蚩謂瘁音，既混妍蚩，共爲一體，翻累良質而爲瑕也。」

⑥虞世南〈奉和月夜觀星應令〉詩：「緣情摛聖藻，並作命徐、陳。」「聖」原作「壂」，武后造字。

⑦《史記》〈趙世家〉：「簡子寤，語大夫曰：『我之帝所，甚樂。與百神遊於鈞天，廣樂九奏，萬舞，不類三代之樂。』」

⑧《文選》五左太沖〈吳都賦〉：「阹以九疑。」劉淵林注：「阹，闌也，因山谷以遮獸也。阹音祛。」又八司馬長卿〈上林賦〉：「江、河爲阹，泰山爲櫓。」郭璞注：「因山谷遮禽獸爲阹。」又九揚子雲〈長楊賦〉：「以網爲周阹。」注：「李奇曰：『阹，遮禽獸圍陣也。』」落讀如陬落、藩落之落，《文選》二〈西京賦〉：「揩枳落，突棘藩。」李善注：「杜預《左氏傳注》曰：『藩，籬也。』落，亦籬也。」

⑨《梁書》〈何遜傳〉：「何遜、劉孝綽，並有才名，世稱何·劉。」

⑩《陸機》〈豪士賦序〉：「才不半古，而功已倍之，蓋得之於時勢也。」《孟子》〈公孫丑〉上：「故事半古之人，功必倍之。」此陸文所本。

⑪郭泰機〈答傅咸〉詩：「衣工秉刀尺，棄我忽若遺。」刀尺，猶言剪裁。

⑫《文選》十六江文通〈恨賦〉：「脱略公卿。」李善注：「杜預《左氏傳注》曰：『脱，易也。』賈逵《國語注》：『略，簡也。』」

⑬《説文》〈言部〉：「詿，誤也。」

或曰①：余每觀才士之作②，竊有以得其用心③。夫其④放言遣詞，良多變矣⑤。妍蚩好惡，可得而言⑥。每自屬文，尤見其情⑦。恒患意不稱物，文不逮意⑧，蓋非知之難，能之難也⑨。故作《文賦》，以述先士之盛藻，因論作文之利害所由⑩。他日殆可謂曲盡其妙⑪。至於操斧伐柯，雖取則不遠⑫；若夫隨手⑬之變，良難以辭逮⑭。蓋所能言者，具於此云爾⑮。

【註】

①此陸機《文賦》也，見《文選》十七。

②「作」上，《文選》有「所」字。

③李善注：「作，謂作文也。用心，言士用心於文。《莊子》：『堯曰：「此吾所用心。」』」

④「其」字，《文選》無。

⑤李善注：「夫作文者，放其言，遣其理，多變，故非一體。」

⑥李善注：「文之好惡，可得而言論也。范曄《後漢書》：『趙壹《刺世疾邪》曰：「孰知辯其妍蚩。」』廣雅曰：『妍，好也。』《説文》曰：『妍，慧也。』《釋名》曰：『蚩，痴也。』《聲類》曰：『蚩，騃也。』然妍蚩，亦好惡也。」

⑦李善注：「《論衡》曰：『幽思屬文，著記美言。』屬，綴也。杜預《左氏傳注》：『尤，甚也。』士衡自言，每屬文，甚見爲文之情。」

⑧李善注：「《爾雅》曰：『逮，及也。』」

⑨李善注：「《尚書》曰：『非知之艱，行之惟艱。』」

⑩李善注：「利害由好惡。孔安國《尚書傳》曰：『藻，水草之有文者。』故以喻文焉。」

⑪李善注：「言既作此《文賦》，佗日而觀之，近謂委曲盡文之妙理。《論理》：『鯉曰：「它日又獨立。」』趙岐《孟子章句》曰：『它日，異日也。』」

⑫李善注：「此喻見古人之法不遠。《毛詩》曰：『伐柯伐柯，其則不遠。』注：『則，法也，伐柯必用其柯，大小長短，近取法於柯，謂不遠也。』」

⑬宋人王鞏有《隨手雜錄》，隨手字本此。

⑭李善注：「言作之難也。文之隨手變改，則不可以辭逮也。《莊子》：『輪扁謂桓公曰：「斲徐，則甘而不固，疾則苦而不入，不疾不徐，得於手而應於心，口不能言也，有數存焉。」』」

⑮「爾」字，《文選》無。李善注：「蓋所言文之體者，具此賦之言。」

佇中區以玄覽，頤情志於典墳①。遵四時以嘆逝，瞻萬物而思紛②；悲落葉於勁秋，嘉

③柔條於芳春④。心懍懍以懷霜，志眇眇而臨雲⑤。詠世德之駿烈⑥，誦先民⑦之清芬⑧；遊文章之林府，嘉藻麗⑨之彬彬⑩。慨投篇而援筆，聊宣之乎斯文⑪。

【註】

①李善注：「《漢書音義》：『張晏曰：「佇，久俟待也。中區，區中也。」』《字書》曰：『玄，幽遠也。』《老子》曰：『滌除玄覽。』河上公曰：『心居玄冥之處，覽知萬物，故謂之玄覽。』《幽通賦》曰：『皓頤志而不傾。』《左氏傳》：『楚子曰：「左史倚相，能讀《三墳》、《五典》。」』」

②李善注：「遵，循也，循四時而嘆其逝往之事，攬視萬物盛衰，而思慮紛紜也。《淮南子》曰：『四時者，春生夏長，秋收冬藏。』」

③「嘉」，《文選》作「喜」，作「嘉」與下「麗藻」句復，當從《文選》作「喜」。

④李善注：「秋暮衰落，故悲；春條敷暢，故喜也。《淮南子》曰：『木葉落，長年悲。』」

⑤李善注：「懍懍，危懼貌。眇眇，高遠貌。」

⑥「烈」，原作「列」，今據《古鈔本》、《三寶院本》、《無點本》校改。《文選》作「駿烈」。

⑦「民」，《文選》作「人」。

⑧李善注：「言歌詠世有俊德者之盛業。先民，謂先世之人，有清美芬芳之德而誦勉。《毛詩》曰：『王配於京，世德作求。』又曰：『在昔，先民有作。』」

⑨「藻麗」，《文選》作「麗藻」。

⑩李善注：「《論語》曰；『文質彬彬，然後君子。』孔安國注曰：『彬彬，文質見半之貌。』」

⑪李善注：「《韓詩外傳》曰：『孫叔敖治楚，三年而國霸，楚史援筆而書之於策。』《尚書中候》曰：『玄龜負圖出洛，周公援筆以寫也。』」

其始也，皆收視反聽，耽思傍訊①，精騖②八極，心遊萬仞③。其致也，情曈曨而彌鮮，物昭晰而互進④；傾群言之瀝液，漱六藝之芳潤⑤；浮天淵以安流，濯下泉而潛浸⑥。於是沈辭怫悅⑦，若遊魚銜鉤而出重淵之深；浮藻聯翩，若翰鳥纓繳而墜層雲之峻⑧。收百世之闕文⑨，采千載之遺韻；謝朝花⑩於已披，啟夕秀於未振⑪；觀古今於須臾，撫四海於一瞬⑫。

【註】

①李善注：「收視反聽，言不視聽也。耽思傍訊，靜思而求之也。毛萇《詩傳》曰：『耽，樂之久。』《廣雅》曰：『訊，問也。』」

②「精騖」，古鈔本作「晶騖」，不可據。

③李善注：「精，神爽也。八極、萬仞，言高遠也。《淮南子》曰：『八紘之外，乃有八極。』包咸《論語注》曰：『七尺曰仞。』」

④李善注：「《爾雅》曰：『致，至也。』《埤蒼》曰；『曈曨，欲明也。』《說文》曰：『昭晰，明也。』」

⑤李善注：「《揚子法言》曰：『或問群言之長。曰：群言之長，德言也。』宋衷曰：『群，非一也。』《周禮》曰：『六藝：禮、樂、射、御、書、數也。』」

⑥李善注：「言思慮之至，無處不至，故上至天淵，於安流之中，下至下泉，於潛浸之所。《劇秦美新》曰：『盈塞天淵之間。』《楚辭》曰：『使江水兮安流。』《毛詩》曰：『洌彼下泉，浸彼苞稂。』」

⑦李善注：「怫悅，難出之貌。」

⑧「層」，《文選》作「曾」，古通。李善注：「聯翩，將墜貌。王弼《周易注》曰：『翰，高飛也。』《說文》曰：『繳，生絲縷也。』謂縷繫矰矢，而以弋射。」

⑨李善注：「《論語》：『子曰：「吾猶及史之闕文。」』」

⑩「花」，《文選》作「華」。

⑪李善注：「華、秀，以喻文也。已披，言已用也。」

⑫李善注：「《高唐賦》曰：『須臾之間。』司馬遷曰：『卒卒無須臾之間。』《莊子》：『老聃曰：「俛仰之間，再撫四海之外。」』《呂氏春秋》曰：『萬世猶一瞬。』《說文》曰：『開闔目數搖也』。尸閏切。」

然後選義案部，考辭就班①，抱景者咸叩，懷響者必彈②。或因枝以振葉，或沿波而討源③；或本隱以未④顯，或求易而得難⑤；或虎變而獸擾，或龍見而鳥瀾⑥；或妥⑦帖而易施，或鉏鋙而不安⑧。罄澄心以凝思，眇眾慮而爲言⑨，籠天地於形內，挫萬物於筆端⑩。始躑躅於燥吻，終流離於濡翰⑪。理扶質以立幹，文垂條而結繁⑫。信情貌之不差，故每變而在顏⑬；思涉樂其必笑，方言哀而以嘆⑭。或操觚⑮以率爾，或含毫而邈然⑯。

【註】

①李善注：「《小雅》曰：『班，次也。』」按：「《小雅》」當作「《小爾雅》。」

②李善注：「言皆擊擊而用。」

③李善注：「孔安國《尚書傳》曰：『順流而下曰沿。』源，水本也。」

④「未」，《文選》作「之」，注曰：「『之』或爲『未』，非也。」

⑤李善注：「言或本之於隱，而遂之顯；或求之於易，而便得難。」

⑥李善注：「《周易》曰：『大人虎變，其文炳也。』言文之來，若龍之見煙雲之上，如鳥之在波瀾之中。應劭曰：『擾，馴也。』《莊子》曰：『君子尸居而龍見。』大波曰瀾。」

⑦「妥」，原作「安」，今據《無點本》、《文選》校改。

⑧「鉏鋙」，《文選》作「岨峿」。李善注：「妥帖，易施貌。《公羊傳》曰：『帖，服也。』《廣雅》曰：『帖，靜也。』王逸《楚辭序》曰：『義多乖異，事不妥帖。』岨峿，不安貌。《楚辭》曰：『圜鑿而方枘兮，吾固知其鉏鋙而難入。』妥，他果切。帖，吐協切。岨，助舉切。峿，魚呂切。」

⑨李善注：「《周易》曰：『神也者，妙萬物而爲言者也。』」

⑩李善注：「《淮南子》曰：『太一者，牢籠天地也。』《說文》曰：『挫，折也。』《韓詩外傳》曰：『辟文士之筆端，辟武士之鋒端，辟辯士之舌端。』」

⑪李善注：「《廣雅》曰：『躑躅，跢跦也。』鄭玄《毛詩箋》云：『志往，謂踟蹰也。』躕與躑同，跢跦與踟跦同。《蒼頡篇》曰：『吻，脣兩邊也，莫粉切。』《字林》曰：『吻，口邊。』流離，津液流貌。劉公幹詩曰：『敍意於濡翰。』毛萇《詩傳》曰：『濡，漬也。』濡，如娛切。《漢書音義》：『韋昭曰：「翰，筆也。」』協韻音寒。」

⑫李善注：「言文之體，必須以理爲本。垂條，以樹喻也。《廣雅》曰：『幹，本也。』鄭玄《禮記注》曰：『繁，盛也。』」

⑬李善注：「《楚辭》曰：『情與貌其不變。』」

⑭「以」，《文選》作「已」。

⑮「操觚」，原作「采䚕」，《古鈔本》作「操觝」，今據《三寶院本》、《無點本》、《長寬寫本》校改。

⑯李善注：「觚，木之方者，古人用之以書，猶今之簡也。史由《急就章》曰：『急就奇觚。』觚，木簡也。《論語》〈先進〉篇：『子路率爾而對。』毫，謂筆毫也。王逸《楚辭注》曰：『銳毛爲毫也。』《毛詩》曰：『聽我藐藐。』毛萇曰：『藐藐然不入。』」

伊茲事之可樂，固聖賢之所欽①。課虛無以責有，叩寂漠而求音②；函綿邈於尺素，吐滂沛乎寸心③。言恢之而彌廣，思按之而愈深④；播芳蕤之馥馥，發清條之森森⑤；粲風飛而飆起，鬱雲起乎翰林⑥。

【註】

①李善注：「茲事，謂文也。《左氏傳》：『仲尼曰：「志有之：言足以志，文足以言。不言，誰知其志。言而無文，行之不遠。」』」

②李善注：「《春秋說題辭》曰：『虛生有形。』《淮南子》曰：『寂寞，音之主也。』」「漠」，《文選》作「寞」。

③李善注：「毛萇《詩傳》曰：『函，含也。』《古詩》曰：『中有尺素書。』《列子》：『文摯謂叔龍曰：「吾見子之心矣，方寸之地虛矣。」』」

④「愈」，《文選》作「逾」。李善注：「杜預《左氏傳注》曰：『恢，大也。』按，抑按也。言思慮一發，愈深恢大。」

⑤「清」，《文選》作「青」。李善注：「《說文》曰：『蕤，草木華垂貌。』《纂要》曰：『草木華曰蕤。』《字林》曰：『森，多木長貌。』以喻文采若芳蕤之香馥，青條之森盛也。」

⑥「飆起」，《文選》作「猋豎」，李善注：「《爾雅》曰：『颫颻謂之猋。』〈長楊賦〉曰：『翰林以爲主人。』」

體有萬殊，物無一量①，紛紜揮霍，形難爲狀②。辭程才以效伎，意司契而爲匠③，在有無而僶俛，當淺深而不讓④。雖離方而遁⑤員，斯窮形而盡相⑥。故夫誇⑦目者尚奢，愜心者貴當⑧，言窮者無隘，論達者唯曠⑨。詩緣情而綺靡，賦體物而瀏亮⑩，碑披文以相質，誄纏綿而悽愴⑪，銘博約而溫潤，箴頓挫而清壯⑫，頌優遊以彬蔚，論精⑬微而朗暢⑭，奏平徹以閑雅，說煒曄而譎誑⑮。雖區分之在兹，亦禁邪而制放。要辭達而理舉，故無取乎冗長⑯。

【註】

①李善注：「文章之體，有萬變之殊，中眾物之形，無一定之量也。《淮南子》曰：『斟酌萬殊。』」

②李善注：「紛紜，亂貌。揮霍，疾貌。《西京賦》曰：『跳丸劍之揮霍。』」

③李善注：「眾辭俱湊，若程才效伎，取捨由意，類司契爲匠。《老子》曰：『有德司契。』《論衡》曰：『能雕琢文書，謂之史匠也。』」

④李善注：「《毛詩》曰：『何有何無，僶俛求之。』僶俛，猶勉強也。《論語》：『子曰：「當仁不讓於師。」』」

⑤「遁」，《文選》作「遯」，字同。

⑥李善注：「方圓，謂規矩也。言文章在有方圓規矩也。」

⑦「誇」，《文選》作「夸」，古通。

⑧李善注：「其事既殊，爲文亦異。故欲夸目者，爲文尚奢；欲快心者，爲文貴當。愜，猶快也。起頰切。」

⑨李善注：「言其窮賤者，立說無非湫隘；其論通達者，發言唯存放曠。」

⑩李善注：「詩以言志，故曰緣情。賦以陳事，故曰體物。綺靡，精妙之言。瀏亮，清明之稱。《漢書》〈甘泉賦〉（當脫「注」字）曰：『瀏，清也。』《字林》曰：『清瀏，流也。』」器案宇文逌《庾信集序》：「窮緣情之綺靡，盡體物之瀏亮。」即本《文賦》爲言。

⑪李善注：「碑以敍德，故文質相半；誄以陳哀，故纏緜悽愴。」器案：《文心雕龍》〈辨騷〉：「言節候則披文而見時。」又〈知音〉：「觀文者披文以入情。」用「披文」字本之《文賦》。

⑫李善注：「博約，謂事博文約也。銘以題勒示後，故博約溫潤；箴以譏刺得失，故頓挫清壯。」

⑬「精」，原作「晶」，今據《文選》校改。

⑭李善注：「頌以褒述功美，以辭爲主，故優遊彬蔚；論以評議臧否，以當爲宗，故精微朗暢。《漢書音義》曰：『暢，通也。』」

⑮李善注：「奏以陳情敍事，故平徹閒雅；說以感動爲先，故煒曄譎誑。」

⑯李善注：「《論語》：『子曰：「辭達而已矣。」』文穎《漢書注》曰：『冗，散也。』如勇切。」

言文章體要，在辭達而理舉也。」

其爲物也多姿，其爲體也屢遷①，其會意也尚巧，其遣言也貴妍。既②音聲之迭代，若五色之相宣③。雖逝止之無常，固崎錡而難便④。苟達變而識次，猶開流以納泉⑤。如失機而後會，恒操末以續顚⑥，謬玄黃之秩⑦敍，故淟涊而⑧不鮮⑨。

【註】

①李善注：「萬物萬形，故曰多姿；文非一則，故曰屢遷。《琴賦》曰：『既豐贍以多姿。』《周易》曰：『爲道也屢遷。』」

②「既」，《文選》作「暨」。

③李善注：「言音聲迭代，而成文章，若五色相宣，而爲繡也。《爾雅》曰：『暨，及也。』又曰：『迭，更也。』《論衡》曰：『學士文章，其猶絲帛之有五色之功。』杜預《左氏傳注》曰：『宣，明也。』」

④李善注：「言逝止無常，唯情所適，以其體多變，固崎錡難便也。逝止，由去留也。崎錡，不安貌。《楚辭》曰：『嶔岑崎錡。』崎音綺，錡音蟻。」

⑤李善注：「言其易也。」

⑥李善注：「言失次也。」

⑦「秩」，《文選》作「袟」。

⑧「而」字原脱，今據《古鈔本》、《三寶院本》及《文選》訂補。

⑨李善注：「言音韻失宜，類繡之玄黃謬敘，故淟涊垢濁，而不鮮明也。《禮記》曰：『朱綠之，玄黃之，以爲黼黻文章。』楚辭曰：『切淟涊之流俗。』王逸曰：『淟涊，垢濁也。』」

或仰逼於先條，或俯侵於後章①；或辭害而理比，或言順而義妨②。離之則雙美，合之則兩傷。考殿最於錙銖，定去留於毫芒③。苟銓衡之所裁，固應繩其必當④。

【註】

①李善注：「《廣雅》曰：『條，科條也。』凡爲文之體，先後皆須意別，不能者則有此累。」

②李善注：「《周易》曰：『比，輔也。』《説文》曰：『妨，害也。』」

③李善注：「《漢書音義》：『項岱曰：「殿，負也；最，善也。」韋昭曰：「第一爲最，極下曰殿。」又曰：「下功曰殿，上功曰最。」』鄭玄《禮記注》曰：『八兩爲錙。』《漢書》曰：『黃鍾之一龠，容千二百黍，重十二銖。』然百黍重一銖也。應劭《漢書注》曰：『十黍爲累，一累爲一銖。』《賓戲》曰：『銳思毫芒之內。』《音義》曰：『芒，稻芒。毫，兔毫。』」

④李善注：「言銓衡所裁，苟有輕重，雖應繩墨，須必除之。《聲類》曰：『銓，所以稱物也。』七全切。《漢書》曰：『衡，平也，平輕重也。』《尚書》曰：『惟木從繩則正。』《莊

子》曰：『匠石治木，直者應繩。』」

或文繁理富，而意不指適。極無兩致，盡不可益①。立片言以②居要，乃一篇之警策③。雖眾辭之有條，必待茲而效績④。亮功多而累寡，故取足而不易⑤。

【註】

①李善注：「言其理既極，而無兩致；其言又盡，而不可益。」

②《以》，《文選》作「而」。

③李善注：「以文喻馬也。言馬因警策而彌駿，以喻文資片言而益明也。夫駕之法，以策駕乘。今以一言之好，最於眾辭；若策驅馳，故云警策。《論語》：『子曰：「片言可以折獄。」』《左氏傳》：『繞朝贈士會以馬策。』曹子建〈應詔詩〉曰：『僕夫警策。』鄭玄《周禮注》曰：『警，敕戒也。』」

④李善注：「必待警策之言，以效其功也。《家語》：『公父文伯之母曰：「男女效績，愆則有辟。」』」

⑤李善注：「言其功既多，爲累蓋寡，故以取足，而不改易其文。」

或藻思綺合，清麗千眠①，昺②若縟繡，悽若繁弦③。必所擬之不殊，乃闇合乎曩篇

④。雖杼軸於予懷，怵他人之我先⑤。苟傷廉而愆義，亦雖愛而必捐⑥。

【註】

①李善注：「《說文》曰：『謂文藻思如綺會。』（按：「《說文》曰」三字當衍。）千眠，光色盛貌。」

②「昺」，《文選》作「炳」。

③李善注：「《說文》曰：『縟，繁彩色也。』又：『繡，五色彩備也。』蔡邕〈琴賦〉曰：『繁弦既抑，雅音復揚。』」

④李善注：「言所擬不異，闇合昔之曩篇。《爾雅》曰：『曩，久也。』謂久舊也。」

⑤李善注：「杼軸，以織喻也。雖出自己情，懼佗人先己也。《毛詩》曰：『杼軸其空。』」

⑥李善注：「言他人言，我雖愛之，必須去之也。王逸《楚辭注》曰：『不受曰廉。』《說文》曰：『捐，棄也。』」

或苕發穎豎，離眾絕致①。形不可逐，響難爲繫②。塊孤立而特峙，非常音之所緯③。心牢落而無偶，意徘徊而不能揥④。石韞玉而⑤山輝，水懷珠而川媚⑥。彼榛楛之勿剪，亦蒙榮於集翠⑦。綴《下里》於《白雪》，吾亦以⑧濟夫所偉⑨。

【註】

①李善注：「茗，草之茗也。言作文利害，理難俱美，或有一句，同乎茗發穎豎，離於眾辭，絕於致思也。《毛詩傳》曰：『茗，陵茗也。』《孫卿子》曰：『蒙鳩爲巢，繫之葦茗。』《小雅》（當作《小爾雅》）曰：『禾穗謂之穎。』」

②李善注：「言方之於影，而形不可逐；譬之於聲，而響難繫也。《鶡冠子》曰：『影之隨形，響之應聲。』」

③李善注：「文之綺麗，若經緯相成，一句既佳，塊然立而特峙，非常音所能緯也。」

④李善注：「牢落，猶遼落也。言思心牢落，而無偶揥之意，徘徊而未能也。蔡邕《瞽師賦》曰：『時牢落以失次，咢繼蹇而陽絕。』《說文》曰：『揥，取也，他狄切。』協韻他帝切。或爲『禘，禘，猶去也。』」（《五臣本》「禘」作「褫」，是。）

⑤「而」字原缺，今據《古鈔本》及《文選》訂補。

⑥李善注：「雖無佳偶，因而留之，譬若水石之藏珠玉，山川爲之輝媚也。《尸子》曰：『水中折者有玉，圓折者有珠。』《孫卿子》曰：『玉在山而木潤，淵生珠而岸不枯。』高氏注：『玉，陽中之陰，故能潤澤草。珠，陰中之陽，有明，故岸不枯。』《廣雅》曰：『韞，裹也。』」

⑦李善注：「榛楛，喻庸音也。以珠玉之句既存，故榛楛之辭亦美。《毛詩》曰：『榛楛濟濟。』郭璞《山海經注》曰：『榛，小栗；楛，木可以爲箭。』」

⑧「以」，文選《無》。

⑨李善注：「言以此庸音而偶彼嘉句，譬以《下里》鄙句，綴《白雪》之高唱，吾雖知美惡不倫，然且以益夫所偉也。宋玉《對楚王問》曰：『客有歌於郢中者，其始曰《下里》。』宋玉《笛賦》曰：『師曠爲《白雪》之曲。』《淮南子》曰：『師曠奏《白雪》，而神禽下降。』《白雪》，五十弦瑟樂曲名。《下里》，俗之謠歌。《説文》曰：『偉，猶奇也。』協韻禹貴切。」

或托言於短韻，對窮跡而孤興①。俯寂漠②而無友，仰寥廓而莫承③。譬偏弦之獨張，含清唱而靡應④。

【註】

①李善注：「短韻，小文也。言文小而事寡，故曰窮跡；跡窮而無偶，故曰孤興。」

②「漠」，《文選》作「寞」。

③李善注：「言事寡而無偶，俯求之，則寂寞而無聲，仰應之，則寥廓而無所承。」

④李善注：「言累句以成文，猶眾弦之成曲；今短韻孤起，譬偏弦之獨張。弦之獨張，含清唱而無應；韻之孤起，蘊麗則而莫承也。毛萇《詩傳》曰：『靡，無也。』應，於興切。」

或寄辭於瘁音，言徒靡①而弗華②。混妍蚩而成體，累良質而爲瑕③。象下管之偏疾，故雖應而不和④。

【註】

①「言徒靡」，《文選》作「徒靡言」。

②李善注：「瘁音，謂惡辭也。靡，美也，言空美而不光華也。班固《漢書贊》曰：『纖微憔悴之音作，而民思憂。』薛君《韓詩章句》曰：『靡，好也。』」

③李善注：「妍謂言靡，蚩謂瘁音。既混妍蚩，共爲一體，翻累良質而爲瑕也。《禮記》曰：『玉瑕不掩瑜。』鄭玄曰：『瑕，玉之病也。』胡加切。」

④李善注：「言其音既瘁，其言徒靡，類乎下管，其聲偏疾，升歌與之閒奏，雖復相應，而不和諧。杜預《左氏傳注》曰：『象，類也。』《禮記》曰：『升歌《清廟》，下管《象》、《武》。』王肅《家語注》曰：『下管，堂下吹管。』《象》、《武》，舞也。」

或遺理以存異，徒尋虛而①逐微。言寡情而鮮愛，辭浮漂而不歸②。猶弦緩③而徽急，故雖和而不悲④。

【註】

①「而」，《文選》作「以」。

②李善注：「漂，猶流也。不歸，謂不歸於實。」

③「緩」，《文選》作「么」。
④李善注：「《說文》曰：『么，小也。於遙切。』《淮南子》曰：『鄒忌一徽琴，而威王終夕悲。』許慎注曰：『鼓琴循弦謂之徽。』悲雅俱有，所以成樂，直雅而無悲，則不成。」

或奔放以諧合，務嘈囋而妖冶①。徒悅目而偶俗，固聲高②而曲下③。寤《防露》與《桑間》，又雖悲而不雅④。

【註】

①李善注：「《埤蒼》曰：『嘈啐，聲貌。』與囋及囐同，才曷切。」
②「聲高」，《文選》作「高聲」。
③李善注：「言聲雖高而曲下。張衡《舞賦》曰：『既娛心以悅目。』《廣雅》曰：『耦，諧也。』耦與偶古字通。」
④李善注：「《防露》，未詳，一曰：謝靈運〈山居賦〉曰：『楚客放而《防露》作。』注曰：『楚人放逐，東方朔感江潭而作《七諫》。』然靈運以《七諫》有防露之言，遂以《七諫》爲《防露》也。《禮記》曰：『《桑間》、《濮上》之音，亡國之音也。』鄭玄曰：『濮水之上，地有桑間者，亡國之音於此水上。』」

或清虛以婉約，每除煩而去濫①。闕大羹之遺味，同朱弦②之清氾③。雖一唱而三嘆，固既雅而不艷④。

【註】

①李善注：「《左氏傳》：『君子曰：「君除煩而去惑。」』」

②「弦」，原作「泫」，今據《古鈔本》及《文選》校改。

③「泛」，《文選》作「汜」，字同。

④李善注：「言作文之體，必須文質相半，雅艷相資；今文少而質多，故既雅而不艷。比之大羹，而闕其餘味；方之古樂，而同清汜，言質之甚也。餘味，謂樂羹皆古，不能備其五聲五味，故曰有餘也。《禮記》曰：『清廟之瑟，朱弦而疏越，一唱而三嘆，有遺音者矣。大饗之禮，尚玄酒而俎腥魚，大羹不和，有遺味者矣。』鄭玄曰：『朱弦，練朱弦也。練則聲濁。越，瑟底孔，畫疏之，使聲遲。唱，發歌句者。三嘆，三人從而嘆之。大羹，肉湆不調以鹽菜也。遺，猶餘也。』然大羹之有餘味，以爲古矣，而又闕之，甚之之辭也。」

若夫豐約之裁，俯仰之形①，因宜適變，曲有微情②：或言拙而喻巧，或理質③而辭輕，或襲故而彌新，或沿濁而更清④，或覽之而必察，或研之而後精⑤。譬猶舞者赴節以投袂，歌者應弦而遣聲⑥。是蓋輪扁之⑦所不得言，故亦非華說之所能明⑧。

【註】

①李善注：「《廣雅》曰：『約，儉也。』」

②李善注：「毛萇《詩傳》曰：『適，之也。』《楚辭》曰：『結微情以陳辭。』《說文》曰：『微，妙也。』」

③「質」，《文選》作「樸」。

④李善注：「孔安國《尚書傳》曰：『襲，因也。』《禮記》曰：『明王以相沿。』鄭玄曰：『沿，猶因述也。』」

⑤「精」，《古鈔本》、《三寶院本》、《長寬寫本》作「晶」。

⑥李善注：「王粲《七釋》曰：『邪睨鼓下，亢音赴節。』《左氏傳》曰：『投袂而起。』杜預曰：『投，振也。』」

⑦「之」字，《文選》無。

⑧「明」，《文選》作「精」，與上「研之」句韻復，作「明」義勝。李善注：「《莊子》曰：『桓公讀書於堂上，輪扁斲輪於堂下，釋椎鑿而上，問桓公：「敢問公之所讀者，何言也？」公曰：「聖之言。」曰：「聖人在乎？」公曰：「死矣。」輪扁曰：「然則君之所讀者，聖人之糟魄耳。」公曰：「寡人讀書，輪人安得議乎？有說則可，無說則死。」輪扁曰：「臣也，以臣之事觀之；斲輪徐，則甘而固矣；疾，則苦而不入矣；不徐不疾，得於手而應於心，口不能言也，有數存

焉於其間。臣不能以喻臣之子，臣之子亦不能受之於臣，是以行年七十，而老斲輪。」』郭子玄曰：『言物各有性，效學之無益也。』李頤曰：『齊桓公也。』扁，音篇，又扶緬切。斲，丁角切，謂斲輪之人扁其名也。魄音普莫切。李頤曰：『酒滓曰糟。』司馬彪曰：『爛食曰魄。』甘，緩也；苦，急也。李曰：『數，術也。』王充《論衡》曰：『虛談竟於華葉之言，無根之深，安危之際，文人不與，徒能華說之效也。』」

普辭條與文律，良予膺之所服①。練世情之常尤，識前②修之所淑③。雖濬發於巧心，或受嗤於拙目④。彼瓊敷與玉藻，若中原之有菽⑤。同橐籥之罔窮，與天地乎並育⑥。雖紛靄於此世，嗟不盈於予掬⑦。患挈瓶之屢空，病昌言之難屬⑧。故踸踔⑨於短韻⑩，放庸音以足曲⑪。恒遺恨以終篇，豈懷盈以⑫自足⑬。懼蒙塵於叩缶，顧取笑於鳴玉⑭。

【註】

①李善注：「《尚書》：『帝曰：「律和聲」。』孔安國曰：『律，六律也。』《禮記》：『子曰：「回得一善，則拳拳服膺，不失之。」』」

②「前」，原作「删」，今據《古鈔本》、《三寶院本》校改。

③李善注：「《纏子》：『董無心曰：「罕得事君子，不識世情。」』尤，非也。《楚辭》曰：『蹇吾法夫前修，非時俗之所服。』淑，善也。」

④「嗤」，《文選》作「欸」。李善注：「言文之難，不能無累；雖復巧心濬發，或於拙目受蚩。『欸』與『蚩』同，笑也。」

⑤李善注：「瓊敷玉藻，以喻文也。《毛詩》曰：『中原有菽，庶人採之。』毛萇曰：『中原，原中也。菽，藿也，力採者得之。』」

⑥李善注：「《老子》曰：『天地之間，其猶橐籥乎！虛而不屈，動而愈出。』河上公曰：『橐籥，中空虛，故能育聲氣也。』王弼曰：『橐，排橐。籥，樂器。』按：橐，冶鑄者用以吹火使炎熾。《說文》曰：『橐，囊也。』音托。籥音藥。」

⑦李善注：「《毛詩》曰：『終朝采綠，不盈一掬。』毛萇曰：『綠，王芻。兩手曰掬。』」

⑧李善注：「挈瓶，喻小智之人。何休曰：『提，猶挈也。』《左氏傳》曰：『雖有挈瓶之智，守不假器。』《論語》曰：『回也屢空。』《尚書》：『帝曰：「禹亦昌言。」』孔安國曰：『昌，當也。』王逸《楚辭注》曰：『屬，續也。』」

⑨「踔」，原作「啅」，今據《古鈔本》、《三寶院本》、《無點本》校改。李善注：「《廣雅》曰：『踸踔，無常也。』今人以不定爲踸踔，不定，亦無常也。《莊子》曰：『夔謂蚿曰：「吾以一足踸踔而行，爾無如矣。」』謂腳長短也。踸，敕甚切。踔，敕角切。」

⑩「短韻」，《文選》作「短垣」。李善注：「《國語》曰：『有短垣，君不逾。』」

⑪李善注：「《爾雅》曰：『庸，常也。』」

⑫「以」，《文選》作「而」。

⑬李善注：「言才恒不足也。《答賓戲》曰：『孔終篇於西狩。』」
⑭李善注：「缶，瓦器，而不鳴，更蒙之以塵，故取笑乎玉之鳴聲也。《文子》曰：『蒙塵而欲無味，不可得也。』李斯上書曰：『擊甕叩缶。』」

若夫應感之會，通塞之紀①，來不可遏，去不可止②。藏若影滅，行猶響起②。方天機之駿利，夫何紛而不理④。思風發於胸臆，言泉流於脣齒⑤。紛葳蕤以馺遝，唯毫素之所擬⑥。文徽徽以溢目，音泠泠而盈耳⑦。

【註】

①李善注：「紀，綱紀也。《周易》曰：『不出户庭，知通塞也。』」
②李善注：「《莊子》曰：『其來不可卻，其去不可止。』《毛詩傳》曰：『遏，止也。』孔安國曰：『遏，絕。』」
③李善注：「枚乘《上書》曰：『景滅跡絕。』《王命論》曰：『趣時如響起。』」
④李善注：「《莊子》：『蚿曰：「今予動吾天機。」』司馬彪曰：『天機，自然也。』又《大宗師》曰：『其耆欲深者，其天機淺也。』劉障曰：『言天機者，言萬物轉動，各有天性，任之自然，不知所由然也。』」
⑤李善注：「《論衡》曰：『吾言潏淈而泉出。』」

⑥李善注：「威蕤，盛貌。颯遝，多貌。《封禪書》曰：『紛綸葳蕤。』毫，筆也。《纂文》曰：『書縑曰素。』揚雄《書》曰：『齎紬素四尺。』」

⑦李善注：「延篤《仁孝論》曰：『煥乎爛兮，其溢目也。』《論語》曰：『洋洋乎，盈耳哉！』」

及其六情底滯，志往神留①，兀若枯木，豁若涸流②。攬煢③魂以探賾④，頓精⑤爽而⑥自求⑦。理翳翳而逾⑧伏，思軋軋其若抽⑨。是以或竭情而多悔，或率意而寡尤⑩。雖茲物之在我，非余力之所勠⑪。故時撫空懷而自惋，吾未識夫開塞之所由⑫。

【註】

①李善注：「《春秋演孔圖》曰：『《詩》含五際六情，絕於申。』宋均曰：『申，申公也。』仲長子《昌言》曰：『喜怒哀樂好惡，謂之六情。』《國語》曰：『夫人氣縱則底，底則滯。』韋昭曰：『底，著也。滯，廢也。』」

②李善注：「《莊子》曰：『形固可使如枯木，心固可使如死灰。』郭象注《莊子》曰：『遺身而自得，雖掞然而不持，坐忘行忘而爲之，故行若曳枯木，止若聚死灰，是以云其神凝也。』向秀曰：『死灰、枯木，取其寂漠無情耳。』《爾雅》曰：『涸，竭也。』國語：『泉涸而成梁。』涸，水盡也。」

③「煢」，《無點本》、《文選》作「營」。

④「賾」，原作「濬」，今據《古鈔本》、《無點本》、《文選》校改。

⑤「精」，原作「晶」，今據《無點本》、《文選》校改。

⑥「而」，《文選》作「於」。

⑦李善注：「自求於文也。《楚辭》曰：『營魂而升遐。』《周易》曰：『探賾索隱，鉤深致遠。』《左氏傳》：『樂祁曰：『心之精爽，是謂魂魄。』』《孟子》曰：『使自求之。』」

⑧「逾」，《文選》作「愈」。

⑨「軋軋」，《無點本》、《文選》作「乙乙」。李善注：「《方言》曰：『翳，奄也。』乙，抽也。乙，難出之貌。《說文》曰：『陰氣尚強，其出乙乙然。』乙音軋。《新論》曰：『桓譚嘗欲從子雲學賦，子雲曰：「能讀千賦，則善爲之矣。」譚慕子雲之文，嘗精思於小賦，立感發病，彌日瘳。子雲說成帝祠甘泉，詔雄作賦，思精苦，困倦小卧，夢五藏出外，以手收而內之，及覺，病喘悸少氣。』士衡《與弟書》曰：『思苦生疾。』」

⑩李善注：「《左氏傳》：『趙武曰：「范會言於晉國，竭情無私。」』《淮南子》曰：『人輕小害，至於多悔。』《論語》：『子曰：「言寡尤，行寡悔。」』包曰：『尤，過也。』」

⑪李善注：「物，事也。勠，并也。言文之不來，非予力之所並。《國語》曰：『勠力一心。』賈逵曰：『勠力，併力也。』」

⑫「由」，《三寶院本》、《無點本》、《長寬寫本》作「因」，失韻，非是。李善注：「開，謂天機駿利。塞，謂六情底滯。」

伊茲文其①爲用，固衆理之所因②。恢萬里使③無閡，通億載而爲津④。俯貽則於來葉，仰觀象於古人⑤。濟⑥文、武於將墜，宣風聲於不泯⑦。途⑧無遠而不彌，理無微而不綸⑨。配霑潤於雲雨，象變化乎鬼神⑩。被金石而德廣，流管弦而日新⑪。

【註】

①「其」，《文選》作「之」。

②「因」，原作「由」，今據《古鈔本》、《文選》校改。

③「使」，《無點本》、《文選》作「而」。

④李善注：「言文能廓萬里而無閡，假令億載，而今爲津。《法言》曰：『著古昔之㖮㖮，傳千里之忞忞者，莫如書。』李軌曰：『㖮㖮，目所不見。忞忞，心所不了。』小雅曰：『閡，限也。』」

按：「《小雅》」當作「《小爾雅》」。

⑤「於」，《文選》作「乎」。李善注：「葉，世也。《幽通賦》曰：『終保己而貽則。』《尚書》曰：『予恐來世。』又曰：『予欲觀古人之象。』」

⑥「濟」，原作「溔」，今據《古鈔本》、《長寬寫本》、《無點本》及《文選》校改。

⑦李善注：「《論語》：『子貢曰：「文、武之道，未墜於地。」』《尚書》〈畢命〉曰：『彰善惡，樹之風聲。』《毛詩》曰：『靡國不泯。』毛萇曰：『泯，滅也。』《爾雅》曰：『泯，盡

也。』」

⑧「途」，《文選》作「塗」。

⑨「不綸」，《文選》作「弗綸」。李善注：「《法言》曰：『彌綸天地之事，記久明遠者，莫如《書》。』《周易》曰：『易與天地准，故能彌綸天地之道。』王肅曰：『彌綸，纏裹也。』」

⑩李善注：「《論衡》曰：『山大者雲多。太山不崇朝，辨雨天下。然則賢聖有雲雨之智，彼其吐文萬牒以上。』《賈子》曰：『神者，變化而無所不爲也。』」

⑪李善注：「金，鍾鼎也。石，碑碣也。言文之善者，可被之金石，施之樂章。《禮記》曰：『金石絲竹，樂之器也。』《漢書》曰：『聖王已没，鐘鼓管弦之聲未衰。』《吳越春秋》：『樂師謂越王曰：「君王德可刻之於金石，聲可托之於管弦。」』《毛詩》曰：『《漢廣》，德廣所及也。』《周易》曰：『日新之謂盛德。』」

文鏡秘府論　西

金剛峯寺禪念沙門　遍照金剛　撰

江津　王利器　校注

論病　文二十八病　文筆十病得失①

夫文章之興，與自然起②；宮商之律，共二儀生③。是故奎星主其文書④，日月煥乎其章⑤，天籟自諧，地籟⑥冥⑦韻。葛天唱歌⑧，虞帝吟詠⑨，曹、王⑩入室⑪摛藻⑫之前，游、夏⑬昇堂學文⑭之後，四紐⑮未顯，八病無聞。雖然，五音妙其調，六律精其響，銓輕重於毫忽⑯，韻清濁於錙銖⑰；故能九夏⑱奏而陰陽和，六樂⑲陳而天地順。和人理，通神明⑳，風移俗易，鳥翔獸舞。自非雅詩雅樂㉑，誰能致此感通㉒乎！顒、約已降，兢、融以往，聲譜㉓之論郁起，病犯之名爭興；家㉔制格式，人談疾累㉕；徒競文華，空事拘檢㉖；靈感沈秘，雕弊實繁。竊疑正聲㉗之已失，爲當㉘時運㉙之使然。洎八體㉚、十病、六犯、三疾，或文異義同，或名通理隔，卷軸滿機㉛，乍閱難辨，遂使披卷㉜者懷疑，搜寫者多倦。予今載㉝刀之繁，載筆之簡，總有二十八種病，列之如左。其名異意同者，各注目下。後之覽者，一披總達。

【註】

①「文筆十病得失」下，《三寶院本》注「筆四病異本無之」七字。

②自然，注已見南卷〈論文意〉章。彼文引王昌齡《詩格》云：「自古文章，起於無作，興於自然。」

③《易經》〈繫辭〉：「易有太極，是生兩儀。」潘岳〈爲賈謐作贈陸機〉：「肇自初創，二儀煙煴。」《文選》李善注引王肅曰：「兩儀，天地也。」任彥升《到大司馬記室牋》：「明公道冠二儀。」《文選》呂向注：「二儀，天地也。」《詩品序》：「齊有王元長者，嘗謂余云：『宮商與二儀俱生。』」

④《孝經援神契》上：「奎主文章，倉頡效象。」注：「奎星屈曲相鉤以文字之畫。」（據安居香山、中村璋八編《集成》本）。

⑤《論語》〈泰伯〉：「煥乎其有文章。」《集解》：「煥，明也。」

⑥《莊子》〈齊物論〉：「女聞人籟而未聞地籟，女聞地籟而未聞天籟夫。……地籟則眾竅是也。」

⑦「冥」，儲皖峰校本作「宜」，云：「『宜』，別本作『冥』。峰按：本書〈第十五忌諱病〉條云：『于國非所宜言。』『宜』，《古鈔本》正作『冥』。疑係日人傳寫異體，今校改。」

⑧《呂氏春秋》〈古樂〉篇：「昔葛天氏之樂，三人摻牛尾，投足以歌《八闋》：一曰《載民》，二曰《玄鳥》，三曰《遂草木》，四曰《奮五穀》，五曰《敬天常》，六曰《達帝功》，七曰《依地德》，八曰《總萬物之極》。」

⑨《尚書》〈虞書〉〈益稷〉：「帝庸作歌曰：『敕天之命，惟時惟幾。』乃歌曰：『股肱喜哉，元首起哉，百工熙哉！』」

⑩曹、王，謂曹植、王粲也。

⑪《論語》〈先進〉：「子曰：『由也升堂矣，未入于室也。』」

⑫《文選》四五班孟堅〈答賓戲〉：「摛藻如春華。」李善注：「韋昭曰：『摛，布也。』敕施切。藻，水草之有文者。」

⑬《論語》〈先進〉：「文學：子游，子夏。」

⑭《論語》〈學而〉：「行有餘力，則以學文。」

⑮四紐，即四聲也。唐玄度《九經字樣序》：「但紐四聲，定其意旨。」

⑯《孫子算經》：「蠶吞絲爲一忽。」

⑰《文選》十七陸士衡〈文賦〉：「考殿最於錙銖，定去留於毫芒。」李善注：「鄭玄《禮記注》曰：『八兩爲錙。』《漢書》曰：『黃鍾之一籥，容千二百黍，重十二銖。』然百黍重一銖也。應劭《漢書注》曰：『十黍爲一累，十累爲一銖。』〈賓戲〉曰：『銳思毫芒之內。』《音義》曰：『芒，稻芒；毫，兔毫。』」

⑱《周禮》〈春官〉〈鍾師〉：「掌金奏。凡樂事以鐘鼓奏《九夏》：《王夏》，《肆夏》，《昭夏》，《納夏》，《章夏》，《齊夏》，《族夏》，《祴夏》，《驁夏》。」

⑲《周禮》〈地官〉〈保氏〉：「掌諫王惡而養國子以道，乃教之六藝：二曰六樂。」注：「《雲門》，《大咸》，《大韶》，《大夏》，《大濩》，《大武》也。」

⑳《易經》〈說卦〉：「幽贊於神明而生蓍。」

㉑《論語》〈陽貨〉：「惡鄭聲之亂雅樂也。」

㉒《易》〈繫辭〉：「寂然不動，感而遂通。」顏峻〈七廟迎神辭〉：「敬恭明祀，孝道感通。」

㉓《中說》〈天地〉篇：「李伯藥見子而論詩，子不答，伯藥退謂薛收曰：『吾上陳應、劉，下逮沈、謝，分四聲八病，剛柔清濁，各有端序，音若塤篪，而夫子不應，我其未達歟？』」阮逸注：「四聲韻起沈約，八病未詳。」皎然《詩式》：「樂章有宮商五音之說，不聞四聲，近自周顒、劉繪流出，宮商暢於詩體，輕重低昂之節，韻合情高，此之未損文格。沈休文酷裁八病，碎用四聲，故風雅殆盡。後之才子，天機不高，爲沈生獘法所媚，懵然隨流，溺而不返。」沈括《夢溪筆談》十五：「古人文章，自應律度，未以音韻爲主。自沈約增崇韻學，其論文則曰：『欲使宮羽相變，低昂殊節，若前有浮聲，則後須切響，一簡之內，音韻盡殊，兩句之中，輕重悉異，妙達此旨，始可言文。』自後淫巧之語，體制漸多，如傍犯、蹉對（蹉，千古反）、假對、雙聲、疊韻之類，詩文有正格、偏格，類例極多，故有三十四格、十九圖、四聲、八病之類。」

㉔此文以「家」、「人」對文，「家」與「人」同義，詳《遼海引年》所載作者《「家」「人」對文解》。

㉕《詩品》：「張協詩，其源出於王粲，文體化淨少病累。」病累，即疾累也。

㉖《後漢書》〈左雄傳〉：「虛誕者獲譽，拘檢者離毀。」

㉗《禮記》〈樂記〉：「正聲感人而順氣應之。」

㉘《秋胡變文》：「秋胡，汝當遊學，元期三周。爲何去今三載？爲當命化零落？爲當身化黃泉，命

從風化？爲當逐樂不歸？」爲當，義與此同，猶今言「或許是」也。

㉙時運，謂時代之運會，陶潛有〈時運〉一首，〈序〉云：「時運，遊暮春也。」義與此別。

㉚庾肩吾《詩品論》：「均其文總書之要指，其事擅八體之奇。」

㉛嵇康〈與山濤絕交書〉：「人間多事，堆案盈機。」「機」通作「幾」，《左傳》襄公十年：「授之以幾。」《釋文》：「本又作『機』。」又昭公元年：「圍布幾筵。」《釋文》：「本亦作『機』。」

㉜《宋書》〈孝武皇后傳〉：「夜步月而弄琴，晝抉袂而披卷。」《文選》〈琴賦注〉：「披，開也。」

㉝《箋》曰：「載，則也。」

文二十八種病①

一曰平頭，或一六之犯名水渾病，二七之犯名火滅病。二曰上尾，或名土崩病。三曰蜂腰，四曰鶴膝，五曰大韻，或名觸絶病。六曰小韻，或名傷音病。七曰傍紐，亦名大紐，或名爽絶②病。八曰正紐③，亦名小紐，或名爽切④病。九曰水渾，或本九曰木枯⑤。十曰火滅，或十曰金缺⑥。十一曰闕偶⑦，十二曰繁説，或名疣贅⑧，崔名相類。十三曰齟齬⑨，或名不調。十四曰叢聚⑩，或名叢木。十五曰忌諱⑪，十六曰形跡⑫，崔同。十七曰傍突，十八曰翻語⑬，崔同。十九曰長擷腰⑭，或名束。二十曰長解鐙⑮，或名散。二十一曰支離⑯，二十二曰相濫，崔同。二十三曰落節⑰，二十四曰雜亂，二十五曰文贅，或名涉俗。二十六曰相反⑱，二十七曰相重⑲，二十八曰駢拇⑳。

【註】

①周校本云：「『文二十八種病』，《鈔本》正文實列三十種，蓋是初稿本文，後定稿時，將『第十一木枯病』、『第十二金缺病』，改爲『第九又木枯病』、『第十又金缺病』，以下循序前推，得二十八種。《箋本》注引高野山《三寶院本》謂：『私云：見《御草案本》舊別立水渾、火滅病爲第九、第十，而總有三十種病，後改屬第一病，合成二十八病也。』」

②「絕」，《古鈔本》、《三寶院本》、《無點本》作「切」。周校本引〈考文〉篇云：「『切』版本作『絕』，非也。按《眼心鈔》云：『爽切。謂從平至入同氣轉聲爲一紐是，此即正紐，傍紐同。』則正紐、旁紐同爲爽切。」按：《古鈔本》等作「爽切病」，與下「八曰正紐，或名爽切病」重覆，今不從。

③傳魏文帝《詩格》：「八病：一曰平頭，二曰上尾，三曰蜂腰，四曰鶴膝，五曰大韻，六曰小韻，七曰正紐，八曰旁紐。」「正紐」與「旁紐」次序與此別。《因學紀聞》十：「李百藥曰：『分四聲八病。』按：《詩苑類格》沈約曰：『詩病有八：平頭，上尾，蜂腰，鶴膝，大韻，小韻，旁紐，正紐。唯上尾、鶴膝最忌，餘病亦通。』」

④《眼心鈔》云：「爽切，謂從平至入，同氣轉聲爲一紐是，此即正紐，傍紐同。」

⑤《三寶院本》、《長寬寫本》正文作「木枯」。《古鈔本》、《三寶院本》、《無點本》無小注。《無點本》云：「第一卷序中有『三十□□□□盡三十篇』，以知此水渾與火滅二名，此篇立之，中落失也。」

⑥「火滅」，《三寶院本》、《長寬寫本》作「金滅」。《無點本》無此正文及注文。

⑦《詩中密旨》：「犯病八格：二曰缺偶。」

⑧《文心雕龍》〈鎔裁〉篇：「駢拇枝指，由侈於性，附贅懸病，實侈於形。一意兩出，義之駢枝也；同辭重句，文之病贅也。」

⑨《詩中密旨》：「詩有六病例：一曰齟齬病。」《齊書》〈文學．陸厥傳〉：「厥《與沈約

書》曰：『岨峿妥帖之談，操末續顛之說，興玄黃於律呂，比五色之相宣。』」岨峿與齟齬義同，《文選》十七陸士衡《文賦》：「或妥帖而易施，或岨峿而不安。」李善注：「岨峿，不安貌。」

⑩《詩中密旨》：「詩有六病例：四曰叢雜病。」又：「犯病八格：四曰叢木病。」

⑪「忌諱」下，《古鈔本》、《三寶院本》、《長寬寫本》有小注：「或名避忌之例。」

⑫《詩中密旨》：「詩有六病例：五曰形跡病。」

⑬《詩中密旨》：「詩有六病例：六曰反語病。」

⑭《詩中密旨》：「詩有六病例：二曰長擷腰病。」

⑮《詩中密旨》：「詩有六病例：三曰長解鐙病。」

⑯「支離」，《三寶院本》作「離支」，未足據。《詩中密旨》：「犯病八格：一曰支離病。」

⑰《詩中密旨》：「犯病八格：三曰落節病。」

⑱「相反」，原作「相及」，《全集本》校云：「『及』恐『反』歟？」儲皖峰校本作「反」，今從之。《詩中密旨》：「犯病八格：五曰相反病。」

⑲《詩中密旨》：「犯病八格：六曰相重病。」

⑳《三寶院本》於駢拇前行間有云：「四聲者，舊云：『又五言詩體義中含疾有三：一駢拇，二曰枝指，三曰疣贅。』」

第一，平頭。

平頭詩者，五言詩第一字不得與第六字同聲，第二字不得與第七字同聲。同聲者，不得同平上去入四聲，犯者名爲犯平頭。平頭詩曰：「芳時淑氣清，提壺台上傾。」如此之類，是其病也。又詩曰：「山方翻類矩，波圓更若規，樹表看猿掛①，林側望熊馳。」又詩曰：「朝雲晦初景，丹池晚飛雪②，飄枝聚還散，吹揚凝③且滅。」

釋曰：上句第一、二兩字是平聲，則下句第六、七兩字不得復用平聲，爲用同二句之首，即犯爲病。餘三聲皆爾，不可不避④。三聲者，謂上去入也⑤。

【註】

①何遜〈渡連圻〉詩：「魚遊若擁劍，猿掛似懸瓜。」

②「雪」，原作「雲」，今據《古鈔本》、《三寶院本》、《無點本》、《眼心鈔》校改。

③「凝」，原作「疑」，今據《古鈔本》校改。

④「避」，《三寶院本》作「轉」。

⑤傳魏文帝《詩格》：「八病：一曰平頭，謂句首二字並是平聲是犯。如古詩：『朝雲晦初景，丹池晚飛雪，飄拔聚還散，吹揚凝且滅。』」《詩苑類格》（《類說》五一引）、《詩人玉屑》十一、《冰川詩式》五〈附錄〉五引沈約：「詩病有八：一曰平頭。第一、第二字不得與第六、第七字同聲。如『今日良宴會，讙樂難具陳。』『今』、『讙』皆平聲。」《癸辛雜識》外集同，梅聖俞《續金針詩格》云：「『今』與『歡』同平，『日』與『樂』同入，上去亦然。」

或曰①：此平頭如是，近代成例，然未精也。欲知之者，上句第一字與下句第一字，同平聲不爲病；同上去入聲一字即病。若上句第二字與下句第二字同聲，無問平上去入，皆是巨病。此而或犯，未曰知音②。今代文人李安平③、上官儀④，皆所不能免也。

【註】

①《三寶院本》旁注云：「或，元兢本。」

②按：日本明衡撰《本朝文粹》七載紀齊名〈文章博士大朝臣匡衡愁申學生同時棟省試所獻詩病累瑕瑾狀〉引《髓腦》云：「平頭有二等之病：上句第二字與下第二字同聲者，巨病也，必避之；上句第一字、下句第一字同上去入者，雖立爲病之文，不避之。」然則此文，《三寶院本》旁注謂爲「元兢本」者，信而有徵矣。

③李安平，未詳。

④上官儀，字游韶，陝州人。貞觀初，舉進士。……本以詞彩自達，工於五言詩，好以綺錯婉媚爲本。儀既貴顯，故當時頗有斆其體者，時人謂爲上官體。有集三十卷，《全唐詩》第一函第八冊存詩一卷。《舊唐書》卷三十、《新唐書》卷三十俱有傳。

或曰①：沈氏云：「第一、第二字不宜與第六、第七同聲。若能參差用之，則可矣。」

謂第一與第七、第二與第六同聲，如「秋月」、「白雲」之類，即《高宴》②詩曰：「秋月照綠波，白雲隱星漢。③」此即於理無嫌也④。

四言、七言及諸⑤賦頌，以第一句首字，第二句首字，不得同聲，不復拘以字數次第也。如曹植《洛神賦》云：「榮曜秋菊，華茂春松」⑥是也。銘誄之病，一同此式，乃疥癬微疾，不爲巨害⑦。

【註】

①《三寶院本》曰：「『或曰』，《御草本》作『《指歸》曰』。」器按：《指歸》，謂劉善經《四聲指歸》也。本章下文上尾條引「或曰」，《三寶院本》注亦以爲「善經」。其蜂腰、鶴膝、大韻、小韻、傍紐、正紐六條則直引「劉氏曰」，然則此論八病之文，蓋皆《四聲指歸》中語也。

②《南史》〈沈炯傳〉：「橫中流於汾河，持柏舟而高宴。」庾信〈趙廣墓誌銘〉：「平樂高宴，金華説經。」駱賓王〈餞李八騎曹序〉：「綠螘傾而高宴終。」高宴，猶高會也。

③曹操〈揭石〉篇：「星漢燦爛，若出其里。」曹丕〈燕歌行〉：「星漢西流夜未央。」

④「此即於理無嫌也」，原作小注，今據《古鈔本》、《正智院本》改爲正文。

⑤「諸」，原作「詩」，儲皖峰曰：「『諸』，別本作『詩』，從《古鈔本》。（按：此另一《古鈔本》，非宮內省藏本。）按第三蜂腰有『其諸賦頌』，第四鶴膝有『凡諸賦頌』等文可證。」器按：儲説是，第二上尾條言「其賦頌」，無「詩」字，亦以文筆分言也。彼文亦善經語，足證

作「詩」字之誤。今從儲説校改。

⑥文見《文選》卷十九，李善注云：「朱穆《鬱金賦》曰：『比光榮於秋菊，齊英茂於春松。』」

⑦本卷〈文筆十病得失〉云：「然五言頗爲不便，文筆未足爲尤。但是疥癬微疾，非是巨害。」造詞與此從同，明是一人手筆，蓋皆出劉善經之《四聲指歸》也。

第二，上尾。或名土崩病。

上尾詩者，五言詩中，第五字不得與第十字同聲，名爲上尾。詩曰：「西北有高樓，上與浮雲齊。①」如此之類，是其病也。又曰：「可憐雙飛鳧②，俱來下建章，一個今依是，拂翮獨先翔。」又曰：「蕩子別倡樓，秋庭夜月華，桂葉侵雲長，輕光逐漢斜。」若以「家」代「樓」，此則無嫌③。

釋曰：此即犯上尾病。上句第五字是平聲，則下句第十字不得復用平聲，如此病，比④來無有免者。此是詩之疣，急避。

【註】

①《文選》二九〈古詩一十九首〉：「西北有高樓，上與浮雲齊，交疏結綺窗，阿閣三重階。上有弦歌聲，音響一何悲？誰能爲此曲，無乃杞梁妻；清商隨風發，中曲正徘徊，一彈再三嘆，慷慨有餘哀。不惜歌者苦，但傷知音稀，願爲雙鳴鶴，奮翅起高飛。」李善注：「此篇明高才之人，仕宦未

達，知人者稀也。西北乾位，君之居也。」
②「梟」，原作「鳥」，今據《古鈔本》、《長寬寫本》校改。
③「嫌」，《古鈔本》、《三寶院本》作「妨」。傳魏文帝《詩格》：「八病：二曰上尾，謂第五字與第十字同聲是犯。如古詩：『蕩子到娼家，秋庭夜月華，桂華侵雲長，輕光逐漢斜。』內『家』字與『華』字同聲，是韻則不妨；若側聲，是同上去入，即是犯也。」
④「比」，原作「此」，今從儲皖峰說校改。儲云：「『比』，別本作『此』，從《古鈔本》。峰按：陶淵明《飲酒詩序》：『余閑居寡歡，兼比夜已長。』一本『比』作『此』，當係形近致誤。」

或云①：如陸機詩曰：「衰草蔓長河，寒木入雲煙。②」「河」③與「煙」平聲。此上尾④，齊、梁已前，時有犯者。齊、梁已來，無有犯者。此爲巨病。若犯者，文人以爲未涉文途者也。唯連韻者，非病也。如「青青河畔草，綿綿思遠道」⑤是也。下句有云「鬱鬱園中柳」也⑥。

【註】

①《三寶院本》注云：「或，《髓腦》如本。」
②陸機《尸鄉亭詩》：「東游觀鞏、洛，逍遥丘墓間，秋草漫長柯，寒水入雲煙，發軫有夙宴，息駕

無愚賢。」此本所引，遠勝今本，「秋草」句，如今本且不成義矣。《詩匯》以此爲顏之推詩，更非耳。

③「河」，《古鈔本》誤作「珂」。

④「此上尾」，《三寶院本》注云：「元兢曰。」

⑤《文選》二七古辭〈飲馬長城窟行〉：「青青河邊草，綿綿思遠道；遠道不可思，夙昔夢見之；夢見在我傍，忽覺在佗鄉；佗鄉各異縣，輾轉不可見。枯桑知天風，海水知天寒；入門各自媚，誰肯相爲言。客從遠方來，遺我雙鯉魚，呼兒烹鯉魚，中有尺素書；長跪讀素書，書上竟何如？上有加餐食，下有長相憶。」李善注：「言良人行役，以春爲期，期至不來，所以增思。王逸《楚辭注》：『綿綿、細微之思也。』」丁福保《全漢詩》曰：「『河邊』，《五臣注本》作『河畔』。按：六朝擬作，凡題《青青河邊草》者，皆擬此篇，題《青青河畔草》者，皆擬枚叔（見〈古詩一十九首〉）之作，然則五臣誤也。」

⑥《詩苑類格》（《類説》五一引）《詩人玉屑》十一引沈約：「詩病有八：二曰上尾，第五字不得與第十字同聲。如『青青河畔草，鬱鬱園中柳』，『草』、『柳』皆上聲。」《癸辛雜識外集》説同。《文選》二九〈古詩一十九首〉：「青青河畔草，鬱鬱園中柳。盈盈樓上女，皎皎當窗牖，娥娥紅粉妝，纖纖出素手。昔爲倡家女，今爲蕩子婦，蕩子行不歸，空床難獨守。」李善注：「鬱鬱，茂盛也。」

或曰①：其賦頌，以第一句末不得與第二句末同聲。如張然明②〈芙蓉賦〉云：「潛靈根③於玄泉，擢英耀於清波」是也。蔡伯喈〈琴頌〉云：「青雀西飛④，《別鶴》東翔⑤，《飲馬長城》⑥，楚曲《明光》⑦」是也⑧。其銘誄等病，亦不異此耳。斯乃辭人痼疾，特須避之。若不解此病，未可與言文也。沈氏亦云：「上尾者，文章之尤疾⑨。自開闢迄今，多懼⑩不免，悲夫。」若第五與第十故爲同韻者，不拘此限。即古詩云：「四座且莫喧，願聽歌一言。⑪」此其常也，不爲病累。其手筆⑫，第一句末犯第二句末，最須避之。如孔文舉〈與族弟書〉云：「同源派流，人易世疏⑬，越在異域，情愛分隔。」是也。凡詩賦之體，悉以第二句末與第四句末以爲韻端。若諸雜筆不束以韻者，其第二句末即不得與第四句同聲，俗呼爲隔句上尾，必不得犯之。如魏文帝〈與吳質書〉曰：「同乘共載，北遊後園。輿輪徐動，賓從無聲。清風夜起，悲笳微吟。⑭」是也。劉滔云：「下句之末，文章之韻，手筆之樞要⑮。在文不可奪韻⑯，在筆不可奪聲。且筆之兩句，比文之一句，文事三句⑰之內，筆事六句之中，第二、第四、第六，此六句之末，不宜相犯。」此即是也。

【註】

①《三寶院本》注云：「或善經。」

②「張然明」，原作「張休明」，今據《古鈔本》、《三寶院本》、《長寬寫本》校改。張奐，字然明，《後漢書》列傳五十五有傳。《初學記》二七引張奐〈芙蓉賦〉：「綠房翠蒂，紫飾紅敷，黃

螺圓出，垂蕤散舒，纓以金牙，點以素珠。」亦即引然明此文也。

③《文選》四張平子〈南都賦〉：「固靈根於夏葉，終三代而始蕃。」摯虞《思遊賦》：「敷華穎於來葉，晞靈根於上世。」

④《御覽》九二二引麋元詩：「青雀西飛，別鵠東翔。」「別鵠」即「別鶴」也。

⑤《琴操》：「高陵牧子娶妻無子，父母將改娶，牧子援琴鼓之，痛恩愛乖離，故曰《別鶴操》。」《古今注》中〈音樂〉第三：「《別鶴操》，高陵牧子所作也。娶妻五年而無子，父母爲之改娶。妻聞之，中夜起，倚户而悲嘯。牧子聞之，淒然而悲，歌曰：『將乖比翼隔天端，山川悠遠路漫漫，攬衾不寐食忘餐。』後人因以爲樂章焉。」《南史》〈褚彥回傳〉：「初秋涼夕，風月甚美，彥回援琴奏《別鵠》之歌。」「別鵠」亦「別鶴」之誤也。

⑥《文選》二七〈飲馬長城窟行〉，李善注：「酈善長《水經》曰：『余至長城，其下往往有泉窟，可飲馬。古詩〈飲馬長城窟行〉，信不虛也。然長城蒙恬所築也，言征戍之客，至於長城而飲其馬，婦思之，故爲《長城窟行》。』音義曰：『行，曲也。』」

⑦《御覽》五七八引《琴歷》：「琴曲有蔡氏《五弄》、《雙鳳》、《離鸞》、《歸風》、《送遠》、《幽蘭》、《白雪》、《長清》、《短清》、《長側》、《清調》、《瑟調》、《大游》、《小游》、《明君》、《胡笳》、《廣陵散》、《白魚嘆》、《楚妃嘆》、《風入松》、《烏夜啼》、《楚明光》、《石上流泉》、《臨汝侯》、《子安》之流、《漸洄》、《雙燕離》、《陽春弄》、《悦弄》、《連弄》、《悦人弄》、《連珠弄》、《中揮》、《清暢》、《志

清》、《看客清》、《僻清》、《婉轉清》。」又五七九引吳均《續齊諧記》：「王彥伯，會稽餘姚人也。善鼓琴，仕為東宮扶侍。赴告還都，行至吳郵亭，維舟中渚，秉燭理琴，見一女子，披幃而進，二女從焉。先施錦席於東床，乃就坐。女取琴調之，似琴而聲甚哀雅，有類今之登歌。女子曰：『子識此聲否？』彥伯曰：『所未曾聞。』女曰：『此曲所謂《楚明光》者也，唯嵇叔夜能為此聲，自此以外，傳習數人而已。』彥伯欲受之，女曰：『此非艷俗所宜，唯岩棲谷隱，可以自娛耳。當更為子彈之，幸復聽之。』乃鼓琴且歌，歌畢，止於東榻。遲明將別，各深怨慕。女取四端錦、卧具、繡臂囊一贈彥伯為別。彥伯以大籠井玉琴以答之而去。」

⑧按：《眼心鈔》此下復出土崩病例：「土崩，（謂以平居五，而不疊韻者，此與上尾同。）『追涼遊竹林，對酒如調箏。』（「箏」字，言「琴」即好。）又：「避熱蹔追涼，攜琴入水宮。（「宮」，云「堂」乃妙。）」

⑨「疾」，原作「病」，今據《古鈔本》、《三寶院本》校改。

⑩「惧」，原作「慎」，今據《儲校本》改。儲云：「『惧』，各本均作『慎』，疑是俗書『惧』字之誤，今校改。」

⑪《御覽》七〇三引〈古詩〉：「四座且莫喧，願聽歌一言。請說銅爐器，崔嵬象南山，上以植松柏，下根據銅盤，雕文各異類，離類自相連。末火燃其中，青煙颺其間，順風入君懷，四坐莫不嘆：香風難久居，空令蕙草殘。」

⑫《後漢書》〈文苑・趙壹傳〉：「遠辱手筆。」陸雲〈與兄書〉：「手筆云復更定。」手筆，謂手

書、親筆也。
⑬按：陶潛《贈長沙公族祖詩》：「同源分流，人易世疏。」本此。又按：嚴可均輯《全後漢文》，佚此書，當補。
⑭《文選》四二魏文帝〈與朝歌令吳質書〉：「白日既匿，繼以朗月，同乘並載，以遊後園，輿輪徐動，參從無聲，清風夜起，悲笳微吟，樂往哀來，愴然傷懷。」「北」作「以」，「賓」作「參」，文與此異。李善注引《典略》曰：「質爲朝歌長，大軍西征，太子南在孟津小城，與質書。」
⑮《文選》三一袁陽源〈效曹子建樂府白馬篇〉注：「樞，要也。」
⑯本書南卷〈論文意〉：「若以清爲韻，餘盡須用清；若以濁爲韻，餘盡須濁；若清濁相和，名爲落韻。」落韻，當即此所言奪韻也。
⑰《箋》云：「『三句』者，恐『二句』歟？依文論之，則『載』、『園』、『動』、『聲』、『起』、『吟』是非病也。若依筆論之，則『園』、『聲』、『吟』別韻而同聲，故是病也。」

第三，蜂腰。

蜂腰詩者，五言詩一句之中，第二字不得與第五字同聲。言兩頭粗，中央細，似蜂腰也。詩曰：「青軒明月時，紫殿秋風日，瞳矓引夕照，晻曖映容質。①」又曰：「聞君愛我甘，竊獨②自雕飾③。」又曰：「徐步金門出，言尋上苑春。④」

釋曰：凡句五言之中，而論蜂腰，則初腰事須急避之。復是劇病。若安聲體，尋常詩中無有免者。

【註】

①虞炎《詠簾》詩：「青軒明月時，紫殿秋風日，曈曨引光輝，晻曖映容質。清露依檐垂，蛸絲當户密，褰開誰共臨，掩晦獨如失。」

②「獨」，《無點本》作「欲」

③《詩苑類格》（《類説》五一引）、《詩人玉屑》十一引沈約：「詩病有八：三曰蜂腰，第二字不得與第五字同聲。如『聞君愛我甘，竊欲自修飾。』『君』、『甘』皆平聲，『欲』、『飾』皆入聲。」《癸辛雜識外集》、《冰川詩式》五説同。古詩：「橘柚垂華實，乃在深山側，聞君好我甘，竊獨自雕飾。委身玉盤中，歷年冀見食，芳菲不相投，青黄忽改色。人儻欲我知，因君爲羽翼。」

④傳魏文帝《詩格》：「八病：三曰蜂腰，謂第二字與第五字同聲是犯。如古詩：『徐步金門旦，言靈上苑春。』」梅聖俞《續金針詩格》曰：「『步』字與『旦』字同聲，所以兩頭大，中心小，似蜂腰之形。」

或曰①：「君」與「甘」非爲病；「獨」與「飾」是病。所以然者，如第二字與第五字同去上入，皆是病，平聲非病也。此病輕於上尾、鶴膝，均於平頭，重於四病②，清都③師皆避之。已下④四病，但須知之，不必須避。

【註】

①器按：此元兢說也。

②《本朝文粹》七大江匡衡〈請特蒙天裁召問諸儒決是非今月十七日文章生試判違例不穩雜事狀〉：「《詩髓腦》云：『蜂腰者，每句第二字與第五字同聲是也。如古詩云：「聞君愛我甘，竊獨自雕飾。」（「君」與「甘」同平聲，「獨」與「飾」同入聲是也。）』元兢曰：『「君」與「甘」非爲病，「獨」與「飾」是病，平聲非爲病也。此病者，輕於上尾、鶴膝，均於平頭，重於四病。』」

③《箋》云：「清都，長安也，稱云清都也，紫微帝之所都也。李白詩：『相攜上清都。』」器按：清都，指本朝之首都。《文選》六左太沖〈魏都賦〉：「述清都之閑麗。」劉淵林注：「屈原〈遠遊〉曰：『造旬始，觀清都。』」李善注：「《列子》曰：『周穆王暨及化人之宮，王以爲清都、紫微。』」李周翰注：「述魏都之閑麗。」

④「下」，《古鈔本》作「上」。

劉氏①曰：「蜂腰者，五言詩第二字不得與第五字同聲。古詩曰：『聞君愛我甘，竊獨②自雕飾』是也。此是一句中之③上尾。沈氏云：『五言④之中，分爲兩句，上二下三。凡至句末，並須要殺。』即其義也。劉滔亦云：『爲其同分句之末也。其諸賦頌，皆須以情斟酌避之。如阮瑀《止欲賦》⑤云：「思在體爲素粉，悲隨衣以消除。」即「體」與「粉」、「衣」與「除」同聲是也。又第二字與第四字同聲，亦不能善。此雖世無的目，而甚於蜂腰。如魏武⑥帝《樂府歌》云：「冬節南食稻，春日復北翔」⑦是也。』劉滔又云：『四聲之中，入聲最少，餘聲有兩，總歸一入⑧，如徵整政隻、遮者柘隻是也。平聲賒緩⑨，有用處最多，參彼三聲，殆爲大半。且五言之內，非兩則三，如班婕妤⑩詩曰：「常恐秋節至，涼風奪炎熱。⑪」此其常也。亦得用一用四：若四，平聲⑫無居第四，如古詩云：「連城高且長」⑬是也。用一，多在第二⑭，如古詩曰：「九州不足步」⑮，此⑯謂居其要也。然用全⑰句，平上可爲上句取，固無全用⑱。如古詩曰：「迢迢牽牛星」⑲，亦並不用。若古詩曰：「脈脈不得語」⑳，此則不相廢也。猶如丹素成章，鹽梅致味，宮羽調音，炎涼御節，相參而和矣。』」

【註】

①《三寶院本》注云：「劉氏，善經。」

②「獨」，《古鈔本》、《三寶院本》、《長寬寫本》作「欲」。

③「中之」，原作「之中」，今據《古鈔本》、《三寶院本》、《長寬寫本》乙正。

④「五言」下原有「詩」字，今據《古鈔本》、《三寶院本》、《長寬寫本》刪訂。

⑤「欲」，原作「怨」，旁校作「欲」，按：《古鈔本》、《三寶院本》、《長寬寫本》作「欲」，今據改正，嚴可均輯《全後漢文》阮瑀〈止欲賦〉，佚此二句，當據此補。

⑥「武」，原作「文」，今據《箋本》校改正。

⑦魏武帝〈卻東西門行〉：「鴻雁出塞北，乃在無人鄉，舉翅萬里餘，行止自成行，冬節食南稻，春日復北翔。田中有轉蓬，隨風遠飄揚，長與故根絕，萬歲不相（一作「自」）當。奈何此征夫，安得去四方，戎馬不解鞍，鎧甲不離傍，冉冉老將至，何時返故鄉！神龍藏深淵，猛獸步高岡，狐死歸首丘，故鄉安可忘。」

⑧按：四聲相配，數目應相等，然入聲多有音無字，故云：「四聲之中，入聲最少。」「餘聲有兩」，謂上、去二聲也。「總歸一入」者，謂凡平聲同紐而音復相近之字，其上、去二聲，同歸一入聲也。如遮者柘晢、饘（音旃，粥也。）聸（旨善切，耳門。）戰晢是也（皆照紐字）。此例極夥，不復備舉。是皆原於入聲多有音無字，故聊用音近之字著之耳。

⑨《文選》三〇謝玄暉《和王主簿怨情》詩注：「賒，緩也。」按：陶潛〈和胡西曹示顧賊曹〉詩：「悠悠待秋稼，寥落將賒遲。」賒緩、賒遲，義近。

⑩《文選》二七班婕妤〈怨歌行〉注：「婕妤，帝初即位，選入後宮，始爲少使，俄而大幸，爲婕妤，居增成舍。後趙飛燕寵盛，婕妤失寵，希復進見。成帝崩，婕妤充園林，薨。」

⑪〈怨歌行〉：「新裂齊紈素，皎潔如霜雪，裁爲合歡扇，團團似明月，出入君懷袖，動搖微風發，常恐秋節至，涼風奪炎熱，棄捐篋笥中，恩情中道絕。」李善注：「《古長歌行》：『常恐秋節

至，焜黃華葉衰。』炎，熱氣也。」

⑫「聲」字原缺，周校本「據本書〈文筆十病得失〉補」，今從之。

⑬「連」，當作「東」，形近之誤也。《文選》二九〈古詩一十九首〉：「東城高且長，逶迤自相屬。回風動地起，秋草萋已綠，四時更變化。歲暮一何速！晨風懷苦心，蟋蟀傷局促，蕩滌放情志，何爲自結束。燕趙多佳人，美者顏如玉，被服羅裳衣，當户理清曲，音響一何悲，弦急知柱促，馳情整中帶，沈吟聊躑躅，思爲雙飛燕，銜泥巢君屋。」李善注：「城高且長，故登之以望也。」

⑭「二」，原作「四」，周校本「據本書〈文筆十病得失〉改」。按：「二」謂「州」爲平聲也，今據校改。

⑮「州」，原作「洲」，今據《古鈔本》校改。曹植〈五遊詠〉：「九州不足步，願得凌雲翔，逍遥八紘外，遊目歷遐荒。披我丹霞衣，襲我素霓裳，華蓋芬晻藹，六龍仰天驤，曜靈未移景，倏忽造昊蒼。閶闔啟丹扉，雙闕曜朱光，徘徊文昌殿，登陟太微堂，上帝休西櫺，群后集東廂。帶我瓊瑶佩，漱我沆瀣漿，躊躇玩靈芝，徙倚弄華芳，王子奉仙藥，羨門進奇方，服食享遐紀，延壽保無疆。」

⑯「此」，《古鈔本》、《三寶院本》無。

⑰「全」，原作「余」，今從《古鈔本》、《無點本》、《長寬寫本》。

⑱已上三句，羅根澤云：「案疑有誤。」

⑲《文選》二九〈古詩一十九首〉：「迢迢牽牛星，皎皎河漢女，纖纖擢素手，札札弄機杼，終日不成章，泣涕零如雨。河漢清且淺，相去復幾許，盈盈一水間，脈脈不得語。」

⑳按：《眼心鈔》有「又『羅衣何飄飄，長裾隨風還』」之例，蓋謂十字俱平也。

第四，鶴膝①。

鶴膝詩者，五言詩第五字不得與第十五字②同聲。言兩頭細，中央粗，似鶴膝也，以其詩中央有病。詩曰：「撥棹金陵渚，遵流背城闕，浪蹙③飛船影，山掛垂輪月。④」又云：「陟野看陽春，登樓望初節，綠池始沾裳，弱蘭未央結。⑤」

釋云：取其兩字間似⑥鶴膝，若上句第五「渚」字是上聲，則第三句末「影」字不得復用上聲，此即犯鶴膝。故沈⑦東陽著辭曰：「若得其會者，則唇吻⑧流易，失其要者，則喉舌蹇⑨難。事同暗撫失調之琴，夜行坎壈之地⑩。」蜂腰、鶴膝，體有兩宗，各互⑪不同。王斌五字制鶴膝，十五字制蜂腰，並隨執用⑫。

【註】

①《類說》四九引《盧氏雜說》：「有舉人以詩謁沛師王智興，智興曰：『莫有鵝腿子否？』謂鶴膝也。」則此病又有「鵝腿子」之名。又按：《文選》五左太沖《吳都賦》：「家有鶴膝。」劉淵林注：「鶴膝，矛也，矛骹如鶴脛，上大下小，謂之鶴膝。」則矛亦有「鶴膝」名，且其形爲「上大

下小」，而非「兩頭細，中央粗」也。

②「第十五字」，《詩苑類格》作「第十字」，誤也。

③「躄」，原作「戚」，今據《古鈔本》、《無點本》校改。

④《眼心鈔》注云：「上之犯。」

⑤傳魏文帝《詩格》：「八病：四曰鶴膝，謂第五字與第十五字同聲是犯。如古詩：『陟野看陽春，登樓望初節，綠池始沾裳，弱蘭未央結。』內『春』字『裳』字同是平聲，故犯，上去入亦然。」《眼心鈔》注云：「平之犯。」按：初節，謂元日。魏文帝《孟津詩》：「良辰啟初節，高會構歡娛。」許敬宗《元日應制詩》：「天正開初節，日觀上重輪。」

⑥「似」，原作「以」，今從《儲本》校改。上文云：「似鶴膝。」梅聖俞《續金針詩格》云：「所以兩頭細，中心麤，似鶴膝之形。」字俱作「似」。

⑦「沈」下，原有「玉」字，《箋本》校云：「『沈玉』，恐『玉』字衍，應『沈東陽』歟？沈東陽，沈約也。」周校云：「〈考文篇〉云：『蓋「玉」字係「東」字草體之訛。』今刪。」今從之。

⑧《漢書》〈東方朔傳〉：「吐脣吻。」《文選》五五劉孝標〈廣絕交論〉：「雌黃出其脣吻。」脣吻，與天卷〈四聲論〉「口吻調和」之「口吻」同。

⑨「蹇」，原作「塞」，儲校引《古鈔本》作「蹇」，今從之。

⑩《楚辭》宋玉〈九辯〉：「坎廩兮貧士失職而志不平。」王逸注：「困窮也。」

⑪「互」，原作「立」，今從《無點本》校改。

⑫按：此當出王斌《五格四聲論》。《誠齋詩話》：「或問何謂雙聲、疊均？曰：『行穿詰曲崎嶇路，又聽鈎輈格磔聲』（按：此李群玉《山行聞鴣鷓》詩也），上句疊均，下句雙聲也。何謂蜂腰、鶴膝？曰：『詞源倒流三峽水，筆陣橫掃千人軍』，『無邊落木蕭蕭下，不盡長江滾滾來』，前一聯蜂腰，後一聯鶴膝也。」《蔡寬夫詩話》：「五字首尾皆濁而中一字清，即爲蜂腰；首尾皆清而中一字濁，即爲鶴膝。」仇兆鰲舉例云：「張衡詩『邂逅承際會』，是以濁夾清，爲蜂腰；傅玄詩『徽音冠青雲』，是清夾濁，爲鶴膝。」

或曰①：如班姬②詩云：「新裂齊紈素，皎潔如霜雪，裁爲合歡扇，團團似明月。③」「素」與「扇」同去聲是也。此曰第三句者，舉其大法耳。但從首至末，皆須以次避之，若第三句不得與第五句④相犯，第五句不得與第七句相犯。犯法准前也。

【註】

①《三寶院本》注云：「或，《筆札》。」按：本書地卷、東卷俱引《筆札》文。

②班姬，謂班婕妤也，王維〈早朝詩〉：「方朔金門侍，班姬玉輦迎。」〈景福殿賦〉又謂之班妾。

③《文選》二七班婕妤〈怨歌行〉：「新裂齊紈素，皎潔如霜雪，裁爲合歡扇，團團似明月，出入君懷袖，動搖微風發，常恐秋節至，涼風奪炎熱，棄捐篋笥中，恩情中道絕。」李善注：「《漢書》

曰：『罷齊三服官。』李斐曰：『紈素爲冬服。』《范子》曰：『紈素出齊。』荀悦曰：『齊國獻紈素絹，天子爲三官服也。』《古詩》曰：『文彩雙鴛鴦，裁爲合歡被。』」

④「句」字原脱，今據周校本補。

劉氏①云：「鶴膝者，五言詩第五字不得與第十五字同聲。即古詩曰：『客從遠方來，遺我一書札，上言長相思，下言久離別。』是也②。皆次第相避，不得以四句爲斷。吳人徐陵③，東南之秀，所作文筆，未曾犯聲。唯〈橫吹曲〉：『隴頭流水急，水急行難渡，半入隗囂營④，傍侵酒泉路。心交贈寶刀，少⑤婦裁紈袴，欲知別家久，戎衣今已故。⑥』亦是通人⑦之一弊也。凡諸賦頌，一同五言之式。如潘安仁⑧『〈閑居賦〉云：『陸攎紫房⑨，水掛赬鯉，或宴於林，或褉於氾。⑩』即其病也。其諸手筆，第一句末不得犯第三句末，其第三句末復不得犯第五句末，皆須鱗次避之。溫⑪、邢⑫、魏⑬諸公，及江東才子⑭，每作手筆，多不避此聲。故溫公爲〈廣陽王碑序〉⑮云：『少挺神姿，幼標令望⑯，顯譽羊車⑰，稱奇虎檻。⑱』邢⑲公爲〈老人星表〉云：『定律令於游麟⑳，候宣夜於鳴鳥，醴泉代伯益之功，甘露當屏翳之力。㉑』魏公爲〈赤雀頌序〉曰：『能短能長，既成章於云表；明吉明凶，亦引氣於蓮上。㉒』謝朓爲〈鄱陽王讓表〉㉓云：『玄天蓋高，九重寂以卑聽㉔；皎日著明，三舍回於至感。㉕』任昉爲〈范雲讓吏部表〉云：『寒灰可煙，枯株復蔚，鎩翮奮飛，奔蹄且驟。㉖』王融〈求試效啟〉㉗云：『蒲柳先秋㉘，光陰不待，貪及明時，展志愚效㉙。』劉孝綽㉚〈謝散騎表〉㉛云：『邀幸自天，休慶不已。假鳴鳳之條㉜，躡應龍㉝之跡。』諸公等，並鴻才麗藻，南北辭宗，動靜應於風雲，咳唾㉞合於宮羽，縱情使氣，不在其㉟聲。後進之徒，宜爲楷式。其詩、賦、銘、誄，言有定數，韻無盈縮，必不得犯。且五言之作，最爲機妙，既恒宛㊱口實㊲，病累尤彰，故不可不事也。自餘手筆，或賒或促，任意縱容，不避此聲，未爲心腹之病。又今世筆體，第四句末不得與第八句末同聲，俗呼爲踏發聲㊳。譬如機關，踏尾而頭發，以其軒輊㊴不平故也。若不犯此病，謂之鹿盧聲㊵，即是不朽之成式耳。沈氏曰：『人或謂鶴膝爲蜂腰，蜂腰爲鶴膝。疑未辨。』然則孰謂公爲該博乎！蓋是多聞闕疑，慎言寡尤㊶者歟。」

【註】

①按：劉氏，謂劉善經也。

②《詩苑類格》（《類說》五一引）、《詩人玉屑》十一引沈約：『詩病有八：四曰鶴膝。第五字不得與第十五字同聲。如『客從遠方來，遺我一書札，上言長相思，下言久離別。』『來』、『思』皆平聲。」《癸辛雜識外集》說同。《文選》二九〈古詩十九首〉：「孟冬寒氣至，北風何慘慄，愁多知夜長，仰觀眾星列，三五明月滿，四五詹兔缺。客從遠方來，遺我一書札，上言長相思，下言久離別。置書懷袖中，三歲字不滅，一心抱區區，懼君不識察。」李善注：「《說文》曰：『札，牒也。』」

③徐陵，字孝穆，東海郯人。初爲梁晉安王參軍，累遷至散騎常侍。仕陳，歷侍中、安右將軍、光祿大夫、太子少傅、南徐州大中正、建昌縣開國侯。氣局深遠，清簡寡欲，爲一代文宗。有《集》三十卷、《玉台新詠》十卷。《陳書》有傳。

④隗囂，字季孟，天水成紀人。新莽、更始之際，據隴西、天水二郡自立。《後漢書》有傳。

⑤「少」，《古鈔本》作「小」。

⑥按：《樂府詩集》有徐陵〈隴頭水〉一首，非此文；又有張正見〈隴頭水〉二首，其第二首云：「隴頭流水急，流急行難度，遠入隗囂營，傍侵酒泉路，心交賜寶刀，小婦成紈袴，欲知別家久，戎衣今已故。」即此詩也。豈《樂府詩集》誤以徐陵爲張正見耶？

⑦《文選》五五劉孝標〈廣絕交論〉：「道不掛於通人。」李善注：「《論衡》曰：『博覽古今者爲通人。』」

⑧潘岳，字安仁，滎陽中牟人。美姿儀。少以才穎發名，善屬文，清綺絕世。舉秀才，爲郎，遷河陽、懷二縣令，入補尚書郎，累遷給事黃門侍郎。素與孫秀有隙，及趙王倫輔政，遂誣岳與石崇爲亂，誅之。有《集》十卷。《晉書》有傳。

⑨「攄」，儲引《古鈔本》作「擿」，《眼心鈔》作「摘」。《文選》十六潘安仁〈閑居賦〉作「陸擿紫房」，李善注云：「馬融〈高第頌〉曰：『黃果揚芳，紫房潰漏。』張載〈安石榴賦〉：『紫房獨熟。』」

⑩李善注：「毛萇《詩傳》曰：『赬，赤也。』《史記》曰：『武帝禊灞上。』《續漢書》曰：『三

月上巳，宮人皆禊於東流水上，自洗濯，拂除宿疾垢也。』《風俗通》曰：『禊者，潔也，仲春之時，於水祓，故事取於清潔也。』《爾雅》曰：『窮瀆曰汜。』郭璞注曰：『水無所通也。』《爾雅》曰：『水決復入曰汜。』」

⑪温，温子升。子升字鵬舉。其先太原人，祖避難，家於濟陰。博覽百家，文章清婉，有《集》三十九卷。《北魏書》有傳。

⑫邢，邢卲。卲字子才，河間鄚人。文章典麗，既贍且有速，有《集》三十卷。《北齊書》有傳。

⑬魏，魏收。收字伯起，巨鹿下曲陽人。與温子升、邢子才齊名，世號三才。有《後魏書》一百三十卷、《集》七十卷。《北齊書》有傳。

⑭江東才子，謂下文所舉謝朓、任昉、王融、劉孝綽輩也。《文選》十潘安仁〈西征賦〉：「賈生洛陽之才子。」

⑮嚴可均輯《全北魏文》無此文，當補。子升嘗爲廣陽王淵〈讓吏部尚書表〉及〈北征請大將表〉。

⑯《詩經》〈大雅〉〈卷阿〉：「令聞令望。」

⑰《晉書》〈衛玠傳〉：「少時，乘羊車於洛陽市，見者以爲玉人。」

⑱《世説新語》《雅量》篇：「魏明帝於宣武場上，斷虎爪牙，縱百姓觀之。王戎七歲，亦往看。虎承間攀欄而吼，其聲震地，觀者無不辟易顛仆；戎湛然不動，了無恐色。」劉孝標注引〈竹林七賢論〉曰：「明帝自閣上望見，使人問戎姓名而異之。」

⑲「邢」，原作「刑」，今據《古鈔本》校改。

⑳「麟」，原作「鱗」，今據《古鈔本》、《三寶院本》校改。《隋書》〈禮儀志〉一：「騶虞見質，遊麟在野。」

㉑嚴可均輯《全北齊文》邢邵〈賀老人星表〉佚此四句。

㉒嚴可均輯《全北齊文》，佚魏收此文。

㉓「表」字原脱，據儲校本訂補。嚴可均輯《全齊文》，佚謝朓此文。

㉔《呂氏春秋》〈制樂〉篇：「宋景公之時，熒惑在心，公懼，召子韋而問焉，曰：『熒惑在心，何也？』子韋曰：『熒惑者，天罰也；心者，宋之分野也，禍當於君；雖然，可移於宰相。』公曰：『宰相，所與治國家也，而移死焉，不祥。』子韋曰：『可移於民。』公曰：『民死，寡人將誰爲君乎！寧獨死。』子韋曰：『可移於歲。』公曰：『歲害則民飢，民飢必死，爲人君而殺其民以自活也，其誰以我爲君乎？是寡人之命固盡已，子無復言矣。』子韋還走，北面載拜曰：『臣敢賀君。天之處高而聽卑；君有至德之言三，天必三賞君。今夜熒惑其徙三舍。君延年二十一歲。』公曰：『子何以知之？』對曰：『有三善言，必有三賞，熒惑有三徙舍，舍行七星，星一徙當一年，三七二十一，臣故曰君延年二十一歲矣。臣請伏於陛下以伺候之，熒惑不徙，臣請死。』公曰：『可。』是夕，熒惑果徙三舍。」

㉕見上注。

㉖《文選》三八任彥升〈爲范尚書讓吏部封侯第一表〉，李善注：「范雲，字彥龍，與梁武同事齊竟陵王，爲八友，……及爲天子，以爲吏部尚書。」按：今表無文，蓋不在〈第一表〉中。

㉗按：〈王融傳〉此文在《求自試啟》中，不在《乞自效》內，此作《求試效啟》，疑有誤。

㉘《世說新語》〈言語〉篇：「顧悅與簡文同年，而髮蚤白。簡文曰：『卿何以先白？』曰：『蒲柳之姿，望秋而落；松柏之質，經霜彌茂。』」

㉙《南齊書》〈王融傳〉「志」作「悉」，未可據。

㉚劉孝綽，字孝綽，本名冉，彭城人。七歲能屬文。天監初，起家爲著作佐郎，遷秘書丞，累遷尚書吏部郎，坐事左遷臨賀王長史卒。孝綽雖負才陵忽，前後五免，然辭藻爲後進所宗。有《集》十四卷。《梁書》有傳。

㉛孝綽嘗爲散騎常侍，嚴可均輯《全梁文》佚孝綽此文。

㉜《詩經》〈大雅〉〈卷阿〉：「鳳皇鳴矣，於彼高岡。」

㉝《文選》四五班孟堅〈答賓戲〉：「應龍潛於潢汙，魚黿媟之。」注：「項岱曰：『天有九龍，應龍有翼。』」

㉞《後漢書》〈張奐傳〉：「壹惠咳唾，則澤流黃泉。」又〈文苑。趙壹傳〉：「咳唾自成珠。」《文心雕龍》〈辨騷〉：「咳唾可以窮文致。」按：《莊子》〈漁父〉篇：「孔子曰：『幸聞咳唾之音。』」爲諸文所本。

㉟「其」，《古鈔本》、《三寶院本》、《無點本》作「此」。

㊱周校本云：「『宛』，《鈔本》形近『充』。」按：當作「充」。

㊲《尚書》〈仲虺之誥〉：「予恐來世以台爲口實。」《傳》：「恐來世論道我放天子，常不去

口。」

㊳踏發聲，下文〈文筆十病得失〉，舉有例證。

㊴「軒輊」下，《古鈔本》有「和」字，《無點本》有「加」字。

㊵《文心雕龍》〈聲律〉篇：「沈則響發如斷，飛則聲揚不還，並鹿盧交往，逆鱗相批。」《詩人玉屑》二引《緗素雜記》：「鄭谷與僧齊己、黃損等，共定《今體詩格》云：『凡詩用韻有數格：一曰轆轤。轆轤韻者，雙出雙入；失此則繆矣。』」《冰川詩式》四〈轆轤韻法〉：「單轆轤者，單出單入，兩句換韻；雙轆轤者，雙出雙入，四句換韻。」《紺珠集》十一：「轆轤體。唱和聯句之起，其來久矣，自舜作歌，皋陶賡載，及《柏梁聯句》，至唐始盛，元稹作〈春深〉題二十篇，並用家、花、車、斜四字爲韻。劉、白和之亦同。令狐楚所和詩多次韻，始於此。凡聯句，或兩句，或四句，亦一對用之。或只一句出、一句對者，謂之轆轤體耳。」

㊶《論語》〈爲政〉篇：「子張學干祿。子曰：『多聞闕疑，慎言其餘，則寡尤；多見闕殆，慎行其餘，則寡悔。言寡尤，行寡悔，祿在其中矣。』」

第五，大韻。或名觸絕病①。

大韻詩者，五言詩若以「新」爲韻，上九字中，更不得安「人」、「津」、「鄰」、「身」、「陳」等字，既同其類，名犯大韻②。詩曰：「紫翮拂花樹，黃鸝閑③綠枝，思君一嘆息，啼淚應言垂。④」又曰：「游魚牽細藻，鳴禽哢好音，誰知遲暮節，悲吟傷寸心。」

釋云：如此即犯大韻。今就十字內論大韻，若前韻第十字是「枝」字，則上第七字不得用「鸝」字，此爲同⑤類，大須避之。通二十字中，並不得安「籭」、「羈」、「雌」、「池」、「知」等類。除非故作疊韻，此即不論⑥。

【註】

①「觸絕病」，《古鈔本》誤作「觸地病絕」，蓋原誤「絕」爲「地」，校者旁注「絕」字，迻錄者並存之，遂誤爲「觸地病絕」也。《眼心鈔》作「觸絕病」，不誤。或乃以「觸地是一詩之地基」釋之，非是。

②傳魏文帝《詩格》：「八病：五曰大韻，謂二句中字與第十字同聲是犯。如古詩：『端坐愁苦思，攬衣起四遊。』又古詩：『胡姬年十五，春日正當壚。』（按：此辛延年〈羽林郎〉詩也。）『愁』與『遊』、『胡』與『壚』是犯也。」《詩苑類格》（《類說》五一引）：「詩病：大韻如『聲』、『鳴』爲韻，上九字不得用『驚』、『傾』、『平』、『榮』字。」《詩人玉屑》十一引沈約同，《癸辛雜識外集》同。《冰川詩式》四：「大韻者，重疊相犯，如五言詩以『新』字爲韻者，九字內若用『津』、『人』字，及『聲』、『鳴』字爲韻者，九字內若用『驚』、『傾』、『平』、『榮』字，是爲大韻，皆不可。」

③「閑」，原作「開」，今據《古鈔本》、《三寶院本》改。丁福保曰：「宋刻《玉台》作『間青枝』，《藝文類聚》作『度青枝』。按：鍾嶸《詩品》言學謝朓，劣得『黃鳥度青枝』。則

作『度』爲是。」器按：「間青枝」之「間」，本讀去聲，迻寫者讀爲平聲，與「閑」音近，遂誤爲「閑」；若「閑」，則又「閑」形近之誤也。

④虞炎《玉階怨》（《玉台新詠》作《有所思》）：「紫藤拂花樹，黃鳥度青枝，思君一嘆息，苦淚應言垂。」

⑤「同」，原作「用」，按：本文云：「既同其類。」此即據以爲釋，作「用」字者，形近之誤，今改。

⑥鄒漢勛《五韻論音》曰：「同紐韻，謂同類言，五言詩一句之中，非正用重言、連語，不得復用同韻同音之字，犯之即爲病。」

元氏曰①：「此病不足累文，如能避者彌佳。若立字要切，於文調暢，不可移者，不須避之。」

【註】

①「元氏曰」，《眼心鈔》無此三字。

劉氏①曰：「大韻者，五言詩若以『新』爲韻，即一韻內，不得復用『人』、『津』、『鄰』、『親』等字。若一句內犯者，曹植詩云：『涇、渭揚濁清』②，即『涇』、『清』

是也。十字內犯者，古詩曰：『良無磐石固，虛名復何益。③』即『石』、『益』是也。」

【註】

①劉氏，劉善經也。

②《文選》二四曹子建《又贈丁儀王粲》一首：「從軍度函谷，驅馬過西京，山岑高無極，涇、渭揚濁清。壯哉帝王居，佳麗殊百城，員闕出浮雲，承露概泰清。皇佐揚天惠，四海無交兵，權家雖愛勝，全國爲令名。君子在末位，不能歌德聲。丁生怨在朝，王子歡自營，歡怨非貞則，中和誠可經。」李善注：「毛萇《詩傳》曰：『涇、渭相入，而清濁異。』」

③《文選》二九〈古詩十九首〉：「明月皎夜光，促織鳴東壁，玉衡指孟冬，衆星何歷歷，白露沾野草，時節忽復易，揪蟬鳴樹間，玄鳥逝安適。昔我同門友，高舉振六翮，不念攜手好，棄我如遺跡。南箕北有斗，牽牛不負軛，良無盤石固，虛名復何益。」李善注：「良，信也。《聲類》曰：『盤，大石也。』」器按：《文選》「盤」當作「磐」，《文選》十二木玄虛〈海賦〉：「竭磐石。」李善注：「《聲類》：『磐，大石也。』」字不誤。

第六，小韻。或名傷音病①。

小韻詩，除韻以外，而有迭相犯者，名爲犯小韻病也。②詩曰：「搴簾出户望，霜花朝瀁日，晨鶯傍杼飛，早燕挑③軒出。」又曰：「夜中無與悟④，獨寤撫躬嘆，唯慚一片月，流彩照南端。」

釋曰：此⑤即犯小韻。就前九字中而論小韻，若第九字是「瀁」字，則上第五字不得復用「望」字等音，爲同是韻之病。

【註】

①「病」字原缺，今據《古鈔本》、《三寶院本》、《無點本》校補。

②傳魏文帝《詩格》：「八病：小韻，謂九字中有『明』字，又用『清』字是犯。如古詩『薄帷覽明月，清風吹我襟。』」《詩苑類格》（《類說》五一引）、《詩人玉屑》十一引沈約：「詩病有八：六曰小韻，除本一字外，九字中不得有兩字同韻。如『遙』、『條』不同。」《癸辛雜識外集》說同。《詩苑類格》：「又病小韻，除本韻一字外，九字不得兩字同韻，如『遙』、『條』同句也。」梅堯臣《續金針詩格》：「詩病六曰小韻，謂除本韻一字，句中自有韻者是也。詩曰：『客子已乖離，那宜遠相送。』『子』『已』，『離』、『宜』字是犯。」《冰川詩式》四：「小韻者，除本韻外，九字中不得有兩字同韻，如『遙』、『條』同韻之類。『客子已乖離，那宜遠相送。』『子』字『已』字同在《紙韻》，五字內相犯；『離』字『宜』字同在《支韻》，九字內相犯；五字最急，九字較緩。」

③「挑」，《古鈔本》、《三寶院本》、《無點本》作「排」。

④「悟」，《古鈔本》、《眼心鈔》作「語」。器按：梁元帝〈關山月〉：「夜長無與晤，衣單誰爲

裁。」薛道衡〈重酬楊僕射山亭詩〉：「寂寂無與晤，朝端去總戎。」任希古〈和李公七夕詩〉：「層漢有靈妃，仙居無與晤。」《文選》二三謝惠連〈泛湖歸出樓中玩月〉一首：「悟言不知罷。」李善注：「《毛詩》曰：『彼美淑姬，可與晤言。』鄭玄曰：『晤，對也。』『悟』與『晤』同。」據此，則作「悟」者是，作「語」者非也。

⑤「此」上，《古鈔本》、《無點本》有「若」字。

元氏曰：「此病輕於大韻，近代咸不以爲累文。」

或云①「凡小韻，居五字內急，九字內小緩②。然此病雖非巨害，避爲美。」

【註】

①《三寶院本》注云：「或，《文筆式》。」

②上引《冰川詩式》說本此。

劉氏①曰：「小韻者，五言詩十字中，除本韻以外自相②犯者，若已有『梅』③，更不得復用『開』、『來』、『才』、『台』等字。五字內犯者，曹植詩云：『皇佐揚天惠』④，即『皇』、『揚』是也。十字內犯者，陸士衡〈擬古歌〉云：『嘉樹生朝陽，凝⑤霜封其條。⑥』即『陽』、『霜』是也。若故爲疊韻，兩字一處，於理得通，如『飄飆』、『窈窕』。『徘徊』、『周流』之等，不是病限。若相隔越，即不得耳。」

【註】

①劉氏，劉善經也。

②「相」字原缺，今據《古鈔本》補。

③「梅」，原作「悔」，今據《古鈔本》、《三寶院本》、《無點本》校改。下文正作「梅」。

④見上引〈又贈丁儀王粲〉詩，李善注云：「皇佐，太祖也。邊讓〈章華賦〉曰：『建皇佐之高勳，飛仁聲之顯赫。』《左氏傳》：『箴尹克黃曰：「君，天也。」』《家語》：『孔子曰：「君惠臣忠。」』」

⑤「凝」，原作「擬」，據《眼心鈔》校改。

⑥《文選》三〇陸士衡〈擬蘭若生朝陽〉：「嘉樹生朝陽，凝霜封其條，執心守時信，歲寒終不彫。美人何其曠，灼灼在雲霄，隆想彌年月，長嘯入飛飆，引領望天末，譬彼向陽翹。」

第七，傍紐。亦名大紐，或名爽切病①。

傍紐詩者，五言詩一句之中有「月」字，更不得安「魚」、「元」、「阮」、「願」等之字，此即雙聲，雙聲即犯傍紐②。亦曰，五字中犯最急，十字中犯稍寬③。如此之類，是其病。詩曰：「魚遊見風月，獸走畏傷蹄。」④如此類者，是又犯傍紐病。又曰：「元生愛皓月，阮氏願清風⑤，取樂情無已，賞玩未能同。」又曰：雲生遮麗月，波動亂遊魚，涼風便入體，寒氣漸鑽膚。」

釋曰：「魚」、「月」是雙聲，「獸」、「傷」並雙聲，此即犯大紐，所以即是，「元」、「阮」、「願」、「月」爲一紐。今就十字中論小紐，五字中論大紐。所以即是，「元」、「阮」、「願」、「月」爲一紐。王斌云：「若能回轉，即應言『奇琴』、『精酒』，『風表』、『月外』，此即可得免紐之病也。」

【註】

①傳魏文帝《詩格》、《冰川詩式》四，傍紐在正紐之後。

②《詩苑類格》（《類說》五一引）：「詩病有正紐、傍紐，謂十字內兩字雙聲爲正紐，若不共一紐，而有雙聲爲傍紐。如『流』、『六』爲正紐，『流、『柳』爲傍紐。」《詩人玉屑》十一引沈約：「詩病有八：七曰旁紐，八曰正紐。十字內兩字疊韻爲正紐，若不共一紐而有雙聲，爲旁紐。如『流』、『久』爲正紐，『流』、『柳』爲旁紐。」《癸辛雜識外集》「久」作「九」。

③《冰川詩式》四：「傍紐者，如五言詩一句中有『月』字，更不可用『元』、『阮』、『願』字，此是雙聲，即傍紐。五字中急，十字稍緩。十字內，兩字雙聲爲正紐，若不共一紐，而又有雙聲，爲傍紐。如『流』、『六』爲正紐，『流』、『柳』爲傍紐。」

④傳魏文帝《詩格》：「八病：八曰旁紐，謂十字中有『田』字，又用『寅』、『延』字是犯。如古

詩：「田夫亦知禮，寅賓延上坐。』」梅堯臣《續金針詩格》：「七日旁紐，謂十字中有『田』字，又用『寅』、『延』字是犯。」

⑤《文選》二三阮嗣宗〈詠懷詩〉：「清風吹我衿。」

或曰：傍紐者，據傍聲而來與相忤也①。然字從連韻，而紐聲相參，若「金」、「錦」、「禁」、「急」，「陰」、「飲」②、「蔭」③、「邑」，是連韻紐之。若「金」之與「飲」、「陰」之與「禁」④，從傍而會，是與相參⑤之也。如云：「丈⑥人且安坐，梁塵將欲飛。⑦」「丈」與「梁」，亦「金」、「飲」之類，是犯也⑧。

【註】

①《古鈔本》、《三寶院本》、《無點本》「而」作「事」，「與」作「而」。《冰川詩式》四此句作「傍紐者，緣聲而來相忤也」，疑此文「據」字亦「緣」字之誤。

②「陰」、「飲」，原作「飲」、「陰」，今據《冰川詩式》四乙正，《切韻指掌圖》作「愔、飲」。

③「蔭」字原缺，今據《古鈔本》、《三寶院本》、《無點本》校改。

④「若金之與飲、陰之與禁」，《古鈔本》、《無點本》作「飲陰之與錦禁」。

⑤「參」下，《古鈔本》、《無點本》有「韻紐」二字。

⑥「丈」，原作「文」，《古鈔本》作「大」，今據《無點本》、《眼心鈔》校改，下同。

⑦荀昶〈擬相逢狹路間〉（《樂府詩集》作〈長安有狹邪行〉）：「朝發邯鄲邑，暮宿井陘間，井陘一何狹，車馬不得旋，邂逅相逢值，崎嶇交一言。一言不容多，伏軾問君家。君家誠易知，易知復易博，南面平原居，北趣相如閣，飛樓臨名都，通門枕華郭，入門無所見，但見雙棲鶴。棲鶴數十雙，鴛鴦群相追。大兄珥金璫，中兄纓珠綏，伏臘一來歸，鄰里生光輝。小弟無作所，鬥雞東陌逵。大婦織紈綺，中婦縫羅衣。小婦無所作，挾瑟弄音徽，丈人且卻坐，梁塵將欲飛。」

⑧「丈人且安坐」至「是犯也」，原作注文，《古鈔本》作正文，今從之。梅堯臣《續金針詩格》：「二句中已有『月』字，不得著『魚』、『元』、『阮』、『願』字，此是雙聲，即爲旁紐。詩曰：『丈人且安坐，梁塵將欲起。』『丈』、『梁』之類，即謂犯耳。」《冰川詩式》四：「傍紐者，緣聲而來相忤也。然字從連韻而來，故相參，若『金』、『錦』、『禁』、『急』、與『陰』、『飲』、『蔭』、『邑』，是連韻紐之；若『金』與『陰』及『飲』與『錦』，此傍會與之相參。此正紐、旁紐之不同。『丈人且安坐，梁塵（原誤「陳」）將欲起』，『丈』字『梁』字係旁紐。

元氏云①：「傍紐者，一韻之內，有隔字雙聲也。②」元兢曰③：「此病更輕於小韻，文人無以爲意者。又若不隔字而是雙聲，非病也。如『清切』、『從就』之類是也。

【註】

①《全集本》校云：「『元氏云』，信范《九弄十紐圖私釋》所引文作『《詩髓腦》云』。」

②器按：此即《文心雕龍》〈聲律〉篇所謂「雙聲隔字而每舛」也。

③《眼心鈔》無「元兢曰」三字，是也，此蓋衍文。

劉氏①曰：「傍紐者，即雙聲是也。譬②如一韻中已有『任』字；即不得復用『忍』、『辱』、『柔』、『蠕』、『仁』、『讓』、『爾』、『日』之類。沈氏③所謂風表、月外、奇琴、精酒是也。劉滔亦云：『重字之有「關關」，疊韻之有「窈窕」，雙聲之有「參差」，並興於《風》、《詩》④矣。』王玄謨問謝莊⑤：『何者爲雙聲？何者爲疊韻？』答云：『「懸瓠⑥」爲雙聲，「碻磝」⑦爲疊韻。⑧』時人稱其辨捷。如曹植詩云：『壯哉帝王居，佳麗殊百城。⑨』即『居』、『佳』，『殊』、『城』，是雙聲之病也。凡安雙聲，唯不得隔字，若『踟躕』、『躑躅』、『蕭瑟』、『流連』⑩之輩，兩字一處，於理即通，不在病限。沈氏謂此爲小紐。劉滔以雙聲亦爲正紐。其傍紐者，若五字中已有『任』字，其四字不得復用『錦』、『禁』、『急』、『飲』、『蔭』、『邑』等字，以其一紐之中，有『金』音等字，與『任』同韻故也。如王彪之⑪《登冶⑫城樓》詩云：『俯觀陋室⑬，宇宙六合，譬如四壁。』即『譬』與『壁』是也。沈氏亦⑭以此條謂之大紐。如此負犯，觸類而長⑮，可以情得。韻紐四病，皆五字內之瘕疵⑯，兩句中則非巨疾，但勿令相對也。」

【註】

①劉氏，亦謂劉善經。中有劉滔之語，乃善經所引耳。

②「譬」，《古鈔本》作「避」，不可從。

③「氏」下，原有「云」字，今據《古鈔本》、《三寶院本》、《無點本》校刪。

④「風」下，原有「如」字，義不可通，今删。

⑤見《南史》〈謝莊傳〉。

⑥「懸瓠」，《南史》作「玄護」。

⑦「碻磝」，《南史》作「磝碻」。

⑧《冰川詩式》十《學詩要法》下：「《南史》《謝莊傳》曰：『王玄謨問莊：「何者爲雙聲？何者爲疊韻？」答曰：「『玄護』爲雙聲，『磝碻』爲疊韻。」』某按：古人以四聲爲切韻，紐以雙聲、疊韻，必以五音爲定。蓋謂東方喉聲爲木音，西方舌聲爲金音，南方齒聲爲火音，北方唇聲爲水音，中央牙聲爲土音也。雙聲者，同音而不同韻也；疊韻者，同音而又同韻也。『玄護』同爲唇音，而二字不同韻，故謂之雙聲；『磝碻』同爲牙音，而二字又同韻，故謂之疊韻。」

⑨此曹子建〈又贈丁儀王粲〉詩也，已見上「大韻」注引《文選》。此二句李善注云：「《漢書》曰：『高祖南過曲逆，曰：「壯哉縣。」』高誘《戰國策注》曰：『佳，大也；麗，美也。』謝承《後漢書》曰：『黃琬拜豫州，威邁百城。』」

⑩「流連」，原作「流通」，今據《古鈔本》、《三寶院本》校正。

⑪王彪之，字叔虎。初除著作郎，累遷吏部尚書，孝武即位，遷尚書令，卒。有《集》二十卷。《晉書》有傳。

⑫「冶」，原作「治」，儲本校作「冶」。器按：《世說新語》〈言語〉篇：「王右軍與謝太傅共登冶城，謝悠然遠想，有高世之志。」注：「《揚州記》曰：『冶城，吳時鼓鑄之所，吳平，猶不廢，王茂弘所治也。』」《困學紀聞》二原注：「《世說注》云：『推《周公城錄》，冶城宜是金陵本里。』《抱朴子》內篇〈登涉〉引《周公城名錄》。」萬希槐《集證》曰：「原注所引，當是《世說》〈言語〉門王右軍、謝太傅登冶城注，今闕。」器案：此《輕詆》門「庾公權重」條注，萬氏說非。

⑬「室」，原作「窒」，今據《古鈔本》校改。按：此句上，當脱一句四字。

⑭「亦」下，原有「云」字，羅根澤疑衍，今從之刪削。

⑮《易》〈繫辭〉上：「觸類而長之。」

⑯儲皖峰曰：「『瘕』與『瑕』同。《舊唐書》：『韋后稱制，負犯瘕病。』又杜甫詩：『幽人見瘕疵。』可證。」

第八，正紐。亦名小紐，亦①名爽切病②。

正紐者，五言詩「壬」、「衽」、「任」、「入」，四字爲一紐；一句之中，已③「有壬」字，更不得安「衽」、「任」、「入」等字。如此之類，名爲犯正紐之病也④。詩⑤曰：「撫琴起和曲，疊管泛鳴驅⑥，停軒未忍去，白日小踟躕。⑦」又曰：「心中肝如割，腹⑧裡氣便燋，逢風迴無信，早雁轉成遙。」「肝」、「割」同紐，深爲不便。

釋曰：此即犯小紐之病也。今就五字中論，即是下句第九、十⑨雙聲兩字是也。除非故作雙聲，下句復雙聲對，方得免小紐之病也。若爲聯綿賦體類，皆如此也。

【註】

①「亦」上，《古鈔本》有「或」字。

②按：上文「傍紐」條，亦有「或名爽切病」之注，《眼心鈔》云：「爽切。謂從平至入，同氣轉聲爲一紐是，此即正紐、傍紐同。『矚目傳終興，風月最關情。』『終』、『矚』。又：『光音同宴席，歌嘯動梁塵。』『同』、『動』。又：『望懷申一遇，敦交訪二難。』『望』、『訪』。又：『交情猶勞到，得意乃歡顏。』『勞到』、『歡顏』。又：『未告班荆倦，寧辭到（當作『倒』）展勞。『到』（當作）「倒」）、『勞』。」

③「已」，原作「以」。按：梅堯臣《續金針詩格》作「已」，下文亦云：「五言詩一韻已有『任』字云云。」今據改正。

④《詩人玉屑》十一引沈約：「詩病有八：八曰正紐。十字內兩字疊韻爲正紐。」梅堯臣《續金針詩格》：「八曰正紐。如『壬』、『衽』、『任』、『入』爲一紐；一句之中，已有『壬』字，更不

得安『衽』、『任』字。」

⑤「詩」，《古鈔本》作「又」，不可從。

⑥「驅」，疑當作「謳」。

⑦句下，《眼心鈔》有注云：「此十字中犯，又『踟躕』兩字雙聲犯也。」

⑧「腹」，原作「腸」，今據《古鈔本》、《三寶院本》校正。

⑨「九、十」，原作「十、九」，今改，謂指「白日」句之「踟躕」二字也。

或曰①：正紐者，謂正雙聲相犯。其雙聲雖一，傍正有殊，從一字紐之②得四聲，是正也。若「元」、「阮」、「願」③、「月」是④。若從他字來會成雙聲，是傍也。若「元」、「阮」、「願」、「月」是正，而有「牛」、「魚」、「妍」⑤、「硯」等字來會「元」、「月」等字成雙聲是也⑥。如云：「我本漢家子，來嫁單于庭。⑦」「家」、「嫁」是一紐之內，名正雙聲，名犯正紐者也。傍紐者，如：「貽我青銅鏡，結我羅裙裾。⑧」「結」、「裙」是雙聲之傍，名犯傍紐也。又一法，凡入⑨雙聲者，皆名正紐。

【註】

①《三寶院本》注：「或曰，《文筆式》。」

②「紐之」，原作「之紐」，周校本據《古鈔本》改，今從之。

③「願」下，原有「日」，各本俱無，今據刪削。

④「是」字原缺，今據《古鈔本》、《三寶院本》、《無點本》訂補。

⑤「妍」，原作「奸」，今據《古鈔本》、《無點本》校正。

⑥此條注，《古鈔本》作正文。

⑦傳魏文帝《詩格》：「八病：七曰正紐。謂十字中有『元』字，又用『阮』、『願』、『月』字是犯。如古詩：『我本良家子，來嫁單于庭。』『家』與『嫁』是犯也。」《文選》二七石季倫〈王明君詞〉一首並〈序〉：「王明君者，本是王昭君，以觸文帝諱改焉。……我本漢家子，將適單于庭，辭訣未及終，前驅已抗旌，僕御涕流離，轅馬悲且鳴，哀鬱傷五內，泣淚濕朱纓。行行日已遠，遂造匈奴城，延我於穹廬，加我閼氏名，殊類非所安，雖貴非所榮，父子見陵辱，對之慚且驚，殺身良不易，默默以苟生。苟生亦何聊，積思常憤盈，願假飛鴻翼，乘之以遐征。飛鴻不我顧，佇立以屏營，昔爲匣中玉，今爲糞上英，朝華不足歡，甘與秋草並，傳語後世人，遠嫁難爲情。」李善注：「《漢書》曰：『匈奴，歲正月，諸長小會單于庭祠。』」

⑧辛延年〈羽林郎〉：「昔有霍家姝，姓馮名子都，依倚將軍勢，調笑酒家胡。胡姬年十五，春日獨當壚，長裾連理帶，廣袖合歡襦，頭上藍田玉，耳後大秦珠，兩鬟何窈窕，一世良所無，一鬟五百萬，兩鬟千萬餘。不意金吾子，娉婷過我廬，銀鞍何煜爚，翠蓋空踟躕。就我求清酒，絲繩提玉壺；就我求珍肴，金盤鱠鯉魚。貽我青銅鏡，結我紅羅裾；不惜紅羅裂，何論輕賤軀。男兒愛後婦，女子重前夫，人生有新故，貴賤不相逾，多謝金吾子，私愛徒區區。」

⑨「入」下，原有「銅鏡結我羅裙裾」七字，今據《古鈔本》、《三寶院本》、《無點本》校刪。

元氏曰：「正紐者，一韻之內，有一字四聲分爲兩處是也。如梁簡文帝詩云：『輕霞落暮錦，流火散秋金。①』『金』、『錦』、『禁』、『急』是一字之四聲，今分爲兩處，是犯正紐也。」元兢曰②：「此病輕重，與傍紐相類，近代咸不以爲累，但知之而已。」

【註】

①此詩今佚。

②《眼心鈔》無「元兢曰」三字，是也。

劉氏①曰：「正紐者，凡四聲爲一紐，如『任』、『荏』、『衽』、『入』，五言詩一韻中已有『任』字，即九字中不得復有『荏』、『衽』、『入』等字。古詩云：『曠野莽茫茫。②』即『莽』與『茫』是也。凡諸文筆，皆須避之。若犯此聲，即齟齬不可讀耳。」

【註】

①劉氏，亦謂善經也。

②《文選》二三阮嗣宗〈詠懷〉詩十七首：「徘徊蓬池上，還顧望大梁，綠水揚洪波，曠野莽茫茫，

走獸交橫馳，飛鳥相隨翔。是時鶉火中，日月正相望，朔風厲嚴寒，陰氣下微霜。羈旅無疇匹，仰懷哀傷，小人計其功，君子道其常，豈惜終憔悴，詠言著斯章。」注：「《毛詩》曰：『率彼曠野。』《楚辭》曰：『莽茫茫之無涯。』毛萇曰：『茫茫，廣大貌。』」

第九，水渾病①，謂第一與第六之犯也②。假作《春詩》曰：「沼萍遍水纈，榆莢滿枝錢。」又曰：「斜雲朝列陳，回娥夜抱弦。」

釋云：「沼」文處一，宜用平聲；『池』好。「回」③字在六，特須宮語。宜『趨』。一為上言之首，六是下句之初，同建水渾，以彰第一。且條嘉況，開示文生，制作之家，特宜監察。三隅④已發，一角須求，聊說十規，以張群目。

【註】

①《古鈔本》旁注云：「水火二病，篇立無之，又證本無之，故且止之耳。」《三寶院本》於下條末云：「已上證本無之。」按：《眼心鈔》無水渾、火滅二病。

②「謂第一與第六之犯也」，原作注文，周校本「據《鈔本》改為正文」，今從之。

③「回」，《古鈔本》作「曲」，不可從。

④《論語》〈述而〉篇：「舉一隅不以三隅反，則不復也。」

第十，火滅病，謂第二與第七之犯也①。即假作〈閨怨〉詩曰：「塵暗離後鏡，帶永別前腰。」又曰：「怨心千過絕，啼眼百回垂。」

釋曰：「暗」文處二，宜用「埋」、「生」之言；「眼」字居七，特貴「眸」、「行」②之語。「離」當陰位③，命於④南方，用⑤字致尤，故云離位火滅⑥，因以名焉。

【註】

①「謂第二與第七之犯也」，原作注文，周校本「據《鈔本》改爲正文」，今從之。《三寶院本》「也」下有「此亦即平頭同」一句六字。

②「行」讀「行列」之「行」。

③《箋本》云：「『離當』，『離』，卦名，在南方，屬陽。今云『陰位』，恐『陽位』歟。」

④「于」，原作「二」，今據《無點本》校改。

⑤「用」，原作「周」，今據《無點本》校改。

⑥「火滅」，原作「命滅」，今據《古鈔本》校改。

第九又①，木枯病，謂第三與第八之犯也②。即假作《秋詩》曰：「金風晨泛菊，玉露宵沾蘭。」一本「宵懸珠」。又曰：「玉輪夜進轍③，金車晝滅途。」

釋曰：「宵」爲第八，言「夜」已精；「夜」處第三，論④「宵」乃妙。自餘優劣，改變皆然，聊著二門，用開多趣。

【註】

①《古鈔本》、《三寶院本》、《無點本》以此爲「第十一」，下類推。

②「謂第三與第八之犯也」，原作注文，周校本「據前例改爲正文」，今從之。

③「轍」，原作「徹」，今據《古鈔本》、《無點本》校改。

④「論」，《古鈔本》、《三寶院本》、《無點本》作「須」。

第十乂，金缺病，謂第四與第九之犯也。夫金生兑位，應命秋律於西①，上句向終，下句欲末，因數命②之，故生斯號③。即假作《寒詩》曰：「獸炭陵晨送，魚燈徹宵燃。」④又曰：「狐裘朝除冷，褻褥夜排寒。」

釋曰：「宵」文處九，言「夜⑤」便佳；「除」字在四，云「卻」爲妙。自餘致病，例此成⑥規。告往知來⑦，自然多悟。

【註】

①「西」下，《三寶院本》朱批云：「草本有『方』字。」《箋本》從之。

②「命」，儲本引《古鈔本》作「合」。

③「謂第四與第九之犯也」至「故生斯號」，原作注文，周校本「據《鈔本》改爲正文」，今從之。

④謝朓〈冬緒羈懷示蕭諮議虞田曹劉江二常侍〉詩：「寒燈耿宵夢。」南卷〈集論〉引作「寒燈恥宵夢」。宵夢而猶有燈，即此徹宵燃」之意也。

⑤「夜」，原作「外」，今據《古鈔本》、《箋本》校正。

⑥「此成」，原作「成此」，今據《三寶院本》乙正。

⑦《論語》〈學而〉篇：「告諸往而知來者。」

第十一，闕偶病，謂八對皆無，言靡配屬①，由言匹偶，因以名焉②。假作《述懷詩》曰：「鳴琴四五弄，桂酒復盈杯。」又曰：「夜夜憐琴酒，優遊足暢情。」

釋曰：上有「四五」之言，下無「兩三」之句；不對「朝朝」之字，空垂「夜夜」之文。如此之徒，名爲闕偶。題斯一目，餘況皆然。

【註】

①「屬」，原作「矚」，今據《眼心鈔》校改。《箋本》亦云：「應作『配屬』。」

②「謂八對皆無」至「因以名焉」，原作注文，周校本「據《鈔本》改爲正文」，今從之。

或曰：詩上引事，下須引事以對之。若上缺偶對者，是名缺偶①。犯詩曰②：「蘇秦時刺股，勤學我便眈。③」

釋曰：上句「蘇秦」，是其人名，下將「勤學」對之，是其缺偶。

不犯詩曰④：「刺股君稱麗，懸頭我未能。」

釋曰：上有「刺股」，下有「懸頭」，各爲一事，上下相對，故曰不犯。

【註】

①本書南卷〈論文意〉：「凡文章不得不對，上句若安重字、雙聲、疊韻，下句亦然。若上句偏安，下句不安，即名爲離支；若上句用事，下句不用事，名爲缺偶。」

②「犯詩曰」，原作注文，周校本「據《鈔本》改爲正文」，今從之。

③王昌齡《詩中密旨》：「犯病八格：二曰缺偶病，詩中上句引事，下句空言也。詩曰：『蘇秦時刺股，勤學我便登。』」

④「不犯詩曰」，原作注文，周校本「據《鈔本》改爲正文」，今從之。

第十二，繁説病，謂一文再論，繁詞寡義。或名相類，或名疣贅①。即假作②《對酒詩》曰：「清觴酒恒滿，綠酒會盈杯。」又曰：「滿酌余當進，彌甌我自傾。」

釋曰：「清觴」、「綠酒」，本自靡殊；「滿酌」、「盈杯」，何能有別。「余」之與

「我」，同號己身，一說足明，何須再陳③。如斯之類，寡義繁文，制作之家，特宜詳察。

【註】

①「謂一文再論」至「或名疣贅」，原作注文，周校本「據《鈔本》改爲正文」，今從之。

②「作」字原無，今據本卷前後文通例訂補。

③「陳」，原作「練」，儲本據《古鈔本》改「陳」，今從之。

詩曰：「遠岫開翠霧，遥山卷青靄。」

此兩句字別理不殊，是病。

崔氏曰①：「『從風似飛絮，照日類繁英，拂岩如寫鏡，封林若耀瓊。』此四句相次，一體不異，『似』、『類』、『如』、『若』，是其病。」

【註】

①「崔氏曰」，《眼心鈔》無。

第十三，齟齬病者，一句之內，除第一字及第五字，其中三字，有二字相連，同上去入是。若犯上聲，其病重於鶴膝，此例文人以爲秘密，莫肯傳授。上官儀云：「犯上聲是斬刑，去入亦紋刑。」①如曹子建詩云：「公子敬愛客。②」「敬」與「愛」是，其中三字，其二字相連，同去聲是也。

【註】

①王昌齡《詩中密旨》：「詩有六病：一曰齟齬病，一句除第一字及第五字，其中三字，同上聲及去入聲也；平聲都不爲累。若犯上聲，其病重於上尾；若犯去入聲，其病重於鶴膝。上官儀所謂『犯上聲是斬刑也』。」

②《文選》二〇曹子建〈公宴詩〉：「公子敬愛客，終宴不知疲，清夜遊西園，飛蓋相追隨。明月澄清景，列宿正參差，秋蘭被長坂，朱華冒綠池，潛魚躍清波，好鳥鳴高枝，神飆接丹轂，輕輦隨風移，飄颻放志意，千秋長若斯。」按：應德璉〈侍五官中郎將建章台集〉詩，有云：「公子敬愛客，樂飲不知疲。」當用陳思語也。

元兢曰：「平聲不成病，上去入是重病，文人悟之者少，故此病無其名。兢案《文賦》云：『或齟齬而不安。①』因以此名爲齟齬之病焉。」

【註】

①《文選》十七陸士衡〈文賦〉；「或妥帖而易施，或岨峿而不安。」李善注：「岨峿，不安

貌。《楚辭》曰：『圜鑿而方枘兮，吾固知其鉏鋙而難入。』岨，助舉切。峿，魚呂切。」按：齟齬、岨峿、鉏鋙，字通。

崔氏是名「不調」。不調者，謂五字內，除第一字、第五字，於三字用上去入聲相次者，平聲非病限，此是巨病。古今才子多不曉。如「晨風驚疊樹，曉月落危峰。」「月」次「落」，同入聲。如「霧生極野碧，日下遠山紅。」「下」次「遠」，同上聲。如「定惑①關門吏，終悲塞上翁。②」「塞」次「上」，同去聲。

【註】

①「惑」，原作「或」，今據《古鈔本》、《無點本》、《眼心鈔》校改。

②上官儀《從駕閭山詠馬》詩：「桂香塵處減，練影月前空，定惑由（一作「乏函」）關吏，徒嗟塞上翁。」

第十四，叢聚病者，如上句有「雲」，下句有「霞」，抑是常。其①次句復有「風」，下句復有「月」。「雲」、「霞」、「風」、「月」，俱是氣象，相次叢聚，是爲病也。如劉鑠②詩曰：「落日下遥林，浮雲靄曾闕，玉宇③來清風，羅帳迎秋月。④」此上句有「日」，下句有「雲」，次句有「風」，次句有「月」，「日」、「雲」、「風」、「月」，相次四句，是叢聚⑤。

【註】

①「其」字，《古鈔本》無。

②宋南平王劉鑠，字休玄，文帝第四子，未弱冠，擬古詩三十餘首，時人以爲亞跡陸機。有《集》五卷。《宋書》有傳。

③「字」，原作「字」，今據《古鈔本》、《三寶院本》、《無點本》校正。

④《文選》三一劉休玄〈擬明月何皎皎〉：「落宿半遥城，浮雲藹曾闕，玉宇來清風，羅帳延秋月。結思想伊人，沈憂懷明發，誰爲客行久，屢見流芳歇，河廣川無梁，山高路難越。」李善注：「鄭玄《詩箋》曰：『曾，重也。』曹植〈芙容賦〉曰：『退潤玉宇，進文帝廷。』羅帳，羅帷也。《恒子新論》：『雍門周説孟嘗君曰：「今君下羅帳，來清風。」』《古詩》曰：『明月何皎皎，照我羅床帷。』」

⑤王昌齡《詩中密旨》：「詩有六病：四曰叢雜病，上句有『雲』，下句有『霞』，次句有『風』，下句有『月』。沈休文詩：『寒瓜方卧壟，秋菰正滿枝，紫茄紛爛熳，緑芋鬱參差。』『瓜』、『菰』、『茄』、『芋』，同是草類，是叢雜也。」按：所引沈詩，是〈行園〉詩也。

元兢曰：「蓋略舉氣象爲例，觸類而長，庶物則同。上十字已有『鸞』對『鳳』，下十字不宜更有『梟』對『鶴』；上十字已有『桂』對『松』，下十字不宜更用『桐』對『柳』。俱是叢聚之病，此又悟之者鮮矣。」

崔名叢木病，即引詩云：「庭梢①桂林樹，檜度蒼梧雲，棹唱②喧難辨，樵歌近易聞。」「桂」、「梧」、「棹」、「樵」，俱是木，即是病也。③

【註】

①「梢」，原作「稍」，旁校作「梢」。按《古鈔本》作「梢」，今據改正。

②按：魏收〈晦日泛舟應詔〉詩：「棹唱忽逶迤。」棹唱，猶後人言櫂歌。

③王昌齡《詩中密旨》：「犯病八格：四曰叢木病，四詩句中皆有木也。詩曰：『庭梢桂林樹，檜度蒼梧雲。』」按：引詩原脱後二句。

第十五，忌諱病者，其中意義，有涉於國家①之忌是也。如顧長康②詩云：「山崩溟海竭③，魚鳥依將何。」「山崩」、「海竭」，於國非所宜言，此忌④諱病也。

【註】

①「國家」，《古鈔本》作「家國」，不可據。

②顧愷之，字長康，晉陵無錫人。博學有才，恒溫引爲大司馬參軍。有《啟夢記》三卷、《集》二十卷。此所引詩，今佚。

③《箋本》曰：「《廣弘明集》十六謝靈運〈慧遠法師誄〉：『山崩海竭，日月沈暉。』」

④「忌」字原脱，今補。

元兢曰：「此病或犯，雖有周公之才，不足觀也①。又如詠雨詩稱亂聲，泝②水詩云逆流，此類皆是也。」

【註】

①《論語》〈泰伯〉篇：「子曰：『如有周公之才之美，使驕且吝，其餘不足觀也已。』」

②「泝」，原作「沂」，周校本據《眼心鈔》改，今從之。

皎公名曰避忌之例，詩曰：「何況雙飛龍，羽翼縱當乖。」又云：「吾兄既鳳翔，王子亦龍飛。①」

【註】

①皎公說，見地卷〈十四例〉，詳彼注。

第十六，形跡病者，謂①於其義相形嫌疑而成②。如曹子建詩云：「壯哉帝王居，佳麗殊百城。③」即如近代詩人，唯得云「麗城」④，亦云「佳麗城」⑤。若單用「佳城」⑥，即如滕公佳城⑦，爲形跡病也。

【註】

①「謂」字原無，今據《眼心鈔》訂補。

②王昌齡《詩中密旨》：「詩有六病：五曰形跡病，篇中勝句清詞，其意涉忌諱者也。」

③此〈又贈丁儀王粲〉詩也，見前第七「傍紐」注。

④唐太宗〈詠烏代陳師道〉：「凌晨麗城去，薄暮上林棲。」

⑤梁元帝《劉生》：「結交李都尉，遨遊佳麗城。」

⑥按：沈約〈冬節後至丞相第詣世子車中作〉詩：「誰當九原上，鬱鬱望佳城。」正用滕公佳城事，所以嘆人世之遷化，不爲形跡也。

⑦《博物志》七：「漢滕公薨，求葬東都門外，公卿送喪，駟馬不行，跼地悲鳴，跑蹄下地，得石有銘曰：『佳城鬱鬱，三千年，見白日，吁嗟滕公居此室。』遂葬焉。」

元兢云：「文中例極多，不可輕下語也。」

崔曰：「『佳山』、『佳城』，皆①爲形跡墳埏②，不可用。又如『侵天』③、『干天』④，是謂天與樹木等，犯者爲形跡。他皆效⑤此。」

【註】

①「皆」，原作「非」，今從羅根澤說校改。

②「埏」，原作「挻」，今從《箋本》校改。《箋本》云：「墓道曰埏也。」器按：《文選》二三潘安仁〈悼亡詩〉三首：「落葉委埏側。」李善注：「《聲類》：『埏，墓隧也。』」陸倕〈爲張纘謝兄諡表〉：「日月告時，幽埏浸遠。」正用爲墳埏義。

③吳均〈與施從事書〉：「絕壁侵天，孤峰入漢。」

④《藝文類聚》九七盧思道〈聽鳴蟬篇〉：「河流帶地從來嶮，峭路干天不可越。」

⑤「效」，儲云：「《古鈔本》『放』。」

第十七，傍突病者，句中意旨，傍有所突觸。如周彥倫①詩云：「二畝不足情，三冬俄②已畢。」「二畝」涉其親③，寧可云「不足情」也？

【註】

①「周彥倫」，原作「周充倫」，《無點本》作「周彥倫」，周校本據之，云：「周顒，字彥倫，今

據改。」今從之。然丁福保《全宋詩》無彥倫詩，疑不能明也。
②「俄」，原作「誐」，今據《古鈔本》、《三寶院本》、《無點本》校改。
③《箋本》引舊注曰：「『畝』、『父』同音，古稱父母曰『二父』，其例有之。」器按：韓愈〈張中丞傳後敍〉：「兩家子弟材智下，不能通知二父志，以爲巡死而遠就虜，疑畏死而辭服於賊。」則謂張、許兩家子弟謂其父巡與遠也，與此義又別。

元兢云：「此與忌諱同，執筆者咸宜戒之，不可輒犯也。」

第十八，翻語病者，正言是佳詞，反語則深累是也。如鮑明遠詩云：「雞鳴關吏起，伐鼓早通晨。①」「伐鼓」，正言是佳詞，反語則不祥②，是其病也③。

【註】

①《文選》二二鮑明遠〈行藥至城東橋〉詩：「雞鳴關吏起，伐鼓早通晨，嚴車臨回陌，延瞰歷城闉，蔓草緣高隅，脩楊夾廣津。迅風首旦發，平路塞飛塵，擾擾宦遊子，營營市井人，懷金近從利，撫劍遠辭親，爭先萬里塗，各事百年身。開芳及稚節，含采吝驚春，尊賢永照灼，孤賤長隱淪，容華坐消歇，端爲誰苦辛。」李善注：「《史記》：曰『關法：雞鳴出客。』」
②《文心雕龍》〈指瑕〉篇：「比語求蚩，反語取瑕。」
③王昌齡《詩中密旨》：「詩有六病：六曰反語病，篇中正字是佳詞，反語則深累。鮑明遠詩：『伐

鼓早通晨。』『伐鼓』則正字，反語則反字。」按：《金樓子》〈雜記篇〉上：「宋玉（「玉」當是「書」字之訛）戲太宰屢遊之談，後人因此流遷反語，至相習。至如太宰之言屢遊，鮑照之伐鼓，孝綽步武之談，韋粲浮柱之說，是中太甚者，不可不避耳。俗士非但文章如此，至言論尤事反語。何僧智者，嘗於任昉坐賦詩，而言其詩不類。任云：『卿詩可謂高厚。』何大怒曰：『遂以我爲「狗號」。』任逐後解說，遂不相領。任君復云：『經蓄一枕，不知是何木。』會有委巷之口，謂任君曰：『此枕是標櫧之木。』任托不覺悟。此人乃以宣誇於衆，有自得之色。夫子曰：『必也正名乎。』斯言讜矣！」

崔氏云：「『伐鼓』，反語『腐骨』①，是其②病。

【註】

①《箋》曰：「《列子》：『堯、舜、桀、紂，死腐骨矣。』」

②「其」字原缺，周校本「據《鈔本》補」，今從之。器按：陸機〈贈顧交阯公貞〉詩：「伐鼓五嶺表，揚旌萬里外。」謝惠連〈猛虎行〉：「伐鼓功未著，振旅何時從。」梁武帝〈藉田詩〉：「啟行天猶暗，伐鼓地未悄。」都本《詩》〈小雅〉〈彤弓之什〉〈采芑〉「伐鼓淵淵」。惟六朝人所用「伐鼓」一詞有二義：一爲出師，即本《詩經》；一爲戒晨，《水經》〈漯水注〉云：「後置大鼓於其上（平城白樓），晨昏伐以千椎，爲城裡諸門啟閉之候，謂之戒晨鼓也。」即其義也。若鮑

詩所用，則後一義也，此應分別。

第十九，長①擷腰病者，每句第三字擷上下兩字，故曰擷腰，若無解鐙相間，則是長擷腰病也。如上官儀詩曰：「曙色隨行漏，早吹入繁笳。旗文縈桂葉，騎影拂桃華②。碧潭寫春照，青山籠雪花。③」上句「隨」，次句「入」，次句「縈」，次句「拂」，次句「寫」，次句「籠」，皆單字，擷其腰於中，無有解鐙者，故曰長擷腰也。此病或名束④。

【註】

①「長」上原有「曰」字，周校據《鈔本》刪，今從之。

②「華」，《古鈔本》作「花」，不可據。

③王昌齡《詩中密旨》：「詩有六病：二曰長擷腰病，每一句上下字之腰，無解鐙相間。上官儀詩：『曙色隨行漏，早吹入繁笳。』」

④此注，《古鈔本》作大字，並「束」作「來」。疑誤。

第二十，長解鐙①病者，第一、第二字意相連，第三、第四字意相連②，第五單一字成其意，是解鐙；不與擷腰相間，是長解鐙病也。如上官儀詩曰：「池牖風月清，閑居遊客情，蘭泛樽中色，松吟弦上聲。③」「池牖」二字意相連，「風月」二字意相連④，「清」一字成四字之意，以下三句，皆無有擷腰相間，故曰長解鐙之病也⑤。

【註】

①《箋》曰：「鐙，鞍鐙也。」

②「連」上，《古鈔本》、《長寛寫本》有「違」字，當是涉下文而訛衍。

③王昌齡《詩中密旨》：「詩有六病：三曰長解鐙，第一、第二字義相連，第三、第四字義相連。上官儀詩：『池牖風月清，閑居遊客情。』」

④「連」上，《無點本》有「違」字，當是涉下文而訛衍。

⑤「池牖二字意相連」至「故曰長解鐙之病也」，原作注文，今據《古鈔本》、《無點本》改爲正文。

元兢①曰：「擷腰、解鐙並非病，文中自宜有之，不間則爲病。然解鐙須與擷腰相間，則屢②遷其體。不可得句相間，但時然之，近文人篇中有然，相間者偶然耳。然悟之而爲詩者，不亦盡善者乎。」此病亦名散③。

【註】

①「元兢」，《古鈔本》、《長寬寫本》作「元氏」。
②「屢」，《古鈔本》、《三寶院本》、《無點本》作「屬」。
③此注，《古鈔本》、《三寶院本》作大字。又「散」下，《三寶院本》有「離」字。

第二十一，支①離。不犯詩曰②：「春人③對春酒，新樹間新花。④」犯詩曰：「人人皆偃息⑤，唯我獨從戎。」

【註】

①「支」，原作「友」，今據《古鈔本》、《三寶院本》、《無點本》校改。本書南卷〈論文意〉云：「凡文章不得不對，上句若安重字、雙聲、疊韻，下句亦然。若上句偏安，下句不安，即名爲離支。」
②「不犯詩曰」，原作注文，今據《古鈔本》、《三寶院本》改爲正文。
③湖南博物館藏唐代長沙窟福彩詩文瓷壺上五言詩：「春水春池滿，春時春草生，春人飲春酒，春鳥哢春聲。」
④王昌齡《詩中密旨》：「犯病八病：一曰支離病，五字之法，切須對也，不可偏枯。詩曰：『春人對春酒，芳樹間新花。』」
⑤《詩經》〈小雅〉〈北山〉：「或息偃在床。」此文本之。

第二十三，相①濫。或名繁說②。謂一首詩中再度用事，一對之內反覆重論，文繁意疊，故名相濫。犯詩曰③：「玉繩④耿長漢，金波⑤麗碧空，星光暗雲裡，月影碎簾中。」

釋曰：「玉繩」者星名，「金波」者月號，上既論訖⑥，下復陳之，甚爲相濫，尤須慎之。

【註】

①「相」上，原有「曰犯」二字，今據《古鈔本》、《三寶院本》刪削；《無點本》則「曰犯」二字作「或名相類病」。

②「或名繁說」，《三寶院本》作大字。《文選》十七陸士衡〈文賦〉：「每除煩而去濫。」

③「犯詩曰」，原作注文，今據《古鈔本》、《三寶院本》改爲正文。

④《文選》二張平子〈西京賦〉：「上飛闥而俯眺，正睹瑶光與玉繩。」李善注：「《春秋元命苞》曰：『玉衡北兩星爲玉繩。』」

⑤《箋》曰：「《漢書》〈天文志〉曰：『月穆穆以金波。』注：『月光如金波之流。』」器按：謝朓〈暫使下都夜發新林至京邑贈西府同僚〉：「金波麗鳷鵲，玉繩低建章。」當爲此詩所本。

⑥「訖」，原作「說」，今據《古鈔本》、《三寶院本》、《眼心鈔》校正。

崔氏云：「相濫者，謂『形體』、『途道』、『溝淖』、『淖泥』、『巷陌』、『樹木』、『枝條』、『山河』、『水石』、『冠帽』、『褐①衣』，如此之等，名曰相濫。上句用『山』，下句用『河』；上句有『形』，下句安『體』；上句有②『木』，下句安『條』：如此參差，乃爲善焉。若兩字一處，自是犯焉，非關詩處。或云③兩目④一處是⑤。」

【註】

①「褐」原作「裼」，字書無文，今據《三寶院本》校改，《龍龕手鑒》，一《衣部》：「褐，凋、鳥二音，短衣也。」又疑是「襦」字之誤，《龍龕手鑒》云：「襦，俗通；襦，正，人朱反，短衣也。二。」

②「有」字，《古鈔本》、《無點本》無。

③「或云」，《眼心鈔》無。

④「目」，《古鈔本》作「月」，不可據。

⑤此條原作注文，今據《古鈔本》、《三寶院本》、《長寬寫本》改爲正文。

第二十三，落節①。凡詩詠春，即取春之物色；詠秋，即須序秋之事情。或詠今人，或賦古帝，至於雜篇詠，皆須得其深趣，不可失義意。假令黃花未吐，已詠芬芳；青葉莫抽，逆言蓊鬱；或專心詠月，翻寄琴聲；或□②意論秋，雜陳春事；或無酒而言有酒；無音而③道有音：並是落節。若是長篇托意，不許限。即假作《詠月詩》曰：「玉鉤④千丈掛，金波⑤萬里遙。蚌虧輪影滅，蓂落桂陰銷。入風花氣馥，出樹鳥聲嬌。獨使高樓婦，空度可憐宵。」

釋曰：此詩本意詠月，中間論花述鳥，乍讀風花似好，細勘月意有殊，如此之輩，名曰落節。

【註】

①「落節」上，原有「曰」字，周校本據《古鈔本》刪，今從之。

②儲校本曰：「『意』上疑有脫文，故以□表之。」

③「而」字原缺，周校本據《古鈔本》補，今從之。

④《箋》曰：「鮑照詩：『始見西南樓，纖纖如玉鉤。』李白詩：『青天懸玉鉤。』」按：引鮑照詩者，乃〈玩月城西門解中〉之作也，見《文選》三〇，李善注云：《西京雜記》：『公孫乘〈月賦〉曰：「值圓岩而似鉤，蔽修堞如分鏡。」』王逸《楚辭注》曰：『曲瓊，玉鉤也。』」

⑤箋曰：「梁元帝詩：『徐步待金波。』」按：金波，已見上文「相濫」條注。

又《詠春詩》曰：「何處覓消愁？春園可暫遊。菊黃堪泛酒，梅紅可插頭。①」

釋曰：菊黃泛酒，宜在九月，不合春日陳之；或在清朝②，翻言朗夜：並是落節。

【註】

①王昌齡《詩中密旨》：「詩有八格：三曰落節病，一篇之中，合春秋言，是犯。詩曰：『菊花好泛酒，榴花好插頭。』」按：「榴花」，一作「梅花」。

②《箋》曰：「宋謝瞻詩：『從夕至清朝』」

第二十四，雜亂①。凡詩發首誠難，落句②不易。或有制者，應作詩頭，勒爲詩尾；應可施後，翻使居前。故曰雜亂。假作〈憶友詩〉曰：「思君不可見，徒令年鬢秋。獨驚積寒暑，迢遰阻風牛③。粵余慕樵隱，蕭然重一丘。④」

釋曰：「粵余」一對，合在句端；「思君」一對，合居篇末。然則篇章之內，義別爲科，先後無差，文理俱暢；混而不別，故名雜亂。

【註】

①「雜亂」上，原有「曰犯」二字，《古鈔本》有一「犯」字，今據《眼心鈔》刪削。

②《滄浪詩話》〈詩體〉：「有發端，有落句。」原注：「結句也。」《詩人玉屑》二〈詩體上〉同。僧文彧《詩格》：「詩尾，詩之結尾，亦云斷句，亦云落句，須含蓄旨趣。〈登山詩〉：『更

登奇盡處，天際一仙家。』此句意俱未盡也。《別同志》：『前程吟此景，爲子上高樓。』此乃句盡意未盡也。〈春閨詩〉：『欲寄回文字，相思織不成。』此乃意句俱到也。」

③《隋書》〈地理志〉：「兩蕭累代，舉國遵行；後魏及齊，風牛本隔。」按：風牛，風馬牛之省略語也。

④《漢書》〈敘傳〉：「漁釣於一壑，則萬物不干其志；棲遲一丘，則天下不易其樂。」

第二十五，文贅①或名涉②俗病③。凡五言詩，一字文贅，則眾巧皆除；片語落嫌，則人④競褒貶。今作者或不經雕匠，未被揣磨，輒述拙成，多致紕繆。雖理義不失，而文不清新；或用事合⑤同，而辭有利鈍。即假作《秋詩》曰：「熠燿⑥庭中度，蟋蟀傍窗吟。條間垂白露，菊上帶黃金。」

釋曰：此詩據理，大體得通。然「庭中」、「傍窗」，流俗已甚；「黃金」、「白露」，語質無佳：凡此之流，名曰文贅。

【註】

①「文贅」上，原有「曰犯」二字，《古鈔本》有一「犯」字，今據《三寶院本》、《眼心鈔》刪。

②「涉」，原作「陟」，今據《古鈔本》、《無點本》、《長寬寫本》校改。

③「病」下，《三寶院本》注一「崔」字。

④「人」，《古鈔本》、《無點本》作「大」。
⑤「合」，《古鈔本》作「令」。
⑥《詩經》〈豳風〉〈東山〉：「熠燿宵行。」《毛傳》：「熠燿，燐也；燐，螢火也。」

又《詠秋詩》曰：「熠燿流寒火，蟋蟀動秋音。凝露如懸玉，攢菊似披金。」此則無贅也。又曰：「渭濱迎宰相。」官之宰相，即是涉俗流之語，是其病①。又曰：「樹蔭逢歇馬，魚潭見洗船。」又曰：「隔花遙勸酒，就水更移床。②」是則③俗巧弱弊④之過也。

【註】

①此注三句十四字，《古鈔本》、《三寶院本》作大字。
②本書南卷〈論文意〉：「俗巧者，由不辨正氣，習俗師弱弊之過也。其詩云：『樹陰逢歇馬，魚潭見洗船。』又詩云：『隔花遙勸酒，就水更移床。』」彼注已詳，此不更舉。
③「則」，《古鈔本》作「即」。
④「弊」字，《古鈔本》、《無點本》、《長寬寫本》無。

第二十六，相反①，謂詞理別舉是也②。詩曰：「晴雲開極野，積霧掩長洲。③」上句既敍「晴雲」，下句不宜「霧掩」，不順理耳③。

【註】

①「相反」，原作「相及」，《全集本》校云：「『及』恐『反』歟。」按：《詩中密旨》作「相反」，今據改正。

②「謂詞理別舉是也」，原作注文，今據《古鈔本》、《三寶院本》、《長寬寫本》改爲正文。

③王昌齡《詩中密旨》：「犯病八格：五曰相反病，詩中兩句相反，失其理也。詩曰：『晴雲開遠野，積霧掩長洲。』」

④「上句既敍晴雲」至「不順理耳」，原作注文，今據《古鈔本》、《三寶院本》、《無點本》改爲正文。「不順理耳」，原作「順不理耳」，今乙正。

第二十七，相重①，謂意義重疊是也②。或名枝指也③。詩曰：「驅馬清渭濱，飛鑣犯夕塵。川波④張遠蓋，山日下遙輪。柳葉眉行盡，桃花騎轉新。⑤」已上有「驅馬」⑥、「飛鑣」⑦，下又「桃花騎」，是相重病也。又曰：「遊雁比翼翔，飛鴻知接翮。⑧」

【註】

①「相重」上，原有「曰」字，周校本據《眼心鈔》删，今從之。

②「謂意義重疊是也」，原作注文，今據《古鈔本》、《三寶院本》、《長寬寫本》改爲正文。

③《三寶院本》引異本云：「《四聲指歸》云：『又五言詩體義中言疾有三：一曰駢拇，二曰枝指，三曰疣贅。』」按：《莊子》〈駢拇〉篇：「駢拇、枝指，乎出性哉！」注：「駢拇，足拇指連二指。枝指，手有六指也。」

④「波」，《古鈔本》、《無點本》作「拔」。

⑤王昌齡《詩中密旨》：「犯病八格：六曰相重病，詩意並物色重疊也。詩曰：『驅馬清渭濱，飛鑣犯夕塵。川波增遠蓋，山月下重輪。』」

⑥「已上有驅馬飛鑣」至「相重病也」，《三寶院本》作大字。

⑦「飛鑣」至「是相重病也」，《古鈔本》作大字。

⑧《三寶院本》注云：「枝指者，所謂一意兩出。如張華詩云：『遊雁比翼翔，歸鴻知接翮』是。疣贅者，此謂同辭重句，道物無別。按：張華〈雜詩三首〉：「荏苒日月運，寒暑忽流易，同好逝不存，迢迢遠離析，房櫳自來風，户庭無行跡，蒹葭生床下，蛛蝥網四壁。懷思豈不隆，感物重鬱積，遊雁比翼翔，歸鴻知接翮。來哉彼君子，無悉徒自隔。」

第二十八，駢拇①者，所謂兩句中道物無差，名曰駢拇。如②庾信詩曰：「兩戍俱臨水，雙城共夾河。③」此之謂也。

【註】

①「駢拇」上，原有「曰」字，今據《眼心鈔》刪削。又《古鈔本》「拇」誤「梅」，下同。

②「如」字，《古鈔本》無。

③庾信此詩，今佚。

文筆十病得失①

平頭②：第一句上字、第二句上字，第一句第二字、第二句第二字，不得同聲。詩得者：「澄暉侵夜月，覆瓦亂朝霜。③」失者：「今日良宴會，歡樂難具陳。④」筆得者：「開金繩⑤之寶歷⑥，鈎⑦玉鏡之珍符。」失者：「嵩岩與華房迭遊，靈漿與醇醪俱別。」

然五言頗爲不便，文筆未足爲尤。但⑧是疥癬微疾，非是巨害⑨。

【註】

①器按：〈文筆十病得失〉，當出劉善經之手，以所舉得失諸例，多與〈文二十八種病〉所引劉善經說合也。說見後。

②《冰川詩式》十：「詩病有齊、梁，謂四句相對，皆用平聲，又謂四平頭。」

③「瓦」，原旁校作「光」。按：《古鈔本》、《三寶院本》、《無點本》作「光」。《箋》曰：「李白詩：『條如瓦溝霜。』」

④《冰川詩式》五〈附錄〉五引沈約《八病》：「平頭。如五言第一字，不得與第六字同聲，第二字不得與第七字同聲，餘以類推。『今日良宴會，歡樂難具陳。』（『今』、『歡』字同平聲，『日

』、『樂』字同入聲。）」《文選》二九〈古詩十九首〉：「今日良宴會，歡樂難具陳，彈箏奮逸響，新聲妙入神，令德唱高言，識曲聽其真，齊心同所願，含意俱未申。人生寄一世，奄忽若飆塵，何不策高足，先據要路津，無爲守窮賤，轗軻長苦辛。」李善注：「毛萇《詩傳》曰：『良，善也。』陳，猶說也。」

⑤《後漢書》〈方術傳序〉：「然神經怪牒，玉策金繩，關扃於明靈之府，封縢於瑤壇之上者，靡得而窺也。」

⑥此徐陵〈爲貞陽侯與陳司空書〉也，今本「潛」作「牒」。

⑦「鈎」，今本作「紐」。吳兆宜《徐孝穆集箋注》曰：「《初學記》：『《封禪注儀》曰：「特凡三十人，上發壇石磩蓋，尚書令北向跪，藏玉牒畢，持禮覆石磩，尚書令封上十石檢，亦纏以金繩，泥以金泥，四方各依其色。」』《尚書考靈曜》：『秦失金鏡。』鄭玄注：『金鏡，喻明道也。』」按：《南史》〈齊高帝紀〉：「披金繩而握天鏡，開玉匣而總地維。」「天鏡」與「玉鏡」義同。

⑧「但」，《三寶院本》作「俱」。

⑨本卷〈文二十八種病〉：「乃疥癬微疾，不爲巨害。」

上尾：第一句末字，第二句末字，不得同聲。

詩得者：「縈鬟聊向牖，拂鏡且調妝。①」失者：「西北有高樓，上與浮雲齊。②」

筆得者：「玄英③戒律，繁陰結序。地卷朔風，天飛隴雪。④」失者：「同源派流⑤，人易世疏。越在異域，情愛分隔。⑥」

筆復有隔句上尾，第二句末字，第四句末字，不得同聲。得者：「設醴⑦未同，興言爲歎⑧。深加相⑨保，行李遲⑩書。」失者：「同乘共載，北遊後園。輿輪徐動，賓從無聲。⑪」

又有踏發聲⑫，第四句末字，第八句末字，不得同聲。得者：「夢中占夢，生死大空。得無所得，菩提純淨。教其本有，無比涅槃。示以無爲，性空般若。」失者：「聚斂積寶，非惠公所務；記惡遺善，非文子所談。陰虬陽馬⑬，非原室⑭所搆；土山漸台⑮，非顏家⑯所營。」

【註】

①張正見《艷歌行》：「城隅上朝日，斜暉照杏梁，並卷茱萸帳，爭移翡翠床，紫鬟聊向牖，拂鏡且調妝，裁金作小靨，散麝起微黃。二八秦樓婦，三十侍中郎，執戟超丹地，豐貂入建章。未安文史閣，獨結少年場，彎弧貫月影，學劍動星芒，翠蓋飛城曲，金鞍橫道傍，調鷹向新市，彈雀往睢陽。行行稍有極，暮暮歸蘭房，前瞻富羅綺，左顧足鴛鴦，蓮舒千葉氣，燈吐百枝光，滿酌胡姬酒，多燒荀令香。不學幽閨妾，生離怨採桑。」《古鈔本》「鬟」作「髮」，誤。

②注見前〈文二十八種病〉「上尾」條。

③「英」，原作「黄」，今據《古鈔本》、《三寶院本》、《無點本》校改。《史記》〈樂毅傳〉：「大呂陳於玄英。」《索隱》：「玄英，燕宮殿名也。」

④「雪」，原作「雲」，今據《古鈔本》、《三寶院本》、《無點本》《眼心鈔》校改。徐陵〈長相思〉：「欲見洛陽花，如君隴頭雪。」

⑤「派流」，《古鈔本》作「流派」。

⑥此孔文舉〈與族弟書〉也，注見前〈文二十八種病〉「上尾」條。

⑦《漢書》〈楚元王傳〉：「元王敬禮申公等，穆生不耆酒，元王每置酒，常爲穆生設醴。及王戊即位，常設，後忘設焉。穆生退曰：『可以逝矣。醴酒不設，王之意怠。』稱疾卧。」

⑧「歎」，《古鈔本》、《眼心鈔》作「難」。

⑨「相」，《古鈔本》、《三寶院本》、《無點本》作「將」。

⑩《箋》云：「遲，希望也。」

⑪此魏文帝〈與吳質書〉也，見前〈文二十八種病〉「上尾」條注。

⑫「踏」，原作「蹈」，今據《古鈔本》、《三寶院本》校改。〈文二十八種病〉論「鶴膝」曰：「又今世筆體，第四句末，不得與第八句末同聲，俗呼爲踏發聲。」

⑬《文選》十一何平叔〈景福殿賦〉：「承以陽馬，接以員方。」李善注：「陽馬，四阿長桁也。禁布列，承以陽馬，衆材相接，或員方也。馬融〈梁將軍西第賦〉：『騰極受檐，陽馬承阿。』」又三五張景陽《七命》：「陰虬負檐，陽馬承阿。」李善注：「虬，龍也。《楚辭》曰：『仰觀刻

桷畫龍虬。』《周書》曰：『明堂咸有四阿。』」按：江總〈大莊嚴寺碑〉：「翠落陰虬，朱填陽馬。」亦以「陰虬」、「陽馬」對文。

⑭按：原，謂原憲。原憲居魯，環堵之室，茨以蒿萊，蓬户甕牖，桷桑而爲樞，上漏下濕。見《韓詩外傳》一、《新序》〈節士〉篇。

⑮《文選》二張平子〈西京賦〉：「漸台立於中央。」李善注：「漸台，高二十餘丈。」

⑯「顏家」，或作「顧家」，非是。《論語》〈雍也〉篇：「子曰：『賢哉，回也！一簞食，一瓢飲，在陋巷，人不堪其憂，回也不改其樂。賢哉，回也！』」

又諸手筆，第二句末與第三句末同聲，雖是常式，然止可同聲，不應同韻。

蜂腰：第一句中第二字、第五字不得同聲。

詩得者：「惆悵崔亭伯」①；失者：「聞君愛我甘」②。

筆得者：「刺是佳人」；四言。失者：「楊雄〈甘泉〉」。四言。得者：「雲漢自可登臨」，六言。「摩③赤霄而理翰」；六言。失者：「美④化行乎江、漢」，六言。「襄元、凱之軌高」。六言。得者：「高巘萬仞排虛空」，七言。「盛軌與三代俱芳」，七言。「猶聚鵠之有神鵷」⑤；七言。失者：「三仁⑥殊途而同歸」，七言。「偃息乎珠玉之室」。七言。得者：「雷擊電鞭者之謂天」；八言。失者：「潤草沾蘭者之謂雨」⑦。八言。

或云⑧：平聲賒緩，有⑨用最多，參彼三聲，殆爲太半⑩。

【註】

①張正見〈白頭吟〉：「平生懷直道，松桂比真風，語默妍媸際，沈浮毀譽中，讒新恩易盡，情去寵難終，彈珠金市側，抵玉昆山東。含香老顏駟，執戟異楊雄，惆悵崔亭伯，幽憂馮敬通，王嬙没胡塞，班女棄深宮。春苔封履跡，秋葉奪妝紅，顏如花落槿，鬢似雪飄蓬，此時積長嘆，傷年誰復同。」按：崔亭伯，崔駰也，《後漢書》有傳。《眼心鈔》於詩末注「五言」二字。

②〈文二十八種病〉：「劉氏曰：『蜂腰者，五言詩第二字不得與第五字同聲。古詩曰：「聞君愛我甘，竊獨自雕飾」是也。』」《眼心鈔》於詩末注有「五言。是詩也。筆亦同此。」

③「摩」，原作「麾」，今據《古鈔本》、《三寶院本》校改。

④《詩經》〈周南〉〈漢廣〉：「漢廣，德廣所及也。文王之道，被於南國，美化行乎江、漢之域，無思犯禮，求而不可得也。」即此文所本。《古鈔本》、《三寶院本》、《無點本》「美化」作「義紀」，非是。

⑤「猶聚鵠之有神鶵」，《古鈔本》無此句。

⑥《論語》〈微子〉篇：「微子去之，箕子為之奴，比干諫而死。孔子曰：『殷有三仁焉。』」

⑦《御覽》十二引《春秋元命苞》：「露以潤草。」

⑧「或云」，《箋本》云：「劉滔也。」

⑨「有」，原作「在」，按：〈文二十八種病〉「蜂腰」條引劉滔曰：「平聲賒緩，有用處最多，參

彼三聲、殆爲大半。」此文本之，今據改正。

⑩《文選》〈西都賦〉注：「《漢書音義》：『韋昭曰：「凡數三分有二爲太半。」』」

鶴膝：第一句末字，第三句末字，不得同聲。

詩得者：「朝關苦辛地，雪落遠漫漫，含陷冰馬足，雜雨練旗竿。①」失者：「沙幕飛恒續，天山積轉寒。無同亂郢曲，逐扇掩齊紈。②」「客從遠方來，遺我一書札，上言長相思，下言久離別。③」

筆得者：「定洲④跨躡夷阻⑤，領袖蕃維。跱神岳以鎮地，疏⑥名川以連海。」「『原隰龍鱗』⑦，班頌何其陋；『桑麻條暢』⑧，潘賦不足言。」失者：「琁玉致美⑨，不爲池隍之用；桂椒信好，又⑩非園林之飾。⑪」「西郊不雨，彌回天眷；東作⑫未理，即動皇情。」

如是皆次第避之，不得以四句爲斷⑬。若手筆得故犯，但四聲中安平聲者，益⑭辭體有力。如云：「能短能長，既成章於云表；明吉明凶，亦引氣於蓮上。⑮」

【註】

①此張正見〈雨雪曲〉前四句也，今本作「胡關辛苦地，雪路遠漫漫，含冰踏馬足，雜雨凍旗竿」。

②此張正見〈雨雪曲〉後四句也，今本作「沙漠飛恒雪，天山積轉寒。無因辭日逐，團扇掩齊紈」。

③〈文二十八種病〉「鶴膝」條引此詩，詳彼注。

④「洲」，《眼心鈔》作「州」。

⑤傅亮〈感物賦〉：「豈夷阻之在運，將全喪之繇躬。」王融〈畢故止新頌〉：「蒙夷阻，出重幽。」梁武帝〈贈張弘策詔〉：「自藩升朝，契闊夷阻。」「夷阻」，猶言「夷險」，《文選》二五盧子諒〈贈劉琨詩一首並書〉：「故委身之日，夷險已之。」李善注：「夷險，喻治亂也。《淮南子》曰：『接徑歷遠，直道夷險。』」《古鈔本》、《三寶院本》、《無點本》「夷阻」作「禹阻」，不可據。

⑥「疏」，《古鈔本》作「疎」，二字古混用。

⑦此班固〈西都賦〉中語也，見《文選》一，李善注云：「《爾雅》口：『高平曰原，下濕曰隰。』」

⑧此潘岳〈西征賦〉中語也，見《文選》一〇，李善注云：「杜篤《論都賦》曰：『沃野千里，原隰彌望，保植五穀，桑麻條暢。』《廣雅》曰：『暢，長也。』」

⑨「美」，原作「義」，《眼心鈔》作「美」，與顏文合，今據改正。

⑩「又」，《古鈔本》、《三寶院本》誤作「文」，《眼心鈔》作「而」，與顏文合。

⑪《文選》五七顏延年〈陶征士誄一首並序〉：「夫璿玉致美，不爲池隍之寶；桂椒信芳，而非園林之實。」李善注：「《山海經》曰：『升山，黃酸之水出焉，其中多璇玉。』《說文》曰：『璇，亦璿字。』《春秋運斗樞》曰：『椒桂連，名士起。』宋均曰：『桂椒，芬香美物也。』《山海經

》曰：『招搖之山多桂。』又曰：『琴鼓之山多椒。』」

⑫《尚書》〈堯典〉：「平秩東作。」孔《傳》：「歲起於東，而始就耕，謂之東作。」

⑬〈文二十八種病〉「鶴膝」條：「劉氏曰：『鶴膝者，五言詩第五字不得與第十五字同聲。即古詩曰：「客從遠方來，遺我一書札，上言長相思，下言久離別。』是也。皆次第相避，不得以四句爲斷。」

⑭益爲本書習用字，猶今言更加也。東卷〈二十九種對〉「異類對」：「但如此對，益詩有功。」南卷〈論文意〉：「若語勢有對，言復安穩，益當爲善。」本章下文：「筆之鶴膝，平聲犯者，益文體有力。」益字義俱同。儲皖峰謂當作「蓋」，非是。

⑮此魏收〈赤雀頌序〉文也，見前〈文二十八種病〉「鶴膝」條。《箋》曰：「〈抱朴子〉曰：『千歲之龜，五色具焉，而頞上兩骨起似角，浮蓮葉之上。』」

大韻：一韻以上，不得同於韻字。如以「新」字爲韻，勿復用「鄰」、「親」等字①。

詩得者：「運阻衡言革，時泰玉階平。②」失者：「新裂齊紈素，鮮潔如霜雪。③」

筆得者：「播盡善之英聲，起則天之雄④響。百代欽其美德，萬紀懷其至仁。」失者：「傾家敗德，莫不由於憍奢；興宗榮族，必也藉於高名。」

凡手筆之式，不須同韻。或有時⑤同韻者，皆是筆之逸氣。如云：「握⑥河沉璧，封山紀石。邁三五而不追，踐八九之遙跡。⑦」

【註】

①〈文二十八種病〉「大韻」條引劉氏曰：「大韻者，五言詩若以『新』爲韻，即一韻內，不得復用『人』、『津』、『鄰』、『親』等字。」

②《文選》二三任彥升〈出郡傳舍哭范僕射〉：「平生禮數絕，式瞻在國楨，一朝萬化盡，猶我故人情，待時屬興運，王佐俟民英，結懽三十載，生死一交情。攜手遁衰孽，接景事休明，運阻衡言革，時泰玉階平，濬沖得茂彥，夫子值狂生，伊人有涇、渭，非余揚濁清。將乖不忍別，欲以遣離情，不忍一辰意，千齡萬恨生。已矣平生事，詠歌盈篋笥，兼復相嘲謔，常與虛舟值，何時見范侯，還敘平生意。與子別幾辰，經塗不盈旬，弗睹朱顏改，徒想平生人，寧知安歌日，非君撤瑟晨，已矣余何嘆，輟舂哀國均。」李善注：「曾子曰：『天下有道，則君子訢然以交同；天下無道，則衡言不革。』孔安國《尚書》曰：『衡』平也。言平常之言也。彼言不革，此言革，言亂之甚也。〈長楊賦〉曰：『玉衡正而泰階平。』」

③此班婕妤〈怨歌行〉句也，詳〈文二十八種病〉「鶴膝」條注。

④「雄」，《古鈔本》、《三寶院本》作「雅」。

⑤「時」下，原重一「時」字，今據《古鈔本》、《三寶院本》刪削。

⑥「握」，原作「掘」，《古鈔本》、《三寶院本》、《無點本》作「握」，與王文合，今據改正。

⑦《文選》四六王元長〈三月三日曲水詩序〉：「方握河沉璧，封山紀石，邁三五而不追，踐八九之

遥跡。」李善注：「《帝王世紀》曰：『堯與群臣沉璧於河，乃爲《握河記》，今《尚書候》是也。』《孝經鉤命決》曰：『封於太山，考績燔柴；禪於梁父，刻石紀號。』《禮記》〈逸禮〉曰：『三皇禪云云，五帝禪亭亭。』《史記》：『楚子西曰：「孔子丘述三五之法，明周、召之業。」』八九，謂七十二君。曹植《魏德論》：『越八九於往素，踵黃帝之靈矩。』」器按：後魏孝文帝《大赦詔》：「蹈八九之遥跡。」（見《文館詞林》六六五）亦指封泰山禪梁父之七十二代君而言。《箋》引〈司馬相如傳〉「呑雲、夢者八九於其胸中」爲言，非是。

小①韻：二句內除本韻，若已有「梅」②字，不得復用「開」、「來」字③。

詩得者：「功高乘履石④，德厚贈昭華。⑤」失者：「昊天降豐澤，百卉挺葳蕤。⑥」若故疊韻，兩字一處，於理得通。故謝朓詩云：「悵望南浦時⑦，徙倚北梁步。⑧」以筆準詩亦如此。

筆得者：「西辭酆邑，南據江都。」失者：「西辭酆邑，東居洛都。」若故疊韻，理通亦爾⑨。故徐陵〈殊物詔〉云：「五雲曖䁪，鱗⑩宗所以效靈；六氣⑪氛氳，柔和所以高氣。⑫」

【註】

①「小」，原作「少」，今據《眼心鈔》校改。

②「梅」，《古鈔本》、《三寶院本》作「海」，不可從。

③〈文二十八種病〉引劉氏曰：「小韻者，五言詩十字中，除本韻以外自相犯者，若已有『梅』，更不得復用『開』、『來』、『才』、『台』等字。

④「乘履石」，《古鈔本》誤作「垂履右」。《文選》四〇任彥升〈百辟勸進今上箋〉：「是以履乘石而周公不以爲疑。」李善注：「《尸子》曰：『昔者，武王崩，成王少，周公旦踐東宮，履乘石，假爲天子七年。』《周禮》曰：『王行，先乘石。』鄭司農曰：『乘石，王所登上車之石也。』」

⑤《淮南子》〈泰族〉篇：「四岳舉舜而薦之堯。堯乃妻以二女以觀其內，任以百官以觀其外。既入大麓，烈風雷雨而不迷；乃屬以九子，贈以昭華之玉，而傳天下焉。」許慎注：「昭華，玉名。」

⑥《文選》二〇王仲宣〈公宴〉詩：「昊天降豐澤，百卉挺葳蕤，涼風撤蒸暑，清雲卻炎暉，高會君子堂，並坐蔭華榱，嘉肴充圓方，旨酒盈金罍，管弦發徽音，曲度清且悲，合坐同所樂，但愬杯行遲，常聞詩人語，不醉且無歸，今日不極歡，含情欲待誰。」李善注：「《爾雅》曰：『夏爲昊天。』《毛詩》曰：『百卉具腓。』《字林》曰：『卉，草總名也。』《楚辭》曰：『上葳蕤以防露。』王逸注曰：『葳蕤，草木初生貌。』」

⑦《文選》一六江文通〈別賦〉：「送君南浦，傷如之何。」李善注：「《楚辭》曰：『子交手兮東行，送美人兮南浦。』」

⑧謝朓〈臨溪送別〉：「悵望南浦時，徙倚北梁步，月上涼風初，日隱輕霞暮，荒城迥易陰，秋溪廣

難渡，沫泣豈徒然，君子行多露。」按：庚信〈任洛州酬薛文學見贈別〉詩：「北梁送孫楚。」

⑨〈文二十八種病〉「小韻」條引劉氏曰：「若故爲疊韻，兩字一處，於理得通，如『飄颻』、『窈窕』、『徘徊』、『周流』之等，不是病限。若相隔越，即不得耳。」

⑩「鱗」，周校云：「疑當作『麟』。」

⑪《文選》一九束廣微《補亡詩》：「六氣無易。」李善注：「《左氏傳》：『秦醫和謂晉侯曰：「天有六氣：陰，陽，風，雨，晦，明。』」

⑫「高氣」下，原有「可尋」二字，今據《眼心鈔》刪削；《古鈔本》、《無點本》則並無「氣」字，《徐孝穆集》無此文。

正紐①：凡四聲爲一②紐，如「壬」、「荏」、「衽」、「入」，詩二句內，已有「壬」字，則不得復有「荏」、「衽」、「入」等字。詩得者：「《離騷》詠宿莽。③」失者：「曠野莽茫茫。④」

凡諸⑤手筆，亦須避之。若犯此聲，則齟齬不可讀⑥。如云，得者：「藉甚岐嶷⑦，播揚英譽。」失者：「永嘉播越，世道波瀾。」

【註】

①〈文二十八種病〉，正紐在傍紐之後。

②「一」原作「正」，涉上文而誤，義不可通，今據〈文二十八種病〉引劉氏說校改。

③《離騷》：「夕攬洲之宿莽。」王逸注：「草冬生不死者，楚人名曰宿莽。」

④此阮嗣宗《詠懷詩》句也，詳見〈文二十八種病〉「正紐」條注。

⑤「諸」，原作「詩」，今據《古鈔本》、《三寶院本》校改。

⑥〈文二十八種病〉引劉氏曰：「正紐者，凡四聲爲一紐，如『任』、『荏』、『衽』、『入』，五言詩一韻中已有『任』字，即九字中不得復有『荏』、『衽』、『入』等字。古詩云：『曠野莽茫茫。』即『莽』與『茫』是也。凡諸文筆，皆須避之。若犯此聲，即齟齬不可讀耳。」

⑦《文選》五《吳都賦》：「岐嶷繼體。」劉淵林注：「岐嶷，謂有識知也。」按：《詩經》〈大雅〉〈生民〉：「克岐克嶷。」毛《傳》：「岐，知意也。嶷，識也。」鄭《箋》：「能匍匐，則岐岐然意有所知也；其貌嶷嶷然有所識別也。」

傍紐：雙聲是也。如詩二句內有「風」一字，則不得復有此等字①。」

詩得者：「管聲驚百鳥，衣香滿一園。②」失者：「壯哉帝王居，佳麗殊百城。③」

若故雙聲者，得有如此。故庾信詩云：「胡笳落淚曲，羌笛斷腸歌。④」

筆得者：「六郡⑤豪家，從來習馬；五陵⑥貴族，作性便弓。」失者：「歷數已應，而⑦《虞書》不以北面⑧爲陋；有命既彰，而周籍猶以服事⑨爲賢。」

若故雙聲者，亦得有如此。如云：「鑒觀上代，則天祿⑩斯歸；逖聽前王，則歷數攸□。⑪」如是⑫次第避之，不得以二句爲斷。

【註】

①〈文二十八種病〉引劉氏曰：「傍紐者，即雙聲是也。譬如一韻中已有『任』字，即不得復用『忍』『辱』、『柔』、『蠕』、『仁』、『讓』、『爾』、『日』之類。沈氏所謂風表、月外、奇琴、精酒是也。」

②庾信〈詠畫屏風詩〉二十五首：「逍遥遊桂苑，寂絕到桃源，狹石分花徑，長橋映水門，管聲驚百鳥，人衣香一園，定知歡未足，橫琴坐石根。」《文苑英華》一五七作〈詠春〉詩。

③此曹植〈贈丁儀王粲詩〉也，注詳〈文二十八種病〉「傍紐」條。

④庾信〈詠懷詩〉二十七首：「榆關斷音信，漢使絕經過，胡笳落淚曲，羌笛斷腸歌，纖腰減束素，別淚損橫波，恨心終不歇，紅顏無復多，枯木期填海，青山望斷河。」

⑤《漢書》〈趙充國傳〉注：「服虔曰：『六郡：金城，隴西，天水，安定，北地，上郡是也。』」器按：梁簡文帝《七勵》：「五陵金穴，六郡豪家。」何遜《七召》：「六郡湊其衣冠，五陵窮其軌躅。」庾信〈華林園馬射賦〉：「六郡良家，五陵豪選。」以「六郡」、「五陵」對文，與此正

同。

⑥《文選》三八傅季友〈爲宋公至洛陽謁五陵表〉：「奉謁五陵。」李善注：「郭緣生《述征記》曰：『北邙東則乾脯山，山西南晉文帝崇陽陵，陵西武帝峻陽陵，邙之東北宣帝高原陵，景帝峻平陵、邙之南則惠帝陵也。』」

⑦「而」字原缺，今據《古鈔本》、《三寶院本》訂補。

⑧《孟子》〈萬章上〉：「咸丘蒙問曰：『語云：「盛德之士，君不得而臣，父不得而子。」舜南面而立，堯帥諸侯北面而朝之，瞽瞍亦北面而朝之。舜見瞽瞍，其容有蹙。孔子曰：「於斯時也，天下殆哉，岌岌乎！」不識此語誠然乎哉？』」

⑨《論語》〈泰伯〉篇：「三分天下有其二，以服事殷，周之德，可謂至德也已矣。」

⑩《論語》〈堯曰〉篇：「堯曰：『咨，爾舜：天之歷數在爾躬，允執其中，四海困窮，天祿永終。』」何晏《集解》：「歷數，謂列次也。」

⑪「攸□」，原作一「彼」字，今從《眼心鈔》。儲校本作「□彼」，云：「『數』下似有闕文，故以□表之。」未足爲據。

或云①：若五字內已有「阿」字，不得復用「可」字。此於詩章，不爲過②病；但言語不淨潔，讀時有妨也。今言犯者，唯論異字；如其同字，此不言。言同字③者，如云：「文物以紀之，聲明以發之」④，「大東小東」⑤，「自南自北」⑥等是也。

【註】

①《古鈔本》、《三寶院本》、《無點本》無「或曰」二字。

②「爲過」二字，《古鈔本》作「過爲」，不可據。

③「字」，原作「聲」，今據《眼心鈔》校改。

④「紀」下，原無「之」字，此《左傳》桓公二年文也，今據訂補。

⑤《詩經》〈小雅〉〈大東〉：「小東大東，杼柚其空。」鄭《箋》：「小也，大也，謂賦斂之多少也。小亦於東，大亦於東，言其政偏，失砥矢之道也。」

⑥《詩經》〈大雅〉〈文王有聲〉：「自西自東，自南自北，無思不服。」鄭《箋》：「自，由也。」

或云①：凡用聲，用平聲最多。五言內非兩則三，此其常也。亦得用一用四：若四，平聲無居第四；若一，平聲多在第二，此謂居其要也②。猶如宮羽調音，相參而和③。

【註】

①《箋》曰：「或云，劉滔也。」

②陸士衡〈文賦〉：「立片言而居要。」

③〈文二十八種病〉「蜂腰」條引劉滔曰：「四聲之中，入聲最少，餘聲有兩，總歸一入，如徵整政隻、遮者柘隻是也。平聲賒緩，有用處最多，參彼三聲，殆爲太半。且五言之內，非兩則三，如班婕妤詩曰：『常恐秋節至，涼風奪炎熱。』此其常也。亦得用一用四：若四，平聲無居第四，如古詩云：『連城高且長』是也。用一，多在第二，如古詩曰：『九洲不足步』，此謂居其要也。然用全句，平上可爲上句取，固無全用。如古詩曰：『迢迢牽牛星』，亦並不用。若古詩曰：『脈脈不得語』，此則不相廢也。猶如丹素成章，鹽梅致味，宮羽調音，炎涼御節，相參而和矣。」

又云：賦頌有第一、第二、第三、第四或至第六句相隨同類韻者。如此文句，倘或①有焉，但可時時解鐙耳②，非是常式。五三文內，時一安③之，亦無傷也。又，辭賦或有第四句與第八句而複韻者，並是丈夫措意④，盈縮自由，筆勢縱橫，動合規矩。

【註】

①「或」，原作「式」，涉下文「常式」而誤，今據《古鈔本》、《三寶院本》、《無點本》、《寶龜院本》校改。

②「耳」，《古鈔本》、《三寶院本》、《無點本》作「可」，涉上文而誤。

③安即「宅句安章」之安。

④「丈夫措意」，《古鈔本》作「大夫借意」，未可從。

《文筆式》①云：制作之道，唯筆與文：文者，詩、賦、銘、頌、箴、贊、弔、誄等是也；筆者，詔、策、移、檄、章、奏、書、啟等也。即而言之，韻者爲文，非韻者爲筆②。文以兩句而會，筆以四句而③成。文繫於韻，兩句相會，取於諧合也；筆不取韻，四句而成，在④於變通。故筆之四句，比⑤文之二句，驗之文筆，率皆如此也。體既⑥不同，病時有異。其文之犯避，皆准於前。假令文有四言、六言、七言等，亦隨其句字，准前勘其聲病，足悟之矣。

【註】

①器按：《日本見在書目》「小學家」有《文筆式》二卷，不著撰人，當即此書。本書自此至本卷終所引，當俱出是書。文有云：「其文之犯避，皆准於前。假令文有四言、六言、七言等，亦隨其句字，准前勘其聲病，足悟之矣。」故下文舉例，皆就非韻之筆而言，有以知其自此至本卷終所引，皆《文筆式》之文也。文稱徐陵、邢邵、温子升、魏收爲近代詞人；又引徐陵文言「誡臣」，當出作者避楊忠諱而改；然則此書蓋出隋人之手也。

②器按：日本沙門了尊《悉曇輪略圖鈔》七引《□游》（源爲憲雲）：「詩、賦、銘、頌、箴、贊、弔（原誤「序」）、誄謂之文，詔（原誤「紹」）、策、檄、移、章、奏、書、啟謂之筆。」日本《二中歷》十二《書體歷》《文筆事》：「文：詩、賦、銘、頌、箴、贊、弔、誄。筆：詔、策、

移、檄、章、奏、書、啟。今案：有韻爲文，非韻爲筆。」尋此二文所言文筆之分，當俱本之《文筆式》，其言明且清，足以解自清人阮元、阮福父子以來，言文筆者之惑。

③「而」字原缺，今據《古鈔本》、《無點本》補。

④「在」，原作「住」，今改；或定爲「任」，未當。

⑤「比」，原作「此」，今據儲校本改。

⑥「既」，《古鈔本》、《三寶院本》、《無點本》作「即」。

其蜂腰，從五言內辨之，若字或少多，則無此病者也。

筆有上尾、鶴膝、隔句上尾、踏①發等四病，詞人所常避也。其上尾、鶴膝，與前不殊。東晳②表云：「薄冰凝池，非登廟之珍。③」「池」與「珍」同平聲，是其上尾也。左思④〈三都賦序〉⑤云：「魁梧長者⑥，莫非其舊⑦。風謠歌舞，各附其俗。」「者」與「舞」同上聲，是鶴膝也。隔句上尾者，第二句末與第四句末同聲也。如鮑照〈河清頌序〉云：「善談天者，必徵象於人；工言古者，必⑧考績⑨於今。」「人」與「今」同聲是也。但筆之四句，比⑩文之二句，故雖隔句，猶稱上尾，亦以次避，第四句不得與第六句同聲，第六句不得與第八句同聲也。踏發廢音。者，第四句末與第八句末同聲也。如任孝恭⑪書云：「昔鍾儀戀楚，樂操南音⑫；東平思漢，松柏西靡⑬。仲尼去魯，命云遲遲⑭；季后過豐，潸焉出涕⑮。」「涕」與「靡」同聲是。凡筆家四句之末，要會之所歸⑯。若同聲，有似踏而機發，故名踏發者也⑰。若其間際有語隔之者，犯亦無損，謂上四句末，下四句初，有「既而」、「於是」、「斯皆」、「所以」、「是故」等語也。此等之病，並須避之。

【註】

①「踏」原作「沓」，《眼心鈔》作「踏」，〈文二十八種病〉「鶴膝」條亦作「踏」，今據改正。下同。

②束晳，字廣微，陽平元城人。張華召爲掾，華爲司空，復以爲賊曹屬，轉著作佐郎，遷博士，再遷尚書郎。趙王倫輔政，請爲記室，辭疾歸。有《發蒙記》一卷，《集》七卷。《晉書》有傳。「晳」，原作「哲」，今改。

③《書鈔》一五二、《御覽》十二引《束晳集》：「零露垂林，非綴冕之飾；薄冰凝池，非登廟之寶。」

④「左」，原作「佐」，《古鈔本》作「在」，今據《古鈔本》旁校及《三寶院本》、《長寬寫本》校正。左思，字太沖，齊國臨淄人。徵爲秘書郎，齊王冏命爲記室，辭疾不就，以疾終。有《集》五卷。《晉書》有傳。

⑤文見《文選》四。

⑥「梧」，原作「悟」，《古鈔本》、《三寶院本》作「俉」，今據《文選》改正。《文選》「梧」下舊音悟。李善注：「《漢書音義》：『應劭曰：「魁梧，丘墟壯大之意也。」』《韓

子》曰：『重厚自尊，謂之長者。』」

⑦器按：《文選》作：「風謠歌舞，各附其俗。魁梧長者，莫非其舊。」與此互倒。尋此四句犯鶴膝，即第一句末字與第三句末字同聲也。此云：「『者』與『舞』同上聲。」是原文以「魁梧長者」爲第一句也。察其文義與音律，亦以此爲是，今本爲非，《文選》當據此乙正。

⑧「必」，《宋書》作「先」，嚴可均輯《全宋文》作「允」。

⑨「績」，原作「續」，《全集本》校云：「『續』恐『績』歟？」案《眼心鈔》作「績」，今據改正。

⑩「比」，原作「此」，今據《眼心鈔》改正。《古鈔本》「此」下並奪「文」字。

⑪任孝恭，臨淮人。梁武時召入西省撰史，官至中書通事舍人，太清三年爲侯景所害。文集行於世。傳見《南史》〈文學傳〉。

⑫《左傳》成公九年：「晉侯觀於軍府，見鍾儀，問之曰：『南冠而縶者，誰也？』有司對曰：『鄭人所獻楚囚也。』使稅之。召而弔之，再拜稽首。問其族，對曰：『泠人也。』公曰：『能樂乎？』對曰：『先父之職官也，敢有二事。』使與之琴，操南音。」杜預注：「南音，楚聲。」

⑬《文選》四三劉孝標〈重答劉秣陵沼書〉：「冀東平之樹，望咸陽而西靡。」李善注：「《聖賢冢墓記》曰：『東平思王冢在東平。無鹽人傳云：思王歸國京師，後葬，其冢上松柏西靡。』」

⑭「云」，《古鈔本》、《三寶院本》、《眼心鈔》作「曰」。《孟子》〈萬章〉下：「孔子之去齊，接淅而行；去魯，曰：『遲遲吾行也。』」趙岐注：「遲遲，不忍去也。」

⑮《史記》〈高祖本紀〉：「十二年，高祖還歸過沛，留置酒沛宮，悉召故人父老子弟縱酒，發沛中兒得百二十人，教之歌，酒酣，高祖擊筑，自爲歌詩曰：『大風起兮雲飛揚，威加海內兮歸故鄉，安得猛士兮守四方。』令兒皆和習之，高祖乃起舞，慷慨傷懷，泣數行下。」

⑯器案：要會，謂要總會。《禮記》〈樂記〉鄭玄注：「要酒會也。」《顏氏家訓》〈勉學篇〉：「責其指歸，或無要會。」杜正倫《文筆要決》：「右並要會所歸，總上義也。」

⑰〈文二十八種病〉「鶴膝」條曰：「又今世筆體，第四句末不得與第八句末同聲，俗呼爲踏發聲。譬如機關，踏尾而頭發，以其軒輊不平故也。」

其鶴膝，近代詞人或有犯者。尋其所犯，多是平聲。如温子昇〈寒陵山碑序〉云：「並寂漠消沈，荒涼磨滅。言談者空①知其名，經過②者不識其地。」又邢③子才《高季式④碑序》云：「楊氏八公，歷兩都而後盛；荀族十卿，終二晉而方踐⑤。」又魏收《文宣謚議》⑥云：「九野⑦區分，四游⑧定判。賦命所甄，義兼星象。」「沈」與「名」、「公」與「卿」、「分」與「甄」並同聲，是筆鶴膝也。文人劉善經云：「筆之鶴膝，平聲⑨犯者，益⑩文體有力。」豈其然乎？此可時復有之，不可得以爲常也。其雙聲疊韻，須以意節量。若同句有之，及居兩句之際而⑪相承者，則不可矣。同句有者，還依前注。其⑫居兩句際相承者，如任孝恭書云：「學非摩揣，誰合趙之連雞⑬。但生⑭與憂偕⑮，貧隨歲積。」「雞」與「偕」相承而同韻，是其類也。又徐陵〈勸進表〉⑯云：「蚩尤三冢⑰，寧謂嚴⑱

誅。」「誅」、「冢」相承，雙聲是也。

【註】

①「空」，《古鈔本》作「豈」。

②「經過」，嚴可均輯《全北魏文》作「遥遇」。

③「邢」，原作「刑」，〈文二十八種病〉作「邢」，今據改正。

④「季式」，《古鈔本》無「季」字，《箋》云：「『式』恐『珉』歟？高林字季珉。」按：嚴可均輯《全北齊文》邢劭無此文。

⑤器案：「踐」讀如「踐奄」之「踐」，《尚書序》：「成王東伐淮夷，遂踐奄。」孔《傳》：「成王即政，淮夷奄國又叛，王親征之，遂滅奄而徙之。」《釋文》：「踐，似淺反，馬同。《大傳》云：『藉也。』」《疏》云：「鄭玄讀『踐』爲『翦』，翦，滅也。孔不破字，蓋以踐其國，即是踐滅之事，故孔以踐爲滅也。」或謂恐應作「賤」，非是。

⑥按：嚴可均輯《全北齊文》魏收無此文，而邢劭則有之。

⑦《呂氏春秋》〈有始覽〉：「何謂九野？中央曰鈞天，其星角、亢、氐；東方曰蒼天，其星房、心、尾；東北曰變天，其星箕、斗、牽牛；北方曰玄天，其星婺女、虛、危、營室；西北曰幽天，其星東壁、奎、婁；西方曰顥天，其星胃、昴、畢；西南曰朱天，其星觜、嶲、參、東井；南方曰炎天、其星輿鬼、柳七星；東南曰陽天，其星張、翼、軫。」高誘注：「房、心、尾，東方

宿；房、心，宋分野；尾、箕，燕分野；斗、牛，北方宿；箕、尾一名析木之津，燕之分野；斗、牛，吳、越分野；婺女，亦越之分野；虛、危，齊分野；營室，衛分野；東壁，北方宿，一名豕韋，衛之分野；奎、婁，西方宿，一名降婁，魯之分野；昴、畢，西方宿，一名大梁，趙之分野；觜、參，西方宿，一名實沈，晉之分野；東井，南方宿，一名鶉首，秦之分野；輿鬼，南方宿，秦之分野；柳七星，南方宿，一名鶉火，周之分野；張、翼，周之分野；翼、軫，一名鶉尾，楚之分野。」案：《淮南子》〈天文〉篇、《漢書》〈地理志〉、《史記》〈天官書〉〈正義〉引《星經》、《廣雅》〈釋天〉，及《晉書》〈天文志〉所載范蠡、鬼谷先生、張良、京房、張衡、諸葛亮、譙周諸家説星次分野，與高誘注頗有異同，不悉具也。

⑧《爾雅》〈釋天〉第八邢昺《疏》：「四遊者，自立春，地與星辰西遊，春分，西遊之極，地雖西遊，升降正中，從此漸漸而東，至春末復正；自立夏之後北遊，夏至，北遊之極，地則升降極下，至夏末復正；立秋之後東遊，秋分東遊之極，地則升降正中，至秋末復正；立冬之後南遊，冬至南遊之極，地則升降極上，至冬末復正：此是地及星辰四遊之義也。」

⑨《無點本》無「平聲」二字。

⑩「益」，原作「蓋」，今據《古鈔本》校改。東卷〈異類對〉：「但如此對，益詩有功。」本卷上文「但四聲中安平聲者，益辭體有力。」與此文意、語法俱同。「益」以形近，故誤作「蓋」耳。南卷〈論文意〉：「言復安穩，益當爲善。」益義與此同，益猶今言更加也。

⑪「而」字原缺，今據《古鈔本》訂補。

⑫「其」字原在「居」下，上文云：「及居兩句之際而相承者。」此正承之爲言，作「居其兩句際相承者」倒植，今乙正。

⑬《戰國策》〈秦策〉上：「秦惠王謂寒泉子曰：『趙固負其眾，故先使蘇秦以幣帛約乎諸侯。諸侯不可一，猶連雞之不能俱止於棲，亦明矣。按《三國志》〈魏書。呂布傳〉：「比之連鷄，勢不俱棲。」」《文苑英華》七四八引常得志〈兄弟論〉：「三叔狼顧，七國雞連。」俱本之《秦策》。

⑭「生」字，《古鈔本》、《無點本》無。

⑮「偕」，《古鈔本》作「階」，不可據。

⑯「勸進表」，原作「勸善表」，《三寶院本》作「勸進善表」。按：此係《勸進梁元帝表》也，今據《梁書》、《文苑英華》改正，或以爲徐陵無此表者，非也。

⑰《徐孝穆集》吳兆宜《箋注》：「《雲笈七籤》：『〈軒轅本紀〉：「所殺蚩尤，身首異處，帝閔之，令葬其首冢於壽張，其肩髀冢在山陽，其髀冢在巨鹿。」』」

⑱「嚴」字，《古鈔本》無，不可據。下句云：「王莽千剌，非云明罰。」

然聲之不等，義各隨焉。平聲哀而安，上聲厲而舉，去聲清而遠，入聲直而促①。詞人參用，體固不恆。請試論之：筆以四句爲科，其內兩句末並用平聲，則言音流利②，得靡麗矣；兼用上、去、入者，則文體動發，成宏壯矣。看徐、魏二作，足以知之。徐陵〈定襄侯表〉③云：「鴻都寫狀④，皆旌⑤烈士之風；麟閣圖形⑥，咸紀誠臣⑦之節。莫不輕死重氣，效命酬恩；棄草莽⑧者如歸，膏平原者相襲。」上對第二⑨末「風」，第三句末「形」；下對第二句末「恩」，第三句末「歸」：皆是平聲。魏收《赤雀頌序》⑩云：「蒼精⑪父天，銓與象立；黃神⑫母地，輔政機修。靈圖之跡鱗襲⑬，天啟之期翼布；乃有道之公器，爲至人之大寶。」上對第二句末「立」，第三句末「地」；下對第二句末「布」，第三句末「器」：皆非平聲是也。徐以靡麗標名，魏以宏壯流稱，觀於斯文，亦其效也。又名之曰文，皆附之⑭於韻。韻之字類，事甚區分。緝句成章，不可違越。若令義雖可取，韻弗相依，則猶舉足而失路，抃⑮掌而乖節矣。故作者先在定聲，務諧於韻，文之病累，庶可免矣。

【註】

①此爲詮釋四聲最早之文。釋真空《玉鑰匙》亦有此文。尋《元和新聲韻譜》云：「平聲者哀而安，上聲者厲而舉，去聲者清而遠，入聲者直而促。」當亦本此。然其序云：「本於沈約。」則此之詮釋四聲者，實又肇端於沈約也。

②「利」，原作「和」，今據《古鈔本》、《三寶院本》、《無點本》校改。

③《徐陵集》佚此文。

④《御覽》二〇一引華嶠《後漢書》：「元和元年，遂置鴻都學，畫孔子及七十二弟子像。

⑤「旌」，原作「殊」，今據《古鈔本》、《三寶院本》校改。

⑥《漢書》〈蘇武傳〉：「上思股肱之美，乃圖畫其人於麒麟閣，注其形貌，署其官爵姓名，曰大司

馬大將軍博望侯霍光，其次，張安世、韓增、趙充國、魏相、丙吉、杜延年、劉德、梁丘賀、蕭望之、蘇武：凡十一人。」徐陵《玉台新詠序》：「往世名篇，當今巧制，分諸麟閣，散在鴻都，不籍篇章，無由披覽。」亦以麟閣、鴻都對文。

⑦「誠臣」，即忠臣，此避隋諱改。

⑧《孟子》〈萬章〉下：「在野曰草莽之臣。」趙岐注：「在野居之曰草莽之臣。莽亦草也。」

⑨「二」，《古鈔本》、《長寬寫本》誤作「三」。

⑩〈文二十八種病〉「鶴膝」條亦引魏收〈赤雀頌序〉，俱佚文也。

⑪《禮記》〈月令〉：「孟春之月，……其帝大皞，其神句芒。」鄭玄注：「此蒼精之君，木官之臣，自古以來，著德立功者也。」

⑫《淮南子》〈覽冥〉篇：「黃神嘯吟。」高誘注：「黃帝之神，傷道之衰，故嘯吟而長嘆也。」《文選》十四班孟堅〈幽通賦〉：「黃神邈而靡質兮。」李善注：「應劭曰：『黃，黃帝也，作《占夢書》。邈，遠也。言黃神邈遠，無所質問。』」

⑬《漢書》〈蒯通傳〉：「天下之士，雲合霧集，魚鱗雜襲。」

⑭「之」字，《古鈔本》無。

⑮「⿰扌卉」即「弄」之俗別字，見《魏安康伯元均墓志》，《龍龕手鑑》二《手部》：「⿰扌卉、挵、挵，三俗，盧貢反。」字又作「⿰彳卉」，見周強獨樂《為文帝造像記》及慧琳《一切經音義》卷十六（《大方廣三戒經》下）、卷五十四（《佛說婆塞五戒威儀經》）、卷六十九（《阿毗達磨大毗

婆沙論》八十五），又作「㪽」，見〈後魏孝文帝吊比干墓文〉、〈後魏龍驤將軍營州刺史高貞碑〉及《龍龕手鑑》三〈雜部〉。尋《書鈔》五二引《大戴禮記》「縱弄雜采」，今本〈保傅〉篇作「縱上下雜采」；唐寫本《世說新書》：「王緒、王國寶相爲脣齒，並弄權要。」今本〈規箴〉篇作「並上下權要」，《風俗通義》〈正失篇〉：「奉車子侯，驂乘上下臣。」「上下臣」即「弄臣」之誤，「弄臣」，見《漢書》〈申屠嘉傳〉、〈佞幸傳贊〉，及《蔡邕集》〈薦太尉董卓可相國並自乞閑冗章〉：是皆誤以「弄」之俗別字「㪽」，分爲「上下」二字也。

文鏡秘府論　北

金剛峰寺禪念沙門　遍照金剛　撰
江津　王利器　校注

論對屬

凡為文章，皆須對屬；誠以事不孤立，必有配疋而成①。至若上與下，尊與卑，有與無，同與異，去與來，虛與實，出與入，是與非，賢與愚，悲與樂，明與暗，濁與清，存與亡，進與退：如此等狀，名為反對②者也。事義各相反，故以名焉。除此以外，並須以類對之：一二三四，數之類也；東西南北，方之類也；青赤玄黃，色之類也；風雪③霜露，氣之類也；鳥獸草木，物之類也；耳目手足，形之類也；道德仁義，行之類也；唐、虞、夏、商，世之類也；王侯公卿，位之類也④。及偶語重言，雙聲疊韻，事類甚眾，不可備敘。

【註】

①《文心雕龍》〈麗辭〉篇：「造化賦形，支體必雙；神理為用，事不孤立。夫心生文辭，運裁百慮，高下相須，自然成對。唐、虞之世，辭未極文，而皋陶贊云：『罪疑惟輕，功疑惟重。』益陳謨云：『滿招損，謙受益。』豈營麗辭，率然對爾。《易》之〈文〉、〈繫〉，聖人之妙思也。序乾四德，則句句相銜；龍虎類感，則字字相儷；乾坤易簡，則宛轉相承；日月往來，則隔行懸合；雖句字或殊；而偶意一也。至於詩人偶章，大夫聯辭，奇偶適變，不勞經營。自揚、馬、張、蔡，崇盛麗辭，如宋畫、吳冶，刻形鏤法，麗句與深采並流，偶意共逸韻俱發。至魏、晉群才，析句彌密，聯字合趣，剖毫析厘。然契機者入巧，浮假者無功。」

②《文心雕龍》〈麗辭〉篇：「故麗辭之體，凡有四對：言對爲易，事對爲難，反對爲優，正對爲劣。言對者，雙比空辭者也；事對者，並舉人驗者也；反對者，理殊趣合者也；正對者，事異義同者也。長卿〈上林賦〉云：『修容乎禮園，翱翔乎書圃。』此言對之類也；宋玉〈神女賦〉云：『毛嬙障袂，不足程式；西施掩面，比之無色。』此事對之類也；仲宣〈登樓賦〉云：『鍾儀幽而楚奏，莊舄顯而越吟。』此反對之類也；孟陽〈七哀〉云：『漢祖想枌榆，光武思白水。』此正對之類也。凡偶辭胸臆，言對所以爲易也；徵人之學，事對所以爲難也；幽顯同志，反對所以爲優也；並貴同心，正對所以爲劣也。又以事對，各有反正，指類而求，萬條自昭然矣。」

③「雪」，原校作「雲」。按：《古鈔本》、《三寶院本》作「雲」。

④傳魏文帝《詩格》：「《對例》：一二三四，數之對；東西南北，方之對；韓、魏、燕、趙，國之對；王侯公卿，勢之對；陳、張、衛、霍，姓之對；信、布、良、平，名之對；長卿、孟德，字之對；金木水火，物之對。」

在於文筆，變化無恒。或上下相承，據文便合，若云：「圓清著象，方濁成形」①，「七曜上臨，五嶽下鎮」②；「方」、「圓」，「清」、「濁」，「象」、「形」，「七」、「五」，「上」、「下」，是其對。或前後懸絕，隔句始應，若云：「軒轅握圖，丹鳳巢閣③；唐堯秉歷，玄龜躍淵」④；「軒轅」、「唐堯」，「握圖」、「秉歷」，「丹鳳」、「玄龜」，「巢閣」、「躍淵」，是也⑤。或反義並陳，異體而屬，若云：「乾坤位定⑥，君臣道生。或質或文

⑦，且升且降」；「乾坤」、「君臣」、「質文」、「升降」並反義，而同句陳之。「乾坤」與「君臣」對，「質文」與「升降」對，是異體屬也。或同類連用，別事方成，若云：「芝英蓂莢⑧，吐秀階庭；紫玉黃銀⑨，揚光岩谷」：「芝英蓂莢」與「紫玉黃銀」，「階庭」與「岩谷」，同類連對，而別事相成。此是四途，偶對之常也。比事屬辭⑩，不可違異。故言於上，必會於下；居於後，須應於前。使句字恰同，事義殷合，若上有四言，下還須四言；上有五字，下還須五字。上句第一字用「青」，下句第一字即⑪用「白」、「黑」、「朱」、「黃」等字；上句第三字用「風」，下句第三字即用「雲」、「煙」、「氣」、「露」等。上有雙聲、疊韻，下還即須用對之。猶夫影響之相逐⑫，輔車之相須也⑬。

【註】

①《呂氏春秋》〈圜道〉篇：「天道圜，地道方。」《大戴禮記》〈天圓〉篇：「天道曰圓，地道曰方。」《御覽》一引《易乾鑿度》：「輕清者上爲天，重濁者下爲地。」邱光庭〈紀道德〉詩：「可以越圓清方濁兮，不始不終。」

②庾信《義谷銘》：「寥廓上浮，崢嶸下鎮。」

③《御覽》九一五引〈尚書中候〉：「黃帝時，天氣休通，五行期化，鳳皇巢阿閣讙樹。」又：「黃帝軒提象，鳳皇巢阿閣。」

④《御覽》九三一引《尚書中候》：「堯沉璧於洛，玄龜負書出，於背中赤文朱字，止壇場。」庾信

《齊王憲碑》：「光宅受圖，欽明秉歷。」

⑤《古鈔本》、《三寶院本》無「也」字。

⑥《易》〈繫辭〉：「天尊地卑，乾坤定矣。」

⑦《論語》〈雍也〉篇：「又曰：『質勝文則野，文勝質則史。文質彬彬，然後君子。』」皇侃《義疏》：「質，實也；文，華也。」

⑧《御覽》八七三引《後漢書》：「明帝時，郡國上芝英。」又引《孫氏瑞應圖》：「蓂莢者，葉圓而五色，一名歷莢，十五葉，日生一葉，從朔至望畢，從十六日毀一葉，至晦而盡，月小則一葉卷而不落，聖明之瑞也。人君德合乾坤則生。」

⑨《御覽》八〇四引《禮斗威儀》：「君乘金而王，則紫玉見於深山。」又八一二引：「君乘金而王，則黃銀見。」瘐信〈羽調曲〉：「山無藏於紫玉，地不愛於黃銀。」

⑩《禮記》〈經解〉：「屬辭比事，《春秋》教也。」《正義》：「屬，合也；比，近也。」

⑪「即」字原誤植在上句「第一字」下，今據下文例移此。

⑫「逐」，原作「遂」，今據《古鈔本》、《三寶院本》、《無點本》校改。《尚書》〈大禹謨〉：「惠迪吉，從逆凶，惟影響。」

⑬《左傳》僖公五年：「諺所謂『輔車相依，脣亡齒寒』者，其虞、虢之謂也。」輔，頰輔；車，牙車也。

若其上升下降，若云：「寒雲山際起，悲風動林外。」「山際」在上句第三、第四言，是升；「林外」在下句第四、第五字，是降①。前復後單，若云：「日月揚光②，慶雲③爛色。」「日月」兩事，是複；「慶雲」一物，是單④。語既非倫，事便不可。然文無定勢⑤，體有變通⑥，若又專對不移，便復大成拘⑦執；可於義之際會，時時散之。

【註】

①《眼心鈔》：「二十五升降體：『寒雲山際起，悲風動林外。』（「山際」在上句第三、第四，是升；「林外」在下句第四、第五，是降。）」

②《淮南子》《本經》篇：「日月淑清而而揚光。」高誘注：「光，明也。」韓愈《賀册尊號表》：「天人合慶，日月揚光。」

③《史記》〈天官書〉：「若煙非煙，若雲非雲，鬱鬱紛紛，蕭索輪困，是謂卿雲。」《正義》：「卿音慶。」《漢書》〈禮樂志〉：「甘露降，慶雲出。」

④《眼心鈔》：「十六單複體：『日月揚光，慶雲爛色。』（「日月」兩事，是複；「慶雲」一事，是單。）」

⑤《文心雕龍》有〈定勢〉篇，其說云：「夫情致異區，文變殊術，莫不因情立體，即體成勢也。勢者，乘利而爲制也。如機發矢直，澗曲湍回，自然之趣也。圓者規體，其勢也自轉；方者矩形，其勢也自安；文章體勢，如斯而已。是以模經爲式者，自入典雅之懿；效騷命篇者，必歸艷逸之華；

綜意淺切者，類乏醞藉；斷辭辨約者，率乖繁縟；譬激水不漪，槁木無陰，自然之勢也。」

⑥《文心雕龍》有〈通變〉篇，其說云：「夫設文之體有常，變文之數無方，何以明其然耶？凡詩賦書記，名理相因，此有常之體也；文辭氣力，通變則久，此無方之數也。名理有常，體必資於故實；通變無方，數必酌於新聲；故能騁無窮之路，飲不竭之源。然綆短者銜渴，足疲者輟途，非文理之數盡，乃通變之術疎耳。」

⑦「拘」原作「㸴」，此俗別字，今據《全集本》、《箋本》所校訂正。

夫屬對者，皆並見以致辭；謂並見事類以成辭。假令云：「便①娟翠竹，聲韻金風：的歷②紅荷，光垂玉露。」「翠竹」與「紅荷」，「金風」與「玉露」，是異事並見也。凡爲對者，無不悉然也。不對者，必相因成義。謂下句必因上句，止憑一事以成義也。令敘家世云：「自茲以降，世有異人。」敘先代云：「布在方策③，可得言焉。」敘任官云：「我之居此，物無異議。」敘能官云：「望之於君，固有慚色。」敘瑞物云：「委之三府④，不可勝記。」敘帝德云：「魏魏蕩蕩，難得名焉。⑤」皆下句接上句以成義也。何則？偶辭在於參事，凡爲對屬，皆偶其辭，事若不變，辭便有闕，故須參用，始得成⑥之也。孤義不可別言故也。若不取對。即須就一義相因以置言，故不可用別也。

【註】

①「便」原作「娗」，今據《古鈔本》校改。東方朔《七諫》：「便娟之修竹，生於江潭。」《水經》〈沅水注〉：「沅水又東，歷三石澗，鼎足均峙，秀若削成。其側，茂竹便娟，致可玩也。」《楚辭大招》注：「便娟，好貌。」

②張衡〈天象賦〉：「的歷分於五柱。」的歷，鮮明貌。

③《禮記》〈中庸〉：「文、武之政，布在方策。」《正義》：「布列在於方牘簡策。」

④《後漢書》〈承宮傳〉注：「三府，謂太尉、司徒、司空府也。」

⑤《論語》〈泰伯〉篇：「子曰：『大哉！堯之爲君也。巍巍乎！唯天爲大，唯堯則之。蕩蕩乎！民無能名焉。巍巍乎！其有成功也。煥乎！其有文章。』」「魏魏」通「巍巍」，崇高貌；蕩蕩，廣大貌。

⑥「成」下原有「孤」字，周維德曰：「『孤』字似涉下文而衍。」按：周說是，今據刪。

在於文章，皆須對屬；其不對者，止得一處二處有之。若以不對爲常，則非復文章。若常不對，則與俗之言無異。就如對屬之間，甚須消息①：遠近比次②，若敘瑞云：「軒轅之世，鳳鳴阮隃③；漢武之時，麟遊雍畤。④」持⑤「軒轅」對「漢武」，世懸隔也。大小必均⑥，若敘物云：「鮒離東海，得水而游⑦；鵬翥南溟，因風而舉。⑧」將「鮒」擬「鵬」，狀殊絶也。美醜當分，若敘婦人云：「等毛嬙之美容⑨，類嫫母之至行。⑩」「毛嬙」、「嫫母」，貌相妨也。強弱須異，若敘平賊云：「摧鯨鯢⑪如折朽，除螻蟻若拾遺。」「鯨鯢」、「螻蟻」，力全校也。茍失其類，文即不安。以意推之，皆可知也。而有以「日」對「景」，將「風」偶「吹」，持「素」擬「白」，取「鳥」合「禽」，雖復異名，終是同體。若斯之輩，特須避之⑫。故援筆措⑬辭，必先知對，比物各從其類⑭，擬人必於其倫⑮。此之不明，未可以論文矣。

【註】

①漢、魏、六朝人謂斟酌爲消息。古鈔本《玉篇》〈水部〉消下云：「野王案：消息，猶斟酌也。」按：《藝文類聚》五引杜篤〈書攄賦〉：「承尊者之至意，惟高下而消息。」《古文苑》酈炎《遺命書》：「消息汝躬，調和汝體。」《續漢書》〈百官志〉注引《風俗通》：「嗇者，省也；夫者，賦也；言消息百姓，均其賦役。」《後漢書》〈鄭弘傳〉注引謝承《後漢書》：「消息繇賦，政不煩苛。」《晉書》〈華嶠傳〉：「帝手詔報曰：『輒自消息，無所爲慮。』」陸雲〈與兄平原書〉：「兄常欲其作詩文，獨未作此曹語，若消息小往，願兄可試作之。」又云：「願當日消息」。《晉書》〈慕容超載記〉：「超下書議復肉刑：『其令博士已上，參考舊事，依《呂刑》及漢、魏、晉律令，消息增損，議成燕律。』」《宋書》〈王弘傳〉：「弘上書言：『役召之應，存乎消息。』」《魏書》〈蘇綽傳〉：「綽奏行六條詔書曰：『善爲政者，必消息時宜，而適煩簡之中。』」又〈崔光傳〉附〈鴻傳〉載鴻《大考百寮議》：「雖明旨已行，猶宜消息。」《顏氏家訓》〈風操〉篇：「益知聞名，須有消息。」又〈文章〉篇：「當務從容消息之。」又〈書證〉

篇：「考校是非，特須消息。」凡此諸文，皆以消息爲斟酌也。

②《周禮》〈天官〉〈司書〉：「以敍其財。」注：「敍猶比次也。」《漢書》〈任敖傳〉：「比定律令。」如淳曰：「比音比次之比，謂五音清濁，各有所比，不相錯入也。」

③「阮」原作「院」，旁校作「阮」，今據改正。《呂氏春秋》〈古樂〉篇：「昔黃帝令伶倫作爲律。伶倫自大夏之西，乃之阮隃之陰，取竹於　溪之谷，以生空竅厚鈞者，斷兩節間，其長三寸九分，而吹之，以爲黃鐘之宮，吹曰舍少。次制十二筒，以之阮隃之下，聽鳳皇之鳴，別十二律。」高誘注：「阮隃，山名。」俞樾曰：「案：『隃』本作『侖』，涉上『阮』字從𨸏而加𨸏旁作『隃』，又誤爲『隃』耳。阮者，昆之假字，《說文繫傳》《𨸏部》：『阮，代郡五阮關也，從𨸏，元聲，讀若昆。』阮讀若昆，故即假阮爲昆，阮侖即昆侖也，《漢書》〈律歷志〉正作『昆侖』，可證。凡讀若字，義本得通，故彼此可以假借也。」

④「畤」原作「時」，涉上文而誤，今據《古鈔本》、《三寶院本》、《無點本》校改。《漢書》〈終軍傳〉：「從上幸雍，獲白麟，一角五蹄。」

⑤「持」原作「特」，今據《古鈔本》、《三寶院本》校改。

⑥「均」原誤作「拘」，今據《古鈔本》、《三寶院本》、《無點本》校改。

⑦「而」字原缺，今據《古鈔本》、《無點本》校補。《莊子》〈外物〉篇：「周昨來有中道而呼者，周視車轍中有鮒魚焉，曰：『我東海之波臣也，君豈有升斗之水而活我哉？』」

⑧《莊子》〈逍遙遊〉：「北冥有魚，其名爲鯤，鯤之大不知其幾千里也；化而爲鳥，其名爲

鵬。……是鳥也，海運則將徙於南冥。南冥者，天池也。《齊諧》者，志怪者也。《諧》之言曰：『鵬之徙於南冥也，水擊三千里，搏扶搖而上者九萬里，去以六月息者也。』」《釋文》：「『冥』本亦作『溟』。」

⑨《莊子》〈齊物論〉：「毛嬙、麗姬，人之所美也。」釋文：「毛嬙，古美人，一曰越王姬也。」

⑩《呂氏春秋》〈遇合〉篇：「嫫母執乎黃帝。黃帝曰：『厲女德而弗忘，與女正而弗衰，雖惡奚傷。』」高誘注：「惡，醜也。」《淮南子》〈脩務〉篇高誘注：「嫫母，古之醜女，嫫讀如模範之模。」

⑪《左傳》宣公十二年：「古者，明王伐不敬，取其鯨鯢而封之，以爲大戮。」

⑫《文心雕龍》〈麗辭〉篇：「是以言對爲美，貴在精巧；事對所先，務在允當。若兩事相配而優劣不均，是驥在左驂，駑爲右服也。若夫事或孤立，莫與相偶，是夔之一足跉踔而行也。若氣無奇類，文乏異采，碌碌麗辭，則昏睡耳目。必使理圓事密，聯璧其章。迭用奇偶，節以雜佩，乃其貴耳。類此而思，理自見也。」

⑬「措」原作「指」，今據《古鈔本》、《三寶院本》、《無點本》校改。

⑭《禮記》〈學記〉：「古之學者，比物醜類。」《正義》：「物，事也，謂以同類之事相比方，則所學乃易成。」又〈月令〉：「仲秋之月，必比類量小大，視長短，皆中度。」《正義》：「行故事曰比，品物相隨曰類。」

⑮《禮記》〈曲禮〉下：「儗人必於其倫。」《正義》：「不得以貴比賤，爲不敬也。」

句端①

屬事比辭②，皆有次第③，每事至科分之別④，必立言⑤以間之，然後義勢⑥可得相承，文體因而倫貫⑦也。新進⑧之徒，或有未悟，聊復商略⑨，以類別之云爾⑩。

【註】

①案〈句端〉一篇，係從杜正倫《文筆要決》迻錄。杜正倫，《舊唐書》卷七十《新唐書》卷一百文俱有傳。《文筆要決》則本傳及《舊唐書·經籍志》、《新唐書·藝文志》俱未著錄，《日本國見在書目錄》十「小學家」：《文筆要決》一卷，杜正倫撰。」今有日本平安末期抄本，昭和十八年（一九四三）據五島慶太郎藏本影印本。《周禮·大司樂職》：「以樂語教國子。」鄭玄注：「發端曰言。」此文「句端」之端，即謂辭句之發端也。

②《禮記·經解》：「屬辭比事，《春秋》教也。」此言「屬事比辭」，其義一也。

③《戰國策·韓策》：「子嘗教寡人，循功勞，視次第。」《廣雅·釋詁》：「第，次也。」

④本書南卷〈定位〉：「隨所作文，量爲定限；既已定限，次乃分位；位之所據，義別爲科。」即此科分之義也。

④本書南卷〈定位〉：「隨所作文，量爲定限；既已定限，次乃分位；位之所據，義別爲科。」即此科分之義也。

⑤《左傳》襄公二十四年：「太上有立德，其次有立功，其次有立言。」

⑥《文心雕龍·定勢篇》：「夫情教異區，文變殊術，莫不因情立體，即體成勢也。勢者，乘利而爲制也。」

⑦倫貫，謂倫次條貫，倫讀「有脊有倫」之倫。《魏書·禮志》四之舊：「從服之體，自有倫貫。」

⑧《漢書·趙廣漢傳》：「子孫新進年少者。」

⑨《晉書·阮籍傳》：「籍嘗於蘇門山遇孫登，與商略終古及棲神導氣之術。」

⑩云爾，語已詞。《論語·述而篇》：「不知老之將至云爾。」

觀夫①，惟夫②，原夫③，若夫④，竊以⑤，竊聞⑥，聞夫⑦，惟昔⑧，昔者⑨，蓋夫，自昔⑩，惟⑪。

右並發端⑫置辭，泛敘事物也。謂若陳造化⑬物象⑭、上古⑮風跡⑯及開廓⑰大綱⑱，敘況事理，隨所作狀，量取用之。大凡觀夫，惟夫，原夫，若夫，蓋聞⑲，聞夫，竊惟等語，可施於大文，餘則通用。其表、啟等，，亦宜以臣聞⑳及稱名㉑爲首，各見本法㉒。

【註】

①《文選》潘安仁〈西征賦〉：「觀夫漢高之興也，非徒聰明神武、豁達大度而已也。」
②《楚辭·離騷》：「惟夫楚人之愉樂兮，路幽昧以險隘。」惟，思也。
③《文選》王子淵〈洞簫賦〉：「原夫簫幹之所生兮，於江南之丘墟。」原，本也。
④《孝經·諫諍章》：「若夫慈愛恭敬，安親揚名，則聞命矣。」
⑤《文選》李斯〈上書秦始皇〉：「臣聞吏議逐客，竊以為過矣。」
⑥《文選》阮嗣宗〈為鄭沖勸晉王牋〉：「竊聞明公固讓。」
⑦《莊子·秋水篇》：「子獨不聞夫埳井之鼃乎？」
⑧《文選》劉越石〈扶風歌〉：「惟昔李騫期。」又作「維昔」，《詩經·大雅·召旻》：「維昔之富不如時，維今之疚不如茲。」
⑨《文選》宋玉〈高唐賦〉：「昔者，楚襄王與宋玉遊於雲夢之鼃。」
⑩《顏氏家訓·文章篇》：「自昔天子而有才華者，唯漢武、魏太祖、文帝、明帝、宋孝武帝，皆負也議，非懿德之君也。」
⑪《尚書·武成》：「惟有道曾孫周王發，將有大正於商。」
⑫《文心雕龍》〈章句〉篇：「至於夫、惟、蓋、故者，發端之首唱；之、而、于、以者，乃箚句之舊體；乎、哉、矣、也，亦送末之常科。」（《史通》〈浮辭〉篇用《文心》此文）杜光庭《道德真經廣聖義》七《天下皆知》章：「夫唯者，發句之語也。」《儀禮》〈士冠禮疏〉：「伊惟也者，助語辭，非為義也。」日本古鈔本《賦譜》：「發。發語有三種：原始，提引，起寓。若：原

夫，若夫，觀夫，稽夫，伊昔，其始也之類，是原始也。若：洎夫，且夫，然後，然則，豈徒，借如，則曰，僉曰，矧夫，於是，已而，故是，是故，故得，是以，爾知，是從，觀夫之類，是提引也；觀其，稽其等也，或通用之。如：士有，客有，儒有，我皇，國家，（器案：《通鑒》五九胡三省注：「東都群臣謂天子爲國家。」）嗟乎，至矣哉之類，是起寓也。原始，發項；起寓，發頭尾；提引，在中。」

⑬《淮南子．原道篇》：「與造化者俱。」高誘注：「造化，天地。」

⑭《文選》曹子建〈七啟〉：「獨馳思於天雲之際，無物象而能傾。」李善注：「《左氏傳》：『韓簡曰：物生而後有象。』」又《文筆要決》自此句以下，作雙行小注。

⑮《周易．繫辭》下，孔穎達《正義》：「若極遠者則云上古，其次遠者，則道太古。」

⑯《後漢書．朱浮傳》：「浮年少有才能，頗欲厲風跡。」李賢注：「風化之跡也。」

⑰《文選》張平子〈西京賦〉：「廓開九市。」開廓，猶廓開也。

⑱「綱」原作「德」，旁校作「綱」。案：《古鈔本》作「綱」，今據改正。《文筆要決》作「綱」。

⑲《文選》班孟堅〈西都賦〉：「蓋聞皇漢之初經營也，嘗有意於都河洛矣。」

⑳《文選》司馬長卿〈子虛賦〉：「臣聞楚有七澤，嘗見其一，未覩其餘也。」

㉑如《春秋繁露．郊事對篇》之：「廷尉臣湯昧死言」、「臣仲舒對曰」是。

㉒「各」字原闕，今據《古鈔本》訂補。《文筆要決》不闕。

至如①，至乃②，至其③，於是④，及有⑤，是則⑥，斯則⑦，此乃⑧，誠乃⑨。

右並承上事勢⑩，申明⑪其理也。謂上已敘事狀⑫，以復申重論之⑬，以明其理。

【註】

①《顏氏家訓．雜藝篇》：「至如反友不行，竟以遇害。」

②《文選》江文通〈恨賦〉：「至乃敬通見抵，罷歸田里。」

③《文選》宋玉〈風賦〉：「至其將衰也，被麗披離，衝孔動楗。」

④《文選》班孟堅〈西都賦〉：「於是天子乃登屬玉之館，歷長楊之榭。」

⑤《抱朴子．對俗篇》：「及有施爲本末，非虛言也。」

⑥《孟子．離婁》下：「是則罪之大者。」

⑦《文選》劉孝標〈辯命論〉：「斯則邪正由於人，吉凶在乎命。」

⑧《文選》曹子建〈七啟〉：「此乃遊俠之徒也。」

⑨《文選》陳孔璋〈檄吳將校部曲文〉：「誠乃天啟其心，計深慮遠。」

⑩《文選》孫子荆〈爲石仲容與孫皓書〉：「今祖論事勢，以相覺悟。」

⑪《史記．律書》：「吳用孫武，申明軍約，賞罰必信。」

⑫《隋書．柳彧傳》：「辯詰車狀。」《文筆要決》以此三句爲雙行小注。

⑬「申」字，《古鈔本》無，《文筆要決》有。

洎於①，逮於②，至於③，及於④，既而⑤，亦既⑥，俄而⑦，洎⑧，逮⑨，及⑩，自⑪，屬⑫。

右並因事變易多限之異也。謂若述世道⑬革易⑭，人事推移⑮，用之而爲異也。

【註】

①《顏氏家訓．勉學篇》：「洎於梁世，茲風復扇。」

②《公羊傳》成公二年：「逮於袁婁而與之盟。」何休注：「逮，及也。」

③《論語．爲政》：「至於犬馬，皆能有養。」

④《左傳》莊公二十二年：「幸若獲宥，及於寬政。」

⑤《論語．憲問》：「既而曰：『鄙哉，硜硜乎！』」皇侃《義疏》：「既而猶既畢也。」

⑥《詩經．召南．草蟲》：「亦既見止，亦既覯止。」

⑦《公羊傳》桓公二年：「俄而可以爲其有矣。」何休注：「俄者，謂須臾之間，創得之頃也。」

⑧《文選》張平子〈東京賦〉：「惠風廣被，澤洎幽荒。」薛綜注：「洎，及也。」

⑨《文選》張平子〈東京賦〉：「賚皇寮，逮輿臺。」薛綜注：「逮，及也。」

⑩《文選》班叔皮〈北征賦〉：慕公劉之遺德，及行葦之不傷。」

⑪《召書・召誥》：「自服於土中。」
⑫《文選》謝玄暉〈拜中軍記室辭隋王牋〉：「屬天地休明，山川受納。」
⑬《列子・楊朱篇》：「方其荒於酒也，不知世道之安危。」
⑭《後漢書・荀彧傳》：「操上書表彧曰：『起發臣心，革易愚慮。』」
⑮《淮南子・脩務篇》：「倏忽變化，與物推移。」高誘注：「推移，猶轉易也。」又《文筆要決》以此三句爲雙行小注。

乃知①，方知②，方驗③，將知④，固知⑤，斯乃⑥，斯誠⑦，此固⑧，此實⑨，誠知⑩，是知⑪，何則⑫，所以⑬，是故⑭，遂使⑮，遂令⑯，故能⑰，可謂⑱，所謂⑲。

右並取下言證成於上也。謂上所敍義⑳，必待此後語始得證成也。或多析㉑名理㉒，或比況㉓物類㉔，不可委說㉕。

【註】

①《文選》張平子〈東京賦〉：「乃知大漢之德馨，咸在於此。」
②《顏氏家訓・雜藝篇》：「方知陶隱居、阮交州、蕭祭酒諸書，莫不得羲之之體。」
③未得適例。
④《助字辨略》二：「《詩・國風》：『方何爲期。』朱傳云：『方，將也，將以何時爲歸期

也。』庾子山《哀江南賦》：『小人則將及水火，君子則方成猿鶴。』方亦將也，將亦方也，古人文別而義同，如此類甚多，非有兩義。」《經傳釋詞》八：「將猶乃也」。宣六年《左傳》曰：『使疾其民，以盈其貫，將可殪也。』《墨子·尚賢篇》：『譬若欲眾其國之善射御之士者，必將富之、貴之、敬之、譽之，然得國之善射御之士將可得而眾也。』（此「將」字猶「乃」也，與上「將」字異義。）將字並與乃字同義。」器案：劉、王二氏之說是也。持此以讀此所文舉之「方驗」、「將知」，則將有以觀其會通也。

⑤《文選》陸士衡〈五等論〉：「因知百世非可懸御，善制不能無弊。」

⑥《文選》班孟堅〈東都賦〉：「斯乃伏犧氏之所以基皇德也。……斯乃軒轅氏之所以開帝功也。……斯乃湯、武之所以昭王業也。」

⑦《孟子·梁惠王》上：「是誠何心哉？……是誠不能也。」

⑧《莊子·讓王篇》：「若王子搜者，可謂不以國傷生矣，此固越人之所欲得爲君也。」

⑨《文選》李少卿〈答蘇武書〉：「且漢原誅陵以不死，薄賞子以守節，欲使遠聽之臣，望風馳命，此實難矣。」

⑩《文選》班孟皮〈王命論〉：「英雄誠知覺悟。」

⑪《文選》任彥昇〈奏彈曹景宗〉：「是知敗軍之將，身死家戮，爰自古昔，明罰斯在。」

⑫《文選》司馬子長〈報任少卿書〉：「何則，士爲知己者死，女爲悅己者容。」

⑬《孟子·告子》上：「《詩》云：『既醉以酒，既飽以德。』言飽乎仁義也，所以不願人之膏粱之

味也。」

⑭徐幹《中論・爵祿篇》：「是故觀其爵則別其人之德也，見其祿則知其人之功也，不待問之。」

⑮《左傳》僖公十五年：「公曰：『一夫不可狃，況國乎？』遂使請戰。」

⑯《左傳》昭公二十七年：「遂令攻郤氏，且爇之。」

⑰《周易・繫辭》上：「夫《易》，聖人之所以極深而研幾也。唯深也，故能通天下之志；唯幾也，故能成天下之務。」

⑱《論語・學而》：「子曰：『君子食無求飽，居無求安，敏於事而愼於言，就有道而正焉，可謂好學也已。』」邢昺疏：「可謂好學也已者，總結之也。言能行在上諸事，則可謂之爲好學也。」

⑲《論語・子張》：「所謂立之斯立，道之斯行，綏之斯來，動之斯和。其生也榮，其死也哀，如之何其可及也。」

⑳「謂上所敍義」以下五句，《文筆要決》雙行小注。

㉑「析」原誤作「折」，今從《文筆要決》訂正。

㉒《三國志・魏書・鍾會傳》：「博學精練名理。」

㉓《漢書・刑法志》：「姦猾巧法，轉相比況。」

㉔《禮記 。學記》：「古之學者，比物醜類。」《正義》：「物，事也，謂以同類之事相比方，則所學乃易成。」又《月令》：「仲秋之月，必比類量小大，視長短，皆中度。」《正義》：「行故事曰比，品物相隨曰類。」

㉕「委」借作「諉」，《說文》：「諉，誣諉也。從言委聲。」段玉裁注：「舊作『累也』。」今案：委說，謂委悉詳說也。

況乃①，況則②，矧夫③，矧唯④，何況⑤，豈若⑥，未若⑦，豈有⑧，豈至⑨。

右並追敍上義，不及於下也。謂若已敍功業事狀於上⑩，以其輕少，後更云況乃、豈若其事其狀云云⑪也。

【註】

①《文選》魏文帝〈與吳質書〉：「三年不見，《東山》猶歎其遠，況乃過之，思何可支。」

②《文筆要決》無，今亦未得適例。

③《文選》班孟堅〈典引〉：「誕略有常，審言行於篇籍，光藻朗而不渝耳；矧夫赫赫聖漢，巍巍唐基。」

④《尚書．康誥》：「元惡大憝，矧惟不孝不友。」唯、惟古通。袁仁林《虛字說》：「矧字之聲，進步展拓，與前文一路，愈展愈深。」

⑤《文選》鄒陽〈獄中上書自明〉：「何況因萬乘之權，假聖王之資乎？」

⑥《論語．憲問》：「豈若匹夫匹婦之爲諒也，自經於溝瀆而莫之知也？」

⑦《文選》左太沖〈魏都賦〉：「雖明珠兼寸，尺璧有盈，曜車二六，三傾五城，未若申錫典章之爲

遠也。」

⑧《莊子・外物篇》：「君豈有斗升之水而活我哉！」

⑨「豈至」，尚未得適例。《助字辨略》四：「《漢書・東方朔傳》：『至非守宮即蜥蜴。』師古曰：『楊雄《方言》云：其在澤中謂之蜥蜴。故朔曰：是非守宮即蜥蜴也。』愚案：師古蓋訓至爲是，至、是音相近也。」

⑩「謂若已敘功業事狀於上」以下四句，《文筆要決》雙行小注。

⑪《漢書。汲黯傳》：「上曰：『吾欲云云。』」顏師古注：「云云，猶言如此如此也。」《史記。汲黯傳》《集解》：「張晏曰：『所言謂施仁義也。』」《文選》阮元瑜〈爲曹公作書與孫權〉：「其言云云。」張銑注：「云云，謂辭多，略而不能載也。」

豈獨①，豈唯②，豈止③，寧唯④，寧獨⑤，寧止，何獨⑥，何止⑦，豈直⑧。

右並引取彼物爲此類。謂若已敘此⑨事，又引彼與此相類者，云豈唯彼如然也。

【註】

①《左傳》成公十六年：「君唯不遺德刑，以伯諸侯，豈獨遺諸敝邑？」

②《左傳》僖公二十四年：「行者甚眾，豈唯刑臣？」

③楊炯《少室山少姨廟碑》：「窮山海之瓌寶，盡人神之壯麗，豈止河庭貝闕，俯瞰馮夷之宮，洛水

瑤瓊，旁臨虙妃之館？」

④盧照鄰《南陽公集序》：「輟斤之慟，何獨莊周？聞笛而悲，寧惟向秀？」

⑤「寧獨」，尚未得適例。《助字辨略》五：「獨，眾之對，特辭也，又唯也。《史記·外戚世家》『自古受命帝王及繼體守文之君，非獨內德茂也，蓋亦有外戚之助焉。』獨得爲唯者，特之轉也。」

⑥《左傳》襄公二十八年：「富，人之所欲也，何獨弗欲？」

⑦楊炯〈唐恒州刺史建昌公王公神道碑〉：「荆樹擢枝，棣萼生光，何止平輿之二龍，是爲賈家之三虎。」

⑧《文選》任彥昇〈王文憲集序〉：「豈直舂者不相，工女寢機而已哉？」

⑨「此」原作「比」，固惟德校本引〈考文篇〉作「此」，《文筆要決》亦作「此」，今據改正。又《文筆要決》以此二句作雙行小注。

假令①，假使②，假復③，假有，縱令④，縱使⑤，縱有⑥，就令⑦，就使⑧，就如⑨，雖令⑩，雖使⑪，雖復⑫，設令⑬，設使⑭，設有⑮，設復，向使⑯。

右並大言彼事不越此也。謂若已敘前事⑰，假令深遠高大則如此，此終不越⑱。

【註】

①《文選》司馬子長〈報任少卿書〉：「假令僕伏法受誅，若九牛亡一毛，與螻蟻何以異？」

②《韓詩外傳》三：「假使禹爲君，舜爲臣，亦如此而已矣。」

③《助字辨略》三：「假，《廣韻》云：『且也，借也。』愚案：假是設辭，且復譬況，故云且也，借也。……《水經注》：「俗說以唐城爲望都城者，自北無城以擬之，假復有之，途程迂遠，山河之狀，全乖古證。」

④嵇康〈答難養生論〉：「縱令滋味常染於口，聲色已闕於心，則可以至理遣之，多算勝之。」

⑤《顏氏家訓·養生篇》：「考之內教，縱使得仙，終當有死，不能出世。」

⑥《左傳》襄公二十六年：「縱有共其外，豈共其內？」

⑦《晉書·文帝紀》：「就令亡還，適見中國之弘耳」

⑧《後漢書·劉陶傳》：「就使當今沙礫化爲南金，瓦石變爲和玉，使百姓渴無所飲，飢無所食，雖皇羲之純德，唐虞之文明，猶不能以保蕭牆之內也。」

⑨嵇康〈明膽論〉：「就如此，賈生陳策，明所見也。忌鵩作賦，闇所感也。」

⑩《抱朴子·勤求篇》：「雖令赤松，王喬言提其耳，亦當同以爲妖妄。」

⑪《孟子·滕文公》上：「雖使五尺之童適市，莫之或欺。」

⑫《文選》左太沖〈吳都賦〉：「雖復臨河而釣鯉，無異射鮒於井谷。」

⑬《文選》陳孔璋〈爲曹洪與魏文帝書〉：「設令守無巧拙，皆可舉附，則公輸已陵宋城，樂毅已拔即墨矣。」

⑭《鶡冠子·天權篇》：「獨不見夫隱者乎？設使知之，其知之者，屈己知之矣；若其弗知者，雖師而說，尚不曉也。」

⑮《抱朴子·勤求篇》：「設有死罪而人能救之者，必不爲之吝勞辱而憚卑辭也，必獲生生之功也。」

⑯《文選》班孟堅〈典引〉：「臣對此贊、賈誼〈過秦篇〉云：『向使子嬰有中主之才，秦之社稷，未宜絕也。』」

⑰「謂若已敘前事」二句，《文筆要決》作雙行小注。

⑱「越」原作「違」，注出「遠」、「越」二異文。案：《古鈔本》作「遠」；《眼心鈔》、《箋本》校作「越」，今從之，取與上文「不越」相應也。《文筆要決》亦作「越」。

雖然①，然而②，但以③，正以④，直以⑤，只爲。

右並將取後義，反於前也。謂若敘前事已記，云「雖然」乃⑥有如此理也。

【註】

①《顏氏家訓·雜藝篇》：「以此觀之，慎勿以書自命。雖然，斯猥之人，以能書拔擢者多矣。」

②《孟子·梁惠王》上：「然而不王者，未之有矣。」《虛字說》：「案《孟子》疊用『然而』二字處，『然』字承上，『而』字轉下，『然而不正者』，『然而無有乎爾』，此『然』字是實然之，

而轉接以見意。」

③《文選》李令伯〈陳情表〉：「但以劉日薄西山，氣息奄奄，人命危淺，朝不慮夕。」

④《文選》沈休文〈宋書謝靈運傳論〉：「並直舉胸情，非傍詩史，正以音律調韻，取高前式。」

⑤《文選》任彥昇〈奏彈劉整〉：「直以前代外戚，仕因紈袴。」

⑥「乃」，《文筆要決》作「仍」。又以此二句，作雙行小注。

豈令①，豈使②，何容③，豈容④，豈至，豈其⑤，何有⑥，豈可⑦，寧可⑧，未容⑨，未應⑩，不容⑪，詎可⑫，詎令，詎使，而乃⑬，而使⑭，豈在⑮，安在⑯。

右並敘事狀所求不宜然也。謂若揆其事狀所不合⑰然，云豈令其至於此也。

【註】

①「豈令」，適例待補。《助字辨略》四：「令，設辭也。《史記·竇田傳》：『太后怒不食，曰：令我在也，而他人皆藉吾弟；令我百歲後，皆魚肉之矣。』〈張釋之傳〉：『令他馬，固不敗傷我乎？』」

②楊炯《遂州長江縣先聖孔子廟堂碑》：「況乎功苞大象，績被蒼生，豈使銘典闕如，音塵不嗣？」

③《顏氏家訓·風操篇》：「父在無容稱廟，父歿何容輒呼？」

④《宋書·謝晦傳》：「其事已判，豈容復疑？」

⑤《論語·憲問》：「子曰：『其然，豈其然乎？』」
⑥《左傳》僖公二十二年：「雖及胡耇，獲則取之，何有於二毛？」
⑦《文選》宋玉〈風賦〉：「夫庶人之風，豈可聞乎？」
⑧《文選》嵇叔庭〈與山巨源絕交書〉：「統此九患，不有外難，當有內病，寧可久處人間耶？」
⑨孟郊〈覆巢行〉：「枝危巢小風雨多，未容長成已先覆。」
⑩《莊子·知北遊》：「仲尼曰：『已矣，未應矣。』」《助字辨略》二：「應，《廣韻》云：『當也。』《周語》：『叔父實應且憎，以非于一人。』《世說》：『陛下不應憂嶠而應憂我。』杜子美詩：『蓬萊足雲氣，應合德從龍。』合亦應也，應合重言也。」
⑪《文選》皇甫士安〈三都賦序〉：「雖充車聯駟，不足以戰；廣廈接榱，不容以居也。」《助字辨略》一：「《左傳》昭公元年：『五降之後，不容彈矣。』《顏氏家訓》：『父在無容稱廟，父歿何容輒呼？』……不容，猶云不應。」
⑫「詎可」，原作「誰可」，今據《古鈔本》、《三寶院本》、《無點本》校改。《文筆要決》作「詎可」。《世說新語·方正篇》：「顧孟著嘗以酒勸周伯仁，伯仁不受，顧因移勸柱，而語柱曰：『詎可便作棟梁自遇！』」
⑬《文選》曹元首〈六代論〉：「胡亥少習刻薄之教，長遵凶父之業，不能改制易絃，寵任兄弟；而乃師謨申商，諮謀趙高，自幽深宮，委政讒賊，身殘望夷，求爲盟首，豈可得哉！」
⑭《左傳》隱公十一年：「寡人有著，不能和協，而使翔其口於四方，其況能久有許乎？」

⑮《左傳》喜公二十八年：「師直爲壯，曲爲老，豈在久乎？」

⑯《文選》司馬子長《報任少卿書》：「古今一體，安在其不辱也」

⑰「合」，《文筆要決》作「令」，涉下文而誤。又以此二句，作雙行小注。

豈類①，詎似②，豈如③，未若④。

右並論此物勝於彼也。謂敘此物微已訖⑤，陳豈若彼物微小之狀也。

【註】

①「豈類」，適例待補。《助字辨略》四：「類，《戰國策》：『王類欲令若爲之。』注云：『類，似也。』《史記·酷吏傳》：『上問湯曰：吾所爲，賈人輒先知之，是類有以吾謀告之者。』類，似也，若也，疑辭也。」

②「似」，《文筆要決》作「以」，未可據。《虚字說》：「豈，詎。詎字猶豈也。」則「詎似」猶言「豈類」也。

③《左傳》昭公九年：「豈如弁髦，而因以敝之？」

④《論語·學而》：「未若貧而樂，富而好禮者也。」《文筆要決》作「未如」。

⑤《古鈔本》、《無點本》無「微」字，義較勝，疑涉下文「微」字而衍也。《文筆要決》亦有，又以此二句，作雙行小注。

若乃①，爾乃②，爾其③，爾則④，夫其⑤，若其⑥，然其⑦。

右並復⑧敘前事，體其狀。若前已敘事⑨，次更⑩云「若乃」等，體寫其狀理也。

【註】

①《文選》班孟堅〈西都賦〉：「若乃觀其四郊，浮遊近縣。」

②《文選》班孟堅〈西都賦〉：「爾乃正殿崔嵬，層構厥高。」

③《文選》張平子〈南都賦〉：「爾其地勢，則武闕關其西，桐柏揭其東。」

④《尚書．洪範》：「汝則念之。……汝則錫之福。」「汝則」，猶「爾則」也。

⑤《左傳》宣公十二年：「夫其敗也，如日月之食焉，何損於明。」

⑥《左傳》成公二年：「若其不許，亦將見也。」

⑦《文選》韋弘嗣〈博奕論〉：「然其所志，不出一枰之上，所務不過方罫之間。」

⑧「復」，《文筆要決》作「覆」。

⑨「若前已敘事」二句，《文筆要決》雙行小注。

⑩「更」，《文筆要決》作「便」。

儻若①，儻使②，如其③，如使④，若其⑤，若也⑥，若使⑦，脫若⑧，脫使⑨，必其

⑩，必若⑪，或若，或可⑫，或當⑬。

右並逾分測量⑭，或當爾也。譬如論其事異理⑮，云儻如此如此。

【註】

①《文選》謝靈運〈酬從弟惠連〉詩：「儻若果歸言，共陶暮春時。」

②《墨子．兼愛》：「當使若二士者言行之合，猶合符節也，無言而不行也。」《經傳釋詞》六：「儻，或然之詞也。……或作『當』，……《墨子．兼愛》：『當使若二士者云云』若，此也，言儻使此二士之言行相合，則無言而不行也。」

③《論語．先進》：「如其禮樂，以俟君子。」何晏《集解》：「若禮樂之化，當以待君子。」

④《孟子．告子》下：「如使口之於味也，其性與人殊，若犬馬之與我不同類也，則天下何耆皆從易牙之於味也。」

⑤《文選》張平子〈西都賦〉：「若其五縣遊麗辯論之士，街談巷議，彈射臧否。」

⑥本書〈論體〉：「若也性情煩勞，事由寂寞，強自催逼，徒夾辛若。」（據日本宮內省書陵部藏古鈔本）

⑦《左傳》僖公三十年：「若使燭之武見秦君，師必退。」

⑧《虛字說》：「脱字，倘字，乃無中推究之辭，亦係憑虛摹擬。脱者，於定局中設或脱手至此。」

⑨《晉書．王湛傳》：「王濟嘗詣湛，見床頭有《周易》問曰：『叔父何用此爲？』湛曰：『體中不

佳時，脱復看耳。』」

⑩《遊仙窟》：「必其不免，只須身當。」

⑪《文選》司馬長卿〈子虛賦〉：「必若所言，固非楚國之美也。」

⑫《文選》謝靈運〈初去郡〉詩：「或可優貪競，豈足稱達生。」

⑬「或當」，適例待補。

⑭《顏氏家訓．省事篇》：「機杼既薄，無以測量。」

⑮《文筆要決》「事」下有「使」字。又此二句，作雙行小注。

唯應①，唯當②，唯可③，只應④，只可⑤，亦當⑥，乍可⑦，必能⑧，必應⑨，必當⑩，必使⑪，會當⑫。

右並看世斟酌⑬，終歸然⑭也。若云看上形勢⑮，唯應如此如此。

【註】

①《校箋》曰：「《抱朴子．譏惑篇》：『或並在衰老，於禮唯應縗麻在身。』」

②《世說新語．任誕篇》：「劉伶病酒渴甚，從婦求酒；婦捐酒毀器，涕泣諫曰：『君飲太過，非攝生之道，必斷之！』伶曰：『甚善。我不能自禁，唯當祝鬼神自誓斷之耳，便可具酒肉。』」

③《抱朴子．疾謬篇》：「獨善其身者，唯可以不肯事之，不行傚之而已。」

④駱賓王〈西行別東臺詳正學士詩〉：「只應持此曲，別作邊城春。」

⑤陶弘景〈詔問山中何所有賦詩以答〉：「山中何所有？嶺上多白雲，只可自怡悅，不堪持贈君。」

⑥《左傳》昭公五年：「日之數十，故有十時，亦當十位。」

⑦賈島〈夏夜〉詩：「惟愁秋色至，乍可在炎蒸。」

⑧《左傳》宣公十二年：「王曰：『其君能下人，必能信用其民矣，庸可幾乎？」

⑨《世說新語．識鑒篇》：「王（珣）自許才地，必應在己。」

⑩《文選》陳孔璋〈檄吳將校部曲文〉：「元惡大憝，必當梟夷。」

⑪《論語．述而》：「子與人歌而善，必使反之，而後和之。」

⑫杜甫《望嶽》詩：「會當淩絕頂，一覽眾山小。」

⑬《國語．周語》上：「耆艾修之，而後王斟酌焉。」韋昭注：「斟，取也。酌，行也。」

⑭「然」原作「狀」，《文筆眼心抄》、《文筆要決》均作「然」，今據改正。

⑮「若云看上形勢」二句，《文筆要決》雙行小注。

方當①，方使，方冀②，方令，庶使③，庶當④，庶以⑤，冀當⑥，冀使⑦，將使⑧，使夫⑨，夫使⑩，令夫⑪，所冀⑫，所望⑬，方欲⑭，便欲⑮，便當⑯，行欲⑰，足令，足使⑱。

右並勢有可然，期於終也。謂若敍其事形勢，方終當⑳如此。

【註】

①《校箋》：「《文選》楊子幼〈報孫會宗書〉：『方當盛漢之隆，願勉旃，無多談。』又丘希範〈與陳伯之書〉：『方當繫頸蠻邸，懸首藁街。』」

②李白〈東武吟〉：「方希佐明主，長揖辭成功。」方希與方冀義同。

③《文選》陸士衡〈豪士賦序〉：「故聊賦焉，庶使百世少有寤云。」

④「庶當」，適例待補。《論語·先進》：「回也其庶乎！」皇侃《義疏》：「庶，庶幾也。」

⑤《文選》陶淵明〈辛丑歲七月赴假還江陵渡夜行塗口〉詩：「養真衡茅下，庶以善自名。」

⑥《文選》李少卿〈答蘇武書〉：「陵也不才，希當大任。」

⑦「冀使」，適例待補。《楚辭·離騷》：「冀枝葉之峻茂兮，願竢時乎吾將刈。」王逸注：「冀，幸也。」

⑧《孟子·梁惠王》下：「將使卑踰尊，疏踰戚，可不愼與！」

⑨《楚辭·離騷》：「使夫百草爲之不芳。」

⑩「夫使」，原作「未使」，《文筆要決》作「夫使」，今從之。《文選》司馬長卿〈上林賦〉：「夫使諸侯納貢者，非爲財幣，所以述職也。」

⑪器案：「今夫」疑當作「今夫」，始與「方當」、「將使」、「行欲」等鄰類。《經傳釋詞》八：「且夫者，指事之詞，且與今同義，或言『今夫』，或言『且夫』，其實一也。」

⑫駱賓王〈上李少常伯啟〉：「所冀曲逮恩光，資餘潤於東里。」

⑬《文選》劉子駿〈移書讓太常博士〉：此乃眾庶之所爲耳，非所望於士君子也。」

⑭《文選》應休璉〈與從弟君苗君胄書〉：「而吾方欲秉耒耜於山陽，沈鉤緡於月水，知其不如古人遠矣。」

⑮《文選》李少卿〈答蘇武書〉：「單于謂陵不可復得，便欲引還。」

⑯《文選》任彥昇〈爲齊明帝讓宣城郡公第一表〉：「便當自同體國，不同飾讓。」

⑰李白〈送張舍人之江東〉詩：「白日行欲暮，滄波杳難期。」

⑱《荀子·臣道篇》：「內不足使一民，外不足使距難，……是態臣者也。……內足使以一民，外足使以距難，……是功臣也。」

⑲「謂若敘其事形勢」以下兩句，《文筆要決》雙行小注。

⑳《顏氏家訓·養生篇》：「終當有死，不能出世。」

豈謂①，豈知②，豈其③，誰知④，誰言⑤，何期⑥，何謂⑦，安知⑧，寧謂，寧知⑨，不謂⑩，不悟⑪，不期⑫，豈悟，豈慮⑬。

右並事有變常，異於始也。謂若其事應令如彼⑭，今忽如此如此⑮。

【註】

①《校箋》：「《文選》潘正叔〈贈河陽〉：『徒美天姿茂，豈謂人爵多？』又任彥昇〈到大司馬記室牋〉：『豈謂多幸，斯言不渝。』」
②《禮記·檀弓》下：「唯祭祀之禮，主人自盡焉爾，豈知神之所饗，亦以主人有齊敬之心也。」
③「豈其」，前文已出，今仍其舊。《戰國策·秦策》下：「臣以爲天下之從，豈其難矣？」
④《詩經·小雅·正月》：「具曰予聖，誰知烏之雌雄？」
⑤《文選》曹子建〈三良〉詩：「誰言捐軀易，輕身誠獨難。」
⑥《詩經·小雅·頍弁》：「實維何期？」鄭箋：「何期，猶伊何也。期，辭也。」《釋文》：「『期』本亦作『其』，音基。」
⑦《論語·堯曰》：「子張曰：『何謂五美？』」
⑧《禮記·曾子問》：「日有食之，安知其不見星也？」
⑨《文選》何敬宗〈遊仙詩〉：「借問蜉蝣輩，寧知龜鶴年？」
⑩《文選》干令升〈晉紀總論〉：「百姓皆知上德之生己，而不謂浚己以生也。」
⑪《文選》陸士衡〈謝平原內史表〉：「不悟日月之明，遂垂曲照；雲雨之澤，播及朽瘁。」
⑫《文選》孔文舉〈論盛孝章書〉：「今孝章實大夫之雄也，天下談士，依以揚聲，而身不免於幽縶，命不期於旦夕。」
⑬《古鈔本》、《無點本》無「慮」字，《文筆要決》有。
⑭「謂若其事應令如後」以下二句，《文筆要決》雙行小注。

⑮《文筆要決》作「忽令如此」。

加以①，加復②，況復③，兼以④，兼復⑤，又以⑥，又復⑦，重以⑧，且復⑨，仍復⑩，尚且⑪，猶復⑫，猶欲⑬，而尚⑭，尚或⑮，尚能⑯，尚欲⑰，猶仍⑱，且尚⑲。

右並更論後事，以足前理也。謂若敍前事已訖⑳，云加以又如此又如此也。

【註】

①《校箋》：「《文選》顏延年〈三月三日曲水詩序〉：『加以二王於邁，出餞戒告。』」

②《顏氏家訓．書證篇》：「史之闕文，爲日久矣；加復秦人滅學，董卓焚書，典籍錯亂，非止於此。」

③《文選》郭泰機〈答傅咸〉詩：「況復已朝餐，曷由知我飢？」

④《文選》任彥昇〈爲范尚書讓吏部封侯第一表〉：「兼以東皋數畝，控帶朝夕。」

⑤《文選》任彥昇〈出郡傳舍哭范僕射〉詩：「兼復相嘲謔，常與虛舟值。」

⑥《周易．繫辭》上：「祐者，助也，人之所助者順也，人之所助者信也，履信思乎順，又以尚賢也。」

⑦《漢書．敍傳》：「昔有學步於邯鄲者，曾未得其髣髴，又復失其故步，遂匍匐而歸耳。」

⑧《左傳》昭公八年：「舜重之以明德，寘德於遂，遂世守之。」

⑨《後漢書．安帝紀》：「光初元年詔：『方今盛夏，且復假貸，以觀厥後。』」
⑩《漢書．武帝紀》：「元朔六年六月詔：『今大將仍復克獲，斬首虜萬九千級。』」師古曰：「仍，頻也。」器案：顔注非是。《爾雅．釋詁》下：「仍，乃也。」《漢書．匈奴傳》：「漢復遣大將衛青將六將軍十餘萬騎，仍出定襄數百里擊匈奴。」《史記．匈奴傳》作「乃再出定襄數百里擊匈奴」。即以「乃」爲「仍」也。
⑪駱賓王〈上吏部裴侍郎書〉：「昔聶政、荆軻，刺客之流也；田光、豫讓，烈士之分也；咸以勢利相傾，意氣相許，尚且捐軀燕趙，甘死秦韓。」案：《文選》枚叔〈七發〉李善注引賈逵《國語注》曰：「尚，且也。」
⑫《文選》李少卿〈答蘇武書〉：「兵盡矢窮，人無寸鐵，猶復徒首奮呼，爭爲先登。」
⑬《左傳》昭公五年：「求昏而薦女，君親送之，上卿及上大夫致之，猶欲恥之，君其亦有備矣，不然奈何？」
⑭《文選》木玄虛〈海賦〉：「輕塵不飛，纖羅不動，猶尚呀呷，餘波獨湧。」「猶尚」、「而尚」義近。
⑮《詩經．小雅．小弁》：「相彼投免，尚或先之；行有死夫，尚或墐之。」
⑯《文選》朱叔元〈爲幽州牧與彭寵書〉：「匹夫媵母，尚能致命一食。」
⑰《墨子．尚賢篇》：「尚欲祖述堯、舜、禹、湯之道，將不可以不尚賢？」
⑱「猶仍」，義與「猶復」近似，適例待補。

⑲「且尚」，義與「尚且」同，適例待補。
⑳「謂若敍前事已訖」二句《文筆要決》雙行小注。
㉑《文筆要決》不重「又如此也」四字，是。

莫不①，罔不②，罔弗③，無不④，咸欲⑤，咸將，並欲，皆欲⑥，盡皆，並咸⑦。
右並總論物狀也。

【註】

①《校箋》：「《論語·子張》：『文武之道，未墜於地，在人，賢者識其大者，不賢者識其小者，莫不有文武之道焉。』」
②《尚書·多方》：「罔不明德慎罰，亦克用勸。」
③《尚書·康誥》：「暋不畏死，罔弗憝。」
④《禮記·月令》：「慶賜遂行，無不欣說。」
⑤《說文·口部》：「咸，皆也，悉也。」《助字辨略》二：「咸，《爾雅》云：『僉，咸，胥，皆也。』《書·咸有一德》：『俾百姓咸曰：大哉王言。』」
⑥《左傳》昭公三年：「初，州縣欒豹之邑也，及欒氏亡，范宣子、趙文子、韓宣子皆欲之。」
⑦「盡皆，並咸」，《文筆要決》作「盡欲皆並咸」。

自非①，若非②，非夫③，若不④，如不⑤，苟非⑥。

右並引大其狀⑦，令至甚也。若⑧敍其事至甚者，云自非如此云也⑨。

【註】

①《校箋》：「《左傳》成公十六年：『唯聖人能外內無患；自非聖人，外寧必有內憂。』」《經傳釋詞》八：「自猶苟也。」

②《左傳》襄公二十九年：「若非侵小，將何所取。」

③《文選》王文考〈魯靈光殿賦〉：「非夫通神之俊才，誰能克成乎此勳？」

④《文選》吳季重〈答東阿王書〉：「若不改轍易御，將何以效其力哉？」

⑤《詩經．小雅．正月》：「天之扤我，如不我克。彼求我則，如不我得。」

⑥《周易．繫辭》下：「苟非其人，道不虛行。」

⑦「引大其狀」，《文筆要決》作「引其大狀」。

⑧「若敍其事」以下二句，《文筆要決》作雙行小注。

⑨「如此云也」，《文筆要決》作「如此云云」。

何以①，何能②，何可③，豈能④，豈使⑤，詎能⑥，詎使⑦，詎可⑧，疇能⑨，奚可

⑩，奚能⑪。

右並因緣前狀論所⑫致。若云自非行如彼⑬，何以如此也。

【註】

①《校箋》：「《詩經．鄘風．干旄》：『彼姝者子，何以予之？……彼姝者子，何以告之？』」

②《左傳》襄公二十一年：「欒王鮒從君者也，何能行？」

③《周易．大過》：「象曰：『枯楊生華，何可久也？』」

④《孟子．梁惠王》上：「民欲與之偕亡，雖有臺池鳥獸，豈能獨樂哉？」

⑤「豈使」前已見，此重出。

⑥《漢書．高祖紀》：「沛公不先破關中，公巨能入乎？」巨，詎通。《史記．項羽本紀》作「公豈敢入乎」。

⑦「詎使」，前已出，此重見。

⑧「詎可」，前己出，此重見。

⑨《文選》張平子〈西京賦〉：「匪石匪董，疇能宅此？」

⑩《孟子．萬章》下：「以德則子事我者也，奚可以與我友？」

⑪《左傳》昭公三年：「余髮如此種種，余奚能爲？」

⑫「所」，《文筆要決》作「可」。

⑬《文筆要決》無「如」字。又以下兩句雙行小注。

方慮，方恐，所恐，將恐①，或恐②，或慮，只恐，唯恐③，行恐④。

右並預思來事異於今也⑤。若云今事已然⑥，方慮於後或如此也。

【註】

①《文選》任彥昇〈天監三年策秀才文〉：「將恐弘長之道，別有未周。」李善注：《韓詩》曰：『將恐將懼。』薛君曰：『將，辭也。』」

②杜甫〈江畔獨步尋花〉詩：「不是愛花即欲死，只恐花盡老相催。」

③《論語．公冶長》：「子路有聞，未之能行，唯恐有聞。」

④「行恐」，《古鈔本》、《無點本》、《眼心鈔》無，《文筆要決》有，列於「所恐」之後，「將恐」之前。

⑤《文筆要決》無「今」字。

⑥《文筆要決》以下兩句，雙行小注。

敢欲，輒欲，輕欲①，輕用②，輕以③，輒用，輒以④，敢以，每欲，常欲⑤，恒願，恒望。

右並論志所欲行也。

【註】

①鍾嶸《詩品序》：「嶸今所錄，止乎五言。雖然網羅今古詞文殆集，輕欲辨彰清濁，掎摭病利。」

②駱賓王〈上瑕丘韋明府啟〉：「輒期泛愛，輕用自謀。」

③《抱朴子．金丹篇》：「若有篤信者，可將合藥成以分之，莫輕以其方傳之也。」

④《晉書．劉琨傳》：「永嘉元年上表：『道嶮山峻，胡寇塞路，輒以少擊眾，冒險而進。』」

⑤《文選》江文通〈詣建王上書〉：「常欲結纓伏劍，少謝萬一。」

每至①，每有②，每見③，每曾④，時復⑤，數復，每時⑥，或。

右並事非常然，有時而見也。謂若每至其時節⑦，每見其事理也。

【註】

①《校箋》：「《文選》魏文帝〈與吳質書〉：『每至觴酌流行，絲竹並奏，酒酣耳熱，仰而賦詩。』」

②陶潛〈五柳先生傳〉：「每有會意，便以欣然忘食。」

③《抱朴子．自敘》：「每見世人有好論人物者，比方倫匹，未必當允。」

④「每曾」，適例待補。《論語．爲政》：「曾是以爲孝乎？」皇侃《義疏》：「曾猶嘗也。」《顏氏家訓．文章篇》：「每嘗思之。」「每嘗」即「每曾」也。

⑤《顏氏家訓．文章篇》：「自子游、子夏、荀況、孟軻、枚乘、賈誼、蘇武、張衡、左思之儔，有盛名而免過患者，時復聞之，但其損敗居多耳。」

⑥《文選》任彥昇〈天監三年策秀才文〉：「每時入芻@，歲課田租，愀然疚懷，可憐赤子。」

⑦《文選》班孟堅〈東都賦〉：「若乃順時而蒐狩。」時節，謂四時之節序也。《文筆要決》以下二句，雙行小注。

則必①，則皆②，則當③，何嘗不④，未嘗不⑤，未有⑥，不則⑦。

右並有所逢見便然也。若逢見其事，則必如此也。

【註】

①《校箋》：「《孟子．公孫丑》下：『王如改諸，則必反予。』」

②《左傳》昭公十年：「使視二子，則皆從飲酒。」

③嵇康〈釋難宅無吉凶攝生論〉：「若地之吉凶，有虎禽之類，然此地苟惡，則當所往皆凶。」

④《史記．日者列傳》：「自古受師而王，王者之興，何嘗不以卜筮決於天命哉！」

⑤《文選》江文通〈詣建平王上書〉：「下官每讀其書，未嘗不廢卷流涕。」

⑥《禮記．禮器》：「未有入室而不由户者。」

⑦《尚書．無逸》：「不則侮厥父母。」此從《石經》，今本作「否則」。《逸周書．祭公》：「我不則寅哉寅哉。」孔晁注：「不則，言則也。」

可謂①，所謂②，誠是③，信是④，允所謂⑤，乃云⑥，此猶⑦，何異⑧，奚異⑨，亦猶⑩，猶夫⑪，則猶⑫，則是⑬。

右並要會所歸⑭，總上義也。謂設其事⑮，可謂如此，可比如此也。

【註】

①《文選》班孟堅〈封燕然山銘〉：「茲可謂一勞而久逸，暫費而永寧也。」《後漢書．竇憲傳》「可謂」作「所謂」。

②《文選》阮元瑜〈爲曹公作書與孫權〉：「所謂小人之仁，大仁之賊。」

③《楚辭．惜誓》：「傷誠是之不察兮，並紉茅絲以爲索。」

④《文選》丘希範〈旦發魚浦潭〉詩：「信是永幽棲，並徒暫清曠。」

⑤《後漢書．文苑趙壹傳》：「允所謂遭仁遇神，真所宜傳而著文。」案《論語．堯曰》：「允執厥中。」包咸注：「允，信也。」

⑥《廣弘明集》卷五曹植〈弁道論〉：「夫神仙之書，道家之言，乃云傅説上爲辰尾宿，歲星降爲東

方朔。」

⑦《文選》朱叔元〈爲幽州牧與彭寵書〉：「奈何以區區之漁陽，而結怨天子，此猶河濱之民，捧土以塞孟津，多見其不知量也。」

⑧《文選》賈誼《鵩鳥賦》：「夫禍之與福兮，何異糾纏。」

⑨《抱朴子·良規篇》：「是奚異夫爲人子，而舉其所生，捐之山谷，而取他人養之，而云我能爲伯瑜、曾參之孝？」

⑩《禮記·檀弓》上：「夫仲子亦猶行古之道也。」

⑪嵇康〈難宅無吉凶攝生論〉：「猶夫良農既懷善藝，又擇沃土，復加耘耔。」

⑫嵇康〈難宅無吉凶攝生論〉：「占舊居以譴祟則可，安新居以求福則不可，則猶卜筮之說耳。」

⑬《孟子·梁惠王》下：「效死即民弗去，則是可爲也。」

⑭《顏氏家訓·勉學篇》：「責其指歸，或無要會。」本書〈文筆十病得失〉：「凡筆家四句之末，要會之所歸。」案：《禮記·樂記》鄭玄注：「要猶會也。」

⑮「謂設其事」以下三句，《文筆要決》雙行小注。

誠願①，誠當可，唯願②，若令③，若當，若使④，必使。

右並勸勵⑤前事，所當行也。謂若謂其事⑥，云誠願行如此也。⑦

【註】

①陶潛〈形影神三首·影答形〉詩：「誠願游崑華，邈然茲道絕。」

②《廣弘明集》卷三十謝靈運〈臨終〉詩：「唯願乘來生，怨親同心朕。」

③《世說新語·言語篇》：「若令日中無物，當極明耶？」

④《文選》張士然〈爲吳令謝詢求爲諸孫置守家人表〉：「若使羽位承前緒，世有哲王，一朝力屈，全身從命，則楚廟不墮，有後可冀。」

⑤《孔叢子·儒服篇》：「生於嗜酒者，蓋其勸厲獎戲之辭，非實然也。」「勸勵」即「勸厲」也。

⑥「謂若謂其事」，《文筆要決》以下兩句雙行小注，「若」下無「謂」字。

⑦《文筆要決》作「云誠願如此」。

自可①，自然②，自應③，自當④，此則⑤，斯則⑥，則必⑦，女則⑧，然則⑨。

右並豫論後事，必應爾也。謂若行如彼⑩，自可致如此⑪。

【註】

①《校箋》：「《抱朴子·對俗篇》：『然則今之學仙者，自可皆有子弟，以承祭祀之事。』」

②《文心雕龍·麗辭篇》：「夫心生文辭，運裁百慮，高下相須，自然成對。」

③《世說新語·方正篇》：「王笑曰：『張祖希若欲相識，自應見詣。』」

④嵇康《家誡》：「但君子用心，所欲準行，自當量其善者，必擬議而後動。」

⑤《孟子·公孫丑》下：「此則距心之罪也。……此則寡人之罪也。」

⑥《文選》劉孝標〈辨命論〉：「斯則邪正由於人，吉凶在乎命。」

⑦《文選》班孟堅〈東都賦〉：「若乃順時節而蒐狩，簡車徒以講武，則必臨之以王制，考之以風雅。」

⑧《左傳》宣公十五年：「非我無信，女則棄之。」

⑨《孟子·梁惠王》上：「然則一羽之不舉，爲不用力焉；輿薪之不見，爲不用明焉；百姓之不見保，爲不用恩焉。」

⑩「謂若行如彼」以下二句，《文筆要決》雙行小注。

⑪《文筆要決》作「自可如此」。

帝德錄①

伏犧，②亦曰宓戲③，太昊④，皇雄⑤，庖犧⑥，皇犧，風姓⑦。以木德王⑧，曰蒼精⑨，蒼牙⑩。生於雷澤⑪。日角⑫。以龍紀官⑬，曰龍師而龍名⑭。狀有：通靈⑮，出震⑯，像日⑰，作易⑱，觀象⑲，察法⑳，畫八卦㉑，設十言㉒，推三元以教民㉓。

【註】

①《日本見在書目》册：「《總集家：帝德錄》二卷。」《大日本古文書》卷三有〈帝德錄〉，當即此書。書中用《禮記》〈儒行〉篇「忠信爲甲胄」，改「忠」爲「誠」，此避楊忠諱也，然則作者乃隋人也。尋王應麟《玉海》二百一《辭學指南》云：「《中興館閣書目》：『陸贄《備舉文言》三十卷，摘經史爲偶對類事，共四百五十二門。敦煌寫本《籯金》（「斯」字五六〇四號），起〈帝德篇〉第一。李商隱《金鑰》二卷，以〈帝室〉、〈職官〉、〈歲時〉、〈州府〉四部分門編類。』」齊己《風騷旨格》：「詩有四十門，一曰《皇道》。」在封建歷史時期，所謂「帝德」，實從各方面反映出當時之政治生活，亦治古代史者所不廢也。時因本書通例而並注之，讀者去其糟粕可也。

②《風俗通義》〈皇霸〉篇：「三皇：《禮含文嘉》記：『慮戲、燧人、神農。伏者，別也，變也；戲者，獻也，法也。伏羲始別八卦，以變化天下，天下法則，咸伏貢獻，故曰伏羲也。』」《五行大義》五第二十一〈論五帝〉：「後世音謬，謂之伏犧。」

③《御覽》七八引《皇王世紀》：「庖犧……後世音謬，故或謂之密犧。」原注：「一解云：『宓』古『伏』字，後誤以『宓』爲『密』，故號曰密犧。」《五行大義》：「或云宓義。」

④《御覽》十八引《皇王大紀》：「燧人氏没，庖犧氏代之，繼天而生，首德於木，爲百王先，帝出於震，未有所因，故位在東方，主春，象日之明，是稱太昊。」

⑤《周易》〈繫辭〉下《正義》引《帝王世紀》：「虙犧，一號皇雄氏，在位一百一十年。」《御覽》七八引《皇王世紀》、《五行大義》五「皇雄氏」俱作「雄皇氏」，今兩存之。

⑥《御覽》七八引《皇王世紀》：「太昊帝……制嫁娶之禮，取犧牲以充庖廚，故號曰庖犧皇。」《五行大義》五：「太昊……爲罔罟以田漁。古者，人畜相食，爲害者多，帝觀蜘蛛之網，教民取犧牲以充庖廚，故曰庖犧，是謂義皇。」孫奕《履齋示兒編》十九〈字說〉：「字異而義同，《繫詞》、《世紀》作『包犧』，《漢律曆志》作『炮犧』，《通曆》作『庖犧』，《左》昭公十七年注、《莊子》〈大宗師〉，《揚子》〈問道〉、班固〈東都賦〉皆作『伏羲』，〈前揚雄傳〉作『宓犧』，〈後蔡邕〉、〈張衡傳〉作『羲皇』，《荀子》〈成相〉作『伏戲』，《前漢》（〈藝文志〉及〈律歷志〉上）作『宓戲』。」

⑦《御覽》七八引《皇王世紀》：「太昊帝庖犧氏，風姓也。」

⑧《五行大義》五：「太昊帝庖羲者，姓風也，母華胥履大人跡而生於成紀，蛇身人首，以木德王天下，爲百王先。」

⑨《易緯通卦驗》卷上：「虙戲生本，尚芒芒，開矩聽八，蒼靈唯精，……蒼精作《易》，無書以盡。」《五行大義》五：「東方大昊庖羲氏主春，蒼精之君。」

⑩《易緯通卦驗》卷上：「遂皇始出，握機矩，表計宜，其刻白，蒼牙通靈。」

⑪《御覽》七八引《詩含神霧》：「大跡出雷澤，華胥履之，生伏犧。」宋均注：「雷澤，澤名。華胥，伏犧母。」

⑫《御覽》七八引《孝經援神契》：「伏犧氏日角衡連珠。」宋均曰：「伏犧木精人也。日角，有骨表取象日所出，房所立有星也。」

⑬《左傳》昭公十七年：「大皞氏以龍紀，故爲龍師而龍名。」杜預注：「大皞，伏犧氏，風姓之祖也。有龍瑞，故以龍命官。」《正義》引服虔云：「大皞以龍名官，春官爲青龍氏，夏官爲赤龍氏，秋官爲白龍氏，冬官爲黑龍氏，中官爲黃龍氏。」

⑭《御覽》七八引曹植《庖犧贊》：「木德風姓」，八封創焉，龍瑞名官，法地象天，庖犧祭祀，罟網漁畋，瑟以象時，神德通玄。」

⑮《易》〈繫辭〉下：「古者，包犧氏之王天下也，仰則觀象於天，俯則觀法於地，觀鳥獸之文，與地之宜，近取諸身，遠取諸物；於是始作八卦，以通神明之德，以類萬物之情。」《易緯乾鑿度》上：「方上古之時，人民無別，群物無殊，未有衣食器用之利；於是伏羲乃仰觀象於天，俯觀法於

地，中觀萬物之宜，始作八卦，以通神明之德，以類萬物之情。」通靈，即《易》之所謂通神明，亦曹植之所謂通玄也。

⑯《五行大義》五：「《易》曰：『帝出於震。』震，木，東方，主春，象日之明，故曰太昊。」按：引《易》者，《說卦》文。

⑰象日之明，見本注三引《皇王大紀》及注一五引《五行大義》。

⑱《御覽》七八引《易通卦驗》：「宓犧方牙，蒼精作《易》，無書以畫事。」鄭玄曰：「宓犧時質樸，作《易》以爲政令而不書，但以畫其事之形象而已。」

⑲《易》《繫辭》下：「古者，包犧氏之王天下也，仰則觀象於天。」

⑳《御覽》七八引《春秋內事》：「伏犧氏……俯察地理。」《易》〈繫辭〉下：「古者，包犧氏之王天下也，……俯則觀法於地。」

㉑《御覽》七八引《春秋內事》：「伏犧氏以木德王天下，天下之人，未有室宅，未有水火之和；於是乃仰觀天文，俯察地理，始畫八卦，定天地之位，分陰陽之數，推列三光，建分八節，以爻應氣，凡二十四氣，消息禍福，以制吉凶。」

㉒《箋》曰：「《左傳》定四年《正義》：「伏羲作十言之教：乾，坤，震，巽，坎，離，艮，兌，消，息。」

㉓《御覽》七八引《春秋內事》：「天地開闢，五緯各在其方，至伏犧乃合，故以爲元。」按：《玉燭寶典》十二、《御覽》一引《禮含文嘉》：「推之以上元爲始起，十一月甲子朔旦夜半、冬至，

日月五星俱起，牽牛之初，斗左回，日月五星大行。」鄭玄曰：「上元，太素以來至所求年。」蓋元有上元、中元、下元之分，故曰三元。

神農①，亦曰炎帝②，帝魁③，大庭④，烈山⑤，農皇⑥。以火德王⑦，曰炎靈⑧，炎精⑨。生於華陽⑩，感龍首神生⑪，以姜水成⑫。戴玉理石耳⑬。以火紀官⑭，曰火師而火名⑮。乘六龍以出地輔⑯。狀有：教農⑰，作耒耜⑱，嘗百草⑲，甄度四海⑳。

【註】

①《風俗通義》〈皇霸篇〉：「三皇：《含文嘉》記：『神農：神者，信也；農者，濃也。始作耒耜，教民耕種，美其衣食，德濃厚若神，故爲神農也。』」

②《御覽》七八引《帝王世紀》：「神農氏……以火承木，位在南方，主夏，故謂之炎帝。」《五行大義》五說同。

③《御覽》七八引《孝經鉤命決》：「任己感龍生帝魁。」注：「任己，帝魁之母地。魁，神農名。『己』或作『姒』也。」又引《帝王世紀》：「神農氏一號魁隗氏。」《五行大義》五作「魁隗氏」。

④《禮記》〈祭法〉〈正義〉引《春秋命歷序》：「炎帝號曰大庭氏，傳八世，合五百二十歲。」《續漢書》《郡國志》二：「豫州魯國，有大庭氏庫。」劉昭注：「杜預曰：『大庭氏，古

國名，在城內，魯於其處作庫。』」

⑤烈山氏見《魯語》及《禮記》〈祭法〉，〈祭法〉鄭玄注及《左傳》昭公二十九年《正義》引《國語》賈逵注俱云：「烈山，炎帝之號。」司馬貞補《史記》〈三皇本紀〉：「神農本起烈山，故《左傳》稱『烈山氏之子曰注』，亦曰厲山氏，《禮》曰：『厲山氏之有天下』，是也。」注：「按鄭玄云：『厲山，神農所起，亦曰有烈山。』皇甫謐曰：『厲山，今隨之厲鄉也。』」《御覽》七八引《荆州圖記》：「永陽縣西北二百三十里厲鄉，山東有石穴。昔神農生於厲鄉，《禮》所謂烈山氏也，後春秋時爲厲國。穴高三十丈，長二百丈，謂之神農穴。」

⑥《御覽》七八引《帝王世紀》：「神農氏……是爲農皇。」《五行大義》五説同。

⑦司馬貞補《史記》〈三皇本紀〉：「炎帝神農氏……火德王，故曰炎帝。」

⑧神農以火德王，故稱炎靈；漢以火德王，後人亦謂之炎靈，《文選》三〇謝玄暉〈和伏武昌登孫權故城〉：「炎靈遺劍璽，當塗駭龍戰。」李善注：「炎靈，謂漢也。」韋應物《經函谷關》詩：「炎靈詎西駕，妻子非經國。」亦謂漢也。

⑨《五行大義》五：「南方炎帝神農氏，主夏，赤精之君。」

⑩《御覽》七八引《帝王世紀》：「神農氏，姜姓也，母曰任姒，有喬氏之女名登，爲少典妃，遊於華陽，有神龍首感女登於常羊。」

⑪「生」，原作「之」，周校本曰：「疑當作『生』。」今從之。

⑫《國語》〈晉語〉四：「炎帝以姜水成。」《御覽》七八引《帝王世紀》：「炎帝人身牛首，長於

姜水。」《水經渭水注》：「岐水又東逕姜氏城南爲姜水，東注雍水，炎帝長於姜水，是其地也。」

⑬《御覽》七八引《春秋命歷序》：「有神人名石耳，蒼色大眉，戴玉理。」注：「日月清明有次序，故神應和氣以生也。玉理猶玉英、玉勝也。」

⑭《御覽》七八引《古史考》：「炎帝以火應，故置官師，皆以火爲名。」

⑮《左傳》昭公十七年：「炎帝氏以火紀，故爲火師而火名。」杜注：「炎帝，神農氏，姜姓之祖也，亦有火瑞，以火紀事名百官。」

⑯《御覽》七八引《春秋命歷序》：「駕六龍，出地輔，號皇神農。」注：「所爲如此，其教如神農殖樹木，使民粒食，故天下號曰皇神農也。」

⑰《易》〈繫辭〉下：「神農氏作，斲木爲耜，揉木爲耒，耒耨之利，以教天下。」

⑱《御覽》七八引《周書》：「神農之時，天雨粟，神農耕而種之，作陶冶斤斧，爲耒耜鉏耨，以墾草莽，然後五穀興。」

⑲《淮南》〈脩務〉篇：「古者，民茹草飲水，採樹木之實，食蠃蠬之肉，時多疾病毒傷之害。於是神農乃始教民播種五穀，相土地宜，燥濕肥墝高下，嘗百草之滋味，水泉之甘苦，令民知所辟就；當此之時，一日而遇七十毒。」

⑳《御覽》七八引《春秋命歷序》「……號皇神農，始立地形，甄度四海，東西九十萬里，南北八十一萬里。」注：「甄紀地形遠近，山川林澤所至。」

黃帝①，亦曰軒轅②，有熊③，縉雲之官④，歸藏⑤。云皇軒⑥，帝軒⑦，軒后，軒皇。以土德王⑧，曰黃帝，黃神⑨，黃精⑩。感大電繞樞以生於壽丘⑪，長於姬水⑫，居於軒轅之丘⑬。天庭⑭，日角⑮，四面⑯。狀有：提像⑰，佝齊⑱，叶律⑲，造書契⑳，模鳥跡㉑，車乘㉒，宮室㉓，衣服㉔，文字㉕，役使百靈㉖，垂衣裳㉗。

【註】

①《史記》〈五帝本紀〉：「黃帝者，有土德之瑞，故號黃帝。」《索隱》：「案有土德之瑞，土色黃，故稱黃帝。」

②《史記》〈五帝本紀〉：「黃帝者，姓公孫，名曰軒轅。」《御覽》七九引《帝王世紀》：「黃帝居軒轅之丘，故因以爲名，又以爲號。」按：鄒誕生《音》以爲：「作軒冕之服，故曰軒轅。」

③《史記》〈五帝本紀〉：「黃帝者，少典之子。」《集解》：「徐廣曰：『號有熊。』」《正義》：「〈輿地志〉云：『涿鹿本名彭城，黃帝初都，遷有熊也。』案：黃帝有熊國君，乃少典國君之次子，號曰有熊氏。」

④《左傳》文公十八年：「縉雲氏有不才子。」杜頂注：「縉雲，黃帝時官名。」《正義》曰：「昭十七年《傳》稱『黃帝以雲名官』，故知縉雲黃帝時官名。《字書》：『縉，赤繒也。』服虔云：『夏官爲縉雲氏。』」

⑤《御覽》七九引《帝王世紀》：「黃帝一號帝鴻氏，或曰歸藏氏。」按：《周禮》〈春官〉：「太卜掌三《易》之灋：一曰〈連山〉，二曰〈歸藏〉，三曰〈周易〉。」注：「〈連山〉，宓戲；〈歸藏〉，黃帝。」

⑥《御覽》七九引《河圖握拒》：「黃帝名軒。」故有皇軒、帝軒、軒后、軒皇之說。

⑦《御覽》七九引《尚書中候》：「帝軒提像。」注：軒，軒轅，黃帝名。」又引《孝經鉤命決》：「附寶出降大靈，生帝軒。」注：「軒，黃帝名。」《文選》十四顏延年〈赭白馬賦〉：「昔帝軒陟位，飛黃服皂。」注：「《春秋命歷序》曰：帝軒受圖，雒受歷。」

⑧《御覽》七九引《春秋內事》：「軒轅氏以土德王天下，始有堂室，高棟深宇，以避風雨。」

⑨《御覽》七九引《歸藏》：「昔黃神與炎神爭鬥涿鹿之野。」又引《河圖握拒》：「黃帝名軒，北斗黃神之精。」

⑩《五行大義》五：「中央，黃帝軒轅氏，主四季，黃精之君。」

⑪《御覽》七九引《詩含神霧》：「大電繞樞，炤郊野，感附寶，生黃帝。」又引《河圖握拒》：「黃帝母地祇之女附寶之郊野，大電繞斗樞，星耀感附寶生軒。」又引《帝王世紀》：「少典氏又取附寶，見大電光繞北斗樞星，照郊野，感附寶，孕二十五月，生黃帝於壽丘。」《史記》〈五帝本紀·正義〉：「壽丘，在魯東門之北，今在兗州曲阜縣東北六里。」

⑫《史記》〈五帝本紀·索隱〉：「案皇甫謐云：『黃帝生於壽丘，長於姬水，因以爲姓，居軒轅之丘，因以爲名，又以爲號。』是本姓公孫，長居姬水，因改姓姬。」

⑬《山海經》〈海外西經〉：「軒轅之國，在此窮山之際，其不壽者八百歲，在女子國北，人面蛇身，尾交首上。窮山在其北，不敢西射，畏軒轅之丘。」郭璞注：「言敬畏黃帝威靈，故不敢向西而射也。」

⑭《御覽》七九引《春秋元命苞》：「黃帝龍顏，得天庭陽，上法中宿，取象文昌，戴天履陽，秉數制剛。」注：「庭陽，太微庭也。」

⑮《後漢書》〈光武帝紀〉一上注：「鄭玄《尚書中候注》云：『日角，謂中庭骨起，狀如日。』」

⑯《御覽》七九引《尸子》：「子貢曰：『古者，黃帝四面，信乎？』孔子曰：『黃帝取合己者四人，使治四方，不計而耦，不約而成，此之謂四面。』」

⑰《御覽》七九引《尚書中候》：「帝軒提像，配永循機。」注：「軒，軒轅，黃帝名。永，長也；循，順也。黃帝軒轅觀攝提之像，配而行之，以長爲順，升機爲政。」

⑱《史記》〈五帝本紀〉：「黃帝……幼而徇齊。」《集解》：「駰案：徇，疾；齊，速也。言聖德幼而疾速也。」按：《說文繫傳》〈人部〉：「侚，疾也。」徐鍇引《史記》：「幼而侚齊。」與此正合，今本《史記》作「徇」誤，當據改正。

⑲《呂氏春秋》〈古樂〉篇：「昔者，黃帝令伶倫作爲律。伶倫自大夏之西，乃之阮隃之陰，取竹於溪之谷，以生空竅厚鈞者，斷兩節間，其長三寸九分，而吹之，以爲黃鐘之宮，吹曰舍少。次制十二筒，以之阮隃之下，聽鳳皇之鳴，以別十二律，其雄鳴爲六，雌鳴亦六，以比黃鐘之宮適合，黃鐘之宮，皆可以生之。故曰：黃鍾之宮，律呂之本。」

⑳《御覽》七九引《帝王世紀》：「記其言行，策而藏之，名曰書契。」

㉑《御覽》七九引《帝王世紀》：「其史倉頡，又取像鳥跡，始作文字。史官之作，蓋自此始。」

㉒《五行大義》五：「黃帝作舟車。」

㉓《五行大義》五：「黃帝造屋宇。古者，巢居穴處，黃帝易之以上棟下宇，以蔽風雨。」

㉔《拾遺記》一：「軒轅始造書契，服冕垂衣，故有袞龍之頌。」

㉕《藝文類聚》九九、《大唐開元占經》一二〇引《尚書中候》：「河龍圖出，洛龜書威，赤文綠字，以授軒轅。」

㉖《箋》曰：「《抱朴子》：『黃帝生而能言，役使百靈，可謂天授自然之休者。』」

㉗《易》〈繫辭〉下：「黃帝、堯、舜垂衣裳而天下治。」韓康伯注：「垂衣裳以辨貴賤。」

少昊①，亦曰金天②，青陽③。以金德王④。感大星如虹流華渚以生⑤。鳳皇適至⑥，以鳥紀官，鳥師而⑦鳥名。

【註】

①《御覽》七九引《古史考》：「或曰：宗師太昊之道，故曰少昊。」

②《御覽》七九引《帝王世紀》：「少昊……以金承土帝，圖讖所謂白帝朱宣者也，故稱少昊，號金天氏，在位百年而崩。」

③《御覽》七九引《帝王世紀》：「少昊帝名摯，字青陽，姬姓也。」
④《御覽》七九引《古史考》：「窮桑氏，嬴姓也，以金德王，故號金天氏。」
⑤《御覽》七九引《河圖》：「大星如虹，下流華渚，女節氣感，生白帝朱宣。」宋均注云：「朱宣，少昊氏也。」又引《帝王世紀》：「少昊帝母曰女節。黃帝時有大星如虹，下流華渚，女節夢接意感，生少昊，是爲玄囂。」
⑥《左傳》昭公十七年：「郯子曰：『我高祖少皞摯之立也，鳳鳥適至，故紀於鳥，爲鳥師而鳥名。』」
⑦「而」，原作「如」，今據《左傳》校改。

顓頊，亦曰高陽①，窮桑②。以水德王③，感瑤光如蜺降幽房以生④。形云：並⿰𠦝夸⑤。平九黎之亂⑥，定八風之音⑦。

【註】

①《史記》〈五帝本紀〉：「帝顓頊高陽者，黃帝之孫，而昌意之子也。」《索隱》：「宋衷云：『顓頊名高陽，有天下號也。』張晏云：『高陽者，所興地名也。』」
②《御覽》七九引《帝王世紀》：「帝顓頊高陽氏，始都窮桑，後徙商丘。」
③《御覽》七九引《古史考》：「高陽氏，妘姓，以水德王。」

④《御覽》七九引《河圖》：「瑤光之星，如蜺貫月，正白，感女樞幽房之宮，生黑帝顓頊。」

⑤《五行大義》五引《文燿鉤》：「顓頊並幹，上法月參，集威成紀，以理陰陽。」《御覽》七九引《春秋元命苞》文同，注云：「並，猶重也。水精主月參，伐主斬刈，成功兼此月，職重助費，以爲表也。」器按：《文燿鉤》、《元命苞》俱作「顓頊並幹」，此文「幹」作「[車夸]」，蓋俗別字也。

⑥《御覽》七九引《帝王世紀》：「顓頊生十年而佐少昊，十二年而冠，二十而登帝位，平九黎之亂。」

⑦《呂氏春秋》〈古樂〉篇：「帝顓頊生自若水，實處空桑，乃登爲帝，惟天之合，正風乃行，其音若熙熙淒淒鏘鏘。帝顓頊好其音，乃令飛龍作效八風之音，命之曰《承雲》，以祭上帝。」高誘注：「八風，八卦之風。」

唐堯①，亦曰陶唐②，伊祁③，伊堯④，唐堯，唐后，帝。名放勳⑤。感赤龍以生⑥，長於伊水，居丹陵⑦。形云：鳥庭⑧，日角⑨，八眉⑩，八彩⑪，珠衡⑫。狀云：欽明⑬，文思，睿哲⑭，允恭克讓⑮，稽古⑯則天⑰，就日望雲⑱，光被⑲，平章百姓⑳，協和萬邦㉑。

【註】

①《御覽》八〇引《帝王世紀》：「帝堯氏作，始封於唐，今中山唐縣是也。堯山在北，唐水在西北入河，南有望都縣，有都山，即堯母慶都之所居也，相去五十里。都山一名豆山。北登堯山，南望都山，故名其縣曰望都。」

②《五行大義》五第二十一〈論五帝〉：「帝堯陶唐氏，其兄帝摯，封之於唐，故是號陶唐氏。」

③《御覽》八〇引《帝王世紀》：「帝堯陶唐氏，祁姓也，……或從母姓伊祁氏。」

④《帝堯碑》：「其先出自塊隗，翼火之精，有神龍首，出於常羊，慶都交之，生伊堯。」

⑤《孟子》〈萬章〉上：「二十有八載，放勛乃徂落。」趙岐注：「放勛，堯名。」

⑥《五行大義》五引《春秋元命苞》：「堯火精，故慶都感赤龍而生。」《藝文類聚》九八、《御覽》八〇引《春秋合誠圖》：「堯母慶都，有名於世。蓋大帝之女，生於斗維之野，常在三河之南，天大雷電，有血流，潤大石之中，生慶都，長大形象大帝，常有黃雲覆蓋之。夢食不飢。及年二十，寄伊長孺家，出觀三河之首，常若有神隨之者。有赤龍負圖出，慶都讀之云：『赤受天運。』下有圖人衣赤，光面八采，鬚鬢長七尺二寸，兑上豐下，足履翼宿，署曰：『赤帝起，天下寶。』奄然陰風雨，赤龍與慶都合婚，有娠，龍消不見。既乳堯，貌如圖表，及堯有知，慶都以圖予堯。」

⑦《御覽》八〇引《帝王世紀》：「帝堯陶唐氏，祁姓也，母曰慶都，孕十四月而生堯於丹陵。」

⑧《御覽》八〇引《孝經援神契》：「堯鳥庭荷勝。」注：「堯，火精人也。鳥庭，庭有鳥骨表，取像朱鳥與太微庭也。朱鳥戴聖，荷勝似之。」

⑨《帝堯碑》：「有神龍首，出於常羊，慶都交之，生伊堯，不與凡等，龍顏日角，眉八彩。」

⑩《御覽》八〇引《孝經援神契》：「堯八眉。」注：「八眉，眉彩色有八。」又引《尚書大傳》：「堯八眉，八者，如八字也。」

⑪《御覽》八〇引《春秋元命苞》：「堯眉八彩，是謂通明，歷象日月，璇璣玉衡。」《五行大義》五引《春秋文燿鉤》：「堯眉八彩，是謂通明，歷象日月，陳剬考功。」

⑫《五行大義》五引《孝經鉤命訣》：「伏羲日角，珠衡戴勝。」彼文謂伏羲，此以屬之唐堯，豈別有所本歟？

⑬《尚書》〈堯典〉：「欽明文思安安。」《釋文》引馬融云：「威儀表備謂之欽，照臨四方謂之明，經緯天地謂之文，道德純備謂之思。」

⑭《尚書》〈舜典〉：「濬哲文明。」彼文屬舜，此以屬堯，未知所本。

⑮《尚書》〈堯典〉：「允恭剋讓。」孔氏《傳》：「允，信；剋，能。」「剋」，原作「兢」，今據《古鈔本》、《三寶院本》、《無點本》校改，剋，俗別字。

⑯《尚書》〈堯典〉：「日若稽古帝堯。」孔氏《傳》：「若，順；稽，考也。能順考古道而行之者帝堯。」

⑰《論語》〈泰伯〉篇：「大哉！堯之爲君也，巍巍乎！唯天爲大，唯堯則之。」《集解》：「孔曰：『則，法也。美堯能法天而行化。』」

⑱《史記》〈五帝本紀〉：「帝堯者，放勛，其仁如天，其知如神，就之如日，望之如雲。」《索

隱》：「如日之照臨，人咸就之，若葵藿傾心以向日也。如雲之覆渥，言德化廣大，而浸潤生人，人咸仰望之，故曰，如百穀之仰膏雨也。」

⑲《尚書》〈堯典〉：「光被四表，格於上下。」孔氏《傳》：「光，充；格，至也。……名聞充溢四外，至於天地。」

⑳《尚書》〈堯典〉：「九族既沒，平章百姓。」孔氏《傳》：「百姓，百官。言化九族而平和章明。」

㉑《尚書》〈堯典〉：「百姓昭明，協和萬邦。」孔氏《傳》：「協，合。」

虞舜①，亦曰有虞②，大舜③，有姚④，虞皇，虞后；名重華⑤，字都君⑥。感大虹始生於姚墟⑦，長於嬀水⑧。狀曰：濬哲⑨，文明，登庸⑩，納麓⑪，受終⑫，慎徽五典⑬，懷神珠⑭，秉石椎，歌琴，垂拱⑮，彈五弦之琴⑯，歌《南風》之詩⑰。

【註】

①《史記》〈五帝本紀〉虞舜，《索隱》：「虞，國名，在河東大陽縣。舜，謚也。」《正義》：「《括地志》云：『故虞城在陝州河北縣東北五十里虞山之上。』酈元注《水經》云：『幹橋東北有虞城，堯以女嬪於虞之地也。」又宋州虞城大襄國所封之邑，杜預云：『舜後諸侯也。』又越州餘姚縣，顧野王云：『舜後支庶所封之地，舜，姚姓，故云餘姚。』」

②《御覽》八一引《帝王世紀》：「舜嬪於虞，故因號有虞氏。」《五行大義》五：「帝舜有虞氏，堯封之於虞，故因號有虞氏。」

③《御覽》八一引《帝王世紀》：「初，舜既踐帝位，而父瞽瞍尚存，舜常戴天子車服而朝焉，天下大之，故曰大舜。」

④陸雲〈贈顧驃騎〉二首〈思文〉：「在虞之胄，實惟有姚。」

⑤《史記》〈五帝本紀〉：「虞舜者，名曰重華。」《正義》曰：「《尚書》云：『重華協於帝。』孔安國云：『華謂文德也，言其光文重合於堯。』……目重瞳子，故曰重華。」

⑥《御覽》八一引《帝王世紀》：「舜名重華，字都君。」《五行大義》五說同。

⑦「虹」，原作「蛇」，今改。《御覽》八一引《詩含神霧》：「握登見大虹，意感生帝舜。」同卷引《帝王世紀》：「瞽瞍妻曰握登，見大虹，意感而生舜於姚墟，故姓姚。」《五行大義》五：「帝舜有虞氏，姓姚，母握登，見大虹、意感生帝於姚墟。」《史記》〈五帝本紀．正義〉：「瞽叟姓嬀，妻曰握登，見大虹，意感而生舜於姚墟，故姓姚。」字俱作「大虹」，今據改正。又案：《御覽》八一引《風土記》：「舜，東夷之人，生於桃丘，嬀水之汭，損石之東。舊說言舜上虞人也，虞即會稽縣，距餘姚七十里始寧，上虞南鄉也，後爲縣。桃丘即桃丘方相近也，（句有訛誤）今吳比亭，虞濱在小江裡。縣復五十，對小江，北岸臨江山上有立石，所謂損石者也，斜角西南揩，俗呼爲蔿公嶄高石也。」又謂姚墟爲桃丘，蓋異說也。

⑧《史記》〈五帝本紀〉：「舜，冀州之人也。」《正義》：「蒲州河東縣，本屬冀州。《宋永初山

川記》云：『蒲坂城中有舜廟，城外有舜宅及二妃壇。』《括地志》云：「嬀州有嬀水，源出城中，耆舊傳云，即舜厘降二女於嬀汭之所。外城中有舜井，城北有歷山，山上有舜廟，未詳。』案：嬀州亦冀州城是也。」

⑨《尚書》〈舜典〉：「濬哲文明。」孔氏《傳》：「濬，深；哲，智也。舜有深智文明。」《正義》：「『濬深，哲智』，皆《釋言》文。舍人曰：『濬，下之深也。哲，大智也。』舜有深智，言其智之深，所知不淺近也。」

⑩《尚書》〈堯典〉：「疇咨若時登庸。」孔氏《傳》：「疇，誰；庸，用也。誰能咸熙庶績，順是事者，將登用之。」案：《舜典》：「舜生三十徵庸，三十在位，五十載陟方乃死。」《正義》曰：「鄭玄讀此經云：『舜生三十，謂生三十年也；登庸二十，謂歷試二十年；在位五十載，陟方乃死，謂攝位至死爲五十年，舜年一百歲也。』則徵庸亦登庸也。」

⑪《尚書》〈舜典〉：「納於大麓，烈風雷雨弗迷。」孔氏《傳》：「麓，錄也。納舜使大錄萬機之政，陰陽和，風雨時，各以其節，不有迷錯愆伏，明舜之德合於天。」（《釋文》：「麓音鹿，王云：『錄也。』馬、鄭云：『山足也』」

⑫《尚書》〈舜典〉：「正月上日，受終於文祖。」孔氏《傳》：「終謂堯終帝位之事。文祖者，堯文德之祖廟。」《正義》：「受終者，堯爲天子，於此事終，而授與舜，故知終謂堯終帝位之事，終言堯終舜始也。」

⑬「徽」，原作「徵」，今據《古鈔本》、《無點本》校改。《尚書》〈堯典〉：「慎徽五典，五典

克從。」孔氏《傳》：「徽，美也。五典，五常之教：父義，母慈，兄友，弟恭，子孝。舜慎美篤行斯道，舉八元，使布之於四方，五教能從無違命。」

⑭「椎」，原作「推」，《無點本》作「惟」，今改。《藝文類聚》十一、《御覽》八一引《雒書靈准聽》：「有人方面，日衡重華，握石椎，懷神珠。」注：「椎讀曰鐘錘，平輕重也。握謂如璇璣玉衡之道。懷神珠，喻有聖性也。」《御覽》八一引《帝命驗》：「虞舜聖在側陋，光耀顯都，握石椎，懷神珠。」注：「椎讀曰錘。神珠，喻聖性。」

⑮《尚書》〈武成〉：「垂拱而天下治。」《正義》：「《說文》云：『拱，斂手也。』垂拱而天下治，謂所任得人，人皆稱職，手無所營，下垂其拱。故美其垂拱而天下治也。」按：謂舜垂拱，無明文，蓋由《論語》〈衛靈公〉篇有「無爲而治者，其舜也與」之說，因謂舜垂拱無爲耳。

⑯《御覽》五七七引楊雄《琴清音》：「舜彈五弦之琴而天下治。」

⑰《禮記》〈樂記〉：「昔者，舜作五弦之琴，以歌《南風》。」鄭玄注：《南風》，長養之風也，以言父母之長養己。其辭未聞也。」《正義》：「云『其辭未聞』也者，此《南風》歌辭未得聞也。如鄭此言，則非《詩》《凱風》之篇也。熊氏以爲《凱風》，非矣。案：《聖證論》引《尸子》及《家語》難鄭云：『昔者，舜彈五弦之琴，其辭曰：「南風之薰兮，可以解吾民之慍兮；南風之時兮，可以阜吾民之財兮」鄭云「其辭未聞」，失其義也。』今案：馬昭云：『家語，王肅所增加，非鄭所見；又《尸子》雜說，不可取證正經，故言未聞也。」

夏禹①，亦曰有夏②，伯禹③，夏禹，名文命④，字高密⑤。感流星生於石紐⑥，耳參漏⑦，懷玉斗⑧。狀有：疏通⑨，任土作貢⑩，盡力構洫⑪，卑宮室。

【註】

①《史記》〈夏本紀〉夏禹《正義》：「夏者，帝禹封國號也。《帝王紀》云：『禹受封爲夏伯，在豫州外方之南，今河南陽翟是也。』」

②《尚書》〈伊訓〉：「古有夏先后，方懋厥德。」孔氏《傳》：「先后，謂禹以下，少康以上賢王。」

③《御覽》八二引《尚書中候》：「伯禹在庶。」注：伯，官稱；禹，號也；因爲德諡。庶，庶人也。」《尚書》〈堯典〉：「伯禹作司空。」孔氏《傳》：「禹代鯀爲宗伯，入爲天子司空。」

④《史記》〈夏本紀〉：「夏禹，名曰文命。」《索隱》：「《尚書》云：『文命敷於四海。』孔安國云：『外布文德教命。』不云是禹名，太史公皆以放勛、重華、文命爲堯、舜、禹之名，未必爲得。」《正義》：「《帝王紀》云：『父鯀妻脩己……生禹，名文命。』……《大戴禮》云：『高陽之孫鯀之子曰文命。』」《御覽》八二引《尚書帝命驗》：「禹白帝精，以星感。脩紀山行，見流星，意感栗然，生姒戎文禹。」注：「姒，禹氏。禹生戎地，一名政命。」「政命」，蓋即「文命」之誤。

⑤《史記》〈夏本。紀索隱〉：「《繫本》：『鯀取有辛氏女，謂之女志，是生高密。』宋衷

云：『高密，禹所封國。』」《正義》：「《帝王紀》云：『父鯀妻脩己……生禹，名文命，字密。』」按：《正義》引《帝王紀》「密」上當脱「高」字，《御覽》八二引《帝王世紀》正作「高密」。

⑥《御覽》八二引《孝經鉤命決》：「命星貫昴，脩紀夢接生禹。」注：「命使之星，流行之星也。」《史記》〈夏本紀．正義〉：「《帝王紀》云：『父鯀妻脩己，見流星貫昴，夢接意感，又吞神珠薏苡，胸拆而生禹。』揚雄〈蜀王本紀〉云：『禹本汶山郡廣柔縣人也，生於石紐。』《括地志》云：『茂州汶川縣石紐山，在縣西七十三里。』《華陽國志》云：『今夷人共營其地方百里，不敢居牧，至今猶不敢放六畜。』」按：廣柔，隋改曰汶川。」

⑦《淮南子》〈脩務〉篇：「禹耳參漏，是謂大通。」高誘注：「參，三也。漏，穴也。」《御覽》八二引《雒書靈准聽》：「有人大口，耳參漏。」注：「謂禹也。漏，空也。」《宋書》〈符瑞志〉上：「帝禹生於石紐，兩耳參鏤。」按：《御覽》八二引《帝王世紀》亦作「耳參鏤」。

⑧《御覽》八二引《雒書靈准聽》：「有人……懷玉斗。」注：「懷琁璣玉衡之道。或以爲有黑子如玉斗也。」又引《帝王世紀》：「伯禹胸有玉斗。」

⑨《孟子》〈滕文公〉上：「禹疏九河。」趙岐注：「疏，通也。」

⑩《尚書》〈禹貢〉：「任土作貢。」孔氏《傳》：「任其土地所有，定其貢賦之差。」

⑪《論語》〈泰伯〉篇：「子曰：『禹，吾無間然矣，……卑宮室，而盡力乎溝洫。』」《集解》：「包曰：『方里爲井；井間有溝，溝廣深四尺。十里爲成，成間有洫，洫廣深八尺。』」《御

覽》八二引《禮含文嘉》：「禹卑宮室，垂意於溝洫，百穀用成。」

殷湯，亦曰成湯①，商湯，商王，殷后；名天乙②，字乙王。感白氣而生③。兩肘④，七名⑤，受金鈎⑥，都於亳⑦。狀有：革命⑧，解網⑨，卅七征⑩，紂於鳴條⑪，竄於南巢⑫。

【註】

①《路史發揮》五注：「湯特商國中一邑名，曰成湯者猶成周然。」

②《史記》〈殷本紀〉：「主癸卒，子天乙立，是爲成湯。」《索隱》：「湯名履，《書》曰『予小子履』是也。又稱天乙者，譙周云：『夏、殷之禮，生稱王，死稱廟，皆以帝名配之。天亦帝也，殷人尊湯，故曰天乙。』」

③《御覽》八三引《河圖》：「扶都見白氣貫月，感生黑帝湯。」原注：「《詩含神霧》、《帝王世紀》並同。」

④《御覽》八三引《雒書靈准聽》：「黑帝子湯，長八尺一寸，或曰七尺，連珠庭，臂二肘。」又引《春秋元命苞》：「湯臂二肘，是謂神剛。」又引《帝王世紀》：「成湯長九尺，臂四肘。」

⑤《御覽》八三引《紀年》：「湯有七名而九征。」

⑥《御覽》八三引《尚書璇璣鈐》：「湯受金符，白狼銜鈎入殷朝。」注：「金符，禹錄。鈎縛束之

要，明湯得天下之要也。」

⑦《史記》〈殷本紀〉：「湯始居亳。」《集解》：「皇甫謐曰：『梁國穀熟爲南亳，即湯都也。』」《正義》：「《括地志云》：『宋州穀熟縣西南三十五里南亳故城，即南亳湯都也。宋州北五十里大蒙城，爲景亳，湯所盟地，因景山爲名；河南偃師爲西亳，帝嚳及湯所都，盤庚亦徙都之。』」

⑧《周易》〈革卦〉：「天地革而四時成。湯、武革命，順乎天而應乎人。」

⑨《呂氏春秋》〈異用〉篇：「湯見祝網者，置四面，其祝曰：『從天墜者，從地出者，從四方來者，皆離吾網。』湯曰：『嘻！盡之矣，非桀其孰爲此也。』湯收其三面，置其一面，更教祝曰：『昔蛛蝥作網罟，今之人學紓。欲左者左，欲右者右，欲高者高，欲下者下，吾取其犯命者。』漢南之國聞之曰：『湯之德及禽獸矣。』四十國歸之。」

⑩《孟子》〈滕文公〉下：「湯始征，自葛載，十一征而無敵於天下。」趙岐注：「十一征而服天下，一說，言當作再字，再十一征而言湯再征十一國，再十一，凡征二十二國也。」《御覽》八三引《紀年》言湯九征，與此不同。《御覽》八三引《帝王世紀》：「成湯凡二十七征，而德於諸侯焉。」「卅七」，當爲「二十七」之誤。古書言數，凡爲三之倍數者，俱謂其多耳，「九征」、「二十七征」，其義一也。

⑪周校云：「『紂』，疑爲『討』字形誤。」《尚書》〈湯誓〉：「伊尹相湯伐桀，升自陑，遂與桀戰於鳴條之野。」孔氏《傳》：「地在安邑之西。」

⑫《淮南子》〈本經〉篇：「湯乃以革車三百乘，伐桀於南巢，放之夏台。」高誘注：「南巢，今廬江巢縣是也。」又〈脩務〉篇：「湯乃整兵鳴條，困夏南巢，譙以其過，放之歷山。」《御覽》八二引《帝王世紀》：「湯來伐桀，以乙卯日戰於鳴條之野，桀未戰而敗績，湯追至大涉，遂禽桀於焦，放之歷山，乃與妹喜及諸嬖妾同舟浮海，奔於南巢之山而死。」

高宗①；亦曰武丁，中宗②，殷宗③。狀云：中興④。

【註】

①《尚書》〈說命〉上：「高宗夢得說。」孔氏《傳》：「盤庚弟，小乙子，名武丁，德高可尊，故號高宗。」《禮記》〈喪服四制〉：「高宗者，武丁。武丁者，殷之賢王也，繼世即位，而慈良於喪；當此之時，殷衰而復興，禮廢而復起，故善之，善之，故載之書中而高之，故謂之高宗。」

②《尚書》〈無逸〉：「昔在殷王中宗。」孔氏《傳》：「大戊也，殷家中世尊其德，故稱宗。」此以爲武丁，說異。

③《漢書》〈宣帝紀贊〉：「功發祖宗，業垂後嗣，可謂中興，侔德殷宗、周宣矣。」

④《禮記》〈喪服四制．正義〉：「武丁者，殷之賢王也者，中興殷世，故曰賢王也。」

周文王，亦曰文昌①；武王，亦曰武發；並云有周②，蒼精③。文王邑於灃④，受命於岐山⑤。武王都於鎬⑥。狀云：命唯新⑦，耆定武功⑧，虞代⑨革命，伐罪⑩。

【註】

①《御覽》八四引《春秋元命苞》：「伐殷者爲姬昌。」注：「姬昌之言基始也，昌，兩日重見，言明象。」

②《詩》、《書》言有周謂文王或武王者，如《尚書》〈泰誓〉下：「惟我有周，誕受多方。孔氏《傳》：「言文王德大，故受眾方之國。」《詩經》〈大雅〉〈文王〉：「有周不顯。」毛《傳》：「有周，周也。」皆謂文王也。《詩經》〈大雅〉〈時邁〉：「實右序有周。」又云：「明昭有周。」則謂武王也。

③《初學記》九引《春秋元命苞》：「姬昌，蒼帝之精，位在房心。」《御覽》八四引《春秋感精符》：「孔子案錄書，含觀五常英人，知姬昌爲蒼帝精。」

④「澧」，當作「豐」。《御覽》八四引《春秋元命苞》：「伐殷者爲姬昌，生於岐，立於豐。」注：「岐，雍州之山最大者也。豐亦大。」

⑤《尚書》〈無逸〉：「文王受命惟中身。」《詩經》〈大雅〉〈文王〉：「〈文王〉，文王受命作周也。」毛《傳》：「受命，受天命而王天下。」又〈靈台〉：「〈靈台〉，民始附也，文王受命，而民樂其有靈德，以及鳥獸昆蟲焉。」《御覽》八四引《琴操》：「《受命》者，謂文王受天命。文王以紂時爲岐侯，躬修道德，執行仁義，百姓附親，是時，紂爲無道，刳胎斮涉，廢壞三

仁，天統易運，諸侯瓦解，皆歸文王。其後有鳳皇銜書於郊，文王曰：『殷帝無道，虐亂天下，皇命已移，不得復久。』乃作《鳳皇》之歌曰：『翼翼翔翔鸞皇兮，銜書來遊以命昌兮，瞻天案圖殷將亡兮，蒼蒼皓天始有萌兮，五神連精合謀房兮。』」

⑥《詩經》〈大雅〉〈文王有聲〉：「鎬京辟雍。」毛《傳》：「武王作邑於鎬京。」

⑦《詩經》〈大雅〉〈文王〉：「周雖舊邦，其命維新。」毛《傳》：「乃新在文王也。」

⑧《詩經》〈周頌〉〈武〉：「耆定爾功。」鄭《箋》：「耆，老也。嗣子武王受文王之業，舉兵伐殷而勝之，以止天下之暴虐而殺人者，年老乃定，女之此功，言不汲汲於誅紂，須暇五年。」《左傳》宣公十二年：「又作〈武〉，其卒章曰：『耆定爾功。』」杜預注：「耆，致也。言武王誅紂，致定其功。」與鄭說異。

⑨虞代二字疑。

⑩《史記》〈周本紀〉：「於是武王遍告諸侯曰：『殷有重罪，不可以不畢伐。』」

漢，曰天漢①，炎漢②，卯金刀③。高祖④曰劉邦，感玉英始生⑤，酆澤夢素靈哭⑥，芒山見紫雲⑦，靄壘浮奇氣⑧。狀云：肇戴天祿⑨，提劍⑩。

【註】

①《漢書》〈蕭何傳〉：「語曰天漢，其稱甚美。」注：「流俗語云天漢，常以漢配天，此美名

也。」

②《三國志》〈魏書．陳思王傳〉：「植封雍丘王，朝京師獻詩曰：『受禪炎漢，臨君萬邦。』」

③《御覽》八七引《尚書帝命驗》：「賊起蜚，卯生虎。」注：「卯，劉字之別也。」又引《尚書考靈耀》：「卯金出軫，握命孔符。」注：「卯金，劉字之別。」又引《春秋演孔圖》：「其人日角龍顏，始卯金刀，含仁義。」

④《史記》〈高祖本紀〉高祖，《集解》：「《漢書音義》曰：『諱邦。』張晏曰：『《禮》〈謚法〉無高，以爲功最高，而爲漢之太祖，故特起名焉。』」

⑤《御覽》八七引《尚書帝命驗》：「有人雄起戴玉英。」注：「玉英，實物之名。戴之，謂骨表。」又引《詩含神霧》：「含始吞赤珠，刻曰：『玉英生漢皇。』」注：「刻，刻鏤也，有玉英之文。」又引《帝王世紀》：「太上皇之妃曰媼，是爲昭靈后，名含始，遊於洛池，有玉雞銜赤珠出，刻曰：『玉英，吞此者王。』含始吞之，生邦字季。」

⑥《史記》〈高祖本紀〉：「高祖以亭長爲縣送徒酈山，徒多道亡，自度比至皆亡之，到豐西澤中止飲，夜乃解縱所送徒曰：「公等皆去，吾亦從此逝矣。」徒中壯士，願從者十餘人。高祖被酒，夜徑澤中，令一人前行。行前者還報曰：『前有大蛇當徑，願還。』高祖醉曰：『壯士行，何畏。』乃前，拔劍擊斬蛇，蛇遂分爲兩，徑開。行數里，醉因卧。後人來至蛇所，有一老嫗夜哭，人問何哭，嫗曰：『人殺吾子，故哭之。』人曰：『嫗子何爲見殺？』嫗曰：『吾子白帝子也，化爲蛇當道，今爲赤帝子斬之，故哭。』」《索隱》：「按《春秋合誠圖》云：『水神哭子褒敗。』宋均以

爲『高祖斬白蛇而神母哭』，則此母水精也，此皆謬說。」《五行大義》五：「漢以孔子獲麟得圖書云：『姬周亡，火曜劉起帝卯金。』故高祖斬白蛇而神母哭云：『赤帝子殺我白帝子。』」《文選》四七陸士衡〈漢高祖功臣頌〉：「素靈夜哭。」

⑦「見」上，原有「小」字，今據《古鈔本》、《三寶院本》、《無點本》刪削。《史記》〈高祖本紀〉：「高祖即自疑，亡匿隱於芒、碭山澤岩石之間，呂后與人俱求，常得之。高祖怪問之，呂后曰：『季所居，上常有雲氣，故從往，常得季。』高祖心喜。」

⑧《御覽》八七引《楚漢春秋》：「項王在鴻門，而亞父諫曰：『吾使人望沛公，其氣衝天，五彩相糾，或似雲，或似龍，或似人，此非人臣之氣也，不若殺之。』」

⑨《文選》四七陸士衡〈漢高祖功臣頌〉：「赫矣高祖，肇載天祿。」李善注：「《尚書》曰：『天祿永終。』」呂向曰：「赫，盛；肇，始；載，運也。」

⑩《史記》〈高祖本紀〉：「高祖擊布時，爲流矢所中，行道病，病甚。呂后迎良醫，醫入見，高祖問醫，醫曰：『病可治。』於是高祖嫚罵之曰：『吾以布衣提三尺劍取天下，此非天命乎？命乃在天，雖扁鵲何益。』遂不使治病。」

右並是古帝王名狀。至諸文歷敘先代處，可於此斟酌改用之。或可引軒、唐、虞、夏、商、周、秦、漢等國號，即以歷運、命祚、基①業、道德等配之，隨其盛衰而敘。

【註】

①「基」，原作「其」，今據《無點本》校改。

若敘盛云：光啟①；云始：唯新，方熾，玄盛，逾隆，剋明②；云永：逾遠，方弘，方茂；云恭③。

【註】

①《文選》四七陸機〈漢高祖功臣頌〉：「收吳引淮，光啟於東。」李善注：「光，充也。」

②「剋」，原作「兢」，今據《古鈔本》、《三寶院本》、《無點本》校改。《尚書》〈堯典〉：「克明俊德。」孔氏《傳》：「能明俊德之士任用之。」《詩經》〈大雅・皇矣〉：「其德克明。」鄭《箋》：「照臨四方曰明。」

③按：「云恭」下當闕文，竊疑下文「受命、受終、定業、開基、啟祚、承天、乘時」一行十四字當承此下，今此一行十四字誤植於「敘衰」之後，「生狀」之前，則不倫不類矣。

若敘衰云：造地①，陵遲②，將季③；云喪：將盡；云替：已缺，將亡，告終等語。

【註】

①二字疑。或是「末造」之誤，《文選》一班孟堅〈東都賦〉：「顧曜後嗣之末造。」

②《荀子》〈宥坐〉篇：「百仞之山，任負車登焉，何則？陵遲故也。」楊倞注：「遲，慢也。陵遲，言丘陵之勢漸漫也。」《詩經》〈王風．大車序〉：「禮義陵遲。」《正義》：「陵遲，猶陂陁，言禮義廢壞之意也。」

③《左傳》昭公三年：「晏子曰：『此季世也。』……叔向曰：『然。雖吾公室，今亦季世也。』《國語》〈晉語〉：「郭偃曰：『夫三季王之亡宜矣。』」韋昭曰：「季，末也。」《文選》〈天監三年策秀才文〉注：「季謂末年。」

受命，受終①，定業，開基②，啟祚，承天③，乘時④。

【註】

①《尚書》〈舜典〉：「正月上日，受終於文祖。」孔氏《傳》：「終謂堯終帝位之事。」《正義》：「受終者，堯爲天子，於此事終，而授與舜，故知終謂堯終帝位之事。終言堯終舜始也。」

②《文選》十一〈景福殿賦〉：「譬天地以開基。」

③《周易》〈坤卦．象〉曰：「至哉坤元，萬物資生，乃順承天。」《正義》：「乃順承天者，乾是剛健，能統領於天，坤是陰柔，以和順承平於天。」

④唐《明堂肅和章》：「象天御宇，乘時布政。」

生狀云：誕靈，降神①，誕聖②，發祉③，效靈④，啟聖⑤，流祉⑥；亦云：載誕，降生。

【註】

①《詩經》〈大雅〉〈崧高〉：「維岳降神，生甫及申。」

②薛道衡〈上高祖頌〉：「誕聖降靈。」

③《宋史》〈禮樂志．明堂樂章〉：「奠茲嘉觴，蘭其芬，發祉階祥，以子以孫。」

④《文選》四六顏延年〈三月三日曲水詩序〉：「山瀆效靈。」李善注：「山，五岳也；瀆，四瀆也。效靈，山出器車，瀆出圖書之類。」

⑤《文選》三七劉越石〈勸進表〉：「或多難以固邦國，或殷憂以啟聖明。」任昉〈齊禪梁詔〉：「五德更始，三正迭興，馭物資賢，登庸啟聖。」《北史》〈周文帝紀論〉：「時屬與能，運膺啟聖。」

⑥隋《祠五帝樂辭》：「禮殫義展，流祉邦國。」

臨狀云：登樞①，踐極②，馭宇③，建國④，乘時，踐位⑤，君臨⑥，乘乾⑦，出震。

右若敘先代，並得通用。

敍述帝德，體制甚多，配用諸文，動成混亂，今略弁⑧之如右。⑨

【註】

①陳子昂〈勸寺禪表〉：「陛下膺天受命，握紀登樞。」

②鮑照〈河清頌序〉：「聖上天飛踐極，迄茲二十四載，道化周流，元澤汪濊。」

③李紳〈上黨奏慶雲見〉詩：「飛龍久馭宇，真氣尚興雲。」

④《周禮》〈天官·冢宰〉：「惟王建國。」鄭玄注：「建，立也。」

⑤《禮記》〈中庸〉：「踐其位。」鄭玄注：「踐猶升也。」《孟子》〈萬章〉上：「夫然後之中國，踐天子位焉。」

⑥徐陵〈梁禪陳策文〉：「金根玉輅，示表君臨。」何妥《樂部曹觀樂》：「百神諧景福，萬國仰君臨。」

⑦《續漢書》〈輿服志〉上：「《易》震乘乾，謂之大壯。」崔融〈啟母廟碑銘〉：「開階運斗，宅海乘乾。」

⑧「弁」，或改作「辨」，未可從。

⑨「右」，此本讀為「上」。

或先敍感受符受①命、形狀握運等二句於上，後以德從、臨馭、功業等承之。

【註】

①周校云：「『受』字疑衍。」

若云盛降：炎上①，赤帝②，赤熛③，熛怒④，朱鳥⑤，翼軫⑥，瑤光，白虹，星虹⑦，樞電⑧，赤龍⑨，玉英等；精靈：祉⑩氣，正氣⑪；握受膺：黃河⑫，滎河⑬，河、洛⑭，翠淵⑮，玄扈⑯，龍馬⑰，龜鳳⑱，龜龍⑲，黃龍⑳，玄龜㉑，玄精㉒，朱文，綠錯㉓，玄匣，玉匣㉔，玉檢㉕等；圖錄㉖：文命，赤雀㉗，玉匱書㉘，黃魚㉙，金鉤㉚，丹書㉛等；命降：玄珪㉜，錫受昭華等贈應㉝；叶千年㉞，千載㉟，五期㊱，五運㊲等期運；數啟三靈卜㊳；戴玉理石耳等㊴形表；蒼牙，珠衡㊵等狀配；居踐：紫微㊶，北辰㊷，宸㊸極等位居；大寶㊹，九五㊺，黃屋㊻等位尊。並量其類以取對。

【註】

①《尚書》〈洪範〉：「火曰炎上。」《五行大義》五：「赤帝望之，火煌煌然，視之炎上。」

②《御覽》八〇引〈春秋合誠圖〉：「堯母慶都有名於世，蓋大帝之女，生於斗維之野，常在三河之南，天大雷電，有血流潤大石之中，生慶都，長大形像大帝，常有黃雲覆蓋之，夢食不飢。及年二十，寄伊長孺家，出觀三河之首，常若有神隨之者。有赤龍負圖出，慶都讀之：『赤受天運』下有

圖，人衣赤，光面八彩，鬚鬢長七尺二寸，兌上豐下，足履翼，翼署曰：『赤帝起誠天下寶。』奄然陰風雨，赤龍與慶都合婚有娠，龍消不見。既乳，視堯如圖表。及堯有知，慶都以圖予堯。」

③《周禮》〈春官〉〈小宗伯〉：「兆五帝於四郊。」鄭玄注：「五帝；蒼曰靈威仰，太昊食焉；赤曰赤熛怒，炎帝食焉；黃曰含樞紐，黃帝食焉；白曰白招拒，少昊食焉；黑曰汁光紀，顓頊食焉。」《文選》一班孟堅〈東都賦〉注引《河圖》：「蒼帝神名靈威仰，赤帝神名赤熛怒，黃帝神名含樞紐，白帝神名白招拒，黑帝神名汁光紀。」

④顧況〈高祖受命造唐賦〉：「水曰威仰，火曰熛怒。」

⑤《史記》〈天官書．索隱〉引《春秋文曜鉤》：「南宮赤帝，其精爲朱鳥。」

⑥《文選》五左太沖〈吳都賦〉：「婺女寄其曜，翼軫寓其精。」劉淵林注：「翼軫，楚分。」李德林《天命論》：「立疎勛於魏室，建盛業於周朝，肇翼軫之國，肇炎精之紀。」

⑦《文選》五四劉孝標〈辯命論〉：「星虹樞電，昭聖德之符。」李善注：「《春秋元命苞》曰：『大星如虹，下流華渚，女節夢意感，生朱宣。』宋均曰：『華渚，渚名也。朱宣，少昊氏。』」

⑧同上注引《詩含神霧》：「大電繞樞，照郊野，感符寶，生黃帝。」張衡〈周天大象賦〉：「亦有樞降軒而駐電，景瑞堯而麗月。」

⑨赤龍，見注二引《春秋合誠圖》。

⑩「祉」，原作「祀」，今據《古鈔本》、《三寶院本》、《無點本》校改。

⑪《後漢書》〈郎顗傳〉注、《御覽》七六又三六〇引《春秋演孔圖》：「正氣爲帝。」注：「正氣

謂若木人則得蒼龍之形靈威仰之氣，火人得朱鳥之形赤熛怒之氣以生之比也。」

⑫《易．乾鑿度》下：「孔子曰：『天之將降嘉瑞，應河水，清三日，青四日，青變爲赤，赤變爲黑，黑變爲黃，各三日。』」《北齊書》〈武帝紀〉：「大寧二年，齊州黃河清，改清河元年。」

⑬梁簡文帝《大法頌》：「滎河恥其祥潤，汾陰陋其暉影。」徐陵〈陳公九錫文〉：「文、武之佐，蟠溪蘊其玉璜；堯、舜之臣，滎河鏤其金版。」

⑭《詩經》〈大雅〉〈文王〉《正義》：「《春秋說題辭》云：『河以通乾出天苞，雒以流坤吐地符。』又《易坤靈圖》云：『法地之瑞，黃龍中流見於雒。』注云：『法地之瑞者，洛書也。』然則河圖由天，洛書自地，讖緯說皆言文王受洛書，而言天命者，以河、洛所出，當天地之位，故托之天地以示法耳。」

⑮《御覽》七八引《河圖挺佐輔》：「黃帝修德立義，天下大治，乃召天老而問焉：『余夢見兩龍挺日圖，即帝以授余於河之都，覺昧素喜，不知其理，敢問於子。』天老曰：『河出龍圖，雒出龜書，紀帝錄，列聖人，所紀姓號，興謀治平，然後鳳皇處之。今鳳皇以下三百六十日矣，合之圖紀，天其授帝圖乎！』黃帝乃祓齊七日，衣黃衣黃冠黃冕，乘黃龍之乘，載蛟龍之旗，天老、五聖皆從，以遊河、洛之間，求所夢見者之處，弗得，至於翠嬀之淵，大盧魚　流而至，乃問天老曰：『子見夫中河流者乎？』曰：『見之。』顧問五聖，皆曰：『莫見。』乃辭左右，獨與天老跪而迎之，五色畢具，天老以授黃帝，帝舒視之，名曰錄圖。」又八〇引《龍魚河圖》：「堯時與群臣賢智，到翠嬀之淵，大龜負圖來，出授堯，敕臣下寫取，寫畢，龜還水中。」

⑯《山海經》〈中山經〉：「又東十二里曰陽虛之山，多金，臨於玄扈之水。」郭璞注：「《河圖》曰：「倉頡爲帝，南巡狩，登陽虛之山，臨於玄扈、洛汭，靈龜負書，丹甲青文以授之。』出此水中也。」

⑰《禮記》〈禮運〉：「河出馬圖。」鄭玄注：「馬圖，龍馬負圖而出也。」《正義》：「《中候握河紀》：『堯時受河圖，龍銜赤文綠色。』注云：『龍而形象馬，故云馬圖。是龍馬負圖而出。』又云：『伏羲氏有天下，龍馬負圖出於河，遂法之畫八卦。』」

⑱《後漢書》〈蔡邕傳〉：「龜鳳山翳，霧露不除。」注：「龜鳳，喻賢人；霧露，喻昏闇也。」

⑲《五行大義》五：「《禮含文嘉》云：『堯廣被四表，致於龜龍。』」

⑳《御覽》八一引《雒書靈准聽》：「舜受終，鳳皇儀、黃龍感，朱草生，蓂莢孳。」《文選》一班孟堅〈兩都賦序〉：「神雀、五鳳、甘露、黃龍之瑞，以爲年紀。」注：「《漢書》〈宣紀〉：『黃龍元年。』應劭曰：『先是黃龍見新豐，因以改元焉。』」

㉑《御覽》九三一引《尚書中候》：「堯沉璧於洛，玄龜負書出，於背中赤文朱字，止壇場。沉璧於河，黑龜出，赤文題。」又曰：「周公攝政七年，制禮作樂。成王觀於洛，沉璧禮畢，王退，有玄龜，青純蒼光，背甲刻書，上躋於壇，赤文成字。周公寫之。」

㉒《五行大義》五：「北方黑帝顓頊氏，主冬，黑精之君。」

㉓《御覽》八一引《尚書中候》〈考河命〉：「黃龍負卷舒圖，出水壇畔，赤文綠錯。」注：「錯，分也，文而以綠色分其間。」

㉔《南史》〈齊高帝紀〉：「開玉匣而總地維。」

㉕《御覽》八一引《春秋運斗樞》：「舜以太尉受號，即位爲天子，五年二月東巡狩，至於中月，與三公諸侯臨觀，黃龍五彩負圖出，置舜前。圖以黃玉爲匣如柜，長三尺，廣八寸，厚一寸，四合而連有户，白玉檢，黃金繩，芝爲泥封兩端，章曰『天黃帝符璽』五字，廣袤各三寸，深四分，鳥文。舜與大司空禹、臨侯望博等三十人集發。圖玄色而綈狀可舒卷，長三十二尺，廣九寸，中有七十二帝地形之制，天文宮位度之差。」

㉖《文選》三六王元長〈永明十一年策秀才文〉注引《尚書璇璣鈐》：「河圖，命紀也，圖天地帝王終始存亡之期，錄代之矩。」又三張平子〈東京賦〉：「高祖膺籙受圖。」薛綜注：「膺籙，謂當五勝之籙。受圖，卯金刀之語。」「籙」與「錄」通，《文選》二四潘安仁〈爲賈謐作贈陸機〉詩注引《東京賦》「籙」作「錄」，即其證。

㉗《御覽》九二二引《春秋孔演圖》：「鳥化爲書，孔子奉以告天，赤雀書上化爲黃玉，刻曰：『孔提命作法爲制，赤雀集。』」又引《尚書中候》：「赤雀銜丹書入豐，止於昌前。」又引《孫氏瑞應圖》：「赤雀者，王者動作應天時，則銜書來。」

㉘玉匱書，見上注二五引《春秋運斗樞》。

㉙《水經》〈洛水注〉：「殷湯東觀於洛，習禮堯壇，降璧三沉，榮光不起，黃魚雙躍出濟於壇。黑鳥以浴，隨魚亦上，化爲黑玉赤勒之書，黑龜赤文之題也。湯以伐桀」案：此注本《尚書中候》，見《御覽》八三引。

㉚「鈎」，原作「鈞」，今據《無點本》校正。金鈎已注上文「殷湯」條。

㉛「書」，原作「晝」，今據《古鈔本》、《三寶院本》、《無點本》校正。《史記》〈周本紀〉《正義》：「引《尚書帝命驗》：「季秋之月甲子，有赤爵銜丹書入於酆，止於昌户，其書云：『敬勝怠者吉，怠勝敬者滅。義勝欲者從，欲勝義者凶。凡事不強則枉，不敬則不正。枉者廢滅，敬者萬世。以仁得之，以仁守之，其量百世；以不仁得之，以仁守之，其量十世；以不仁得之，以不仁守之，不及其世』」

㉜《尚書》〈禹貢〉：「禹錫玄圭，告厥成功。」孔氏《傳》：「玄，天色。禹功盡加於四海，故堯賜玄圭以彰顯之。言天功成。」

㉝《淮南子》〈泰族〉篇：「堯治天下，政教平，德潤洽，在位七十載，乃求所屬天下之統，令四岳揚側陋。四岳舉舜而薦之堯。堯乃妻以二女以觀其內，任以百官以觀其外，既入大麓，烈風雷雨而不迷；乃屬以九子，贈以昭華之玉而傳天下焉。」許慎注：「昭華，玉名。」《緯略》：「昭華之玉，堯賜舜律管也。或曰：秦庫中玉笛，長二尺三寸，六孔，吹之，則見車馬山林，隱隱相次。銘曰『昭華之琯。』」

㉞王嘉《拾遺記》一：「黃河千年一清，至聖之君，以爲大瑞。」

㉟《文選》三七劉越石〈勸進表〉：「紹千載之運。」注：「《桓子新論》曰：『夫聖人乃千載一出，賢人君子所想思而不可得見也。』」又十潘安仁〈西征賦〉：「遭千載之嘉會，皇合德於乾坤。」李善注：「〈聖主得賢臣頌〉曰：『上下懽然交欣，千載一會。』」

㊱《易緯通卦驗》上：「孔子曰：『太皇之先與曜合，元精五帝，期以序七神。天地成位，君臣道生，君五期，輔三名，以建德，通萬靈。』」鄭玄注：「君之用事，五行代王亦有期。」

㊲徐陵〈爲陳武帝與宰相書〉：「昔有天地，便立帝王，革昊惟農，遷虞斯夏，莫不三靈所祐，五運相推。」薛道衡〈隋高帝頌〉：「五運葉期，千年肇旦。」《文選》六〈魏都賦〉注：「五運，五行用事之運也。」〈魏都賦〉又曰：「應期運而光赫。」注：「《春秋説題辭》：『《尚書》者，所以推期運，明命授之際。』」

㊳《文選》四七陸士衡〈漢高祖功臣頌〉：「三靈改卜。」李善注：「《春秋元命苞》曰：『造起天地，鑄演人君，通三靈之貺，交錯同端。』」又四八班孟堅〈典引〉：「答三靈之蕃祉。」李善注：「三靈，天地人也。」

㊴「耳等」二字原脱，「戴玉理石耳」，見上文「神農」條，今據補；「等」字，據本條上下例補。

㊵《五行大義》五引《孝經鈎命決》：「伏羲日角珠衡戴勝。」《隋書》〈薛道衡傳．上高祖文皇帝頌〉曰：「龍顔日角之奇，玉理珠衡之異，著在圖籙，彰乎儀表。」

㊶《文選》二張平子〈西京賦〉：「正紫宮於未央。」薛綜注：「天有紫微宮，王者象之。」李善注：「辛氏《三秦記》曰：『未央宮一名紫微宮。』」

㊷《論語》〈爲政〉：「譬如北辰，居其所而眾星共之。」《正義》：「《爾雅》〈釋天〉云：『北極謂之北辰。』郭璞曰：『北極，天之中，以正四時。』然則極，中也；辰，時也。以其居天之中，故曰北極；以正四時，故曰北辰。」

㊸「宸」上，原有「靈」字，今據《古鈔本》、《無點本》刪削。

㊹《易》〈繫辭〉下：「聖人之大寶曰位。」韓康伯注：「夫無用則無所寶，有用則有所寶也。無用而常足者莫妙乎道，有用而弘道者莫大乎位，故曰聖人之大寶曰位。」《正義》曰：「言聖人大可寶愛者在於位耳，位是有用之地，寶是有用之物，若以居盛位，能廣用無疆，故稱大寶也。」

㊺《周易》〈履卦〉：「剛中正，履帝位而不疚，光明也。」《正義》：「剛中正、履帝位者，謂九五也；以剛處中，得其正位，居九五之尊，是剛中正、履帝位也。而不疚光明者，能以剛中而居帝位，不有疚病，由德之光明故也。」又〈繫辭〉上：「崇高莫大乎富貴。」《正義》：「崇高莫大乎富貴者，以王者居九五富貴之位，力能齊一天下之動，而道濟萬物，是崇高之極，故云莫大乎富貴。」

㊻《漢書》〈高紀〉：「紀信乘王車，黃屋左纛。」注：「李斐曰：『黃屋，天子車，以黃繒爲蓋裡。』」

亦可云①：熛怒，朱鳥，翼軫，瑶光，樞電，星虹，及雷澤，壽丘，華渚，華陽，石紐等降精，降靈，降神，發祉，流祉，誕聖，啟聖。滎河，河、洛，黃龍，玄龜，龍馬，玄扈，玉檢等授②圖，薦籙，呈瑞。玄珪降錫，珠衡表狀。

【註】

①「云」字原無，今據本章下文句例訂補。

②「授」，原作「檢」，今據《古鈔本》、《三寶院本》、《無點本》校改。

亦可云：握天鏡①，金鏡②，玉鏡③，神珠④，懷玉斗，秉石椎，擊玉鼓⑤，馭三龍⑥，定九鼎⑦等云云。而以踐極，踐位，馭世，乘時，臨民，承天，察璇璣玉衡齊七政⑧，秉玉燭以調時⑨。

【註】

①《南史》〈齊高帝紀〉：「披金繩而握天鏡，開玉匣而總地維。」梁簡文帝《大法頌序》：「憑玉幾，握天鏡。」《文選》劉孝標〈廣絕交論〉注引《春秋孔錄法》：「有人卯金，握天鏡。」

②《文選》二〇顏延年〈皇太子釋奠會作詩〉注引《雒書》：「秦失金鏡。」鄭玄注：「金鏡，喻明道也。」又五五劉孝標〈廣絕交論〉「聖人握金鏡。」

③《北堂書鈔》一三六、《初學記》二五、《御覽》八二又七一七引《尚書帝命驗》：「桀失其玉鏡，用其噬虎。」鄭玄注：「玉鏡，喻清明之道。噬虎，喻暴虐之風。」

④《御覽》八一引《雒書靈准聽》：「有人方面日衡重華，握石椎，懷神珠。」注：「懷神珠，喻有聖性也。」

⑤《御覽》五八二引《春秋演孔圖》：「有人金豐，擊玉鼓，駕六龍。」注：「鼓，喻所行清嚴，人

服其威勢也。」

⑥《御覽》九二九引《新言》：「漢祖驂三龍而乘雲路，振長策而驅天下。三龍，人傑。」

⑦《左傳》宣公三年：「成王定鼎於郟鄏，卜世三十，卜年七百，天所命也。」杜預注：「武王遷之，成王定之。」

⑧《尚書》〈舜典〉：「在璿璣玉衡，以齊七政。」孔氏《傳》：「在，察也。璿，美玉。璣衡，王者正天文之器，可運轉者。七政，日月五星各異政。舜察天文，齊七政，以審己當天心與否。」

⑨《爾雅》〈釋天〉：「春爲青陽，夏爲朱明，秋爲白藏，冬爲玄英，四時和謂之玉燭。」郭璞注：「道光照。」邢昺疏：「道，言也。言四時和氣，温潤明照，故曰玉燭。李巡云：『人君德美如玉，而明若燭。』《聘義》云：『君子比德於玉焉。』是知人君若德輝動於內，則和氣應於外，統而言之，謂之玉燭也。案《尸子》〈仁意〉篇述太平之事云：『燭於玉燭，飲於醴泉，暢於永風。春爲青陽，夏爲朱明，秋爲白藏，冬爲玄英，四時和爲正光，此之謂玉燭。』」

亦可云：天庭日角，兑上豐下①，龍顏虎鼻②，八彩重瞳③，珠衡玉理，握褒④履己⑤，握戊懷己。

【註】

①《御覽》八〇引《春秋合誠圖》：「有赤龍負圖出，慶都讀之：『赤受天運。』下有圖，人衣赤，

光面八彩，鬚鬢長七尺二寸，兑上豐下，足履翼，翼署曰：『赤帝起誠天下寶。』」

②《御覽》七九引《春秋元命苞》：「黃帝龍顏，得天庭陽，上法中宿，取象文昌，戴天履陰，秉數制剛。」注：「顏有龍像似軒轅也。」又八一引《孝經援神契》：「舜龍顏。」注：「龍顏，取象軒，故有此骨表也。」又八四引《春秋元命苞》：「文王龍顏。」虎鼻，見下注⑤。

③《御覽》八一引《孝經援神契》：「舜龍顏重童。」注：「重童，取象雷，多精光也。」《史記》〈五帝本紀〉：「虞舜者，名曰重華。」《正義》：「目重瞳子，故曰重華。」

④《御覽》八一引《孝經援神契》：「舜手握褒。」注：「握褒，手中褒字，喻從勞苦起，受褒飾，致大位者也。」

⑤《御覽》八二引《雒書靈准聽》：「有人大口，耳參漏，足履己。」注：「戊己，土之日，故當平水土，故以爲名也。」又引《帝王世紀》：「伯禹夏后氏，姒姓也。母曰修己，見流星貫昴，夢接意感，又吞神珠薏苡，胸拆而生禹於石紐，虎鼻大口，兩鼻，耳參鏤，首戴鈎，胸有玉斗，足文履己，故名文命，字高密。」

亦可云：挺著表資體，聖敬①，神武②，聖武③，欽明，濬哲，文明，侚齊等姿德。

【註】

①《詩經》〈商頌〉〈長發〉：「聖敬日躋。」毛《傳》：「躋，升也。」鄭《箋》：「聖敬之德日

進。」

②《漢書》〈敍傳〉敍漢高云：「神武不殺。」

③《文選》六左太沖〈魏都賦〉：「暨聖武之龍飛，肇受命而光宅。」

及云：神武天挺①，聖敬日齊②，欽明文思，允恭克讓，聰明神武③，含弘光大④。及云：龍飛⑤虎變⑥，出震乘乾等語作二句。次可云：得一通三⑦，居高望遠⑧，就日望雲，則天法地，握戊懷己，出震齊巽⑨，雲行雨施⑩，日臨月臨⑪，握矩齊衡，懷珠秉石，前疑后丞⑫，左規右矩，執契持衡，觀象察法⑬。及云：盡聖窮神⑭，合元體極⑮，誕靈縱聖⑯，疏通知遠，⑰，立禮⑱興仁⑲，杖賢⑳翼義，疏山填川，紀星量月㉑，射日繳風㉒，補維立柱㉓。

【註】

①「挺」，原作「庭」，今改。《晉書》〈宣帝紀論〉：「宣皇以天挺之資，應期受命。」當即此文所本。《文選》四〇任彥升〈奏彈曹景宗〉：「伏惟聖武英挺，略不世出。」文尤與此相近，英挺猶言天挺也。

②「齊」，《古鈔本》作「濟」，《箋》云：「當作『躋』。」周校云：「《詩經》作『躋』。」器案：二說未通，此用《禮記》〈孔子閒居〉，彼文引《商頌》作「聖敬日齊」，鄭注云：齊，莊

也。……其聖敬日莊嚴。」與箋《詩》作「聖敬之德日進」，說亦自異。《釋文》云：「齊，側皆反，注『齊莊』同。」《商頌》《釋文》云：「日躋，子兮反。鄭注《禮記》讀上爲『湯躋』，讀此爲『日齊』，齊，莊也。」

③《易》《繫辭》上：「古之聰明叡知，神武而不殺者夫。」《正義》：「《易》道深遠，以吉凶禍福威服萬物，故古之聰明叡知神武之君，謂伏犧等用此《易》道，能威服天下，而不用刑殺而畏服之也。」《漢書》《高紀述》曰：「實天生德，聰明神武。」

④《易》《坤卦》《彖》曰：「含弘光大，品物咸亨。」《正義》：「包含以厚，光著盛大，故品類之物，皆得亨通。」

⑤《文選》三張平子《東京賦》：「我世祖忿之，乃龍飛白水，鳳翔參墟。」薛綜注：「龍飛鳳翔，以喻聖人之興也。」李善注：「《周易》曰『飛龍在天，大人造也。』」

⑥《易》《革卦》《象》曰：「九五，大人虎變，未占有孚。」《正義》：「九五居中處尊，以大人之德，爲革之主，損益前王，創制立法，有文章之美，煥然可觀，有似虎變，其文彪炳；則是湯、武革命，廣大應人，不勞占決，德信自著，故曰大人虎變，未有占孚也。」

⑦《舊唐書》《音樂志》：「得一流玄澤，通三御紫宸。」一謂道，三謂三才也。

⑧《六韜》《上賢》篇：「王者之道如龍首，高居遠望，深視而審聽。」

⑨《易》《說卦》：「帝出乎震，齊乎巽。」《正義》：「《益卦》六二：『王用享於帝，吉。』王輔嗣注云：『帝者，生物之主，興益之宗，出震而齊巽者也。』王之注意，正引此文；則輔嗣之

意，以此帝爲天帝也，帝若出萬物，則在乎震，絜齊萬物，則在乎巽也。」

⑩《易》《乾卦》《文言》：「雲行雨施，天下平也。」《正義》：「雲行雨施天下平者，言天下普得其利，而均平不偏陂。」

⑪「日臨月臨」，疑當作「日照月臨」，涉下文而誤，《詩經》《邶風》《日月》：「日居月諸，照臨下土。」此文本之。

⑫「丞」，原誤作「烝」，今改。《御覽》七六引《尚書大傳》：「古者，天子有四鄰：前曰疑，後曰丞，左曰輔，右曰弼。有問無以對責之疑，可志而不志責之丞，可正而不正責之輔，可揚而不揚責之弼。」即此文所本。

⑬《易》《繫辭》下：「古者，包犧氏之王天下也，仰則觀象於天，俯則觀法於地。」《正義》：「云『仰則觀象於天，俯則觀法於地』者，言取象大也。」

⑭《易》《繫辭》下：「窮神知化，德之盛也。」

⑮《御覽》七六引《春秋運斗樞》：「伏犧、女媧神農，是謂三皇也。皇者，合元履中，開陰布綱，指天畫地，神化潛通。」

⑯《論語》《子罕》篇：「固天縱之將聖。」《集解》：「孔曰：『言天固縱大聖之德。』」

⑰《禮記》《經解》：「疏通知遠，《書》教也。」《正義》：「《書》錄帝王告誥，舉其大綱，事非繁密是疏通，上知帝皇之世，是知遠也。」《史記》《五帝本紀》：「帝顓頊高陽者，……疏通而知事。」

⑱《禮記》《禮器》：「先王之立禮也，有本有文。」

⑲《論語》《泰伯》：「君子篤於親，則民興於仁。」

⑳《新語》《輔政》篇：「杖聖者帝，杖賢者王。」

㉑《禮記》《禮運》：「故聖人作則，必以天地爲本，以陰陽爲端，以四時爲柄，以日星爲紀，月以爲量。」鄭玄注：「量猶分也。」《正義》：「以日星爲紀者，紀，綱紀也。日行有次度，星有四方，列宿分部昏明，敬授民時，是法日星爲綱紀也。月以爲量者，量猶分限也。天之運行，每三十日爲一月；而聖人制教，亦隨人之才分，是法月爲教之限量也。」

㉒《淮南子》《本經》篇：「逮至堯之時，十日並出，焦禾稼，殺草木，而民無所食；猰貐、鑿齒、九嬰、大風、封豨、脩蛇，皆爲民害。堯乃使羿誅鑿齒於疇華之野，殺九嬰於凶水之上，繳大風於青丘之澤，上射十日，而下殺猰貐，斷脩蛇於洞庭，禽封豨於桑林，萬民皆喜，置堯以爲天下。」高誘注：「大風，風伯也，能壞人屋舍。羿於青丘之澤，繳遮使不爲害也。一曰：以繳係矢射殺之。青丘，東方之澤名也。十日並出，羿射其九。」

㉓《南》《覽冥》篇：「往古之時，四極廢，九州裂，天不兼覆，地不周載，火　炎而不滅，水浩洋而不息，猛獸食顓民，鷙鳥攫老弱；於是女媧煉五色石以補蒼天，斷鼇足以立四極，殺黑龍以濟冀州，積蘆灰以止水。蒼天補，四極正，水涸，冀州平，狡蟲死，顓民生。」又《天文》篇：「昔者，共工與顓頊爭爲帝，怒而觸不周之山，天柱折，地維絕。天傾西北，故日月星辰移焉；地不滿東南，故水潦塵歸焉。」又見《列子》《湯問》篇、《博物志》一。

亦可云：含吐陰陽，經緯天地①，疏填山川，照臨日月②，感會風雲③，鼓動雷電④，合德乾坤⑤，齊明日月⑥，重紐地維，更辟天象，陶鑄生靈⑦，彈壓山川⑧，織成宇宙⑨，萬神協贊⑩，萬物歸往⑪。

【註】

①《國語》《周語》：「單襄公曰：『經之以天，緯之以地，經緯不爽，文之象也。』」《文選》四八班孟堅《典引》：「經緯乾坤，出入三光。」李善注：「言漢之道，能經緯天地，出入三光也。」

②《尚書》《泰誓》下：「若日月之照臨，光於四方，顯於西土。」亦見上注⑪。

③《後漢書》《朱景王杜馬劉傅堅馬傳論》曰：「中興二十八將，前世以爲上應二十八宿，未之詳也。然咸能感會風雲，奮其智勇。」注：「風雲已具《聖公傳》。」案：《劉玄劉盆子傳贊》曰：「聖公靡聞，假我風云。」注：「《易》曰：『雲從龍，風從虎，聖人作而萬物睹。』假，借也。言聖公初起，無所聞知，借我中興風雲之便。」

④《文選》五四孝標《辯命論》：「鼓動陶鑄，而不爲功。」李善注：「《周易》曰：『鼓天下之動者存乎辭。』韓康伯曰：『爻辭也。爻以鼓動，效天下之動也。』」

⑤《文選》一〇潘安仁《西征賦》：「皇合德於乾坤。」李善注：「乾坤，天地也。張超《宣尼頌》

曰：『合量乾坤。』《周易》曰：『大人者，與天地合其德。』」

⑥《易》《乾卦》《文言》：「大人者，與天地合其德，與日月合其明。」《正義》：「與天地合其德者，莊氏云：『謂覆載也。』與日月合其明者，『謂照臨也。』」

⑦《辯命論》李善注：「《莊子》：『肩吾謂連叔曰：「藐姑射之山，有神人居焉，猶陶鑄堯、舜也，孰肯以萬物爲事。」』」

⑧《淮南子》《本經》篇：「帝者體太一。……秉太一者，牢籠天地，彈壓山川。」高誘注：「彈山川令出雲雨，復能壓止之也。」《文選》四六王元長《三月三日曲水詩序》用其文。

⑨《文選》四八班孟堅《典引》：「榮鏡宇宙。」蔡邕注：「四表曰宇，往古來今曰宙。」

⑩《御覽》七六引《春秋演孔圖》：「天子皆五帝精寶，各有題序，次運相據，起必有神靈符紀，諸神扶助，使開階立遂。」注：「『遂』當作『燧』，燧，道也。」

⑪《御覽》七六引《春秋文耀鉤》：「王者，往也，神所向往，人所樂歸。」《文選》五二班叔皮《王命論》：「由是言之：帝王之祚，必有明聖顯懿之德，豐功厚利積累之業，然後精誠通於神明，流澤加於生民，故能爲鬼神所福饗，天下所歸往。」

亦可云：牢籠①，囊括②，苞舉③，控引④，彌綸⑤，匪櫝⑥，彈壓，廓清，光被，朝宗⑦，明臨，亭毒⑧等；云天地，乾坤，二儀⑨，四海，八荒⑩，八埏⑪，八極⑫，九域⑬，九土⑭，六幽⑮，九縣⑯，萬國，天下，海外，宇宙，遐邇，幽明⑰，動植，萬物等。

【註】

①《文選》六左太沖《魏都賦》：「牢籠百王。」又見上文「彈壓山川」注。

②《文選》五一賈誼《過秦論》：「囊括四海之意。」李善注：張晏曰：『括，結囊也，言能苞含天下也。』《周易》曰：『括囊，無咎無譽。』」

③《過秦論》：「包舉宇內。」包、苞古通。

④《文選》六左太沖《魏都賦》：「控引世資。」《西京雜記》上：「相如爲《上林》《子虛賦》，……控引天地，錯綜古今。」

⑤《易》《繫辭》上：「彌綸天地之道。」《正義》：「以《易》與天地相准，爲此之故，聖人用易能彌綸天地之道。彌謂彌縫補合，綸謂經綸牽引，能補合牽引天地之道，用此《易》道也。」

⑥《初學記》六引《尚書考靈曜》：「趙王政以白璧沉河，有黑公從河出，謂政曰：『祖龍來，天寶開。』中有尺二玉牘。」

⑦《尚書》《禹貢》：「江、漢朝宗於海。」孔氏《傳》：「二水經此州而入海，有似於朝。百川以海爲宗，宗，尊也。」《正義》：「《周禮》《大宗伯》：『諸侯見天子之禮，春見曰朝，夏見曰宗。』鄭云：『朝猶朝也，欲其來之早也。宗，尊也，欲其尊王也。』朝宗是人事之名，水無性識，非有此義，以海水大而江、漢小，以小就大，似諸侯歸於天子，假人事而言之也。」

⑧《文選》五四劉孝標《辯命論》：「生之無亭毒之心。」李善注：「《老子》曰：『亭之毒之，蓋之覆之。』王弼曰：『亭謂品其形，毒謂成其質。』」

⑨《易》《繫辭》上：「《易》有太極，是生兩儀。」《正義》：「太極謂天地未分之前，元氣混而爲一，即是太初太一也。故《老子》云『道生』，即此太極是也。又謂混元既分，即有天地，故曰太極生兩儀，即《老子》云『一生二』也。不言天地而言兩儀者，指其物體，下與四象相對，故曰兩儀，謂兩體容儀也。」《文選》左太沖《吳都賦》：「兼二儀之優渥。」杜甫《臨邑弟書至苦雨黃河泛濫隄防之患簿領所憂因寫此詩用寬其意》：「二儀積風雨，百谷漏波濤。」

⑩《文選》六左太沖《魏都賦》：「以睦八荒之俗。」李善注：「《甘泉賦》曰：『八荒協兮萬國諧。』」又一五張平子《思玄賦》：「將往走乎八荒。」舊注：「《淮南子》曰：『四海之外有八澤，八澤之外曰八埏，八埏之外曰八荒。」

⑪《文選》四八司馬長卿《封禪文》：「上暢九垓，下泝八埏。」注：「孟康曰：『暢，達也。垓，重也。泝，流也。埏，若瓮埏，地之八際也。言其德上達於九重之天，流於地之八際。』」

⑫《淮南子》《墬形》篇：「八紘之外，乃有八極。」《文選》二九張協《雜詩》：「注引《淮南子》高誘注云：「八極，八方之極也。」

⑬《文選》三五潘元茂《冊魏公九錫文》：「綏爰九域。」李善注：「《韓詩》曰：『方命厥後，奄有九域。』薛君曰：『九域，九州也。』」

⑭《文選》一五張平子《思玄賦》：「思九土之殊風兮。」舊注：「九土，九州。」李善注：「《好

色賦》曰：『周覽九土。』」

⑮《文選》四八班孟堅《典引》：「光被六幽。」蔡邕注：「六幽，謂上下四方也。」又五九沈休文《齊故安陸昭王碑文》：「六幽允洽。」《後漢書》《章帝紀》：「章和元年秋七月壬戌詔：『光照六幽。』」注：「六幽，謂六合幽隱之處也。」器案：六幽亦可云八幽，謂八方幽隱之處也。曹植《聖皇篇》：「九州咸賓服，威德洞八幽。」陸機《白雲賦》：「攄神景於八幽。」《文心雕龍》《封禪篇贊》：「樹石九旻，泥金八幽。」亦可云九幽，謝莊《明堂歌》：「皇德遠，大孝昌，貫九幽，洞三光。」謂九州幽隱之地也。

⑯《後漢書》《光武紀贊》：「九縣飆回。」注：「九縣，九州也。」

⑰《易》《繫辭》上：「故能彌綸天地之道，仰以觀於天文，俯以察於地理，是故知幽明之故。」韓康伯注：「幽明者，有形無形之象。」《文選》二六顏延年《和謝監靈運》「人神幽明絕。」李善注：「《曾子》曰：『天曰明，地曰幽。』」

亦可云：利見大人①，光臨寶位，下臨赤縣②，上膺玄象③，秉玉登樞，懷珠馭極，就日積明，則天爲大④等語。

【註】

①《易》《乾卦》：「九二，見龍在田，利見大人。」

②《史記》《孟子荀卿列傳》：「中國名曰赤縣、神州。赤縣神州內自有九州，禹之序九州是也，不得爲州數。中國外如赤縣神州者九，乃所謂九州也。」《御覽》三八、四九七引《尸子》：「赤縣州者，實爲崑崙之墟，其東則鹵水島，山左右蓬萊。」

③《文選》《東京賦》薛綜注：「玄，天也。」

④《孟子》《滕文公》上：「惟天爲大，惟堯則之。」

亦可云：練五石以補天，正八柱①以承②天，乘四載③以敷土④，落九日而正攝⑤，穆通八風⑥而調律呂，乘六龍以御天⑦，落九鳥而拯⑧物，正絕柱而卷氣移於天地二儀，息橫流群飛波瀾於四海江海⑨，揚光華於日月⑩，舞干鏚而定四夷⑪，運機衡以齊七政⑫，降寶命⑬於岐山，受靈圖於宛委⑭，懸明鏡以高臨⑮，振長策而遠馭⑯，運七政以機衡，通八風於律呂。

【註】

①《楚辭》《天問》：「八柱何當？東南何虧？」王逸注：「言天有八山爲柱，皆何當值，東南不足，誰虧缺之也。」洪興祖補注：「《河圖》言：『崑崙者，地之中也。地下有八柱，柱廣十萬里，有三千六百軸，互相牽制，名山大川，孔穴相通。』《淮南》云：『天有九部八紀，地有九州八柱。』《神異經》云：『崑崙有銅柱焉，其高入天，所謂天柱也。』」

②「承」，原作「乘」，今據《古鈔本》、《三寶院本》、《長寬寫本》校改。

③《尚書》《益稷》：「予乘四載。」孔氏《傳》：「所載者四：謂水乘舟，陸乘車，泥乘輴，山乘樏。」

④《尚書》《禹貢》：「禹敷土。」孔氏《傳》：「洪水泛溢，禹布治九州之土。」

⑤《淮南子》《本經》篇：「逮堯之時，十日並出，焦禾稼，殺草木，而民無所食。……堯乃使羿……上射十日。」高誘注：「十日並出，羿射去九。」

⑥《淮南子》《原道》篇：「師曠之聰，合八風之調。」高誘注：「八風，八卦之風聲也。」

⑦《易》《乾卦》《文言》：「時乘六龍，以御天也。」

⑧《楚辭》《天問》：「羿焉彈日？烏焉解羽？」王逸注：「《淮南》言：『堯時十日並出，草木焦枯，堯命羿仰射十日，中其九日，日中九烏皆死，墮其羽翼，故留其一日也。』」「拯」，原作「極」，今據《無點本》改正。

⑨《春秋穀梁傳序》：「孔子睹滄海之橫流。」楊士勛疏：「舊解引揚雄《劇秦》篇曰：『當秦之世，海水群飛。』海水喻萬民，群飛言散亂。又引《孟子》云：『當堯之世，洪水橫流。』言不復故道，喻百姓散亂，似水之橫流；今以爲滄海，是水之大者。滄海橫流，喻害萬物之大，猶言在上殘虐之深也。」

⑩《尚書大傳》《虞夏傳》載帝舜《卿雲歌》：「卿雲爛兮，糺縵縵兮，日月光華，旦復旦兮。」

⑪《尚書》《大禹謨》：「帝乃誕敷文德，舞干羽於兩階，七旬，有苗格。」孔氏《傳》：「干，楯

；羽，翳也；皆舞者所執。修闡文教，舞文舞於賓主階間，抑武事。三苗之國，左洞庭，右彭蠡，在荒服之例，去京師二千五百里也。」《正義》：「《明堂位》云：『朱干玉戚，以舞《大武》。』戚，斧也，是武舞執斧執楯。《詩》云：『左手執籥，右手秉翟。』是文舞執籥；故干羽皆舞者所執。修闡文教，不復征伐，故舞文德之舞於賓主階間，言帝抑武事也。《經》云『舞干羽』，即亦舞武也，《傳》惟言『舞文』者，以據器言之，則有武有文，俱用以爲舞，而不用於敵，故教爲文也。」《淮南》《繆稱》篇：「禹執干戚，舞於兩階之間而三苗服。」

⑫《尚書》《舜典》：「在璿璣玉衡，以齊七政。」孔氏《傳》：「在，察也。璿，美玉。璣衡者，王者正天文之器可運轉者。七政，日月五星各異政。舜察天文，齊七政，以審己當天心與否。」

⑬「命」，《古鈔本》作「令」，未可從。《宋書》《符瑞志》：「文王夢日月著其身，又鸑鷟鳴於岐山。孟春六旬，五緯聚房。後有鳳皇，銜書游文天之都，書文曰：『殷帝無道，虐亂天下，皇命已移，不得復久，靈祇遠離，百神次去，五星聚房，昭理四海。』」《琴操》有《受命》，即演姬昌爲岐侯受天命而王之事。

⑭《吳越春秋》《越王無余外傳》：「乃案《黃帝中經歷》，蓋聖人所記，曰：『在於九山，東南天柱，號曰宛委，赤帝在闕，其岩之巔，承以文玉，覆以盤石，其書金簡，青玉爲字，編以白銀，皆瑑其文。』禹乃東巡，登衡岳，血白馬以祭，不幸所求。禹乃登山，仰天而嘯，因夢見赤繡衣男子，自稱玄夷蒼水使者，聞帝使文命於斯，故來候之。非厥歲月，將告以期，無爲戲吟，故倚歌覆釜之山，東顧謂禹曰：『欲得我山神書者，齋於黃帝岩嶽之下，三月庚子，登山發石，金簡之書存

矣。』禹退又齋，三月庚子，登宛委山，發金簡之書，案金簡玉字，得通水之理，復返歸嶽，乘四載以行川，始於霍山，徊集五嶽。」

⑮唐德宗《君臣箴》：「殷有《盤銘》，周有《攲器》，或戒以辭，或警以事，與金鏡而高懸，將《座右》而同置。」

⑯《文選》五一賈誼《過秦論》：「振長策而御宇內。」注：「以馬喻也。《說文》曰：『振，舉也。』」

亦可云：以至德光天下，以神功截海外①等，同類軒轅之侚齊②，顓頊之靜淵③，唐堯之欽明，虞舜之文明，大知④一周文聖敬，大度⑤志漢祖神武，感二義⑥之至休⑦，應千祀之嘉會⑧。或可以感受符命等參對之。

【註】

①「以」字原在「功」下，今據上句例移植。《詩經》《商頌》《長發》：「海外有截。」鄭箋：「截，整齊也。……四海之外率服，截爾整齊。」

②《史記》《五帝本紀》：「黃帝者，……幼而徇齊。」《集解》：「徐廣曰：『《墨子》曰：「年逾十五，則聰明心慮，無不徇通矣。」』駰案：徇，疾；齊，速也；言聖德幼而疾速也。」《索隱》：「斯文未明。今案：徇齊皆德也。《書》曰：『聰明齊聖。』《左傳》曰：『子雖齊聖。』

謂聖德齊肅也。又案：《孔子家語》及《大戴禮》並作『叡齊』，一本作『慧齊』，叡慧皆智也。太史公採《大戴禮》而爲此《紀》，今彼文無作徇者。《史記》舊本亦有作『濬齊』，蓋古字假借徇爲濬，濬，深也，義亦並通。《爾雅》齊速俱訓爲疾，《尚書大傳》曰：『多聞而齊給。』鄭注云：『齊，疾也。』今裴氏注云：『徇亦訓疾。』未見所出，或當讀徇爲迅，迅於《爾雅》與齊俱訓疾，則迅濬雖異字而音同也。」器案：《說文》《人部》：「侚，疾也。」《繫傳》引《史記》『幼而侚齊』，與此文作「徇」同，則舊本《史記》自作「侚」也。

③《史記》《五帝本紀》：「帝顓頊高陽者，……靜淵以有謀。」又見《大戴禮》《五帝德》篇。

④《禮記》《中庸》：「舜其大知也與！」《正義》：「既能包於大道，又能察於近言，即是大知也。」

⑤「大度」原在「神武」下，今據上句例乙正。《史記》《高祖本紀》：「常有大度，不事家人生產作業。」

⑥周校云：「『義』，疑當作『儀』。」今從之，下有「二儀」。

⑦「休」，原作「体」，周校本從《古鈔本》改，今從之。

⑧《文選》十潘安仁《西征賦》：「遭千載之嘉會。」李善注：「《聖主得賢臣頌》曰：『上下歡然交欣，千載一會。』《周易》曰：『亨者，嘉之會也。』」《晉書》《地理志》：「世祖皇帝接千祀之餘，當八堯之禪。」

若云：「虹電流彩，虹流華渚，虹下蜺貫，爰乃降感精靈，英靈，虹流，電繞，瑶光，下降等，云應誕聖啟聖之期。河、洛龍躍，榮河龜浮，翠淵龍躍龜浮，玉檢來浮等，爰應①受寶命圖錄，若②表興王之運，標受命之始。

【註】

①「應」，疑當作「膺」，《文選》三張平子《東京賦》：「高祖膺籙受圖。」又五九沈休文《齊故安陸昭王碑文》「商武、姬文，所以膺圖受籙。」本錄上文云：「膺黃河。」又云：「上膺玄象。」俱可證。

②「若」，原作「告」，今據《無點本》校改。

亦可云：感赤標，瑶光，翼軫等氣祉。允葉，允應，爰應等千靈①，五期，三靈，二儀。受錄錯，玉檢，龜龍等文圖。光臨，載臨，撫臨等，云四海八極，萬國萬物②。握玄武，蒼水③，玉匱，金簡之符命，疏通克平九土九域。

【註】

①「靈」，《古鈔本》、《三寶院本》作「齡」。

②《文選》六左太沖《魏都賦》：「八極可圍於寸眸，萬物可齊於一朝。」

③王勃《乾元殿賦序》：「青丘畫野，不逾征賦之鄉；蒼水奉圖，未盡堤封之貫。」蒼水使者，見上文「宛委」注引《吳越春秋》。

亦可云：天庭，日角，珠衡，玉理等載表神儀。玉檢，金繩，龜字，龍圖等受①膺寶命。

【註】

①「受」，原作「爰」，今據《古鈔本》、《三寶院本》校改。

亦可云：玄龜出洛，應啟聖之期；赤雀入酆，表維新①之命。

【註】

①《詩經》《大雅》《文王》：「周雖舊邦，其命維新。」《傳》云：「乃新在文王也。」《箋》云：「大王聿來胥宇，而國於周，王跡起矣，而未有天命，至文王而受命。言新者，美之也。」

敍功業

若云：補維立柱，斷鼇鍊石，功德被於乾坤、天地、二儀；射日繳風，戮豕斷蛇，拯溺救焚①，功業施於四海、萬物、群生②、動植、遐邇③。斷鼇鍊石，二儀更安；刊木隨山④，九土還定。上射九日，上齊七政，考星蓂日⑤等，云玄象乾象⑥更明；下導百川，疏山奠水等云⑦，蒼生坤儀⑧以定。璇璣玉衡機衡等運而七政齊正，天文銀編⑨金簡等推而九土百川定。通地理⑩，干鏚舞，四夷服，俊乂在官⑪，自睹四門穆穆⑫，遐荒⑬奉職，無勞兩階之舞⑭。弘文教⑮天下雍熙⑯，定武功海外有截。朱干玉鏚⑰，海外率賓；黃斧黻衣⑱，天下咸服⑲。八紘⑳大定，偃甲銷戈㉑；九有㉒宅心㉓，同文共軌㉔。允恭克讓，四表㉕以和；保合大和㉖，萬方咸謐。除凶定難，行仁義之兵㉗；扶危履傾，崇聖賢之杖。一尉一候㉘，遐邇承風㉙；禮云樂云㉚，幽明同化。此是並隔句相對。

【註】

①《宋書》《武帝紀》：「因士民之力。用獲拯溺，安國寧民。」《齊書》《高帝紀》：「拯溺龕暴，一匡天下。」《舊唐書》《李靖傳》：「靖曰：『新定荊、郢，宜弘寬大，以慰遠近之心；降而籍之，恐非救焚拯溺之義。』」又《陸贄傳》：「從容拯溺，揖讓救焚。」

②《漢書》《宣帝紀》：「獄者，萬民之命，所以禁暴止邪，養育群生也。」又《董仲舒傳》：「陰陽調而風雨時，群生和而萬生殖。」

③《文選》六左太沖《魏都賦》：「遐邇悅豫而子來。」李善注：「《難蜀父老文》曰：『遐邇一體。』」

④《尚書》〈益稷〉：「隨山刊木。」孔氏《傳》：「隨行九州之山林，刊槎其木，開通道路，以治水也。」

⑤《周禮》〈冬官考工記〉下：「匠人建國，……晝參諸日中之景，夜考之極星，以正朝夕。」注：「極星，謂北辰。」《文選》六左太沖〈魏都賦〉：「揆日晷，考星耀。」《晉書》〈律曆志〉：「昔在唐帝，協日正時，允厘百工，咸熙庶績。」

⑥《易》〈繫辭〉上：「成象謂之乾。」《唐書》〈天文志〉：「敬授人時，欽若乾象。」

⑦『云』字原無，今從周校訂補。

⑧《舊唐書》〈音樂志〉：「大矣坤儀，至哉神縣。」

⑨隋煬帝《遺江總檄》：「金匱珠韜，銀編玉册，莫不騰於舌杪，散在筆端」

⑩《漢書》〈郊祀志〉：「祀天則天文從，祭地則地理從。三光，天文也。山川，地理也。」

⑪《漢書》〈臯陶謨〉：「俊乂在官。」孔氏《傳》：「俊德治能之士並在官。」《釋文》：「馬曰：『千人曰俊，百人曰乂。』」

⑫《尚書》〈舜典〉：「賓於四門，四門穆穆。』孔氏《傳》：「穆穆，美也。四門，四方之門。舜流四凶族，四方諸侯來朝者，舜賓迎之，皆有美德，無凶人。」

⑬韋孟〈諷諫〉詩：「撫寧遐荒。」

⑭《尚書》〈大禹謨〉：「舞干羽於兩階。」孔氏《傳》：「舞文舞於賓主階間，抑武事。」

⑮《尚書》〈禹貢〉：「三百里揆文教。」牛弘〈開獻書表〉：「大弘文教，納俗升平。」

⑯《文選》三張平子〈東京賦〉：「百姓同於饒衍，上下共其雍熙。」薛綜注：「言富饒是同，上下咸悦，故能雍和而廣也。」李善注：「《尚書》曰：『黎民於變時雍。』又曰：『庶績咸熙。』」又一一何平叔〈景福殿賦〉：「九有雍熙。」

⑰《禮記》〈明堂位〉：「朱干玉戚。」鄭注：「朱干，赤大盾也。戚，斧也。」《正義》：「赤盾而玉飾斧也。」

⑱《大戴禮記》〈五帝德〉篇：「帝堯……黃黼黻衣。」《史記》〈五帝本紀〉作「黃收純衣」。《禮記》《明堂位》：「天子負斧依，南鄉而立。」鄭注：「天子，周公也。負之言背也。斧依，爲斧文屏風於户牖之間，周公於前立焉。」《釋文》：「斧音甫。依本又作扆，同，於豈反，注同。」案：黼、斧，衣、依、扆，古通。

⑲《尚書》〈舜典〉：「流共工於幽州，放驩兜於崇山，竄三苗於三危，殛鯀於羽山；四罪而天下咸服。」

⑳「紘」，原作「宏」，今改。《淮南子》〈墬形〉篇：「八　之外，而有八紘。」高誘注：「紘，維也，維落天地而爲之表，故曰紘也。」《漢書》〈揚雄傳〉下：「耀八紘。」師古曰：「八紘，八方之綱維也。紘音宏。」《文選》二三劉公幹〈贈徐幹〉詩：「兼燭八紘內。」任昉《禪位梁王策》：「大道君萬姓，公器御八紘。」字俱作「紘」。

㉑《禮記》〈樂記〉：「車甲衅而藏之府庫而弗復用，倒載干戈，包之以虎皮，將帥之士，使爲諸侯，名之曰建櫜，然後天下知武王之不復用兵也。」

㉒《詩經》〈商頌〉〈玄鳥〉：「奄有九有。」毛《傳》：「九有，九州也。」《正義》：「言有九有，是同有天下之辭，言分天下以爲九分，皆爲己有，故知九有九州也。」

㉓《文選》三七劉越石〈勸進表〉：「純化既敷，則率土宅心。」李善注：「《尚書》曰：『汝丕遠惟商耇成人，宅心知訓。』」案李注所引，乃《康誥》文也，孔氏《傳》云：「常以居心，則知訓民。」

㉔《禮記》〈中庸〉：「今天下車同軌，書同文，行同倫。」「同」，原誤「周」，今據《古鈔本》、《無點本》校改。

㉕《尚書》〈堯典〉：「允恭克讓，光被四表。」孔《傳》云：「名聞充溢四外。」《正義》：「表裡內外，相對之言，故以表爲外。」

㉖《易》〈乾卦。象〉曰：「保合大和乃利貞。」《正義》曰：「以能保安合會，大和之道，乃能利貞萬物。」

㉗《荀子》〈議兵〉篇：「四帝兩王，皆以仁義之兵行天下。」

㉘《文選》四五楊子云〈解嘲〉：「東南一尉，西北一候。」李善注：「如淳曰：『（東南一尉）〈地理地〉云在會稽。（西北一候）《地理志》曰：龍勒玉門陽關有候也。』」

㉙《家語》〈好生〉篇：「舜之爲君也，其政好生而惡殺，……是以四海承風。」

㉚《論語》〈陽貨〉篇：「子曰：『禮云禮云，玉帛云乎哉？樂云樂云，鐘鼓云乎哉？』」《集解》鄭曰：『玉，圭璋之屬；帛，束帛之屬。言禮非但崇此玉帛而已，所貴者，乃貴其安上治民。』馬曰：『樂之所貴者，移風易俗，非謂鐘鼓而已。』」

亦可云：舞干鏚以懷遠，運機衡以齊政。斷修蛇，戮封豕。落九日，通八風。正傾維，安絕注。平九黎之亂①，竄三苗之罪②。正高天之絕柱，息滄海之橫波。更穆四門，重安八柱。練石補天，積灰止水。偃甲銷戈③，休牛放馬④。放馬於華山陽，牧牛於桃林塞⑤。及云：開闢辰象⑥，織成宇宙。

【註】

①《國語》〈楚語〉上：「九黎亂德，民神雜揉，不可方物。」

②《尚書》〈舜典〉：「竄三苗於三危。」孔氏《傳》：「三苗，國名，縉雲氏之後，爲諸侯，號饕餮。三危，西裔。」

③「偃甲銷戈」，原作「偃伯脩戈」，上文有「偃甲銷戈」語，今據改正。《隋書》〈薛道衡傳〉載〈隋高祖文皇帝頌〉：「偃伯戢戈，正禮裁樂。」「伯」字亦是「甲」字形近之誤。唐《凱歌》：「辟土欣耕稼，銷戈遂偃兵。」偃兵、偃甲，義同。

④「休牛放馬」，「牛」，原誤「干」，「放馬」二字原不重，當是原於重文作小二，而誤奪之，下

文亦以「偃甲韜戈，休牛放馬」作對，今據補正。

⑤《尚書》〈武成〉：「乃偃武修文，歸馬於華山之陽，放牛於桃林之野，示天下弗服。」孔氏《傳》：「山南曰陽。桃林在華山東，皆非養牛馬之地，欲使自生自死，示天下不復乘用。」

⑥虞世南〈奉和幸江都應詔〉詩：「龍旗煥辰象，鳳吹溢川塗。」

敘禮樂法

若云：改正朔①，殊徽號②。定憲章③，同律度。定禮樂，諧律呂。修五禮④，正六樂⑤。諧六樂，定八音⑥。及云：平分四氣⑦，推列三元。齊七政，陳五紀⑧，定四時⑨，通八風，分九土⑩。愼徽五典⑪，弘宣八政⑫，敘以九疇⑬，敷以五教⑭，風通地理。敘人倫⑮，授民時⑯。

【註】

①《禮記》〈大傳〉：「改正朔。」《正義》：「正謂年始，朔謂月初。言王者得政，示從我始改故用新，隨寅丑子所損也。周子，殷丑、夏寅，是改正也。周夜半，殷雞鳴，夏平旦，是易朔也。」

②《禮記》〈大傳〉：「殊徽號。」《正義》：「殊，別也。徽號，旌旗也。周大赤，殷大白，夏大麾，各有別也。」

③《晉書》〈禮志〉：「稽古憲章，大釐制度。」

④《尚書》〈舜典〉：「修五禮。」孔氏《傳》：「修吉凶賓軍嘉之禮。」又見《周禮》〈地官〉〈保氏〉。

⑤《周禮》《地官》〈保氏〉：「掌諫王惡，而養國子以道，乃教之六藝：二曰六樂。」鄭玄注：「六樂：〈雲門〉，〈大咸〉，〈大韶〉，〈大夏〉，〈大濩〉，〈大武〉也。」

⑥《史記》〈五帝本紀〉：「八音能諧。」《正義》：「八音：金，石，絲，竹，匏，土，革，木也。」

⑦《禮記》〈樂記〉：「動四氣之和。」《正義》：「謂感動四時之氣。」

⑧《尚書》〈洪範〉：「四，五紀：一曰歲，二曰月，三曰日，四曰星辰，五曰曆數。」孔氏《傳》：「歲，所以紀四時；月，所以紀一月；日，紀一日；星辰，二十八宿迭見，以敍氣節；十二辰，以紀日月所會；曆數，節數之度以爲曆，敬授民時。」

⑨《尚書》〈堯典〉：「期，三百有六旬有六日，以閏月定四時成歲。」孔氏《傳》：「匝四時曰期。一歲十二月，月三十日，正三百六十日，除小月六爲六日，是一歲有餘十二日，未盈三歲，足得一月，則置閏焉，以定四時之氣節，成一歲之曆象。」

⑩《國語》〈魯語〉：「共工氏之子曰后土，能平九土。」韋昭注：「九土，九州之土。」

⑪《尚書》〈舜典〉：「慎徽五典。」孔氏《傳》：「徽，美也。五典，五常之教：父義，母慈，兄友，弟恭，子孝。」

⑫《尚書》〈洪範〉：「三，八政：一曰食，二曰貨，三曰祀，四曰司空，五曰司徒，六曰司寇，七曰賓，八曰師。」孔氏《傳》：「食，勸農業。貨，寶用物。祀，敬鬼神以成教。司空，主空土以居民。司徒，主徒眾，教以禮義。司寇，主奸盜，使無縱。賓，禮賓客，無不敬。師，簡師所任必良，士卒必練。」

⑬《尚書》〈洪範〉：「天乃錫禹《洪範九疇》。」孔氏《傳》：天乃與禹洛出書，神龜負文而出，列於背，有數至於九，禹遂因而第之，以成九類。」

⑭《尚書》〈舜典〉：「敬敷五教在寬。」孔氏《傳》：「布五常之教務在寬。」《左傳》文公十八年：「布五教於四方，父義，母慈，兄友，弟恭，子孝。」

⑮《尚書》〈洪範〉：「彝倫攸敘。」孔氏《傳》：「常道所以次敘。」《孟子》〈離婁〉篇：「聖人，人倫之至也。」梁簡文帝〈請尚書左丞賀琛奉述制旨毛詩義表〉：「天地咸亨，人倫敦序。」

⑯《尚書》〈堯典〉：「敬授人時。」孔氏《傳》：「敬記天時，以授人也。」「民」作「人」，此唐人避諱改。

亦云：命后夔合樂①，伯夷典禮②，容成定曆③，伶倫叶律④，皋陶典刑⑤。

【註】

①《尚書》〈舜典〉：「帝曰：『夔，命汝典樂。』」

②《尚書》〈舜典〉：「帝曰：『咨四岳，有能典朕三禮。』僉曰：『伯夷。』」孔氏《傳》：「三禮，天地人之禮。伯夷，臣名，姜姓。」

③《呂氏春秋》〈勿躬〉篇：「容成作曆。」《尚書》〈舜典〉《正義》引《世本》〈作篇〉：「容成造曆。」

④《呂氏春秋》〈古樂篇〉：「昔黃帝令伶倫作爲律。伶倫自大夏之西，乃之阮隃之陰，取竹於溪之谷，以生空竅厚鈞者，斷兩節間，其長三寸九分，而吹之以爲黃鐘之宮，吹曰舍少，次制十二筒，以之阮隃之下，聽鳳皇之鳴，以別十二律；其雄鳴爲六，雌鳴亦六，以比黃鐘之宮適合，黃鐘之宮，皆可以生之，故曰，黃鍾之宮，律呂之本。」

⑤《尚書》〈舜典〉：「帝曰：『皋陶，蠻、夷猾夏，寇賊奸宄』汝作士，五刑有服。」孔氏《傳》：「士，理官也。五刑，墨，劓，剕，宮，大辟。服，從也。言得輕重之中正。」

亦可論：置立郊廟、社稷①、明堂②，以宗祀天地神明之靈，及朝宗萬國③、群后④、百辟⑤。懸象魏⑥以頒政，降衢室⑦以問道，昇明堂以議政⑧。開闡大學⑨、公宮⑩、東庠⑪、西膠⑫、庠序⑬等，而以垂訓⑭、施化⑮、問道⑯、貴德、尚齒⑰。起置麟閣⑱、天祿⑲虎觀⑳等，以崇儒弘文。採五帝之英華㉑，去三代之糟粕㉒。定八刑糾民㉓，考八風，定八音，任九土作賦。發以聲明，紀以文物㉔，布之典刑㉕，納之軌物㉖。

【註】

①《續漢書》〈祭祀志〉下：「建武二年，立大社稷於雒陽，在宗廟之右。……《孝經援神契》曰：『社者，土地之主也，稷者，五穀之長也。』」

②《孝經》〈聖治〉章：「昔者，周公郊祀后稷以配天，宗祀文王於明堂，以配上帝。」注：「后稷，周之始祖也。郊謂圜丘祀天也。周公攝政，因行郊天之祭，乃尊始祖以配之也。明堂，天子布政之宮也。周公因祀五方上帝於明堂，乃尊文王以配之也。」《禮記》〈大傳〉注引《孝經援神契》：「郊祀后稷以配天，配靈威仰也。宗祀文王於明堂，配上帝，凡祀配上帝也。」

③《詩經》〈小雅〉〈沔水〉：「沔彼流水，朝宗於海。」鄭《箋》云：「興者，水流而入海，小就大也。喻諸侯朝天子亦猶是也。諸侯春見天子曰朝，夏見曰宗。」

④《尚書》〈舜典〉：「班瑞於群后。」孔氏《傳》：「后，君也。」

⑤《詩經》〈周頌〉〈烈文〉：「百辟其刑之。」鄭《箋》：「卿大夫法其所爲也。」

⑥《周禮》〈天官〉〈大宰〉：「正月之吉，始和，布治於邦國都鄙，乃縣治象之灋於象魏，使萬民觀治象，挾日而斂之。」注：「鄭司農云：『象魏，闕也。』故魯災，季桓子御公立於象魏之外，命藏象魏，曰：『舊章不可忘。』」

⑦《三國志》〈魏書．文帝紀〉：「故勛有衢室之問。」

⑧《初學記》十三、《藝文類聚》三八、《御覽》五三三引《尸子》：「黃帝曰合宮，有虞氏曰總章，殷人曰陽館，周人曰明堂，此皆所以名休其善也。」

⑨《禮記》〈王制〉：「天子命之教，然後爲學。小學在公宮南之左，大學在郊。」鄭注：「《尚書傳》曰：『百里之國，二十里之郊；七十里之國，九里之郊；五十里之國，三里之郊。』此小學、大學，殷之制。」

⑩《禮記》〈昏義〉：「婦人先嫁三月，祖廟未毀，教於公宮。」注：「公，君也。」《正義》：「公宮，謂公之宮也，若天子公邑，官家之宮爾，非謂諸侯公宮也。」

⑪蕭圓肅《太子箴》：「東庠養德，震方主器。」

⑫《禮記》〈王制〉：「有虞氏養國老於上庠，養庶老於下庠；夏后氏養國老於東序，養庶老於西序；殷人養國老於右學，養庶老於左學；周人養國老於東膠，養庶老於虞庠，虞庠在國之西郊。」鄭注：「皆學名也，異者，四代相變耳。或上西，或上東，或貴在國，或貴在郊。上庠右學，大學也，在西郊。下庠左學，小學也，在國中王宮之東。東序東膠，亦大學，在國中王宮之東。西序虞庠，亦小學也，西序在西郊，周立小學於西郊。膠之言糾也，庠之言養也，周之小學爲有虞氏之庠制，是以名庠云。其立鄉學亦如之。膠或作絿。」

⑬《孟子》〈梁惠王〉：「謹庠序之教。」趙岐注：「庠序者，教化之宮也。殷曰序，周曰庠。」

⑭沈約《立內職詔》：「刑於垂訓，周文所以表德。」

⑮《史記》〈三王世家〉：「扶德施化。」《文選》四五班孟堅〈答賓戲〉：「參天地而施化。」《宋書》〈武帝紀〉：「天造草昧，樹之司牧，所以陶鈞三極，統天施化。」

⑯《漢書》〈賈誼傳〉：「帝入太學，承師問道。」

⑰《禮記》〈祭義〉：「昔者，有虞氏貴德而尚齒。」鄭注：「貴謂燕賜有加於諸臣也。尚謂有事尊之於其黨也。舜時多仁聖有德，後德則在小官。」《正義》云：「鄭解虞氏貴德之意，以舜時仁聖者多，人皆有德，其德小先來者已居大官，其德大後來者，則在小官，是小官而德尊者，有虞氏貴之，所以燕賜加於大官。」

⑱《文選》二一虞子陽〈詠霍將軍北伐〉：「當令麟閣上，千載有雄名。」李善注：「《漢書》：『甘露三年，單于始入朝，上思股肱之美，乃圖畫其人於麒麟閣，法其形貌，敍其姓名。』」

⑲《文選》一班孟堅〈西都賦〉：「又有天祿、石渠，典籍之府。」李善注：「《三輔故事》曰：『天祿閣在大殿北，以閣秘書。』」

⑳《後漢書》〈肅宗孝章帝紀〉：「建初四年十一月壬戌，詔云云，於是下太常將大夫、博士、議官、郎官，及諸生諸儒，會白虎觀，講議《五經》同異，使五官中郎將魏應承制問，侍中淳于恭奏，帝親稱制臨決，如孝宣甘露石渠故事，作《白虎議奏》。」李賢注：「今《白虎通》。」又〈楊終傳〉：「終又言：『宣帝博徵群儒，論定《五經》於石渠閣。方今天下少事，學者得成其業；而章句之徒，破壞大體；宜如石渠故事，永爲後世則。』於是詔諸儒於白虎觀論考同異焉。」

㉑《文選》九〈長楊賦〉注、《御覽》七六引《禮斗威儀》：「帝者得其英華，王者得其根荄。」

㉒《淮南子》〈道應〉篇：「桓公讀書於堂，輪人斲輪於堂下，釋其椎鑿而問桓公曰：『君之所讀者何書也？』桓公曰：『聖人之書。』輪扁曰：『其人焉在？』桓公曰：『已死矣。』輪扁曰：『是

直聖人之糟粕耳。』」又見《莊子》〈天道〉篇，粕作魄，同；《韓詩外傳》五，則以爲楚成王事。

㉓《周禮》〈地官〉〈大司徒〉：「以鄉八刑糾萬民：一曰不孝之刑，二曰不睦之刑，三曰不婣之刑，四曰不弟之刑，五曰不任之刑，六曰不恤之刑，七曰造言之刑，八曰亂民之刑。」鄭注：「糾猶糾察也。不弟，不敬師長。造言，訛言惑眾。亂民。亂名改作，執左道以亂政也。鄭司農云：『任謂朋友相任。恤謂相憂。』」

㉔《左傳》桓公二年：「文物以紀之，聲明以發之。」

㉕《尚書》《舜典》：「象以典刑。」孔氏《傳》：「象，法也。法有常刑，用不越法。」

㉖《左傳》隱公五年：「君將納民於軌物者也。故講事以度軌量謂之軌，取材以章物采謂之物，不軌不物，謂之亂政，亂政亟行，所以敗也。」杜注：「言器用眾物，不入法度，則爲不軌不物，亂敗之所起。」

或可云：制定五禮、禮儀、玉帛①、罇俎②之制等，以和邦國③，敍人倫，與天地同節④，安上治民⑤。定諧奏六樂、八音，金石絲竹音，羽籥干戚容，以同和天地⑥，合鬼神⑦、移風易俗⑧。載定六律、律呂，以測寒暑，叶天地。東膠西庠，爰崇節義；麟閣虎觀，乃集墳典⑨。律呂云定，以合陰陽⑩；禮樂聿脩⑪，仍同天地⑫。璇璣玉衡等運而七政斯齊，金科玉條⑬陳施而四民百姓無犯。南正揆地司天⑭，東膠弘風訓俗。敬敷五教，庶績惟熙；《鴻範》九疇，彝倫攸敘。侯甸荒要⑮，合先王之德刑；火龍黼黻⑯，得古人之象辨。正位⑰更立周官；同律齊衡，仍追《舜典》。九成⑱六變⑲，更定樂章；五宅三居⑳，仍定典刑。道德仁義，高視㉑百王㉒；文物聲明，聿追㉓三代。

【註】

①《左傳》莊公二十四年：「男贄，大者玉帛。」杜注：「公侯伯子男執玉，諸侯世子、附庸孤卿執帛。」又哀公七年：「禹合諸侯於塗山，執玉帛者萬國。」

②《禮記》〈樂記〉：「鋪筵席，陳尊俎。」尊罇同。

③《周禮》〈地官〉〈大司徒〉：「大司徒之職，掌建邦之土地之圖，與其人民之數，以佐王安擾邦國。」

④《禮記》〈樂記〉：「大禮與天地同節。」《正義》：「天地之形，各有高下大小爲限節；大禮辨尊卑貴賤，與天地相似，是大禮與天地同節也。」

⑤《禮記》〈經解〉：「安上治民，莫善於禮。」又見《孝經》〈廣要道章〉。

⑥《禮記》〈樂記〉：「大樂與天地同和。」鄭注：「言順天地之氣與其數。」《正義》：「天地氣和而生萬物；大樂之體，順陰陽律呂，生養萬物，是大樂與天地同和也。」

⑦《周易》〈乾卦〉〈文言〉：「夫大人者，與天地合其德，與日月合其明，與四時合其序，與鬼神合其吉凶。」

⑧《禮記》〈經解〉：「移風易俗，莫善於樂。」又見《孝經》〈廣要道章〉。

⑨魏文帝〈答北海王詔〉：「王研精墳典，耽味道真。」

⑩《周禮》〈春官〉〈大師〉：「大師掌六律六同，以合陰陽之聲。陽聲：黃鍾，大簇，姑洗，蕤賓，夷則，無射。陰聲：大呂，應鐘，南呂，函鐘，小呂，夾鐘。」

⑪《詩經》〈大雅〉〈文王〉：「聿脩厥德。」毛《傳》：「聿，述。」

⑫《易》〈乾卦〉〈文言〉：「與天地合其德。」

⑬《文選》四八揚子云〈劇秦美新〉：「懿律嘉量，金科玉條。」李善注：「金科玉條，謂法令也。言金玉，貴之也。」梁簡文帝〈昭明太子集序〉：「玉科歸理讞之恩，金條垂好生之德。」金玉互文，義同。

⑭《國語》〈楚語〉：「顓頊受之，乃命南正重司天以屬神，火正黎司地以屬民。」韋注：「唐尚書云：『火當爲北。』」《史記》〈自序〉：「昔在顓頊，命南正重以司天，北正黎以司地。」《文選》五六陸佐公〈石闕銘〉：「瞻星揆地。」

⑮《尚書》〈禹貢〉：「五百里甸服，……五百里侯服，……五百里要服，……五百里荒服。」孔氏《傳》：「甸服，規方千里之內謂之甸服，爲天子服治田，去王城面五百里。侯服，甸服外之五百里。侯，候也，斥候而服事。甸服，綏服外之五百里，要束以文教。荒服，要服外之五百里，言荒，又簡略。」

⑯《左傳》桓公二年：「火龍黼黻，昭其文也。」杜注：「火，畫火也。龍，畫龍也。白與黑謂之

黼，形若斧。黑與青謂之黻，兩己相戾。」梁簡文帝〈答張纘謝示集書〉：「火龍黼黻，尚且著於玄象。」

⑰周校云：「『正位』下，疑有脫誤。」

⑱《尚書》〈益稷〉：「簫韶九成，鳳凰來儀。」孔氏《傳》：「韶，舜樂名。言簫，見細器之備。雄曰鳳，雌曰皇，靈鳥也。儀，有容儀。備樂九奏，而致鳳皇，則餘鳥不待九而率舞。」

⑲《周禮》〈春官〉〈大司樂〉：「凡六樂者：一變而致羽物，及川澤之示；再變而致臝物，及山林之示；三變而示鱗物，及丘陵之示；四變而致毛物，及墳衍之示；五變而致介物，及土示；六變而致象物，及天神。」鄭注：「變猶更也，樂成則更奏也。」案：示俱音祇。《文選》三張平子〈東京賦〉：「雷鼓鼝鼝，六變既畢。」

⑳《尚書》〈舜典〉：「五宅三居。」孔氏《傳》：「五刑之流，各有所居。五居之差，有三等之居：大罪四裔，次九州之外，次千里之外。」

㉑曹植〈與楊德祖書〉：「足下高視於上京。」

㉒《文選》六左太沖〈魏都賦〉：「牢籠百王。」

㉓《禮記》〈禮器〉：「聿追來孝。」鄭注：「聿，述也。……言文王乃追述先祖之業，來枯此爲孝。」

若云：握斗機以運行，動巽風①而號令。順春夏而生長，隨秋冬而殺罰。開日月以照臨，降雲雨以灑潤。均天地以載臨，同陰陽以變化。察天象以定時，觀人文以成化②。則天地以行道，依鬼神以制義③。履時以象天，養財以任地④。治四氣以教民⑤，通八音以宣六氣⑥。律文而訓俗⑦，聲爲律，身爲度⑧，左準繩，右規矩⑨。保合大和，克明俊德。謨九德⑩，敍九疇，張四維⑪，陳二柄⑫。興於仁⑬，立於《禮》⑭，成於《樂》⑮。導之以德，齊之以禮⑯。聖賢爲杖，仁義爲翼⑰，道德爲城⑱。禮樂爲囿⑲，道德爲場⑳。禮義爲干櫓㉑，誠信爲甲胄㉒。修文德，止武功。先德教，後刑罰㉓。以德不以威㉔，以寬不以猛㉕。不令而行㉖，不言而化㉗。開三面垂仁，揮五弦解慍。日臨月臨，雲行雨施，鼓之以雷電⑱，潤之以雲雨㉙。油然作雲，霈然下雨㉚。煦和氣以臨民㉛，扇薰風而養物㉜。灑玄澤以周流，降陽光以照普。大道潛運㉝，至德弘宣㉞。榮光、陽光等輝映、昭析、普燭、湛恩㉟、鴻恩等汪濊，陽光充溢、洋溢㊱、漫衍㊲、浸洽㊳，和氣、霈澤等同流。

【註】

①《周易》〈巽卦·象〉曰：「隨風，巽，君子以申命行事。」《正義》：「隨風巽者，兩風相隨，故曰隨風。風既相隨，物無不順，故曰隨風巽。君子以申命行事者，風之隨至，非是令初，故君子訓之，以申命行事也。」

②《周易》〈賁卦·彖〉曰：「觀乎天文，以察時變；觀乎人文，以化成天下。」王弼注：「觀天之文，則時變可知也。觀人之文，則化成可爲也。」

③《史記》〈五帝本紀〉：「依鬼神以制義。」《索隱》：「鬼神聰明正直，當盡心敬事，因制尊卑之義，故《禮》曰『降於祖廟之謂仁義』，是也。」《正義》：「鬼之靈者曰神也。鬼神，謂山川之神也，能興雲致雨，潤養萬物也，故己依馮之剬義也。剬古制字。」按：文又見《大戴禮記》〈五帝德〉篇。

④《史記》〈五帝本紀〉：「養材以任地，載時以象天。」《索隱》：「言能養材物以任地。《大戴禮》作『養財』。載，行也。言行四時以象天。《大戴禮》作『履時以象天』，履亦踐而行也。」按：《大戴禮》見〈五帝德〉篇。

⑤《大戴禮記》〈五帝德〉篇：「治氣以教民。」《史記》〈五帝本紀〉作「治氣以教化」，《索隱》：「謂理四時五行之氣，以教化萬人也。」

⑥《左傳》昭公元年：「天有六氣，降生五味。……六氣曰陰、陽、風、雨、晦、明也。」

⑦魏收〈大興聖寺詔〉：「昭仁訓俗，不遺造次。」

⑧《史記》〈夏本紀〉：「聲爲律，身爲度。」《索隱》：「言禹聲音應鐘律。」《集解》：「王肅曰：『以身爲法度。』」按：文又見《大戴禮記》〈五帝德〉篇。

⑨《史記》〈夏本紀〉：「左準繩，右規矩。」《集解》：「王肅曰：『左右，言常用也。』」《索隱》：「左，所運用堪爲人之準繩。右，所舉動必應規矩也。」按：文又見《大戴禮記》〈五帝德

〉篇。

⑩《尚書》〈皋陶謨〉：「皋陶曰：『都，亦行有九德，亦言其人有德，乃曰載采采。』禹曰：『何？』皋陶曰：『寬而栗，柔而立，愿而恭，亂而敬，擾而毅，直而温，簡而廉，剛而塞，彊而義。彰厥有常，吉哉。』」

⑪《管子》〈牧民〉篇：「何謂四維？一曰禮，二曰義，三曰廉，四曰恥。」

⑫《韓非子》〈二柄〉篇：「明主之所導制其臣者，二柄而已矣。二柄者，刑德也。何謂刑德？曰：殺戮之謂刑，慶賞之謂德。」

⑬「仁」疑當作「詩」，《論語》〈泰伯〉篇：「子曰：『興於《詩》，立於《禮》，成於《樂》。』」《集解》：「包曰：『興，起也。言修身當先學《詩》。』」此文本之。

⑭《論語集解》：「包曰：『《禮》者，所以立身。』」

⑮《論語集解》：「包曰：『《樂》所以成性。』」

⑯《論語》〈爲政〉：「道之以德，齊之以禮。」《集解》：「包曰：『德謂道德。』」按：道、導古通。

⑰《莊子》〈大宗師〉：「以禮爲翼。」案：《新語》〈輔政〉篇：「是以聖人居高處上，則以仁義爲巢，乘危履傾，則以聖賢爲杖。」乃此文所本，「翼」當爲「巢」之誤。

⑱庾信《徵調曲》：「開信義以爲苑囿，立道德以爲城池。」

⑲《文選》八揚子雲〈羽獵賦〉：「創道德之囿。」

⑳《文選》四八楊子雲〈劇秦美新〉：「遥集乎文雅之囿，翱翔乎禮樂之場。」李善注：「言以文雅爲園囿，以禮樂爲場圃。」

㉑《禮記》〈儒行〉：「儒有忠信以爲甲胄，禮義以爲干櫓。」鄭注：「干櫓，小楯大楯也。」梁元帝《玄覽賦》：「謝禮樂之干櫓，閱武騎之輣沖。」

㉒「誠信」，《儒行》作「忠信」，此避隋諱改也。

㉓《呂氏春秋》〈先己〉篇：「三王先教而後殺，故事莫功焉。」

㉔《尚書》〈呂刑〉：「德威惟畏。」

㉕《左傳》昭公二十年：「大叔爲政，不忍猛而寬。」

㉖《論語》〈子路〉：「其身正，不令而行。」

㉗劉實〈崇讓論〉：「不言之化行，巍巍之德於此著矣。」任昉〈齊竟陵王行狀〉：「不言之化，若門到户説矣。」

㉘《周易》〈繫辭〉上：「鼓之以雷霆，潤之以風雨。」《禮記》〈樂記〉：「鼓之以雷霆，奮之以風雨。」此用其文，「霆」作「電」，古通用。《穀梁傳》隱公九年：「電，霆也。」《淮南》〈天文〉篇：「陰陽相薄，感而爲雷，激而爲霆。」《齊東野語》十二引「霆」作「電」，即其證。

㉙「雲雨」〈繫辭〉、〈樂記〉皆言「風雨」，〈新語〉〈道基〉篇亦謂：「潤之以風雨。」

㉚《孟子》〈梁惠王〉上：「天油然作雲，沛然下雨。」趙注：「油然，興雲之貌。」《孟子音義》：「沛，字亦作『霈』。」

㉛劉向〈條災異封事〉：「和氣致祥。」
㉜《晉書》〈武帝紀〉：「詔曰：『方今陽春養物，東作始興。』」
㉝《文選》五九王簡棲〈頭陀寺碑文〉：「宮商潛運。」
㉞《隋書》〈牛弘傳〉：「聖人所以弘宣教導，博通古今。」
㉟《文選》四四司馬長卿〈難蜀父老〉：「湛恩汪濊。」注：「韋昭曰：『湛音沈。』張揖曰：『汪濊，深貌也。』善曰：『汪，烏黃切。濊，烏外切。』」
㊱《禮記》〈中庸〉：「聲名洋溢乎中國。」
㊲劉秀〈上山海經表〉：「昔洪水洋溢漫衍。」
㊳《淮南子》〈兵略〉篇：「道之漫洽，滒淖纖微，無所不在。」

亦論：道仁澤化等被格，著及，覃通，流施，沾加，云二儀、四海、九縣、八紘①、四表、九域、九垓②、八際③、天下、海外，及淵泉、草木、昆蟲、行葦④等語。

【註】

①「紘」，原作「宏」，今改，說已見前。
②《文選》四八司馬長卿〈封禪文〉：「上暢九垓。」注：「孟康曰：『暢，達也；垓，重也；言其德上達於九重之天。』」

③《封禪文》：「下泝八埏。」注：「孟康曰：『泝，流也；埏，若甕埏，地之八際也；言其德流於地之八際。』」《晉書》〈姚秦載記〉：「晦重氛於六漠，鼓洪流於八際。」

④《文選》九班叔皮〈北征賦〉：「慕公劉之遺德，及行葦之不傷。」李善注：「《毛詩序》曰：『〈行葦〉，忠厚也。』《詩》曰：『敦彼行葦，牛羊勿踐履。』」高允《北伐頌》：「周之忠厚，存及行葦。」

平章百姓①協和萬邦②，光被四表。或云：敷茲五典，陳茲八政等，庶績咸熙，載敍人倫③，布以九疇，張以四維，彝倫攸敍，允諧④邦政，韜戈偃甲⑤，變定武功，作樂制禮，載和文德。五弦云奏，更起舜歌；三面已開，還興湯咒。五弦解慍，德被生民；三面開羅，仁沾庶物。自南自北⑥，德被華、夷；欲左欲右⑦，仁沾鳥獸。秉鉞而舞，見遠夷殊俗來賓；揮弦彈琴而歌，知吾民解慍。興仁立禮，俗以唯清；明法察令，民斯無犯。悠悠⑧萬物，並被仁也；芒芒九洲⑨，俱陶王化。亦可以上⑩大道、至德、榮光、湛恩、玄澤、和氣等被加於四海、八紘⑪等語爲對。

【註】

①《尚書》〈堯典〉：「平章百姓。」孔氏《傳》：「百姓，百官。言化九族而平和章明。」

②《尚書》〈堯典〉：「協和萬邦。」孔氏《傳》：「協，合。」

③「人」，原作「仁」，仁倫不詞，上文有「敍人倫」語，今據改。
④《尚書》〈益稷〉：「庶尹允諧。」
⑤周校曰：「『甲』，原作『伯』，據前文改。」今從之。
⑥《詩經》〈大雅．文王有聲〉：「自西自東，自南自北，無思不服。」
⑦《呂氏春秋》〈異用〉篇：「湯見祝網者，置四面，其祝曰：『從天墜者，從地出者，從四方來者，皆離吾網。』湯曰：『嘻，盡之矣。非桀其孰爲此也。』湯收其三面，置其一面，更教祝曰：『……欲左者左，欲右者右，欲高者高，欲下者下，吾取其犯命者。』漢南之國聞之曰：『湯之德及禽獸矣。』四十國歸之。」
⑧〈列子〉〈楊朱〉篇：「名者，實之賓，而悠悠者趨名不已。」《後漢書》〈朱穆傳〉：「悠悠者皆是。」李賢注：「悠悠，多也。」
⑨《左傳》襄公四年：「芒芒禹跡，畫爲九州。」杜注：「芒芒，遠貌。」此文「洲」當作「州」。
⑩此處疑有訛脱。
⑪「紘」，原作「宏」，今改。

敍天下安平

若云：二儀、天地、乾坤等交泰①、交暢②。日月光華，人神允協③，遐邇太康④，幽平叶贊，內外穆福，萬國咸寧⑤，萬邦協和，百姓昭明⑥，黎民於變時邕⑦，庶績咸熙，品物咸亨⑧，柔遠能邇⑨，內外平成⑩，天平地成⑪，遠邇至。下通上漏⑫，四海無波，琁曜階平⑬，河清海晏⑭，河鏡河湛⑮，河溓海夷⑯，年和氣叶，雨節風隨。尉候無虞，烽燧不警。脫劍⑰明堂，焚甲⑱宣室。載戢干戈⑲，載櫜弓矢⑳。放馬華山之陽，放牛桃林之塞。偃甲㉑韜戈，休牛放馬。榮光溢二儀㉒，和氣行萬里，玄㉓澤浸六幽。百姓食於膏火㉔，飲於醴泉，照於玉燭㉕。司祿㉖益富而國實，司命㉗益年而民壽。

【註】

①《周易》〈泰卦·象〉曰：「天地交泰。」王弼注：「泰者，物大通之時也。」《文選》六左太沖〈魏都賦〉：「乾坤交泰而絪縕。」

②任昉〈禪位梁王璽書〉：「風化肅穆，禮樂交暢。」又〈進梁公爵爲王詔〉：「仁信並行，禮樂同暢。」

③《文選》一張平子〈東都賦〉：「人神之和允洽。」

④《詩經》〈唐風·蟋蟀〉：「無已太康。」毛《傳》：「康，樂。」

⑤《尚書》〈大禹謨〉：「萬邦咸寧。」

⑥《尚書》〈堯典〉：「百姓昭明。」「昭」，原作「照」，今據《古鈔本》、《三寶院本》校改。

⑦《尚書》〈堯典〉：「黎民於變時雍。」孔氏《傳》：黎，眾；時，是；雍，和也。言天下眾民皆

變化化上，是以風俗大和。」雍、邕古通，《文選》三五張景陽〈七命〉：「六合時邕。」李善注：即引〈堯典〉此文爲證。

⑧《周易》〈坤卦。象〉曰：「品物咸亨。」《正義》：「品物之類，皆得亨通。」

⑨《尚書》〈舜典〉：「柔遠能邇。」孔氏《傳》：「柔，安；邇，近。言當安遠，乃能安近。」

⑩《左傳》文公十八年：「內平，外成。」杜《注》：「內諸夏，外夷狄。」

⑪《尚書》〈大禹謨〉：「地平天成。」孔氏《傳》：「水土治曰平，五行敍曰成。」

⑫「下通上漏」，疑當作「上通下漏」，謂上通天、下漏泉也。梁簡文帝〈菩提樹頌序〉：「上照天，下漏泉，天既成矣，地既平矣。」

⑬《御覽》八七二引《黃帝太階六符經》：「三階平，則陰陽和，風雨時，社稷咸獲其宜，天下大安，是謂太平。」

⑭鄭錫〈日中有王字賦〉：「河清海晏，時和歲豐。」

⑮「河鏡河湛」，疑當作「海鏡河湛」，《文選》二〇顏延年《應詔讌曲水作詩》：「天臨海鏡。」李善注：「孫綽〈望海賦〉曰：『因湛亮以靜鏡，俯游目於淵庭。』」謝朓〈海陵王昭文墓銘〉：「於穆二祖，天臨海鏡。」梁簡文帝〈唱導文〉：「玉震雲浮，金聲海鏡。」張融〈海賦〉：「揚珠起玉，流鏡飛明。」俱謂海如鏡也。

⑯《御覽》八七三引《禮斗威儀》：「君乘土而王，其政太平，則河溓。」宋均注曰：「溓，不決不溢也。謂溓然不盛也。溓，勒兼切。」又引《符瑞圖》：「河溓者，河水清也。」又六〇引《禮斗

威儀》：「君乘土而王則海夷。」宋均注曰：「海夷，不揚波也。」

⑰《韓詩外傳》二：「崔杼弒莊公，合士大夫盟，盟者皆脫劍而入。」

⑱《唐書》〈章懷太子賢傳〉：「調露中，後遣人發太子陰事，詔薛元超等雜治之，獲甲三百首，乃焚甲天津橋，坐徙者十餘人。」「焚」，原作「焱」，今據《古鈔本》、《三寶院本》校正。

⑲《詩經》〈周頌〉〈時邁〉：「載戢干戈，載櫜弓矢。」毛《傳》：「戢，聚；櫜，韜也。」《箋》云：「載之言則也，王巡守而天下咸服，兵不復用，此又著震疊之效。」

⑳「櫜」，原作「櫜」，今據《周頌》校改。

㉛「甲」，原作「伯」，周校「據前文改」，今從之。

㉒「榮」，原作「焱」，今據《三寶院本》校正。《御覽》八一引《尚書中候》〈考河命〉：「舜至於下稷，榮光休至。」注：「稷讀曰側下之側，日西下之時。休，美也。榮光，氣也。」又八七二引《符瑞圖》：「榮光者，瑞光也，其光五彩焉，出於水上。」

㉓「玄」，原作「去」，案：上文言「灑玄澤以周流」，又言「玄澤」，俱作「玄澤」，今據改正。

㉔《御覽》八一引《尸子》：「舜南面而治天下，天下太平，燭於玉燭，息於永風，食於膏火，飲於醴泉。舜之行其猶河海乎，千仞之溪亦滿焉。由此觀之，禹、湯之功，不足言也。」

㉕《爾雅》〈釋天〉：「四氣和謂之玉燭。甘雨時降，萬物以嘉，謂之醴泉。」邢《疏》：「《尸子》〈仁意〉篇述太平之事云：『燭於玉燭，飲於醴泉，暢於永風。春爲青陽，夏爲朱明，秋爲白藏，冬爲玄英。四時和爲正光，此之謂玉燭。甘雨時降，萬物以嘉，高者不少，下者不多，此之謂

醴泉。』」《御覽》八七二引《符瑞圖》：「玉燭者，瑞光也，見則四時之色洞如燭也。」又八七二引《孫氏瑞應圖》：「醴泉者，水之精也，味甘如醴。泉出流所及，草木皆茂，飲之令人壽也。」

㉖《周禮》〈地官〉有司祿，文闕如也。

㉗《漢書》〈天文志〉：「斗魁戴筐六星曰文昌宮：一曰上將，二曰次將，三曰貴相，四曰司命，五曰司祿，六曰司災。」張衡〈周天大象賦〉：「司命與司祿連彩。」

亦可云：容成氏世，結繩而用，鄰國雞犬相聞①。東戶季②子世，路有雁行，道不拾遺，耒耜餘糧宿於畝首③。華胥氏世，民有含哺而熙，鼓腹而游④。太古之時，烏鵲之巢，可俯而窺，虺蛇可蹠⑤。大道之行，天下爲公，不獨親其親，不獨子其子⑥。唐堯之時，八十老人擊壤於路云：「鑿井而飲，耕田而食，日出而作，日入而息，帝有何力於我哉！」⑦堯、舜之時，比屋可封⑧，百姓皆以堯、舜之心爲心。黃帝夢游華胥之國，三年而治臻焉⑨。可量參對之。

【註】

①《莊子》〈胠篋〉篇：「昔者，容成氏……，當是時也，民結繩而用之，甘而食，美其服，樂其俗，安其居。鄰國相望，雞狗之音相聞，民至老死而不相往來。」

②「季」，原作「李」，今據《古鈔本》、《三寶院本》校改。

③《淮南》〈繆稱〉篇：「昔東户季子之世，道路不拾遺，耒耜餘糧宿諸畝首。」

④《莊子》〈馬蹄〉篇：「夫赫胥氏之時，居民不知所爲，行不知所之，含哺而熙，鼓腹而游，民能以此矣。」此文本之，「赫胥」作「華胥」，疑涉下文「華胥國」而誤。

⑤《荀子》〈哀公〉篇：「烏鵲之巢，可俯而窺也。」《禮記》〈禮運〉篇：「鳥獸之卵胎，皆可俯而窺也。」《莊子》〈馬蹄〉篇：「烏鵲之巢，可攀援而闚。」《淮南》〈本經篇〉：「虎豹可尾，虺蛇可蹍。」

⑥《禮記》〈禮運〉：「大道之行也，天下爲公，選賢與能，講信修睦；故人不獨親其親，不獨子其子。」

⑦《御覽》八〇引《帝王世紀》：「帝堯陶唐氏，……天下大和，百姓無事，有八十老人擊壤於道，觀者嘆曰：『大哉！帝之德也！』老人曰：『吾日出而作，日入而息，鑿井而飲，耕田而食，帝何力於我哉！』」

⑧陸賈〈新語〉〈無爲〉篇：「堯、舜之民，可比屋而封。」《御覽》七七引〈袁子正論〉：「堯、舜之人，比屋可封，非盡善也。猶在防之水，非不流也。」

⑨《列子》〈黃帝〉篇：「黃帝晝寢而夢，遊於華胥氏之國。華胥氏之國，在弇州之西，台州之北，不知斯齊國幾千萬里，蓋非舟車足力之所及，神遊而已。……黃帝既寤，怡然自得，召天老、力牧、太山稽告之曰：『朕閒居三月，齋心服形，思有以養身治揚之道，弗獲其術，疲而睡，所夢若

此，今知至道，不可以情求矣，朕知之矣，朕得之矣，而不能以告若矣。』又二十有八年，天下大治，幾若華胥氏之國，而帝登假。百姓號之，二百餘年不輟。」

右並帝德功業，其在諸文須敍述者，可於此參用之。若文大者，陳事宜多，若〈太平頌〉①、巡狩、〈賢臣頌〉②、檄文、〈封禪表〉③之類體，須多，若雜表等體，須少。皆斟酌意義，須敍之句數長短，皆在本注。

【註】

①陸知命有〈太平頌〉，見《隋書》〈本傳〉。

②王褒有《聖主得賢臣頌》，見《漢書》〈本傳〉及《文選》四七。

③司馬相如有〈封禪文〉，見《文選》四八。

敍遠方歸向

東方有①青丘②，扶木③，扶桑④，蟠木⑤，少陽⑥，日域⑦，出日⑧。

南方有丹穴山⑨，丹徼⑩，炎洲⑪，風穴⑫，載日⑬，火鼠⑭，北户⑮，反户⑯。

西方有白水⑰，西王⑱，嵦陵，積石⑲，流沙⑳，玄圃㉑，弱水㉒，麟州㉓，囿隴。

北方有玄漠，幽陵㉔，紫塞㉕，孤竹㉖，崆峒㉗，玄闕㉘，龍庭㉙，金微㉚，瀚海㉛，天山㉜，龍燭㉝等。

【註】

①「有」，原作「在」，今據《無點本》校改。

②《山海經》〈海外東經〉：「青丘國在其北。」郭注：「其人食五穀，衣絲帛。」又〈大荒東經〉：「有青丘之國，有狐九尾。」

③「扶」，原作「林」，今改。《山海經》〈海外東經〉：「大荒之中，有山名曰孽搖頵羝，上有扶木，柱三百里，其葉如芥。」《淮南》〈墬形〉篇：「扶木在陽州，日之所曊。」高誘注：「扶木，扶桑也，在湯谷之南。曊猶照也。陽州，東方也。」

④《山海經》〈海外東經〉：「湯谷上有扶桑，十日所浴，在黑齒北，居水中，有大木，九日居下枝，一日居上枝。」

⑤《史記》〈五帝本紀〉：「東至於蟠木。」又見《大戴禮記》〈五帝德〉篇及《家語》〈五帝德〉篇。錢大昕曰：「蟠木，扶木也。〈呂覽〉〈爲欲〉篇：『西至流沙，東至扶木。』又〈求人〉篇：『禹東至榑木之地。』《說文》：『榑桑，神木，日所出也。』榑與扶通，扶木即扶桑，古音扶如酺聲，轉爲蟠也。」器案：《淮南》〈時則〉篇：「榑木之地。」高誘注：「榑木，榑桑。」《山海經》〈東山經〉：「東望榑木。」郭注：「扶桑二音。」古木字有桑音，《列子》〈

湯問〉篇：「越之東有輒木之國。」注音木字爲又康反，即其證也。

⑥《山海經》〈北山經〉：「又西二百五十里曰少陽之山，其上多玉，其下多赤銀，酸水出焉，而東流注於汾水，其中多美赭。」

⑦《漢書》〈楊雄傳〉下：「西厭月⿰出骨，東震日域。」江總〈辭行李賦〉：「月窟向風，日域仰澤。」

⑧《山海經》〈大荒東經〉：「東荒之中，有山名曰壑明俊疾，日月所出。」

⑨《爾雅》〈釋地〉：「岠齊州以南，戴日爲丹穴。」邢《疏》云：「岠，去也。齊，中也；中州猶言中國也。戴，值也，言去中國以南，北户以北，值日之下，其處名丹穴。天老說鳳云：『濯羽弱水，莫宿丹穴。』又《山海經》云：『禱過山東五百里曰丹穴山。』是乎。」案：《山海經》見〈南山經〉。

⑩「徼」，原作「激」，今改。沈約〈齊武帝誄議〉：「丹徼青丘之野，跂踵、反舌之民，浮深架阻，回首革面。」謝朓〈侍宴曲水詩〉：「玄塞北靡，丹徼南極。」《古今注》上：「南方徼色赤，故謂之丹徼，徼，繞也，所以繞逆蠻、夷，使不得侵入中國也。」

⑪《十洲記》：「炎洲在南海中，地方二千里。」《述異記》上：「炎洲在南海中。」

⑫《說文》〈鳥部〉：「鳳，神鳥，出於東方君子之國，翱翔四海之外，過崑崙，飲砥柱，濯羽弱水，暮宿風穴，見則天下大安寧。」《楚辭》屈原〈九章〉〈悲回風〉：「依風穴以自息兮，忽傾寤以嬋媛。」洪興祖〈補注〉：「《歸藏》曰：『乾者，積石、風穴之翏翏。』《淮南》曰：『鳳

皇濯翼弱水，暮宿風穴。』注云：『風穴，北方寒風，從地出也。』」

⑬「載」，當作「戴」，戴日見上注九。

⑭《十洲記》：「炎洲……又有火林山，山中有火光獸，大如鼠，毛長三四寸，或赤或白。山可三百里許，晦夜即見此山林，乃是此獸光照，狀如火光相似。取其獸毛，以緝爲布，時人號爲火浣布，此是也。國人衣服垢污，以灰汁浣之，終無潔淨，唯火燒此衣服，兩盤飯間，振擺其垢自落，潔白如雪。」張說〈喜雨賦〉：「南窮火鼠之澤，北盡燭龍之會。」

⑮「北」，原作「比」，今據《古鈔本》校改。《爾雅》〈釋地〉：「觚竹、北户、西王母、日下，謂之四荒。」郭注：「北户在南。」邢《疏》：「北户者，即日南郡是也，顏師古曰：『言其在日之南，所謂北户以向日者。』」

⑯《淮南》〈墬形〉篇：「南方曰都廣，曰反户。」高誘注：「都廣，國名也，山在此國，因復曰都廣山。言其在鄉日之南，皆爲北鄉户，故反其户也。

⑰《楚辭》〈離騷經〉：「朝吾將濟於白水兮，登閬風而緤馬。」王逸注：「《淮南子》曰：『白水出崑崙之山，飲之不死。』」洪興祖〈補注〉：「《河圖》曰：「『崑山出五色流水，其白水入中國，名爲河也。』五臣云：『白水，神泉。』」

⑱《山海經》〈大荒西經〉：「西海之南，流沙之濱，赤水之後，黑水之前，有大山名崑崙之丘。……有人戴勝，虎齒，有豹尾，穴處，名曰西王母。」郭璞注：「《河圖玉版》亦曰：「西王母居崑崙之山。」〈西山經〉曰：『西王母居玉山。』《穆天子傳》曰：『乃紀名跡於弇山之石，

曰西王母之山也。』然則西王母雖以崑崙之宮，亦自有離宮別窟，遊息之處，不專在一山也。故記事者各舉所見而言之。」《新書》〈修政語〉上：「西見王母。」

⑲《尚書》〈禹貢〉：「浮於積石。」孔氏《傳》：「積石山在金城西南，河所經也。」

⑳《新書》〈修政語〉上：「堯教化及雕題、蜀、越，撫交趾，身涉流沙，地封獨山，西見王母，訓及大夏、渠叟，北中幽都。」《家語》、〈五帝德〉：「西陷流沙，東極蟠木。」

㉑《文選》三張平子〈東京賦〉：「右睨玄圃。」薛綜注：「玄圃，在崑崙山上。」李善注：「《淮南子》又曰：『懸圃在崑崙閶闔之中。』玄與懸古字通。」《楚辭》〈天問〉：「崑崙縣圃，其凥安在？」王逸注：「崑崙，山名也，在西北，元氣所出，其巔曰縣圃，乃上通於天也。」洪興祖〈補注〉：「縣音玄。」

㉒《山海經》〈海內西經〉：「弱水出西南隅以東，又北，又西南過畢方鳥東。」郭注：「〈西域傳〉：『烏弋國去長安萬五千餘里，西行可百餘日，至條支國，臨西海，長老傳聞有弱水、西王母云。』〈東夷傳〉亦曰：『長城外數千里亦亦有弱水。』皆所未見也。《淮南子》云：『弱水出窮石。』窮石，今之西郡那冉，蓋其派別之源耳。」

㉓《十洲記》：「鳳麟洲在西海之中央，地方一千五百里。洲四面有弱水繞之，鴻毛不浮，不可越也。洲上多鳳麟數萬，各爲群。」《唐書》〈地理志〉：「麟州新秦郡，開元十二年置。」

㉔《史記》〈五帝本紀〉：「帝顓頊高陽……絜誠以祭祀，北至於幽陵。」《正義》：「幽州也。」又：「舜歸而言於帝，請流共工於幽陵。」《集解》：「馬融曰：『北裔也。』」《正義》：「《

尚書》及《大戴禮》皆作『幽州』，《括地志》云：『故龔城在澶州燕樂縣界，故老傳云，舜流共工幽州居此城。』

也。」

㉕《古今注》上：「秦所築長城，土色皆紫，漢亦然，故云紫塞也。塞者，塞也，所以擁塞夷、狄

㉖《史記》〈周本紀〉：「伯夷、叔齊在孤竹。」《集解》：「應劭曰：『在遼西令支。』」《正義》：「《括地志》云：『孤竹故城，在平州盧龍縣南十二里，殷時諸侯孤竹國胎氏也，姓墨。』」

㉗《史記》〈五帝本紀〉：「西至於空桐。」《集解》：「應劭曰：『山名。』韋昭曰：『在隴右。』」《正義》：「《括地志》云：『空桐山，在肅州福祿縣東南六十里。』《抱朴子內篇》云：『黃帝西見中黃子，受九品之方；過空桐，從廣成子受自然之經。』即此山。《括地志》又云：『笄頭山一名崆峒山，在原州平高縣西百里，《禹貢》涇水所出。』《輿地志》云：『或即雞頭山也。』酈元云：『蓋大隴山異名也。』《莊子》云：『廣成子學道崆峒山，黃帝問道於廣成子。』蓋在此。案二處崆峒，皆云黃帝登之，未詳孰是。」

㉘《史記》〈司馬相如傳〉：「遺騎屯於玄闕。」《集解》：「《漢書音義》曰：『玄闕，北極之山。』郤正《釋譏》：『盧敖翱翔乎玄闕，若士竦身於雲霄。』」

㉙《文選》五六班孟堅〈封燕然山銘〉：「焚老上之龍庭。」李善注：「《漢書》曰：『匈奴正月諸長小會單于庭祠，五月大會蘢城，祭其先天地鬼神。』蘢音龍。」

㉚《後漢書》〈孝和帝紀〉：「永元三年二月，大將軍竇憲遣左校尉耿夔出居延塞，圍北單于於金微山，大破之。」

㉛《文選》二一虞子陽〈詠霍將軍北伐〉：「瀚海愁陰生。」李善注：「《漢書》曰：『霍去病率師登臨瀚海。』如淳曰：『瀚海，海名。』」「《瀚》」原作「澣」，今據《古鈔本》、《三寶院本》校改。

㉜《漢書》〈武帝紀〉：「天漢二年，貳師將軍三萬騎，出酒泉，與右賢王戰於天山，斬首萬餘級。」師古曰：「在西域蒲類國，去長安八千餘里，即祁連山也。」

㉝《山海經》〈海外北經〉：「鍾山之神，名曰燭陰，視爲晝，瞑爲夜，吹爲冬，呼爲夏，不飲不食，不息，息爲風。身長千里，在無𢼸之東。其爲物，人面蛇身，赤色，居鍾山下。」郭璞注：「燭陰，燭龍也，是燭九陰，因名云。」又〈大荒北經〉：「西北海之外，赤水之北，有章尾山，有神，人面蛇身而赤，直目正乘，其瞑乃晦，其視乃明，不食不寢不息，風雨是謁，是燭九陰，是謂燭龍。」注：「《離騷》曰：『日安不到？燭龍何燿？』《詩含神霧》曰：『天不足西北，無有陰陽消息，故有龍含精以往黜天門中云。』《淮南子》曰：『長於委羽之山。』不見天日也。」案：郭注引《離騷》，見《天問》；引《淮南》，見〈墜形〉篇。

並得云：地域鄉俗，人表外所。

亦云：夏禹所不記①，豎亥②、大章③所不步遊，周穆王④、若士、盧敖⑤所不至遊窺，禹跡⑥所不及，穆轍⑦所不遊，天老⑧所不遊，方志⑨所未傳，《山經》⑩所不載。

【註】

①謂《禹貢》所不記載也。

②《山海經》〈海外東經〉注：「豎亥，健行人也。」

③《山海經》〈海外東經〉：「帝命豎亥步自東極，至於西極，五億十選九千八步。豎亥右手把筭，左手指青丘北。一曰：禹令豎亥。一曰：五億十萬九千八百步。」《淮南子》〈墬形〉篇：「禹乃使太章步自東極，至於西極，二億三萬三千五百里七十五步；使豎亥步自北極，至於南極，二億三萬三千五百里七十五步。」高誘注：「太章，豎亥，善行人，皆禹臣。」《吳越春秋》〈越王無餘外傳〉：「禹行使大章步東西，豎亥度南北，暢八極之廣，旋天地之數。」

④見《穆天子傳》。

⑤《淮南子》〈道應〉篇：「盧敖遊乎北海，經乎太陰，入乎玄闕，至於蒙穀之上，見一士焉，深目而玄鬢，淚注而鳶肩，豐上而殺下，軒軒然方迎風而舞。顧見盧敖，慢然下其臂，遯逃乎碑。盧敖就而視之，方倦龜殼而食蛤梨。盧敖與之語曰：「唯敖爲背群離黨，窮觀於六合之外者，非敖而已乎！敖幼而好遊，至長不渝，周行四極，唯北陰之未闚，今卒睹夫子於是，子殆可與敖爲友乎？』若士者齤然而笑曰：『嘻，子中州之民，寧肯而遠至此？此猶光乎日月而載列星，陰陽之所行，四時之所生，其比乎不名之地，猶窔奧也。若我南遊乎岡㝗之野，北息乎沉墨之鄉，西窮窅冥之黨，

東開鴻濛之光，此其下無地而上無天，聽焉無聞，視焉無眴，此其外猶有汰沃之汜，其餘一舉而千萬里，吾猶未能之在。今子遊始於此，乃語窮觀，豈不亦遠哉？然子處矣，吾與汗漫期於九垓之外，吾不可以久駐。』若士舉臂而竦身，遂入雲中。盧敖仰而視之，弗見，乃止駕，柸治，悖若有喪也，曰：『吾比夫子，猶黃鵠與壤蟲也，終日行不離咫尺，而自以爲遠，豈不悲哉！』」

⑥《左傳》襄公四年：「芒芒禹跡，畫爲九州。」

⑦《左傳》昭公十二年：「昔穆王欲肆其心，周行天下，將皆必有車轍馬跡焉。」杜注：「周穆王。肆，極也。」

⑧「天老」，原作「方老」，今據《列子》校改，見前「黃帝夢遊華胥之國」注。

⑨《周禮》〈地官．誦訓〉：「掌道方志，以詔觀事。」鄭注：「說四方所識久遠之事以告王，觀博古所識，若魯有大庭氏之庫，殽之二陵。」《文選》四左太沖〈三都賦序〉：「其鳥獸草木，則驗之方志。」又五左太沖〈吳都賦〉：「方志所辨，中州所羨。」

⑩《後漢書》〈西域傳〉：「班超遣掾甘英，窮臨西海而還，皆前世所不至，《山經》所未詳。」王先謙《集解》：「即《山海經》。」案：《周書》〈異域傳序〉：「求之鄒說，詭怪之跡實繁；考之《山經》，奇譎之詞匪一。」左思〈吳都賦〉：「名載於《山經》，形鏤於夏鼎。」梁簡文帝〈箏賦〉：「異東垂之野繭，非《山經》之嘔絲。」俱謂《山海經》也。

亦云：日月光景等所不照臨，霜露所不沾被，舟車所不通①，冠帶②所不及，轍跡③所不至。

【註】

①《禮記》〈中庸〉：「是以聲名洋溢乎中國，施及蠻、貊，舟車所至，人力所通，天之所覆，地之所覆，日月所照，霜露所隊。」此本其文而反言之。

②《文選》二班孟堅《西京賦》：「冠帶交錯。」薛綜注：「冠帶猶搢紳，謂吏人也。」夏侯湛《抵疑》：「僕承門户之業，受過庭之訓，是以得接冠帶之末，充乎大夫之列。」

③轍跡，謂車轍馬跡也，見上文「穆轍所不遊」注引《左傳》。

異俗名有：反風①，厭火②，三首③，一目④，雕齒⑤，黑齒⑥，儋耳⑦，穿胸⑧，頭飛⑨，鼻飲⑩，金鱗，鐵面⑪等國俗人鄉。及云：七戎⑫，六蠻⑬，九夷⑭，八狄⑮，赤狄⑯，青羌⑰，烏夷⑱，犬戎⑲，旄頭⑳，皮服，編髮㉑，左衽㉒等類群首長渠眾等。

【註】

①反風，未詳，疑是「反踵」或「反舌」之誤。《山海經》〈海內南經〉：「梟陽國在北朐之西，其爲人，人面長唇，黑身有毛，反踵。」又〈海內經〉：「南方有贛巨人，人面長臂，黑身有毛，反踵。」《文選》四六王元長〈三月三日曲水詩序〉：「離身反踵之君。」李善注：「《呂氏春秋》

曰：『舜登爲天子，，大人、反踵，皆被其澤。』高誘《淮南子注》曰：『反踵，國名，其人南行，跡向北也。』」又五六陸佐公〈石闕銘〉：「西羈反舌。」李善注：「《呂氏春秋》曰：『善爲君者，蠻、夷、反舌，皆服德厚也。』高誘曰：『夷、狄語言，與中國相反，因謂反舌。一說：南方有反舌國，舌本在前，末倒向喉，故曰反舌也。』」

②《山海經》〈海外南經〉：「厭火國在其國南，獸身黑色，生火出其口中。」郭氏《傳》：「言能吐火，畫似獼猴而黑色也。」案：郭璞所謂畫者，即陶潛之所謂圖也。

③《山海經》〈海外南經〉：「三首國在其東，其爲人一身三首。」

④《山海經》〈海外北經〉：「一目國在其東，一目中其面而居。一曰有手足。」《淮南子》〈墬形〉篇：「西北方曰一目。」高誘注：「國人一目，在面中央。」

⑤「雕齒」疑即「鑿齒」，《山海經》〈海外南經〉：「羿與鑿齒戰於壽華之野，羿射殺之，在崑崙墟東。羿持弓矢，鑿齒持盾。」郭注：「鑿齒亦人也，齒如鑿，長五六尺，因以名云。」《淮南子》〈墬形〉篇：「自西南至東南方，有鑿齒民。」高誘注：「鑿齒民吐一齒出口下，長三尺也。」

⑥《山海經》〈海外東經〉：「黑齒國在其北，爲人黑，食稻啖蛇。」郭注：「〈東夷傳〉曰：『倭國東四千餘里有裸國。裸國東南有黑齒國，船行一年可至也。』《異物志》云：『西屠染齒。』亦以放此人。」《淮南子》〈墬形〉篇：「自東南至東北方，有黑齒民。」高誘注：「其人黑齒食稻啖蛇，在湯谷上。」按：《山海經》〈大荒東經〉：「有黑齒之國。」郭注：「齒如漆

也。」「齒」原誤「齡」，今據《古鈔本》、《三寶院本》、《無點本》校改。

⑦《山海經》〈海內南經〉：「離耳國。」郭注：「鎪離其耳，分令下垂以爲飾，即儋耳也，在朱崖海渚中，不食五穀，但噉蚌及藷萸也。」《禮記》〈王制〉：「南方曰蠻。」《正義》：「《風俗通》云：『君臣同川而浴，極爲簡慢。蠻者，慢也，其類有八。』李巡注：《爾雅》云：「六曰儋耳。』」」《文選》五左太沖〈吳都賦〉：「儋耳、黑齒之酋。」劉淵林注：「儋耳人鏤其耳匡。」《後漢書》〈顯宗孝明帝紀〉：「西南夷哀牢、儋耳……諸種，前後慕義貢獻。」注引楊孚《異物地》曰：「儋耳，南方夷，生則鏤其頰，皮連耳匡，分爲數支，狀如雞腸，累累下垂至肩。」

⑧《山海經》〈海外南經〉：「貫胸國在其東，其爲人匈有竅。」郭注：「《尸子》曰：『四夷之民，有貫胸者，有深目者，有長肱者，黃帝之德嘗致之。』《異物志》曰：『穿匈之國，去其衣，則無自然者。」蓋似效此貫胸人也。」《淮南子》〈墜形〉篇：「自西南至東南方，有穿胸民。」高誘注：「穿胸，胸前穿孔達背。」

⑨《拾遺記》九：「因墀國東方有解形之民，使頭飛於南海，左手飛於東山，右手飛於西澤，自臍已下，兩足孤立，至暮，頭還肩上，兩手飄於海外，落玄洲之上，化爲五足獸，則一指爲足也。其人既失兩手，使傍人割裡肉以爲兩臂，宛然如舊也。」梁簡文帝《南郊頌》：「紫舌黃支，頭飛鼻飲，自西自南，無思不服。」

⑩沈佺期《贈蘇使君詩》：「歲貸穿胸老，朝飛鼻飲頭。」

⑪梁簡文帝《大法頌序》：「金鱗鐵面，貢碧砮之琛；航海梯山，奉白環之使。」

⑫《爾雅》〈釋地〉：「七戎。」郭注：「七戎在西。」邢《疏》：戎者，《風俗通》云：『斬伐殺生，不得其中，戎者，凶也。其類有六。』李巡云：『一曰僥夷，二曰戎夫，三曰老白，四曰耆羌，五曰鼻息，六曰天剛。』」

⑬《爾雅》〈釋地〉：「六蠻。」郭注：：「六蠻在南。」邢《疏》：「蠻者，《風俗通》云：『君臣同川而浴，極爲簡慢，蠻者，慢也。其類有八。』李巡云：『一曰天竺，二曰咳首，三曰僬僥，四曰跂踵，五曰穿胸，六曰儋耳，七曰狗軹，八曰旁春。』」

⑭《爾雅》〈釋地〉：「九夷。」郭注：「九夷在東。」邢《疏》：「案《風俗通》云：『東方人好生，萬物觝觸地而出。夷者，觝也。其類有九。』依〈東夷傳〉，夷有九種，曰：畎夷，于夷，方夷，黃夷，白夷，赤夷，玄夷，風夷，陽夷。又：一曰玄菟，二曰樂浪，三曰高驪，四曰滿飾，五曰鳧更，六曰索家，七曰東屠，八曰倭人，九曰天鄙。」

⑮《爾雅》〈釋地〉：「八狄。」郭注：「八狄在北。」邢《疏》：「狄者，《風俗通》云：『父子叔嫂，同穴無別。狄者，辟也，其行邪辟。其類有五。』李巡云：『一曰月支，二曰穢貊，三曰匈奴，四曰單于，五曰白屋。』案李巡所注《爾雅》本『謂之四海』下，更有三句云：『八蠻在南方，六戎在西方，五狄在北方。』故得此解。孫炎、郭氏諸本皆無此三句。」

⑯《左傳》宣公三年：「赤狄侵齊。」

⑰《呂氏春秋》〈求人〉篇：「禹東至榑木之地，日出九津、青羌之野。」高誘注：「青羌，東方之

野也。」徐陵《侯安都德政碑》：「青羌卷介，赤狄回兵。」

⑱《漢書》〈地理志〉：「鳥夷皮服。」師古曰：「東北之夷，搏取鳥獸而衣其皮。」又：「鳥夷卉服。」師古曰：「東南之夷，善捕鳥也。」案：《禹貢》作「島夷」。

⑲《山海經》〈海外北經〉：「犬封國曰犬戎國，狀如犬。」郭注：「黃帝之后，卞明生白天，二頭，自相牝牡，遂爲此國。狀如犬，言狗國也。」

⑳《史記》〈天官書〉：「昴曰旄頭，胡星也。」

㉑《漢書》〈終軍傳〉：「若此之應，殆將有解編髮，削左衽，襲冠帶，要衣裳，而蒙化者焉。」師古曰：「編讀辮。」《晉書》〈東夷傳〉：「肅慎氏俗皆編髮，以布作襜，徑尺餘，以蔽前後。」

㉒《論語》〈憲問〉篇：「微管仲，吾其被髮左衽矣。」邢昺《疏》：「衽謂衣衿。衣衿尚左，謂之左衽。夷、狄之人，被髮左衽。」

慕恩狀云：並欽慕、承被、沐浴等，皇風、帝德、王化、皇恩、王澤、深仁、至化、玄功、至道、大德。亦直云：慕義、向化、沐德、浴恩、仰德、歸仁、承風、慕道。

來狀云：扣塞①梯山②，架水③泛海，款關④重譯，候雨占風⑤，及稽首屈膝⑥，跡角⑦接踵，來王⑧朝宗，獻款⑨入謁，來賓⑩奉貢。

【註】

①《後漢書》〈西域傳〉：「由此察之：「戎、狄可以威服，難以化狎；西域內附日久，區區東望扣關者數矣。」扣字義與此同。《史記》〈太史公自序〉：「漢興以來，至明天子，流澤罔極，海外殊俗，重譯款塞，請來獻見者，不可勝道。」《漢書》〈宣帝紀〉：「百蠻鄉風，款塞來享。」款塞義與叩塞同。

②唐太宗〈幸武功慶善宮詩〉：「梯山咸入款，架海亦來思。」唐無名氏〈漢文卻千里馬賦〉：「梯山航海者，望之如雲；納贐貢珍者，府無虛日。」

③梁宣帝〈建除詩〉：「開山接梯路，架海擬山梁。」上條注引唐太宗詩，亦有架海語，架水即架海也。

④《文選》五六陸佐公〈石闕銘〉：「開集雅之館，而款關之學如市。」李善注：「《史記》曰：『由餘款關請見』。」

⑤徐陵〈陳文帝哀策文〉：「帝在維遠，王靈維大，候雨占風，荒中海外。」李嶠〈賀加尊號文〉：「懷恩慕化之黨，候雨占風；疇德瑞聖之符，非煙若霧。」

⑥《文選》四四司馬長卿〈喻巴蜀檄〉：「交臂受事，屈膝請和。」梁元帝《職貢圖序》：「梯山航海，交臂屈膝，占雲望日，重譯至焉。」

⑦「跡角」，疑當作「厥角」，音近之誤也。《孟子》〈盡心〉下：「若崩厥角稽首。」趙岐注：「厥角，叩頭，以額角犀擨地也。」（從《文選》王元長〈三月三日曲水詩序〉注引）《文選》四六王元長〈三月三日曲水詩序〉：「離身、反踵之君，髽首、貫胸之長，屈膝厥角，請受纓

縻。」又五六陸佐公《石闕銘》：「劍騎穹廬之國，同川共穴之人，莫不屈膝交臂，厥角稽顙。」
俱用厥角之證。《文選》四三丘希範〈與陳伯之書〉作「蹶角」。

⑧《尚書》〈大禹謨〉：「四夷來王。」孔氏《傳》：「四夷歸往之。」馬融〈廣成頌〉：「東鄰浮巨海而作享，西旅越葱嶺而來王。」

⑨曹植〈文帝誄〉：「條支絕域，獻款內賓。」《南史》〈梁武帝紀〉：「殊俗百蠻，重譯獻款。」

⑩《文選》一班孟堅〈東都賦〉：「自孝武之所不征，孝宣之所未臣，莫不陸讋水慄，奔走而來賓。」

貢獻狀云：獻琛①，奉贐②，薦寶。

【註】

①《詩經》〈魯頌〉〈泮水〉：「憬彼淮夷，來獻其琛。」毛《傳》：「憬，遠行貌。琛，寶也。」

②許敬宗〈和春日望海〉詩：「韓夷愂奉贐，馮險拂天常。」

亦可云：委質藁街①，納贐②夷邸③，映邦④天庭，來朝帝闕。

【註】

①《文選》六左太沖〈魏都賦〉：「藁街之邸不能及。」李善注：「《漢書》曰：『郅支首懸藁街蠻夷邸間。』晉灼曰：『《黃圖》：在長安城內也。』」

②《文選》一四顏延年〈赭白馬賦〉：「或踰遠而納贐。」李善注：「《孟子》曰：『有遠行者必以贐。』《倉頡篇》曰：『贐，財貨也。』《說文》：『贐，會禮也。』」

③《漢書》〈元帝紀〉：「建昭三年秋，使護西域騎都尉甘延壽、副校尉陳湯撟發戊己校尉屯田吏士及西域胡兵攻郅支單于。冬，斬其首，傳詣京師，縣蠻夷邸門。」師古曰：「蠻夷邸，若今鴻臚客館。」又〈陳湯傳〉：「湯上疏曰：『郅支單于慘毒行於民，大惡通於天，……宜縣頭藁街蠻夷邸間，以示萬里。』」注：「晉灼曰：『《黃圖》：在長安城門內。』師古曰：『藁街，街名，蠻夷邸在此街也。邸，若今鴻臚客館也。』」《文選》四三丘希範〈與陳伯之書〉：「懸首藁街。」注引《漢書》亦作「藁街」，此與之同。

④「邦」，字疑。

或可引：南方越常國①，候無別風淮雨②，江海不揚鴻波，重九譯來獻白雉及黑貂裘③；西方大月氏國，候東風入律，百旬不休，青雲干呂④，連月不散，乘毛車，度弱水，貢神香猛狩⑤；東方肅慎國，獻楛矢弓弩⑥；西王母⑦遣使，乘白鹿獻玉環⑧；西旅獻大傲⑨。

【註】

①「常」，《尚書大傳》二、《韓詩外傳》五、《說苑》〈辨物〉篇作「裳」，趙懷玉校刻《韓詩外傳》作「常」，與此暗合。

②《文心雕龍》〈練字〉篇：「《尚書大傳》有『別風淮雨』，《帝王世紀》云『列風淫雨』。別列、淮淫，字似潛移。淫列義當而不奇，淮別理乖而新異。傅毅制誄，已用『淮雨』，固知愛奇之心，古今一也。」盧文弨《鍾山札記》一：「《尚書大傳》：『越裳以三象重九譯而獻白雉。其使請曰：「吾受命吾國之黃耇曰：久矣天之無別風淮雨，意者中國有聖人乎！」』鄭康成注：『淮，暴雨之名也。』自後諸書所引，皆作『烈風淫雨』，若〈說苑〉〈辨物〉篇、《書》《舜典》《正義》、《詩》《蓼蕭》、《臣工》及《周頌譜》《正義》所引，皆無有作別風淮雨者。劉彥和《雕龍》〈練字〉篇有云，《尚書大傳》云云，案《古文苑》載傅毅〈靖王興誄〉云：『白日幽光，淮雨杳冥。』但其文不全。今〈雕龍〉〈誄碑〉篇所載，爲後人易以『氛霧杳冥』矣。《蔡中郎集》中有〈太尉楊賜碑〉云：『烈風淮雨，不易其趣。』今俗間本『淮雨』改作『雖變』，余所見者宋本也。安知『烈風』不亦出後人所改乎！元長序無考。惟陸士龍《九愍》有『思振袂於別風』之語，於彥和所舉之外，又得此二證。」器案：《隋書》〈虞綽傳〉載綽所撰〈大鳥銘序〉：「聖德遐宣，息別風與淮雨。」其時雖稍晚於彥和，但亦全舉其文者也。

③《尚書大傳》二：「交阯之南，有越裳國。周公居攝六年，制禮作樂，天下和平。越裳以三象重九譯而獻白雉，曰：『道路悠遠，山川岨深，恐使之不通，故重九譯而朝。』成王以歸周公，公

曰：『德澤不加焉，則君子不饗其質；政令不施焉，則君不臣其人。吾何獲此賜也？』其使請曰：『吾受命吾國之黃耇曰：「久矣天之無別風淮雨，意者中國有聖人乎！有則盍往朝之。」』周公乃歸之於王，稱先王之神以薦於宗廟。」

④梁簡文帝〈大法頌序〉：「青雲干呂，黃氣出翼。」

⑤《十洲記》：「聚窟洲在西海中申未之地，地方三千里，北接崑崙二十六萬里，……征和三年武帝幸安定，西胡月支國王遣使獻香四兩，大如雀卵，黑如桑椹。帝以其非中國所有，以付外。命國使以呈帝。帝見使者抱之，以其羸細禿悴，怪其貢之非也，問使者：『此小物可弄，何謂猛獸？』使者對曰：『……臣國去此三十萬里，國有（杜光庭《道德真經廣聖義》二八又四一引「有」俱作「中」）常占，東風入律，百旬不休，青雲干呂，連月不散者，當知中國將有好道之君。我王固將賤儒墨而貴道德，薄金玉而厚靈物也；故搜奇蘊而（「而」字原脫，據《廣聖義》二八引補）貢神香（《廣聖義》四一「神香」作「返魂香」），步天林而請（《廣聖義》二八「請」作「靖」）猛獸，乘毳（《廣聖義》四一「毳」作「飛」）車而濟弱淵（《廣聖義》兩引「淵」俱作「水」），策驥足（《廣聖義》四一「驥足」作「天驥」）以度飛沙，契闊途遥，辛苦蹊路，於今已十三年矣。神香起妖殘之死疾，猛獸卻百邪之魅鬼，夫此二物，實是養生之要，助政平化，豈圖陛下反不知真乎？是臣國占風之謬矣。』」狩、獸古通。弱淵即弱水。梁元帝〈職貢圖序〉：「炎風弱水，不革其心；身熱頭痛，不改其節。」

⑥《水海經》〈大荒北經〉：「大荒之中，有山名曰不咸，有肅慎氏之國。」郭注：「今肅慎國去遼

東三千餘里，穴居無衣，衣豬皮，冬以膏塗體厚數分，用卻風寒。其人皆工射。弓長四尺，勁彊。箭以楛爲之，長只五寸，青石爲鏑，此春秋時隼集陳侯之庭所得矢也。晉大興三年，平州刺史崔毖遣別駕高會使來獻肅慎氏之弓矢，箭鏃有似銅骨作者，問云：『轉與海內國通得用此。』今名之爲挹婁國，出好貂赤玉，豈從海外轉而至此乎？《後漢書》所謂挹婁國是也。」《家語》〈辨物〉篇：「昔武王克商……於是肅慎氏貢楛矢石砮，其長尺有咫。」

⑦「母」，原誤作「丹」，今據《古鈔本》校改。

⑧《竹書紀年》：「帝舜九年，西王母來朝，獻白環玉玦。」《御覽》八七二引《瑞應圖》：「黃帝時，西王母使乘白鹿來獻白環。」

⑨《尚書》〈旅獒〉：「惟克商，遂通道於九夷八蠻，西旅底貢厥獒，太保乃作《旅獒》，用訓於王。」

敍瑞物感致

若云：天不愛道種秘寶，地不濳珍必呈祥①。天監②孔明③，神聽④無爽。明神、明靈、上玄⑤等回眷⑥、元監、叶贊。明命、寶命、休祉、靈瑞、珍符⑦、靈應等允歸⑧、薦臻⑨、薦至、昺著、照見、斯表等。

瑞物若云：日月揚光①，光華煙雲，紛郁爛彩，山川效靈②，星雲動光③，河、洛薦祉，銀玉揚光，草木革形，魚鳥變色，甘露流掌④，醴泉出地⑤，墜露凝甘，飛泉泄醴⑥，榮光出河⑦，景星出翼⑧，兩曜合璧，五緯連珠⑨，卿雲五彩⑩，休氣四塞⑪，四氣休通⑫，五光垂曜⑬，八風脩通，五雲紛郁⑭。

【註】

①《禮記》〈禮運〉：「天不愛其道，地不愛其寶。」梁簡文帝《七勵》：「天不愛寶，地無隱瑞。」梁元帝《玄覽賦》：「天不愛道，地不愛寶。」

②《詩經》〈大雅．皇矣序〉：「天監代殷。」毛《傳》：「監，視也。」

③《詩經》〈小雅．信南山〉：「祀事孔明。」鄭《箋》釋「孔明」爲「甚明」。

④《詩經》〈小雅．伐術〉：「神之聽之。」

⑤「玄」，原作「云」，今據《古鈔本》、《三寶院本》、《長寬寫本》校改。《文選》七楊子雲〈甘泉賦〉：「惟漢十世，將郊上玄。」李善注：「上玄，天也。」

⑥李嶠〈賀雪表〉：「聖情回眷，天造曲成。」

⑦「符」，原作「荷」，周校云：「疑當作『符』。」今從之。

⑧《左傳》僖公二十八年：「《軍志》曰：『允當則歸。』」

⑨《詩經》〈大雅．雲漢〉：「飢饉薦臻。」毛《傳》：「薦，重；臻，至也。」

【註】

①《宋書》〈符瑞志〉下：「日月揚光。日者，人君象也，人君不假臣下之權，則日月揚光明。」

②《文選》四六顏延年〈三月三日曲水詩序〉：「山瀆效靈。」李善注：「山，五嶽也；瀆，四瀆也。效靈，山出器車，瀆出圖書之類。」

③「光」，《古鈔本》、《三寶院本》、《無點本》作「色」。《舊唐書》〈史德幾傳〉：「寤寐星雲，物色林壑，順禎期而捐薜帶，應休運而解荷裳。」

④《史記》〈武帝紀〉：「作柏梁銅柱承露仙人掌之屬。」

⑤《御覽》八〇引《尚書中候》：「鳳凰止庭，朱草生郊，嘉禾孳連，甘露潤液，醴泉出山，脩壇河、洛。」

⑥《文選》六左太沖〈魏都賦〉：「醴泉湧流而浩浩。」

⑦《御覽》八〇引《尚書中候》：「榮光起河。」注：「榮光五色，從河出。」

⑧《御覽》八〇又八七二引《尚書中候》：「帝堯即政七十載，景星出翼。」注：「翼，朱鳥宿。」

⑨梁簡文帝〈大法頌序〉：「兩曜如合璧，五精如連珠。」楊炯〈渾天賦〉：「重明合璧，五緯連珠。」《文選》二張平子〈西京賦〉：「五緯相汁。」李善注：「五緯，五星也。」

⑩《史記》〈天官書〉：「若煙非煙，若雲非雲，郁郁紛紛，蕭索輪囷，是謂卿雲。卿雲見，喜氣也。」《正義》：「卿音慶。」

⑪《御覽》八〇引《尚書中候》：「帝堯即政七十載，景星出翼，鳳皇止庭，朱草生郊，嘉禾孳連，甘露潤液，醴泉出山，脩壇河、洛，榮光起河，休氣四塞。」注：「休，美也。美氣四塞，炫燿熠熠也。」

⑫《禮記》〈樂記〉：「動四氣之和。」《正義》：「謂感動四時之氣，序之和平，使陰陽順序也。」

⑬《御覽》七六又八七二引《春秋合誠圖》：「大帝冠五彩，衣青衣，黑下裳，抱日月，日在上，月在下，黃色正方居日間，名曰五光。」注：「正黃而名之曰五光者，蓋以黃爲質，而眾彩就飾之，故曰五色。此大帝人象旁文也。」

⑭《周禮》〈春官。保章氏〉：「以五雲之物，辨吉凶，水旱降豐荒之祲象。」注：「鄭司農云：『以二至二分觀雲色：青爲蟲，白爲喪，赤爲兵荒，黑爲水，黃爲豐。故《春秋傳》曰：「凡分至啟閉，必書云物，爲備故也。」故曰：凡此五物，以詔救政。（以下）

亦云：鳳皇巢阿閣上庭①，麒麟在囿②，黃龍負圖出河③，玄龜呈字出洛，白狼銜鉤④入朝，黃魚化玉，白虎銜珠，黃龍負玉，赤烏⑤銜珪，黃魚白鱗⑥，朱雁作舞⑦，青鸞自舞⑧，白雉南至⑨，天馬西來⑩，蒼烏東至⑪，鳳皇蔽日⑫，騶虞嘯風⑬。

【註】

①《開元占經》一一五、《御覽》九一五引《尚書中候》：「黃帝時，天氣休通，五行期化，鳳皇巢阿閣讙樹。」注：「阿，榮名。宮中之御門曰閣。鳳皇於榮屋徒而出，讙鳴於朝廷之樹。」

②《御覽》八八九引《尚書中候》：「黃帝時麒麟在囿。」「在」，原作「有」，今據《古鈔本》、《無點本》校改。

③《初學記》二七、《御覽》八一、又九二九引《春秋運斗樞》：「舜以太尉受號，即位爲天子，五年二月東巡狩，至於中月，與三公諸侯臨觀，黃龍五彩負圖出，置舜前。圖以黃玉爲匣，如匱，長三四，廣八寸，厚一寸，四合而連，有户，白玉檢，黃金繩，芝爲泥，封兩端，章曰：『天皇帝符璽。』五字廣袤各三寸，深四分，鳥文。舜與大司空禹、臨侯望博等三十人集發。圖玄色而綈狀，可舒卷，長三十二尺，廣九寸，中有七十二帝地形之制，天文宮位度之差。」

④《宋書》《符瑞志》上：「湯在亳，能修其德，有神牽白狼銜鈎而入商朝。」

⑤「烏」，原作「鳥」，今據《古鈔本》校改。

⑥「鱗」，疑當作「麟」。

⑦《漢書》《武帝紀》：「太始三年二月，行幸東海，獲赤雁，作《朱雁》之歌。」「舞」疑當作「歌」。

⑧《御覽》九一六引《孝經援神契》：「德至鳥獸，則鸞鳥舞。」又引《決錄注》：「辛繕字公文，治《春秋讖緯》，隱居華陰，光武征，不至者。有大鳥高五尺，雞首燕頷，蛇頸魚尾，五色備舉而多青，栖繕槐樹，旬時不去。弘農太守以聞，詔問百僚，咸以爲鳳，太史令蔡衡對曰：『凡象鳳者

有五：多赤色者鳳，多黃色者鵷鶵，多青者鸞，多紫者鸑鷟，多白者鵠。今此鳥多青者，乃鸞非鳳也。』上善其言。三公聞之，咸遜位避繕，繕不起。」

⑨《後漢書》《肅宗孝章紀》：「元和元年春正月，日南徼外蠻夷獻生犀、白雉。」按：《文選》卷一班孟堅《兩都賦》附有《白雉詩》。

⑩《漢書》《武帝紀》：「太初四年，貳師將軍廣利斬大宛王首，獲汗血馬來。作《西極天馬》之歌。」

⑪《御覽》九二〇引《禮斗威儀》：「君乘木而王，其政升平，則南海輸以蒼鳥。」又云：「江海不揚波，則東海輸之蒼鳥。」

⑫《韓詩外傳》八：「黃帝即位，施惠承天，一道修德，惟仁是行，宇內和平，未見鳳皇，惟思其象，夙寐晨興，乃召天老而問之，曰：『鳳象何如？』天老對曰云云，黃帝曰：『於戲，允哉！朕何敢與焉。』於是黃帝乃服黃衣，戴黃冕，致齋於宮，鳳乃蔽日而至。」

⑬《詩經》《召南》《騶虞》：「于嗟乎騶虞！」毛《傳》：「騶虞，義獸也，白虎黑文，不食生物，有至性之德則應之。」

亦云：河荐金繩①，山開玉匱②，黃金耀山③，玄圭出地，山出靈車，澤荐神馬④，金勝⑤自出，銀甕⑥斯滿。

【註】

①金繩，見上條「黃龍負圖出河」注引《春秋運斗樞》。

②玉匱，亦見前注引《春秋運斗樞》。

③「耀」，原作「耀」，《箋》云：「當作『耀』。」今從之。《藝文類聚》八二引《禮斗威儀》：「君乘金而王，其政平，則黃金見於深山。」

④《禮記》〈禮運〉：「山出器車，河出馬圖。」鄭注：「器，謂若銀甕丹甑也。」《正義》引《禮斗威儀》：「其政大平，山車垂鉤。」注：「山車，自然之車。」《文選》四六王元長〈三月三日曲水詩序〉：「澤馬來，器車出。」李善注：「《孝經援神契》曰：『德至山陵，則澤出神馬。』」

⑤「勝」，原作「騰」，今改。勝讀如花勝、玉勝之勝。《御覽》九一七引《孝經援神契》：「神靈滋液，珍寶用，有金勝。」《藝文類聚》八三。《開元占經》一一四引《孝經援神契》：「金勝者，象人所刻勝而金色，四夷來即出。」《宋書》〈符瑞志〉下：「金勝，國平盜賊，四夷賓服則出。」

⑥《御覽》七五八又八一二引《孝經援神契》：「神靈滋液，有銀甕，不汲自隨，不盛自盈。」

亦云：三苗合穎①，九芝齊秀②，蓂莢抽莖③，芝英吐秀④，嘉禾含穎⑤，奇木連理⑥，地出嘉禾，廟生福草⑦，朱草生郊⑧，蓮莆生廚⑨，蓂莢抽砌。

【註】

①《韓詩外傳》五：「成王之時，有三苗貫桑而生，同爲一秀，大幾滿車，長幾充箱。成王問周公曰：『此何物也？』周公曰：『三苗同一秀，意者天下殆同一也。』比及三年，果有越裳氏重九譯而獻白雉於周公。」又見《尚書大傳》二、《說苑》〈辨物〉篇、《白虎通》〈封禪〉篇。「合」，原作「金」，《箋》云：「『金』恐『合』歟！」今從之。

②《漢書》〈武帝紀〉：「元封二年六月，詔曰：『甘泉宮內中產芝，九莖連葉，上帝博臨，不異下房，賜朕弘休，其赦天下，賜雲陽都百户牛酒。』作《芝房》之歌。」注：「如淳曰：『《瑞應圖》：「王者敬事耆老，不失舊故，則芝草生。」』」

③《御覽》八一引《洛書靈准聽》：「正月上日，舜受終，鳳皇儀，黃龍感，朱草生，蓂莢孳，西王母授《益地圖》。」又八七三引《孫氏瑞應圖》：「蓂莢者，葉圓而五色，一名歷莢，十五葉，日生一葉，從朔至望畢，從十六日毀一葉，至晦而盡，月小則一葉捲而不落，聖明之瑞也。人君德合乾坤則生。」

④《御覽》八七三引《孫氏瑞應圖》：「王者寵近耆老，養有道，則芝英生。」

⑤《尚書》〈微子之命〉：「唐叔得禾，異畝同穎，獻諸天子。王命唐叔，歸周公於東，作《歸禾》。周公既得命禾，旅天子之命，作《嘉禾》。」《正義》：「後世同穎之禾，遂名爲嘉禾，由此也。」《御覽》八七三引《孫氏瑞應圖》：「嘉禾，五穀之長，盛德之精也，文者則二本而同

秀，質者則同本而異秀，此夏、殷時嘉禾也。周時嘉禾，三年，本同穗異，貫桑而生，其穗盈箱，生於唐叔之國，以獻周公，曰：『此嘉禾也，太和氣之所生焉，此文王之德。』乃獻之文王之廟。」

⑥《漢書》〈終軍傳〉：「從上幸雍祠五畤，……時又得奇木，其枝旁出，輒復合於木上。上異此二物，博謀群臣。軍上對曰：『……眾支內附，示無外也。若此之應，殆將有解編髮，削左衽，襲冠帶，要衣裳，而蒙化者焉。』」按：《後漢書》〈顯宗孝明帝紀〉：「永平十七年，是歲，甘露仍降，樹枝內附。」注：「內附，謂木連理也。《前書》終軍曰：『眾枝內附，是無外也。』」《御覽》八七三引《孫氏瑞應圖》：「王者德化洽八方，合為一家，則木連理。」又曰：「王者不失民心，則木連理。」

⑦《御覽》八七三引《孫氏瑞應圖》：「王者宗廟至敬，則福草生於廟。」又引《禮斗威儀》：「君乘木而王，其政升平，則福草生廟中。」宋均曰：「廟中生草，蓋福草也，即朱草之別名，可以染祭服，故應仁孝而生廟中。」

⑧「郊」，原作「效」，今據《無點本》校改。《御覽》八七三引《尚書中候》：「文命咸得，俊在官，則朱草在郊。」又曰：「堯德清平，比隆伏羲，故朱草生郊。」

⑨《御覽》八七三引《春秋濳潭巴》：「君臣和得，道度葉中，則萐莆孳於庖廚。」又引《孫氏瑞應圖》：「萐莆，王者不征滋味，庖廚不踰深盛，則生於廚。一名倚扇，一名實閭，一名倚萐。生如蓮枝，多葉少根，如絲轉而生風，主於飲食清涼，驅殺蟲蠅。舜時生於廚。又堯時冬生夏死。又舜

時生於廚及階左。」

或云：慶雲五彩，浮自帝庭，休氣四塞，映於河渚。卿雲晨映，彩爛①非煙；景星晝照，光浮助月②。紛紛鬱鬱③，雲彩映庭；青方赤方④，星光出翼⑤。祥風下至⑥，乍應璇璣；黃雲上浮⑦，仍通寶鼎。五老上入⑧，乍睹流星；八伯進歌⑨，仍瞻嘉氣。汾水寶鼎⑩，乍映黃雲；河渚靈圖，仍浮休氣。

【註】

①「爛」，原作「蘭」，義不可通，今改。

②《御覽》八七二引《孫氏瑞應圖》：「景星者，大星也，狀如半月，生於晦朔，助月爲明，王者，不私於人則見。」又曰：「景星者，星之精也，先後月出於西方，王者不私人以官，使賢者在位，則見，佐月爲明。」

③《史記》〈天官書〉：「若煙非煙，若雲非雲，鬱鬱紛紛，蕭索輪囷，是謂卿雲。」

④《宋書》〈符瑞志〉上：「黃帝有景雲之瑞，赤方氣與青方氣相連，赤方氣之中有兩星，青方中有一星，凡三星皆黃色，以天清明時，見於攝提，名曰景星。」

⑤《御覽》八七二引《尚書中候》：「帝堯即政七十載，景星出翼。」注：「景，大也。翼，朱鳥宿也。」

⑥《御覽》八七二引《禮斗威儀》：「王者乘火而王，其政升平，則祥風至。」宋均曰：「即景風，其來長養萬物。」

⑦《御覽》八七二引《春秋孔演圖》：「黃帝將興，黃雲升於堂。」

⑧《御覽》五又三八三引《論語比考讖》：「仲尼曰：『吾聞堯率舜等，遊首山，觀河渚，有五老遊河渚，一老曰：「河圖將來告帝期。」二老曰：「河圖將來告帝謀。」三老曰：「河圖將來告帝書。」四老曰：「河圖將來告帝圖。」五老曰：「河圖將來告帝符。」有頃，赤龍銜玉苞，舒圖刻版，題命可卷，金泥玉檢，封盛書威曰：「知我者重瞳也。」五老乃爲流星上入昴。姚黃視之，龍沒圖在，堯等共發曰：「帝常樞，百則禪於虞。」堯喟然曰：「咨汝舜，天之歷數在汝躬，允執其中，四海困窮，天祿永終。」』」《文選》三六任彥升《宣德皇后令》：「五老遊河，飛星入昴。」注引《論語比考讖》此文。

⑨《尚書大傳》一〈唐傳〉：「維元祀巡守四嶽八伯，壇四奧，沈四海，封十有二山，兆十有二州，樂正定樂名。元祀代泰山，貢兩伯之樂焉，東岳陽伯之樂舞〈侏離〉，其歌聲比余謠，名曰《晳陽》。儀伯樂舞《聲哉》，其歌聲比中謠，名曰《初慮》。羲伯之樂舞《將陽》，其歌聲比大謠，名曰《朱干》。秋祀柳穀華山，貢兩伯之樂焉，秋伯之樂舞《蔡俶》，其歌聲比小謠，和伯之樂舞《玄鶴》，其歌聲比中謠，名曰《歸來》。幽都弘山祀，貢兩伯之樂焉，冬伯之樂舞《齊落》，歌曰《縵縵》。並論八音四會，，歸假於禰祖用特。五載一巡守。……故聖王巡十有二州，觀其風俗，習其性情，因論十有二俗，定以六律五聲八音七始，著其素，簇以爲八：此八伯之事

也。」（據董豐垣《考纂》本）

⑩《漢書》〈武帝紀〉：「元鼎元年，得鼎汾水上。」注：「應劭曰：『得寶鼎故，因是改元。』」

亦云：鳳皇已鳴，爰調律呂；龍馬雲耀，載負圖書；鳳皇巢閣，響著雄雌。及五彩呈文，麒麟在郊，行中規矩。及一角示武，五蹄見質①。

【註】

①《漢書》〈終軍傳〉：「從上幸雍，祠五畤，獲白麟，一角而五蹄。」師古曰：「每一足有五蹄也。」《開元占經》一一六。《御覽》八八九引《春秋感精符》：「麟一角，明海內共一主也。王者不刳胎，不剖卵，則出於郊。」李嶠《麟跡表》：「五蹄顯五方之位，一角彰一統之符。」

亦云；蛇頸燕頷①，九苞六象②，嬰聖抱信③，棲梧食竹④等之鳥禽，飛自紫庭⑤，鳴自阮隃⑥，響合簫韶，來巢阿閣；麕身牛尾，狼題⑦員頂，一角五蹄，含仁懷義⑧，歸和遊聖⑨等之狩，遊於畦時⑩，聲中鐘呂⑪。麟遊畦時，白質黑蹄；龍躍河壇⑫，朱文錄錯。龍躍河渚，薦卷舒之圖⑬；鳳鳴阮隃，協雄雌之管。黃龍載躍，吐甲臨壇；赤雀於飛，銜書入户。丹書入户，更自酆都；玄甲登壇，還從河渚。黃龍出水，玉檢斯呈；白狼入朝，金鉤以薦。烏從赤日，三足云章⑭；狐自青丘，九尾斯見⑮。馬從西域，赭汗斯流，雉自南荒，素章仍表。河壇西響⑯，龍馬呈休⑰；河渚東睹，鳥⑱魚薦祉。蛇頸燕頷，鳴自阮隃；龍翼馬身，浮於河渚。縞身朱鬣⑲，馬自殊方；黃輝彩鱗，龍浮水渚。青龍玄甲，赤文綠色，出表帝壇；白虎黑文⑳，及白質黑蹄，來遊君囿。

【註】

①《韓詩外傳》八、《說文》〈鳥部〉、〈廣雅〉〈釋鳥〉、《宋書》〈符瑞志〉中說鳳皇，俱云燕頷，此本之；《說苑》《辨物》篇作燕喙。

②《御覽》九一五引《論語摘衰聖》：「鳳有六像九苞：一曰頭像天，二曰目像日，三曰背像月，四曰翼像風，五曰足像地，六曰尾像緯。九苞：一曰頭符命，二曰眼合度，三曰耳聰達，四曰舌詘伸，五曰色彩光，六曰冠短周，七曰距鋭鉤，八曰音激揚，九曰腹文户。行鳴曰歸嬉，止鳴曰提扶，夜鳴曰善哉，晨鳴曰賀世，飛鳴曰即都。知我者唯黃，持竹實來，故子欲居九夷，從鳳嬉。」宋均注曰：「緯，五緯也。度，天度數也。周當作朱，米色好也。户，所由出入，陰陽出入亦閉户。善哉，應天下興平也。賀世，慶賀於時也。黃帝中通理者也。鳳遇亂，則潛居夷狄也。」

③《御覽》九一五引《莊子》：「鳳鳥之文，戴聖嬰仁，右智左賢。」又引《抱朴子》：「夫木行爲仁爲青，鳳頭上青，故曰戴仁也；金行爲義爲白，鳳纓白，故曰纓義也；火行爲禮爲赤，鳳背赤，故曰負禮也；水行爲智爲黑，鳳胸黑，故曰尚智也；土行爲信爲黃，鳳足下黃，故曰蹈信也。」

④《韓詩外傳》八：「鳳乃止帝東園，集帝梧桐，食帝竹實，没身不去。」又見《說苑》〈辨物〉

篇。

⑤《琴操》：「周成王時，天下大治，鳳皇來舞於庭，成王乃援琴而歌曰：『鳳皇兮於紫庭，余何德兮以感靈。』」

⑥《呂氏春秋》〈古樂〉篇：「昔黃帝令伶倫作爲律。伶倫自大夏之西，乃之阮隃之陰，取竹於　溪之谷，以生空竅厚鈞者，斷兩節間，其長三寸九分，而吹之以爲黃鐘之宮，吹曰舍少。次制十二筒，以之阮隃之下，聽鳳皇之鳴，以別十二律。其雄鳴爲六，雌鳴亦六，以比黃鐘之宮適合。黃鍾之宮皆可以生之，故曰黃鐘之宮，律呂之本。」

⑦「題」，原作「蹄」，涉下文音近而誤，今改。《廣雅》〈釋獸〉：「麐，狼題肉角。」《漢書》〈司馬相如傳〉上注引張揖曰：「雄曰麒，雌曰麟，其狀麇身牛尾，狼題一角。」字俱作「題」，即其證。《左傳》哀公十四年《正義》引京房《易傳》：「麟，麇身牛尾，狼額馬蹄。」額即題也。《御覽》八八九引何法盛〈晉中興徵祥記〉作「狼頭」。《宋書》〈符瑞志〉中作「狼項」。

⑧《說苑》〈辨物〉篇：「麒麟，麕身牛尾，圓頂一角，含仁懷義。」《廣雅》〈釋獸〉：「麐，狼題肉角，含仁懷義。」《宋書》〈符瑞志〉中作「含仁而戴義」。

⑨《御覽》八八九引何法盛〈征祥記〉：「麒麟者，毛蟲之長，仁獸也。牡曰騏，牝曰麟，牡鳴曰游聖，牝鳴曰歸和。」《宋書》〈符瑞志〉中作「牡鳴曰逝聖，雌鳴曰歸和」。

⑩「畦疇」，原作「雞疇」，《箋》云：「《漢書》《郊祀志》作『畦疇』。」今據改正；周校云：「『雞』疑作『雍』。」下同。

⑪「聲中鐘呂」，《說苑》作「音中律呂」。
⑫「壇」，原作「檀」，今據《古鈔本》、《三寶院本》、《無點本》校改。
⑬《御覽》八一引《春秋運斗樞》：「舜以太尉受號，即位為天子，五年二月，東巡狩，至於中月，與三公諸侯臨觀。黃龍五彩負圖出，置舜前。圖以黃玉為匣，如櫃，長三尺，廣八寸，厚一寸，四合而連有户。白玉檢，黃金繩，芝為泥，封兩端，章曰『天黃帝符璽』五字，廣袤各三寸，深四分，鳥文。舜與大司空禹、臨侯望博等三十人集發。圖玄色而綈狀，可舒卷。長三十二尺，廣九寸，中有七十二帝地形之制，天文宮位度之差。」
⑭《文選》四八班孟堅〈典引〉：「三足軒翥於茂樹。」蔡邕注：「烏，反哺之鳥，至孝之應也。」又六左太沖〈魏都賦〉張載注：「延康元年，三足烏、九尾狐見於郡國。」
⑮《山海經》〈南山經〉：「又東三百里曰青丘之山，……有獸焉，其狀如狐，其音如嬰兒，能食人，食者不蠱。」郭璞注：「即九尾狐。」《文選》五一王子淵〈四子講德論〉：「昔文王應九尾狐，而東夷歸周。」李善注：「《春秋元命苞》曰：『天命文王以九尾狐。』」
⑯「響」，疑當作「饗」。
⑰「休」，原作「体」，今據《古鈔本》、《無點本》校改。
⑱「烏」，《古鈔本》、《箋本》作「鳥」。《宋書》《符瑞志》上：「湯乃東至於洛，觀帝堯之壇，沈璧退立。黃魚雙踴，黑鳥隨魚止於壇，化為黑玉。」
⑲「鬣」，原作「驪」，今改。鬣即鬛之俗字，見《龍龕手鑒》卷一〈長部〉。《山海經》〈海內北

經〉：「犬封國曰犬戎國，……有文馬，縞身朱鬣，目若黃金，名曰吉量，乘之壽千歲。」郭注：「《周書》曰：『犬戎文馬，赤鬣白身，……成王時獻之。』《六韜》曰：『文身朱鬣。』《大傳》曰：『駮身朱鬣。』」

⑳《詩經》〈召南。騶虞序〉：「〈騶虞〉，〈鵲巢〉之應也。〈鵲巢〉之化行，人倫既正，朝廷既治，天下純被文王之化，則庶類蕃殖，蒐田以時，仁如騶虞，則王道成也。」《傳》：「騶虞，義獸也，白虎黑文，不食生物，有至信之德則應之。」《正義》：「陸璣曰：『騶虞，白虎黑文，尾長於軀，不食生物，不履生草，應信而至者也。』」

亦云：王母之使，來獻玉環①；玄武②之神，仍呈金簡。河精下帶③，爰掘地界；海若東游④，是傒⑤天命。玄綈之錄，更薦滎河；赤繡之圖，仍呈宛委。蒼水使者，更候衡山⑥；白面長人⑦，仍呈河渚。神芝吐秀，來自銅池⑧；甘露凝華，垂於金掌。草⑨克延嘉⑩，玄珪出地，載表成功；草茂華平⑪，朱草生郊，爰應至德。蓮莆作扇，下起清風；芝英⑫似冠，仍浮黃氣。芝泥⑬出水，載表河圖；蓂莢生庭，還成帝歷。銀編金簡，開自重山；蘭葉⑭芝泥，浮於河渚。白環入貢，更自西王⑮；玄珪告錫，還從東海。

【註】

①此句下，原有「亦云」二字，涉上文而衍，今刪。「玄武之神，仍呈金簡」，與「王母之使，來獻

玉環」對文。

②《楚辭》王褒《九懷》：「玄武步兮水母，與吾期兮南榮。」王逸注：「天龜水神侍送余也。『天』一作『大』。」

③「帶」疑當作「滯」，《淮南子》《原道》篇：「天運地滯。」高誘注：「滯，止也。」下滯，即下止也。《宋書》〈符瑞志〉上：「禹觀於河，有長人，白面魚身，出曰：『吾河精也。』呼禹曰：『文命治滛。』言訖，授禹河圖，言治水之事，乃退入於淵。」又〈符瑞志〉下：「河精者，人人頭魚身，師曠時所受讖也。」

④《文選》三張平子〈西京賦〉：「海若遊於玄渚。」薛綜注：「海若，海神」李善注：「《楚辭》曰：『令海若，舞馮夷。』」

⑤「溪」，《古鈔本》、《三寶院本》作「俟」。

⑥見前「受靈圖於宛委」注引《吳越春秋》。

⑦《御覽》八七二引《尚書中候》：「堯使禹治水，禹辭：『天地重功，帝欽擇人。』帝曰：『出爾命圖，爾乃天。』禹臨河觀，有白面長人魚身，出曰：『吾河精也。』表曰：『文命治滛水。』臣河圖，去入淵。」注：「河圖，謂《括地象》。」《宋書》〈符瑞志〉上亦載此事。《水經》〈河水注〉二：「禹治洪水，西至洮水之上，見長人，受黑玉書於斯水上。」

⑧《漢書》〈宣帝紀〉：「神爵元年三月，行幸河東，祠后土。詔曰：『……金芝九莖，產於函德殿銅池中。』」注：「服虔曰：『金芝，色像金也。』如淳曰：『銅池，承溜也。』晉灼曰：『以銅

作池也。』師古曰：『銅池，承溜是也，以銅爲之。』」

⑨「草」，原作「珪」，涉下文而誤，今改。《御覽》八七三列延嘉於休征草類，因輒定爲「草」字。

⑩《御覽》八七三引《孫氏瑞應圖》：「延嘉，王者有德則見。」又曰：「王孝道行，則延嘉生。」又引《孝經援神契》：「天子至德，屬於四海，則延嘉生。」

⑪《宋書》〈符瑞志〉下：「華平，其葉平正，王者有德則生，德剛則仰，德弱則低。漢章帝元和中華平生郡國。」「平」字又作「苹」，《御覽》八七三引《祥瑞圖》：「雙蓮爲苹。」又曰：「華苹者，其枝正平，王者德剛則仰，弱則低。」又曰：「王者政令均，則華苹。」又引《孝經援神契》：「王者德至於地，則華苹感。」梁元帝《玄覽賦》：「天不愛道，地不愛寶，賓連紫達，華平朱草。」

⑫《宋書》〈符瑞志〉下：「芝英者，王者親近耆老，養有道，則生。」

⑬芝泥，見前「龍躍河渚，薦卷舒之圖」注引《春秋運斗樞》。

⑭《文選》〈魯靈光殿賦〉注又《七啟》注、《御覽》八七三引《禮斗威儀》：「君乘金而王，其政象平，則蘭常生。」注：「蘭生，主給和調也。」《河圖挺佐輔》：「魚泛白圖，蘭葉朱文，五色備具，天老以授黃帝，舒視之，名曰錄圖。」（據安居香山《緯書集成》）楊炯《幽蘭賦》：昔聞蘭葉據龍圖，復道蘭花引鳳雛。」

⑮「王」，原作「生」，周校本引《考文篇》作「王」，今從之。

或云：景風①，蒼氣，榮光，昌光②，嘉氣，祥風③等輝映晻映於帝庭，宮闕，城闕④。甘露，醴泉，液醴，流甘⑤等滂流洋溢於林野。玄珪，白環⑥，紫玉⑦，金鉤，玉環，金勝⑧，銀甕，金車⑨，玉馬⑩，明珠⑪，大貝⑫，及玉檢，金繩，銀編，金簡等，雲彪昺⑬，煥⑭爛，照章，照耀，磊砢⑮等相輝並映暉。丹烏⑯，皓兔⑰，白狐⑱，玄豹，白雉⑲，朱雁⑳，黃魚，丹烏，白虎，玄狐㉑，素鱗㉒，丹羽等照彰，彪昺，紛綸以至，以見集於林苑原野。黃銀，紫玉，昺見等輝映於山川深山。玄豹，白豹騰驤，馴游苑囿。白麟㉓，朱雁，芝房㉔，寶鼎㉕等並入詠歌。咸歌樂府，並著樂章㉖，即引餘瑞對之，咸著圖牒，俱垂史策等。

【註】

①《爾雅》〈釋天〉：「四時和爲通正，謂之景風。」

②《晉書》〈天文志〉：「瑞氣，一曰慶雲，二曰歸邪，三曰昌光。」《御覽》八七二引《符瑞圖》：「昌光者，瑞光也，見於天。漢高受命，昌光出軫。」

③《御覽》八七二引《禮斗威儀》：「王者乘火而王，其政升平，則祥風至。」宋均曰：「即景風，其來長養萬物。」又引《孝經援神契》：「王者德八方，則祥風至。」《道德指歸論》〈上德不德〉篇：「甘露降而不齊，祥風動而不息。」

④「城闕」，《古鈔本》、《無點本》無。

⑤王筠〈開善寺碑〉：「薰風遜露，散馥流甘。」

⑥《竹書紀年》：「帝舜九年，西王母來朝，獻白環玉塊。」又見《宋書》《符瑞志》上。

⑦《宋書》〈符瑞志〉下：「王者不藏金，則黃銀紫玉，光見深山。」

⑧「勝」，原作「滕」，今改，說詳前「金勝自出」注。

⑨《宋書》〈符瑞志〉下：「金車，王者至孝則至。」

⑩《宋書》〈符瑞志〉下：「玉馬，王者精明，尊賢者則出。」

⑪《開元占經》一一四引《禮斗威儀》：「君乘金而王，其象平，則海出明珠。」《御覽》八〇二引《禮斗威儀》：「王者政平，德至淵泉，則江海出明珠。」

⑫「大」，原作「具」，今《古鈔本》、《三寶院本》、《無點本》校改。《開元占經》一一四、《御覽》九四一引《孝經援神契》：「德至淵泉，江生大貝。」《宋書》〈符瑞志〉下：「大貝，王者不貪財寶則出。」

⑬《文選》四〈蜀都賦〉：「符采彪炳。」劉良注：「彪炳，光彩貌。」

⑭「煥」，原作「煖」，今據《古鈔本》、《無點本》校改。

⑮《文選》五左太沖〈吳都賦〉：「金鎰磊砢。」劉淵林注：「磊砢，眾多貌。」

⑯《文選》四八楊子雲〈劇秦美新〉：「白鳩丹烏。」注：「《尚書帝驗》曰：『太子發渡河，中流，火流爲烏，其色赤。』」

⑰《宋書》〈符瑞志〉下：「白兔，王者敬耆老則見。」

⑱《御覽》九〇九引《春秋潛潭巴》：「白狐至，國民利；不至，下驕恣。」

⑲《文選》二班孟堅〈東都賦〉篇末有〈白雉詩〉云：「啟靈篇兮披瑞圖，獲白雉兮率素烏，嘉祥阜兮集皇都。」

⑳《漢書》〈武帝紀〉：「太始三年二月，行幸東海，獲赤雁，作〈朱雁〉之歌。」

㉑「狐」，原伯「孤」，今改。

㉒《文選》四八司馬長卿〈封禪文〉注引《尚書旋機鈐》：「武得兵鈐，謀東觀，白魚入舟，俯取魚以燎也。」

㉓《漢書》〈武帝紀〉：「元狩元年冬十月，行幸雍，祠五畤，獲白麟，作《白麟》之歌。」

㉔《漢書》〈武帝紀〉：「元封二年六月，詔曰：『甘泉宮中產芝，九莖連葉，上帝博臨，不異下房，賜朕弘休，其赦天下，賜雲陽都百户牛酒。』作〈芝房〉之歌。」如淳曰：「《瑞應圖》：『王者敬事耆老，不失舊故，則芝草生。』」「屋」，原誤作「茅」，今改。

㉕《漢書》〈武帝紀〉：「元鼎四年六月，得寶鼎后土祠旁。秋，馬生渥佳水中。作〈寶鼎〉、〈天馬〉之歌。」《文選》一班孟堅〈兩都賦序〉：「〈白麟〉、〈赤雁〉、〈芝房〉、〈寶鼎〉之歌，薦於郊廟。」

㉖《說文》〈音部〉：「樂歌竟爲一章。」

山車①，澤馬，神馬，騶虞，解豸，一角，三足，五蹄，雙觝②等雜沓③，陸離④來游，競至於郊野苑囿。華平，屈軼⑤，芝英⑥，蓂莢，神芝⑦，福草，紫草，木賓連⑧，蓮莆，嘉卉，奇木，三苗⑨，九芝，連枝，合穎等，云照彰，紛敷，葳蕤⑩，著吐秀於階庭原野，此等並得雲之符⑪瑞，休祉。貺珍，異祥，咸委，盡⑫輸，不絕，俱薦，雲帝庭，天庭⑬，王⑭府，天闕，王闕⑮。不絕史書，並著圖牒。史不絕書，府無虛月⑯。

【註】

①《宋書》〈符瑞志〉下：「山車者，山藏之精也。不藏金玉，山澤以時，通山海之饒，以給天下，則山成其車。」

②「觝」，原作「舷」，蓋即觝之俗別字舷（見《龍龕手鑒》三〈角部〉）而誤者，今改。《漢書》〈司馬相如傳〉：「犧雙只抵只獸。」服虔曰：「觡，角也；抵，本也。武帝獲白麟，兩角共一本，因以爲牲也。」《文選》四八〈封禪文〉作「柢」，古通。

③《文選》四左太沖〈蜀都賦〉：「輿輦雜沓。」李周翰注：「雜沓，眾序貌。」

④《蜀都賦》：「毛群陸離。」劉淵林注：「陸離，分散也。」

⑤「軼」，原誤作「轍」，今改。《御覽》八七三引《孫氏瑞應圖》：「屈軼者，太平之代生於庭，有佞人則草指之。」

⑥《宋書》〈符瑞志〉下：「芝英者，王者親近耆老，養有道，則生。」

⑦《路史后記》《疏仡紀》：「黃帝升鴻隄，受神芝於黃蓋。」

⑧「木」，原作「朱」，《三寶院本》作「木」，今據改。《箋》曰：「《白虎通》曰：『賓連闊達者，樹名也，其狀連累相承。』」按：《宋書》《符瑞志》下：「賓連闊達，生於房室，王者御后妃有節則生。」《御覽》八七三引《孫氏瑞應圖》：「王者庶嫡有序，男女有別，則賓連閟生於房，一名賓連達，一名賓連闊，生於房室，象御妃有節也。」

⑨「苗」，原作「畝」，今改。《尚書大傳》二：「成王之時，有三苗貫桑葉而生，同爲一穗，大幾盈車，長幾充箱，民得而上諸成王，王召周公而問，公曰：『三苗爲一穗，和氣所生，天抑下共和爲一乎！』拔而貢之文王之廟，果有越裳氏重譯而來。」

⑩《文選》四《蜀都賦》：「敷蕊葳蕤。」張銑注：「葳蕤，花好貌。」

⑪「符」，原作「府」，今據《古鈔本》、《無點本》校改。

⑫「盡」，原作「賫」，《箋》云：「當作『盡』。」今從之。

⑬《文選》四《蜀都賦》：「摛藻掞天庭。」

⑭「王」，原作「玉」，今據《古鈔本》校改。

⑮「王闕」，原作「玉闕」，今據《古鈔本》校改。

⑯《文選》四六顏延年《三月三日曲水詩序》：「莖素毳，並柯共穗之瑞，史不紀書；棧山航海，踰沙軼漠之貢，府無虛月。」注：《左傳》：『晉司馬叔侯曰：「魯之於晉也，職貢不乏，史不絕書，府無虛月，如是可麻矣。」』」按：《左傳》襄公二十九年杜注：「府無虛月者，無月不受魯

貢。」

亦可總云：日月，星辰，風雨①，山川，草木，羽毛，鱗介，山宗②，海若，毛群，羽族③，風云，氣露④，禽魚卉等瑞祥，祉貺，云雜沓，紛綸⑤，煥⑥爛，彪昺等，照彰，競至，而臻，相輝⑦，允集，呈形，表質等。

【註】

①「風雨」，《古鈔本》、《三寶院本》、《無點本》作「風雲」，與下文復，未可據。

②《尚書》《舜典》：「至於岱宗。」孔氏《傳》：「岱宗，泰山，爲四岳所宗。」

③《文選》四左太沖《蜀都賦》：「毛群陸離，羽族紛泊。」劉淵林注：「毛群，獸也。羽族，鳥也。」又五《吳都賦》：「羽族以觜距爲刀鈹，毛群以齒角爲矛鋏。」劉淵林注：「羽族，鳥屬也。毛群，獸屬也。」

④氣露，謂云氣與甘露也。

⑤《文選》四八司馬長卿《封禪文》：「紛綸葳蕤。」注：「張揖曰：『紛綸，亂貌。』」

⑥「煥」，原作「煖」，今據《古鈔本》、《無點本》校改。

⑦「相輝」，原誤作「桐輝」，今改。上文云：「磊砢等相輝。」《古鈔本》、《三寶院本》、《無點本》《文選》四《蜀都賦》：「玉題相暉。」

亦可後總云：靈符，嘉瑞，瑞珍，休符，寶命等照普，羅生，並見，荐臻，允歸，及雜沓、紛綸等論①。

【註】

①「論」，《全集本》原校云：「恐『語』誤。」

或可敘前瑞物二句，即委輸①王府庫，縑緗②著於史策，及云，紛綸，雜沓以臻至，不可勝紀，難以殫記，難得覼縷③，不可勝數。

【註】

①《後漢書》《百官志》三劉昭《補注》引王隆《小學漢官篇》：「調均報度，輸漕委輸。」胡廣注曰：「委，積也。郡國所積聚金帛貨賄，隨時送諸司農曰委輸，以供國用。」

②柳宗元《上河陽馬尚書啟》：「小子久以文字進身，嘗好古人事業，專當具筆札，拂縑緗，贊揚大功，垂之不朽。」

③《文選》五左太沖《吳都賦》：「難得而覼縷。」李周翰注：「覼縷，次序也。」

右並瑞應。諸文須開處①，可②於此敍之。文大者，可作三對、四對，若太平、巡狩、及瑞頌、封禪、書表等，可准前狀，或連句、隔句對，並總敍等語參用之；小者，或一句，若瑞表等，可用瑞物之善者，一句內並陳二事而對之，論其眾多之意。

【註】

①《孝經》《開宗明義章》，邢昺《疏》：「開，張也。」

②「可」字原缺，今據《古鈔本》、《三寶院本》、《長寬寫本》校補。

附錄一　弘法大師詩文選

大唐神都青龍寺故三朝國師
灌頂阿闍梨慧果和尚之碑
日本國學法弟子苾芻空海撰文並書

俗之所貴者也五常，道之所重者也三明，惟忠惟孝，彫聲金版，其德如天，盍藏石室乎。嘗試論之，不滅者也法，不墜者也人，其法誰覺，其人何在乎？爰有神都青龍寺東塔院大阿闍梨法諱慧果和尚者也。大師拍掌法城之行，崩誕跡昭，應之馬氏，天縱精粹，地冶神靈，種惟鳳卵，苗而龍駒，高翔擇木，買塵之網，不能羅之，師步占居，禪林之葩，實是卜食，遂乃就故諱大照禪師，師之事之。其大德也，則大興善寺大廣智不空三藏之入室也。昔髫齔之日，隨師見三藏，三藏一目，驚異不已，竊告之曰：「我之法教，汝其興之也。」既而視之如父，撫之如母，指其妙頤，教其密藏，大佛頂，大隨求，經耳持心，普賢行，文殊讚，聞聲止口，年登救蟻，靈驗處多。於時，代宗皇帝聞之，有敕迎入，命之曰：「朕有疑滯，請爲決之。」大師則依法呼召，解紛如流。皇帝嘆之曰：「龍子雖少，能解下雨，斯言不虛。」左右書紳，入瓶小師，於今見矣。從爾已還，驥騄迎送，四事不缺，年滿進具，孜孜照雪，三藏教海，波濤唇吻，五部觀鏡，照耀靈台，洪鐘之響，隨機卷舒，空谷之應，逐器行藏，始則四分秉法，後則三密灌頂，彌天辯鋒，不能交刃，炙輠智象，誰敢極底，是故三朝尊之，以爲國師，四眾禮之，以受灌頂。若乃旱魃焦叶，召那伽以滂沱，商羊決堤，驅迦羅以杲杲矣，其感不移晷，其驗同在掌，皇帝皇后，崇其增益，瓊枝玉葉，伏其降魔，斯乃大師慈力之所致也。縱使財帛接軫，田園比頃，有受無貯，不屑資生，或建大曼荼羅，或修僧伽藍處，濟貧以財，異愚以法，以不積財爲心，以不悋法爲性，故得若尊若卑，虛往實歸，自近自遠，尋光集會矣。訶陵辨弘，經五天而接足，新羅惠日，涉三韓而頂戴，劍南則惟上，河北則義圓，欽風振錫，渴法負笈，若復印可紹接者，義明供奉其人也，不幸求車滿，公當之也。沐一子之顧，蒙三密之教，則智璨、玫壹之徒，操敏、堅通之輩，並皆入三昧耶，學瑜伽，持三秘密達毗鉢，或作一人師，或爲四眾依，法燈滿界，流泒遍域，斯蓋大師之法施也。從辭親就師，落飾入道，浮囊不借他，油鉢常自持，松竹堅其心，水霜瑩其志，四儀不肅而成，三業不護而善，大師之尸羅，於此盡美矣。經寒經暑，不告其苦，遇飢遇疾，不退其業，四上持念，四魔請降，十方結護，十軍面縛，能忍能勤，我師之所不讓也。游法界宮，觀胎藏之海會，入金剛界，禮遍智之麻集，百千陀羅尼，貫之一心，萬憶曼荼羅，布之一身，若行若坐，道場即變，在眠在覺，觀智不離，是以與朝日而驚長眠，將春雷以拔久蟄，我師之禪智妙用在此乎！示榮貴，導榮貴，現有疾，待有疾，應病投藥，悲迷指南，常告門徒曰：「人之貴者，不過國王，法之最者，不如密藏；策牛羊而趣道，久而始到，駕神通以跋涉，不勞而至，諸乘與密藏，豈得同日而論乎？佛法心髓，要妙斯在乎！無畏三藏，脱嗯王位，金剛親教，浮盃來傳，豈徒然哉？從金剛薩埵，稽首扣寂，師師相傳，於今七葉矣，非冒地之難得，遇此法之不易也。是故建胎藏之大壇，開灌頂之甘露，所期若天若鬼，睹尊儀而洗垢，或男或女，嘗法味而蘊珠，一尊一契，證道之徑路，一字一句，入佛之父母者也。汝等勉之勉之。」我師之勸誘妙趣在茲也。夫一明一暗，天之常也，乍現乍没，聖之權也，常理寡尤，權道多益，遂乃以永貞元年，歲在乙酉，極寒月，滿住世六十，僧夏四十，結法印而攝念，示人間以薪盡矣。嗚呼，哀哉！天返歲星，人失惠日，筏歸彼岸，溺子一何悲哉，醫王匿跡，狂兒憑誰解毒，嗟呼痛哉！簡日於建寅之十七，卜塋於城卬之九泉，斷腸埋玉，爛肝燒芝，泉扉永閉，愬天不及，荼蓼嗚咽，吞火不滅，天雲黲黲現悲色，松風飋飋含哀聲，庭際錄竹葉如故，隴頭松　根新移，烏光激回恨情切，蟾影斡轉攀擗新，嗟呼痛哉奈苦何！弟子空海，顧桑梓則東海之東，想行李則難中之難，波濤萬萬，雲山幾千也。來非我力，歸非我志，招我以鉤，引我以索，泛船之朝，數示異相，歸帆之夕，縷説宿緣，和尚掩色之夜，於境界中告弟子曰：「汝未知吾與汝宿契之深乎？多生之中，相共誓願，弘演密藏，彼此代爲師資，非只一兩度也。是故勸汝遠涉，授我深法，受法云畢，吾願足矣。汝西土接我足，吾也東生入汝之室，莫久遲留，吾在前去也。」竊顧此言，進退非我能，去留隨我師，孔宣雖泥怪異之説，而妙幢説金鼓之夢，所以舉一隅示同門者也。詞徹骨髓，誨切心肝，一喜一悲，胸裂腸斷，欲罷不能，豈敢韞默，雖憑我師之德廣，還恐斯言之墜地，嘆彼山海之易變，懸之日月之不朽。乃作銘曰：「生也無邊，行願莫極，麗天臨水，分影萬億。爰有挺生，人形佛識，毗尼密藏，吞並餘力，修多與論，牢籠胸臆。四分秉法，三密加持，國師三代，萬類依之，下雨止雨，不日即時。所化緣盡，怕焉歸真，慧炬已滅，法雷何春。梁木摧矣，痛哉苦哉！松檟封閉，何劫更開。」（《遍照發揮性靈集》卷第二）

敕賜世說屏風書畢獻表一首

《世說》書屏風兩帖。右伏奉今月三日大舍人山背豐繼奉宣進止，令空海書《世說》屏風兩帖。空海緇林朽枝，法海爛尸，但解持鉢錫以行乞，吟林藪而住觀，寧有現鬼墨池之才，跳龍返鵲之藝；豈圖燕石魚目，謬當天簡，天命難逭，敢汗珍繒，即無驚人之拔劍，還繞穢目之死蛇，悚之慄之，心魂惘然，謹附豐繼，敢以奉進。謹進。（《遍照發揮性靈集》卷第四）

奉爲國家請修法表一首

沙門空海言：空海幸沐先帝造雨，遠遊海西，倘得入灌頂道場，授一百餘部金剛乘法門，其經也，則佛之心肝，國之靈寶。是故大唐開元已來，一人三公，親授灌頂，誦持觀念，近安四海，遠求菩提。宮中則舍長生殿爲內道場，復每七日令解念誦僧等，持念修行。城中城外，亦建鎮國念誦道場。佛國風範，亦復如是。其所將來經法中有《仁王經》、《守護國界主經》、《佛母明王經》等，念誦法門，佛爲國王特說此經，摧滅七難，調和四時，護國護家，安己安他，此道秘妙典也。空海雖得師授，未能練行，伏望奉爲國家率諸弟子等於高雄山門，從來月一日起首，至於法力成就，且教且修，亦望於其中間不出住處，不被余妨，雖蝖蝣心體，羊犬神識，此思此願，常策心馬，況復覆我載我，仁王之天地，開目聞耳，聖帝之醫王，欲報欲答，罔極無際。伏乞昊天監察款誠之心，不任懇誠之至，謹詣闕奉表陳情以聞，輕觸威嚴，伏深戰越。沙門空海誠惶誠恐謹言。弘仁元年十月二十七日沙門空海上表。（同前）

書劉希夷集獻納表一首

《劉希夷集》四卷（副本）。右伏奉小內記大伴氏上宣書取奉進，但恐久韞揮翰，筆不勝意，不免強書，空污珍紙。王昌齡《詩格》一卷，此是在唐之日於作者邊偶得此書，古詩格等雖有數家，近代才子，切愛此格。當今堯日麗天，薰風通地，垂拱無爲，頌德溢衢，不任手足，敢以奉進，庶令屬文士知見之矣，還恐招恥遼豕。《貞元英傑六言詩》三卷，元是一卷，緣書樣大，卷則隨大，今分三卷，文是秀逸之文，書則褚臨王之遺體也，此屬臨池之次，寫得奉上。飛白書一卷，亦是在唐之日，一見此體試書之，虎變爲犬，雖未成功，夫比之獻芹。伏願天慈，曲垂一覽，不任葵藿之至；謹遣弟子僧實慧謹隨狀奉進，輕黷宸嚴，伏深戰汗，謹進。弘仁二年六月二十七日，沙門空海進。（同前）

奉獻雜書跡狀一首

德宗皇帝真跡一卷，歐陽詢真跡一首，張誼真跡一卷，《太王諸舍帖》一首，《不空三藏碑》一首，《岸和尚碑》一鋪，徐侍郎《寶林寺詩》一卷，釋令起八分書一帖，謂之行草一卷，鳥獸飛白一卷。右雖輕乏，敢表丹誠；但恐輕塵聖覽，招恥遼豕，謹隨狀謹進。弘仁二年八月日，沙門空海進。（同前）

奉獻筆表一首

狸毛筆四管。（真書一，行書一，草書一，寫書一。）右伏奉昨日進止，且教筆生坂井名清川造得奉進。空海於海西所聽見如此：其中大小長短強柔齊尖者，隨字勢粗細，總取捨而已。簡毛之法，纏紙之要，染墨藏用，並皆傳授訖。空海自家試看新作者，不減唐家；但恐星好各別，不允聖愛。自外八分小書之樣，蹋書之式，雖未見作，得具足口授耳，謹附清川奉進，不宣，謹進。弘仁三年六月七日，沙門空海進。（同前）

獻雜文表一首

《急就章》一卷，《王昌齡集》一卷，《雜詩集》四卷，《朱書詩》一卷，《朱千乘詩》一卷，《雜文》一卷，《王智章詩》一卷，《贊》一卷，《詔敕》一卷，《譯經圖記》一卷。右伏承昨日進止，隨探得，且奉進，所遺表啟等，零在他處，今見令人覓取，來則馳奉。夫尺水本無萬里之鯤，培塿何有千丈之榦。空海瓦礫之人，謬緘燕石，不謂聖聰，索金聲於芻蕘，訪華藤於朽榴，雖喜聖綸之下徹，還慚享帚之愆過，謹隨狀奉進，輕黷聖覽，伏深戰越，謹進。弘仁三年七月二十九日，沙門空海進。（同前）

書劉廷芝集奉獻表一首

箋紙上《劉廷芝集》四卷。右隨先日命書得奉進，緣山窟無好筆，再三諮索，闃然無應，弱翰強書，雖郢、輸巧思，而鉛刀盡妙乎，太不勝意，深以悚嘆。若使繫麒足於釜灶，籠鵬翼於樊籬，責其滅没，課之垂天、豈不難哉！六言詩者，紙上無界，任意下。於《廷芝集》者，拘以界狹，容毫無地。雜擬樣詩，字勢狂逸，狹路何堪，所以從之地勢，筆跡亦變。聞之師曰：「鑒者不寫，寫者不鑒。鑒者興來則書，遺其奇逸，寫者終日矻矻，快之調句。」余於海西，頗閑骨法，雖未畫墨，稍覺規矩，然猶願定水之澄淨，不顧飛雲之奇體，棄置心表，不齒鑒寫；天綸忽降，強以揮翰，恐心翰空費，不允聖心，珍素重污，被拋瞖蓋，本及樣詩共五卷，副以奉進。伏乞垂檢，謹勒上三部，信滿奉進，不宣。謹進。（同前）

春宮獻筆啟一首

狸毛筆。右伏奉今月十五日令旨，即教筆生槻本小泉，且造得奉進。良工先利其刀，能書必用好筆，刻鏤隨用改刀，臨池逐字變筆，字有篆隸八分之異，真行草藁之別，臨寫殊規，大小非一，對物隨事，其體眾多，卒然不能總造，伏願鑒察要用者，且附村國益滿，謹隨狀進。謹進。（同前）

獻柑子表一首

沙門空海言：乙訓寺有數株柑橘樹，依例交摘取來，問數足千，看色如金。金者，不變之物也，千是一聖之期也。又此果本出西域，乍見有興，輒課拙詞，敢以奉上，伏乞天慈，曲垂一覽，輕黷聖眼，伏深悚懼，沙門空海誠惶誠恐謹言。詩七言：「桃李雖珍不耐寒，豈如柑橘遇霜美，如星如玉黃金質，香味應堪實簠簋。太奇珍妙何將來，定是天上王母裡，應表千年一聖會，攀摘特獻我天子。」小柑子六小柜，大柑子四小柜，右乙訓寺所出，依例奉獻，謹遣寺主僧願演隨狀奉進。謹進。（同前）

獻梵字並雜文表一首

沙門空海言：空海聞帝道感天，則秘錄必顯，皇風動地，則靈文聿興，故能龍卦龜文，待黃、犧以標用，鳳書虎字，候白、姬以呈體，於焉結繩廢，《三墳》燦爛，刻木寢以《五典》郁興，明皇因之而弘風揚化，蒼生仰之而知往察來，不出户庭，萬里對目，不因聖智，三才窮數，稽古温故，自我垂範，非書而何矣？況復悉曇之妙章，梵書之字母，體凝先佛，理含種智，字絡生終，用斷群迷，所以三世覺滿，尊而爲師，十方薩埵，重逾身命，滿界之寶，半偈難報，累劫之障，一念易斷，文字之義用，大哉遠哉！伏惟皇帝陛下，貫三表號，減五稱首，道邁規矩，明齊烏兔，露沉文下，六合無爲，風動琴上，一人垂拱，玉燭調和，金鏡照耀，所謂輪瑞之運，於今見矣。空海人是瓦礫，每仰金仙之風，器謝巢、許，久卧堯帝之雲，竊觀餘暇，時學印度之文，茶湯坐來，乍閲震旦之書，每見蒼史古篆，右軍今隸，務光韮葉，杜氏草勢，未嘗不野心忘憂，山情含笑。諺曰：「奴口甘，郎舌甜。」敢因斯義，欲獻久矣；然猶狼藉污穢，還恐觸塵聖眼，微誠潛達，先聞於天，伏奉布勢海口敕，欣踴繕裝《古今文字贊》、右軍《蘭亭碑》及《梵字悉曇》等書都一十卷，敢以奉進。伏乞天慈，不嫌涓滴，一覽飛塵。伏願陛下一披梵字梵天之護森羅，再閱神書神人之衛逼側，遠水遥浦，忽入封疆，嵩山隻岫，來受正朔，常住之字，加持不壞之體，遂古之民，擊耕於今辰矣。龍瑞紀官，永豫姑射，鳳祥名職，放曠金閣，輕驥旈辰，伏深戰越。沙門空海誠惶誠恐謹言。《梵字悉曇字母並釋義》一卷，《古今文字贊》三卷，《古今篆隸文體》一卷，梁武帝《草書評》一卷，王右軍《蘭亭碑》一卷，《曇一律師銘》一卷，（草書）《大廣智三藏影贊》一卷。弘仁五年閏七月八日，沙門空海進。（同前）

進李邕真跡屏風表一首

李邕真跡屏風書一帖。右沙門空海聞：道之興廢，人之時非時，物之貴賤，師之別不別，故能就報待虙氏而方彰，美王由賢玉而照車，自古有之，今亦不然矣。空海久閲翰墨，志深畫一，安禪餘隙，時探六書之秘奥，持觀之暇，數檢古人之至意。伏惟太上天皇，脱躧多閑，超然坐忘，九丹寫其一，八體篤其風，空海以得此妙跡，時充披玩，隆匠不及四隨，而功夫施於一時，謹以桑門之秘跡，敢奉獻姑射之游目，謹隨狀奉進。沙門空海誠惶誠恐謹

進。（同前）

爲大使與福州觀察使書一首

賀能啟：高山澹默，禽獸不告勞而投歸，深水不言，魚龍不憚倦而逐赴，故能西羌梯險，貢垂衣君，南裔航深，獻刑厝帝，誠是明知艱難之亡身，然猶忘命德化之遠及者也。伏惟大唐聖朝，霜露攸均，皇王宣家，明王繼武，聖帝重興，掩頓九野，牢籠八紘。是以我日本國常見風雨和順，定知中國有聖，刳巨滄於蒼嶺，摘皇華於丹墀，執蓬萊琛，獻昆丘玉，起昔迄今，相續不絕。故今我國主顧先祖之貽謀，慕今帝之德化，謹差大政官右大辨正三品兼行越前國太守藤原朝臣賀能等充使奉獻國信別貢等物。賀能等忘身銜命，冒死入海，既辭本涯，比及中途，暴雨穿帆，戕風折柁，高波沃漢，短舟裔裔，凱風朝扇，摧肝耽羅之狼心，北氣夕發，失膽留求之虎性，頻蹙猛風，待葬鱉口，攢眉驚汰，占宅鯨腹，隨波升沉，任風南北，但見天水之碧色，豈視山谷之白霧，掣掣波上，二月有餘，水盡人疲，海長陸遠，飛虛脱翼，泳水殺鰭，何足爲喻哉。僅八月初日，乍見雲峰，欣悦罔極，過赤子之得母，越旱苗之遇霖，賀能等萬冒死波，再見生日，是則聖德之所致也，非我力之所能也。又大唐之遇日本也，雖云八狄雲會，膝步高台，七戎霧合，稽顙魏闕，而於我國使也，殊私曲成，待以上客，面對龍顏，自承鸞綸，佳問榮寵，已過望外，與夫瑣諸蕃，豈同日可論乎？

又竹符銅契，本備奸詐，世淳人質，文契何用？是故我國淳樸已降，常事好鄰，所獻信物，不用印書，所遣使人，無有奸僞，相襲其風，於今無盡。加以使乎之人，必擇腹心，任以腹心，何更用契？載籍所傳，東方有國，其人懇直，禮義之鄉，君子之國，蓋爲此歟！然今州使，責以文書，疑彼腹心，檢括船上，計數公私，斯乃理合法令，事得道理，官吏之道，實是可然。雖然，遠人乍到，觸途多憂，海中之愁，猶委胸臆，德酒之味，未飽心腹，卒然禁制，手足無厝。又建中以往，入朝使船，直著揚、蘇，無漂蕩之苦，州縣諸司，慰勞殷勤，左右任使，不檢船物；今則事與昔異，遇將望殊，底下愚人，竊懷驚恨。伏願垂柔遠之惠，顧好鄰之義，縱其習俗，不怪常風；然則涓涓百蠻，與流水而朝宗舜海，喁喁萬服，將葵藿以引領堯日，順風之人，甘心逼湊，逐脛之蟻，悅意駢羅，今不任常習之小願，奉啟，不宣。謹言。（《遍照發揮性靈集》卷第五）

與福州觀察使入京啟一首

日本國留學沙門空海啟：空海才能不聞，言行無取，但知雪中枕肱，雲峰吃菜，逢時乏人，簉留學末，限以廿年，尋以一乘，任重人弱，夙夜惜陰；今承不許隨使入京，理須左右，更無所求；雖然，居諸不駐，歲不我與，何得厚荷國家之憑，空擲如矢序，是故嘆斯留滯，貪早達京。伏惟中丞閣下，德簡天心，仁普遠近，老弱連袂，頌德溢路，男女攜手，詠功盈耳，外示俗風，內淳真道；伏願顧彼弘道，令得入京，然則早尋名德，速遂所志，今不任陋願之至，敢塵視聽，伏深戰越，謹奉啟以聞。謹啟。貞元二十年十月日，日本國學問僧空海啟。中丞閣下。（同前）

與越州節度使求內外經書啟一首

日本國求法沙門空海啟。空海聞：法之爲物也妙，教之爲趣也遠，遇之者拔泥翔漢，失之者自天入獄，濟渡之船筏，巨夜之日月者也。是以儒童、迦葉，教風東扇，能仁、無垢，法雨西灑，五常因之得正，三際以之朗然，不然者與盲瞽而沉坑，將禽獸而無別，孔宣不遑煖席，悉達脫躧輪寶，蓋爲之歟！斯乃大雅大人，亭毒萬生之用心，大覺大雄，子育三界之行業也。雖然，或行或藏，時之變也，乍興乍廢，實由人也，時至人叶，道被無窮，人時桙楯，教則墜地；至若駕羽乘雲之前，人火時水，道則藏焉，白馬白象之后，乳水暗合，教則行焉，興廢流塞，待人待時矣。伏顧我日本國也，曦和初御之天，夸父不步之地也，途徑乎仲尼將浮所不能之海也，山谷則秦王欲往所不至之嶽也，南嶽大士，後身始到，揚江應真，鼓棹船破，橫海鯨鰲，山峙吞舟，非鷁首之能壓，沃漢驚波，岳崩決底，禽高何曾得住風緊也，百尺摧矣，吹緩也，赤馬不動，日居月諸，朝浴夕浴，望東望西，碧落接波，入海則唯見魚鱉之遊樂，日月雲際，登山則空聽猿猴之哀響，寒暑推移，所謂萬死之難，斯行當之也。是故好勇憚而陋之矣，乘牛西而不東也，石室難見，貝葉罕聞者，路險之所致也。昔者，天后皇帝，因國信歸，寄送經論律等，然猶三藏之中，零落尤多，好事道俗，西望斷腸而已。空海生葦苕，長躅水，器則斗筲，學則戴盆，雖然，哭市之悲日新，歷城之嘆彌篤，思欲決大方之教海，灌東垂之亢旱，遂乃棄命廣海，訪探真筌，今見於長安城中所寫得經論疏等凡三百餘軸，及大悲、胎藏、金剛界等大曼荼羅尊容，竭力涸財，趁逐圖畫矣。然而人劣教廣，未拔一毫，衣鉢竭盡，不能雇人，忘食寢，勞書寫，日車難返，忽迫發期，心之憂矣，向誰解紛。空海偶登昆嶽，未得滿懷，仰天厝裂，無人知我，途遠來難，何劫更來，嗟乎何計也！夫重舶一日千里，猛風之力也，遍覺虛往，實歸大王之助也，臨日月而得水火，附鳳鵬而屆天涯，感應相助之功，妙哉矣！伏惟中丞大都督節下，天縱粹氣，岳瀆挺生，且儒且吏，綜道綜釋，彈壓班、馬，金聲玉振，並吞回、賜，珪璋瑚璉，上帝簡德，爲人父母，松筠子視，鸞雉降馴，冰霜留犢，五袴洋洋，動則躡景逐風，龍躍星散，住則扛鼎索鐵，雲繞霧合，見今也，作北辰之阿衡，准古也，爲南甌之垂拱，可謂觀音之一身，付屬之四依，法之流塞，只係吐納。伏願顧彼遺命，愍此遠涉，三教之中，經律論疏傳記，乃至詩賦碑銘卜醫，五明所攝之教，可以發蒙濟物者，多少流傳方，斯乃大士之所經營，小人之所不意，儻遂渴仰，茂績英聲，刻鏤肌骨，山海霈澤，萬劫粉身，一則節下之修福，何事過此，二則迷方之狂兒，忽覺乎南，今不勝渴法之至願，敢竭丹疑，輕瀆威嚴，流汗戰越，謹奉啟以聞，不宣。謹啟。元和元年四月日，日本國求法沙門空海啟。（同前）

與本國使請共歸啟一首

留住學問僧空海啟：空海器乏楚材，聰謝五行，謬濫求撥，涉海而來也，著草履，歷城中，幸遇中天竺國般若三藏及內供奉惠果大阿闍梨，膝步接足，仰彼甘露，遂乃入大悲、胎藏、金剛界大部之大曼荼羅，沐五部瑜伽之灌頂法，忘餐耽讀，假寐書寫大悲、胎藏、金剛頂等，已蒙指南，記之文義；兼圖《胎藏大曼荼羅》一鋪，《金剛界九會大曼荼羅》一鋪，並寫新翻譯經二百卷，繕裝欲畢。此法也，則佛之心，國之鎮也，攘氛招祉之摩尼，脱凡入聖之墟徑也。是故十年之功，兼之四運，三密之印，貫之一志，兼此明珠，答之天命。向使久客鄉，引領皇華，白駒易過，黃髮何爲，今不任陋願，奉啟不宣。謹啟。（同前）

青龍和尚獻納袈裟狀一首

弟子空海稽首和南。空海生緣海外，時是佛後，常嘆迷霧氛氲，惠日難見，遂乃遁影蒼嶺，落飾緇林，鼓篋問津，躡屩尋筏，頗有搴旗鼓而諍是非，惜浮囊以護持犯，往往而在也；至若朗三密於一法，究十地於一生，空聞英響，未覿其人也。伏惟和尚三明圓兮萬行足，法船牢兮人具瞻，懷秋月而懸巨夜，孕旭日而臨迷衢，可謂三身之一身，千佛之一佛也。空海幸厠灑掃，得沐甘露，悲喜非分，粉身何答，欲報鴻澤，無一珍奇，唯有粗衲袈裟、雜寶手爐，以表丹誠，伏願慈悲垂領。日本國學法弟子苾芻空海稽首和尚。（同前）

上新請來經等目錄表

入唐學法沙門空海：空海以去延歷二十三年，銜命留學之末，問津萬里之外，其年臘月，得到長安，二十四年二月十日，准敕配住西明寺，爰則周遊諸寺，訪擇師依，幸遇青龍寺灌頂阿闍梨法號惠果和尚以爲師主，其大德則大興善寺大智廣不空三藏之付法弟子也，弋釣經律，該通密藏，法之綱紀，國之所師。大師尚佛法之法布，嘆生民之可拔，授我以發菩提心戒，許我以入灌頂道場，沐受明灌頂再三焉，受阿闍梨位一度也，肘行膝步學未學，稽首接足聞不聞，幸賴國家之大造，大師之慈悲，學兩部之大法，習諸尊之瑜伽，斯法也，則諸佛之肝心，成佛之徑路，於國城郭，於人膏腴，是故薄命不聞名，重垢不能入，印度則輪婆三藏脱躧負扆，振旦則玄宗皇帝景仰忘味，從爾已還，一人三公，接武耽玩，四眾萬民，稽首鼓篋，密藏之宗，自茲稱帝，半珠顯教，靡旗面縛。夫以鳳皇于飛，必窺堯、舜，佛法行藏，逐時卷舒，今則一百餘部金剛乘教，兩部大曼荼羅海會，請來見到，雖云波濤沃漢，風雨漂船，越彼鯨海，平達聖境，是則聖力之所能也。伏惟皇帝陛下，至德如天，佛日高轉，人之父佛之化，悲蒼生而濡足，鍾佛囑而垂衣，以陛下新御琁璣，新譯之經，自遠新戾，以陛下慈育海內，海會之像，過海而來也，恰似符契，非聖誰測矣。空海雖闕期之罪，死而有餘，竊喜難得之法，生而請來，不任一懼一喜之至，謹附判官正六位上行太宰大監高階真人遠成，奉表以聞，並請來新譯經等目錄一卷，且以奉進，輕黷威嚴，伏增戰越。沙門空海誠恐誠惶謹言。

新請來經等目錄：

經律論疏章傳記四百六十一卷

新譯等經都合壹百四十二部二百四十七卷

梵字真言贊等都四十二部四十四卷

論疏章等都卅二部一百七十卷（已上詳目不及備載）

佛菩薩金剛天等像、法曼荼羅、三昧耶曼荼羅、並傳法阿闍梨等影共一十鋪

大毗盧遮那大悲胎藏大曼荼羅一鋪

大悲胎藏法曼荼羅一鋪

金剛界九會曼荼羅一鋪

金剛界八十一尊大曼荼羅一鋪

金剛智阿闍梨影一鋪

善無畏三藏影一鋪

大廣智阿闍梨影一鋪

青龍惠果阿闍梨影一鋪

一行禪師影一鋪

阿闍梨付屬物一十三種

佛舍利八十一粒（就中金色舍利一粒）

刻白檀佛菩薩金剛天等像一龕

白緤大曼荼羅尊四百四十七尊

白緤金剛界三昧耶曼荼羅尊一百二十尊

五寶三昧耶金剛一口

金銅鉢子一具二口

牙床子一口

白螺貝一口

右八種物等，本是金剛智阿闍梨從南天竺國持來，轉付大廣智阿闍梨，廣智三藏又轉與青龍阿闍梨，青龍和尚又轉賜空海，斯乃傳法之印信，萬生之歸依者也。

健陀縠子袈裟一領

碧瑠璃供養二口

虎珀供養一口

白瑠璃供養椀一口

紺瑠璃箸一具

右五種，亦是青龍寺阿闍梨之所付也。

梵夾三口

右般若三藏告曰：吾生緣罽賓國也，少年入道，經歷五天，常誓傳燈，來遊此間，今欲乘桴，東海無緣，志願不遂。我所譯《新華嚴六波羅密經》及斯梵夾，將去供養，伏願結緣彼國，拔濟元元。恐繁不一二。（據《弘法大師傳全集》第一聖賢阿闍梨《高野大師御廣傳》上）

在唐日作離合詩贈土僧惟上

磴危人難行，石嶮獸無登。燭暗迷前後，蜀人不得燈。（《性靈集》聖範《集注》）

在唐觀昶法和尚小山

看竹看花本國春，人聲鳥哢漢家新；見君庭際小山色，還識君情不染塵。（《經國集》、《本朝一人一首》）

留別青龍寺義操闍梨

同法同門喜遇深，空隨白霧忽歸岑；一生一別難再見，非夢思中數數尋。（《經國集》）

附錄二　弘法大師所著書目

大師著書，其數甚多矣，今從《廣傳》、《諸宗章疏錄》等舉其大概如下：（原作「左」，校注者改）

《秘密曼荼羅十住心論》十卷（奉詔撰之。）

《秘密寶鑰》三卷（或云：《十住心論》作卷廣博，故再奉敕撰之。）

《即身成佛義》一卷

《聲字實相義》一卷

《吽字義》一卷

《般若心經秘鍵》一卷

《秘藏記》二卷（有廣略二本，廣本者，大唐文秘撰，略本者，大師撰。）

《秘密曼荼羅教付法傳》二卷

《略付法傳》一卷

《三教指歸》三卷

《遍照發揮性靈集》十卷（真濟撰。中古散逸才有七集，濟暹續集三卷，今合成十卷。）

《大日經儀軌》三卷

《大日經略釋》一卷
《大日經秘釋》一卷
《大日經開題》五卷
《大日經開題秘釋》二卷
《金剛頂經開題》二卷
《金剛頂經略釋》一卷
《金剛頂一字頂輪王儀軌音義》一卷
《同秘音義》一卷
《教王經開題》五卷
《同秘釋》一卷
《同義記》三卷
《理趣經開題》五卷
《同經釋》四卷
《真實經文句》一卷
《仁王經開題》二卷
《法華經開題》五卷
《同密號》一卷

《同十不同》一卷
《同密釋》一卷
《梵網經開題》一卷
《最勝王經開題》二卷
《同略釋》一卷
《同伽陀》一卷
《金剛般若經開題》一卷
《心經略釋》一卷
《諸經開題》一卷（一作《一切經》。）
《大佛頂經開題》一卷
《孔雀經開題》一卷
《阿彌陀經開題》一卷
《無量義經釋》一卷
《千手經開題》一卷
《十一面經開題》一卷
《浴像經開題》一卷
《瑜祇經行法記》一卷

《金剛（旁注「勝力」二字）王經秘密伽陀》一卷
《文殊贊法身禮注釋》一卷
《如意輪菩薩觀門義注秘決》一卷
《釋摩訶衍論指事》二卷
《大日經疏文次第》二卷
《上新請來等經等目錄》一卷
《真言所學經律論目錄》一卷
《三摩耶戒序》二卷
《授三摩耶戒文》一卷
《同灌頂文》一卷
《同表白》一卷
《平城天皇灌頂文》一卷
《嵯峨天皇灌頂文》一卷
《真言宗灌頂御願記》一卷
《結緣灌頂表白集》一卷
《遺告》一卷
《遺誡》二卷（弘仁四年一牒，承和元年一牒。）

《遺告真然大德等》
《金剛峰寺遺記》一卷
《五部陀羅尼問答宗秘論》一卷
《陀羅尼義釋》一卷
《諸尊真言梵字句義》一卷
《阿字義釋》一卷
《真言二字義》一卷
《萬字義略記》一卷
《持念真言理觀啟白》一卷
《十二真言王儀軌》一卷
《真言傳授作法》一卷
《真言問答書》四卷（或作一卷。）
《真言雜問答書》一卷（按：古說爲真或爲僞。）
《四種曼荼羅義》三卷
《同口訣》一卷
《同問答》一卷
《五種供養義》一卷

《梵字悉曇字母釋》一卷
《大悉曇章》一卷
《悉曇雜傳鈔》一卷
《兩部大法緣起》一卷
《傳法問答》一卷
《秘書鈔記》四卷（或云一卷。）
《願文集》一卷
《慧日寺反徵》一卷
《高野往來集》二卷
《高野雜筆集》二卷（以上二部同本而有詳略。）
《篆隸字書》三十卷（或云六卷。或云《篆隸萬象名義》。）
《文鏡秘府論》六卷
《文章肝心鈔》一卷（一作《文筆眼心》。）
《玉造小町壯衰記》一卷（或說爲善相公撰是。）
《不動尊詩》一卷
《不能詩》一卷

按：此外有《胎藏次第》、《廣記》、《私記》等，皆錄秘密儀軌者，今不見載，學者

就本編考之而可。（高演《弘法大師正傳》《附錄》）

附錄三　唐人贈詩

送空海

前御史大夫泉州別駕馬總

何乃萬里來，可非衒其才；增學助玄機，土人如子稀。（《遍照發揮性靈集序》）

贈空海歌

毘陵子胡伯崇

說四句，演毗尼，凡夫聽者盡歸依。天假吾師多伎術，就中草聖最狂逸。（同前）

送日本國三藏空海上人朝宗我唐兼貢方物而歸海詩敍

前試衛尉寺丞朱千乘

滄溟無極不可究，海外僧侶朝宗我唐，即日本三藏空海上人也，能梵書，工八體，繕俱舍，精三乘，去秋而來，今春而往，反掌雲水，扶桑夢中，他方異人，故國羅漢，蓋乎凡聖不可以測識，亦不可以智知，勾踐（《深賢記》校云：「『勾踐』恐當作『邂逅』。」）相遇，對江問程，那堪此情，離思增遠，願珍重，願珍重。元和元年春，沽洗之月，聊序當時少留，詩云：

古貌宛休公，談真說苦空，應傳六祖後，造化島夷中。去歲朝秦闕，今春赴海東，威儀易舊體，文字冠儒宗。留學幽微旨，玄關護法崇，凌波無際礙，振錫路何窮。水宿鳴金磬，雲行侍玉童，承恩見明主，偏沐僧家風。（聖賢《廣傳》引《雜英集》）

送空海上人朝謁後歸日本國

越府鄉貢進士朱少端

禪客祖州來，中華謁帝回，騰空猶振錫，過海素浮杯。佛法逢人授，天書到國開。歸程三萬里，後會信悠哉。（同前）

奉送日本國使空海上人橘秀才朝獻後卻還

大唐沙門曇靖

異國桑門客，乘杯望斗星，來朝唐天子，歸譯《竺乾經》。萬里洪濤客，三春孤島青，到宮方奏對，圖像到王庭。（同前）

同　前

大唐沙門鴻漸

禪居一海隔，鄉路祖州東，至國宣周禮，朝天得僧風。山冥魚梵遠，日正蜃樓空，人至非徐福，何由寄信通。（同前）

同前

鄭壬字申甫

承化來中國，朝天是外臣，異才誰作侶，孤嶼自爲鄰。雁塔歸殊域，鯨波涉巨津，他年續僧史，更載一賢人。（同前）

附錄四　日本有關聲病討論史料

本朝文粹卷第七　奏狀下　省試詩論

請特蒙天裁召問諸儒決是非今月十七日文章生試判違例不穩雜事狀

大江匡衡

一　諸儒同心，不令知匡衡，恣成總落判事。

右謹撿案內，《式》云：「凡擬文章生者，春、秋二仲月試畢，喚文章博士及儒士二三人，省共判定云云。」然則匡衡爲省輔，兼文章博士，於評定場，尤爲要須之人；而諸儒不用匡衡，所陳任情，成總落判。論之政道，事甚非常；存《式》之旨，何有濫吹。

一　以學生大江時棟所獻詩，大內記齊名誤稱□□有病累，抑留強戾落第事。

右件時棟詩，諸人之中，適免病累，仍文章博士道統朝臣，及匡衡示可擇上件詩之由；而擇上之儒齊名，稱有下句蜂腰病，確執抑留。夫蜂腰病者，上句可避之由，見《文筆式》。因之，先儒古賢不避下句蜂腰。近古之名儒，都良香奉試《聽古樂詩》，以卧爲韻，其詩云：「明王尤好古，靜聽時臨座。」如此，則「聽」與「座」用去聲，不爲病累，已以及第。自余試用他聲韻及第詩等，專無忌下句蜂腰。今案：齊名所立之《詩髓腦》，下句蜂腰者，是不可避之病也。然則時棟詩，已免瑕瑾。吹毛之求，還爲文道之蠹害，加以此度試題韻以八字，已同賦體，奇法過差之試也，往古未聞八字之例，祈以萬年，已褒帝德，成王、周公之事也，當今宜獻萬年之壽，如此則總落之判有忌諱，諸儒所爲無是非，《咸池》不齊度於蛙咬，而眾聽者惑疑，能不惑者，其唯子野乎！雖云萬乘之尊，難奪匹夫之志，何況諸儒之間，緣底廢匡衡之言，抑先例或及第判，或總落判，一定之後，若學生所愁有理之時，改諸儒之所定，有敕召其詩，列及第者，不可勝計，延喜則藤原有述、同連純、和氣兼濟，天歷則藤原篤茂、大江昌言等是也。何況匡衡苟爲儒者，所訴之事，盍仰天選，儒有內舉不避親，外舉不避仇，唯以進才爲業，何以埋才爲計，不爲私而言，爲公訴之。

以前條事言上如件，望請天裁早召問諸儒涇渭試判之事，匡衡誠惶誠恐謹言。

長德三年，七月二十日，正五位下行、式部少輔、兼東宮學士、文章博士、越前權守大江朝臣匡衡。

申 從五位下行、大內記、兼越中權守紀朝臣齊名解申進

文事辨申文章博士大江朝臣匡衡愁中學生同時棟省試所獻詩病累瑕瑾狀。

一　病累

件詩云：「寰中唯守禮，海外都無怨。」今案：「外」與「怨」同去聲，是蜂腰病也。《詩髓腦》云：「蜂腰者，每句第二字與第五字同聲是也。如古詩云：『聞君愛我甘，竊獨自雕飾。』（「君」與「甘」同平聲，「獨」與「飾」同入聲，是也。）」元兢曰：「『君』與『甘』非爲病，『獨』與『飾』是病。所以然者，如第二字與第五字同上去入，皆是病，平聲非爲病也。此病者，輕於上尾、鶴膝，均於平頭，重於四病。」《文章儀式》云：「蜂腰每句第二字與第五字同音也。」不得然者。件時棟詩，已犯此病，因茲評定之場不能選上。爰匡衡陳云：「蜂腰上句可避之，下句不可避之。《詩髓腦》云：『此病均於平頭。』近年以來不避之病也，然則准之平頭，不可避者。」齊名答曰：「八病之中，必可避者，平頭、上尾、鶴膝、蜂腰等四病也。犯平頭者，或優之，或不優之；上尾、鶴膝、蜂腰必避之。就中《詩髓腦》置每句之文，所爲證，詩下句以『獨』與『飾』爲病，何更以均於平頭之文？背試場之恒例，謂不可避矣。」匡衡陳云：「《文筆式》無每句之文，又《聽古樂》試詩，都良香犯此病及第，依此等例，不可避者。」齊名答云：「《文筆式》無每句之文，則省略也；《詩髓腦》有每句之文，則覼縷也。《文筆式》誠雖省略，下句不可避之由亦不見；若依無每句之文，只避第二字與第五字者，發句上句之外，不可避歟？加《詩髓腦》、《文章儀式》等，其心一同也。至於良香及第者，若優名士歟？何以本朝隨時之議，猥背唐家不易之文？披陳之旨，其理不明者，一瑕瑾。」

同詩云：「浴來人盡樂，霑得世皆喜，似玉潤門千，如毛加盧萬。」

今案：上章「霑」字，霑德之義也；下章「潤」字，亦潤德之義也；「霑」與「潤」，其義一也，二句用之，未窺作者之域者也。

又云：「蓮莆自生廚，鳳凰頻集界。」

今案：此題詩美周成王之文也。成王時無蓮莆生廚之瑞，而不敘周日之事，空表堯年之祥，求之文章，尤爲乖違。

又云：「澤猶覃草木，信幾及鱗介，日下識葵傾，風前看草靡。」

今案：上章云「草木」，下章云「草靡」，「草」字兩處，「草」義一同，著作之趣，可爲巨害。

又云：「功名嘲傅說，巧思拉般、爾。」

今案：傅說者一人，般、爾者，魯般、王爾二人名，而並二人對一人；況乎般、爾之事，非帝德之意。

又云：「舜海浪聲空，堯山雲色靜。」

今案：此章徒褒堯、舜之德，不述成王之美，時代相違，詞義既戾，就中「浪聲空」三字，甚迂誕也，若是海水不揚波之意與？波與浪其意不同，可謂大訛。

又云：「絳闕仰清景。」

今案：清景者，何景哉？帝德之意，其義不見，文之荒涼，不知意趣。

右大外記中原朝臣致時仰云：「左大臣宣奉敕，文章博士大江朝臣匡衡奏狀稱：學生大江時棟奉試詩，適免病累瑕瑾；大內記齊名抑留不選上，諸儒僉議，已爲總落，召問齊名可令辨申者」。件時棟詩，病累瑕瑾，只以不免，評定之日，具陳此旨。夫以舉直事君者，臣之節，掄材薦士者，儒之行也。匡衡非華他（佗），而強愈巨病，吐莠言而獨負議，不實之舉，誰謂忠鯁。今承綸言，指陳大略，謹解。

長德三年八月十五日，從五位下行大內記兼越中權守紀朝臣齊名。

請重蒙天裁辨定大內記紀齊名稱有病累瑕瑾所難學生大江時棟奉試詩狀

大江匡衡

一　蜂腰難

寰中唯守禮，海外都無怨。

齊名難云：「『外』與『怨』同去聲，是蜂腰病也。諸《詩髓腦》云：『蜂腰者，每句第二字與第五字同聲是也。古詩曰：「聞君愛我甘，竊獨自雕飾。」（「君」與「甘」平聲，「獨」與「飾」同入聲。）元兢曰：「君」與「甘」非爲病，「獨」與「飾」是病，所以然者，如第二字與第五字同上去入皆是病，平聲非爲病也。此病輕於上尾、鶴膝，均於平頭，重於四病。』又《文章儀式》云：『蜂腰，每句第二字與第五字同音也。』不得然者。」今案：所難之旨，甚非常也。何者？案《詩髓腦》，八病之中，以四病爲可避之，所謂平頭、上尾、鶴膝、蜂腰也。此四病之中，平頭、蜂腰，斟酌避之。所以然者，平頭有二等之病，上句第二字與下句第二字同聲者，巨病也，必避之；上句第一字下句第一字同上去入者，雖立爲病之文，不避之。蜂腰有每句之文，上句第二字與第五字同聲，必避之；下句第二字與第五字同聲者，雖立每句之文，不避之：是所謂均平頭之義也。由此觀之：《詩髓腦》之意，蜂腰者，上句第二字與第五字可避之也。而齊名不述均於平頭之義，強陳下句可避蜂腰之旨，若上句共避蜂腰病者，此病可謂重於上尾、鶴膝，不可謂甚於平頭，不可謂均平頭；若依齊名之新說，下句猶避蜂腰者，彼輕於上尾、鶴膝，均平頭之文，此時可削棄之，抑至於《文章儀式》每句之文，一同《詩髓腦》，不可違載。《文筆式》云：「蜂腰者，第一字與第五字同聲也。所爲證詩，以上句第二字與第五字同聲爲病云云。」又《詩格》所釋：「初句第二字不得與第五字同聲，又是劇病云云。」然則依下句不可避蜂腰，《文筆式》、《詩格》下句已不載蜂腰之有無，而齊名迷《詩髓腦》之理，則失均平頭之義，破後《格式》之文，亦任口陳省略之由；今就此難，下句避蜂腰者，《格式》及古今避來病之外，新可加病歟？夫都良香者，文章之規模，詩人之夔旌也，而齊名申云：「至於良香及第者，優名士歟云云。」以荒涼之空語，塵先儒之明文，若謂優名士者，作佗聲韻試詩，下句不避蜂腰預及第之輩，皆是名士歟？皆是優歟？所言不明，無可准的。自古以來，省試詩題，以佗聲字爲韻，尤希有也。適用他聲韻之時，下句不避蜂腰，皆預及第，是不爲難之故也。其詩云：

《連理樹》詩（以德化先被荒垂爲韻，依次用之，百二十字成之）。題者大輔南淵年名。

有名王及第詩：

初知標帝道，始覺呈皇德。（覺與德同入聲。）

坂上斯文及第詩（題同）：

覆燾專布德，逐育正施德。（育與德同入聲。）

《聽古樂》詩（以臥爲韻，百二十字成之）。題者少輔大江音人。

都良香及第詩第八句云：

明王尤好古，靜聽時臨座。（聽與座同去聲。）

藤原淵名及第詩第五七句云：

三成奏轉切，肆夏歌何惰。（夏與惰同去聲。）

文聲方亮發，韻氣寧殘破。（氣與破同去聲。）

高階令范及第詩第四句云：

郊天功如洽，陳廟德終播。（廟與播同去聲。）

《龍圖授義》詩（以德爲韻，限八十字）。題者贈太政大臣（天神）。

橘公廉及第詩第八句云：

至哉先聖道，斟酌方淵塞。（酌與塞同入聲。）

多治敏范及第詩一句第三句云：

三皇誰在昔？穆穆宓羲德。（德與穆同入聲。）

垂衣施化遠，刻木出震直。（木與直同入聲。）

件詩等，就中《龍圖授義》詩之題者，菅家先祖贈太政大臣。預判，文章博士桔廣相卿。《聽古樂詩》之題者，則江家先祖音人卿。預判，文章博士菅原是善卿。皆是東西曹司之祖宗，試場評定之龜鏡也，以儇才奧學之妙簡，明明秩秩之公心，所定置也；而齊名偏執，忝破先賢之旨，諸儒同心，不信匡衡之言。白日之明無私，只仰天判，朱雲之忠難變，不能地忍。又齊名爲損均於平頭之義，陳以平頭或優之或不優之旨。《詩髓腦》立平頭之處，上句第一字與下句第一字同聲者，是病也云云。然而古今不避之，近則《平露生庭》詩題，田口有信及第詩云：「四方誇雅正，萬姓感居多。」（四與萬同去聲。）然則有信已不避之，是又優名士歟？所陳之旨，左之右之，無謂。

一　瑕瑾難

浴來人盡樂，霑得世皆喜。似玉潤門千，如毛加户萬。

齊名難云：「上章『霑』字，霑德之義也。下章『潤』字，亦潤德之義也。霑與潤其義一也，二句用之，未窺作者之域者也。」

今案：所難之旨，甚無理致。何者？《論語》曰：「東里子產潤色之。」顧野王案：「潤，飾也。」又麻果《切韻》曰：「潤，益也。」然則飾門千、益門千之訓，何難之有矣。又縱使以潤字雖讀霑訓，古今省試詩，以字異訓同之字，並句用之，是例也。

《日月光華》詩（限百二十字。）

藤原正時及第詩云：「夜魄清無損，朝曦靜不群，扶桑晨上旭，芳桂霽飛薰。」（朝與晨其義一也。）

《海水不揚波》詩（限八十字）。

藤原長穎及第詩云：「滄海無波白，初知遇太平。金宮奔浪靜，玉闕亂濤晴。」（波浪濤三字，其義一也，非只兩字，已用三字。）

又室尚相及第詩云：「棹歌音自亮，舟宿夢長成，霽雪好無彩，臘雪寧有聲。」（音與聲是也。）

萐莆自生廚，鳳凰頻集界。

同難云：「此題詩，美周成王之文也，成王時無萐莆生廚之瑞，而不敍周日之事，空表堯年之祥，求之文章，尤爲乖違。」

今案：所難之旨，甚以軟弱。何者？此度試以《既飽以德》爲題，以「君子萬年，介爾景福」爲韻，褒當今之德，取喻之詞也。《春秋潛潭巴》曰：「君臣和德，道度葉中，則萐莆孳於庖廚。」《孝經援神契》曰：「天子形乎四海，德洞淪冥，萐莆生。」《白虎通》曰：「孝道至，則萐莆生云云。」然則何獨稱唐堯之時？又虞舜之時有之，爰唯是聖代所生之樹也，當今是聖代也，萐莆何不生廚乎？

仁猶覃草木，信幾及鱗介。日下識葵傾，風前看草靡。

同難云：「上章云『草木』，下章云『草靡』，草字兩處，草義一同也。著作之趣，可爲巨害。」

今案：先例及第詩，並句用同字，專不爲。

《涇渭殊流》詩「七言六韻」

大和宗雄及第詩云：

二流涇、渭最靈奇，合注交通不是隨。共度二宮威浩蕩，同經三百色參差。（二流與二宮並用之是也。）

嶋田惟上及第詩云：

涇、渭分流不雜移，濁清誠識自然爲。洋洋既出朝那縣，浩浩能流鳥鼠垂。

《連理樹》詩（限百二十字。）

有名王及第詩云：

靡隔布深仁，無私施景化。神工誠不隱，天道斯無詐。（無私與無詐是也。）

《山水有清音》詩（限八十字。）

源當方及第詩云：

四時懷不變，五夜感相侵。灑灑何時息，蕭蕭幾處沉。（四時與何時是也。）

件詩等，或六韻，或八韻，或十二韻，並句用同字，皆預及第；何況此度詩十六韻，百六十字之內用同字，更何難之有矣。

功名嘲傅說，巧思拉般、爾。

同難云：「傅說者一人，般、爾者，魯般、王爾二人名，而並二人對一人者。」

今案：所難之旨，甚無謂矣。何者？白居易詩云：『幸逢堯、舜無事日，得作羲皇向上人。』（是四韻之第二句也。）堯、舜者，二帝名也，羲皇者，一帝名也，以一人名對二人名，先賢之跡也，並以兩事對一事，是作者之常也。

又難云：「般、爾之事，非帝德之意云云。」

今案：天下無爲，俗阜民淳之時，眾才群藝，各得其所。夫明王不嫌片善，不棄小藝，然則巧匠者在朝，豈是非帝德之廣極？所難之旨異體也。

舜海浪聲空，堯山雲色靜。

同難云：「此章徒褒堯、舜之德，不述成王之美，時代相違，詞義既戾。」

今案：此難同於蓬莆之難。制作之旨，專無失誤，何者？自古已來，以堯、舜之事，稱帝王之德，是作者之常也；而如齊名之難者，美帝德之詩，永不可稱堯、舜歟？難以不可難之事，是未知例致者也。又難云：「浪聲空，甚迂誕也，若是海水不揚波之意歟？波與浪其意不同，可謂大訛。」今案：此難大訛，何者？海水不揚波，及第者七人也，其六人皆用浪字，專不爲難。

藤原忠村詩云：

欲知賢聖代，無浪海中平。

吉野茂樹詩云：

唯望榮光色，誰聞怒浪聲。

藤原蔭基詩云：

卷錦波終滅，翻花浪不輕。

同長穎詩云：

金宮奔浪靜，玉闕亂濤晴。

直幹王詩云：

浪收漁釣逸，雲霽蜃樓傾。

文屋尚相詩云：

浪花春豈發，潭月夜尤清。

件詩等，並用浪，而今所難，還亦大訛也。又張楚金《翰苑》《海部》云：「接玉繩以暢濤，蕩瑶光而吐浪云云。」又徐堅《初學記》《海部》曰：「唐太宗文皇帝〈春日望海〉詩云：『拂潮雲卷色，穿浪日舒光云云。』又晉潘岳〈滄海賦〉曰：『察波浪之來往云云。』又晉孫綽〈望海賦〉曰：『長鯨嶽立以裁浪云云。』」此外諸部類書海部，莫不置浪字，是齊名偏守一隅，未涉九流之失也。

絳闕仰清景。

同難云：「清景者，何景哉？帝德之意，其義不見，文之荒涼，不知意趣者。」

今案：以君明喻日月，皇明燭照，然則普天之下，何不仰其清景？又《文選》〈東都賦〉曰：「皇城之內，宮室光明云云。」然則向絳闕仰清景，又何難之有？強致吹毛之求，巧迴銷骨之計，心只有仇，事則無理。

右件詩，齊名所難，甚無所據，今依宣旨進申文如件，望請殊蒙天裁，任理致辨定。匡衡誠惶誠恐謹言。

長德三年八月二十九日正五位下行、式部權少輔、兼東宮學士、文章博士、越前權守、

大江朝臣匡衡解申進申文。

依宣旨言上犯平頭及第不及第並犯蜂腰落第例等狀

右大外記中原朝臣致時仰云：「左大臣宣奉敕：學生大江時棟省試詩，依犯蜂腰諸儒相共處不第。然則犯件病落第，並平頭病例，可勘申者。」謹檢案內，世有《龍門集》，是撰集古今省試詩之書也，件書載及第文，不載落第文，仍犯蜂腰病落第例，不能勘申。又平頭病，依《詩髓腦》案之，不可優之；但見本朝省試詩，多關及第，是優恕歟？至於蜂腰者，

其重與鶴膝不異，縱雖及第，何爲恒規？非敢鬥智於英儒，只爲竭忠於聖主也。是以評定之日，爲公爲道，討論大略，諸儒相共處之不第；方今絲綸不及諸儒，沙汰獨在少臣，亦猶立松節於繁霜，守葵心於聖日也。區區之心，迷於歧路，聊述愚管，伏待天裁，謹解。

年月日，從五位下行、大內記兼越前權守紀朝臣齊名解申進申文。（已上俱見《本朝文粹》卷第七）

附錄五　補注

香港中文大學饒宗頤教授撰《中國古代文學之比較研究》五〈文學與釋典〉〈借用南北宗以喻詩文派別〉，內外採獲，亦博喻之一端也。邇者，器赴港講學，饒先生舉以見詒，爰迻錄之，以補《校注》之不逮。饒文見一九八〇年十月，日本京都大學《中國文學報》第三十二冊。

六朝以來，南北對峙，風氣既殊，互爲軒輊。《北史》〈儒林傳〉已論南北學風之異。清許宗彥《記南北學》謂：「經學自東晉以後，分爲南北；自唐以後，則有南學而無北學」（《鑒止水齋集》卷十四）。唐神清《北山錄》第四〈論文學分南北〉謂：「宋風尚華，魏風尚淳，淳則寡不足道，華則多遊於藝。觀乎北則枝葉生於德教，南則枝葉生於辭行。」同書第三〈論佛學分南北宗〉云：「後諸學者，以文殊爲法性，以慈氏爲法相，……自伐其美，致使西極（印度）東華（中國），人到於今，有南北兩宗之異也。故南宗焉以空、假、中爲三觀，北宗焉以遍計、依他、圓成爲三性也。而華嚴以體性、德相業用範圍法界，得其門統於南北，其猶指諸掌矣。」此中唐佛教折衷之論也（神清於元和中終於梓州慧義寺，見《宋高僧傳》六）。然自禪宗崛起，能、秀分途，能不度（大庾）嶺，「天下散傳其道，謂秀宗爲北，能宗爲南，南北二宗，名從此起」（語見贊寧撰《神秀傳》）。薦福弘辯禪師答唐宣宗禪宗何有南北之名，云：「開導發悟有頓漸之異，故云南頓北漸，非禪師本有南北之稱也。」（《禪林類聚》一）。此乃與神清所揭西極東華共同之南北宗，大異其趣。然禪門南北宗之影響獨鉅，人多接受此說，而浸忘舊義矣。

空海大師於貞元二十年十二月至長安，留唐三載。歸國著《文鏡秘府論》。自云：「閱諸家格式，勘彼同異。」故王昌齡《詩格》、杼山《詩議》，皆在甄採之列。其書南卷〈論文意〉篇，曾借南北宗一詞以論文云：

> 荀、孟傳於司馬遷，遷傳於賈誼。誼謫居長沙，遂不得志，風土既殊，遷逐怨上，屬物比興，少於風雅，復有騷人之作，皆有怨刺，失於本宗。乃知司馬遷爲北宗，賈生爲南宗，從此分焉。

以司馬遷屬之北宗，賈誼屬之南宗，漢土舊無此說，誼原籍洛陽，以南謫楚土，遂以隸南宗。篇中「遷傳於賈誼」一語，年代明有舛錯，各本似皆如此（參小西甚一《考文篇》，又參三七頁附注），未喻其故。〈論文意〉上半取自王昌齡，下半取自皎然，衆所共悉。若其《眼心鈔》起自「凡作詩之體，意是格，聲是律」句，共四十四凡，比《文鏡》條例更爲清晰。昌齡《詩格》存於《吟窗雜錄》者已非完帙，又有《詩中密旨》，俱無此段文字。故知以司馬遷爲北京，賈誼爲南宗，必非出自轉引，諒爲空師自撰，揣其意，似以騷人怨刺者爲南宗，風雅不失其本者爲北宗。

詩論之區分南北宗，見於題賈島作之《二南密旨》，撮錄如次：

論南北二宗：宗者，摠也，言宗則始南北二宗也。南宗一句含理，北宗二句顯意。

南宗例

如《毛詩》云：「林有樸樕，野有死鹿。」如錢起詩：「竹憐新雨後，山愛夕陽時。」

北宗例

如《毛詩》云：「我心匪石，不可轉也。」如左太沖詩：「吾希段干木，偃息藩魏君。」

觀其例句，似以虛而尚比興者爲南宗，實而用賦體者爲北宗。

又釋虛中著《流類手鑒》云：

詩有二宗，第四句見題是南宗，第八句見題是北宗（《吟窗雜錄》卷十三）。

似以見題先者爲南宗，見題後者爲北宗，前者頓而後者漸，意頗曖昧，未知然否？

詞家亦有借南北宗立論者，清張其錦爲《梅邊吹笛譜序》云：

南宋詞有兩派：一爲白石，以清空爲主，高、史輔之，前則有夢窗、竹山、西麓、虛齋、蒲江，後則有玉田、聖與、公謹、商隱，掃除野狐，獨標正諦，猶禪之南宗也。一派爲稼軒，以豪邁爲宗，繼之者，龍洲、放翁、後村，猶禪之北宗也。

所見頗新，以清空屬南宗，豪放爲北宗；惟合白石與夢窗爲一派，似有可商，未爲確論。

董其昌論畫揭南北宗，亦假禪立說，最爲膾炙人口。他若張作楠之《梅簃隨筆》，辨道家有南北二宗（見《越縵堂讀書記》），剽襲陳說，不免於牽強。論文說詩，假南北宗以立義者，代有其人，其實與釋氏原旨無關，只是借喻而已。唐人假南北宗擬以頓漸，記有僧問越州石佛曉通禪師：「如何是頓教？」師曰：「月落寒潭。」曰：「如何是漸教？」曰：「雲生碧漢。」（《五燈會元》卷十六）以景色比方，亦饒詩意。取南北宗以喻詩，陳義不過如是已耳。

授 權 書

※※※※※※※※※※※

本書 『文鏡祕府論校注訂補本』繁體字版本業經作者授權臺灣貫雅文化事業有限公司出版並發售，如有翻印等侵權行為，全權委託該公司依法究辦。

授權人：王利器

1990年2月15日